쉽게 배우는
시스코
랜 스위칭
• CISCO LAN SWITCHING •

BM 성안당
www.cyber.co.kr

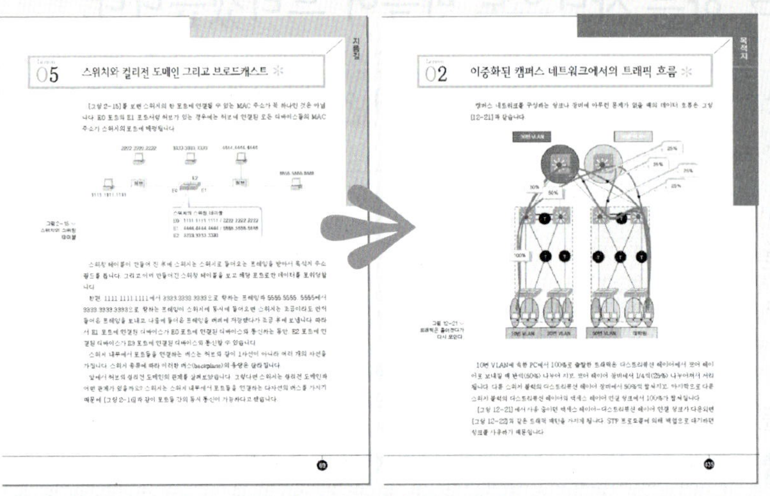

- 이 책의 목표는 12장 2절을 이해하고자 하는 것입니다. 따라서 12장 2절의 모든 페이지는 '목적지'라고 표시하였습니다.
- 이 책의 목표를 빨리 완수하고자 하시는 분은 각각의 지름길이라고 표시된 페이지들을 먼저 학습하시기 바랍니다.

- 이 책의 목적지(12장 2절)를 이해하신 후에 나머지 페이지를 학습하시면 됩니다.

보다 확실한 이해를 원하시는 분께

책과 함께 동영상 강의를 활용하십시오. 전문 강자이기도 한 저자에 의한 강의는 처음에는 다소 느린듯하다가 여러분과 이해의 호흡을 맞춰가며 긴장과 환희의 순간으로 인도할 것으로 확신합니다. 10년 강의 경력의 저자 직강은 여러분을 세계에서 가장 빨리 네트워크 엔지니어가 되게 합니다. 이 강의는 삼성멀티캠퍼스 오프라인 강의에서 100만원에 제공되던 그 품질 그대로입니다.

현장 네트워크를 통해 배운 것을 확인하고자 하시는 분께

이 책의 목표인 12장 2절을 이해했거나, 아니면 모든 내용을 다 이해했다고 판단이 들 때, '특강, 네트워크 둘러보기'를 보십시오.

'특강, 네트워크 둘러보기'의 현장 네트워크 구축 캐이스들을 통해 배운 내용을 실제 현장 네트워크 사례를 통해 확인하면 배운 지식을 확실하게 확인하고, 또 현장에서 적용할 수 있는 노하우 뿐만 아니라 자신감도 얻을 수 있습니다.

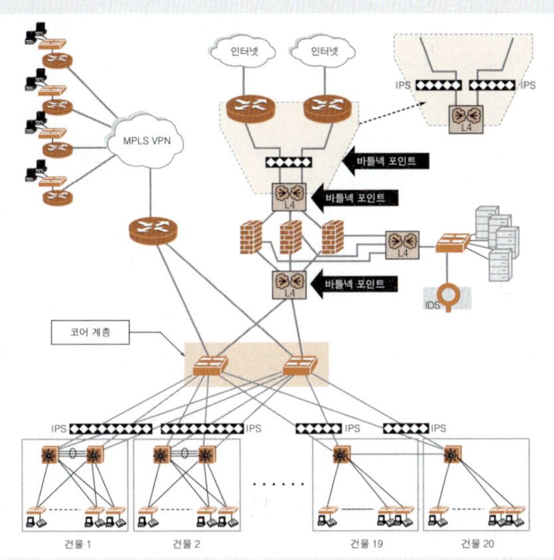

네트워크 케이스 8

토폴로지

- 중요 트래픽이 있는 본관을 비롯한 5개 건물은 디스트리뷰션 계층 장비를 이중화했습니다. 그 밖에 건물은 비용을 줄이기 위해 이중화하지 않았습니다. 각각의 층은 별도의 VLAN으로 분리하였습니다.

프로토콜 & 솔루션

- A동의 디스트리뷰션 계층 장비 간에는 트래픽이 보다 빈번하기 때문에 대역폭을 확장하기 위해 이더채널을 도입했습니다.
- 건물 1과 건물 2와 같이 주요 건물에는 디스트리뷰션 계층 장비도 이중화하였고, ...

한 단계 수준 높은 네트워크 엔지니어가 되고자 하시는 분께

저자의 2008년 8월에 출간된 신간 "Big Network Design"을 통해 이 책에서 다루지 못한 WAN, 네트워크 보안, 라우팅 이론과 더불어 보다 풍부한 실제 네트워크 디자인 사례와 동영상 강의를 통해 한 단계 성숙한 엔지니어가 되기를 바랍니다.

CONTENTS

Chapter ⑫ 중단 없는 캠퍼스 네트워크 구축하기

OSI 7계층으로 데이터 흐름을 설명하다

네트워크는 컴퓨터 환경에서 전기나 상하수도 망처럼 필수적인 것이 되어 버렸습니다.
OSI 7계층만 이해하면 네트워크가 어떻게 동작하는지,
내 PC에서 다른 사람의 PC로 데이터가 어떻게 전송되는지를 쉽게 설명할 수 있습니다.
자, 그럼 OSI 7계층과 함께 네트워크 세계로의 여행을 시작해 볼까요?

네트워크는 상하수도 망

여러분은 네트워크를 배우고자 이 책을 펼쳤습니다. 네트워크는 한마디로 무엇일까요? 말 그대로 '연결하는 것'입니다. 내 컴퓨터가 가진 것이 별로 없어서 다른 네트워크 또는 같은 네트워크에 있는 자원과 연결하고자 하는 것입니다. 여기서 서버나 PC가 자원이 됩니다. 이러한 연결이 개인이나 회사에 도움을 주기 때문에 데이터 네트워크는 요즘에는 전기 네트워크나 상하수도 네트워크(상하수도 망)처럼 필수적인 것이 되었습니다.

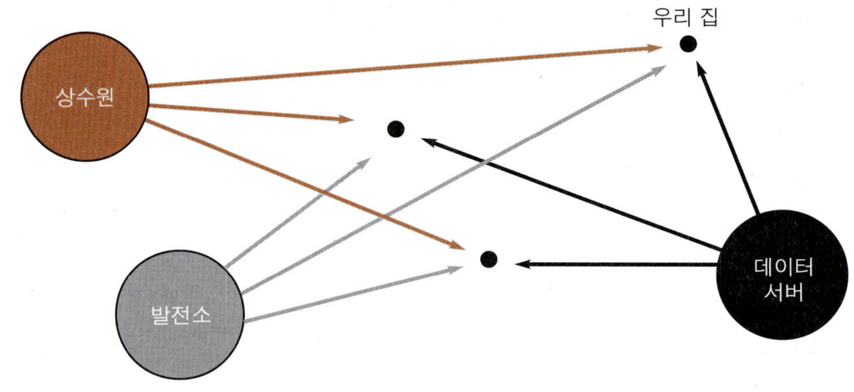

그림 1-1 ≫
우리 집에 연결된
네트워크들

네트워크에서 데이터는 스위칭과 라우팅을 통해 목적지까지 갑니다. 따라서 스위칭과 라우팅을 알면 네트워크를 이해하게 됩니다. 이 책은 네트워크 이론을 이루는 두 축 중에서 스위칭을 중심으로 설명하고, 필요한 경우 라우팅에 대해서도 설명할 것입니다.

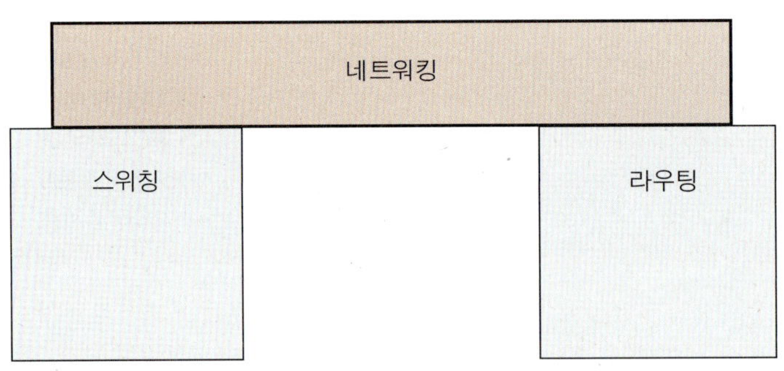

그림 1-2 ≫
네트워킹 이론의 두
축 스위칭과 라우팅

이번 장의 목적은 데이터가 한 PC에서 출발하여 어떻게 목적지까지 도착할 수 있는지를 OSI 7계층 모델을 통해 이해하는 것입니다. 그럼 스위칭과 라우팅을 설명하기에 전에 데이터가 전달되는 과정을 먼저 살펴보겠습니다.

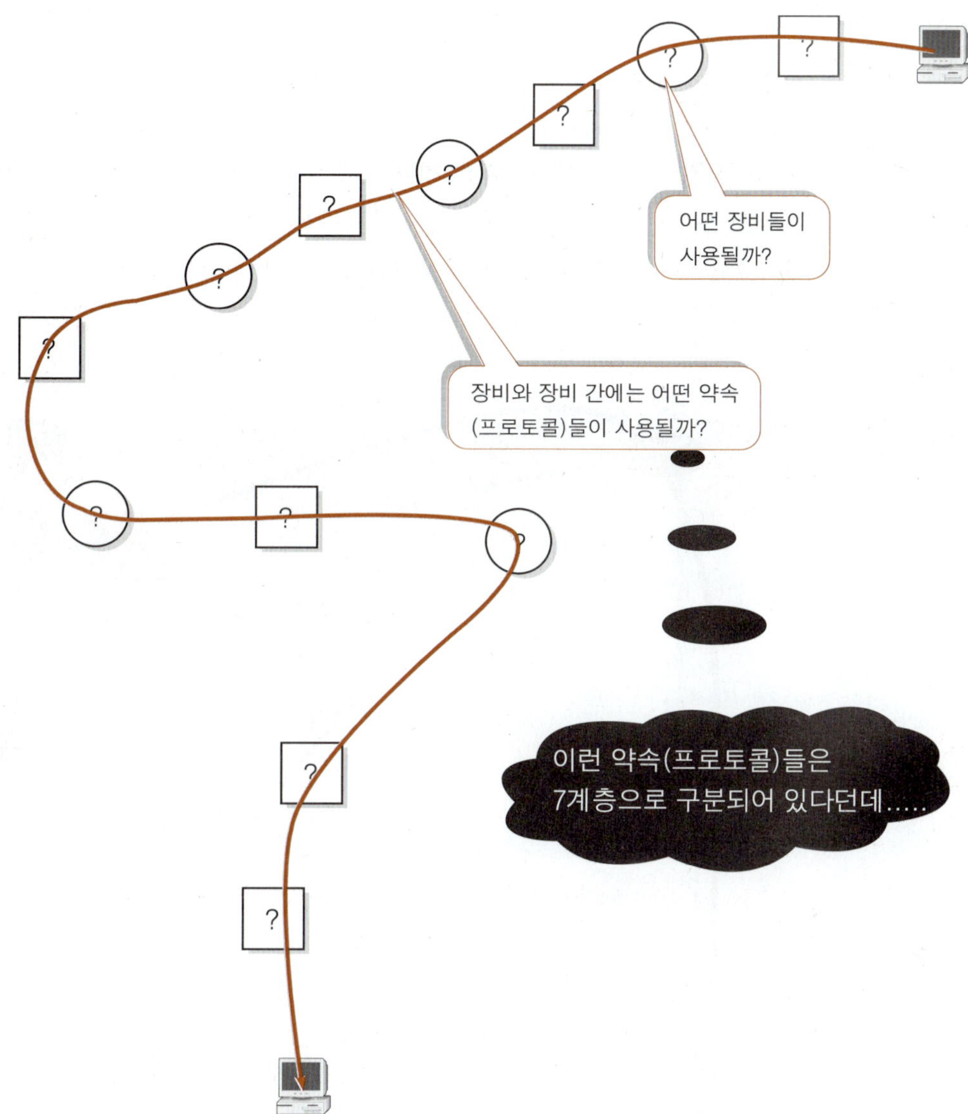

그림 1-3 >>
한 PC에서 출발한 데이터가 어떻게 목적지까지 도착할 수 있을까?

*ISO(International Organization for Standardization)라는 기관에서 OSI 7계층 모델을 정의했습니다. OSI 7계층 모델은 네트워크로 연결된 컴퓨터 간의 데이터 이동에 필요한 기능들을 7개의 그룹으로 나눈 것입니다. 각각의 그룹들은 데이터 통신에 필요한 독립적인 기능을 수행합니다.

따라서, OSI 7계층은 두 가지 중요한 역할을 합니다. 첫째, OSI 7계층을 사용하면 PC에서 출발한 데이터가 어떻게 목적지에 도착하는지 쉽게 알 수 있습니다. 둘째, 각각의 하드웨어와 소프트웨어 제조사들이 특정 계층 제품에 주력할 수 있습니다. 이것을 '모듈라 엔지니어링(Modular Engineering)이 가능하다' 라고 합니다.

이 강의가 끝나면 여러분은 [그림 1-4]에서 PC A에서 PC B에 이르는 굵은 선의 데이터 흐름을 완벽하게 설명할 수 있어야 합니다. 즉, 데이터가 출발지 PC에서 목적지에 도달하기 위해 어떤 프로토콜의 무슨 프로세스가 필요한지, 출발지 PC에서는 무엇을 해야 하는지 그리고 중간에 통과하는 장비들인 스위치와 라우터에서는 어떤 방식으로 데이터의 목적지를 찾아주는지 그리고 스위치와 라우터가 길을 찾아주는 방식이 어떻게 다른지에 대해 설명할 수 있어야 합니다. [그림 1-4]는 앞으로 데이터 흐름을 설명하는데 사용할 그림입니다.

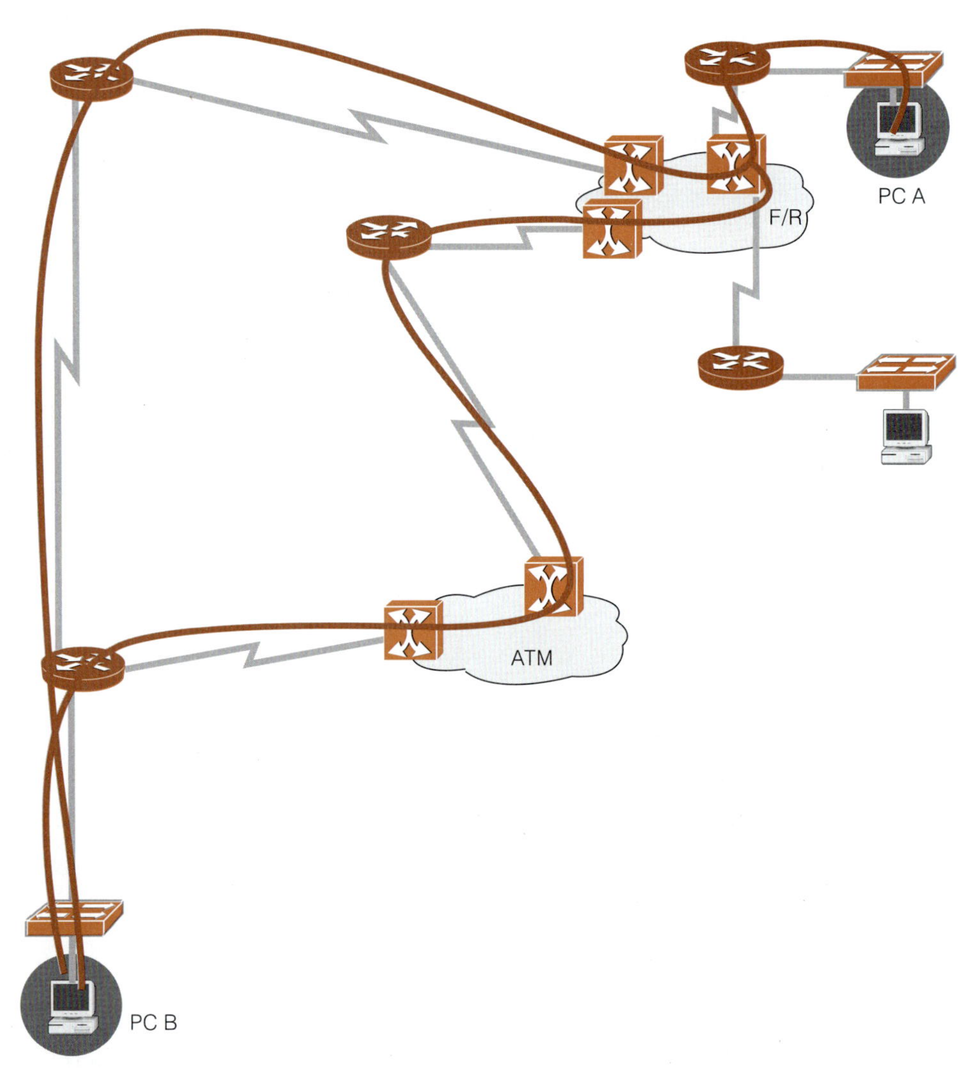

그림 1-4 ≫
OSI 7계층을 사용한
데이터 흐름

Lesson 02

네트워크 그리고 라우터와의 만남 ✳

소개팅을 하거나 맞선을 볼 때 첫 인상이 중요하다고들 합니다. 첫 인상에 따라 마지막 만남이 될 수도, 행복으로 가는 출발점이 될 수도 있습니다. 이제 네트워크와의 조심스러운 첫 만남을 가져볼까요?

라우팅과 스위칭은 한마디로 '길 찾아 주기'입니다. 길을 제대로 찾아 주려면 우선 각각의 길을 구분하고, 길을 구분하는 주소를 할당해야 합니다.

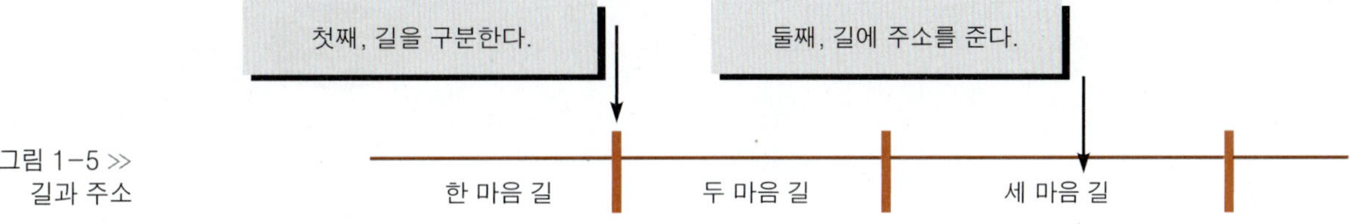

그림 1-5 ≫
길과 주소

라우팅과 스위칭이라는 길 찾기를 담당하는 장비가 바로 라우터와 스위치입니다. 라우터는 3계층의 주소를 보고 길을 찾아 주고, 스위치는 2계층의 주소를 보고 길을 찾아 줍니다. 그러면 길을 구분해 주는 장비는 무엇일까요? 마찬가지로 라우터와 스위치입니다. 라우터는 3계층의 주소로 길을 구분하고, 스위치는 2계층의 주소로 길을 구분합니다.

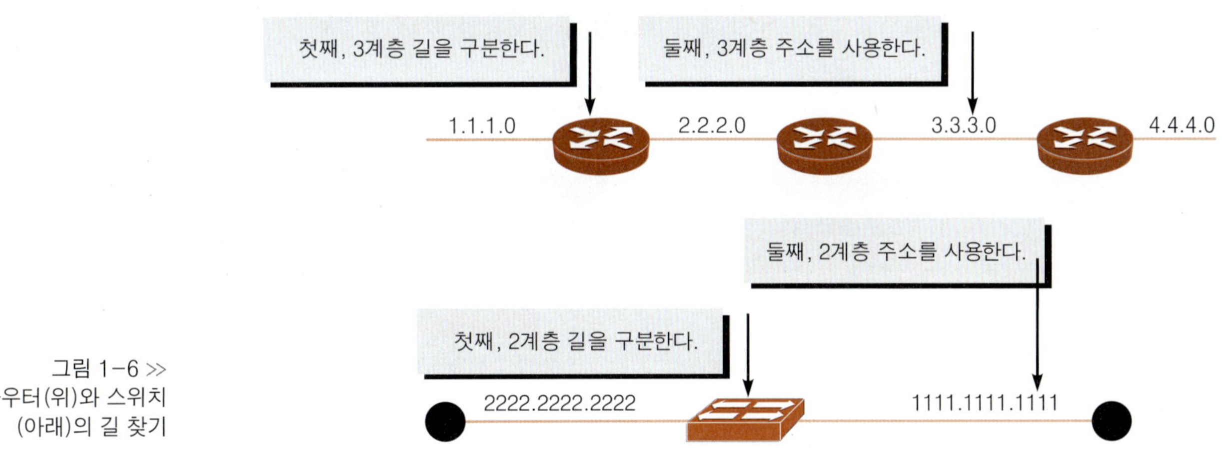

그림 1-6 ≫
라우터(위)와 스위치
(아래)의 길 찾기

라우터는 3계층의 길을 구분하고, OSI 7계층 중에서 3계층 주소를 보고 길을 찾습니다. 이 3계층의 길이 바로 네트워크입니다. 라우터는 다음과 같이 정의됩니다.

라우터는 네트워크를 구분하고, 네트워크 주소를 보고 길을 찾는 장비입니다.

[그림 1-7]에서 2대의 라우터로 몇 개의 네트워크가 만들어졌을까요? 바로 A, B, C, D 4개의 네트워크입니다. 네트워크를 구분하는 주소로 가장 많이 사용되는 것이 IP 주소입니다.

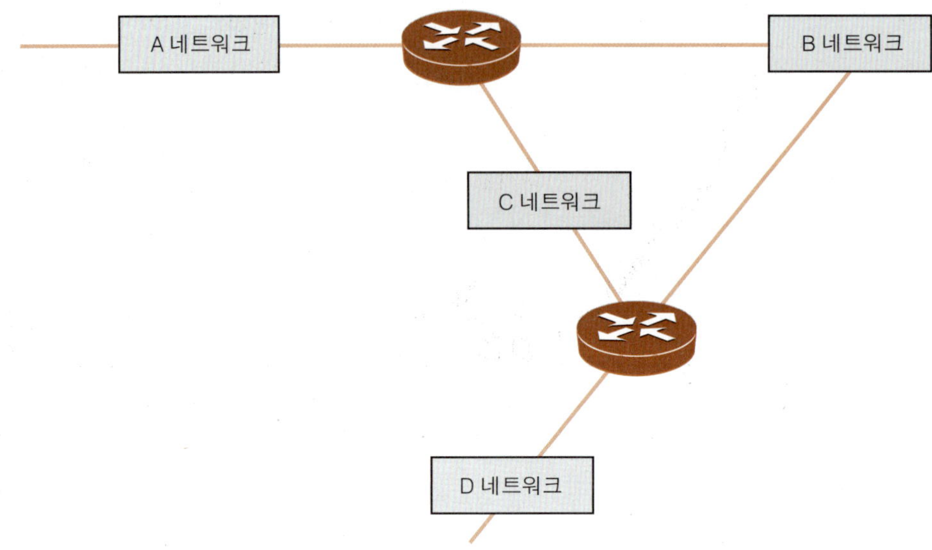

그림 1-7 ≫
라우터는 네트워크를
구분해 준다.

A, B, C, D 4개의 네트워크는 각각 다른 스위치를 사용할 수 있습니다. [그림 1-8]과 같이 이더넷 스위치로 연결된 네트워크도 있고, 토큰 링 스위치로 연결된 네트워크도 있습니다. WAN(Wide Area Network)에서도 프레임 릴레이(Frame Relay) 스위치로 연결된 네트워크도 있고, ATM 스위치로 연결된 네트워크도 있습니다. 각 용어는 뒤에 가서 다시 자세히 소개하겠습니다.

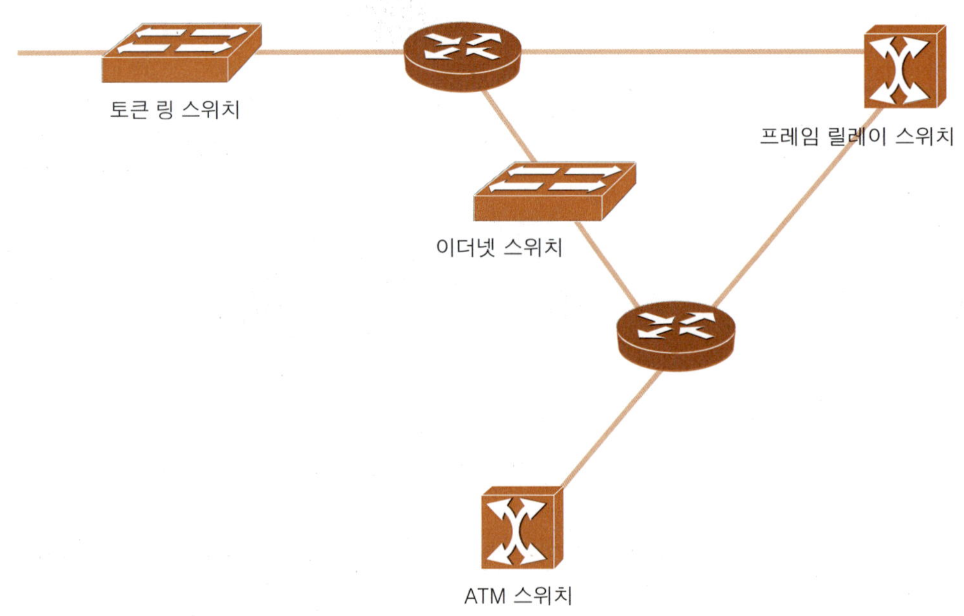

그림 1-8 ≫
네트워크마다 다른
스위치를 사용할 수
있다.

이제 스위치에 대해 정의해 보겠습니다. 지금까지의 설명에서 단어 하나를 첨가했습니다.

스위치는 한 네트워크 내에서 OSI 7계층 중에서 2계층 주소를 보고 길을 찾습니다.

어떤 단어가 첨가되었을까요? 바로 '한 네트워크 내에서' 입니다. 스위치는 한 네트워크 내에서 길을 구분하고, 길을 찾아 줍니다. 스위치가 한 네트워크 내에서만 길을 찾는다는 것이 무슨 뜻일까요? 이는 다음 두 가지를 의미합니다.

- 네트워크마다 스위치 종류가 달라질 수 있습니다.
- 스위치의 스위칭 테이블은 한 네트워크 내의 디바이스 주소로만 되어 있습니다.

네트워크마다 다른 스위치가 사용될 수 있으며, 스위치 종류에 따라 다른 2계층 주소를 사용한다는 것입니다. 예를 들어 LAN에서 사용되는 이더넷, 토큰 링, FDDI 스위치 등은 48비트 MAC 주소를 사용하고, WAN에서 ATM은 ATM 주소를 프레임 릴레이는 DLCI 주소를 사용합니다. 이 책은 LAN 스위칭에 초점을 맞추어 네트워크를 설명할 예정입니다. 특히, 가장 많이 사용되는 이더넷 스위칭 이론이 대부분입니다.

스위치는 한 네트워크 내에서 2계층 주소를 보고 길을 찾아 줍니다. 스위치가 길을 찾아 주기 위해서는 2계층 주소와 스위치가 가진 포트가 매핑된 스위칭 테이블을 가지고 있어야 합니다. 따라서 [그림 1-9]에서 각각의 스위치가 길을 찾기 위해서는 파란색 경계 내에 있는 모든 디바이스의 2계층 주소가 각각의 스위칭 테이블에 올라와야 합니다.

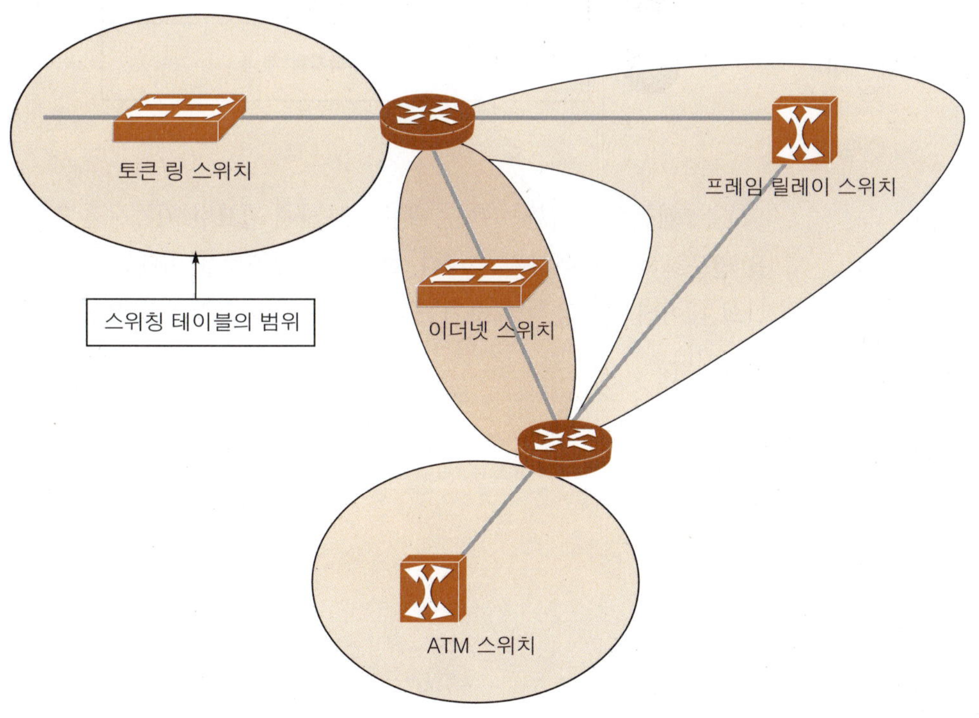

Lesson
03

데이터는 OSI 7 계층을 타고 흐른다 ✳

데이터의 흐름, 라우터, 스위치의 차이를 좀 더 명확히 알기 위해서는 OSI 7계층에 대해 이해해야 합니다. OSI 7계층은 [그림 1-10]과 같이 애플리케이션 계층(Application Layer), 프리젠테이션 계층(Presentation Layer), 세션 계층(Session Layer), 트랜스포트 계층(Transport Layer), 네트워크 계층(Network Layer), 데이터 링크 계층(Data Link Layer), 피지컬 계층(Physical Layer)의 7개 계층으로 구성됩니다.

그림 1-10 ≫
OSI 7계층

OSI 7계층을 정의한 이유는 데이터 통신에 필요한 기능들을 7개의 모듈로 나누어 연구 개발을 전문화하고 용이하게 합니다. 한편, OSI 7계층을 이해하면 네트워크 내부 또는 네트워크들 간의 데이터 흐름을 이해하기 쉽습니다. 자, 이제 정말 중요한 이야기가 시작되니 집중하시기 바랍니다.

Lesson 04 네트워크 빠삭이도 잘 모르는 상위 3계층 ✳

OSI 7계층 중에서 5, 6, 7계층을 상위 계층이라고 합니다. 반면 1, 2, 3, 4계층을 하위 계층 또는 데이터 플로우(Data Flow) 계층이라고 합니다.

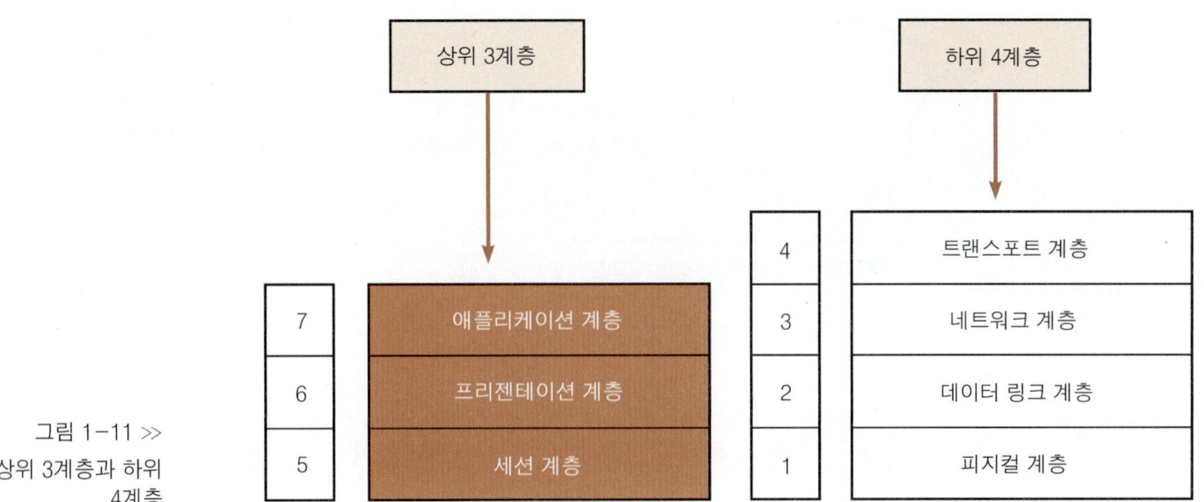

그림 1-11 >>
상위 3계층과 하위
4계층

애플리케이션 계층 프로토콜은 어떤 기능을 가지고 있을까요? 애플리케이션 계층은 네트워크를 사용하고 있는 사용자가 네트워크와 만나는 '접점'으로, PC나 서버에 설치된 서비스 혹은 프로그램을 말합니다.

애플리케이션 계층 서비스들은 네트워크 애플리케이션 서비스와 컴퓨터 애플리케이션 서비스로 나뉩니다. 네트워크 애플리케이션의 예로는 리니지, 스타크래프트, 고스톱과 같은 온라인 게임, 파일 전송(프로토콜 명칭은 FTP), 전자우편(SMTP), 웹 서핑(HTTP)처럼 반드시 네트워크에 연결되어 있어야 작업이 가능한 것들이 속합니다.

컴퓨터 애플리케이션에는 워드프로세스(아래아 한글, MS 워드), 테트리스 게임처럼 네트워크의 연결없이도 사용이 가능한 애플리케이션들이 속합니다.

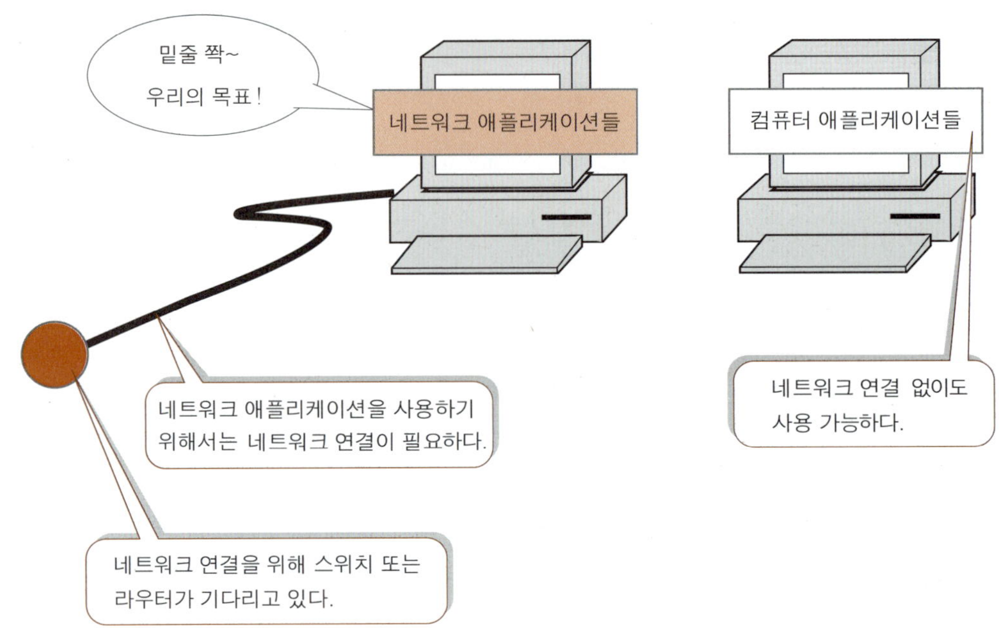

그림 1-12 ≫
네트워크 애플리케이
션(좌)과 컴퓨터 애플
리케이션(우)

Tip 멀티미디어

초기의 컴퓨터는 문자만 처리할 수 있었지만 입출력 기술이 발전하면서 음성, 도형, 영상 등으로 이루어진 여러 가지 매체를 처리할 수 있게 되었습니다. 워낙 다양한 형태의 멀티미디어 데이터를 전송 및 처리하려면 고속의 전송선과 다양한 대역폭이 필요합니다.

네트워크 엔지니어들의 목표는 바로 네트워크 애플리케이션들이 잘 돌아가도록 하는 것입니다. 그렇다면 애플리케이션 계층 프로토콜의 목표는 무엇일까요? 애플리케이션 계층 프로토콜은 네트워크와 네트워크 사용자가 만나는 지점의 프로토콜입니다. 그러므로 데이터들이 네트워크 사용자에게 보다 친숙한 형태로 제공되어야 합니다. 즉, 사람이 인식할 수 있는 글자나 소리, 영상 등의 형태로 제공됩니다. 이 계층의 데이터 형태는 보고, 듣고, 냄새 맡고, 움직이는 형태로 가능하면 사람을 친숙하게 만드는 것이 목표입니다.

다음은 프리젠테이션 계층의 기능에 대해 살펴보겠습니다. 애플리케이션 계층의 데이터를 전달할 때 만약 전달 수단이 사람이라면 어플리케이션 데이터 형태 그대로 즉, 소문에 의해 내용을 전달할 수 있을 것입니다.

그림 1-13 ≫
사람과 소문

하지만 네트워크에서 데이터를 전달하기 위해서는 네트워크에서 처리 가능한(또는 전달가능한) 0이나 1의 디지털 데이터로 코딩해서 보내야 합니다. 코딩 프로토콜들은 데이터가 글자, 음성, 혹은 영상이냐에 따라 다릅니다. 예를 들어 ASCII와 EBCDIC는 텍스트(글자) 코딩용이고, 여러분이 너무나 잘 알고 있는 MP3는 음성 코딩용이고, JPEG은 정지 화상, MPEG은 동영상 코딩 프로토콜입니다.

[그림 1-14]에서는 '안녕'을 '101011100---'으로 코딩한 것입니다.

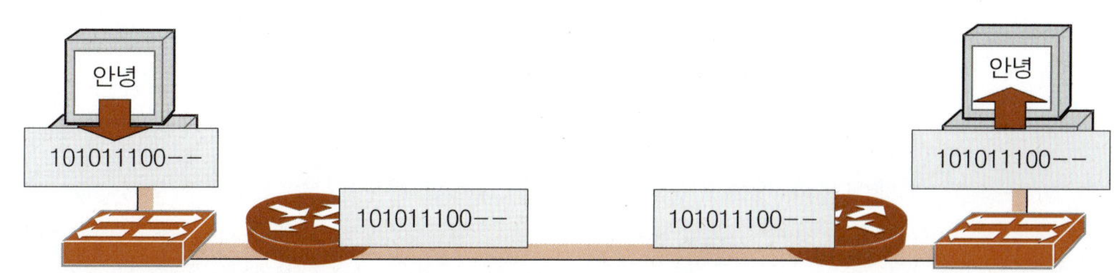

그림 1-14 ≫
프리젠테이션 계층의
코딩

이렇게 디지털 데이터와 문자(또는 음성이나 영상) 간의 변환 규칙에 대한 약속(프로토콜)들이 바로 프리젠테이션 계층에서 정의됩니다.

마지막으로 세션 계층은 어떤 기능을 할까요? 다른 네트워크 디바이스들의 애플리케이션 간의 통신 세션의 설정, 유지, 종결 과정이 이 세션 계층의 프로토콜에 정의되어 있습니다. 각각의 어플리케이션 데이터는 세션(대화) 단위로 구분되기 때문에 세션별로 필요한 인증이나 다운로드 완료 확인을 할 수 있습니다.

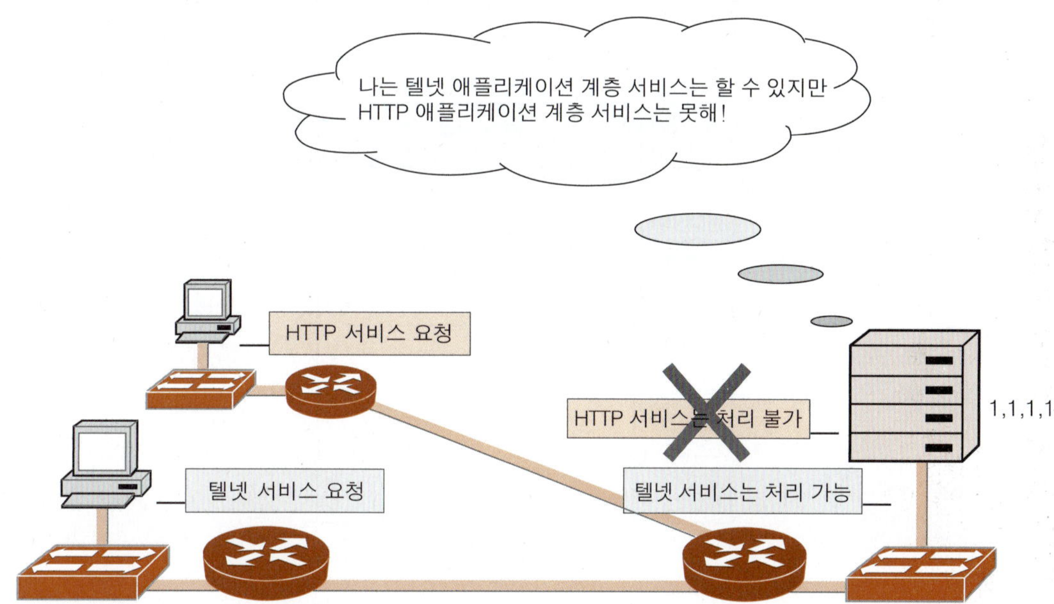

그림 1-15 ≫
세션 계층의 확인

만약 1.1.1.1이라는 주소를 가진 서버가 있다면 이 서버가 세상의 모든 상위 애플리케이션 계층 서비스, 예를 들어 게임, 웹, 전자우편, 텔넷 등과 같은 서비스를 동시에 제공하지는 않을 것입니다. 자신이 처리할 수 있는 서비스일 경우에만 클라이언트의 세션 서비스 요청(Session Service Request)에 대해 세션 서비스 응답(Session Service Reply)을 보냅니다. 세션의 서비스에 대한 요청과 응답 방법은 애플리케이션 종류에 따라 다릅니다. 한편, SQL, RPC, Apple ZIP, DEC SCP, NFS, X 윈도우, ASP와 같이 어플리케이션 계층에 독립적인 세션 계층의 프로토콜도 있습니다.

지금까지 애플리케이션 계층, 프리젠테이션 계층, 세션 계층에 대해 소개했습니다. 이러한 상위 3계층을 '애플리케이션 계층', 또는 '상위 계층'이라고 합니다. 사실 TCP/IP 기반의 어플리케이션들은 상위 3계층이 분리되어 있지 않습니다. 이것은 어플리케이션별로 독립적인 프리젠테이션과 세션 기능이 정의됨을 의미합니다.

네트워크 기술자의 주요 임무는 네트워크 애플리케이션이 문제없이 운영되도록 하는 것이라고 했습니다. 네트워킹 기술은 대부분 하위 4계층에 관련되어 있습니다. 예를 들어 라우터는 3계층 장비이고, 스위치는 2계층 장비입니다. 여기서 말하고 있는 정도의 상위 3계층에 대한 지식은 반드시 숙지해야 합니다.

트랜스포트 계층, 네트워크 계층, 데이터 링크 계층, 피지컬 계층 이렇게 하위 4계층을 '데이터 플로우 계층들'이라고 합니다. 이제부터 설명할 내용이 1장의 핵심이라고 할 수 있습니다.

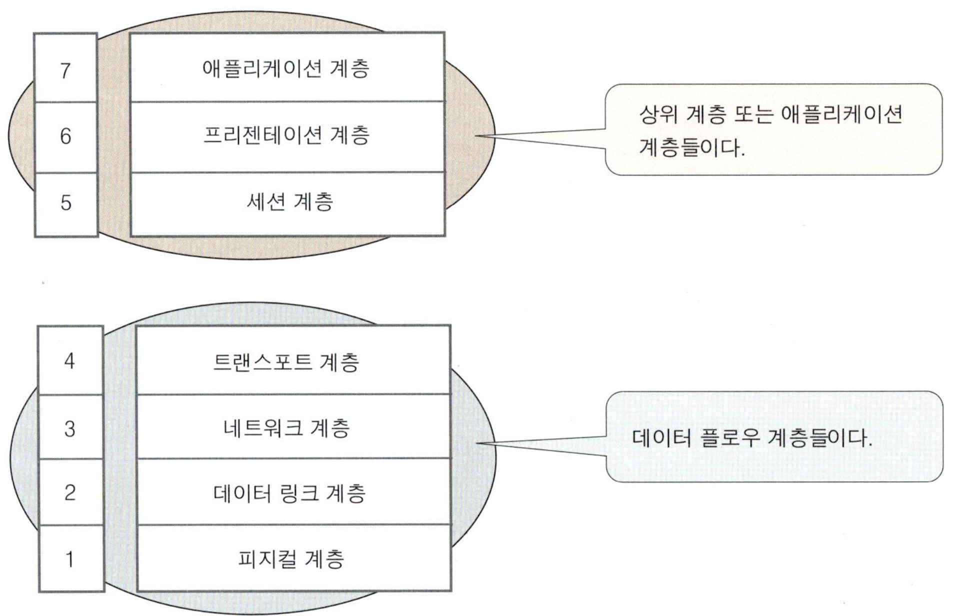

그림 1-16 >>
하위 계층이
중요하다.

PC, 라우터, 스위치는 몇 계층 장비일까? ✱

　7계층 프로토콜이 동작하려면 7계층 프로토콜 자체에 문제가 없어야 합니다. 예를 들어 워드 문서를 열어보려고 하는데 워드 애플리케이션이 없다면 열 수 없겠지요. 또한 모든 하위 계층에도 문제가 없어야 합니다. 예를 들어 6계층(프리젠테이션 계층)의 코딩 기능이 제대로 동작하지 않는다면 데이터를 보낼 수 없거나, 받아도 의미 있는 글자, 음성, 영상으로 되돌리지 못할 것입니다.

　마찬가지로 5계층의 세션 계층에서 세션 서비스 응답(Session Service Reply)을 받지 못한다면 서버가 서비스를 제공할 수 없다는 뜻입니다. 2, 3계층에서 라우터나 스위치가 길을 제대로 찾지 못한다면 애플리케이션 서비스를 받을 수 없습니다. 가장 기본적인 1계층에서 정의된 전선 연결이 제대로 되어 있지 않다면 아무리 상위 계층이 완벽하다고 해도 당연히 애플리케이션 서비스를 받지 못합니다. 즉, 상위계층이 제대로 동작하기 위해서는 모든 하위 계층에 문제가 없어야 합니다.

7계층이 제대로 동작하기 위해서 7계층에 문제가 없어야 한다.

6계층에도 아무 문제가 없어야 한다.

5계층에도 아무 문제가 없어야 한다.

4계층에도 아무 문제가 없어야 한다.

3계층에도 아무 문제가 없어야 한다.

2계층에도 아무 문제가 없어야 한다.

1계층에도 아무 문제가 없어야 한다.

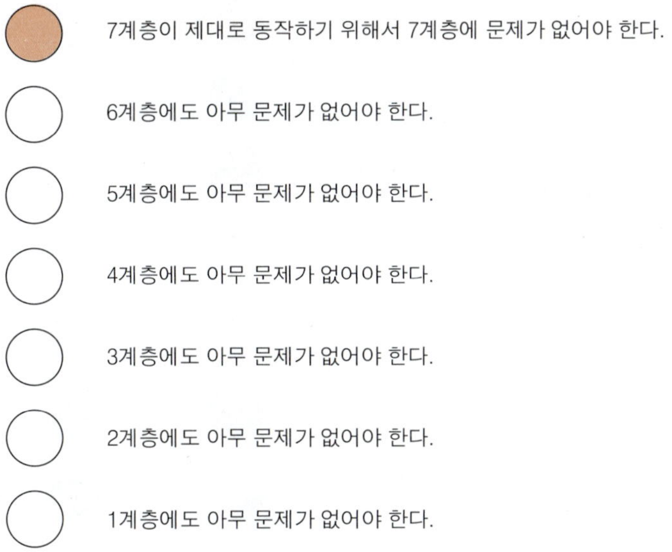

그림 1-17 >>
7계층이 제대로 동작하기 위해 7계층 이하의 모든 계층에 문제가 없어야 한다.

　각 계층의 프로토콜이 제대로 동작하려면 모든 하위 계층에 문제가 없어야 합니다. 만약 프로토콜이 3계층에 속한다면 상위 계층들(7계층, 6계층, 5계층, 4계층)과는 상관 없고 3계층, 2계층, 1계층에 문제가 없어야 됩니다.

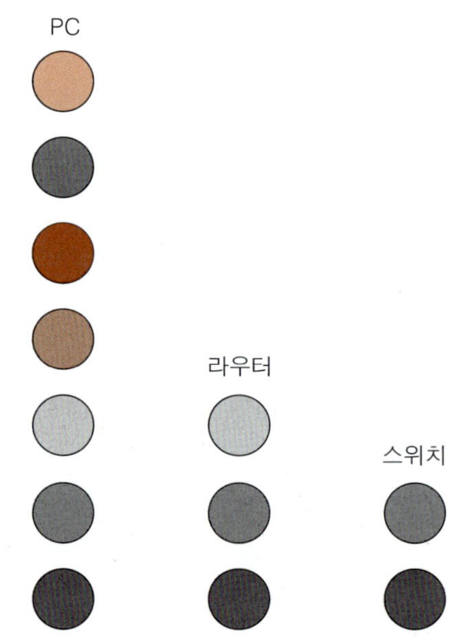

그림 1-18 >>
3계층이 제대로 동작
하려면 3계층 이하의
모든 계층에 문제가
없어야 한다.

자, 그렇다면 PC, 라우터, 스위치는 각각 몇 계층 장비일까요? 결론부터 말하면 PC는 7계층, 라우터는 3계층, 스위치는 2계층 장비입니다. 7계층 장비라는 용어가 혼란스러울 수 있는데, 7계층 장비란 단지 7계층 기능만 수행하는 장비라는 뜻이 아니라 7계층 이하의 기능 즉 7계층, 6계층, 5계층, 4계층, 3계층, 2계층, 1계층의 기능을 모두 수행하는 장비라는 말입니다. 라우터는 3계층 장비입니다.

마찬가지로 3계층 장비는 3계층, 2계층, 1계층의 기능을 모두 수행하는 장비입니다. 2계층 장비인 스위치는 2계층과 1계층의 기능을 수행합니다.

그림 1-19 >>
PC, 라우터, 스위치는
계층이 다른 장비이다

게임이나 전자우편 같은 7계층 애플리케이션 서비스를 라우터나 스위치를 통해서 받을 수는 없겠지요. 반드시 PC가 있어야 합니다. 그러나 애플리케이션 계층의 서비스 중에서 텔넷, DNS, TFTP, SNMP 등은 라우터나 스위치에서도 사용할 수 있습니다. 이러한 애플리케이션들을 라우터나 스위치에서 사용할 때는 라우터나 스위치도 간혹 7계층 장비로 신분이 상승합니다.

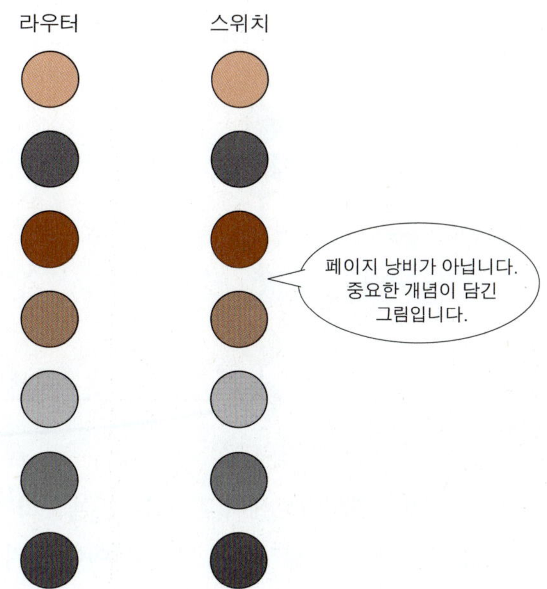

그림 1-20 >>
라우터, 스위치도
7계층 장비일 때가
있다.

일반적인 7계층 장비인 PC로 돌아가겠습니다. PC의 애플리케이션 데이터를 6계층에서 코딩하면 [그림 1-21]과 같은 하나의 데이터 덩어리가 됩니다.

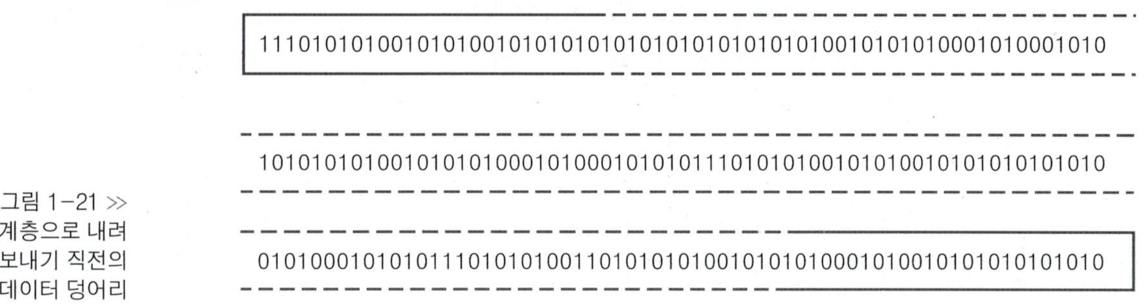

그림 1-21 >>
4계층으로 내려
보내기 직전의
데이터 덩어리

이러한 데이터 덩어리를 이제 4계층 프로세스를 위해 4계층으로 보냅니다. 이와 같이 출발지 PC에서 일어나는 7계층 프로세스는 '위에서 아래로' 순입니다. 도착지 PC에서는 반대로 '아래에서 위로' 순서가 되어 마지막에 네트워크 사용자들은 7계층에서 사람이 이해할 수 있는 포맷(음성, 소리, 글자, 영상, 냄새 등)으로 데이터를 접할 수 있겠지요.

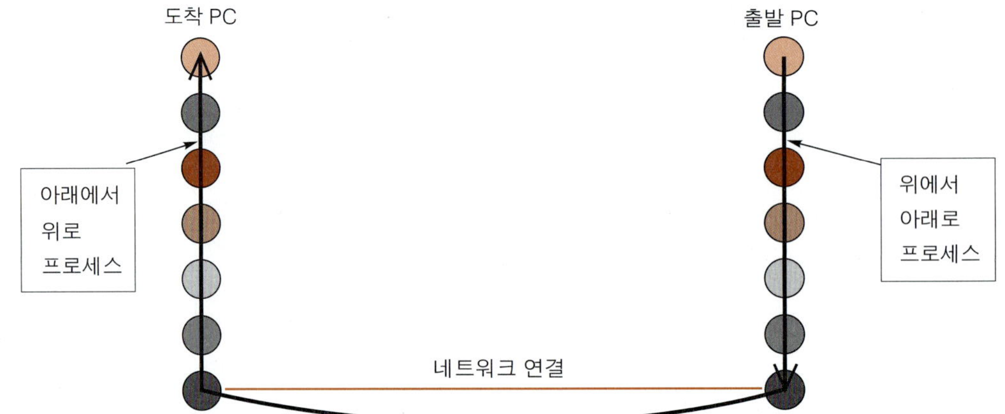

그림 1-22 ≫
위에서 아래로, 다시
아래에서 위로
데이터가 이동한다.

어쨌든 출발 PC에서 7 → 6 → 5계층의 프로세스가 차례로 끝나면 [그림 1-23]과 같이 4계층 프로세스로 넘겨주게 됩니다. 이때 넘겨지는 것이 위에서 설명한 긴 데이터 덩어리입니다.

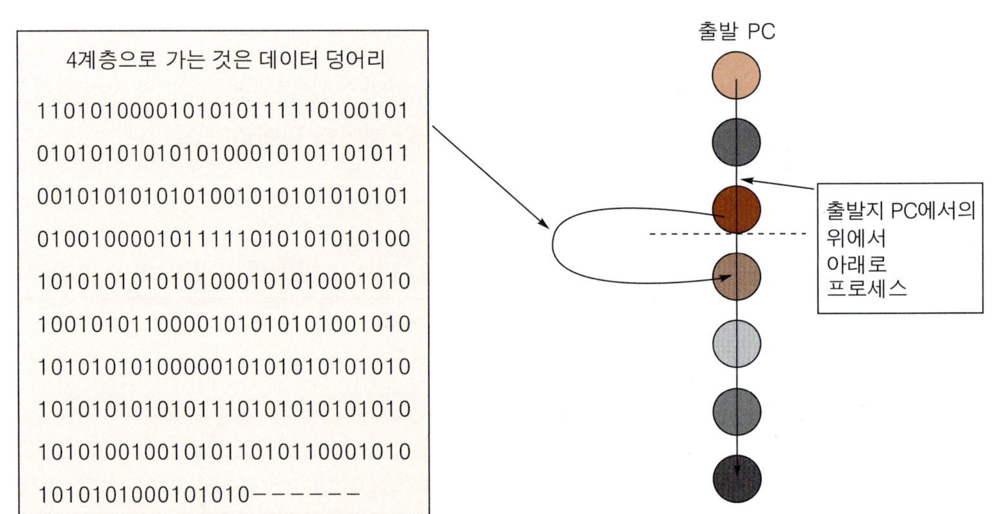

그림 1-23 ≫
4계층으로 데이터를
내려 보낼 때

Lesson
06

06 트랜스포트 계층의 고민, 나눌까? 말까? ✳

4계층에서는 상위 계층으로부터 다음과 같은 데이터 덩어리를 받습니다.

4계층(즉 트랜스포트 계층)에서는 상위 계층에서 내려온 데이터 덩어리를 나눌지, 말지 고민합니다.

나눌까?

혹은 나누지 말까?

상위 계층에서 내려온 데이터 덩어리를 나누는 것과 나누지 않는 것은 다음과 같은 점에서 차이가 있습니다.

● 데이터를 나누지 않은 경우 : 이때는 PC와 PC 간의 모든 장비와 링크의 대역폭(Bandwidth)을 혼자 독차지하게 됩니다.

그림 1-24 ≫
데이터를 나누지
않은 경우

● 데이터를 나누는 경우 : 이때는 PC와 PC 간의 모든 장비와 링크의 대역폭을 다른 데이터 덩어리들이 조금씩 사용할 수가 있습니다.

그림 1-25 ≫
데이터를 나누면
멀티플렉싱을 할 수
있다.

Tip 멀티플렉싱

멀티플렉싱은 여러 다른 상위 계층의 데이터 덩어리들이 네트워크 자원을 공유하는 것을 말합니다. 링크와 대역폭을 서로 다른 데이터들이 조금씩 나눠서 사용하는 것이지요.

데이터를 나누어(잘라서) 보내서 링크의 대역폭을 함께 쓰는 것을 보다 전문적인 용어로 말하면 '*멀티플렉싱(Multiplexing)이 가능하다'라고 합니다.

4계층 프로토콜 중 TCP는 데이터를 나누고, UDP는 데이터를 나누지 않는 서비스를 상위 계층에서 내려온 데이터 덩어리에게 제공합니다. TCP가 나눈 데이터 단위를 '세그먼트(Segment)'라고 합니다. 또한 4계층에서는 통신의 시작과 끝 PC 사이에서 Reliable 또는 Unreliable 전송 서비스를 제공합니다. Reliable 서비스를 제공하는 것이 TCP 프로토콜이고, 그렇지 않은 것이 UDP입니다. TCP는 다음과 같이 Reliable 서비스를 제공합니다. TCP는 상위 계층인 세션 계층에서 내려보낸 데이터 덩어리를 자른 다음, 각각의 세그먼트 앞에 TCP 인캡슐레이션 헤더(옷)를 붙입니다. 이 헤더에는 ACK(Acknowledgement) 필드가 있습니다.

[그림 1-26]과 같이 출발지 PC에서 도착지 PC로 데이터가 전달되지만, 반대 방향으로도 ACK 세그먼트가 전달됩니다. 이 ACK를 통해 출발지 PC는 데이터가 무사히 전달되고 있음을 확인합니다. 정해진 시간내에 ACK를 통해 수신이 확인되지 않은 세그먼트에 대해서는 출발지 PC가 재전송합니다. 이러한 ACK와 재전송을 통해 출발지 PC와 도착지 PC(End-to-end, 끝에서 끝)간의 장비와 프로토콜에서 발생할 수 있는 모든 문제를 해결합니다.

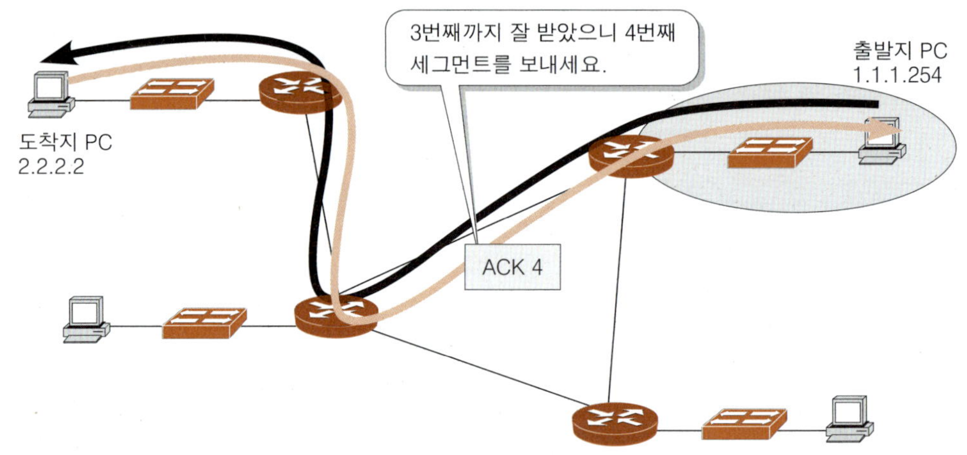

그림 1-26 >>
TCP의 ACK를 통한
Reliable 서비스

UDP는 상위 계층의 데이터 덩어리를 나누지 않고 ACK 필드도 없습니다. 즉, Reliable 서비스를 제공할 수 없습니다. 단지 출발지에서 도착지로 최선을 다해서 데이터를 보낼 뿐입니다. 중간에 데이터가 유실되던지 제대로 도착하던지 상관하지 않습니다. 그래서 TCP는 도착지에서 합격을 해야 통과이고, UDP는 최선을 다해 보낼 뿐입니다(그래서 UDP를 'Best Effort Delivery'라고 함).

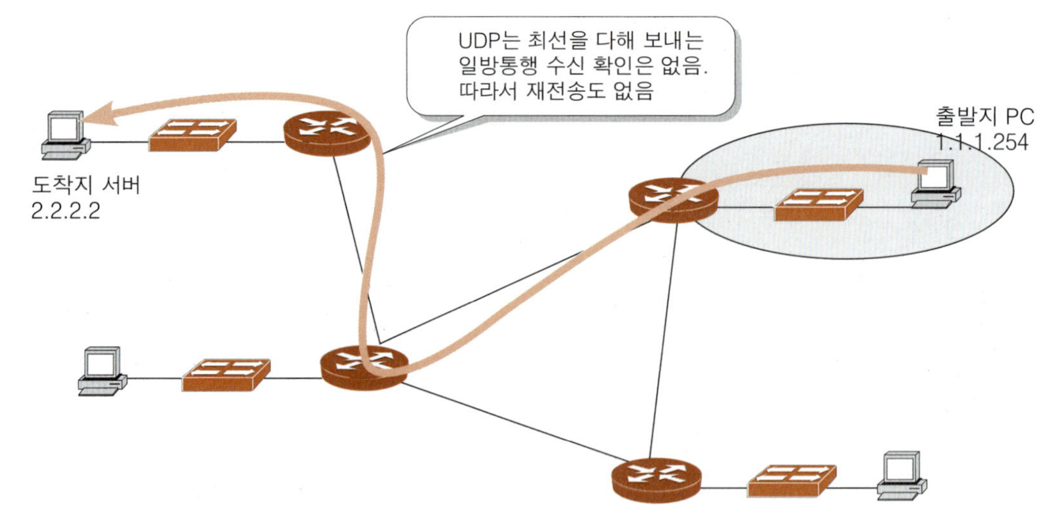

그림 1-27 >>
UDP는 ACK를 사용
하지 않고 최선을
다해서 보낼 뿐이다.

Lesson 07
4계층, 3계층, 2계층은 옷을 입는다 ✳

Tip 인캡슐레이션

인캡슐레이션은 프로그램 언어에서도 자주 등장합니다. '캡슐화'라고 하는데, 클래스 내부를 사용자에게 보여주지 않고 필요한 부분만 보이도록 하는 것입니다. 그러면 외부에서 클래스 내부에 임의로 접근하고 값을 변경하는 것을 원천적으로 봉쇄해 보다 안전한 프로그래밍이 가능해 집니다.

데이터의 목적지 주소와 컨트롤을 위해 데이터 앞에 헤더를 붙입니다. 이와 같이 데이터 앞에 헤더를 붙이는 것을 *인캡슐레이션(Encapsulation)이라고 합니다. '데이터를 캡슐(Capsule)에 싼다'는 말입니다. 필자는 데이터 앞에 헤더를 붙이는 것을 '옷을 입힌다'라고도 표현할 것입니다. 두 용어가 같은 뜻이라는 것을 미리 밝힙니다.

헤더 붙이기는 4, 3, 2계층에서 일어납니다. 예를 들어 4계층의 TCP 같은 경우는 상위 계층의 데이터 덩어리를 나누었기 때문에 도착지 PC에서 이것을 순서대로 모아야 하므로 TCP 인캡슐레이션에는 반드시 순서 번호 필드가 필요합니다.

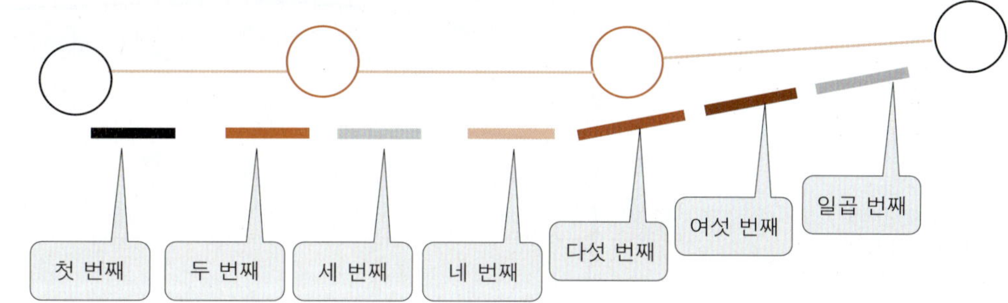

그림 1-28 >>
순서 번호

[그림 1-29]처럼 7계층 기능을 수행하는 하나의 서버 또는 PC는 각각의 계층에서 다양한 프로토콜 기능들을 수행할 수 있습니다. 예를 들어 7계층 애플리케이션에는 이메일, 텔넷, 게임 등 다양한 애플리케이션 프로토콜이 있고, 6계층 프리젠테이션 계층에서도 MP3, JPEG, ASCII 등 다양한 코딩 프로토콜이 있습니다. 5계층(SQL, RPC, Apple ZIP, DEC SCP, NFS, X 윈도우, ASP)과 4계층(TCP, UDP)과 3계층(IP, IPX, AppleTalk, Decnet), 2계층(이더넷, 토큰 링, 프레임 릴레이), 1계층(10BaseT, 100BaseTX)도 마찬가지입니다.

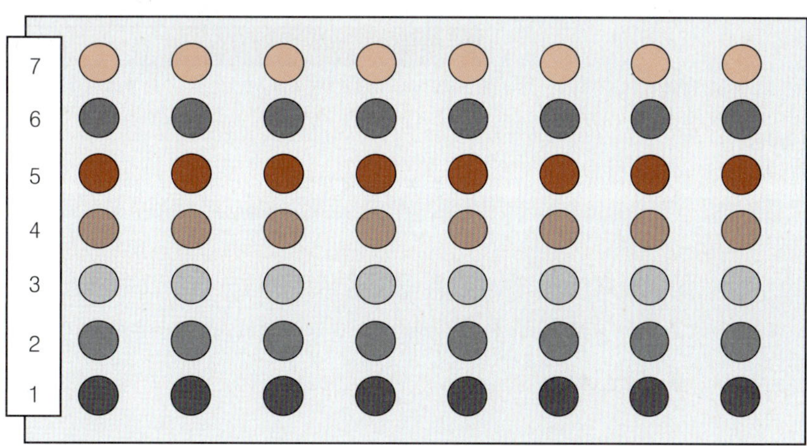

그림 1-29 >>
계층 기능을 수행
하는 하나의 PC

한 장비 내부에서의 계층 간 이동도 소프트웨어적인 통신이라고 할 수 있습니다. 도착지 PC에서는 '아래에서 위로' 프로세스라고 했습니다. 이 '아래에서 위로' 프로세스가 한 장비 내에서 일어나는 통신입니다. 통신이란 어떤 목적지를 찾아가는 것입니다. 그렇다면 소프트웨어적인 통신이라 할지라도 통신에는 목적지 주소가 필요합니다.

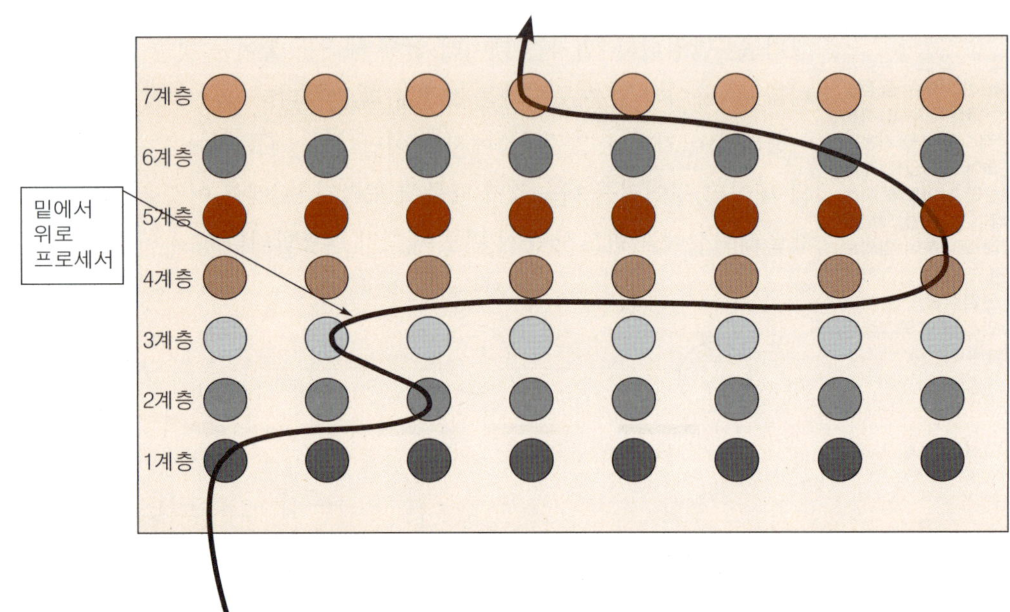

그림 1-30 >>
아래에서 위로 갈 때 각 계층의 다양한 소프트웨어 프로세스를 잘 찾아가야 한다.

[그림 1-30]과 같이 각각의 상위 계층의 프로세스를 찾아가기 위해서는 [그림 1-31]과 같이 상위 계층 프로세스의 종류를 하위 계층의 헤더에 표시합니다. 하위 계층 헤더에서 상위 계층의 프로토콜을 표시하기 때문에 계층별로 다양한 프로토콜들을 수용할 수 있습니다.

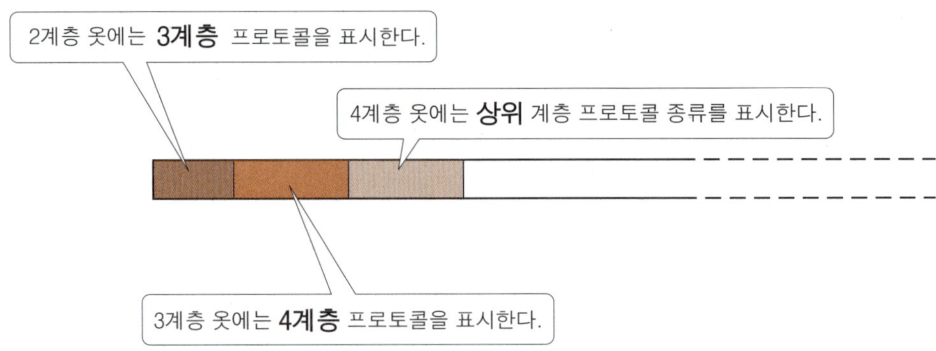

그림 1-31 >>
소프트웨어적인 통신도 통신이므로 목적지를 표시한다.

하드웨어 장치들 간의 통신을 위해서는 각 하드웨어를 구분하는 주소를 표시합니다. 이러한 주소는 2계층 주소와 3계층 주소로 나뉩니다. 따라서 데이터의 헤더에 데이터의 목적지 주소를 표시합니다.

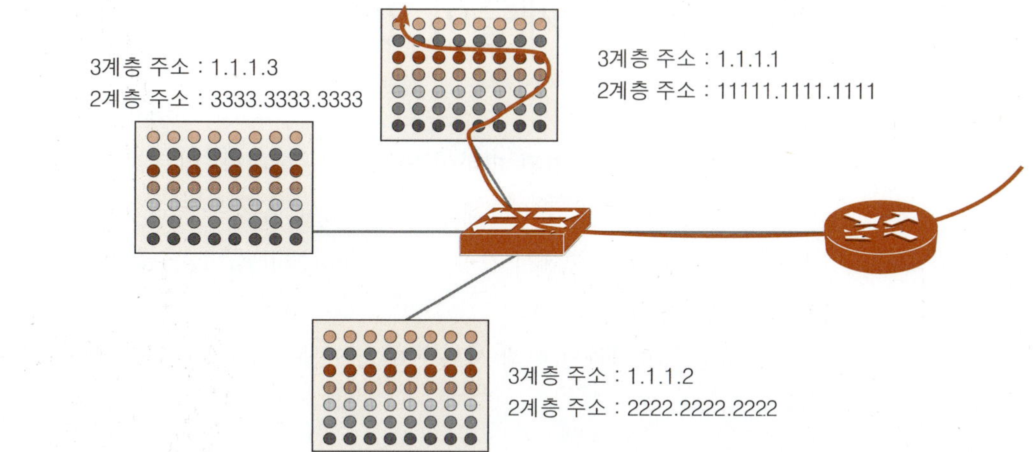

그림 1-32 >>
하드웨어 주소

이 외에도 앞에서 설명한 신뢰성 있는(Reliable) 통신을 위한 TCP의 ACK 필드와 같이 각 계층의 프로토콜들의 필요에 따라 다양한 필드들이 사용됩니다. 이렇게 순서 번호, ACK 번호, 2계층과 3계층 주소, 각 계층 프로토콜 번호 등이 [그림 1-33]과 같이 각 계층의 인캡슐레이션에 표시됩니다. 참고로 Window 값(4계층 옷)은 수신 장비의 수신 버퍼의 여유량을 표시하는 것으로 수신 장비가 한번에 얼마나 많은 양의 데이터를 받을 수 있는지 송신 장비에게 알려주기 위해 사용합니다.

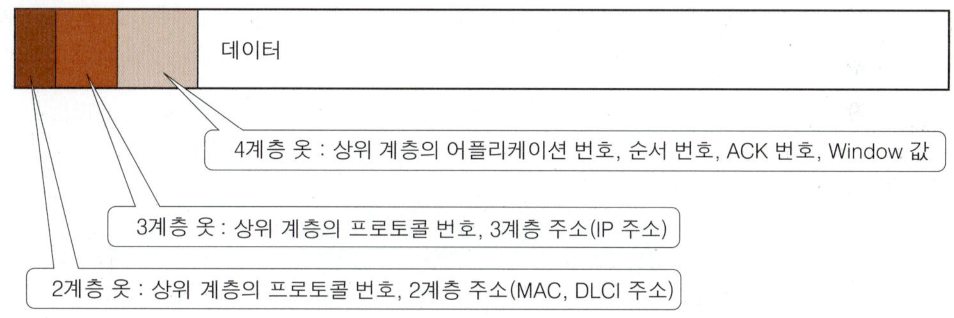

그림 1-33 >>
각 계층의 옷들

가장 안쪽에 4계층 옷(헤더)을 입습니다. 2계층 옷을 가장 바깥에 입습니다. 즉, 4계층 옷이 속옷이라면 3계층 옷은 셔츠, 2계층 옷은 외투가 되겠지요. 잘 어울리는 옷과 어울리지 않는 옷이 있는 것처럼 계층 간의 헤더도 마찬가지입니다. 4계층에 TCP 또는 UDP를 사용했다면 3계층에서 반드시 IP 옷을 입어야 합니다. 2계층 이더넷 옷일 경우에도 IP가 입는 이더넷과 IPX가 입는 이더넷은 조금 다릅니다. 4계층에서 SPX를 입었을때 3계층에서 IPX를 입습니다. 어플리케이션 마다 하위 계층에서 입는 옷이 달라지는데 TCP/IP, UDP/IP가 대세입니다.

이러한 각 계층 프로토콜들의 다양한 인캡슐레이션 필드(옷)에 대한 공부가 바로 네트워크에 대한 공부입니다.

Lesson 08

3계층 주소는 계급이 있다 *

주소는 네트워크에 연결된 디바이스들을 구분합니다. 네트워크 계층에서는 길 찾기 장비인 라우터가 사용할 논리적 주소(2계층 주소인 MAC 주소는 물리적 주소라고 함)를 정의합니다.

네트워크 계층 주소 중에서 가장 많이 사용하는 IP 주소는 네트워크 부분과 호스트(노드) 부분으로 구분합니다.

이 두 부분을 표시하기 위해 서브넷 마스크(Subnet Mask)를 사용합니다. 다음 예를 보겠습니다.

그림 1-34 ≫
IP 주소와 서브넷
마스크는 떨어질 수
없는 사이

IP 주소	: 1.1.1.1(10진수) = 00000001.00000001.00000001.00000001(2진수)
서브넷 마스크	: 255.0.0.0 (10진수) = 11111111.00000000.00000000.00000000(2진수)

서브넷 마스크는 무엇일까요?

우리도 겨울에 마스크를 사용합니다. 서브넷 마스크 255.0.0.0(십진수)을 IP 주소에 씌워 보았을 때 2진수로 '1'이 겹치는 자리가 네트워크 자리이고, 2진수로 '0'이 겹치는 자리는 호스트 자리입니다.

[표 1-1]에서 IP 주소/서브넷 마스크의 네트워크 자리와 호스트 자리를 구분해 봅시다.

표 1-1 ≫
IP 주소/서브넷 마스
크의 네트워크 자리와
호스트 자리 구분하기

IP/서브넷 마스크	네트워크 자리	호스트 자리
1.1.1.1 / 255.255.255.0	1.1.1	1
172.16.1.2 / 255.255.255.0	172.16.1	2
210.211.212.213 / 255.255.255.0	210.211.212.	213
32.1.2.3 / 255.0.0.0	32	1.2.3
170.21.22.23 / 255.0.0.0	170.21	22.23

Tip 주소 계급성

주소 계급성이란 주소의 앞 부분만으로 길 찾기를 시작할 수 있다는 말입니다. 처음에는 주소의 앞부분만으로 길을 찾지만 나중에는 주소의 나머지 부분도 사용합니다. 라우터는 주소의 계급성 때문에 발생하는 단계별 길 찾기를 통해 많은 이익을 얻을 수 있습니다.

IP 주소에서는 왜 구분이 필요할까요? 간단하게 설명하면 IP(3계층) 주소는 데이터 링크 계층(2계층) 주소와 달리 *주소에 Hierarchy가 있습니다. 우리가 평소에 사용하는 전화번호나 우편 번호도 Hierarchy를 가집니다.

주소의 Hierarchy에 대한 이해를 돕기 위해 우편 주소와 전화번호를 예로 들어보겠습니다. 서울시라는 주소에는 강남구, 강동구, 강북구, 강서구 등 여러 구가 포함됩니다. 강남구라는 주소에는 개포동, 논현동, 삼성동 등 여러 동이 포함됩니다. 개포동에는 여러 번지들이 있지요. 전화번호도 마찬가지입니다. 82-2-3429-1111라는 전화번호에서 가장 처음 숫자인 82는 한

국에 있는 모든 전화를 대표하는 번호입니다. 2는 서울에 있는 모든 전화를 대표하는 번호이고, 3429는 한 지역을 대표하는 번호입니다. 1111이 최종 단말인 전화기의 번호입니다.

이와 같이 우편 주소와 전화번호로 길 찾기를 시작할 때 주소의 모든 자리를 보지 않습니다. 처음에는 주소의 앞자리만 보고 위치를 파악해 냅니다. [그림 1–35]의 전화 예를 보십시오.

주소의 계급적 특성 때문에 A 부분에 있는 전화 스위치(편지일 경우 우체국의 분배 담당 직원)는 국가 번호만 보면 됩니다. 그 외에 상세한 정보를 보지 않기 때문에 앞자리 번호만 스위칭 테이블에 올라와 있습니다.

즉, 스위칭시 주소의 모든 부분과 스위칭 테이블을 대조하는 업무 부하를 줄이게 되고, 대표 번호(앞자리)만 유지함으로써 스위칭(라우팅) 정보의 교환, 유지로 인한 오버헤더가 줄어들게 됩니다. 결국 효율적으로 길을 찾아줄 수 있게 됩니다.

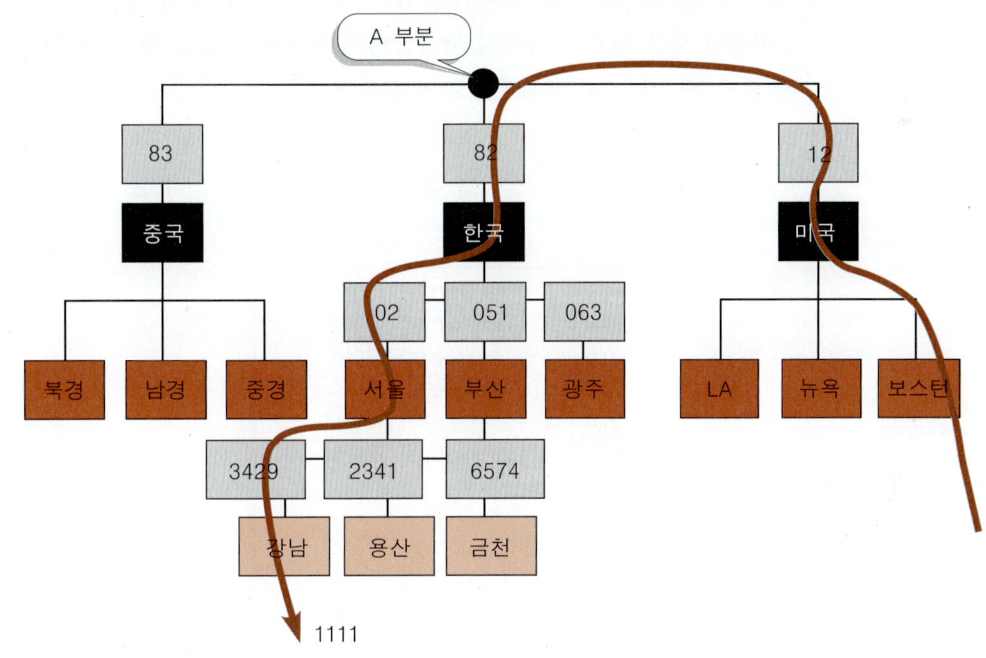

그림 1–35 ≫
Hierarchy가 있는
전화 스위칭 테이블

Tip 라우팅 테이블

라우팅 테이블에는 라우터가 길을 찾을 수 있는 정보가 보관되어 있습니다. 라우터로 들어온 데이터는 일단 라우팅 테이블을 보고 길 찾기를 합니다.

IP 주소 테이블도 마찬가지입니다. IP 주소의 네트워크 부분만으로 길을 찾으므로 라우팅 테이블(길 찾기 정보를 보관하는 테이블)의 길이가 짧아지고, 모든 IP 주소 대신 네트워크를 대표하는 IP주소의 앞자리 정보만 교환하기 때문에 네트워크의 라우팅 업데이트 트래픽은 줄어들어 효율이 높아집니다. 다음은 간단한 라우팅 테이블의 예입니다.

라우팅 테이블

10.0.0.0 /8   s0

10.0.0.0 /8에서 '/8'은 서브넷 마스크를 표시하는 다른 방법입니다. 우리가 이미 배운 방식대로 표현하면 '/8'은 255.0.0.0이 됩니다. 255.0.0.0을 2 진수로 바꾸면 11111111.00000000.00000000.00000000로 '1' 자리가 8개입니다. 따라서 '/8'은 1자리가 8개임을 표시하는 서브넷 마스크(네트워크와 호스트 자리를 표시)를 나타내는 방법입니다.

10.0.0.0 /8은 10 네트워크의 모든 호스트들을 대표하는 정보입니다. 왜냐하면 10.?.?.? 네트워크에서 가장 첫 번째 IP가 10.0.0.0입니다. 이렇게 첫 번째 IP가 10.?.?.?의 모든 IP를 대표하기 위해 라우팅 테이블에서 사용됩니다. 다시 말해서 10.0.0.0~10.255.255.255까지 2^{24}개의 호스트 번호를 대표하는 정보입니다.

이러한 대표 번호를 라우팅 테이블에서 사용하지 않는 경우 라우터의 라우팅 테이블은 어떻게 될까요? 10.0.0.0 /8 네트워크의 모든 IP 주소를 [그림 1-36]과 같이 라우팅 테이블에 올려야 할 것입니다. 그러나 IP 주소와 같은 3계층 주소는 네트워크의 대표 주소만 라우팅 테이블에 표시하여 라우팅 테이블 길이를 아주 짧게 줄일 수 있습니다.

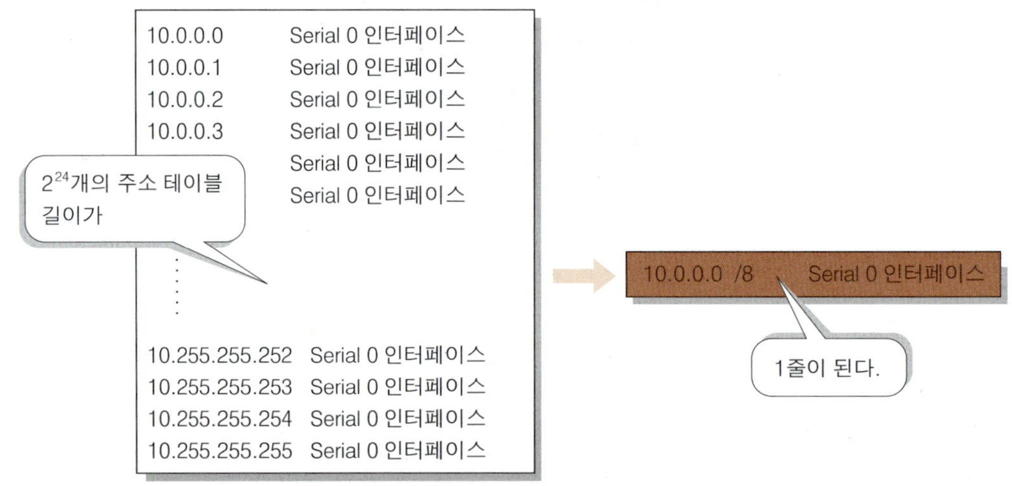

그림 1-36 ≫
전화의 스위칭 테이블 처럼 Hierarchy가 있는 라우팅 테이블

네트워크의 대표 주소는 해당 네트워크의 첫 번째 주소가 된다고 했습니다. 위와 같은 경우는 10.0.0.0이 되겠지요. 라우팅 테이블에 IP 주소와 함께 서브넷 마스크 정보까지 올리는 이유를 다음 예를 통해 확인해 보겠습니다.

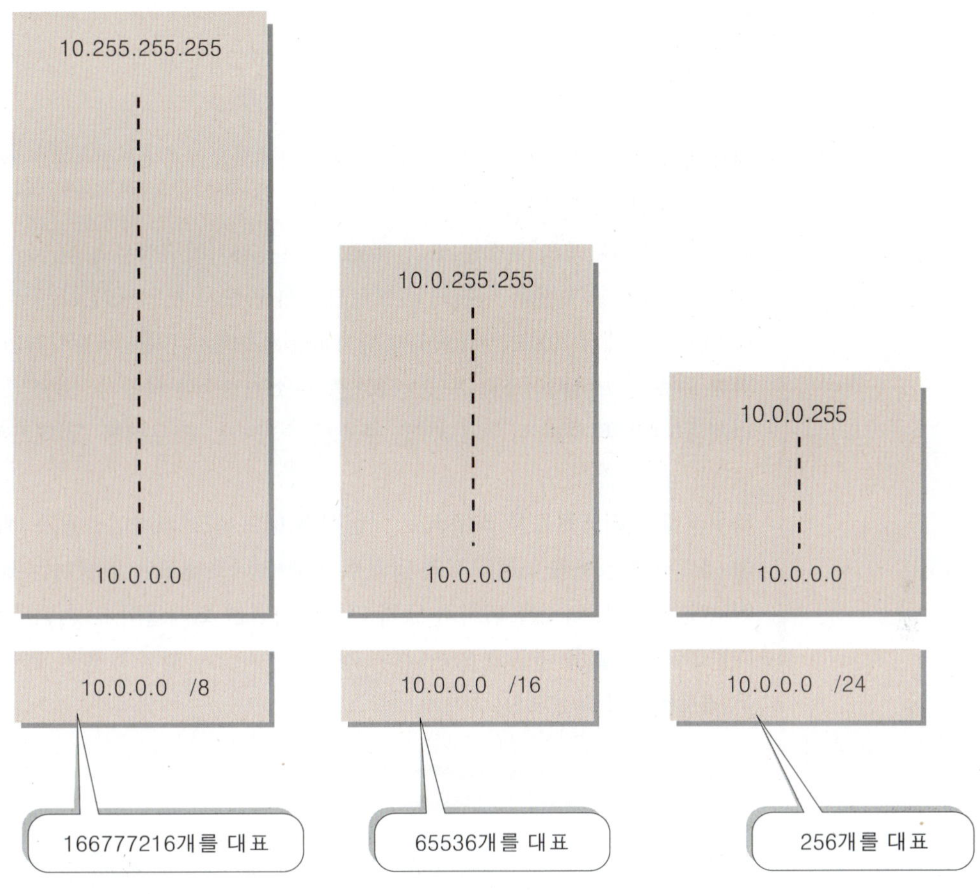

그림 1-37 >>
서브넷 마스크가
달라지면서 대표하는
IP 주소의 개수가
달라진다.

[그림 1-37]과 같이 10.0.0.0 /8은 2^{24}개(166777216)를 표시합니다. 10.0.0.0 /24는 2^{16} (65536)개를 표시합니다. 이에 비해 10.0.0.0 /24 정보는 2^8(256)개 만을 표시합니다.

모든 호스트들의 주소를 가질 필요없이 한줄로 일정 범위의 IP 주소들을 표시할 수 있기 때문에 전화 스위치의 스위칭 테이블처럼 전 세계 네트워크에 대한 정보를 가질 수 있습니다. 이런 특성(Address Hierarchy)이 없는 MAC 주소로 라우팅 테이블을 만든다면 전 세계의 호스트 수만큼의 테이블 길이가 필요할 것입니다. 과연 몇 줄이나 될까요? 100억 줄? 200억 줄? 아마 그보다 훨씬 더 길 것입니다.

IP주소 이외의 네트워크 계층 주소

네트워크 계층 주소 중 가장 대표적인 것이 IP입니다, 이 외에도 IPX, AppleTalk, Decnet, Vines, Apollo 등이 있습니다.

IPX, AppleTalk 등의 주소는 IP가 대세가 아닌 시기에 IPX사와 AppleTalk사에서 자사가 만든 애플리케이션을 수용하기 위해 네트워크에서 반드시 사용해야 하는 주소였습니다. 그러다 보니 네트워크에서 IPX사, AppleTalk사, Decnet사에서 만든 애플리케이션들을 모두 수용하기 위해 네트워크 디바이스들이 갖는 3계층 주소가 3종류, 4종류, 5종류,…… 이렇게 점점 늘어나게 됩니다. 이처럼 다수의 3계층 주소를 수용하는 라우터를 '멀티프로토콜 라우터'라고 합니다.

라우터를 멀티프로토콜 라우터로 구현하면 네트워크 디바이스들과 네트워크 디바이스들 간에 네트워크 정보를 라우터끼리 알려주기 위해 네트워크에 발생하는 부하가 2배, 3배, 4배 늘어나게 됩니다. 이것을 피하기 위해 애플리케이션 회사들이 IP 환경에서도 사용할 수 있도록 애플리케이션들을 만들고 있습니다. 따라서 IP-only 환경의 훨씬 효율적이고 오버헤드가 적은 네트워크가 되겠지요.

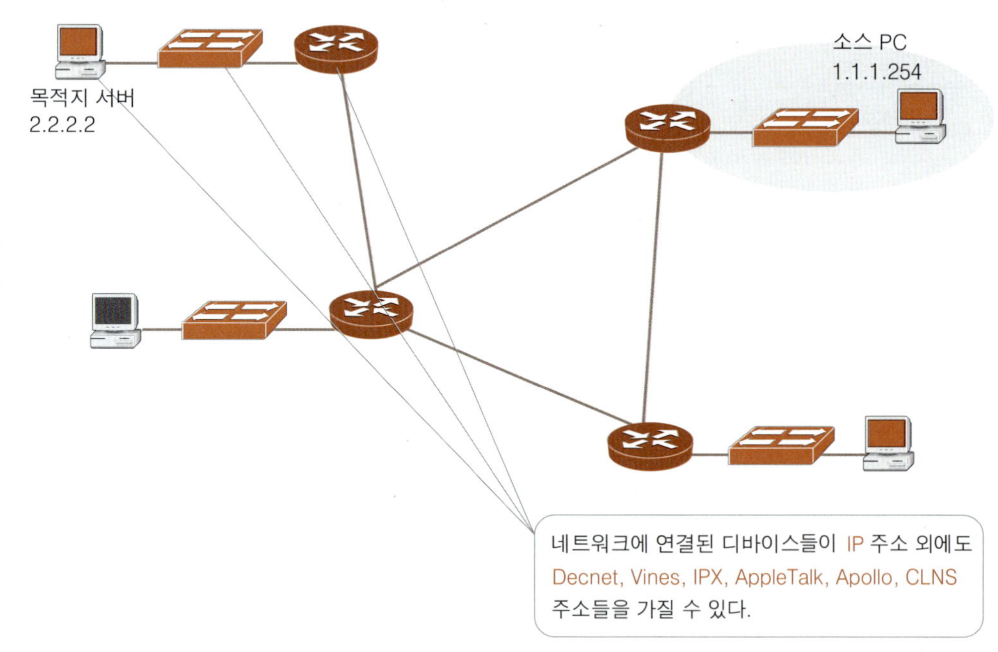

그림 1-38 >>
IP 주소 이외의
네트워크 주소들

Lesson 09 — 3계층 주소 디자인하기 Ⅰ ✳

주소를 할당하기 위해서는 먼저 주소와 주소 간의 경계가 있어야 합니다. 라우터는 네트워크를 구분하는 장비입니다. 라우터는 [그림 1-39]와 같이 모두 7개의 네트워크를 구분하고 있습니다.

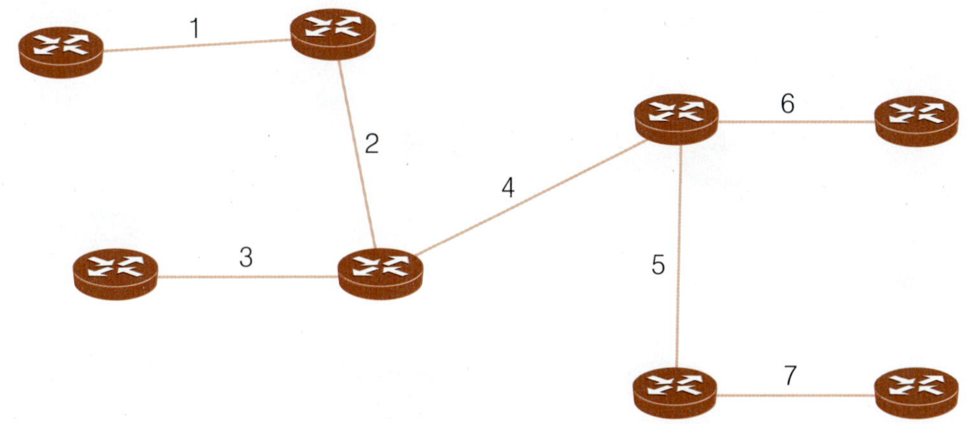

그림 1-39 >>
모두 7개의 네트워크가 보인다.

라우터는 네트워크를 나누고, 목적지 네트워크까지 가는 최적의 경로를 계산하는 계산기입니다. 각각의 네트워크는 IP 주소의 네트워크 부분이 상이해야 합니다. 이 부분이 동일하다면 두 마을이 같은 주소를 사용하는 것이 됩니다. IP 주소를 구현할 때는 항상 서브넷 마스크를 표시합니다. 서브넷 마스크는 앞에서 설명한 것처럼 IP의 네트워크와 호스트 부분을 구분하는 기호입니다.

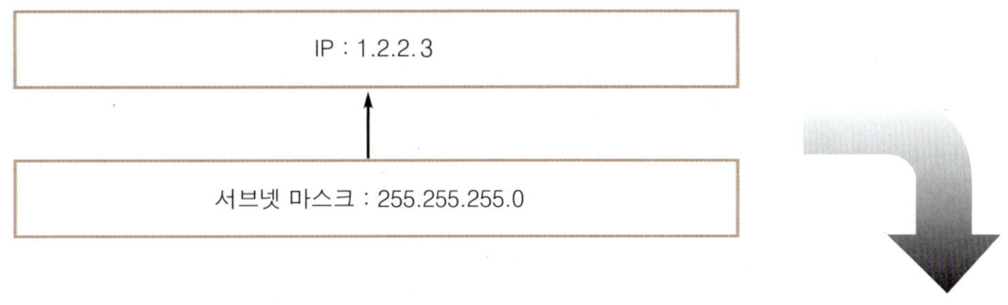

그림 1-40 >>
서브넷 마스크는 네트워크 자리와 호스트 자리를 구분하는 기호이다.

서브넷 마스크를 2진수로 바꾸어 IP 주소에 씌웠을 때 2진수 '1'이 겹치는 자리가 네트워크 자리이고, 2진수 '0'이 겹치는 자리는 호스트 자리입니다. 다음 말의 의미를 생각해 봅시다.

네트워크와 호스트의 경계를 표시하는 서브넷 마스크는 네트워크내에 존재하는 호스트 수에 따라 다양할 수 있습니다.

예를 들어 호스트가 2^{24}개 있는 네트워크의 서브넷 마스크는 255.0.0.0입니다. 호스트가 2^{16}개가 있는 네트워크의 서브넷 마스크는 255.255.0.0이고, 호스트가 2^8개인 네트워크의 서브넷 마스크는 255.255.255.0이 되어 매우 다양합니다. 다음과 같은 IP 주소의 디자인 예를 봅시다.

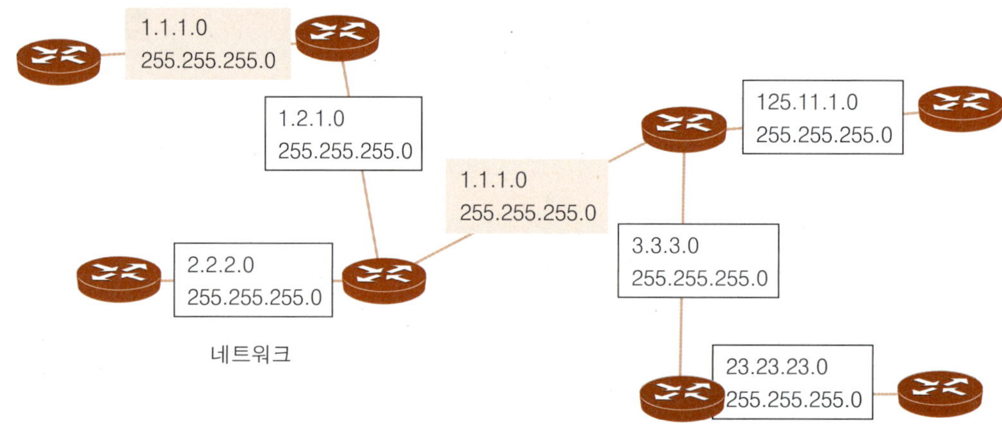

그림 1-41 >>
무엇이
잘못되었을까?

모든 네트워크의 서브넷 마스크가 255.255.255.0입니다. 따라서 3번째 자리까지가 네트워크 자리입니다. 그러므로 다른 네트워크에서 IP 주소의 네트워크 자리인 3번째 자리까지는 어떤 경우에도 중복되면 안됩니다.

그런데 음영으로 표시된 네트워크는 같은 네트워크 번호를 사용했습니다. 이렇게 되면 라우터에서 1.1.1.0 네트워크로 가는 패킷들이 보다 가까운 1.1.1.0 네트워크쪽으로 라우팅(길 찾기)됩니다. 그렇게 되면 정말 가고 싶었던 목적지인 1.1.1.0에 갈 수도 있고, 가지 못할 수도 있습니다. 즉, 라우팅이 될 수도 있고 되지 않을 수도 있습니다.

[그림 1-42]와 같은 IP 주소 디자인은 완벽하게 디자인된 예입니다. 3번째 자리까지가 네트워크 자리인데 중복되는 네트워크 자리가 하나도 없습니다.

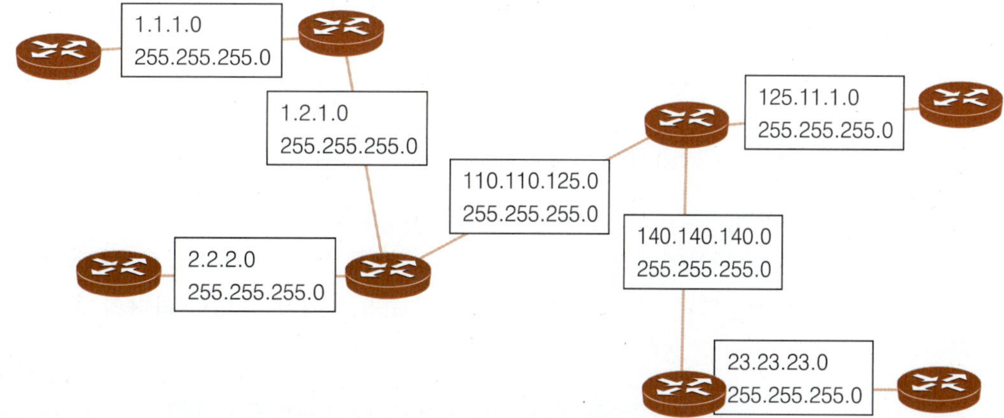

그림 1-42 >>
완벽한 주소 디자인의
예

다음과 같은 IP 주소 디자인을 한번 보겠습니다. 네트워크 자리가 중복되고 있군요.

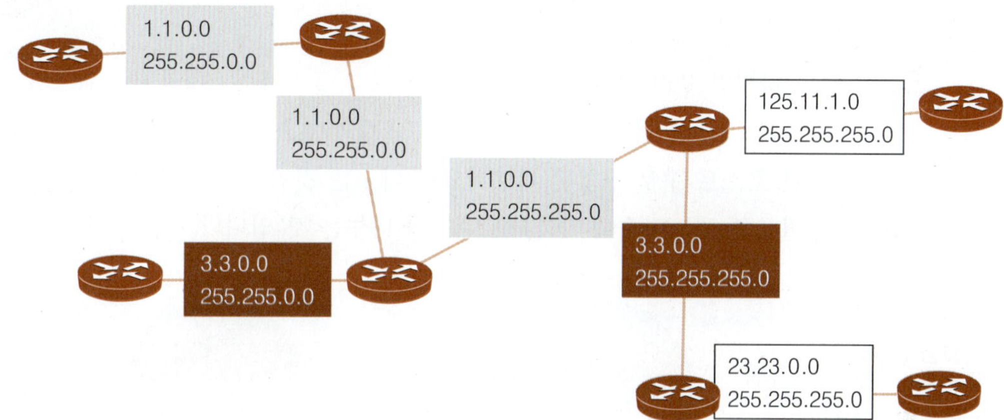

그림 1-43 >>
무엇이
잘못되었을까?

　일부 네트워크의 서브넷 마스크가 255.255.0.0으로 바뀌었습니다. 2번째 자리(255.255자리)까지가 네트워크 자리입니다. 2번째 자리까지는 어떤 일이 있어도 중복되면 안됩니다. 그런데 [그림 1-43]에서 음영으로 표시된 네트워크는 같은 네트워크 번호를 사용했습니다. 다음과 같은 IP 주소 디자인은 제대로 된 예입니다.

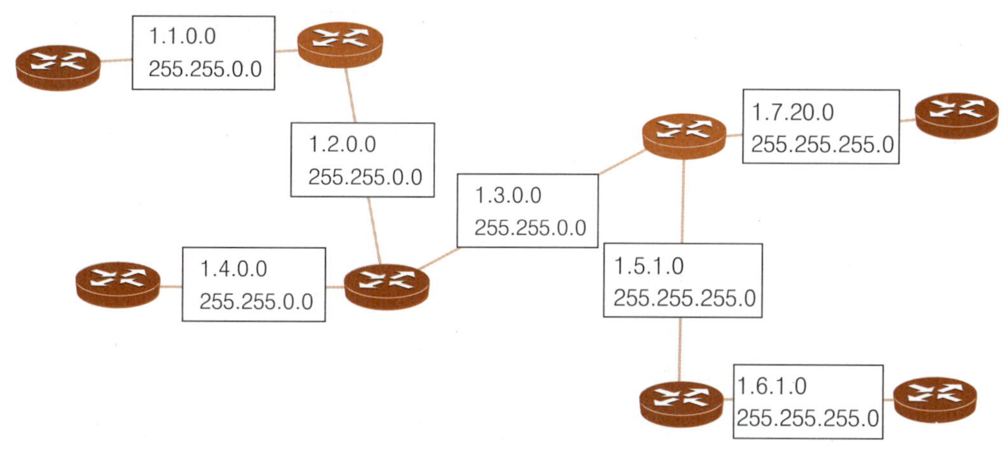

그림 1-44 >>
완벽한 주소 디자인의
예

10 3계층 주소 디자인하기 Ⅱ ✳

IP 주소 디자인은 앞에서 살펴본 예제와 같이 아주 간단합니다. 이번에는 실제 상황을 가정하여 논리적인 IP가 어떻게 할당되는지를 설명하겠습니다.

한국통신에서 우리 회사에 IP 주소로 210.210.210.0/24를 할당했습니다. 210.210.210.0/24라는 주소는 2^8개의 호스트 수가 들어갈 수 있는 하나의 네트워크입니다.

그림 1–45 ≫
210.210.210.0 /24의
IP 주소

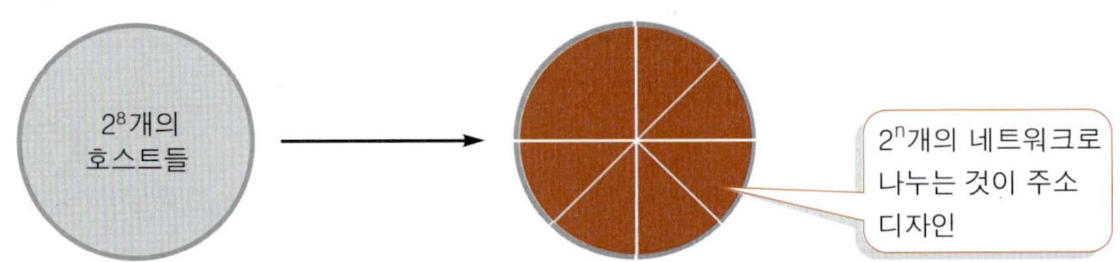

하지만 우리 회사에는 30개의 호스트가 들어가는 6개의 네트워크가 필요하다고 가정하겠습니다. 그래서 주소 디자인을 할 때는 2^8개의 호스트가 들어가는 하나의 네트워크를 우리가 필요한 호스트 수로 구성된 네트워크로 나누는 것입니다. 주소 디자인은 한마디로 '네트워크에서 필요한 호스트 수에 따라 네트워크를 나누는 것' 입니다.

그림 1–46 ≫
네트워크 주소 디자인
은 하나의 네트워크를
여러 개의 네트워크로
나누는 것

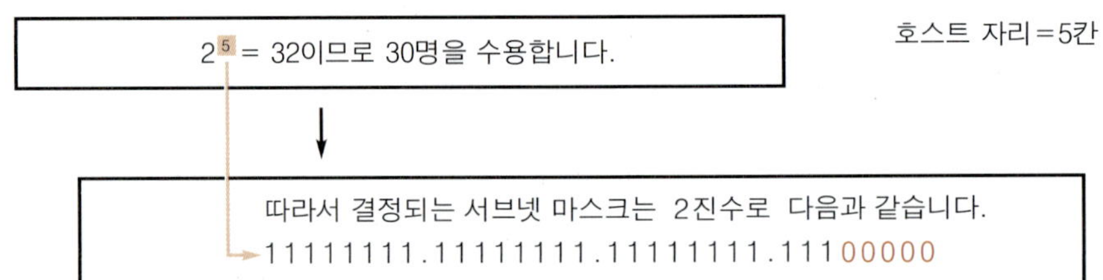

본격적으로 주소 디자인을 해 봅시다. 우선 네트워크에서 수용해야 할 호스트의 수를 결정합니다. 호스트의 수가 30명이면 호스트 자리는 5칸이 필요합니다.

2^5 = 32이므로 30명을 수용합니다.

호스트 자리＝5칸

따라서 결정되는 서브넷 마스크는 2진수로 다음과 같습니다.
11111111.11111111.11111111.11100000

주소를 디자인할 때 제일 먼저 서브넷 마스크를 계산합니다. 그런 다음 한국통신에서 할당한 IP 주소로 210.210.210.0/24를 사용하라고 했으므로 210.210.210(/24니까)까지는 변경할 수 없습니다. 위에서 계산된 서브넷 마스크는 11111111.11111111.11111111.11100000입니다. 서브넷 마스크에서 '1'은 네트워크 자리이고, '0'은 호스트 자리입니다. 한국통신에서 결정된 서브넷 마스크는 11111111.11111111.11111111.00000000(210. 210.210.0/24 주소를 할당함)이었습니다. 원래의 네트워크 자리는 210.210.210까지입니다. 이렇게 원래의 네트워크 자리인 210.210.210은 네트워크라 하고, 11111111.11111111.11111111.11100000에서 새롭게 연장된 네트워크 자리(굵게 표시)를 서브넷 자리라고 합니다. 원래의 네트워크 자리를 아버지 네트워크 자리라고 한다면 서브넷 자리는 아버지가 낳은 아들 네트워크 자리(서브넷 자리)가 되겠습니다.

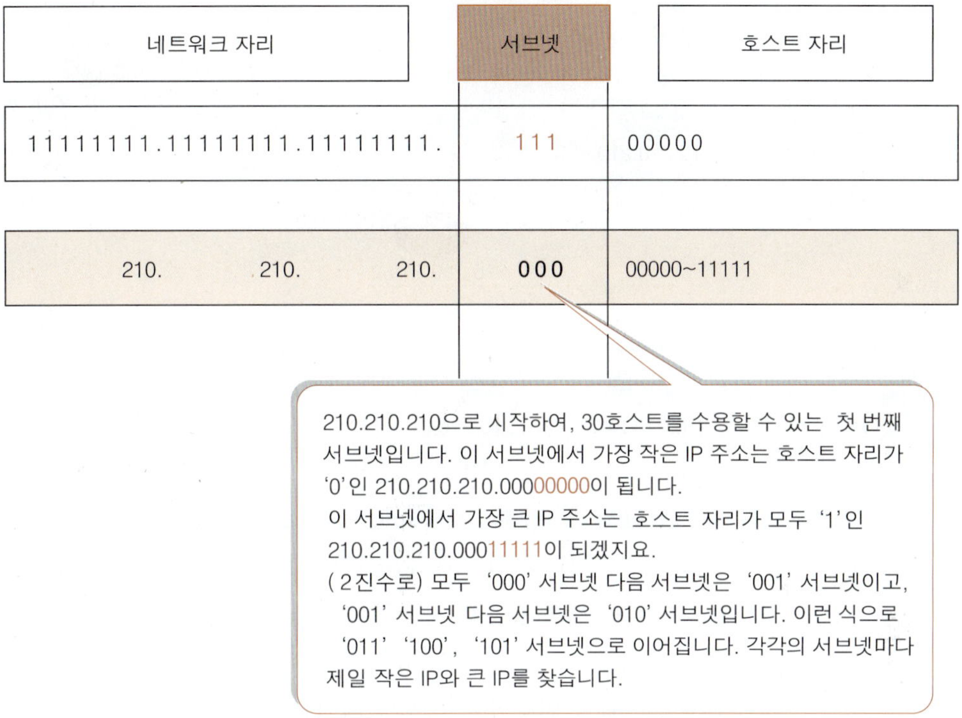

네트워크 자리	서브넷	호스트 자리
11111111.11111111.11111111.	111	00000

210.	210.	210.	000	00000~11111

그림 1-47 ≫
서브넷을 생성한다.

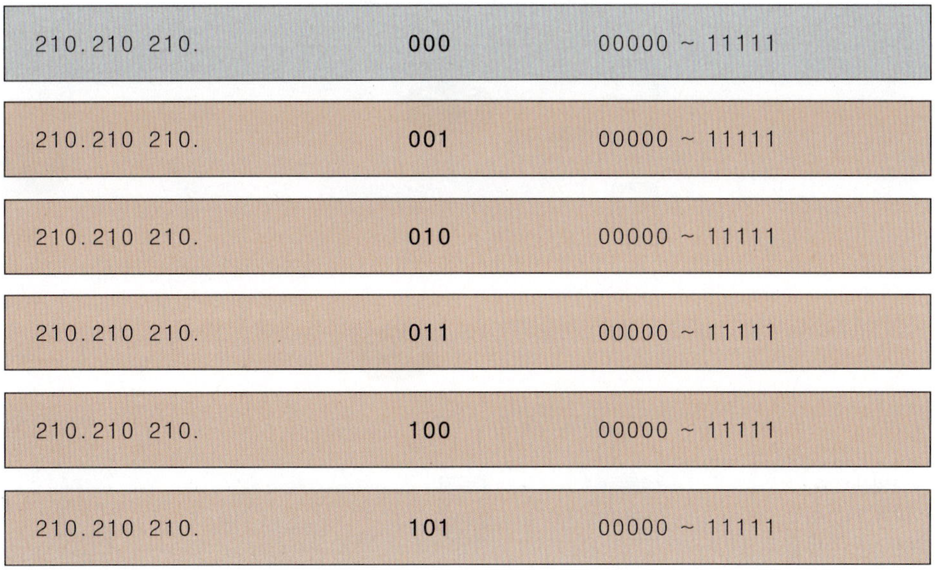

210. 210 210.	000	00000 ~ 11111
210. 210 210.	001	00000 ~ 11111
210. 210 210.	010	00000 ~ 11111
210. 210 210.	011	00000 ~ 11111
210. 210 210.	100	00000 ~ 11111
210. 210 210.	101	00000 ~ 11111

그림 1-48 ≫
마지막으로 10진수로
바꾼다.

우리에게 필요한 서브넷은 모두 6개라고 했으므로 이를 10진수로 바꾸면 끝납니다. 210.210.210.0~31, 210.210.210.32~63, 210.210.210.64~95, 210.210.210.96~127, 210.210.210.128~159, 210.210.210.160~191입니다. 이것을 [그림 1-49]와 같이 할당하면 됩니다. 당연한 말이지만, 라우터는 인터페이스마다 네트워크가 달라지므로 인터페이스마다 다른 IP 주소를 가지겠지요.

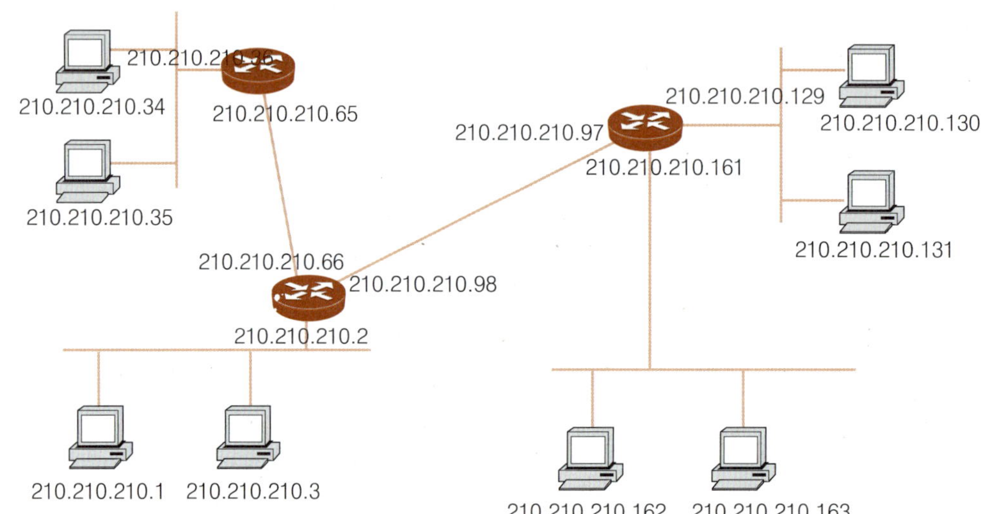

그림 1-49 >> 네트워크에 계산된 주소를 할당한다.

각 네트워크의 첫 번째 IP 주소인 210.210.210.0, 210.210.210.32, 210.210.210.64, 210.210.210.96, 210.210.210.128, 210.210.210.160은 호스트에 할당하지 않고, 각각의 서브넷을 대표하는 대표 번호로 사용합니다. 이 경우에 하나의 IP 주소가 32개의 주소를 대표하여 라우팅 테이블에 대표선수로 올라옵니다. [그림 1-50]에 나와 있는 주소는 네트워크를 대표하는 네트워크 대표 번호이고, 라우팅 테이블에서 해당 네트워크의 모든 호스트를 대표합니다.

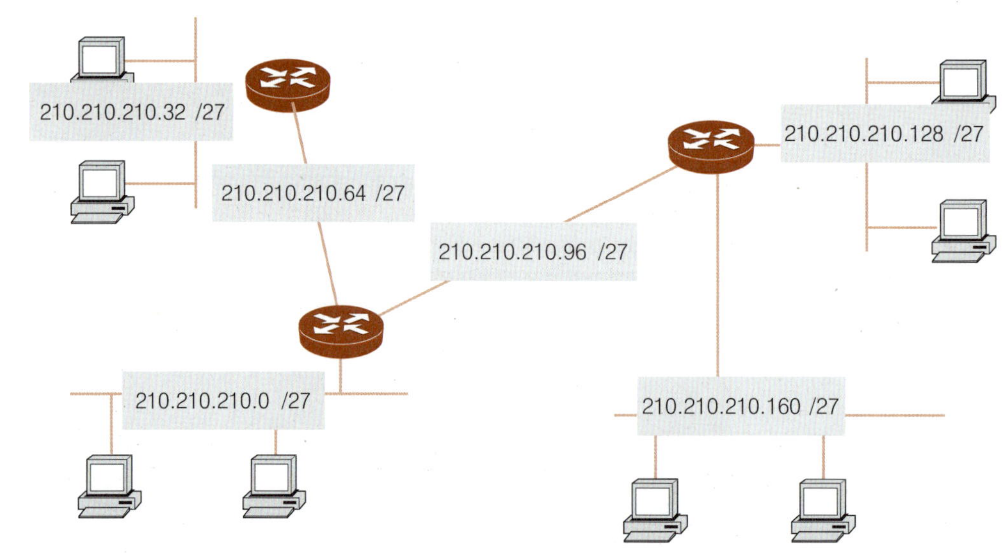

그림 1-50 >> 네트워크를 대표하는 번호들

2계층 주소는 3계층 주소와 어떻게 다른가?

2계층 주소는 한 네트워크 내에서 스위치에 연결된 디바이스들을 구분하기 위해 사용됩니다. 스위치는 한 네트워크 내의 디바이스들의 2계층 주소로 스위칭 테이블을 만들어 스위칭합니다.

다른 네트워크에서는 전혀 다른 종류의 2계층 스위치가 사용될 수 있습니다. 스위치 종류가 달라지면 스위칭 방식도 달라지고, 스위치가 사용하는 2계층 주소 형태도 달라집니다. [1-51]에서 프레임 릴레이, ATM, 이더넷, 토큰 링 등과 같은 다양한 데이터 링크 계층(2계층) 프로토콜을 사용하는 네트워크들이 보입니다. 2계층 인캡슐레이션 포맷도 다릅니다.

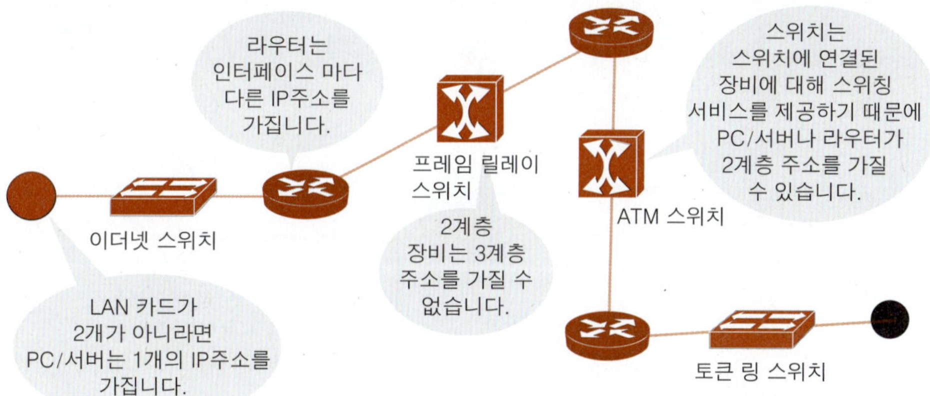

그림 1-51 ≫
네트워크마다 스위치는 다를 수 있다.

앞에서 설명했듯이 네트워크를 구분하고, 목적지 네트워크를 찾아주는 장비가 라우터라고 했습니다. 따라서 라우터의 인터페이스마다 연결되는 데이터 링크 계층의 스위치가 달라질 수 있습니다. 라우터에서 각각의 2계층 프로토콜은 각 네트워크 내에서 동작할 뿐이므로 인터페이스마다 다른 2계층 주소를 가져야 합니다.

ATM은 ATM 주소를 사용하고, 프레임 릴레이는 DLCI 번호를 사용합니다. 이더넷, 토큰 링, FDDI 3 프로토콜은 48 비트짜리 MAC 주소를 사용합니다. 이러한 2계층 주소는 네트워크 내에서만 의미가 있으므로 스위치가 스위칭 테이블을 만들 때에도 [그림 1-52]와 같이 스위치가 속한 네트워크 내의(2계층 주소를 가지는) 장비에 대해서만 스위칭 테이블을 만듭니다.

라우터는 인터페이스마다 다른 네트워크이므로 다른 IP 주소를 가져야 하고, 인터페이스 마다 연결되는 스위치가 다르므로 다른 2계층 주소를 가집니다.

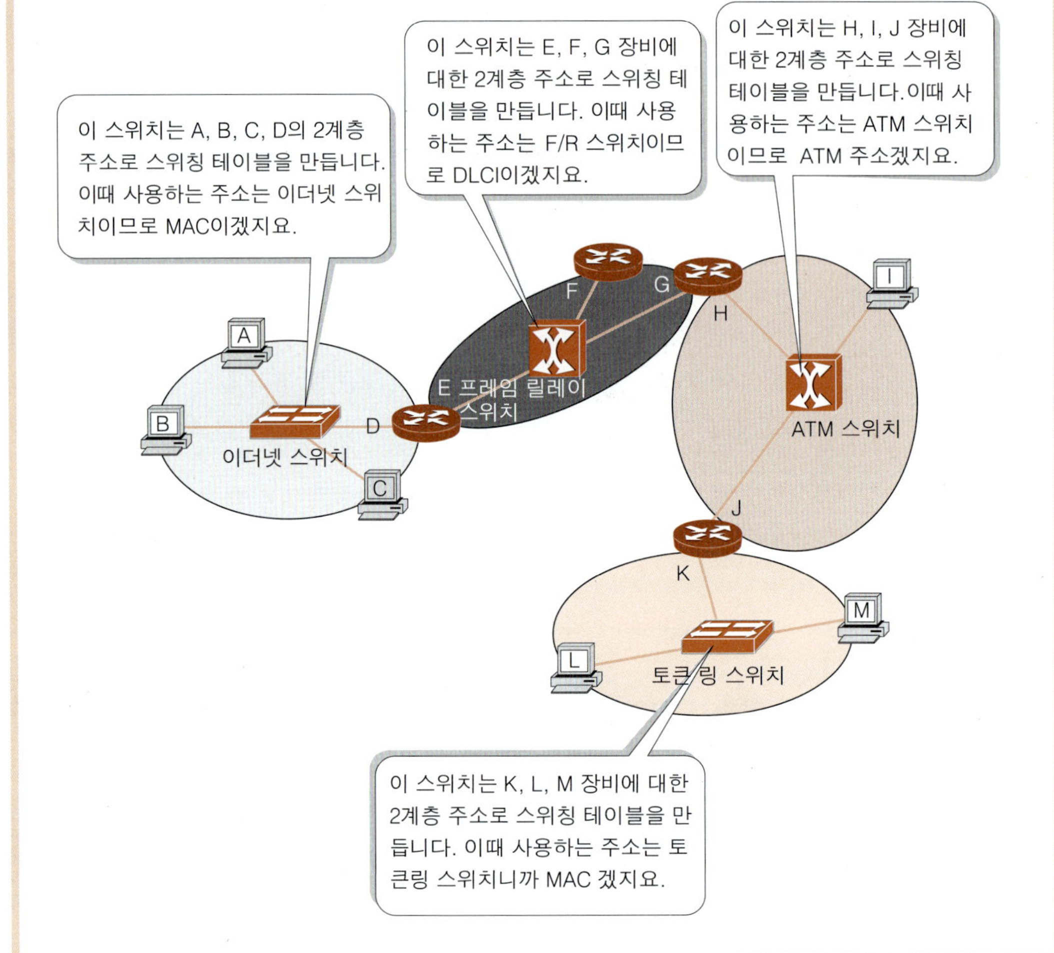

그림 1-52 >>
스위칭 테이블의 영역

11 2계층 주소는 네트워크를 통과할 때마다 달라진다 ✳

패킷이 PC A에서 PC B로 가기 위해서 4개의 네트워크 즉 토큰 링 네트워크, ATM 네트워크, 프레임 릴레이 네트워크, 이더넷 네트워크를 차례로 거쳐야 합니다. 패킷들은 라우터들이 필요로 하는 3계층 주소 외에 각각의 특정 스위치(이더넷, 프레임 릴레이, ATM, 토큰 링 스위치)로 구성된 네트워크를 통과하기 위해 각 네트워크에서 필요로 하는 새로운 2계층 인캡슐레이션을 갖추어야 합니다. 즉, 새로운 2계층 옷을 입어야 합니다.

이 2계층 옷들이 대동소이하긴 하지만, 네트워크마다 사용하는 스위치가 달라지면 2계층 주소 포맷과 스위치마다 스위칭 방식이 다르므로 주소 외의 다른 필드도 조금씩 추가되거나 생략되어 달라집니다.

[그림 1-53]의 예에서 패킷이 목적지에 도착하려면 4개의 다른 네트워크를 통과한다고 했습니다. 패킷이 네트워크를 통과할 때마다 각각의 2계층 옷과 더불어 주소는 변경되어야 합니다. 토큰 링 스위치를 통과할 때 사용했던 2계층 주소와 인캡슐레이션은 ATM 스위치를 통과할 때는 더 이상 사용할 수 없습니다. 마찬가지로 ATM 주소를 가지고 (또는 ATM 옷을 입고) 프레임 릴레이 스위치를 통과할 수는 없습니다. 또한 프레임 릴레이 주소를 가지고 (프레임 릴레이 옷을 입고) 이더넷 스위치를 통과할 수 없습니다.

PC A에서 B에 도착할 때까지 3계층 주소는 변함없지만 2계층 주소는 각 구간을 통과할 때마다 바뀝니다. ✦ 표시는 각 네트워크를 통과하고 있을 때의 2계층 목적지 주소이고, ✳ 표시는 각 네트워크의 2계층 출발지 주소가 됩니다. [그림 1-53]에서 확인하기 바랍니다.

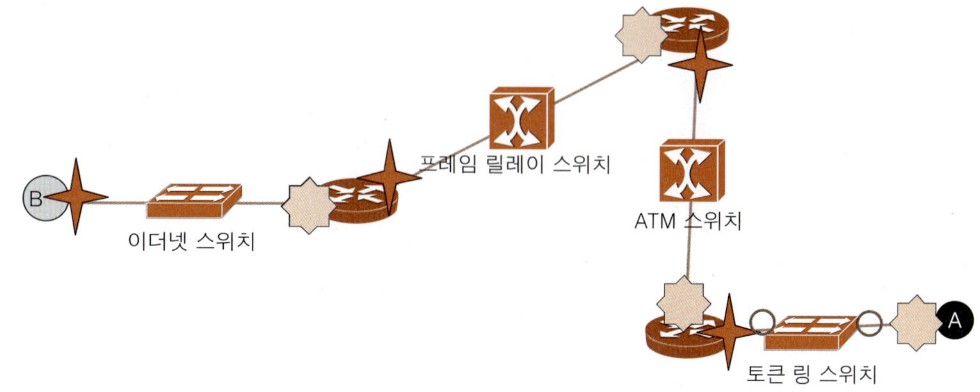

그림 1-53 ≫
2계층 주소의 출발지 주소와 목적지 주소는 라우터를 통과할 때마다 바뀐다.

그런데 이렇게 각 구간을 통과할 때마다 주소를 변환하는 작업을 누가 할까요? 경계 부분에 있는 장비가 의심이 가는군요. 네트워크와 네트워크의 경계에는 라우터가 있습니다. 앞에서 라우터는 3계층 기능만 수행하는 장비가 아니라 (3계층 이하의) 1, 2, 3계층 기능을 모두 수행한다고 했습니다. 라우터는 3계층에서 라우팅을, 2계층에서 2계층 인캡슐레이션 변환(미디어 트랜스레이션(Media Translation) 주소 변환도 포함되겠죠!)을, 1계층에서 약해진 신호를 증폭하는 장치라고 할 수 있습니다.

라우터 = 라우팅(3계층) + 미디어 트랜스레이션(2계층) + 증폭(1계층)

다음 장에서 자세히 설명하겠지만 스위치와 허브는 다음과 같은 기능을 제공합니다. 스위치는 2계층 장비이고, 허브는 1계층 장비입니다.

스위치 = 스위칭(2계층) + 증폭(1계층)

허브 = 증폭(1계층)

피지컬 계층에서는 장비들 간에 전기신호를 통해 '1'과 '0'의 비트를 전달합니다. 같은 프리젠테이션 계층의 코드라 하더라도 어떤 전압으로 표현할 것인지(즉, 10101과 같은 코드를 어떤 시그널(예를 들어, '1'은 5V, '0'은 −5V)로 표시할 것인가 하는 것이 정의되어 있습니다.), 어떤 전선 타입이 어느 정도의 속도까지 전송할 수 있는지, 케이블의 핀 아웃에 대한 기능은 어떤 것이 있는지 등이 피지컬 계층 프로토콜에서 정의됩니다.

길 찾기와 옷 갈아 입히기에 필요한 테이블 ✳

스위치는 2계층 장비로 2계층 주소를 보고 목적지 포트를 찾아 해당 포트로만 약해진 신호를 증폭해서 전달합니다.

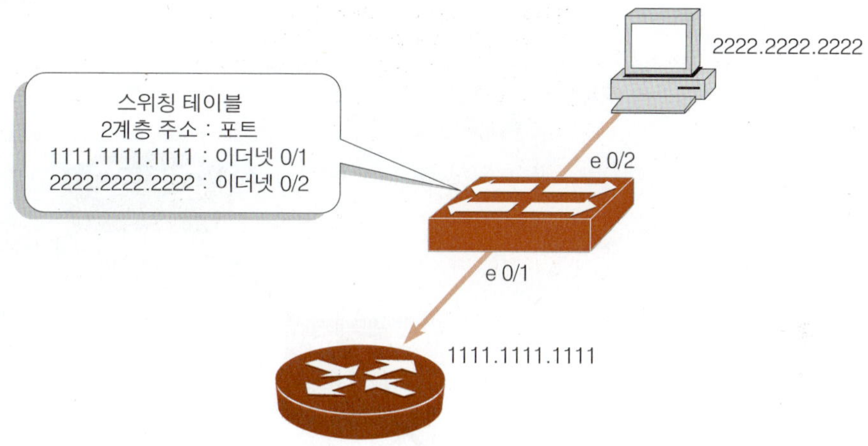

그림 1-54 ≫
스위칭 테이블

라우터에 도착한 패킷은 처음 라우팅 테이블을 보고 길을 찾습니다. 라우팅 테이블은 다음과 같은 형식을 갖습니다.

77.0.0.0 /8 via 7.7.7.7 on Serial 0

이것은 77.0.0.0 네트워크가 Serial 0 인터페이스를 통해 갈 수 있는데, 다음에 통과해야 할 디바이스(라우터 주소)가 7.7.7.7이라는 것을 말합니다. Serial 0 인터페이스로 보내기 전에 라우터는 해당 네트워크에 맞는 2계층 옷(인캡슐레이션)으로 갈아 입혀야 합니다. 3계층 인캡슐레이션과 주소는 출발지부터 도착지까지 바뀌지 않지만 2계층 인캡슐레이션과 주소는 각각의 네트워크마다 바뀐다고 했습니다. 따라서 라우터가 갈아 입힌 2계층 주소의 출발지 주소는 Serial 0 인터페이스의 2계층 주소가 되고, 목적지 주소는 다음 디바이스의 7.7.7.7 인터페이스의 2계층 주소가 됩니다.

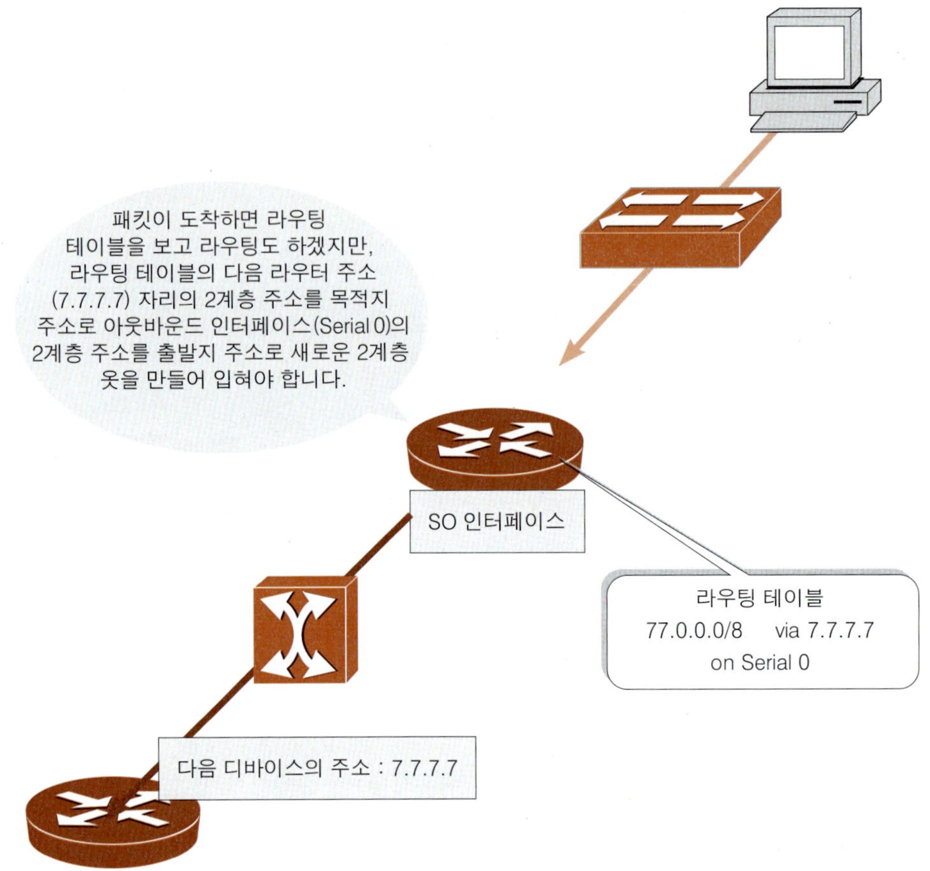

그림 1-55 >>
라우팅 테이블

그런데 라우터가 7.7.7.7 인터페이스의 2계층 주소가 무엇인지 모릅니다. 이더넷 망의 PC가 3계층 주소를 알고, 2계층 주소를 모를 때 ARP 프로토콜의 도움을 받았듯이 프레임 릴레이 망에서도 인버스(Inverse) ARP와 같은 3계층-2계층 주소 매핑 프로토콜이 존재합니다.

이러한 자동 메커니즘이 없는 경우에는 'frame-relay map ip 1.1.1.1 220(1.1.1.1 주소를 220 프레임 릴레이 주소로 매핑함)' 명령이나 'atm map ip 1.1.1.1 47.0091.8100.0000.0000. 1000.0000.0000.0c00.aaaa.00' 명령, 혹은 'x25 map ip 1.1.1.1 2202222' 명령, 'dialer map ip 1.1.1.1 5551234'와 같은 명령을 통해 2계층과 3계층 주소를 매핑해야 합니다.

따라서 라우터는 라우팅 테이블 외에(3계층과 2계층 주소가 각각 있는 모든 네트워크에서) 2계층과 3계층 주소 매핑 테이블을 가져야 합니다. 왜냐하면 모든 패킷마다 새로운 2계층 옷을 입히기 위해 ARP 리퀘스트(A.B.C.D라는 3계층 주소 자리의 2계층 주소는 무엇입니까?)와 ARP 리플라이(그것은 XXXX.XXXX. XXXX입니다)를 교환할 수는 없기 때문입니다.

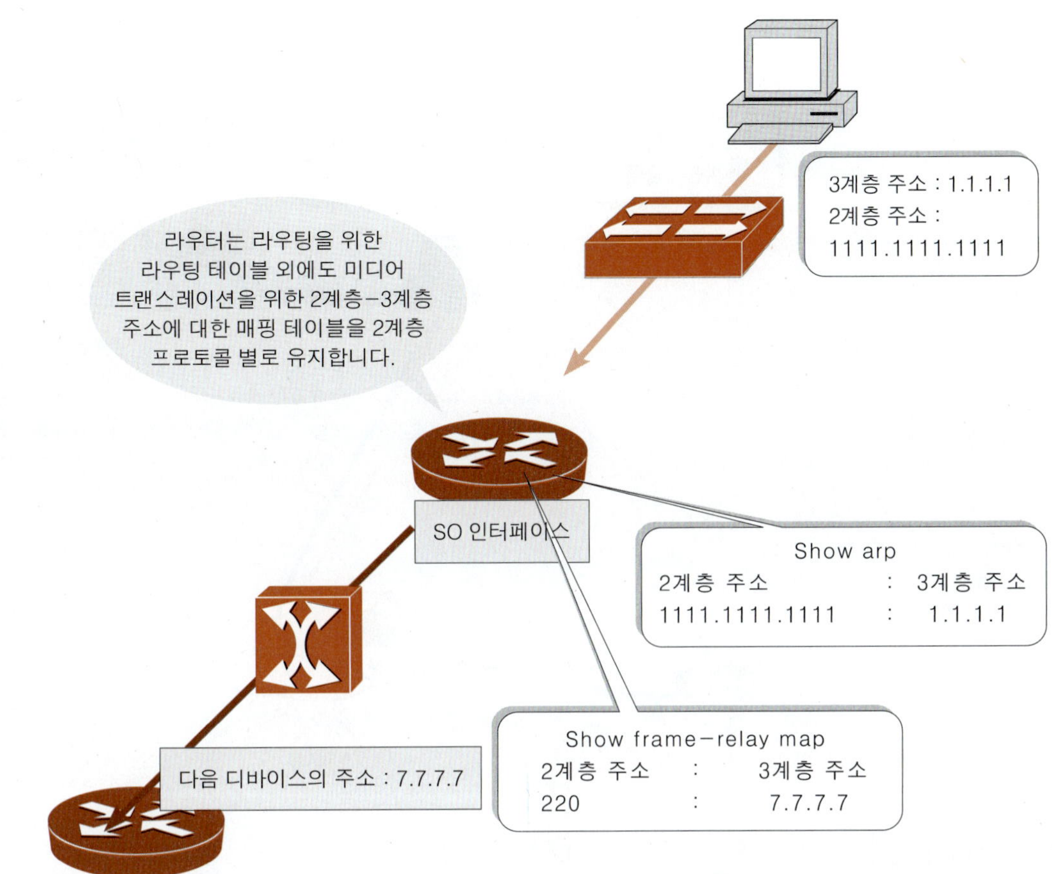

그림 1-56 ≫
2계층-3계층 주소
매핑 테이블

　[그림 1-56]에서 MAC 주소-3계층 주소는 매핑 테이블을 보기 위해서 'show arp' 명령을 사용합니다. 프레임 릴레이 주소는 3계층 주소 매핑 테이블을 보기 위해서는 'show frame-relay map' 명령을 사용합니다. ATM 주소는 3계층 주소 매핑 테이블을 보기 위해서는 'show atm map' 명령을 사용합니다.

　따라서 3계층 장비인 라우터가 3계층에서 라우팅을 위해서 라우팅 테이블을 가져야 하고, 2계층 기능인 옷 갈아 입히기를 위해서 각각의 2계층 네트워크에 대한 2계층-3계층 주소 매핑 테이블을 각각 가져야 합니다. ARP리퀘스트를 보내기 전에 매핑 테이블을 먼저 뒤져봅니다.

　장비 내부의 소프트웨어적인 프로세스까지 감안한 패킷의 경로는 [그림 1-57]과 같이 표현할 수 있습니다. PC A에서 PC B까지의 속도라는 것은 중간의 모든 디바이스들 간의 대역폭과 각 장비 내부에서의 처리 속도 두 가지의 성능이 모두 좋아야 함을 말합니다.

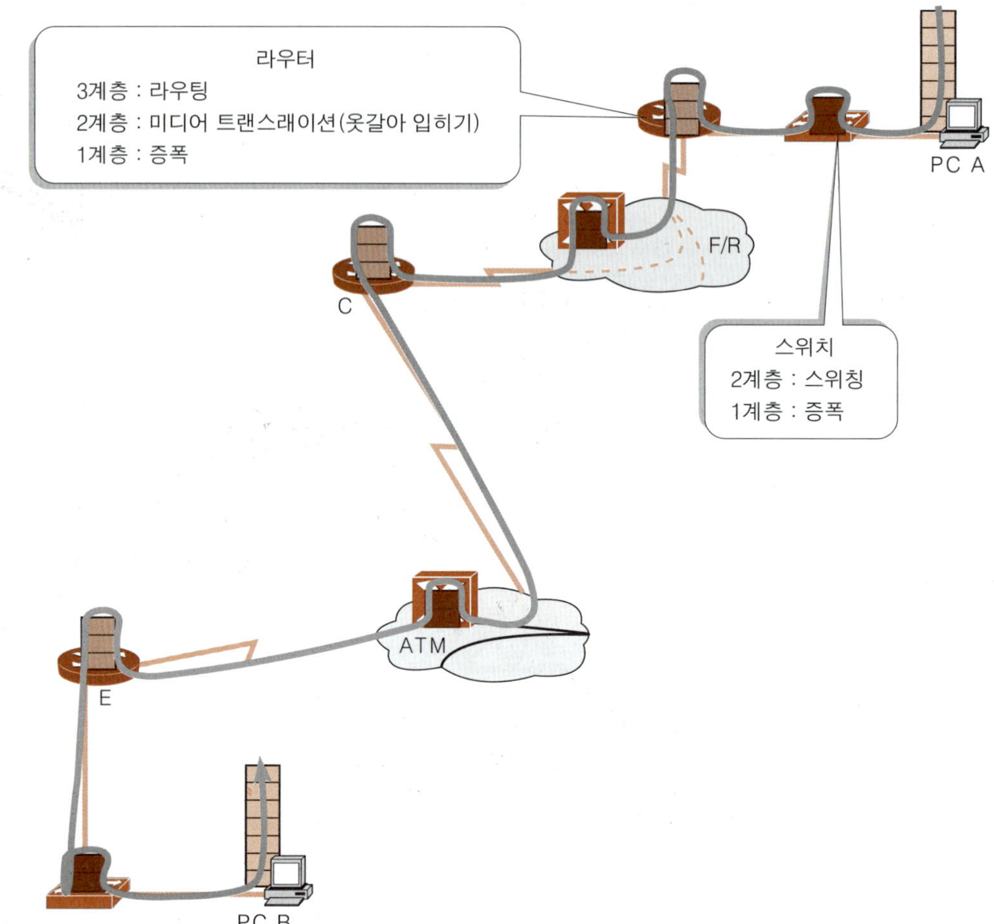

그림 1-57 ≫
모든 장비의 내부
프로세스까지 고려
했을 경우

마지막으로 [그림 1-58]과 같이 PC가 데이터에 세 겹의 옷을 입혀서 보내기 전에 데이터가
4차례나 오가는 과정이 있을 수 있습니다.

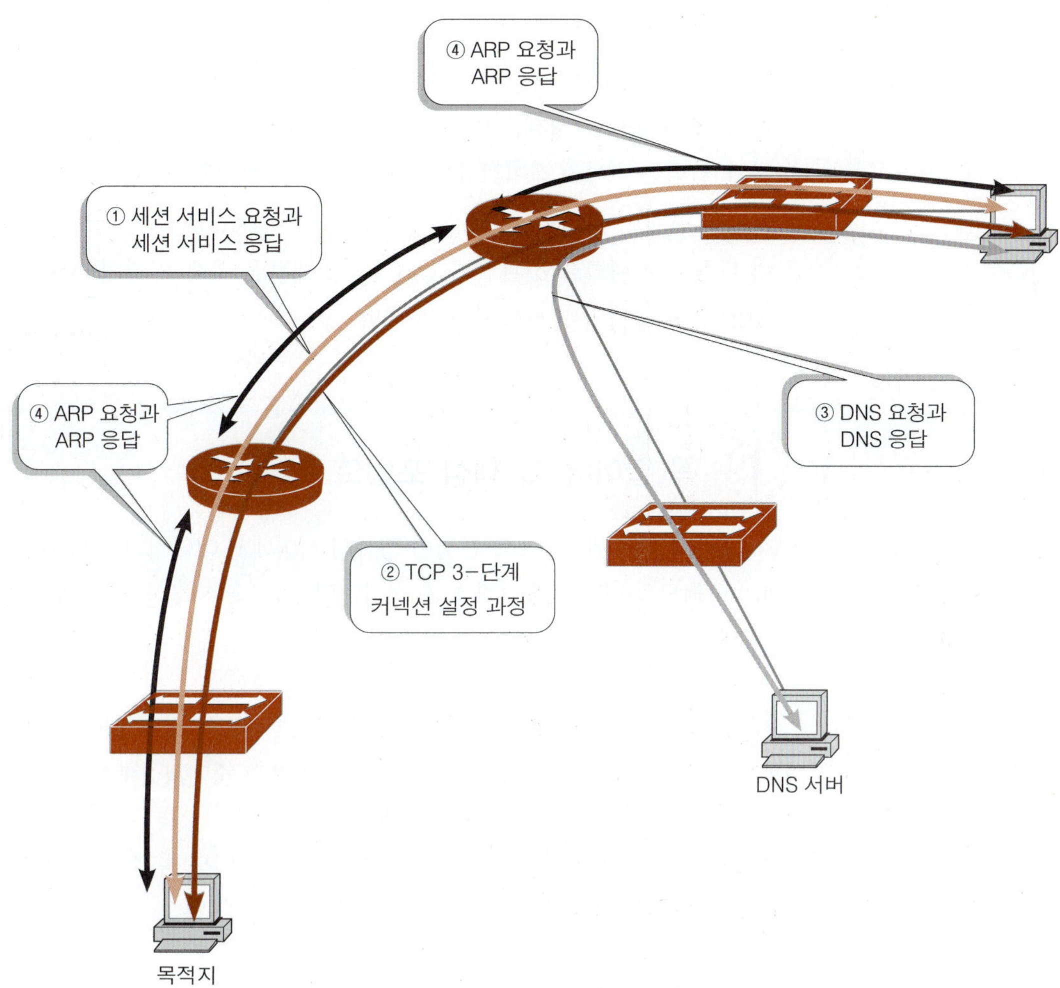

그림 1-58 >>
데이터가 보내지기 전

① 5계층인 세션 계층에서 서비스 요청과 응답이 왕래하면서 목적지가 출발지에서 원하는 서
비스를 제공할 수 있는지를 확인합니다. 세션 서비스 요청/응답은 예를 들어, 내가 구두를
사고 싶은데 구두 가게인지 옷 가게인지 확인하는 과정입니다.

② 만약 4계층에서 TCP를 사용한다면, 데이터를 전송하기 전에 3단계 커넥션 설정을 위한
커넥션 설정 데이터가 왕래합니다. 이러한 커넥션 설정 과정은 목적지가 다운되지 않고 존
재함을 확인하고 데이터를 보내기 위해서입니다. 즉, 쓸데없이 데이터를 보내지는 않겠다
는 말입니다. TCP의 이러한 확인과정은 3단계(3-way handshake)로 구성됩니다(TCP
의 코드비트 SYN과 ACK를 활용).

③ 예를 들어, 사용자가 목적지 주소로 www.cisco.com이란 7계층 주소를 주소창에서 입력
했을 때, 3계층 인캡슐레이션을 위해 7계층 주소에 해당하는 3계층 주소를 알기 위해
DNS 요청과 응답이 왕래합니다.

④ PC도 일종의 라우터입니다. PC는 7계층 장비로 3계층 기능도 수행하죠. PC는 목적지가 우리 네트워크가 아닐 때는 무조건(다른 네트워크의 정보를 가진) 디폴트 게이트웨이(라우터)에게 보내는 방식으로 라우팅 합니다. 2계층 인캡슐레이션을 위해 3계층 주소(사용자가 입력한 디폴트게이트웨이, 라우터 주소)에 해당하는 2계층 주소를 알기 위해 ARP 요청과 응답이 왕래합니다. 2계층 옷은 라우터에 도착하면 새로운 2계층 옷으로 갈아입어야 다음 네트워크를 통과할 수 있습니다. 새로운 옷으로 갈아입히기 위해서 네트워크마다 ARP 요청/응답이 교환될 수 있습니다.

꼭 알아야 할 핵심 포인트

✔ OSI 7계층은 네트워크로 연결된 컴퓨터 사이에서 데이터가 이동하는데 필요한 기능을 7개의 그룹으로 나누어 정의해 놓은 것입니다. 이것을 사용하면 PC에서 출발한 데이터가 목적지에 어떻게 도착하는지 쉽게 알 수 있습니다.

✔ 라우터는 네트워크를 구분해 주고, 네트워크 주소를 보고 길을 찾아주는 장비로 목적지까지 가는 최적의 경로를 계산해 냅니다. OSI 7계층 중에서 3계층에 속합니다.

✔ 스위치는 한 네트워크 내에서 OSI 7계층 중에서 2계층 주소를 보고 길을 찾아 줍니다. 따라서 네트워크마다 다른 종류의 스위치를 사용할 수 있습니다.

✔ 네트워크를 통해 전달되는 데이터 앞에는 헤더를 붙여서 데이터의 목적지 주소를 표시하는데 '인캡슐레이션' 이라고 합니다.

✔ 네트워크 주소로 주로 사용되는 IP 주소는 주소를 네트워크 부분과 호스트 부분으로 나누는데, 이 두 부분을 표시하기 위해 서브넷 마스크를 사용합니다.

네트워크 구축에 필요한 장비 삼총사 허브·스위치·라우터

2장에서는 캠퍼스라는 가상의 공간을 설정하고, 이 캠퍼스 내에서 네트워크를 구축하고
설정하는 과정을 통해 네트워크에 대한 전반적인 내용들을 살펴 보겠습니다.
캠퍼스 네트워크 구축에 사용되는 허브와 스위치, 라우터의 명칭과
특징을 맛보기로 소개합니다. 여기서 소개하는 내용들은
다음 장을 공부하는데 꼭 필요하니 반드시 이해하고 넘어가기 바랍니다.

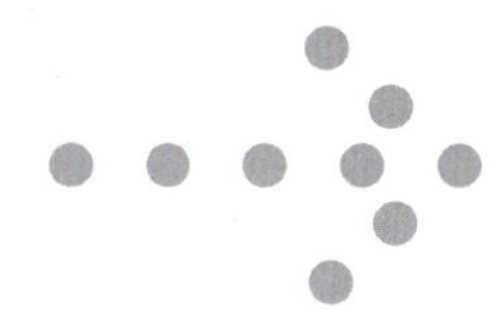

네트워크도 정반합에 따라 발전한다

'캠퍼스(Campus)'라는 단어를 사전에서 찾아 보면 '(특히 대학의) 교정 또는 구내'라고 되어 있습니다. 캠퍼스 네트워크는 대학교 네트워크뿐만 아니라 병원, 회사 등의 대규모 LAN 네트워크를 말합니다. 캠퍼스 네트워크는 고객이 직접 디자인하고 설치한 랜으로 구성됩니다. *랜이기 때문에 관리에 대한 책임과 소유권도 회사에 있습니다.

캠퍼스 네트워크는 회사를 연결하는 다수의 네트워크들로 구성되는데, 2계층에서 이더넷, 토큰 링, FDDI를 사용합니다.

토큰 링, FDDI 같은 기술은 속도의 한계(토큰 링은 16MB, FDDI는 100MB)와 기술의 복잡성으로 관리하기가 어려워 사용하지 않는 추세입니다. 그에 비해 이더넷은 10GB(10^9Mbps)에 이르는 속도를 제공하고, 기술이 간단하여 구축과 관리비용이 저렴하기 때문에 대세가 되었습니다. 그래서 이 책은 이더넷을 중심으로 설명합니다.

이더넷이 제공하는 '속도'는 언제나 캠퍼스 네트워크에서 매우 중요한 요소입니다. 한마디로 네트워크는 '속도가 힘'입니다.

캠퍼스 네트워크에는 속도(성능) 외에도 매우 다양한 기능들을 필요로 합니다. 24시간×365일 동안 끊기지 않는 네트워크를 위한 가용성(Availability), 보다 안전한 데이터 교환을 위한 보안(Security) 등입니다. 캠퍼스 네트워크를 구축시 이 요소들을 신중하게 고려해야 합니다.

이러한 기능성에 따라 분류할 네트워크 솔루션들은 서로 독립적이기도 하지만 상호 연관되거나 보완 관계에 있기도 합니다. 예를 들어 성능에 대한 솔루션들은 보안에 대한 솔루션들과 *트레이드-오프(Trade-Off) 관계에 놓이기가 쉽습니다.

보안 솔루션을 사용하면 데이터에 대한 보안 체크 때문에 속도가 저하될 수 있습니다. 또 A라는 솔루션의 단점을 해결하기 위해 B 솔루션을 사용했지만, 만약 A 솔루션을 사용했다면 생기지 않았을 단점을 만날 수도 있습니다. 이때 A와 B 솔루션의 단점을 보완하면서 장점은 유지하는 C 솔루션이 개발되기도 합니다.

예를 들면 CST, PVST, MST 프로토콜의 관계가 좋은 예입니다. CST의 단점을 보완하기 위해 사용되는 PVST가 CST의 단점을 보완하기는 했지만 CST에 없었던 새로운 단점을 만들어 냈습니다. MST는 둘의 장점만을 취합하면서 단점은 배제한 새로운 프로토콜입니다. 이처럼 정반합(正反合)의 논리가 네트워크에도 적용되는 것입니다. 네트워크도 이런 방식으로 발전해 갑니다.

우리가 앞으로 배울 솔루션들을 세 가지 카테고리에 따라 분류하면 [그림 2-1]과 같습니다.

캠퍼스 네트워크에는 이 세 가지 외에는 다른 것이 없을까요? 물론 그 밖에도 운영(Management) 효율성이 있습니다. 운영 편리를 위해서 VTP, SNMP 같은 솔루션을 사용합니다.

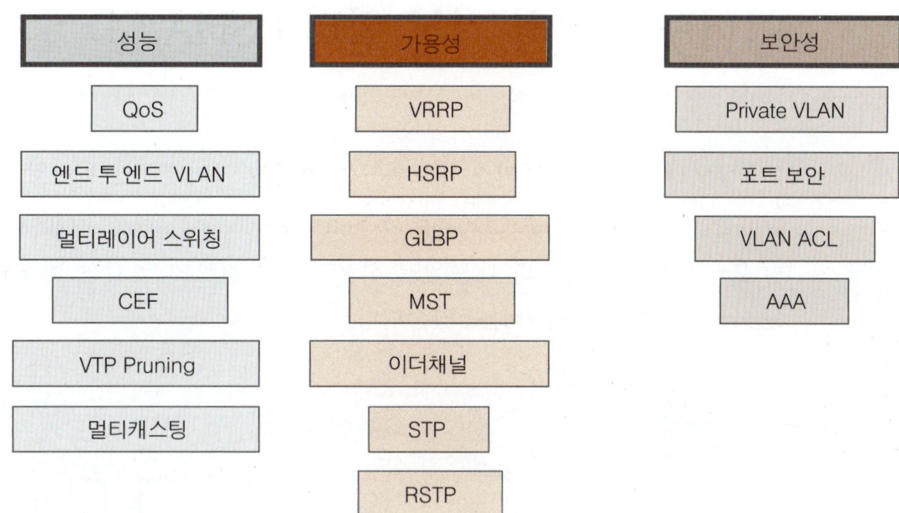

그림 2-1 >>
세 가지 과제를 해결
하기 위한 솔루션들

결국 최적의 캠퍼스 네트워크는 이러한 기능성을 제공하는 다양한 솔루션들을 적합하게 선택해 적절한 속도로 장비들을 연결함으로써 성취됩니다. [그림 2-2]는 적합한 솔루션을 사용해서 캠퍼스 네트워크를 구성한 예입니다.

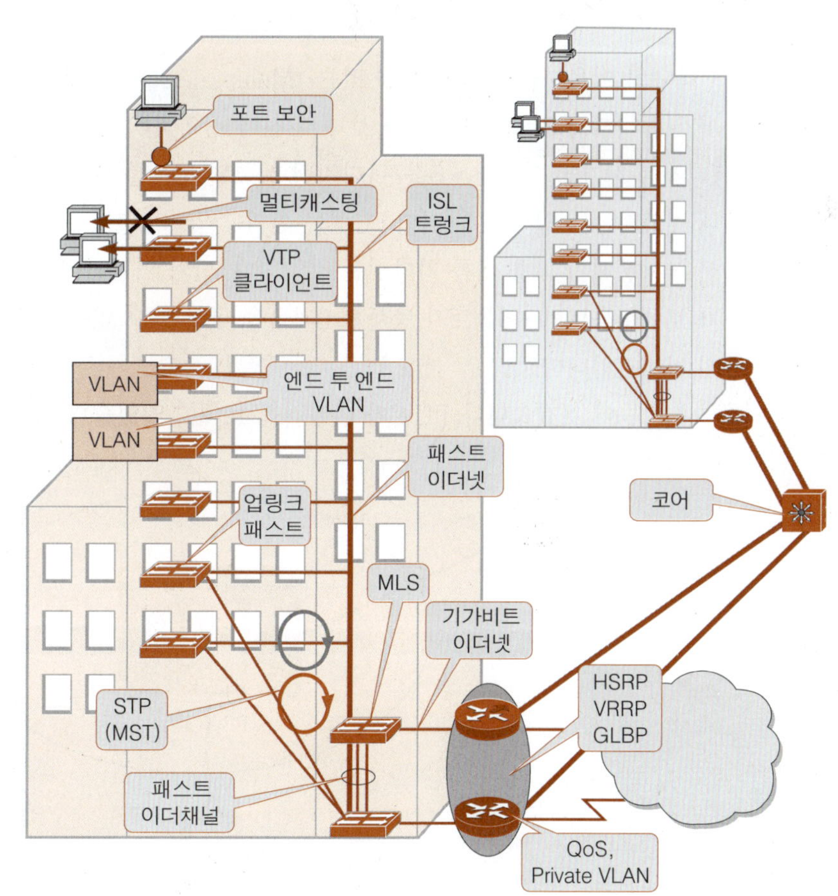

그림 2-2 >>
캠퍼스 네트워크
솔루션들을 적용한 예

02 이더넷 통신의 기본 원리 CSMA/CD ✳

소규모의 전통적인 캠퍼스 네트워크는 하나의 이더넷 네트워크로 구성됩니다. 이더넷 통신 방법은 한마디로 CSMA/CD(Carrier Sense Multiple Access/Collision Detection)입니다. [그림 2-3]과 같이 다수의 네트워크 사용자들이 허브에 연결된 네트워크를 통해 ✳전압 레벨 (carrier)을 감지(sense)하고 있습니다.

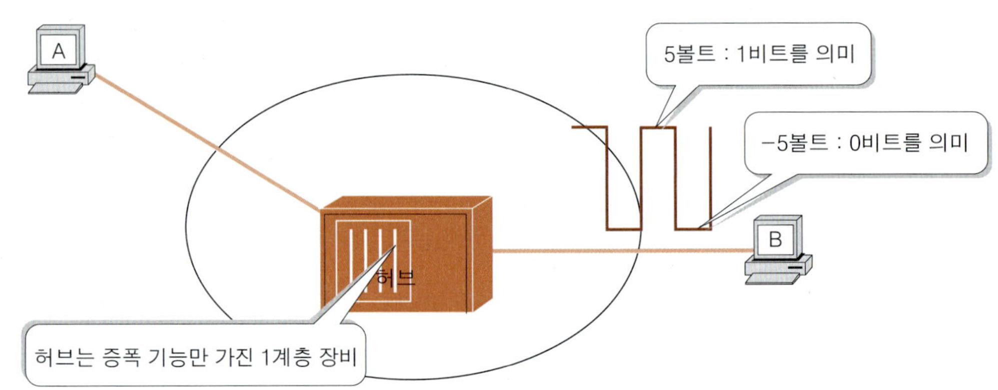

그림 2-3 >>
과거의 소규모
네트워크

다수의 이용자들이 접속할 수 있는 (Multiple Access) 네트워크 미디어에는 PC B도 연결되어 있습니다. PC B는 데이터를 보내기 전에 선의 전압 레벨을 점검합니다. 전압 레벨이 5볼트 (디지털 시그널 '1')와 −5볼트(디지털 시그널 '0')를 왕래하면 누군가 선을 통해 데이터를 보내고 있다는 뜻입니다. 그러면 PC B는 선의 전압이 0볼트로 떨어질 때까지 기다립니다. 누구도 선을 사용하지 않을 때를 기다리는 것입니다. 만약 기다리지 않고 바로 데이터를 보내면 두 PC가 보낸 5볼트와 −5볼트가 충돌해 0과 1을 구분할 수 없는 비정상적인 시그널이 됩니다. 이것이 컬리전입니다.

예를 들어 보겠습니다. PC C가 데이터를 보내고 있었습니다.

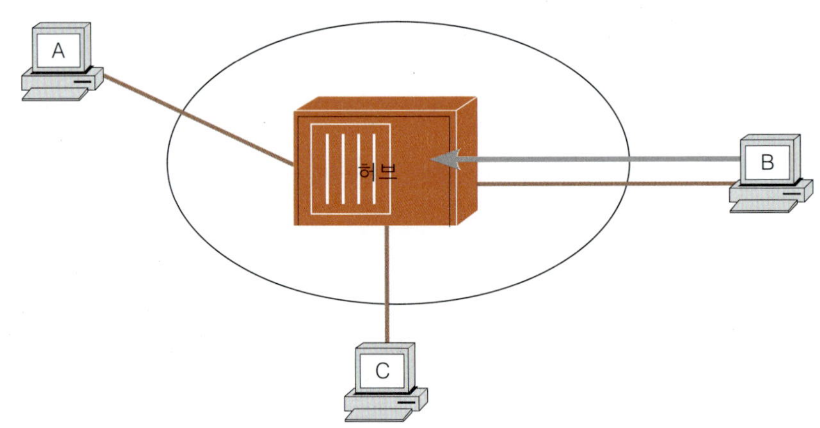

그림 2-4 >>
PC B는 아무도 사용
하지 않는 공유 미디
어로 데이터를 보내기
시작한다.

이때 PC A와 PC B가 보내야 할 데이터가 있어서 전압이 0볼트로 떨어지기를 기다립니다. PC C가 데이터를 다 보내고 선의 전압 상태는 0볼트로 떨어지고, PC A와 PC B가 동시에 데이터를 보내기 시작했다면 어떻게 될까요? PC A가 보낸 시그널과 PC B가 보낸 시그널이 충돌해 0과 1을 구분할 수 없는 비정상적이 시그널이 될 것입니다. 만약 정상적인 시그널이라면 누군가 데이터를 보내고 있을 때는 5볼트와 −5볼트를 왔다갔다 하고, 아무도 데이터를 보내지 않으면 시그널이 0볼트로 떨어질 것입니다. 하지만 *컬리전(Collision)이 발생했을 때는 이런 정상적인 전압 레벨이 나타나지 않습니다.

Tip · 컬리전

데이터는 전류 형태로 흐릅니다. 만약 두 개 이상의 클라이언트에서 전류가 흘러 나오면 순간 충돌이 생기는데, 이것을 컬리전이 발생했다고 합니다. 이렇게 충돌이 발생하면 허브 장비의 컬리전 램프에서 불이 깜박거립니다.

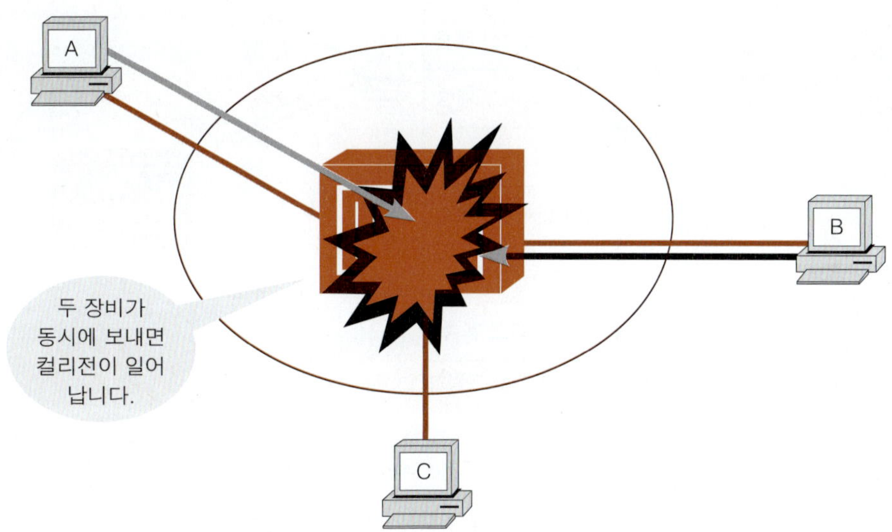

그림 2-5 >>
충돌이 발생

전송 도중에 비정상적인 전압 레벨을 감지하면(컬리전이 일어나면) 두 PC는 조금 기다렸다가 데이터를 재전송합니다. 기다리는 시간은 처음에 0~2시간 단위 사이에서 각각의 PC가 선택하는데, 만약 두 PC의 대기 시간이 같다면 또 다시 컬리전이 발생하겠지요. 컬리전이 발생하면 PC들은 다시 기다리는 시간을 선택합니다. 이렇게 기다리는 시간의 선택 범위는 컬리전이 일어날 때마다 2의 배수로 증가하게 됩니다. 이러한 재전송 시도는 15회까지 지속되고, 그래도 컬리전이 일어나면 포기하는 것이 이더넷 프로토콜의 CSMA/CD 동작입니다.

느린 이더넷은 허브로 연결되어 있다

OSI 기본 모델에서 1계층은 시그널링('0' 또는 '1' 신호의 표시 방법), 커넥터(케이블 커넥터의 핀 아웃과 핀들의 용도), 미디어(전선처럼 신호를 전달해 주는 매개체) 등 데이터를 전송하는 물리적인 측면을 정의하고 있습니다. 따라서 전선, 커넥터는 1계층 제품입니다.

앞에서 사용한 허브라는 장비를 한번 살펴보겠습니다. *허브는 증폭이라는 물리 계층 기능만을 가지는 장비입니다. 허브는 약해진 시그널이 도착하면 도착한 포트를 제외한 모든 포트들로 시그널을 증폭하여 보내는 기능만을 합니다.

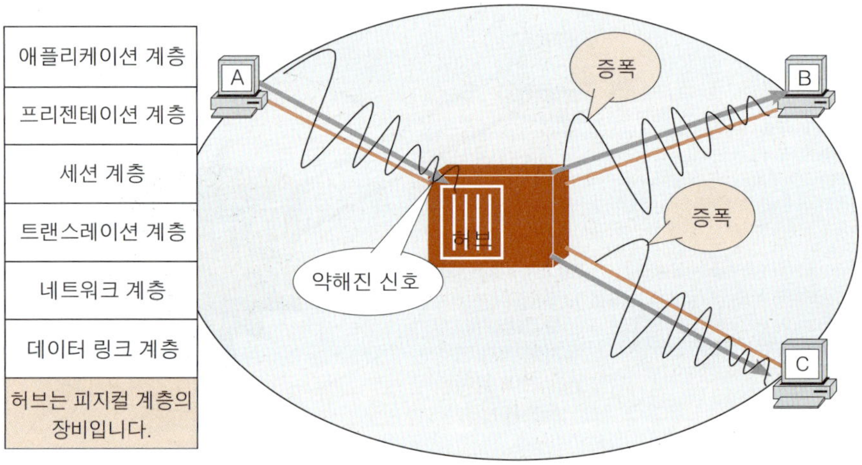

그림 2-6 >>
허브는 1계층 장비

증폭 기능만 가졌다는 것은 목적지 주소를 확인하지 않고 모든 포트로 프레임을 보낸다는 말입니다. 따라서 A가 B로만 데이터를 보내려고 해도 C가 연결되어 있기 때문에 C 링크로도 불필요하게 프레임이 전달됩니다. 또 A가 데이터를 보내는 동안 B와 C는 데이터를 전송할 수 없습니다.

이것을 종합하면 ([그림 2-6]을 참조) 허브를 사용할 때 두 가지 문제가 발생합니다.

● 데이터를 전송할 필요가 없는 C에까지 데이터가 전송됩니다.
● A, B, C가 동시에 프레임을 보낼 수 없습니다.

A, B, C가 동시에 프레임을 전송한다면 당연히 컬리전이 발생합니다. 그래서 A가 프레임을 보낼 때 B와 C는 프레임을 보내면 안됩니다. 컬리전 때문에 A, B, C가 동시에 프레임을 보낼 수 없고 다른 말로 'A, B, C는 같은 컬리전 도메인(Collision Domain)에 속한다'고 합니다.

[그림 2-7]과 같이 같은 컬리전 도메인에 들어가는 장비 수가 많아질수록 컬리전이 발생할 가능성도 높아집니다. 원래 허브와 PC를 연결하는 10BaseT 케이블은 10Mbps를 지원할 수 있지만 컬리전으로 인한 지연 후 재전송 메커니즘 때문에 10Mbps의 속도가 제대로 나올 수 없겠지요. 이 속도는 컬리전 도메인에 들어가는 디바이스 수에 반비례합니다.

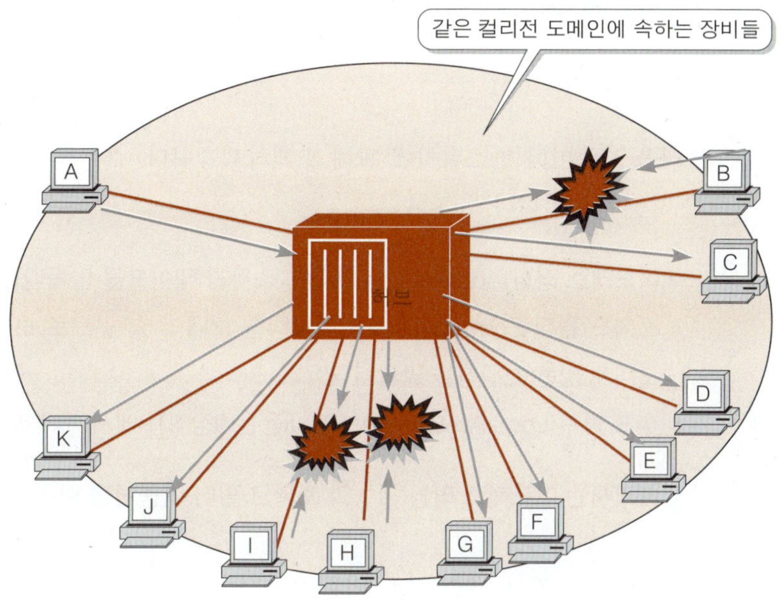

그림 2-7 >>
허브에 연결된 장비 수가 많아질수록 컬리전이 발생할 가능성은 높아진다.

Tip · 하프 듀플렉스 풀 듀플렉스

하프 듀플렉스는 데이터를 양쪽 방향으로 모두 전송할 수 있지만 동시에 전송할 수는 없습니다. 반면 풀 듀플렉스는 데이터를 양방향으로 동시에 전송할 수 있습니다.

*하프 듀플렉스와 풀 듀플렉스

허브를 이해하려면 하프 듀플렉스(Half duplex, 단방향 통신)와 풀 듀플렉스(Full duplex, 양방향 통신)를 알아야 합니다. 허브는 하프 듀플렉스만 지원합니다. 하프 듀플렉스는 데이터를 보내고 받을 때 같은 선을 사용합니다. 마치 1차선에서 양방향 주행시에 충돌이 일어나는 것과 같은 이치입니다.

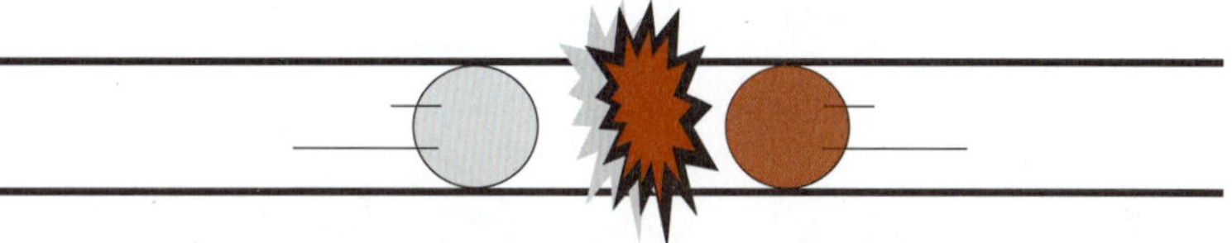

그림 2-8 >>
하프 듀플렉스는 1차선과 같다.

이에 비해 스위치는 하프 듀플렉스와 풀 듀플렉스를 모두 지원합니다. 풀 듀플렉스는 데이터를 보내고 받을 때 다른 라인을 사용하기 때문에 컬리전이 발생하지 않습니다. 마치 2차선에서 충돌없이 양방향 주행이 가능한 것과 같은 이치입니다.

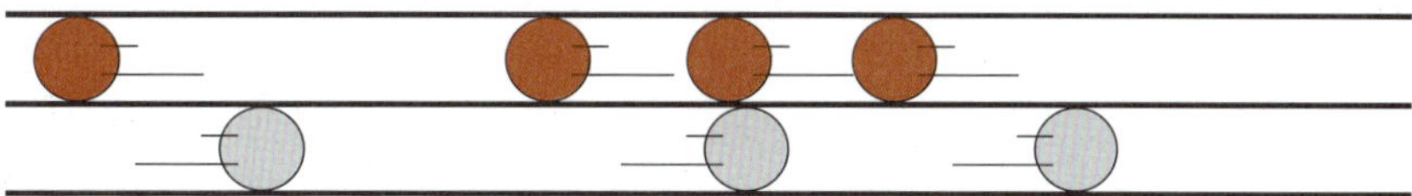

그림 2-9 >>
풀 듀플렉스는 2차선과 같다.

풀 듀플렉스를 사용하면 더 이상 컬리전이 발생하지 않습니다. 원래 이더넷이 사용하는 CSMA/CD 메커니즘은 컬리전이 발생하면 얼마 동안 기다렸다가 재전송합니다. 그러나 풀 듀플렉스 링크에서는 컬리전이 발생하지 않아 CSMA/CD 메커니즘이 불필요하므로 풀 듀플렉스로 설정된 라우터나 스위치 인터페이스에서는 이 메커니즘이 자동으로 꺼집니다.

Lesson 04 스위치와 스위칭 테이블 ✳

다음으로 이더넷 스위치에 관해 소개하겠습니다. 스위치는 기본적으로는 다음 세 가지 기능을 하는 장비입니다.

- 어드레스 러닝(Address Learning) : 스위칭 테이블을 만듭니다.
- 포워드/필터(Forward/Filter) : 데이터를 보내야 할 곳으로 보내고, 보내지 말아야 할 곳으로는 보내지 않는 스위칭을 말합니다.
- 루프 방지(Loop Avoidance) : 이 내용은 9장 STP에서 자세히 소개하겠습니다.

여기서는 어드레스 러닝 기능과 포워드/필터 기능만을 알아볼 것입니다.

■ MAC 주소 테이블 만들기

스위칭을 하려면 [그림 2-10]과 같이 스위칭 테이블을 만듭니다(스위칭 테이블은 MAC 주소 테이블이라고도 합니다). 처음에 스위치를 켜면 MAC 주소 테이블이 비어 있습니다.

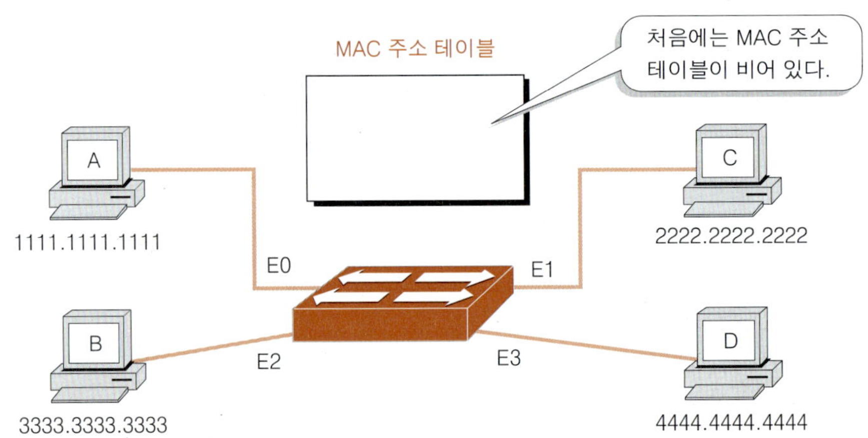

그림 2-10 ≫
처음에는 MAC 주소
테이블이 비어 있다.

스위칭 테이블에 1111.1111.1111, 2222.2222.2222, 3333.3333.3333, 4444.4444.4444 같은 MAC 주소와 E0, E1, E2, E3 같은 포트의 매핑 정보가 없을 때는 스위치가 스위칭을 할 수 없겠지요. 이렇게 데이터가 가려고 하는 목적지가 스위칭 테이블에 없을 때 스위치는 데이터가 들어온 포트를 제외한 모드 포트들로 데이터를 보냅니다. 이것을 '언논 유니캐스트 플러딩(Unknown Unicast Flooding)'이라고 합니다.

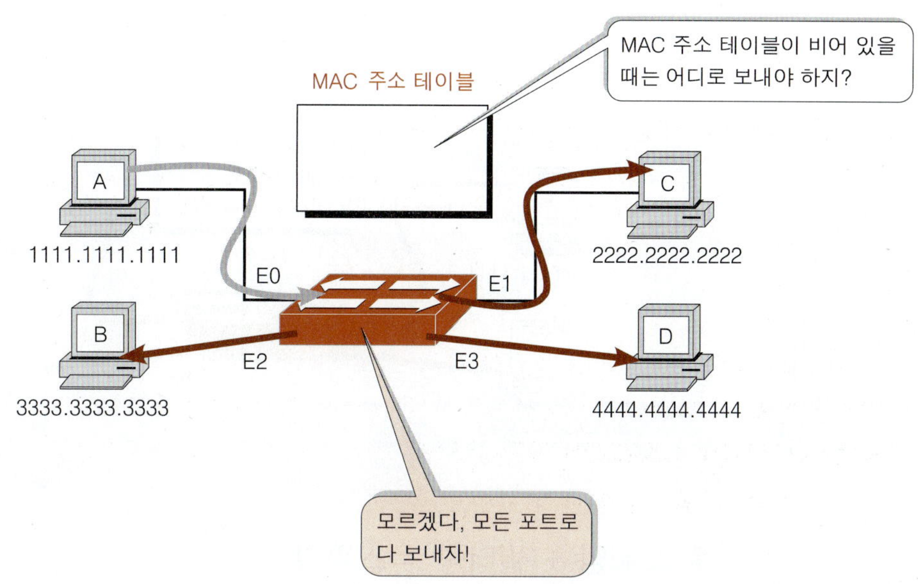

그림 2-11 ≫
MAC 주소 테이블이
비어 있을 때 스위치
는 모든 포트로
데이터를 보낸다.

스위칭 테이블에 목적지가 없으면 스위치는 허브와 같이 비효율적인 방식으로 프레임을 모든 포트로 내보냅니다. 이것을 *플러딩(Flooding)이라고 합니다.

이제 스위치가 스위칭 테이블을 만드는 과정을 보겠습니다. 스위치는 PC A가 보낸 프레임을 받아서 스위칭 테이블을 만듭니다. 이때 PC A가 보낸 프레임의 2계층 옷에는 [그림 2-12]와 같이 PC A의 MAC 주소가 있습니다.

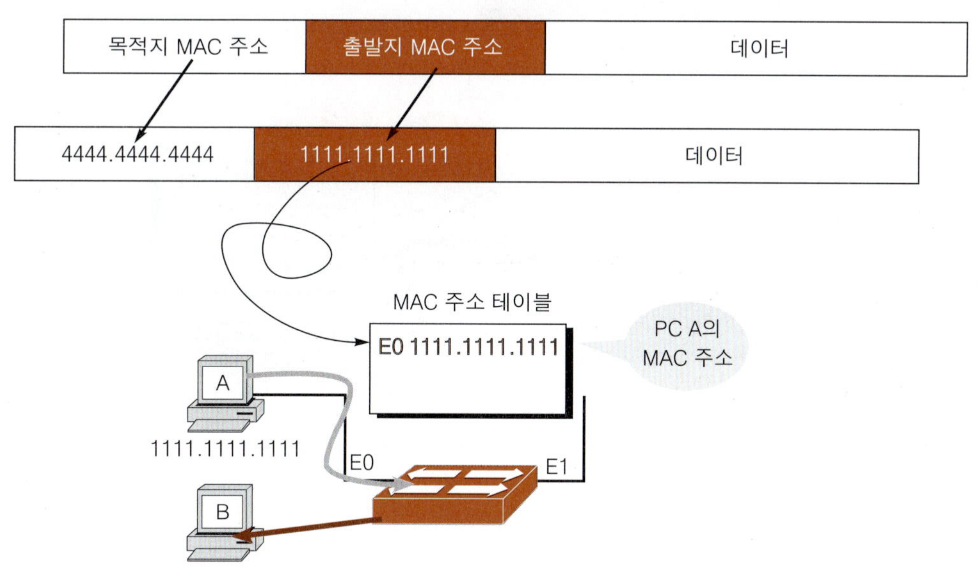

그림 2-12 ≫
스위치는 들어오는
프레임의 2계층 옷에
따라 스위칭 테이블을
만든다.

이런 과정이 모든 PC들에서 반복되면 스위치는 [그림 2-13]과 같이 완벽한 *스위칭 테이블을 만듭니다.

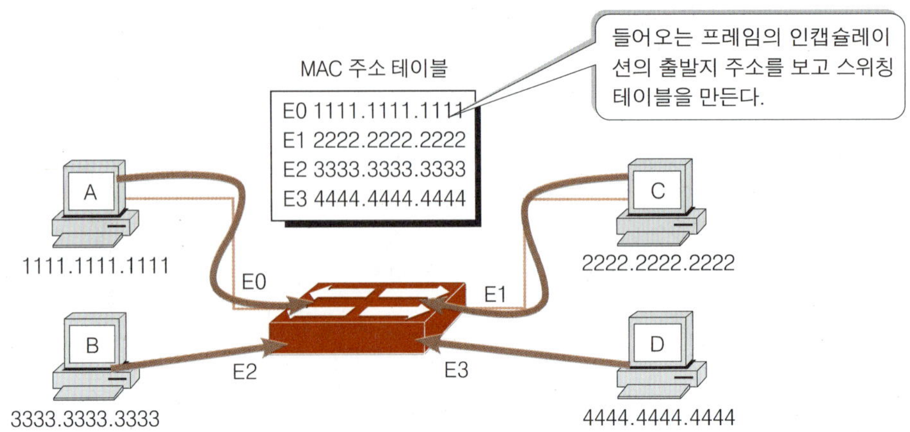

그림 2-13 ≫
들어오는 프레임의 인캡슐레이션을 통해 스위칭 테이블을 만든다.

■ 포워딩 + 필터링 = 스위칭

스위칭 테이블이 만들어지고 나면 스위치는 들어온 프레임을 보내야 할 곳으로는 보내는 포워딩과 보내지 말아야 할 곳으로는 보내지 않는 필터링을 수행합니다. 한마디로 스위칭을 하게 되는 것이지요.

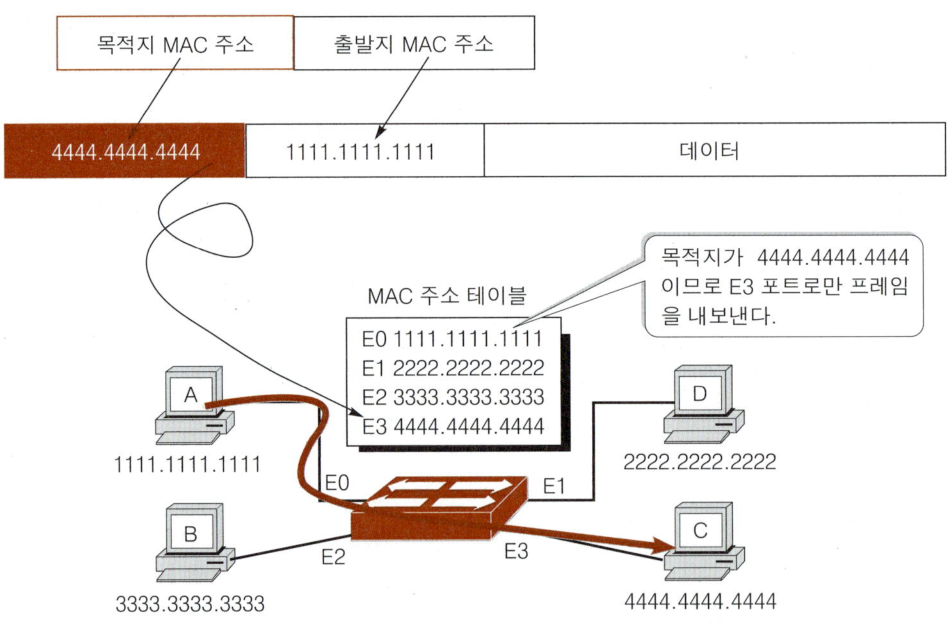

그림 2-14 ≫
스위칭 테이블이 만들어지면 해당 포트로만 데이터를 보낸다.

[그림 2-14]와 같이 PC A에서 PC C로 보내는 데이터 프레임이라면 스위치는 스위칭 테이블을 보고 PC C가 연결된 포트가 E3 포트인지 스위칭 테이블을 참조하여 E3 포트로만 프레임을 보냅니다.

Lesson 05 스위치와 컬리전 도메인 그리고 브로드캐스트 ✳

[그림 2-15]를 보면 스위치의 한 포트에 연결될 수 있는 MAC 주소가 꼭 하나인 것은 아닙니다. E0 포트와 E1 포트처럼 허브가 있는 경우에는 허브에 연결된 모든 디바이스들의 MAC 주소가 스위치의 포트에 매핑됩니다.

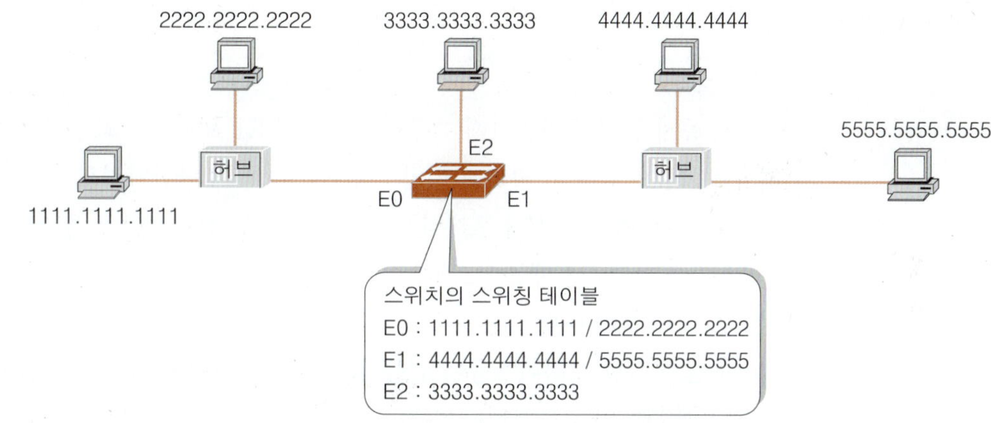

그림 2-15 ≫
스위치의 스위칭
테이블

스위칭 테이블이 만들어 진 후에 스위치는 스위치로 들어오는 프레임을 받아서 목적지 주소 필드를 봅니다. 그리고 이미 만들어진 스위칭 테이블을 보고 해당 포트로만 데이터를 포워딩합니다.

한편, 1111.1111.1111에서 3333.3333.3333으로 향하는 프레임과 5555.5555. 5555에서 3333.3333.3333으로 향하는 프레임이 스위치에 동시에 들어오면 스위치는 조금이라도 먼저 들어온 프레임을 보내고, 나중에 들어온 프레임을 버퍼에 저장했다가 조금 후에 보냅니다. 따라서 E1 포트에 연결된 디바이스가 E0 포트에 연결된 디바이스와 통신하는 동안, E2 포트에 연결된 디바이스가 E3 포트에 연결된 디바이스와 통신할 수 있습니다.

스위치 내부에서 포트들을 연결하는 버스는 허브와 같이 1차선이 아니라 여러 개의 차선을 가집니다. 스위치 종류에 따라 이러한 버스(backplane)의 용량은 달라집니다.

앞에서 허브와 컬리전 도메인의 관계를 살펴보았습니다. 그렇다면 스위치는 컬리전 도메인과 어떤 관계가 있을까요? 스위치는 스위치 내부에서 포트들을 연결하는 다차선의 버스를 가지기 때문에 [그림 2-16]과 같이 포트들 간의 동시 통신이 가능하다고 했습니다.

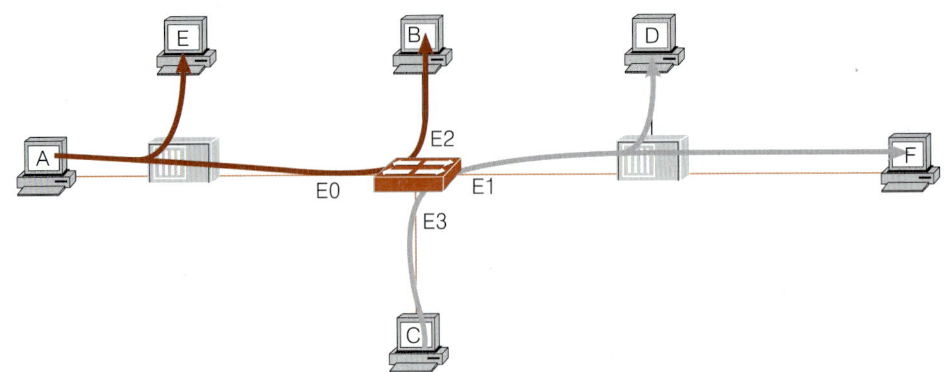

그림 2-16 ≫
스위치를 사용하면
A-B 통신과 C-D
통신이 동시에
가능하다.

이렇게 동시 통신이 가능하기 때문에 스위치가 E1 포트로 프레임을 보내는 동안 PC D와 F가
프레임을 보내지 않으면 컬리전이 발생하지 않습니다. 마찬가지로 스위치가 E0 포트로 프레임
을 보내는 동안 PC A와 E가 프레임을 보내지 않으면 컬리전이 발생하지 않습니다.

프레임을 E2로 보낼 때는 PC B가 프레임을 보내지 않아야 하고, E3로 보낼 때는 PC C가 프
레임을 보내지 않아야 합니다.

왜냐하면 이러한 디바이스들이 같은 컬리전 도메인에 속하기 때문입니다. 스위치는 포트 수
만큼 컬리전 도메인을 가집니다. 이것은 라우터도 마찬가집니다.

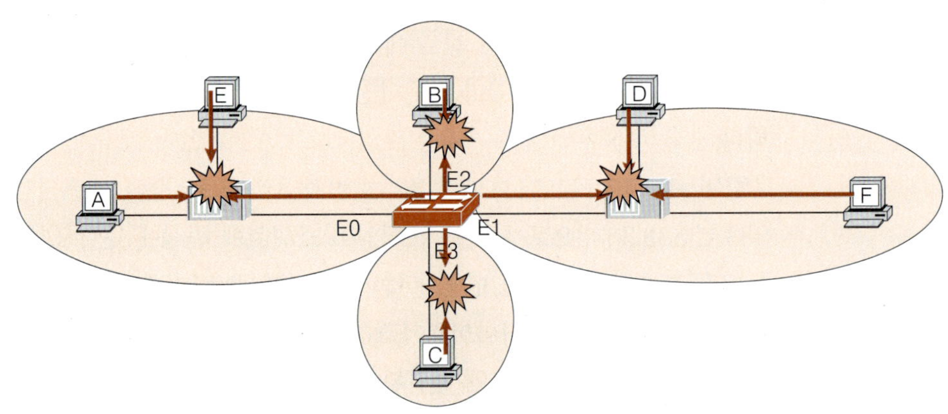

그림 2-17 ≫
스위치의 포트가 4개
면 컬리전 도메인도
4개가 된다.

스위치를 사용하면 스위치의 포트 수만큼 컬리전 도메인이 나누어지므로 모든 장치들을 허
브로 연결했을 때보다 컬리전이 발생할 가능성은 줄어듭니다. 결국 재전송으로 인한 지연없이
바로 전송이 될 확률이 높아지기 때문에 지연이 줄어들고, 물리적으로 제공 가능한 밴드위스대
로 보낼 수 있어 전체적인 네트워크 성능이 향상됩니다.

다음으로 스위치와 브로드캐스트의 관계에 대해 알아보겠습니다. 브로드캐스트(Broadcast)
는 '방송'이라는 의미로 모든 사람이 수신합니다. TV나 라디오 방송은 채널을 맞춰 놓으면 누
구라도 프로그램을 수신할 수 있습니다. 스위치는 LAN에서 ffff.ffff.ffff 주소로 도착한 프레임
을 모든 포트로 카피해서 보내는데 이것이 브로드캐스트 매커니즘입니다.

Tip **브로드캐스트**

브로드캐스트는 부서나 회사 전체와 같이 그룹의 모든 구성원들에게 메일이나 메시지를 배포할 때의 용어로도 사용합니다. 브로드캐스트와 비슷한 말로 특정 수신자에게만 전송하는 유니캐스트, 여러 수신자들에게 전송하는 멀티캐스트 그리고 라우터들의 그룹에서 가장 가까이 있는 것으로 전송하는 애니캐스트 등이 있습니다.

스위치와 허브는 이 *브로드캐스트를 막지 못하고 연결된 모든 포트로 보냅니다. 하지만 라우터는 브로드캐스트를 막아 다른 포트로 보내지 않습니다. 따라서 스위치와 허브는 브로드캐스트 도메인을 나누지 못하고, 라우터는 브로드캐스트 도메인을 나눈다고 말합니다.

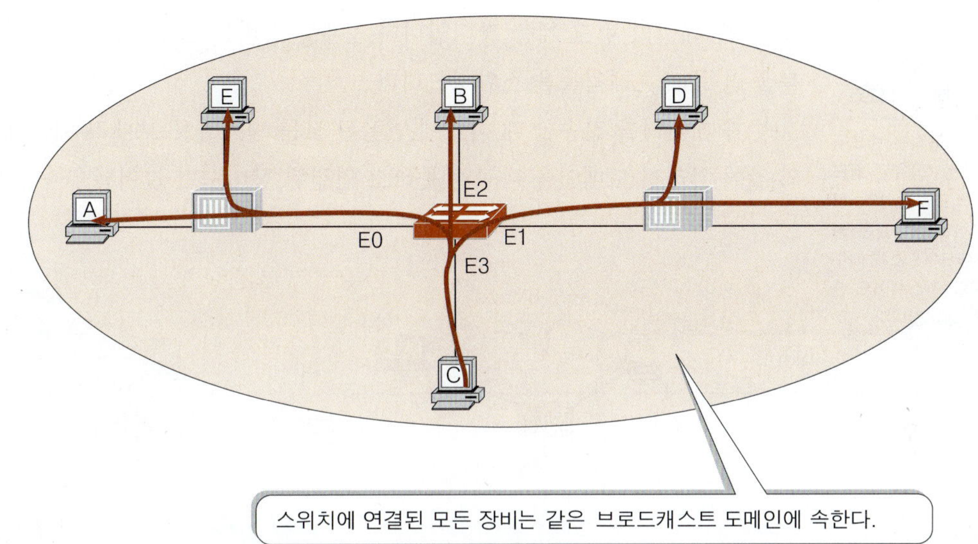

그림 2-18 >>
스위치는 허브와 마찬가지로 브로드캐스트를 막지는 못한다.

물론 스위치에서도 VLAN을 구현하면 브로드캐스트를 막을 수는 있습니다. VLAN에 관해서는 뒤에서 자세히 소개되므로 여기서는 설명하지 않겠습니다.

라우터가 네트워크와 브로드캐스트 도메인을 구분하기 때문에 브로드캐스트 도메인은 네트워크와 같은 넓이를 가집니다. 브로드캐스트는 한 네트워크 내에서만 전달되기 때문입니다. 만약 브로드캐스트 도메인의 수가 10개라면 네트워크 수도 10개가 됩니다.

한 걸음 더!

허브, 스위치, 라우터의 도메인 구분과 장비 선택

네트워크를 허브로만 구성하면 컬리전과 브로드캐스트 도메인이 너무 커집니다. 스위치만으로 네트워크를 구성한다면 컬리전 도메인을 작게 할 수는 있지만 브로드캐스트 도메인이 너무 커지겠죠? 라우터는 브로드캐스트 도메인과 컬리전 도메인을 구분할 수 있습니다. 그렇다고 라우터만으로 네트워크를 구축할 수는 없습니다. 라우터는 스위치와 달리 소프트웨어 기반의 장비이므로 데이터 처리 속도가 매우 느리고 비싸기 때문입니다. 스위치는 허브보다 비싼 편이지요. 그래서 이러한 사항들을 고려해 허브, 스위치, 라우터들을 적절하게 사용해 네트워크를 구성해야 합니다.

스위치가 왜 허브를 대체하게 되었나?

앞에서 설명했듯이 허브는 단순히 시그널 증폭 기능만을 가진 1계층 장비입니다. 스위치는 2계층, 즉 데이터 링크 계층 장비입니다. 2계층 장비는 2계층 주소인 MAC 주소로 스위칭 테이블을 만들고, 프레임들을 스위칭합니다.

PC가 데이터를 전송할 때 허브에 연결된 모든 링크들로 보내기 때문에 *허브는 [그림 2-19]와 같이 컬리전 도메인을 나누지 못하고 연결된 장비수가 늘어날수록 밴드위스는 줄어듭니다.

'나누어 사용하는 밴드위드스' 또는 '공유된 밴드위드스'라고도 합니다. 허브로 연결된 장비들은 물리적인 밴드위드스를 나누어 쓴다고 해서 쉐어드 밴드위드스라고 합니다.

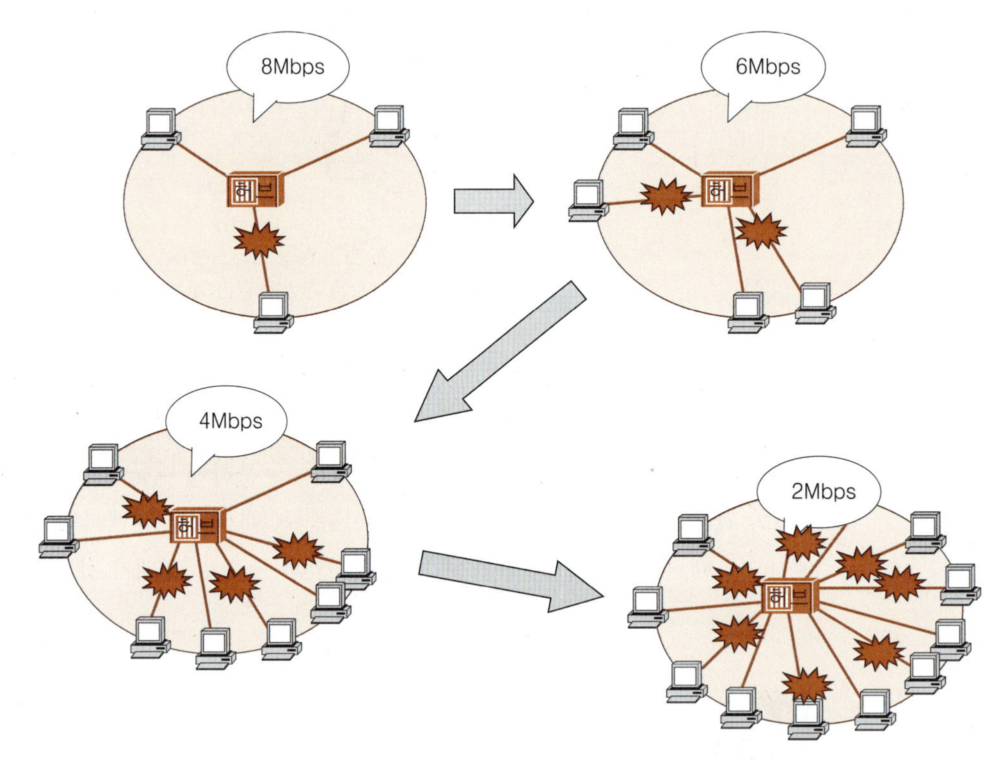

그림 2-19 ≫
허브에 연결된 장비는 같은 컬리전 도메인에 속하기 때문에 연결된 디바이스가 많을수록 속도는 느려진다.

허브에 연결된 디바이스 수가 많아질수록 컬리전이 발생할 가능성은 높아지고, 대기시간 후 재전송 때문에 속도는 느려집니다.

하지만 스위치는 다음과 같은 스위칭 테이블을 만든다고 했습니다.

```
E0  -  1111.1111.1111
E1  -  2222.2222.2222
E2  -  3333.3333.3333
E3  -  4444.4444.4444
```

그림 2-20 ≫
스위치가 만든
스위칭 테이블

스위치는 허브처럼 모든 포트로 프레임을 보내는 것이 아니라 해당 포트로만 보내는데다가 스위치 내부의 다중 경로(Multibus) 때문에 예를 들어, PC A와 D가 통신하는 동안에도 PC C는 G와, E는 F와 동시에 통신할 수 있습니다.

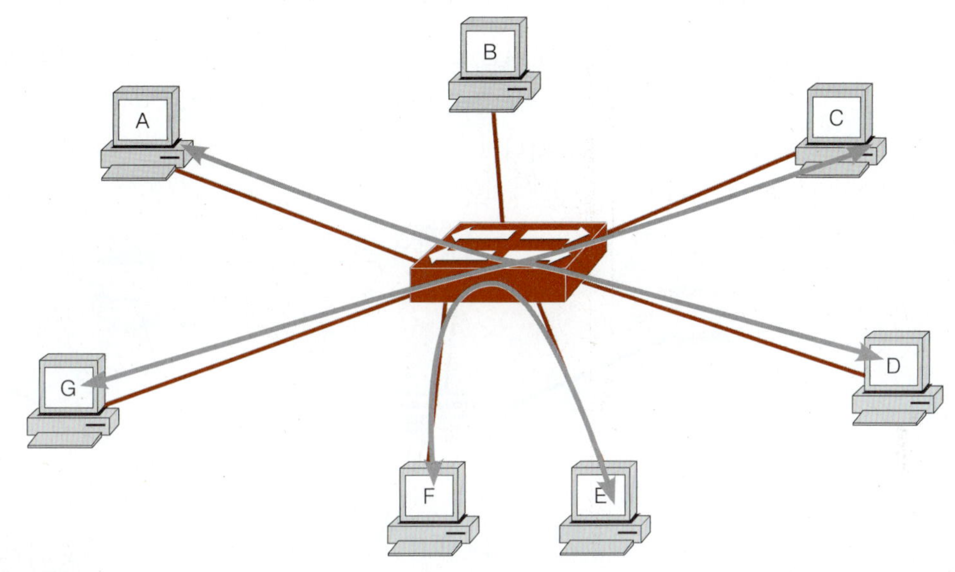

그림 2-21 ≫
스위치는 유니캐스트를 모든 포트로 보내지 않는다.

이럴 때는 PC A가 프레임을 보낼 때 스위치만 프레임을 보내지 않으면 컬리전이 발생하지 않습니다. 따라서 컬리전 도메인의 수는 [그림 2-22]와 같이 7개가 됩니다(포트 수와 같음).

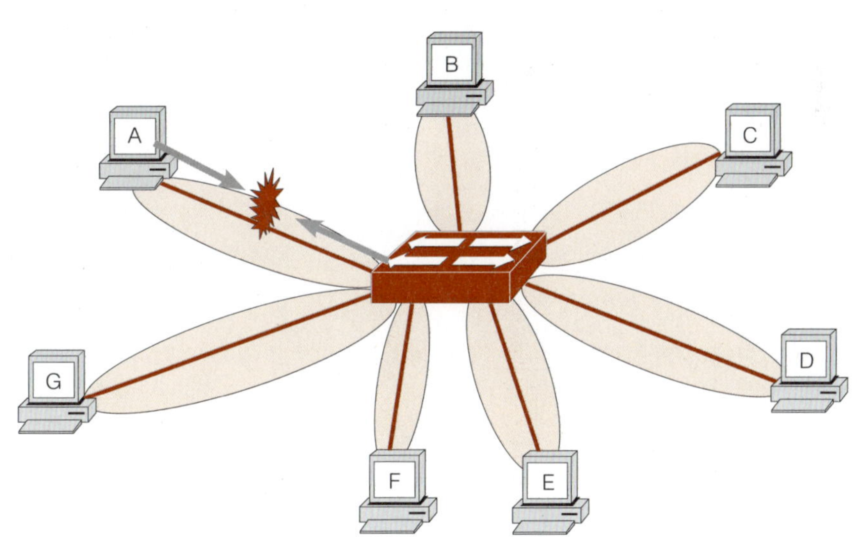

그림 2-22 ≫
스위치의 컬리전 도메인

스위치를 사용하면 한 컬리전 도메인에 들어가는 디바이스의 수가 허브로 연결했을 때보다 아무래도 적기 때문에 컬리전이 줄어들고, 따라서 재전송없이 데이터를 보낼 수 있습니다. 그렇기 때문에 지연이 발생하지 않아 물리적으로 제공되는 밴드위드스 10Mbps를 거의 사용할 수 있는데, 이것은 라우터도 마찬가지입니다.

여기서 잠시 스위치와 허브, 라우터 세 가지 장비의 브로드캐스트에 대해 정리해 보겠습니다. 기본적으로 스위치와 허브는 브로드캐스트 트래픽을 모든 포트로 보냅니다. 그래서 PC A, B, C, D, E, F, G는 '같은 브로드캐스트 도메인에 속한다'고 합니다.

이러한 브로드캐스트를 라우터가 막습니다. 그래서 '라우터는 브로드캐스트 도메인을 나눈다'고 합니다. 또한 라우터는 스위치와 같이 라우팅 테이블을 참조하여 패킷을 해당 포트로만 보내므로 컬리전 도메인을 구분합니다. 따라서 라우터는 브로드캐스트 도메인과 컬리전 도메인을 모두 나누는 장비입니다.

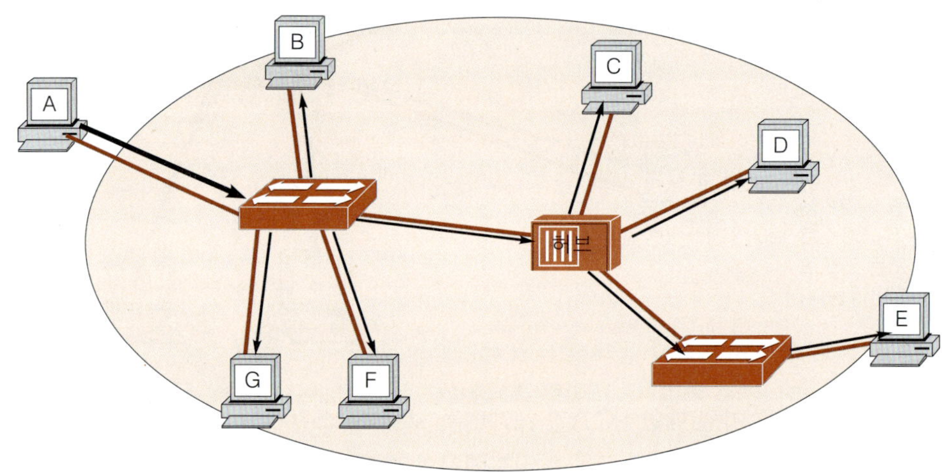

그림 2-23 >>
스위치, 허브와 브로
드캐스트 트래픽

스위칭을 위해 알아 두어야 할 라우팅 이론 ✳

　스위칭을 위해 알아 두어야 할 라우팅 이론에 대해 간략하게 설명하겠습니다. 3계층 장비인 라우터는 3계층 목적지 주소를 기준으로 라우팅합니다.

　3계층 장비는 1계층, 2계층, 3계층 기능을 수행합니다. 라우터는 2계층에서 입고 온 2계층 옷을 벗기고, 다음 네트워크인 스위치, 예를 들어 이더넷 스위치, 프레임 릴레이 스위치, ATM 스위치, 토큰 링 스위치 등을 통과할 수 있는 포맷의 새로운 옷으로 갈아 입혀야 합니다. 마지막 1계층에서는 약해진 신호를 증폭합니다. 라우터가 속한 OSI 3계층에서는 논리적인 주소를 정의합니다. 3계층 장비는 이 논리적 주소를 보고 경로를 결정합니다.

　앞에서 3계층 주소는 2계층 주소와 달리 주소가 두 부분으로 나뉘는 Hierarchy를 가진다고 했습니다. 따라서 라우터는 주소의 네트워크 부분만으로 패킷의 목적지를 찾기 때문에 라우팅 테이블 길이를 짧게할 수 있고, 라우팅 테이블 참조 시간도 줄어듭니다. 이에 따라 라우팅 테이블을 유지하는데 필요한 CPU, 메모리, 밴드위스를 절약하여 라우팅 테이블로 인해 발생하는 오버헤드를 줄입니다.

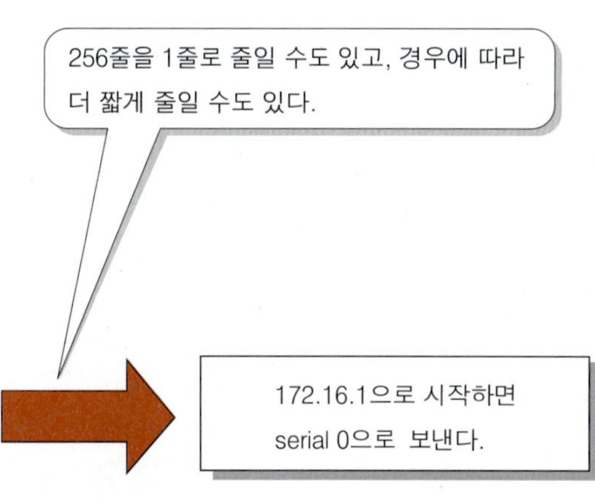

그림 2-24 ≫
IP의 계급적 특성

　IP 주소를 표기할 때는 항상 서브넷 마스크를 같이 표시해 IP 주소의 네트워크 부분과 호스트 부분을 구분합니다. 이런 구분이 왜 필요할까요? 주소의 Hierarchy 특성을 활용하여 라우터의 라우팅 테이블에는 구체적인 호스트 자리까지 구분되는 라우팅 정보를 올리지 않고 네트워크 부분까지 구분하여 올라오게 됩니다.

[그림 2-24]에서 172.16.1.0~172.16.1.255의 주소는 사실 [그림 2-25]에서 보는 것처럼 같은 네트워크에 속합니다. '/24'라는 것은 2진수로 '1'의 수가 24자리라는 말입니다. 255.255.255.0 서브넷 마스크가 의미하는 것도 2진수로 '1'의 수가 24자리라는 뜻으로 같습니다.

'172.16.1.0/24 E0'이라는 표시는 172.16.1로 시작하는 모든 호스트는 이더넷 0으로 가면 된다는 말입니다. 만약 172.16.0.0 /16과 같은 정보가 라우팅 테이블에 올라왔다면 이것은 172.16.0.0~172.17.255.255의 2^{16}개의 주소를 한 줄로 표시합니다.

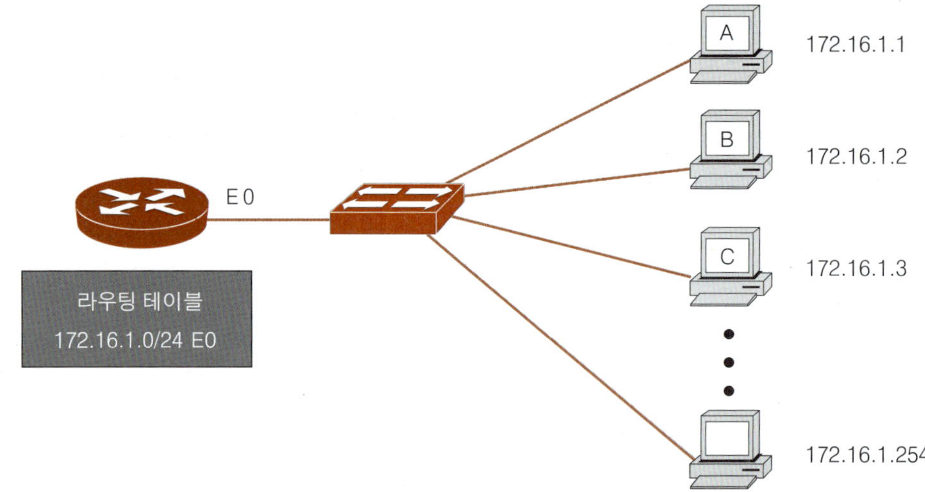

그림 2-25 ≫
라우터의 라우팅 테이블에는 대표 주소만 올라오고 서브넷 마스크에 의해 대표 범위를 표시한다.

라우터는 라우팅 프로토콜을 구현하지 않는다면 직접 연결된 네트워크 정보만 가지게 됩니다. 라우팅 프로토콜을 구현하면 직접 연결된 네트워크 정보를 교환하게 되는데, 자기가 알고 있는 정보(직접 연결된 네트워크 정보)를 이웃 라우터에게 전달하는 셈입니다. 한편, 받은 정보도 다른 라우터에게 전달합니다. 이런 과정을 통해 모든 라우터가 모든 네트워크에 대한 정보를 가지게 됩니다.

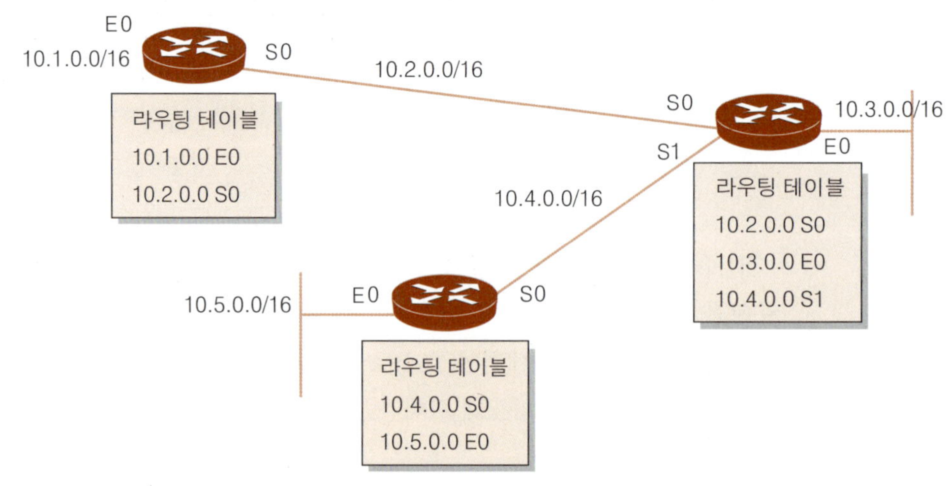

그림 2-26 ≫
라우팅 프로토콜을 구현하기 전의 라우팅 테이블

[그림 2-26]의 라우팅 테이블을 살펴보면, 직접 연결된 네트워크에 대한 정보만을 가집니다. 라우팅 프로토콜을 구현하면, 라우터들 간에 직접 연결된 네트워크 정보를 서로 교환합니다. 그래서 [그림 2-27]과 같이 모든 라우터가 모든 네트워크에 대한 정보를 라우팅 테이블에 가지게 됩니다.

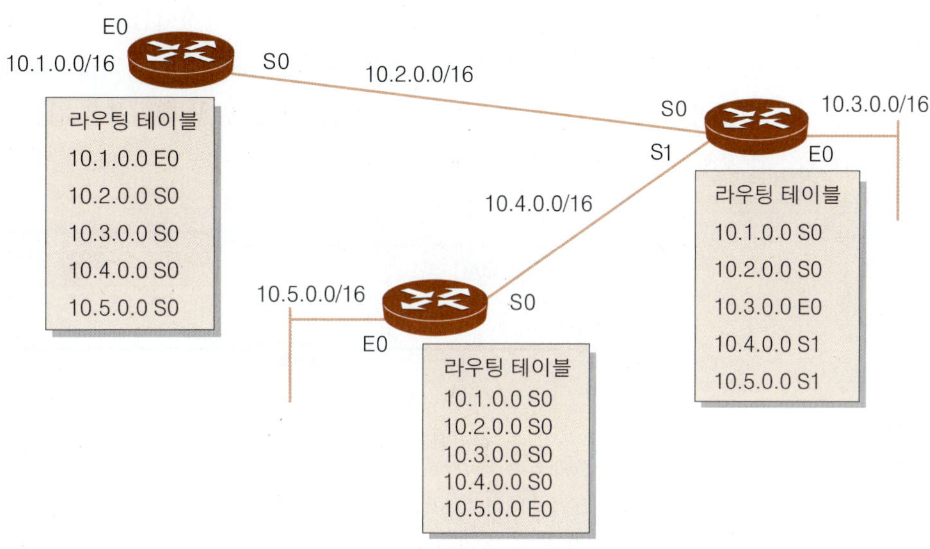

그림 2-27 >>
라우팅 프로토콜을
구현하고 난 후의
라우팅 테이블

라우팅 테이블에는 각각의 네트워크에 대한 베스트 루트만 올라옵니다. 정보를 교환하는 방식이나 정보를 받아서 최선의 경로를 선택하는 기준은 라우팅 프로토콜에 따라 다릅니다. 라우팅 프로토콜에는 RIP, OSPF, IS-IS, IGRP, EIGRP 등 여러 종류가 있습니다. 라우터들 간에는 같은 프로토콜을 사용해야 합니다. 라우팅 테이블에는 각각의 목적지 네트워크마다 가장 좋은 경로만 올립니다. 가장 좋은 경로가 여러 개일 때는 최대 6개까지 라우팅 테이블에 올려서 동시에 사용합니다. 이것을 로드 밸런싱이라고 합니다.

> **한 걸음 더!**
>
> ## 라우팅 프로토콜의 종류
>
> RIP이나 IGRP 같은 라우팅 프로토콜은 정보를 교환할 때 라우팅 테이블 전체를 주기적으로(RIP는 30초, IGRP는 90초) 교환하므로 술주정꾼에 비유할 수 있습니다. 술주정꾼이 똑같은 말을 되풀이하듯이 자기가 알고 있는 모든 내용을 계속 교환합니다.
>
> 반면 OSPF, ISIS, EIGRP, BGP는 속보 아나운서와 같은 방식입니다. 변화가 일어나자마자 속보 아나운서처럼 변화가 일어난 라우팅 정보만을 이웃 라우터에게 전달합니다. 술주정꾼이 옆 사람을 매우 피곤하게 하듯이 술주정꾼 방식의 라우팅 정보 전달은 네트워크 자원을 많이 소모시킵니다. 이에 비해 속보 아나운서 방식은 네트워크 자원을 효율적으로 사용합니다.
>
> 또한 라우팅 프로토콜마다 베스트 루트를 선택하는 기준도 다릅니다. RIP는 목적지 네트워크까지 통과하는 라우터의 수를 기준으로 합니다. OSPF, ISIS는 밴드위드스가 기준이 됩니다. IGRP와 EIGRP는 밴드위드스, 딜레이를 고려합니다.

목적지 정보가 테이블에 없는 프레임의 운명

스위치와 라우터는 길을 제대로 찾기 위해 테이블을 만듭니다. 스위치는 2계층 장비이므로 2계층 주소(이더넷, FDDI, 토큰 링과 같은 LAN 환경에서는 MAC 주소)로 스위칭 테이블을 만들고, 라우터는 3계층 장비이므로 3계층 주소(IP, IPX와 같은 주소)로 라우팅 테이블을 만듭니다.

[그림 2-28]은 스위칭 테이블의 예입니다. 스위칭 테이블은 같은 네트워크 내의 2계층 주소와 포트를 매핑시켜 만듭니다.

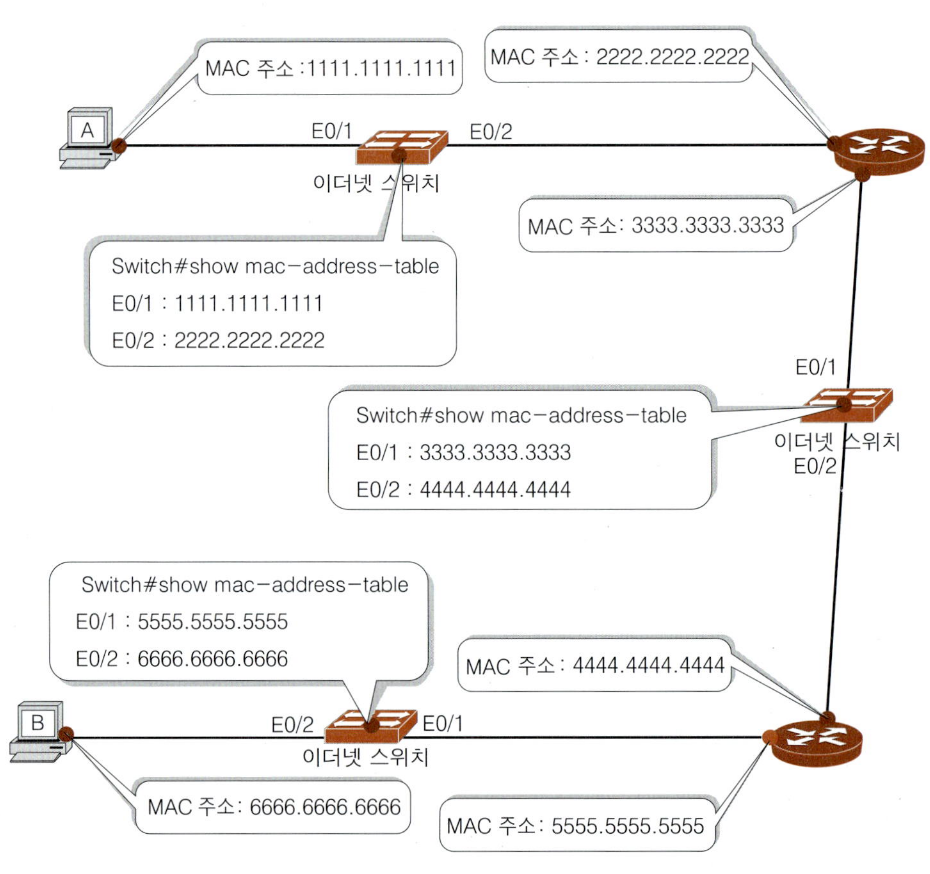

그림 2-28 ≫
스위치의 스위칭 테이블은 같은 네트워크 내에서 만들어진다.

[그림 2-29]는 라우팅 테이블의 예입니다. 라우터는 모든 네트워크에 대한 정보를 가질 뿐, 개별적인 호스트 주소 정보를 가지지 않습니다. IP와 같은 네트워크 계층 주소는 네트워크 부분과 호스트 부분으로 구분됩니다. 모든 호스트 정보를 구체적으로 가지는 것이 아니라 해당 네트워크의 호스트들을 대표하는 정보만을 가집니다.

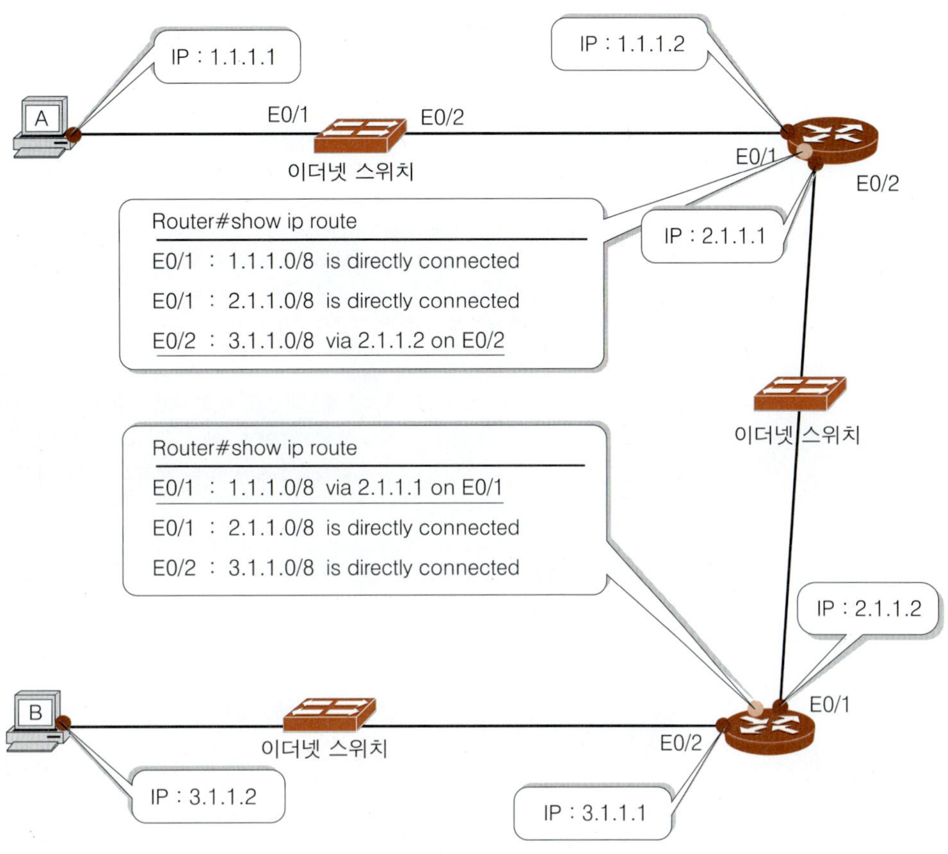

그림 2-29 ≫ 라우터의 라우팅 테이블은 모든 네트워크에 대한 정보를 가진다.

스위치는 2계층에서 MAC 2계층 주소를 기준으로 스위칭하고, CSMA/CD 원칙에 따릅니다. 물론 1계층에서는 물리적으로 약해진 신호를 증폭시킵니다.

스위치는 목적지 정보가 스위칭 테이블과 매칭되는 것이 없는 프레임을 어떻게 처리할까요? 브로드캐스트, 멀티캐스트와 같이 모든 포트로 보냅니다. 이것을 언논 유니캐스트 플러딩 (Unknown Unicast Flooding)이라고 합니다. 스위치와 달리 라우터는 목적지 정보가 라우팅 테이블에 없는 패킷은 버립니다.

라우터는 3계층에서 라우팅하고, 2계층에서는 미디어 트랜스레이션을 합니다. 3계층 주소는 전체 네트워크에서 유일해야 하지만, 2계층 주소는 한 네트워크 내에서만 의미 있는 주소입니다. 다음 네트워크를 통과하려면 다시 새로운 2계층 주소(인캡슐레이션)를 사용합니다.

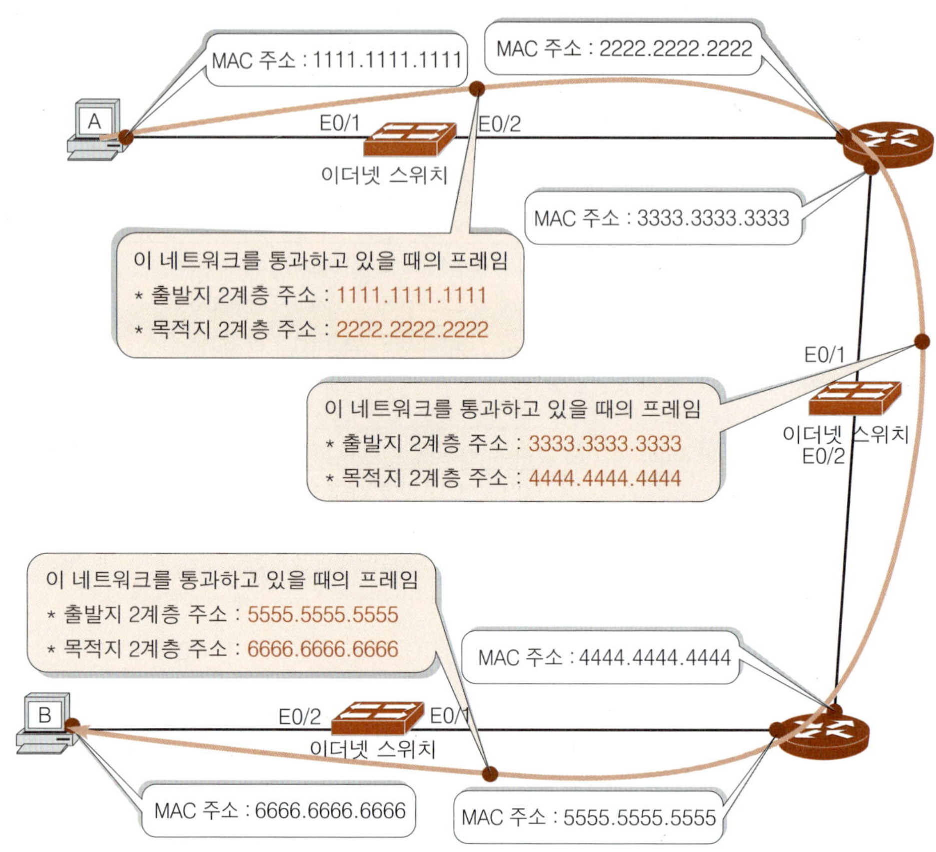

그림 2-30 ≫
라우터의 미디어
트랜스레이션

미디어 트랜스레이션

Tip

2계층 주소는 한 네트워크에서만 의미가 있으므로 다른 네트워크를 통과하려면 새로운 2계층 주소를 받아야 합니다. 이렇게 새로운 2계층 주소로 변환하는 작업을 미디어 트랜스레이션이라고 하고, 라우터가 2계층에서 수행합니다.

　　라우터가 2계층에서 *미디어 트랜스레이션 기능을 수행하기 위해서는 라우팅 테이블 외에 2계층 주소와 3계층 주소의 매핑 테이블이 필요합니다.

　　[그림 2-31]에서 R1의 라우팅 테이블이 3.1.1.0/8 네트워크로 가기 위해서는 다음에 통과해야 할 라우터가 2.1.1.2이고, E0/2 인터페이스로 보내면 된다고 되어 있습니다. E0/2 인터페이스로 보내기 전에 2계층 인캡슐레이션을 바꿔야 합니다. 즉, 미디어 트랜스레이션을 해야 합니다. 2계층 출발지 주소는 3333.3333.3333이 되고, 목적지 주소는 다음 라우터인 2.1.1.2에 해당하는 2계층 주소가 되어야 합니다. 그런데 R1은 2.1.1.2자리의 2계층 주소가 무엇인지 아직 모릅니다(라우터는 3계층 이하의 기능을 수행하므로 3계층과 2계층 주소를 가집니다).

　　이때 필요한 것이 바로 주소 해결사 프로토콜(Address Resolution Protocol)입니다. R1은 ARP 요청을 브로드캐스트로 보냅니다. 이 패킷의 형식은 '2.1.1.2의 2계층 주소는 무엇인가?' 입니다. 그러면 2.1.1.2에 해당하는 디바이스가 자신의 2계층 주소를 알려줍니다. 이렇게 해서 R1은 새로운 2계층 주소가 입력된 새 인캡슐레이션으로 바꿀 수 있습니다.

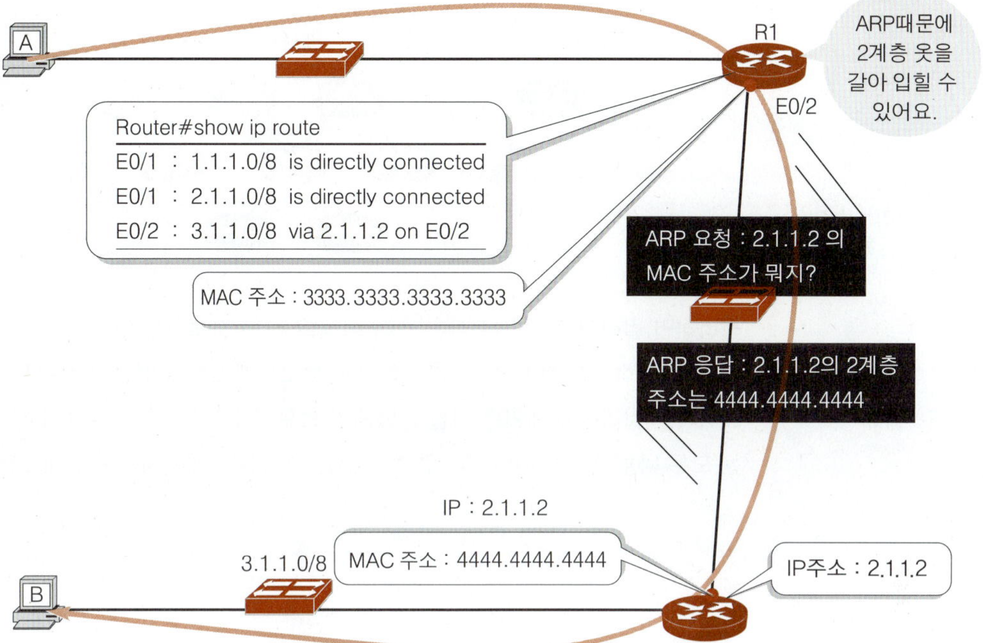

그림 2-31 >>
라우터의 미디어 트랜
스레이션 과정

> **한 걸음 더!**
>
> ## 컬리전 도메인과 브로드캐스트 도메인은 무조건 작을수록 좋다?
>
> 컬리전 도메인과 브로드캐스트 도메인은 작아야 좋을까요, 아니면 커야 좋을까요? 결론부터 말하면 컬리전 도메인은 작을수록 좋고, 브로드캐스트 도메인은 적당한 것이 좋습니다.
>
> 컬리전 도메인이 작다는 것은 컬리전 도메인에 들어가는 장비의 수가 적다는 것입니다. 그렇다면 컬리전이 일어날 가능성은 줄어들고, 컬리전이 일어나지 않으면 지연없는 전송이 가능해 집니다. 그래서 풀 듀플렉스를 사용해 컬리전 도메인을 없애는 것이 가장 좋습니다.
>
> 브로드캐스트 도메인은 한 장비가 브로드캐스트를 보냈을 때 브로드캐스트를 받는 장비들의 영역을 말합니다. 브로드캐스트 도메인이 작을수록 브로드캐스트 도메인 내에 들어가는 장비들의 수가 적어지므로 이에 따라 발생하는 브로드캐스트의 수도 적어집니다. 따라서 도메인 내의 장비가 브로드캐스트를 받을 가능성이 줄어들어 CPU 소모가 적다는 장점이 있습니다.
>
> 하지만 [그림 2-32]처럼 스위치 대신 라우터만 사용하여 너무 많은 브로드캐스트 도메인으로 나눈다면 디바이스 간에 통신을 하기 위해서는 브로드캐스트 도메인을 구분하는 수많은 라우터들을 통과해야 합니다. 속도가 느린 여러 대의 라우터를 통과해야 통신이 되니 결국 전송 속도가 느려집니다. 그래서 브로드캐스트 도메인의 넓이는 적당한 것이 좋습니다. 라우터는 다음 이유 때문에 스위치보다 느립니다. 라우터는 3계층 장비로 소프트웨어 기반이고, 스위치는 2계층 이하의 기능을 하는 2계층 장비로 주로 하드웨어 기반으로 만듭니다.

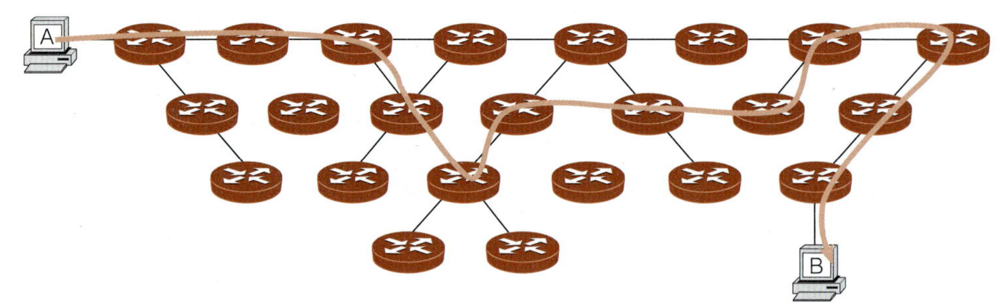

그림 2-32 ≫
브로드캐스트 도메인
을 너무 많이 나누면
네트워크가 느려진다.

정리하면 컬리전 도메인은 작은 것이 그리고 작은 것보다는 없는 것이 좋고, 브로드캐스트 도메인의 크기는 적당한 것이 좋습니다. 허브는 브로드캐스트 도메인과 컬리전 도메인을 나누지 못하며, 스위치는 컬리전 도메인은 나눌수 있지만 브로드캐스트 도메인은 나누지 못합니다. 그러나 라우터는 모두 나눌 수 있습니다. 〈그림 2-33〉은 컬리전 도메인과 브로드캐스트 도메인의 구분입니다.

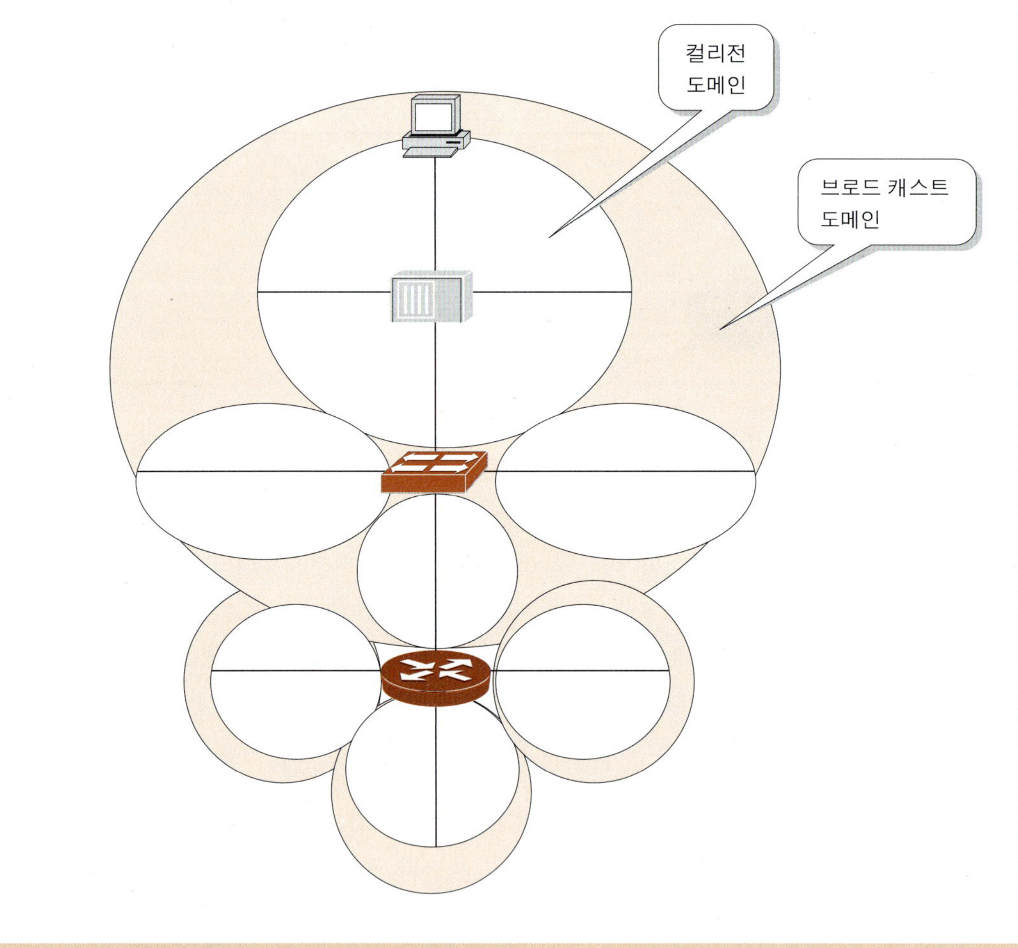

그림 2-33 ≫
허브는 브로드캐스트
도메인과 컬리전 도메
인을 나누지 못하고,
스위치는 컬리전 도메
인은 나눌수 있지만
브로드캐스트 도메인
은 나누지 못한다. 그
러나 라우터는 모두
나눈다.

 **꼭 알아야 할 핵심 포인트**

✓ 캠퍼스 네트워크 구축시에는 성능, 가용성, 보안 등 3가지 요소를 중요하게 고려해야 합니다. 스위치와 라우터를 비롯해 다양한 네트워크 솔루션들의 장단점을 충분히 검토해서 네트워크를 구성합니다.

✓ 허브에 연결된 두 PC가 동시에 데이터를 보내면 전압이 충돌해 비정상적인 전압 상태가 되는데, 이것을 '컬리전이 발생했다'고 합니다.

✓ 스위치와 라우터는 길을 제대로 찾기 위해 테이블을 만드는데, 스위치는 2계층 장비이므로 2계층 주소를 보고 스위칭 테이블(MAC 주소 테이블)을 만들고, 라우터는 3계층 장비이므로 3계층 주소로 라우팅 테이블을 만듭니다. 스위치는 만약 목적지가 MAC 주소 테이블에 없으면 데이터가 들어온 포트를 제외한 모든 포트들로 데이터를 보내는데, 이것을 '언논 유니캐스트 플러딩'이라고 합니다. 이와 달리 라우터는 목적지의 정보가 라우팅 테이블에 맞는 것이 없으면 패킷을 버립니다.

✓ 스위치와 허브는 브로드캐스트 트래픽을 모든 포트로 보내는데, 라우터가 이 브로드캐스트를 막아 줍니다. 또 라우터는 라우팅 테이블을 참조하여 패킷을 해당 포트로만 보내므로 컬리전 도메인을 나눕니다. 그래서 스위치는 컬리전 도메인을 나누는 장비이고, 라우터는 컬리전 도메인과 브로드캐스드 도메인을 모두 나누는 장비입니다.

실 습 실

컬리전 도메인과
브로드캐스트 도메인 나누기

1. [그림 2-34]의 네트워크 환경을 한번 살펴보기 바랍니다. 네트워크가 몇 개의 컬리전 도메인과 브로드캐스트 도메인으로 구성되어 있을까요?

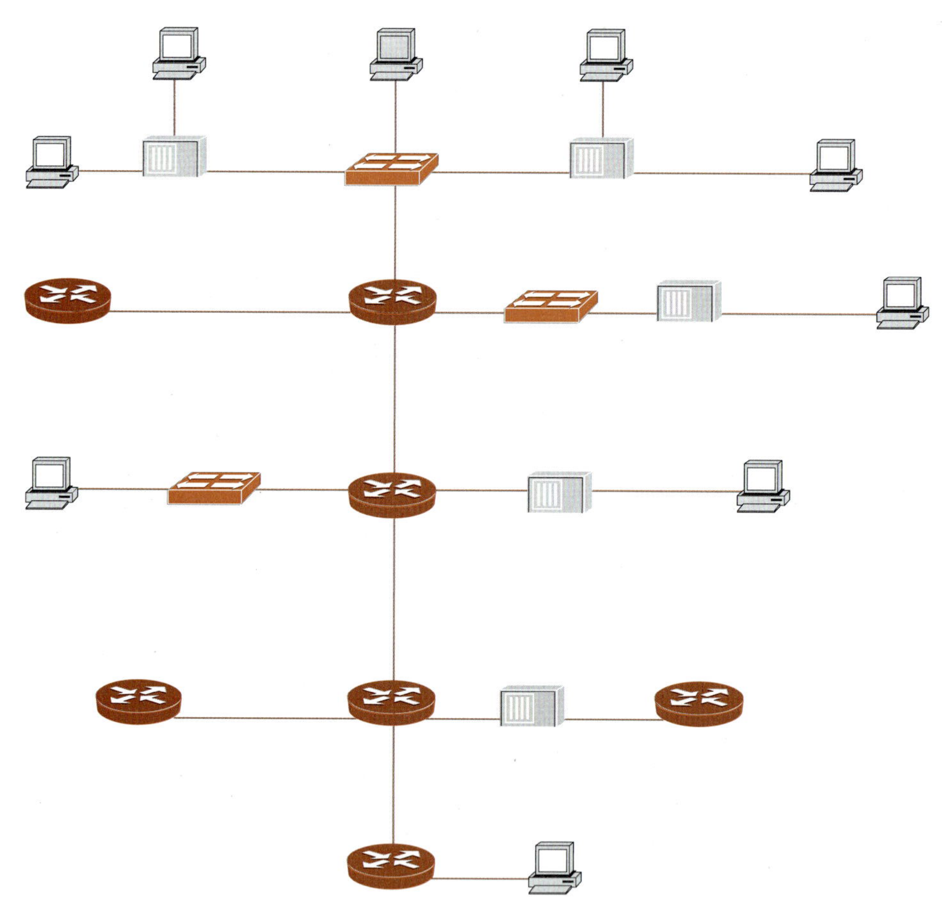

그림 2-34 >>
컬리전 도메인과
브로드캐스트 도메인
을 연습할 가상의
네트워크

1. [표 2-1]은 허브, 스위치, 라우터가 컬리전 도메인과 브로드캐스트 도메인을 나눌 수 있
   는지의 여부를 정리한 것입니다.

나눌수 있나?	허브	스위치	라우터
컬리전 도메인	×	○	○
브로드캐스트 도메인	×	×	○

[그림 2-35]를 보면 오렌지색이 브로드캐스트 도메인들인데 모두 11개입니다. 초록색
은 컬리전 도메인들로 모두 16개입니다.

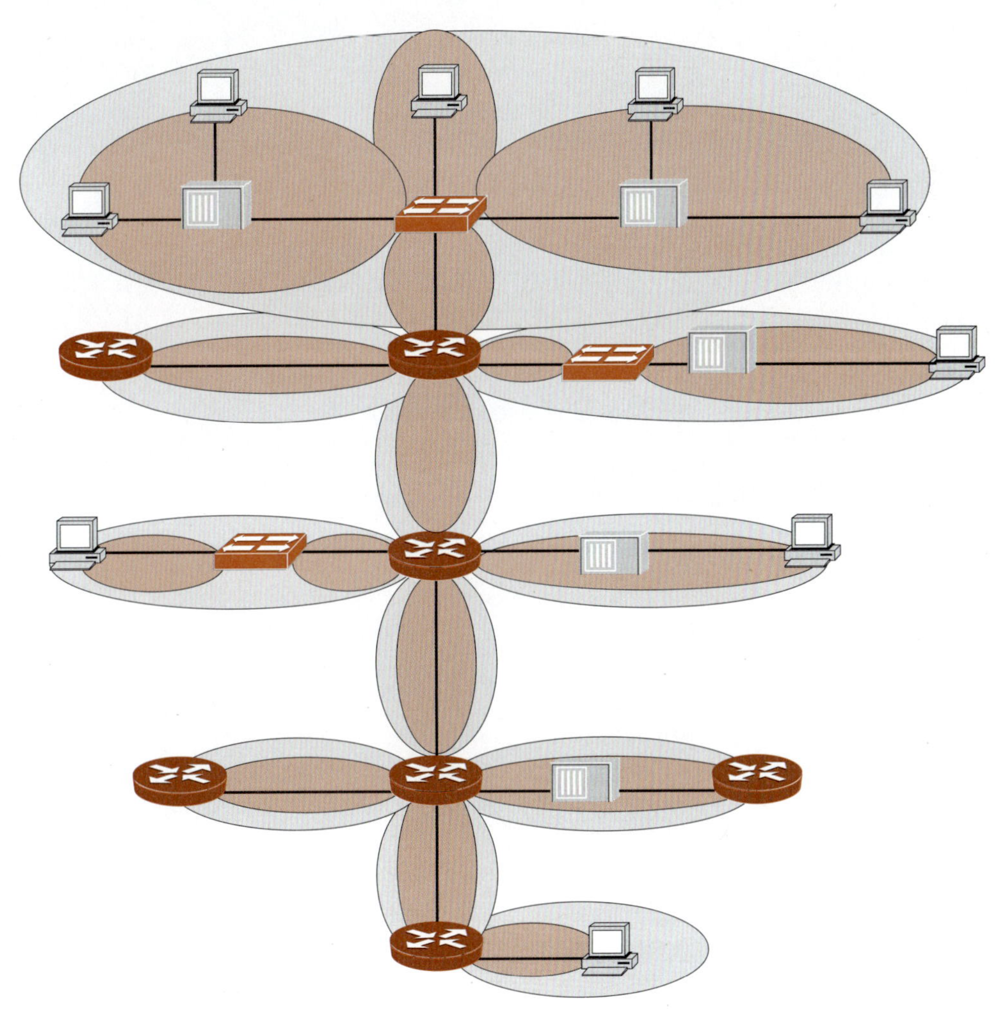

쉬어가는
페이지
CISCO
LAN Switching

네트워크 디자인계의
수퍼모델 계층형 3 레이어

네트워크는 빠르고 안정적으로 그리고 끊기지 않게 구축하는 것이 중요합니다.
따라서 이미 안정화된 제품을 사용해 꼭 필요한 기능만 포함되도록 네트워크를
디자인해야 합니다. 네트워크를 디자인할 때는 '계층형 3 레이어 모델'에 따르는 것이 좋습니다.
네트워크를 사용한 초기부터 시행 착오를 거쳐 다듬어진 것이기 때문입니다.
이번 장에서는 계층형 3 레이어 모델에 관해 소개합니다. 계층형 3 레이어 모델은
네트워크를 액세스, 디스트리뷰션, 코어의 3계층으로 나누고, 각 계층에
독립적인 역할을 부여함으로서 효율적으로 데이터가 전달되도록 설계되어 있습니다.

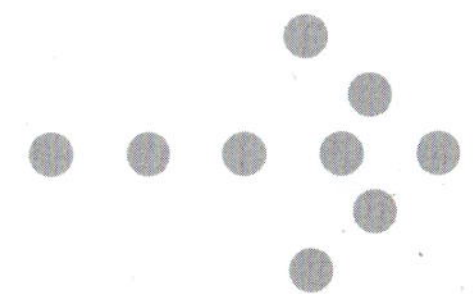

Lesson 01 네트워크를 디자인하는 마법사, 계층형 3레이어 모델 *

네트워크를 디자인할 때는 창의성을 너무 발휘하면 안됩니다. "우리 회사만의 독특한 구성을 한번 해 봐야지", "시스코에서 나온 신제품을 최초로 사용해 봐야지", "꼭 필요하지는 않지만 다양한 기능들을 많이 적용해 봐야지" 하는 생각은 버리는 것이 좋습니다. 그것보다는 다른 회사에서 검증된 구성에 안정화된 제품을 사용해 꼭 필요한 최소 기능만으로 네트워크를 구성해 네트워크를 가볍게 해 주어야 합니다.

'계층형(Hierarchical) 3 레이어 모델'은 캠퍼스 네트워크를 구성할 때 사용하는 하나의 전형적인 모델입니다. 네트워크를 사용하기 시작한 초기부터 네트워크 구성에 대한 많은 시행 착오를 통해 '네트워크는 이러해야 한다'는 모델이 만들어진 것입니다. 참고로 여기서의 '레이어'는 1장에서 배운 OSI 7계층과는 아무런 상관이 없습니다.

계층형 3 레이어 모델의 기본적인 형태는 [그림 3-1]과 같습니다. 액세스 레이어(Access layer) 장비들은 디스트리뷰션 레이어(Distribution layer)에 연결됩니다. 디스트리뷰션 레이어 장비들은 코어 레이어(Core layer) 장비에 연결됩니다. 액세스 레이어 장비는 코어 레이어 장비와 직접 연결하지 않고 반드시 디스트리뷰션 레이어 장비를 통과해야 합니다. 또한 다른 액세스 레이어 장비들과도 직접 연결하지 않고 디스트리뷰션 레이어 장비를 통과해 연결합니다.

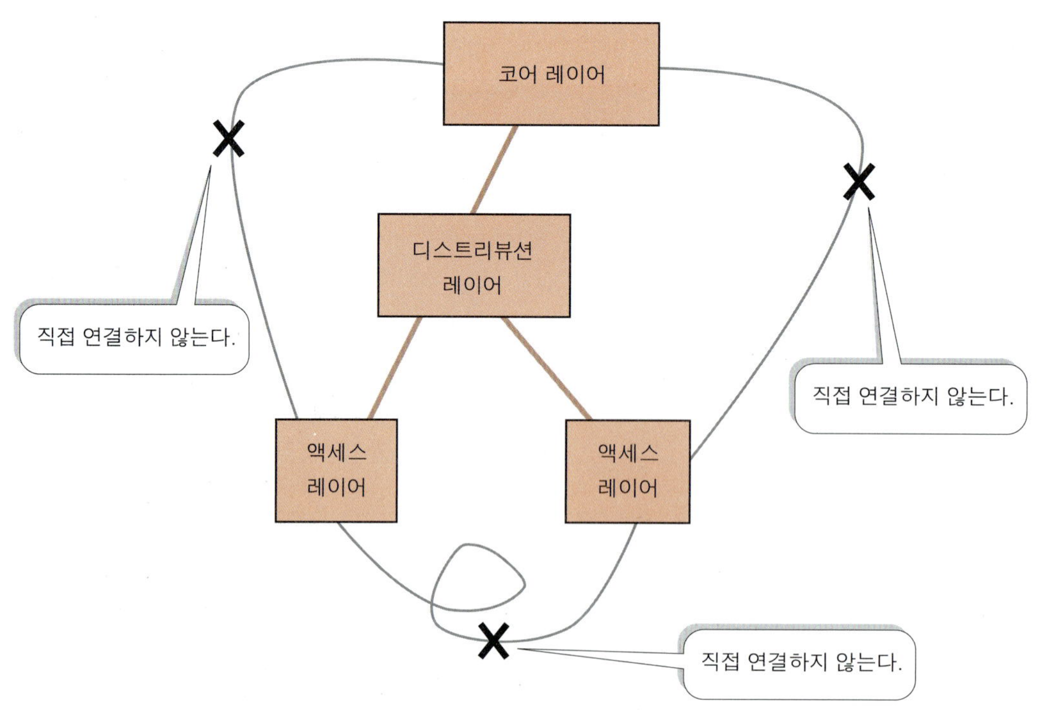

그림 3-1 >>
네트워크 디자인할 때
참고가 되는 계층형
3 레이어 모델

일반적으로 [그림 3-2]와 같이 디스트리뷰션 레이어에 라우터를 두고, 코어 레이어와 액세스 레이어에는 스위치를 두도록 네트워크를 설계합니다. 만약 [그림 3-2]의 그림과 같이 액세스 레이어 장비끼리 연결하거나 액세스 레이어 장비를 코어 레이어 장비와 연결하면, PC A에서 B로 갈 때의 경로가 다양해 집니다. 이렇게 경로가 너무 다양해지면 어느 부분에 문제가 생겼는지 찾기가 어려울 뿐만 아니라(즉, 관리가 어렵고), 많은 포트 수와 선로와 관련한 구축 비용이 늘어나고, 당연한 결과겠지만 복잡성과 비용 때문에 큰 LAN을 만드는데 제한적입니다. 이렇게 모든 장비 간에 복잡하게 연결된 모델을 '그물 모델(Mesh Model)'이라고 합니다.

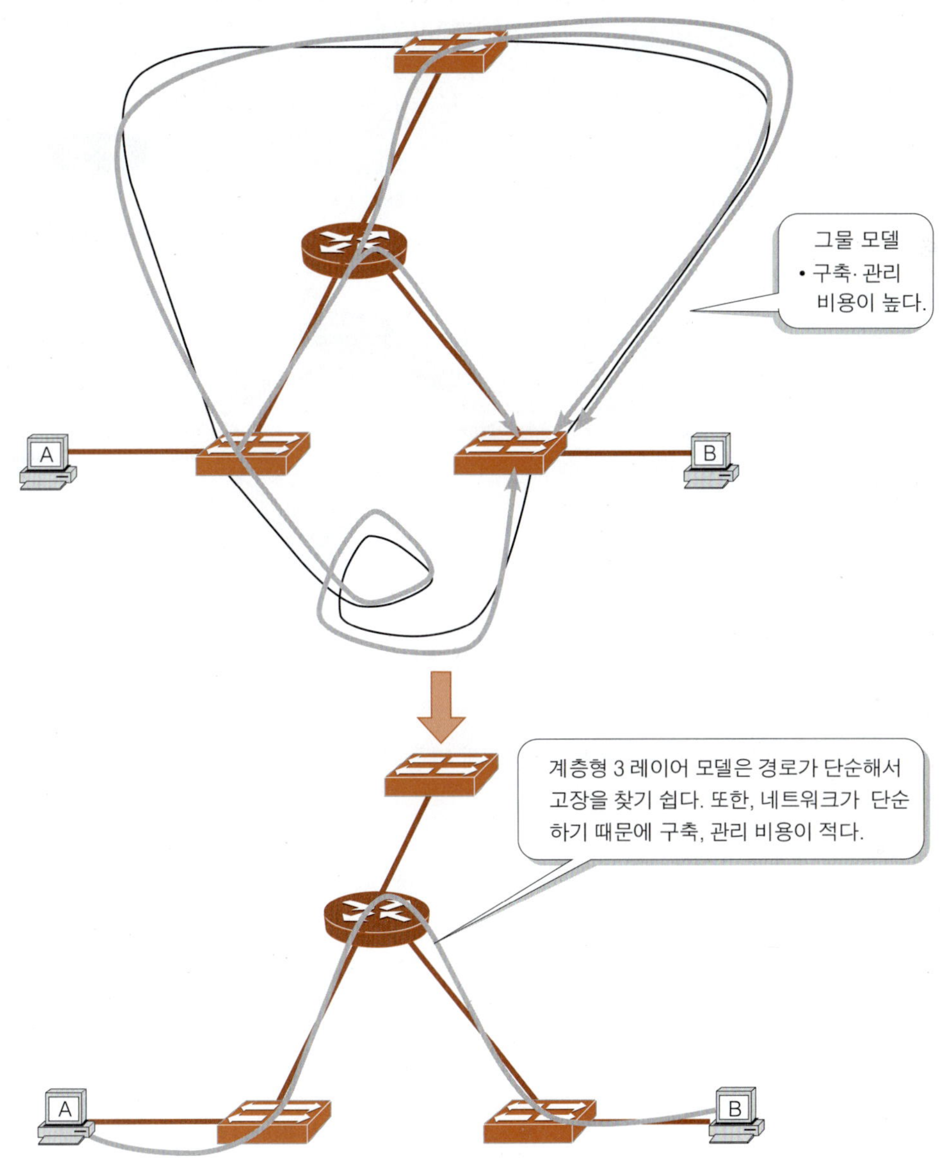

그림 3-2 ≫
길이 복잡해지면 고장
난 부분을 찾기
힘들다.

계층형 모델에서 PC나 서버들은 모두 액세스 레이어 장비에 연결됩니다. 오늘날의 트래픽은 대부분 조직밖의 서버를 향합니다. 액세스 레이어 장비와 PC/서버가 연결되는 구간은 트래픽이 최초로 시작되는 지점입니다. 여기서 필요한 밴드위스를 시냇물 수준이라고 한다면 액세스 레이어 스위치에 연결된 시냇물들이 모여서 액세스 레이어 스위치와 디스트리뷰션 레이어 라우터 사이의 강물을 만듭니다. 마찬가지로 디스트리뷰션 레이어 라우터에 연결된 강물들이 모여 디스트리뷰션 레이어 라우터와 코어 레이어 스위치 간에 바다를 만듭니다.

이렇게 경로가 단순한 계층형 모델을 사용하면 장비들 간의 밴드위스를 할당하기가 쉽습니다. 반면 그물 모델일 경우는 이렇게 흐름의 단계를 나눌 수가 없어서 복잡하게 연결된 링크들의 밴드위스를 산정하기 어렵습니다.

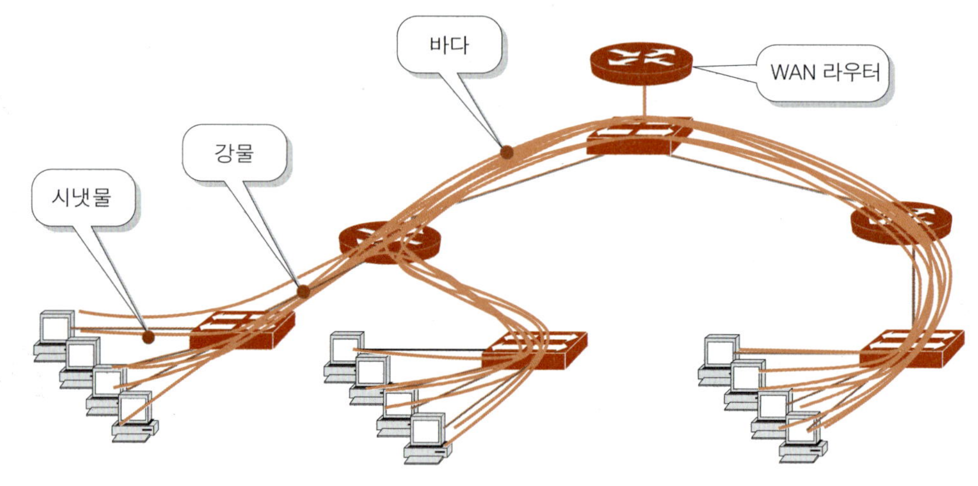

그림 3-3 ≫
계층형 3 레이어는 밴드위드스를 쉽게 계산할 수 있다.

계층형 3 레이어 모델은 네트워크의 기능을 3개의 계층으로 나누는데, 각 계층은 독립적인 역할을 수행합니다. 계층형 3 레이어 모델을 사용하면 각 계층에 필요한 기능을 하는 장비들을 배치시키고, 장비들을 시냇물-강물-바다의 밴드위스 원칙에 따라 할당하면 되므로 아무리 큰 네트워크 디자인도 간단하게 만들 수 있습니다.

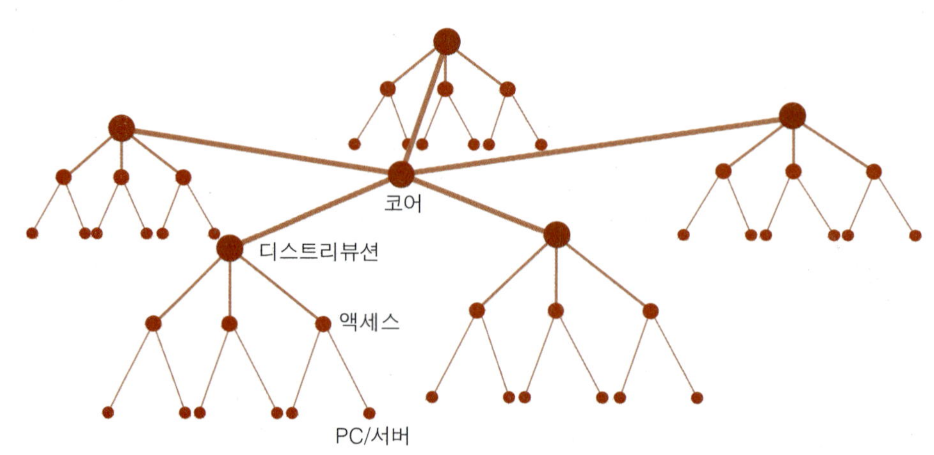

그림 3-4 ≫
계층형 3 레이어 모델은 아무리 큰 네트워크도 간단하게 디자인한다.

Lesson 02 계층형 3 레이어의 각 계층이 하는 일 ✳

계층형 3 레이어 모델은 캠퍼스 네트워크를 기능에 따라 액세스 레이어, 디스트리뷰션 레이어, 코어 레이어의 3 계층으로 나누고, 각 계층에 독립적인 역할을 부여합니다. 그럼 3계층이 하는 일을 살펴보겠습니다.

■ PC나 서버들을 네트워크에 연결하는 액세스 레이어

액세스 레이어의 역할은 PC나 서버들을 네트워크에 연결하는 것입니다. 따라서 액세스 레이어 장비는 일단 포트 수가 많아야 합니다. 물론 포트당 가격도 저렴해야겠지요. 캠퍼스 네트워크에서 가장 많이 필요한 장비가 액세스 레이어 장비이기 때문입니다.

예산은 무척 중요한 변수입니다. 예산이 충분하다면 얼마든지 좋은 네트워크를 구축할 수 있을 것입니다. 하지만 주어진 예산 내에서 좋은 네트워크를 구성하려다 보니 여러 가지 고려할 사항과 어려움이 생기는 것입니다.

■ 계층형 3 레이어의 중심, 디스트리뷰션 레이어

디스트리뷰션 레이어는 계층형 3 레이어 모델의 중심에 위치해 있으며, 액세스 레이어 스위치들이 연결되는 지점입니다.

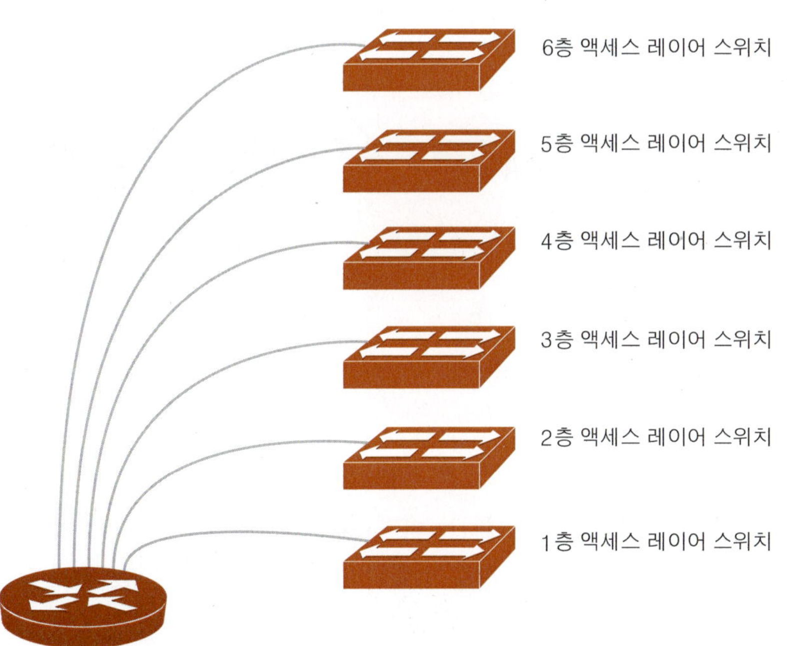

그림 3-5 ≫
액세스 레이어 스위치들이 연결되는 디스트리뷰션 레이어 라우터

앞에서 브로드캐스트 도메인에 대해 설명했습니다. 스위치와 허브는 브로드캐스트 도메인을 나누지 못하지만 라우터는 나눌 수 있다고 했습니다. 브로드캐스트 도메인이 너무 크면 어떤 현상이 나타날까요? 브로드캐스트 도메인에 들어가는 장비 수가 많아지므로 브로드캐스트가 발생할 확률이 높아지고, 장비들이 브로드캐스트를 수신할 확률도 높아집니다.

PC는 7계층 장비로 7계층 이하의 기능을 수행한다고 했습니다. PC에서는 랜 카드가 바로 2계층 장비로 스위칭을 수행합니다. 랜 카드가 스위치의 역할을 해서 조금 이상하겠지만 PC에서는 랜 카드가 스위칭을 합니다.

랜 카드는 수신한 프레임의 목적지 MAC 주소를 보고 목적지 주소가 랜 카드 자신이면 3계층 이상의 프로세스를 위해 CPU로 스위칭하고, 만약 목적지 주소가 자신이 아니라면 쓰레기통으로 스위칭합니다. 즉, 드롭(Drop)시킵니다.

브로드캐스트일 때 스위치가 모든 포트로 프레임을 보내는 것처럼 랜 카드도 무조건 CPU에게 프레임을 보냅니다. 따라서 브로드캐스트 도메인이 너무 크면 PC의 CPU가 바빠집니다. 네트워크에 연결된 PC가 단지 하나의 애플리케이션만 사용하는데 속도가 느려진다면 브로드캐스트 도메인이 너무 넓은 것입니다. 따라서 항상 브로드캐스트 도메인이 너무 넓지 않도록 주의해야 합니다. 라우터가 브로드캐스트 도메인을 나누기 때문에 적당한 위치에 라우터를 사용하는 것이 좋습니다. 통상, 브로드캐스트가 전체 밴드위스의 10%를 넘지 않도록 관리합니다.

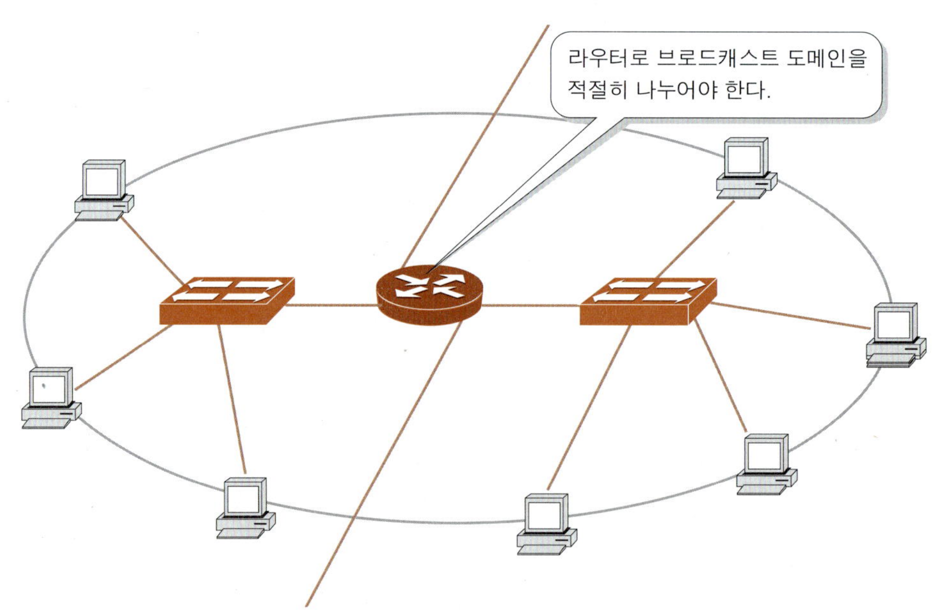

그림 3-6 ≫
항상 브로드캐스트 도메인이 너무 넓지 않도록 조정해야 한다.

계층형 3 레이어 모델에서는 디스트리뷰션 레이어가 중앙에 있습니다. 그러므로 통상 디스트리뷰션 레이어에 라우터를 두어 캠퍼스 네트워크의 브로드캐스트 도메인을 나눕니다.

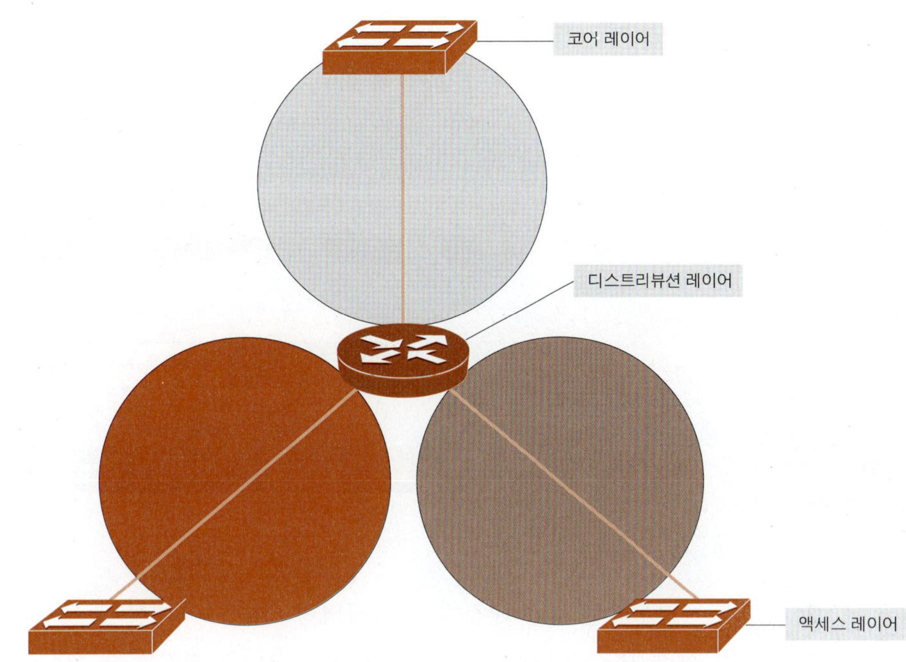

그림 3-7 ≫
라우터로 디스트리뷰
션 레이어에서 브로드
캐스트 도메인을
나눈다.

LAN에서(WAN에서는 브로드캐스트가 없음) 브로드캐스트 도메인의 넓이는 네트워크의 넓이와 같다고 했습니다. 이것은 같은 네트워크에서 출발한 브로드캐스트는 다른 네트워크로 나가지 못한다' 는 말과 같습니다. 브로드캐스트 도메인이 3개이면 네트워크 수도 3개가 됩니다.

각 네트워크는 서로 다른 네트워크 주소를 가져야 합니다. 라우터는 이러한 방법으로 네트워크를 구분하고, 라우터에 도달하는 패킷들의 네트워크 목적지를 보고 길 찾기를 하게 됩니다.

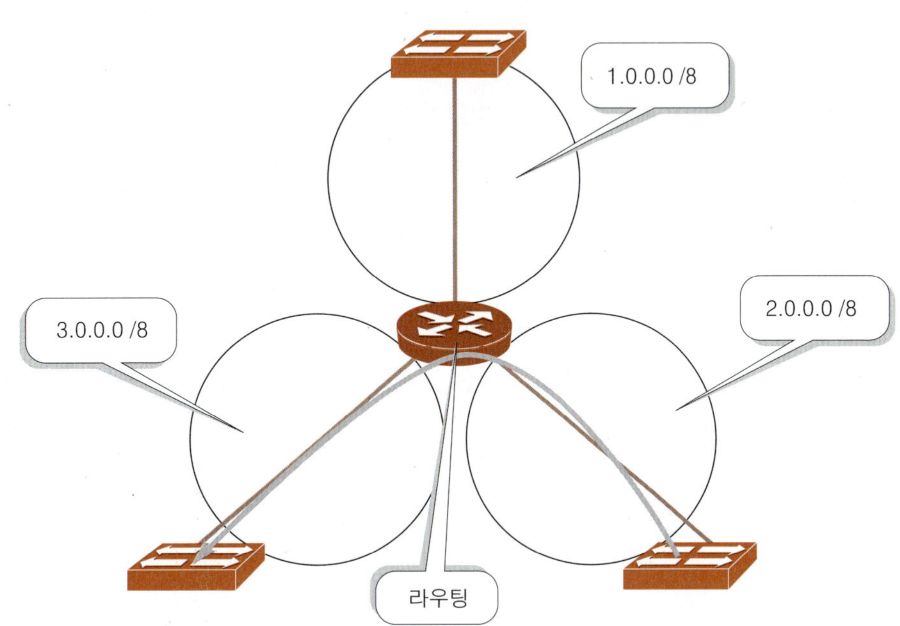

그림 3-8 ≫
라우터는 네트워크를
구분하고 라우팅을
한다.

라우터는 3계층에서 라우팅을, 2계층에서 미디어 트랜스레이션을, 1계층에서 증폭을 수행한다고 했습니다. 그렇기 때문에 디스트리뷰션 레이어의 라우터 역시 미디어 트랜스레이션 기능을 수행합니다.

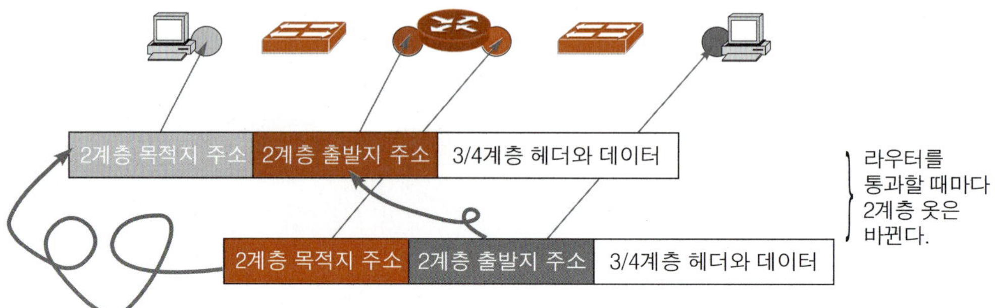

그림 3-9 》
라우터의 미디어 인캡슐레이션 기능

라우터는 특정 패킷에 대한 필터링 기능도 수행할 수 있습니다. 예를 들어 다른 패킷은 통과시키지만 10.4.0.0 /16 네트워크에서 출발한 패킷만을 차단할 수 있습니다. 이러한 필터링은 액세스 리스트를 구현하면 가능해 집니다. 필터링을 사용하는 이유는 불필요한 트래픽이 있다면 차단해 네트워크의 전체적인 효율성을 향상시키고, 의심스러운 패킷은 차단해 보다 안전한 네트워크를 유지하기 위해서 입니다.

코어 레이어 장비의 역할로 넘어가기 전에 디스트리뷰션 레이어의 라우터의 역할을 정리해 보겠습니다.

- 액세스 레이어 장비들을 연결합니다.
- (라우터의 기능인) 브로드캐스트 도메인을 나눕니다.
- (라우터의 기능인) 라우팅을 수행합니다.
- (라우터의 기능인) 미디어 트랜스레이션을 합니다.
- (라우터의 기능인) 필요에 따라 액세스 리스트와 같은 필터링 기능을 사용합니다.

이러한 기능들은 대부분 라우터가 수행할 수 있는 기능입니다. 그래서 디스트리뷰션 레이어에는 일반적으로 라우터를 사용하는 것입니다.

■ 일반적으로 가장 많은 트래픽을 처리하는 코어 레이어

디스트리뷰션 레이어 장비는 액세스 레이어 장비와 강물 넓이에 해당하는 밴드위스로 연결되어 있고, 코어 레이어 장비와는 바다 넓이의 밴드위스로 연결되어 있습니다.

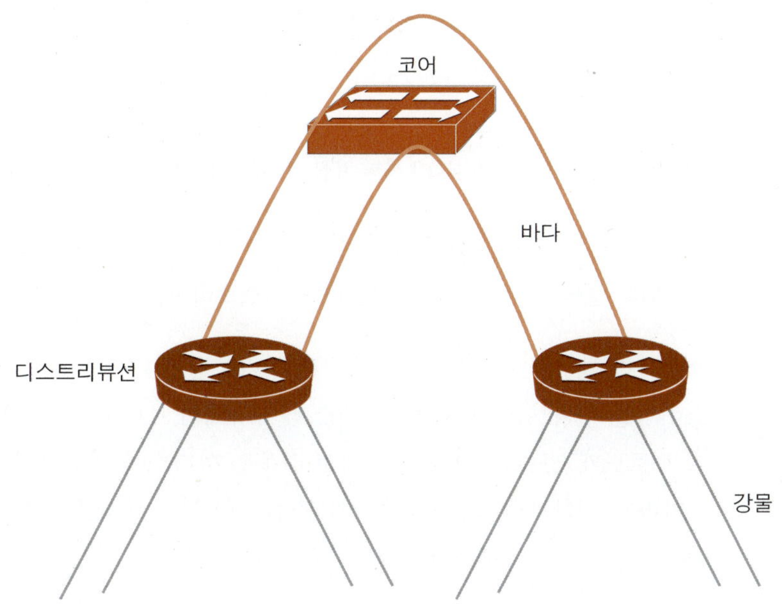

그림 3-10 ≫
코어 레이어는 바닷물
을 처리할 수 있어야
한다.

따라서 코어 레이어 장비는 바닷물을 처리할 수 있을 정도의 성능을 가지고 있어야 합니다. 코어 레이어의 목적은 가능한 지체없이, 빠르게 데이터를 처리하는 것입니다. 코어 레이어 장비는 액세스 레이어 장비와 같이 하드웨어 기반의 2계층 스위치를 사용하지만 액세스 레이어 스위치처럼 포트 수가 많을 필요는 없습니다. 대신 가장 많은 트래픽을 처리해야 하므로 안정적이고, 성능이 좋은 장비를 사용합니다. 모든 레이어에 라우터보다는 스위치를 배치하는 것이 속도 차원에서 유리하지만, 브로드캐스트 때문에 디스트리뷰션 레이어에는 라우터를 둡니다.

Tip QoS

QoS는 사용자나 애플리케이션의 중요도에 따라 서비스 수준에 차이를 두어서 한정된 WAN 대역폭에서 트래픽을 정책적으로 관리하는 기술입니다. 단순히 대역폭을 늘려 네트워크 속도를 개선하는 것이 아니라 트래픽을 모니터링하고 분석해서 효율적으로 네트워크를 운영하는 것이지요.
QoS를 구현하면 특정 트래픽을 우선적으로 처리할 수 있습니다.

코어 레이어 장비에 특별한 기능을 구현한다면, *QoS(Quality of Service, 특정 트래픽을 우선 처리하는 기능)를 구현할 수 있습니다.

이와 같이 계층형 3 레이어 모델은 캠퍼스 네트워크에서 필요한 기능을 3개의 계층으로 나누어 놓았습니다. 이것을 이용해 쉽게 대규모 네트워크를 디자인할 수 있으며, 계층형 3 레이어 모델에 따라 만들어진 네트워크는 그물(망) 모델로 만들어진 네트워크보다 훨씬 관리하기가 쉽습니다.

액세스와 디스트리뷰션 레이어 장비의 결합, 스위치 블럭 ✳

액세스 레이어 장비와 디스트리뷰션 레이어 장비를 합쳐 '스위치 블럭(Switch Block)'이라고 합니다.

> 스위치 블럭 = 액세스 레이어 장비 + 디스트리뷰션 레이어 장비

스위치 블럭은 2계층 스위칭과 3계층 라우팅 서비스 기능이 조화를 이루고 있습니다. 2계층 스위치들이 허브를 대체하여 액세스 레이어에서 보다 높은 밴드위스를 제공하고, 3계층 라우터가 브로드캐스트 도메인을 분할하고 라우팅 서비스를 제공합니다.

따라서 스위치 블럭은 2계층 서비스를 제공하는 액세스 레이어 장비와 3계층 서비스를 제공하는 디스트리뷰션 레이어 장비로 구성됩니다.

액세스 레이어는 PC, 서버와 같은 네트워크 사용자들의 장비가 연결되는 지점이므로 저렴한 비용에 포트 수가 많은 스위치가 적합합니다. 디스트리뷰션 레이어는 OSI 7 레이어를 기준으로 3계층 기능을 제공합니다. 그래서 라우터만 사용할 수 있지만 액세스 레이어 스위치들 간에 라우팅(스위칭 보다 느린) 없는 즉 스위칭 통신을 하기 위해 디스트리뷰션 레이어에도 2계층 스위치를 배치합니다.

VLAN 장에서 설명하겠지만 [그림 3-11]의 두 PC는 같은 네트워크에 속할 수도 있고, 그렇지 않을 수도 있습니다. 같은 VLAN일 때는 같은 네트워크이므로 라우터를 통과하지 않고도 통

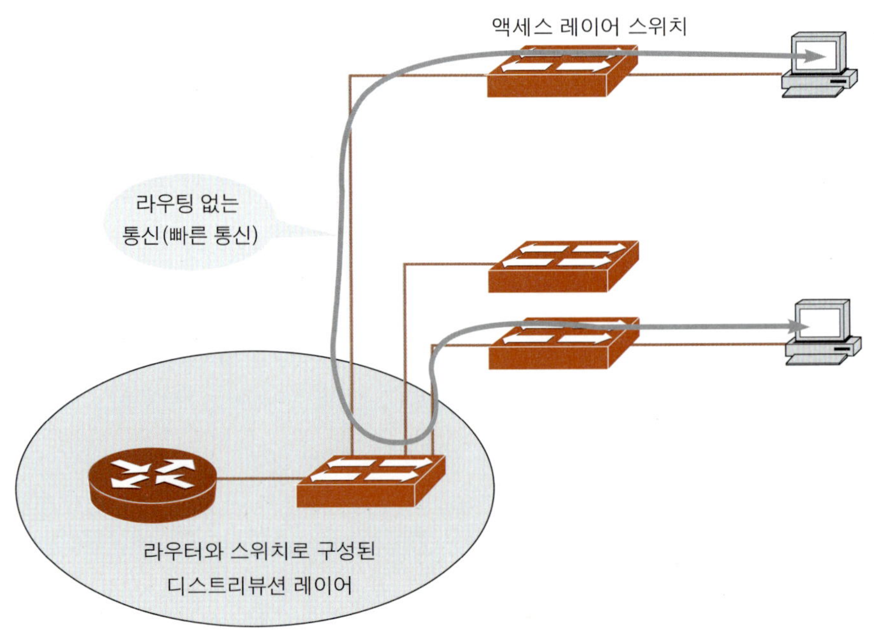

그림 3-11 ≫
라우터와 스위치로
구성된 디스트리뷰션
레이어

신이 가능합니다. 만약 다른 VLAN이라면 다른 네트워크에 속하므로 트래픽을 디폴트 게이트
웨이, 즉 라우터로 보내게 됩니다. 따라서 라우터를 통해 통신을 합니다.

라우터와 스위치로 구성된 디스트리뷰션 레이어는 물리적으로 다음과 같이 조합할 수 있습
니다.

- 외장형 스위치와 외장형 라우터의 조합
- 하나의 샤시안에 수용된 모듈형 라우터와 모듈형 스위치의 조합
- 하나의 모듈 안에 수용된 카드형 라우터와 카드형 스위치의 조합

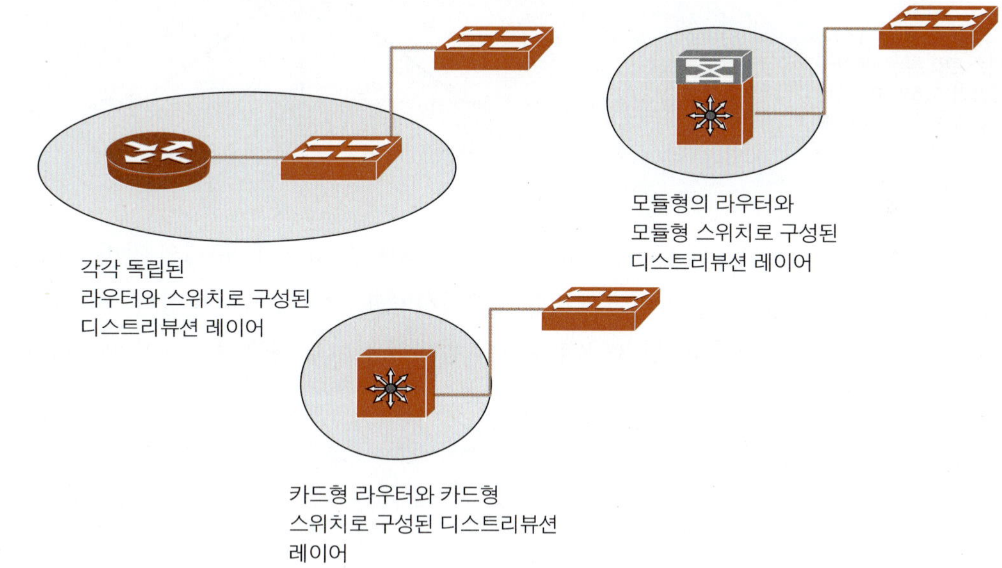

그림 3-12 ≫
외부 라우터, 모듈형
의 내부 라우터, 3계
층 스위치를 사용한
디스트리뷰션 레이어

이와 같이 액세스 레이어 장비와 디스트리뷰션 레이어 장비를 합쳐 스위치 블럭이라고 합니다.

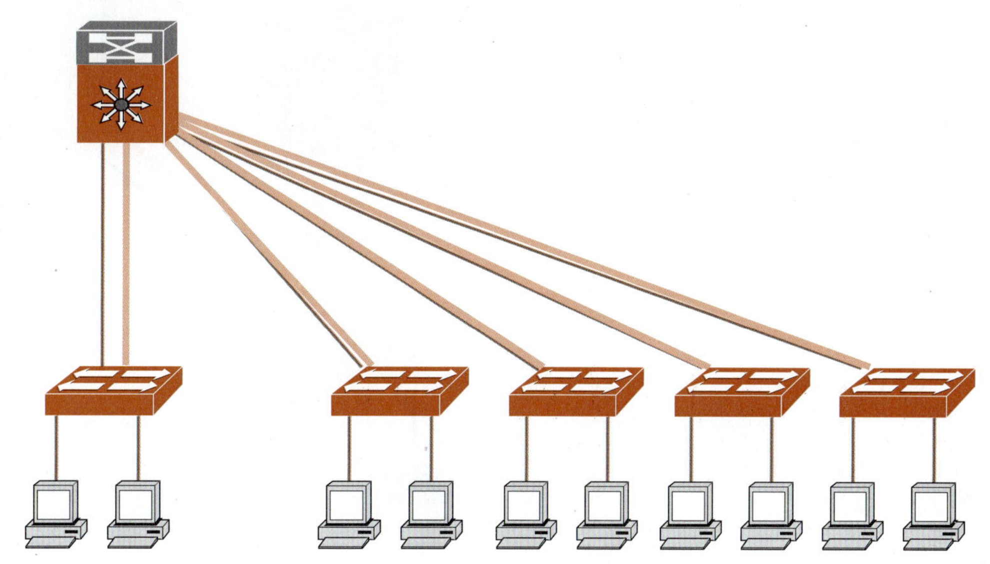

그림 3-13 ≫
스위치 블럭 = 액세스
레이어 장비 + 디스트
리뷰션 레이어 장비

스위치 블럭의 디스트리뷰션 레이어 장비는 액세스 레이어 장비들이 연결되는 지점입니다. 디스트리뷰션 레이어 장비는 스위칭 블럭의 중심에 있기 때문에 장비에 문제가 생기면 스위칭 블럭의 전체 통신이 마비될 수 있습니다.

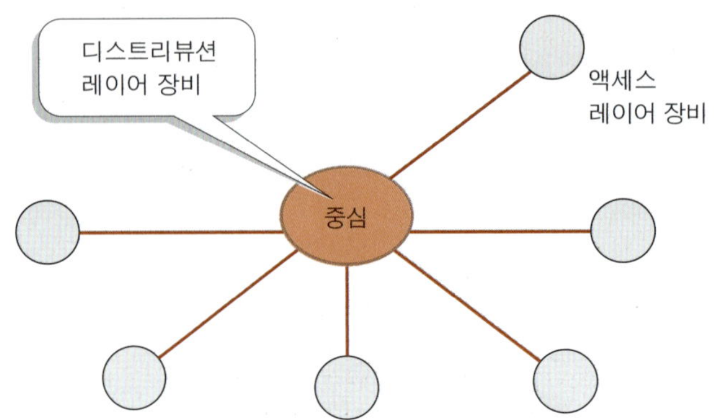

그림 3-14 >>
디스트리뷰션 레이어
장비가 고장나면 네트
워크 전체가 마비될
수 있다.

그래서 디스트리뷰션 레이어는 만약을 대비해 두 대의 장비로 이중화하여 구축합니다. 디스트리뷰션 레이어 장비를 이중화시키고, 액세스 레이어 장비 및 코어 레이어 장비와 이중으로 연결하면 [그림 3-15]와 같이 한대의 장비와 링크에 문제가 생기더라도 다른 링크를 통해 통신이 가능합니다.

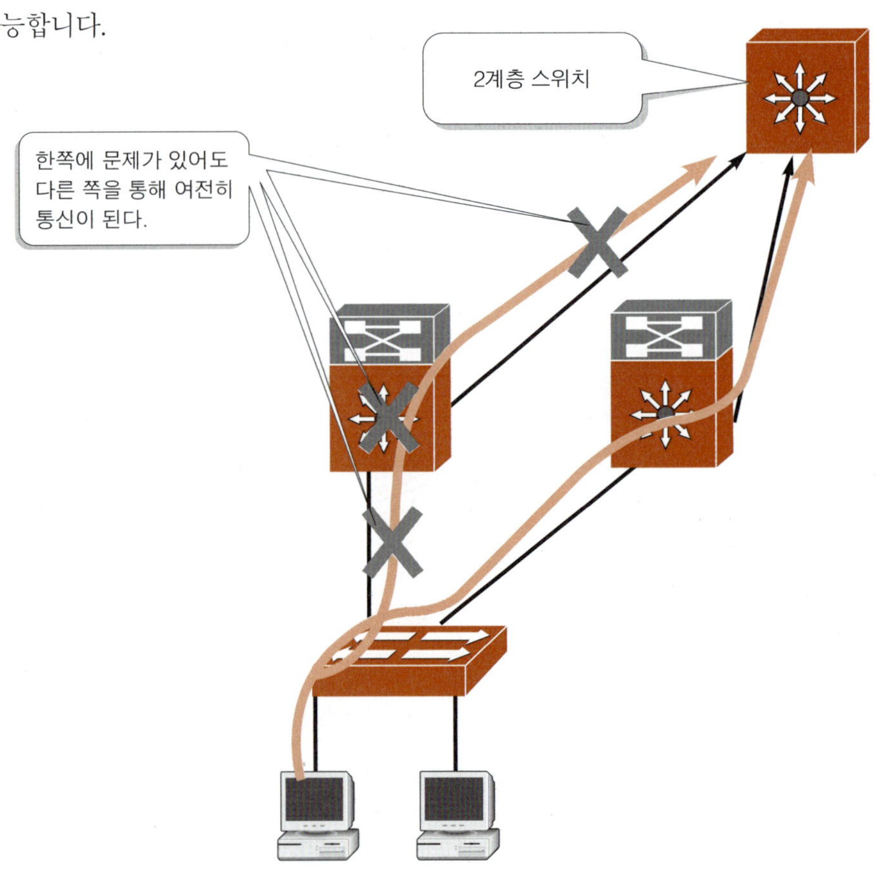

그림 3-15 >>
디스트리뷰션 레이어
장비를 이중으로 구축
하면 한대 장비와 링
크에 문제가 있어도
통신이 가능하다.

24시간×365일 동안 중단되지 않고 계속 사용할 수 있는 네트워크를 구축하기 위해 선과 장비를 이중화 합니다. 즉 캠퍼스 네트워크에 가용성을 제공하기 위한 것입니다.

[그림 3-16]은 [그림 3-15]와 비슷하지만 한가지 다른 점이 있는데, 디스트리뷰션 레이어 장비들끼리 연결해 놓았습니다. 디스트리뷰션 레이어 장비끼리 연결하면 'X' 표시가 된 링크들이 문제가 있어도 통신이 가능합니다. 가용성이 보다 개선되는군요.

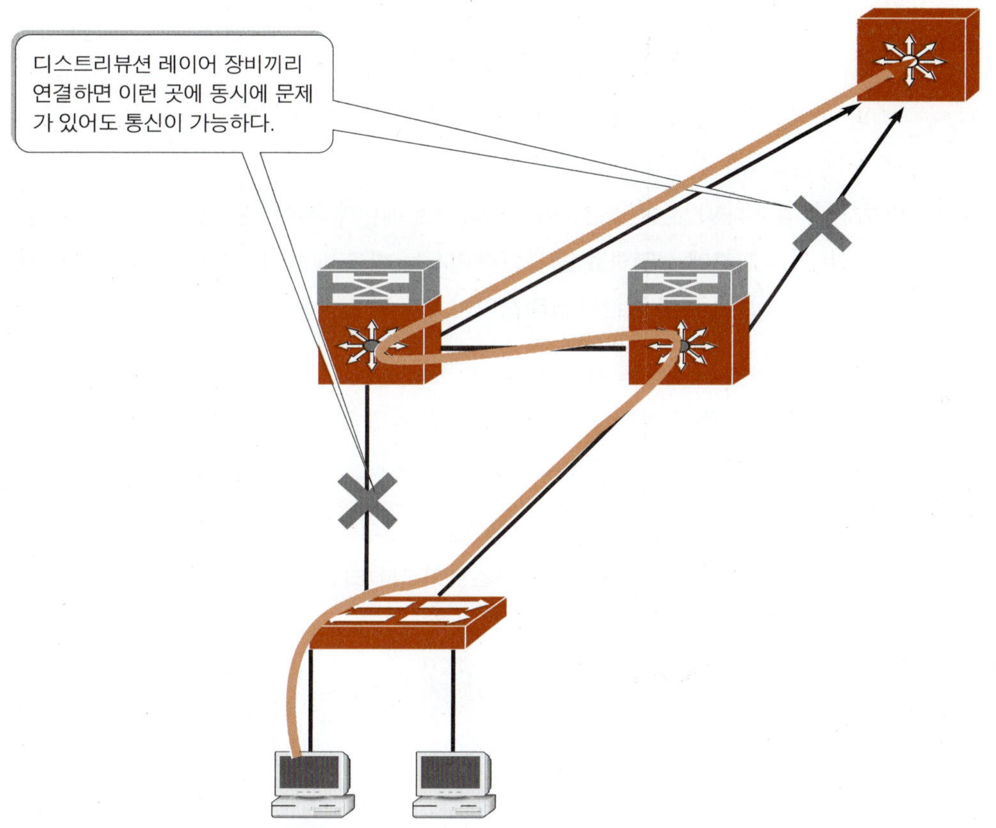

그림 3-16 >>
디스트리뷰션 레이어 장비끼리 연결하면 링크에 문제가 있어도 계속 통신이 가능하다.

따라서 스위칭 블럭은 [그림 3-17]과 같이 두 대의 디스트리뷰션 레이어 장비와 이중의 링크로 구성됩니다.

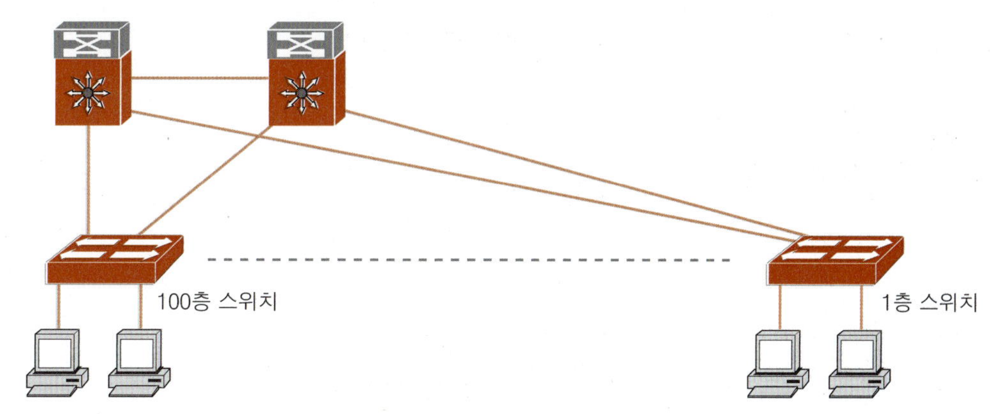

그림 3-17 >>
스위칭 블럭

스위치 블럭의 크기를 정하는 결정적 요소

스위치 블럭의 크기는 어떻게 결정하는 것이 좋을까요? 스위치 블럭 내에서 수용할 수 있는 스위치의 수는 다음과 같은 요소들에 의해 결정됩니다.

- 트래픽 패턴
- 디스트리뷰션 레이어의 라우팅 성능
- 유저 수
- 거리
- 스패닝 트리(Spanning-tree) : 도메인에 들어가는 스위치의 수(스패닝 트리에 대해서는 이후에 설명하겠습니다. 여기서는 한 도메인 내에 너무 많은 스위치들이 들어가면 스패닝 트리 계산 시간이 느려진다는 정도만 알아두기 바랍니다.)

유저 수나 라우팅 처리가 필요한 트래픽이 아무리 많더라도 라우터가 처리할 수 있는 범위 내에 있다면 스위치 블럭은 보다 커질 수 있습니다. 만약 라우터와 스위치에서 다음과 같이 발생한다면 스위치 블럭이 너무 큰 것입니다.

- 액세스 리스트 같은 구현만으로도 라우터가 병목 지점이 됩니다.
- 브로드캐스트 또는 멀티캐스트가 라우터와 스위치의 속도를 늦춥니다.

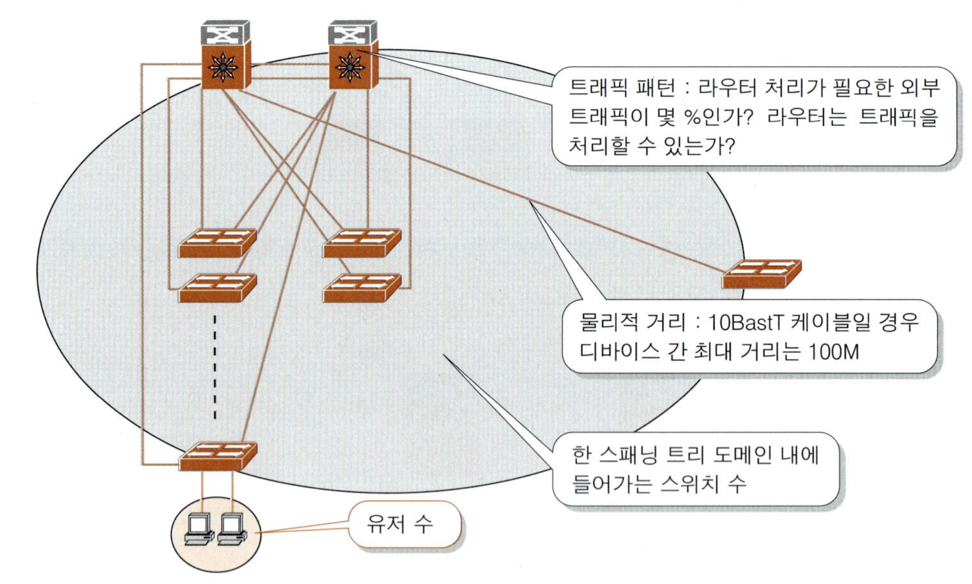

그림 3-18 ≫
스위치 블럭의 크기는 다양한 요소에 의해 좌우된다.

Lesson 04 여러 개의 스위치 블럭을 연결하는 코어 블럭 ✳

코어 블럭은 여러 개의 스위치 블럭을 연결하기 위해 사용합니다. 코어 블럭은 캠퍼스 네트워크를 가로지르는 바다에 해당하는 트래픽을 수용해야 합니다. 이를 위해 라우팅처럼 CPU를 많이 소모하는 작업은 생략하지만 경우에 따라 3계층 디바이스를 배치하기도 합니다.

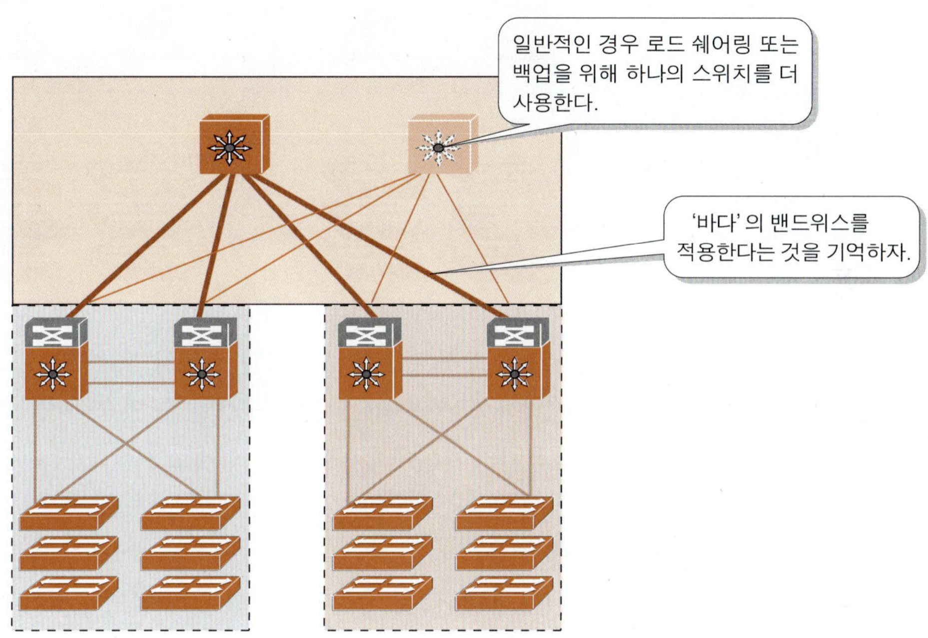

그림 3-19 ≫
코어 블럭은 바닷물을 처리한다.

코어 블럭을 구성하는 데 두 가지 기본적인 방법이 있습니다. 하나는 코어를 생략하는 방법이고, 하나는 코어를 이중으로 구성하는 것입니다.

■ 생략된 코어

생략된 코어(Collapsed Core)는 코어 레이어 장비를 생략하는 경우로 소규모의 캠퍼스 네트워크에서 사용합니다. 코어 레이어는 스위칭 블럭을 연결합니다. 연결할 스위칭 블럭 수가 적을 때 굳이 코어 레이어의 장비를 도입할 필요가 있을까요?

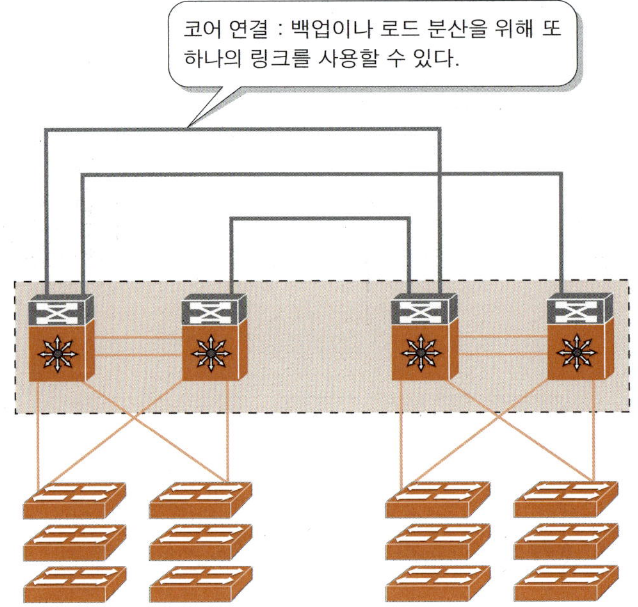

그림 3-20 ≫
생략된 코어

이러한 형태의 코어 구성은 코어에 연결될 스위치 블럭의 수가 적을 때 사용합니다. 하나의
스위치 블럭으로 하나의 건물 네트워크를 구성할 수 있습니다. 일반적인 LAN은 건물 수가 많
아야 2~3개가 고작이기 때문에 생략된 코어 형태로 연결하는 것이 보통입니다.

■ 이중화된 코어

이중화된 코어(Dual Core)는 생략된 코어와 달리 별도의 코어 레이어 장비를 사용해 스위치
블럭을 연결합니다. 이중화(Redundancy)를 위해 2개의 코어 레이어 장비를 사용합니다.

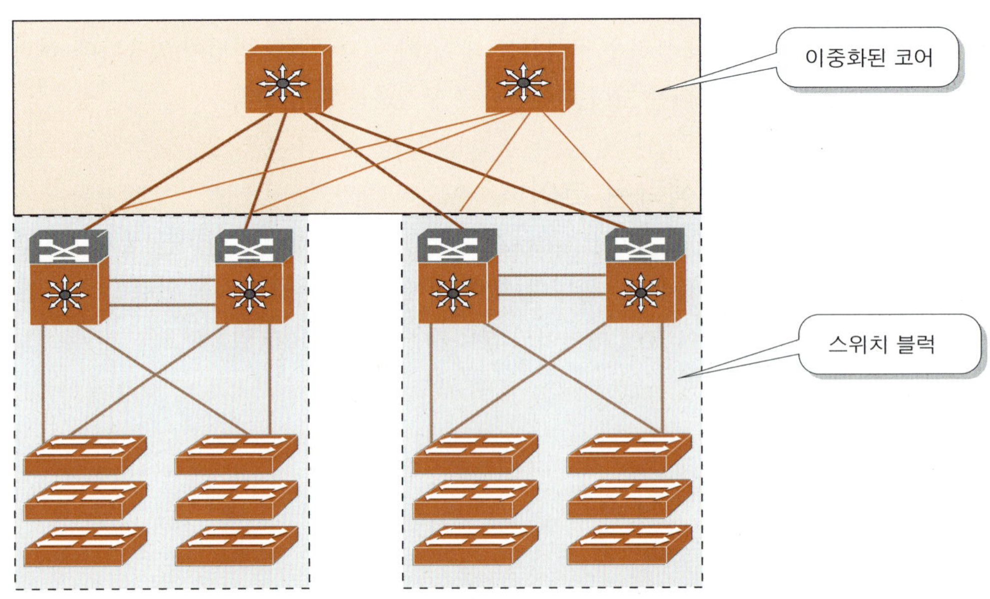

그림 3-21 ≫
이중화된 코어

　그렇다면 경우에 따라 생략하기도 하는 코어 레이어 장비가 왜 굳이 필요할까요? 만약 11개의 스위치 블록들이 있다고 가정해 보겠습니다. 이때 스위치 블록들을 생략된 코어 형태로 연결하면 [그림 3-22]와 같습니다.

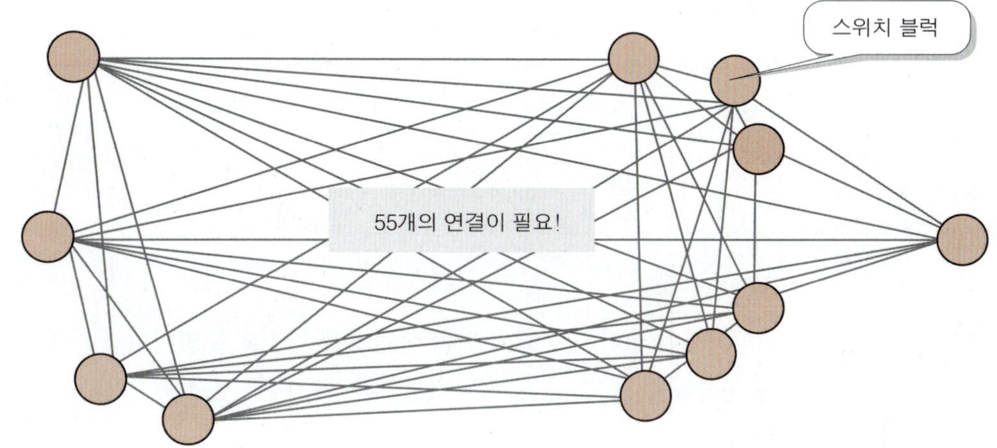

그림 3-22 ≫
별도의 코어 레이어
장비 없이 스위치 블
럭을 연결했을 때

　스위치 블럭 사이를 1대1로 연결하는데 필요한 링크들의 수는 다음과 같이 계산합니다.

모든 연결의 수(Full mesh) = $\dfrac{N(N-1)}{2}$ = $\dfrac{11(11-1)}{2}$ = 55개(N은 스위치 블럭 수)

　반면 별도의 코어 레이어 장비가 있는 경우를 생각해 봅시다. 각 스위치 블럭의 디스트리뷰션 레이어 장비는 코어 레이어 장비하고만 연결하면 됩니다. 이때 필요한 링크 수는 11개에 불과합니다. 이 차이는 연결하는 스위치 블럭의 수가 늘어날수록 더 커집니다.

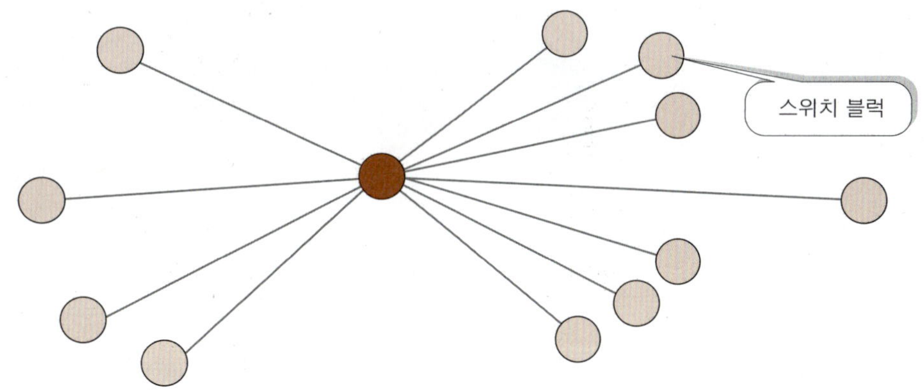

그림 3-23 ≫
코어 레이어 장비로
스위치 블럭을 연결했
을 때

　[그림 3-23]과 같은 경우는 코어 스위치가 한대인 경우지만 일반적으로 이중화와 로드 분산을 위해 이중 코어를 사용합니다. [그림 3-24]와 같이 이중 코어일 경우에도 22개를 연결하면 됩니다.

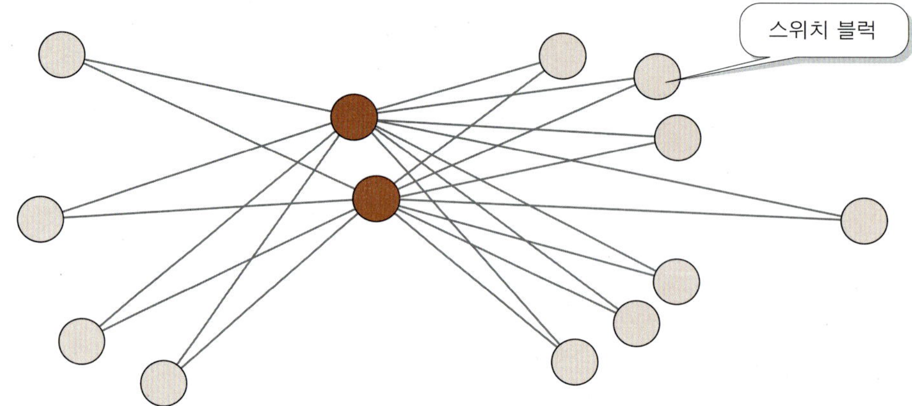

그림 3-24 ≫
이중화된 코어 레이어
장비로 스위치 블럭을
연결했을 때

이중화된 코어를 통해 스위치 블럭들을 이중으로 연결하면 스위치 블럭 간의 통신에서 로드를 분산할 수 있고, 한 링크가 다운되더라도 다른 링크를 사용해 계속 통신할 수 있는 장점이 있습니다.

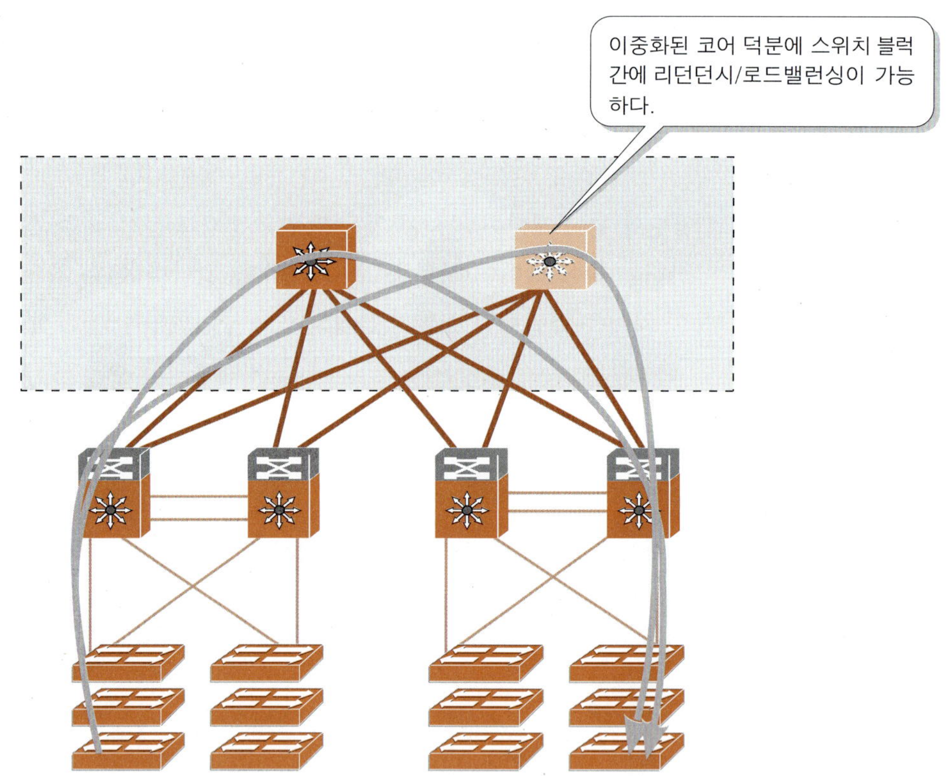

그림 3-25 ≫
이중화된 코어는 리던
던시와 로드 밸런싱
기능을 제공한다.

스위치 블럭들 간의 연결은 다음과 같은 기본적인 요소들로 구성됩니다.

- 스위치 블럭(건물)
- 스위치 블럭(건물)을 연결하는 코어 블럭
- 서버들을 모아 놓은 서버 블럭(전산실 건물)
- WAN과 인터넷에 연결하기 위한 라우터가 있는 WAN 블럭

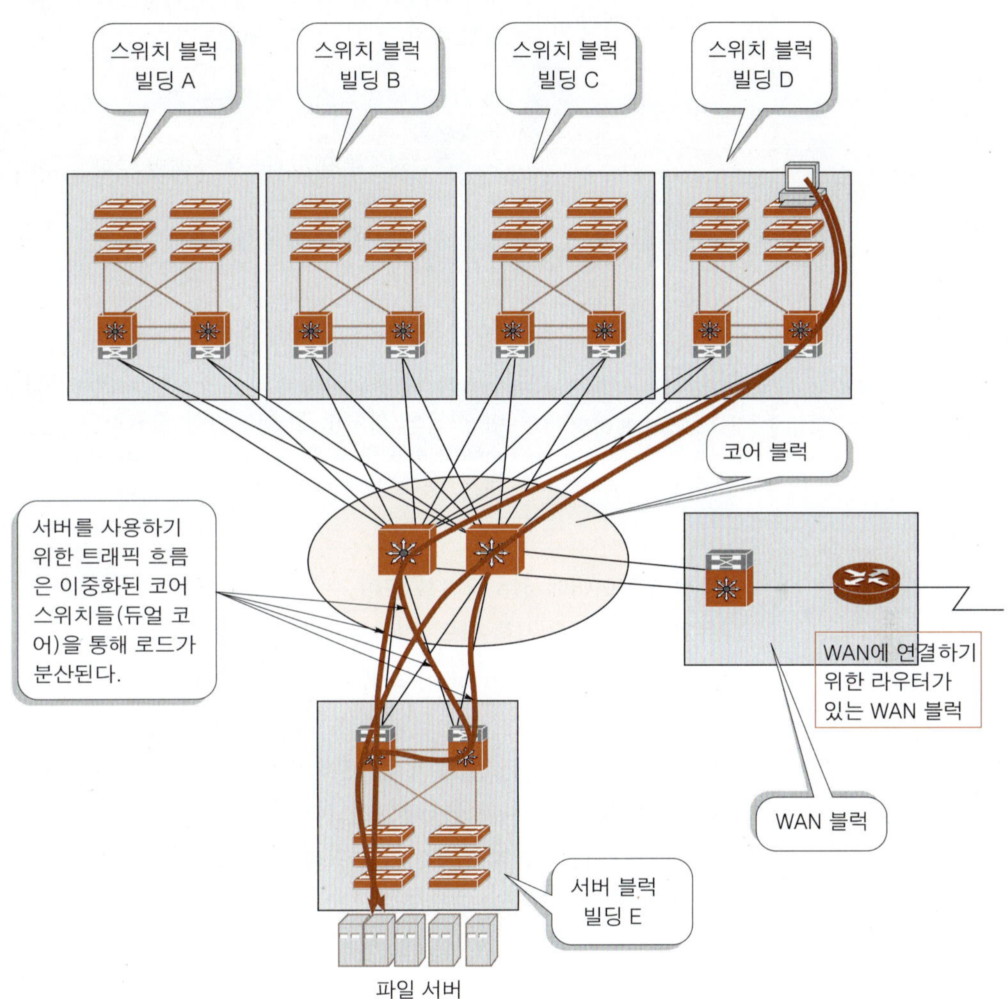

그림 3-26 ≫
스위치 블럭들끼리
의 연결

한 걸음 더!

한 눈에 보는 계층형 3 레이어

계층형 3 레이어 모델에 따라 네트워크는 액세스 레이어, 디스트리뷰션 레이어, 코어 레이어로 나누어 지는데, 각 계층의 기능과 사용되는 장비들은 [표 3-1]과 같습니다.

표 3-1 >>
계층형 3 레이어

3레이어	기능	장비
액세스 레이어	PC, 서버가 최초로 연결되는 지점이므로 포트 수가 많고 포트 가격이 저렴한 스위치	낮은 사양의 스위치 ◉ 카탈리스트 1900-5500
디스트리뷰션 레이어	라우터가 일반적으로 수행하는 기능 • 라우팅 • 브로드캐스트/멀티캐스트 도메인 분할 • 미디어 트랜스레이션 • 액세스 레이어 스위치가 연결된다. • 라우터의 액세스 리스트와 같은 보안 기능을 추가할 수 있다.	라우팅 기능을 가진 장비 ◉ 카탈리스트 5500-6500 과 내/외부 라우터
코어 레이어	바다에 해당하는 넓은 밴드위스를 처리해야 하므로 신속한 전송이 가장 중요하다. 스위칭 속도를 늦출 수 있는 3계층 라우팅 대신 2계층 스위칭으로 길 찾기를 한다.	성능이 우수한 고 사양의 스위치 ◉ 카탈리스트 5500-8500

계층형 3 레이어에서는 장비를 코어 → 디스트리뷰션 → 액세스 순으로 연결합니다. 캠퍼스 네트워크 디자인은 시행 착오를 통해 이러한 전형적인 모습을 갖추게 되었습니다.

각 계층에 필요한 밴드위스는 [그림 3-27]처럼 단계적으로 결정됩니다. PC와 액세스 레이어 스위치를 연결하는 구간을 시냇물에 비유할 수 있습니다. 시냇물 구간에서 10Mbps를 사용했다면 액세스 레이어의 스위치와 디스트리뷰션 레이어의 장비를 연결하는 구간은 강물에 해당합니다. 100Mbps를 사용하면 무난합니다.

같은 이유로 디스트리뷰션 레이어의 장비와 코어 레이어 장비의 연결 구간은 바다에 비유합니다. 1Gbps를 사용하면 되겠군요. 그러므로 코어 레이어 장비의 가장 중요한 목적은 바닷물을 처리할 수 있을 정도의 성능을 가지는 것과 바닷물을 처리하기 위해 불필요한 기능을 구현하지 않는 것입니다.

이더넷이 제공하는 속도는 10, 100, 1000, 10,000Mbps의 네 가지입니다. 시내, 강, 바다 구간에 단계적으로 높아지는 것이 바람직하고, 최소한 낮지 않아야 합니다. 대부분의 트래픽이 인터넷 사이에 발생하는 현실에서 LAN에서의 밴드위스 선정은 WAN과의 밸런스를 고려한다면 너무 높을 필요가 없습니다.

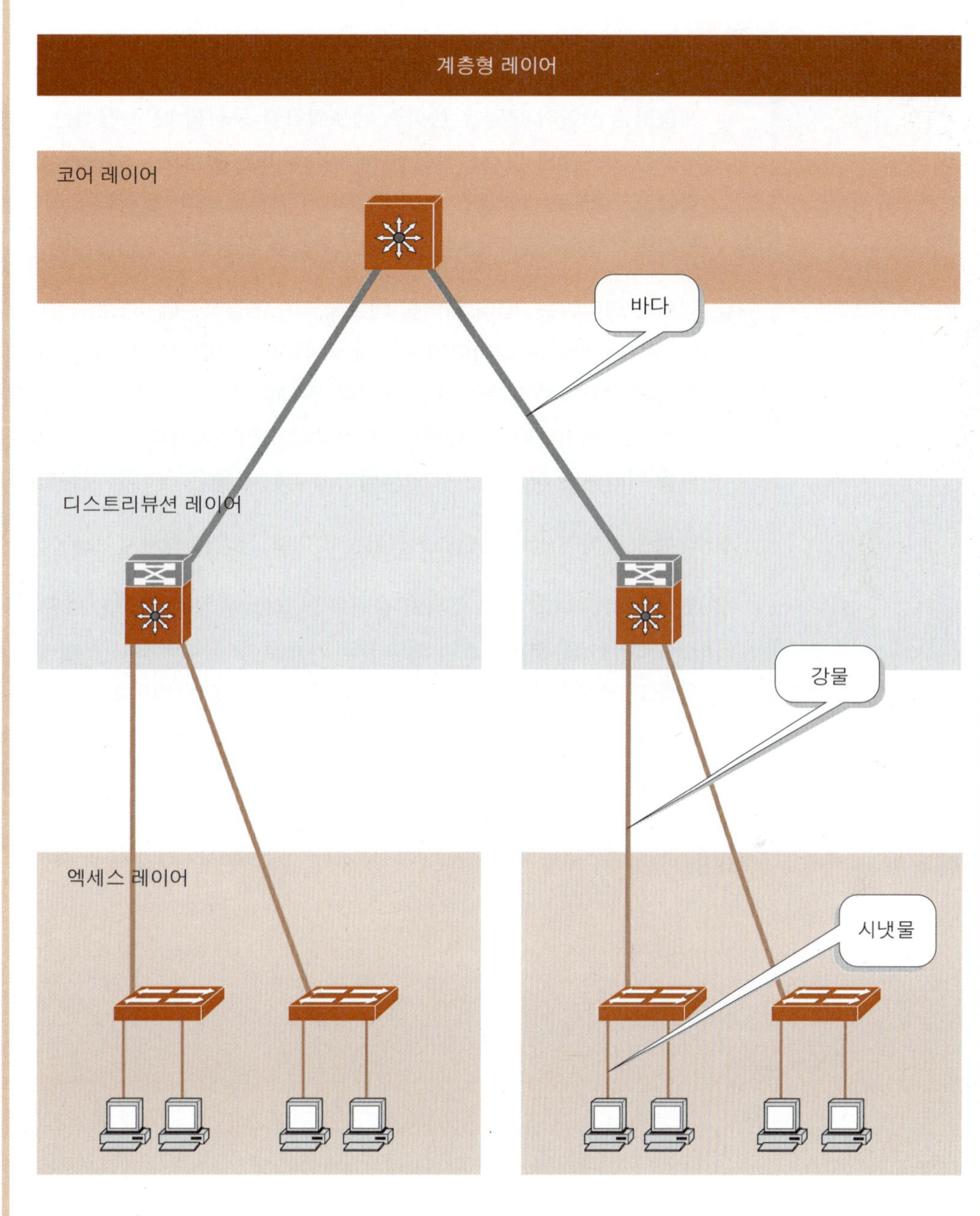

그림 3-27 ≫
계층형 레이어 모델

 ## 꼭 알아야 할 핵심 포인트

✓ 계층형 3 레이어 모델은 캠퍼스 네트워크를 구성할 때 사용하는 전형적인 모델입니다. 이것은 가운데의 디스트리뷰션 레이어 장비를 중심으로 위로는 코어 레이어 장비가 연결되고, 아래로는 액세스 레이어 장비가 연결됩니다. 계층형 3 레이어 모델을 사용하면 복잡한 네트워크도 단순해지고, 밴드위스를 산정하기가 쉽습니다.

✓ 액세스 레이어는 PC나 서버를 네트워크에 연결하는데, 주로 스위치를 장비로 사용합니다. 디스트리뷰션 레이어에는 액세스 레이어 장비들이 연결되는 지점으로 네트워크의 중심에 위치하기 때문에 안전을 위해 두 대의 장비를 사용해 이중으로 구축합니다. 디스트리뷰션 레이어에는 일반적으로 라우터가 위치합니다. 코어 레이어는 가장 많은 트래픽을 처리해야 하므로 가장 안정적이고 성능이 좋은 장비를 사용합니다.

✓ 액세스 레이어 장비와 디스트리뷰션 레이어 장비를 합쳐서 '스위치 블럭'이라고 합니다.

✓ 코어 블럭은 여러 개의 스위치 블럭을 연결할 때 사용합니다. 소규모 네트워크에서는 디스트리뷰션 레이어와 코어 레이어의 기능을 한 장비에서 구현한 생략된 코어 기술을 사용하고, 스위치 블럭의 수가 많을 때는 별도의 코어 레이어 장비를 사용해서 스위치 블럭들을 연결하거나 이중화를 위해 2개의 코어 레이어 장비를 사용하기도 합니다.

Chapter 4

스위치는 어떻게 움직일까?

PC가 제대로 운영되기 위해서는 윈도우나 리눅스 같은 운영체제(OS)가 있어야 합니다.
마찬가지로 스위치도 OS를 가지고 있는데, 운영체제가 제공하는 많은 기능들 중에서 어떤 기능
을 사용하고, 어떤 파라미터 값을 적용하고 결정할지 선택하게 됩니다.
이번 장에서는 스위치가 실제 어떤 과정을 통해 동작하고, 동작에 필요한 파일들은
어떤 것이 있는지 알아봅니다. 또한 스위치를 움직이는 다양한 명령어들을 소개합니다.

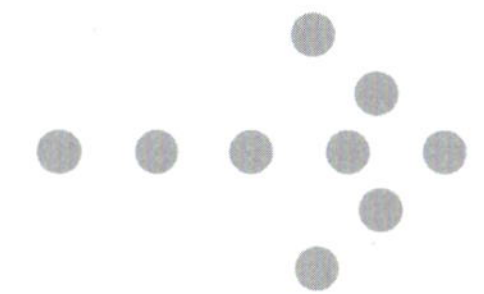

01 스위치에도 운영체제가 있다!

PC나 서버가 제 역할을 하려면 윈도우, 리눅스와 같은 운영체제(Operating System)가 필요하듯이 스위치도 제 기능을 발휘하기 위해서는 운영체제를 가지고 있어야 합니다. 이러한 운영체제를 *NOS(Network Operating System)라고 합니다. IOS(Internetworking Operating System)는 시스코사가 만든 NOS의 이름입니다. 이러한 IOS 파일은 스위치의 플래시 메모리에 저장됩니다. IOS는 스위치가 수행해야 할 기능들을 제공합니다.

IOS가 제공하는 수많은 기능 중에서 어떤 기능(프로토콜)을 사용할 것인지, 해당 기능에는 어떤 파라미터 값을 적용할 것인지를 결정하고 선택해야 합니다. 예를 들어 '나는 이 스위치에 STP라는 프로토콜을 어떤 방식으로 사용하겠다, 나는 VTP라는 프로토콜을 어떤 방식으로 사용하겠다' 는 것을 결정해야 합니다. 이 선택 작업을 명령을 통해 입력하는 것을 컨피규레이션 (configuration)이라고 합니다. 이 컨피규레이션 파일은 NVRAM에 저장됩니다.

스위치를 켜면 가장 먼저 하드웨어에 문제가 없는지를 테스트합니다. 여러 가지 메모리들을 비롯한 부품들과 구성 요소들이 제대로 갖추어져 있는지, 또한 구성 요소들 간에 필요한 동작을 할 수 있는지를 점검합니다. 이것을 *POST(Power On Self-Test)라고 합니다. 그런 다음 IOS 파일이 플래시 메모리에서 RAM으로 내려오고, NVRAM에 있던 컨피규레이션 파일이 RAM에 먼저 내려와 있던 IOS에(RAM으로 내려와) 적용됩니다. 비로소 스위치는 정상적으로 동작합니다. 라우터도 마찬가지입니다.

시스코 카탈리스트 스위치가 사용하는 운영체제는 [그림 4-1]처럼 2가지 타입이 있습니다. 이 2가지 운영체제는 스위치들의 기능이 같더라도 컨피규레이션을 위한 명령어는 다릅니다. 예를 들어 시스코 IOS 타입의 명령어는 시스코 라우터의 명령어와 비슷하지만 카탈리스트 OS(CAT OS)는 명령어가 완전히 다릅니다.

보다 일반적이라는 이유로 여기서는 시스코 IOS 소프트웨어를 중심으로 기능과 명령어들을 설명하겠습니다. 이렇게 같은 시스코 장비임에도 명령어 체제가 다른 이유는 시스코사가 빠르게 성장하는 과정에서 다른 네트워크 장비 회사들을 인수했기 때문입니다.

Tip NOS

NOS는 네트워크에 접속해 있는 PC, 워크스테이션 그리고 오래된 터미널까지 지원하는 것을 목표로 설계되었다. 시스코사의 IOS 외에 노벨의 넷웨어, 반얀의 바인스, 마이크로소프트의 랜 매니저 등도 네트워크 운영체제에 속한다.

Tip POST

시스템이 부팅된 후 하드웨어에 문제가 있는지 검사하는 가장 기본적인 기능입니다. '전원이 들어오면 스스로 테스트를 한다'고 해석할 수 있겠지요. PC를 부팅할 때도 마찬가지로, 사용자의 메모리, CPU 종류와 클럭, 그래픽 카드와 기타 기본적인 주변 장치들이 정상적으로 동작하는가를 체크하는 과정이 포함되어 있습니다. 만약 POST 과정에 문제가 발견되면 시스템은 비프(Beep)음으로 '삐~' 하는 소리를 내면서 이상 증상을 나타냅니다.

시스코 IOS 소프트웨어

시스코 라우터와 같은 명령어 인터페이스를 제공합니다. 시스코 IOS 소프트웨어는 카탈리스트 2950, 3550, 수퍼바이저 3/4 스위칭 모듈을 가진 4500, 수퍼바이저 2/SFC 수퍼바이저 IOS/수퍼바이저 720 모듈을 가진 6500 장비에서 사용합니다.

카탈리스트 OS(Cat OS, 또는 COS, 또는 XDI) 소프트웨어

시스코 라우터와는 다른 명령어 인터페이스를 제공합니다. 시스코 라우터와 달리 Set과 Clear로 시작하는 명령어를 사용합니다. 수퍼바이저 1/2 스위칭 모듈을 가진 4000, 5000, 6500 장비에서 사용합니다.

그림 4-1 ≫
시스코 카탈리스트
스위치는 2가지 타입
의 운영체제가 있다.

이번 장에서는 스위치 운영과 컨피규레이션을 위해 기본적으로 알아야 할 내용들을 배웁니다. 예를 들어 콘솔 연결을 통해 스위치 명령어 입력 환경을 만드는 방법을 비롯해 IOS 소프트웨어와 컨피규레이션 파일의 백업 방법, CDP나 텔넷 프로토콜을 통해서 네트워크 구성을 파악하는 방법, Ping이나 Trace 명령을 통해 네트워크 연결 가능성을 확인하는 방법에 대해 자세히 소개합니다.

대부분 시스코사의 신제품들은 IOS 소프트웨어를 사용하므로 이 책에서도 IOS 소프트웨어 명령어에 초점을 맞춥니다.

컨피규레이션 명령어를 사용하기 위한 준비운동

스위치가 특정 동작을 하도록 명령을 내리려면 어떻게 해야 할까요? PC라면 키보드를 이용해 쉽게 명령어를 입력할 수 있겠지만 스위치에는 별도의 입력 장치가 없습니다. 그래서 PC를 이용해 스위치에 명령을 내립니다. 스위치에 명령어를 입력하려면 [그림 4-2]와 같이 스위치의 콘솔(Console) 인터페이스와 PC의 시리얼 인터페이스를 롤오버(Rollover) UTP 케이블과 DB-9 아답터로 연결합니다. DB-9 아답터는 롤오버 케이블을 PC의 시리얼 인터페이스에 연결해 줍니다. 그리고 PC에 명령어를 입력할 수 있는 애플리케이션을 준비해야 하는데, 이 애플리케이션을 *터미널 프로그램이라고 합니다.

Tip 하이퍼 터미널

PC에 설치되어 있는 하이퍼 터미널은 PC와 외부 장치를 연결해 주는 프로그램입니다. 이 하이퍼 터미널을 통해 라우터, 스위치 같은 장비를 COM 포트나 LAN 포트를 이용해 제어할 수 있습니다. 라우터, 스위치 이외에 다른 외부 기기에서 PC로 데이터를 보낼 때도 외부 케이블을 시리얼 포트에 연결한 후 하이퍼 터미널로 자료를 전송합니다.

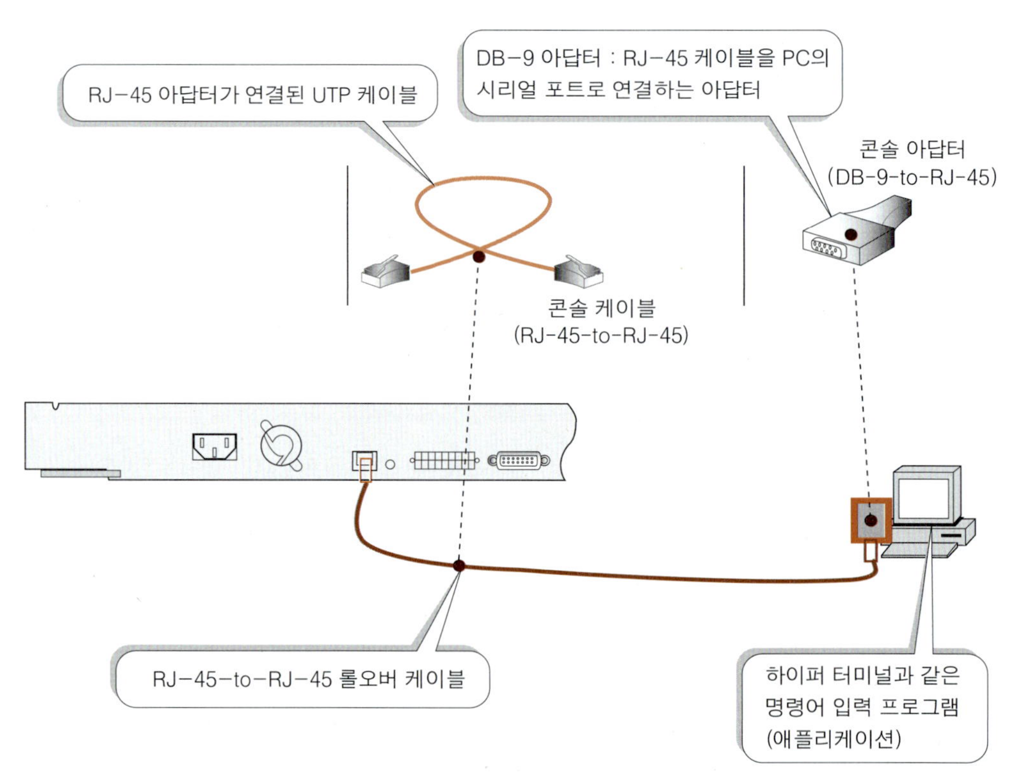

그림 4-2 >>
스위치 컨피규레이션을 위한 준비

PC의 시리얼 포트와 네트워크 장비의 콘솔 포트를 연결하는데 사용되는 UTP(Unshielded Twisted Pair) 케이블은 핀 배열이 [그림 4-3]과 같이 완전히 정반대이므로 롤오버 케이블(Rollover Cable)이라고 합니다. 한번 뒤집혔다는 말입니다.

UTP 케이블은 핀 배열 방식에 따라 롤오버 케이블 외에도 크로스 오버 케이블과 스트레이트 스루 케이블이 있는데, 이에 관해서는 5장에서 자세히 설명하겠습니다.

그림 4-3 ≫
롤오버 케이블

롤오버 케이블이 맞는지 확인하는 방법은 다음과 같습니다. 케이블의 양쪽 끝을 잡아 보았을 때 [그림 4-4]와 같이 1과 8번, 2와 7번, 3과 6번, 4와 5번, 5와 4번, 6과 3번, 7과 2번, 8과 1번 색이 같으면 롤오버 케이블입니다.

만약 모든 핀의 색깔이 같으면 (1번과 1번, ……, 6번과 6번, 7번과 7번)스트레이트 스루 케이블이고, 1과 3번, 2와 6번 색이 같으면(나머지는 번호가 같은 4와 4번, 5와 5번, 7과 7번, 8과 8번끼리 같은 색) 크로스오버 케이블입니다.

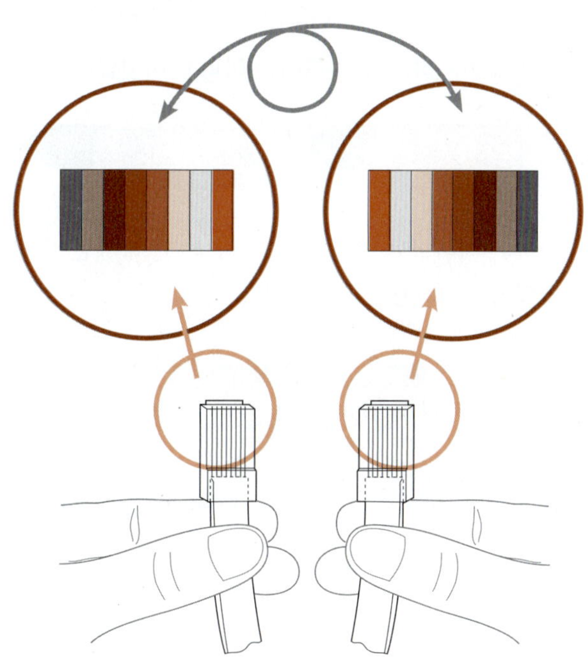

그림 4-4 ≫
케이블을 양끝을 쥐었
을 때 색깔이 정반대
가 되면 롤오버 케이
블이다.

롤오버 케이블이 연결되는 스위치(라우터도 마찬가지) 콘솔 포트의 기본적인 속도가 9600bps로 맞춰져 있기 때문에 [그림 4-5]와 같이 PC의 시리얼 포트도 같은 속도와 통신 방식으로 맞춰 주어야 합니다. 이 작업은 PC의 콘솔 터미널 프로그램에서 해줍니다.

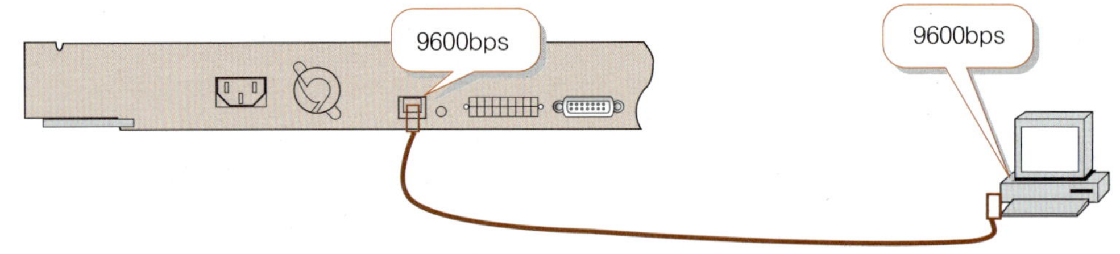

그림 4-5 ≫
콘솔 연결의 속도는
디폴트 9600bps로
맞춰져 있기 때문에
PC의 시리얼 포트
속도도 같게 맞춰
주어야 한다.

여러분이 많이 혼동하는 것이 있습니다. 시리얼 포트는 PC에서 명령어를 입력하기 위해 롤오버 케이블을 연결하는 포트이고, PC에서 출발하는 일반적인 데이터는 이더넷 랜 카드의 포트를 통해 왕래합니다.

따라서 PC에서 스위치를 구현하기 위한 명령어만 시리얼 포트를 통해 나가고 그 밖에 텔넷이나 전자우편 등에 관련된 일반적인 데이터 트래픽들은 모두 이더넷 포트를 통해 나갑니다.

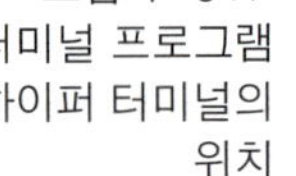

컨피규레이션에 필요한 콘솔 터미널 프로그램

스위치나 라우터 컨피규레이션을 하는 데 필요한 콘솔 터미널 프로그램은 윈도우 운영체제에 기본적으로 포함되어 있습니다. 콘솔 터미널은 [그림 4-6]과 같이 '보조 프로그램'의 '통신' 아래에 위치하는데, 이름이 하이퍼 터미널입니다.

그림 4-6 ≫
콘솔 터미널 프로그램
인 하이퍼 터미널의
위치

하이퍼 터미널을 선택하면 [그림 4-7]과 같은 초기 화면이 나옵니다. 그림에서 연결 이름을 입력하고 '확인'을 클릭합니다.

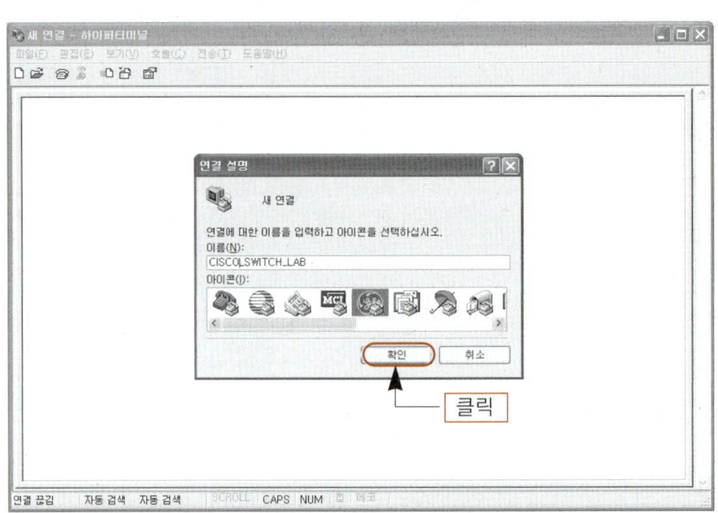

그림 4-7 ≫
하이퍼 터미널 프로그
램의 실행 화면

'확인'을 클릭하면 [그림 4-8]과 같은 화면이 나오는데, '연결에 사용할 모뎀' 란에서 PC가 보유한 시리얼 포트들 중 콘솔 케이블이 연결된 시리얼 포트(COM 포트)를 선택합니다. PC는 보통 3개의 시리얼 포트를 제공합니다. 위에 있는 시리얼 포트가 COM1 포트이고, 아래에 위치한 시리얼 포트가 COM2 포트입니다. PC 뒷면의 포트들 중 핀이 9개인 포트가 COM 포트입니다.

그림 4-8 ≫
롤오버 케이블이 연결되는 PC의 시리얼 포트로 COM1 또는 COM2 중 하나를 선택한다.

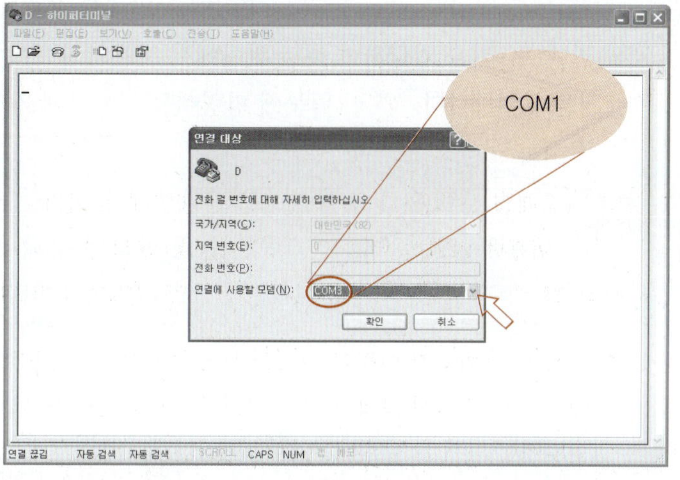

네트워크 장비에 있는 콘솔 포트의 시리얼 통신 세팅이 '9600bps, 8data bits, no parity, 1 stop bit, no flow control'에 맞춰져 있으므로 PC의 시리얼 포트도 같게 세팅하면 됩니다. [그림 4-9]에서 '기본값 복원' 버튼을 클릭하면 시리얼 포트의 세팅이 '9600bps, 8data bits, no parity, 1 stop bit, no flow control'로 똑같이 맞춰집니다.

[그림 4-9]와 같이 '기본값 복원' 버튼을 클릭해서 PC에서 선택된 시리얼 포트의 통신 방식을 스위치의 콘솔 포트의 통신 방식과 같은 '9600bps, 8data bits, no parity, 1 stop bit, no flow control'로 맞춥니다.

그림 4-9 ≫
PC의 시리얼 포트 통신 방식을 스위치와 같게 맞춘다.

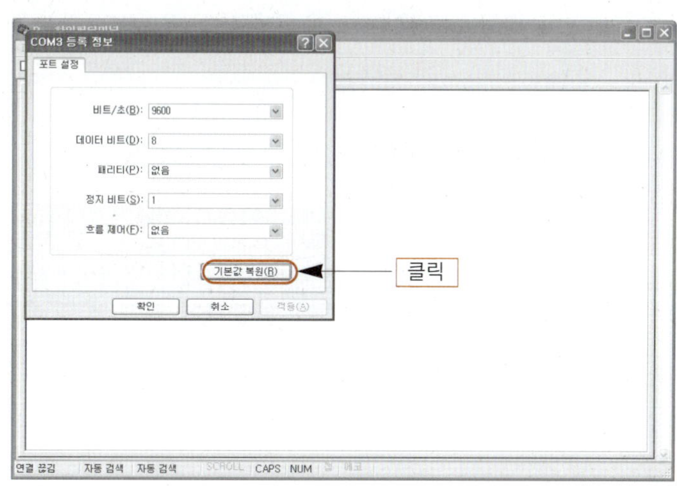

콘솔 터미널이 제대로 연결되고 스위치나 라우터에 문제가 없으면 [예 4-1]과 같은 프롬프트가 보이는데 유저 모드에 들어간 것입니다.

예 4-1 ≫
유저 모드

```
Switch>
```

여기에 'show나 ping'과 같은 명령어를 입력할 수 있습니다. 명령어를 잘 모를 때 [예 4-2]와 같이 '?' 키를 입력하면 해당 위치에서 사용할 수 있는 명령어들과 각 명령어에 대한 간단한 설명을 보여줍니다. '?' 키 덕분에 명령어를 정확하게 기억할 필요가 없어지는 거죠.

예 4-2 ≫
'?' 키를 입력하면
해당 스위치에서 이용
가능한 명령어들을
보여 준다.

```
Switch>?

Exec commands:
  access-enable   Create a temporary Access-List entry
  atmsig          Execute Atm Signalling Commands
  cd              Change current device
  clear           Reset functions
  connect         Open a terminal connection
  dir             List files on given device
  disable         Turn off privileged commands
  disconnect      Disconnect an existing network connection
  enable          Turn on privileged commands
  exit            Exit from the EXEC
  help            Description of the interactive help system
  lat             Open a lat connection
  lock            Lock the terminal
  login           Log in as a particular user
  logout          Exit from the EXEC
----(생략)--------------------------------------------------
```

그러나 유저 모드에서는 간단한 조사 위주의 명령어만 사용할 수 있습니다. 보다 자세한 조사와 컨피규레이션을 위해서는 이네이블(Enble 또는 Privileged) 모드에 들어가야 합니다.

유저 모드에서 이네이블 모드로 들어가기 위해 [예4-3]과 같이 'enable' 명령을 사용하는데, 패스워드(enable password)가 설정되어 있을 경우 이네이블 패스워드를 입력해야 이네이블 모드로 들어갈 수 있습니다.

이네이블 모드에서의 프롬프트는 '#'으로, 이 표시가 있으면 이네이블 모드 상태에 있다는 말입니다. 유저 모드에서 '?' 키를 통해 입력 가능한 명령어들을 확인할 수 있는 것처럼 이네이블 모드에서도 '?' 키로 사용 가능한 명령어들을 확인할 수 있습니다.

예 4-3 ≫
enable 명령을 사용하면 이네이블 모드로 들어간다

```
Switch>enable
Password : *****
Switch#
```

스위치 프롬프트인 '>', '#', '(config)#', '(config-if)#'는 현재 어떤 명령어를 입력할 수 있는 상태인지를 표시해 줍니다. 이네이블 모드에서는 유저 모드보다 다양하고 복잡한 확인 명령을 사용할 수 있습니다.

스위치가 사용할 프로토콜(기능)과 프로토콜들에 대한 파라미터 값을 컨피규레이션하기 위해서는 글로벌 컨피규레이션(Global Configuration) 모드로 들어가야 합니다. 이렇게 스위치는 명령어마다 그 명령어를 사용할 수 있는 위치가 다릅니다. 글로벌 컨피규레이션 모드에 들어가려면 [예 4-4]와 같이 'configure terminal' 명령을 사용합니다.

예 4-4 ≫
configure terminal 명령으로 글로벌 컨피규레이션 모드로 들어가고, exit 명령으로 나온다.

```
Switch#configure terminal    ◀──── 글로벌 컨피규레이션 모드로 들어갑니다.
Switch(config)#exit
Switch#                      ◀──── exit 명령으로 나옵니다.
```

글로벌 컨피규레이션 모드에서 이네이블 모드로 다시 나오기 위해서는 'exit' 명령을 입력합니다. 글로벌 컨피규레이션 모드에서도 '?' 키로 사용 가능한 명령어들을 확인할 수 있습니다.

'Switch(config)#' 프롬프트는 글로벌 컨피규레이션 모드에 있다는 말입니다. 글로벌 컨피규레이션 모드에서는 스위치가 사용하는 프로토콜과 프로토콜의 파라미터 값을 설정할 수 있습니다.

한편 스위치(또는 라우터)의 각각의 인터페이스에 해당하는 명령어를 입력하기 위해서는 글로벌 컨피규레이션 모드에서 다시 [예 4-5]와 같이 인터페이스 컨피규레이션 모드로 들어가야 합니다.

```
Switch(config)#interface e0/1
Switch(config-if)# exit
Switch(config)#
```


'(config-if)#' 프롬프트는 인터페이스 컨피규레이션 모드, 즉 인터페이스 관련 명령어를 컨피규레이션할 수 있는 위치에 있음을 나타냅니다. 인터페이스 컨피규레이션 모드에서도 '?' 키로 사용 가능한 명령어들을 확인할 수 있습니다. 명령어를 잘 아는 것도 중요하고, '?' 키를 통해 각각의 명령어를 어떤 위치에서 입력할 수 있는지 확인해야 합니다.

스위치에 이름과 패스워드 달기

이번에는 스위치를 편리하게 관리하기 위해 스위치의 이름(Hostname)을 설정하는 명령어를 소개하겠습니다.

유저 모드에서와는 다르게 일단 이네이블 모드로 들어오면 스위치를 마음대로 제어할 수 있습니다. 그래서 보안을 위해 이네이블 패스워드를 설정해 줍니다. 콘솔을 연결하면 바로 유저 모드에 들어가게 되는데, 유저 모드로 들어가기 전에 물어 보는 패스워드를 콘솔 패스워드라고 합니다.

여기서는 이네이블 패스워드와 콘솔 패스워드를 설정하는 명령어와 텔넷 접속시에 물어 보는 텔넷 패스워드를 설정하는 명령어에 대해서도 설명하겠습니다.

■ 스위치에 이름 지어주기

스위치의 이름은 처음에는 'Switch'입니다. 하지만 캠퍼스 네트워크 내에서는 수많은 스위치를 사용하므로 이름으로 스위치를 구분해야 관리하기에 편리합니다. 스위치에 이름을 붙일 때는 일반적으로 [예 4-6]과 같이 스위치의 위치와 용도 등을 알 수 있도록 합니다. 'hostname' 명령어로 스위치에 이름을 줄 수 있는데 1~255자까지 가능합니다.

예 4-6 ≫
hostname 명령으로
스위치 이름을 설정
한다.

```
Switch(config)#hostname Factory_1F
Factory_1F(config)#hostname Core1_Marketing
Core1_Marketing(config)#
```

■ 스위치의 패스워드 설정하기

보안을 위해 네트워크 장비들에게 다양한 패스워드들을 설정해 줍니다.

예 4-7 ≫
enable secret
명령으로 이네이블
패스워드를 설정한다.

```
Switch(config)#enable secret cisco
```

첫째, 유저 모드에서 이네이블 모드로 들어가기 전에 물어보는 패스워드를 이네이블 패스워드라고 하고 [예 4-7]과 같이 설정합니다.

둘째, 유저 모드로 들어가기 전에 패스워드를 물어 보도록 컨피규레이션할 수 있는데 [예 4-8]과 같이 컨피규레이션합니다. 'login' 명령은 패스워드를 물어 보고, 아는 사람에게만 접속을 허용하겠다는 것을 표시하는 명령입니다. 유저 패스워드는 1~80자까지 허용되며, 이네이블 패스워드는 1~25자까지 사용할 수 있습니다.

예 4-8 ≫
password 명령으로
콘솔 포트에 대한
패스워드를 설정한다.

```
Switch(config)#line console 0
Switch(config-line)#password san-fran
Switch(config-line)#login
```

셋째, 스위치가 가지고 있는 콘솔 포트를 통해 스위치의 명령어 입력 모드(유저 또는 이네이블 모드)에 접근할 수 있지만, 다른 네트워크에 연결된 장비들은 텔넷을 통해서 스위치에 접속할 수 있습니다.

이러한 텔넷 접속을 하려면 스위치에 텔넷 패스워드를 설정해 주어야 합니다. 텔넷 패스워드를 설정하지 않으면 무조건 텔넷이 안됩니다.

[예 4-9]와 같이 텔넷 패스워드를 설정합니다.

예 4-9 ≫
password 명령으로
텔넷 패스워드를
설정한다.

```
Switch(config)#line vty 0 15
Switch(config-line)#password ciscoswitch
Switch(config-line)#login
```

'line vty 0 15'는 텔넷 접근에 사용되는 가상 통로(인터페이스)입니다. '0 15'는 0~15까지 16개의 인터페이스를 말하는데, 이것은 스위치로 동시에 텔넷할 수 있는 유저 수가 16명임을 나타냅니다. 다른 모든 스위치 명령어도 마찬가지지만 명령어를 취소하기 위해서는 [예 4-10]과 같이 입력했던 명령어 앞에 'no'만 붙여주면 됩니다.

예 4-10 ≫
no 명령으로 입력
했던 명령어를 해제
한다.

```
Switch(config)#line vty 0 15
Switch(config-line)#no password ciscoswitch
Switch(config)#no enable secret cisco
Switch(config)#line console 0
Switch(config-line)#no password san-fran
```

명령어 설정을 취소할 때 'no'를 사용한다.

포트에 관한 기본 명령어

시스코 스위치는 두 가지 타입의 소프트웨어를 사용합니다. 카탈리스트 OS(Cat OS)를 사용하는 카탈리스트 스위치는 스위치 포트를 '포트'라 하고, 시스코 IOS 소프트웨어(Cat OS와 명령어가 다르다)는 '인터페이스'라고 합니다. 스위치 포트에 관련된 명령을 입력하고자 한다면 [예 4-11]과 같은 방법으로 컨피규레이션할 포트를 지정합니다.

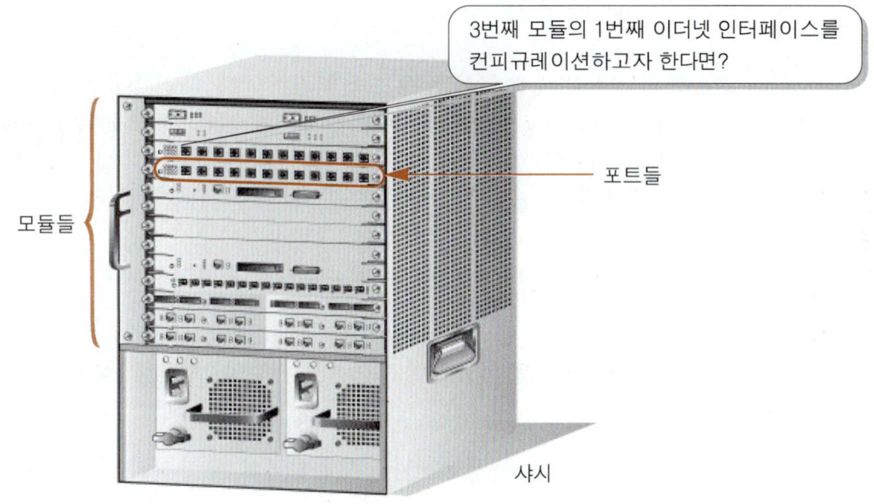

예 4-11 >>
interface 3/1

```
Switch#configure terminal
Switch(config)#interface ethernet 3/1
```


카탈리스트 2950이나 3550 스위치는 모듈 구조가 아니기 때문에 [예 4-12]에서처럼 모듈 번호는 항상 '0' 입니다.

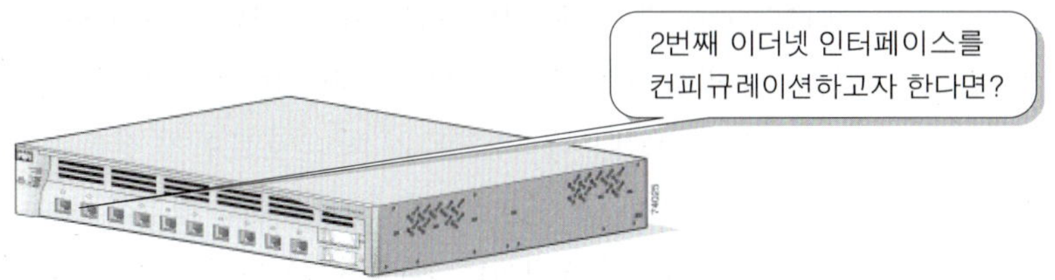

예 4-12 >>
interface 0/2

```
Switch#configure terminal
Switch(config)#interface fastethernet 0/2
```

[예 4-11]이나 [예 4-12]와 같은 방법으로 하나의 포트를 선택할 수 있지만 같은 컨피규레이션 명령(세팅값)이 입력되는 포트들이 있다면 [예 4-13]과 같이 포트들을 묶어서 지정합니다. [예 4-13]은 패스트 이더넷(fast ethernet) 1/2와 기가비트 이더넷(gigabit ethernet) 2/3 등을 묶어서 지정한 경우입니다.

예 4-13 ≫
같은 세팅이 들어가는 인터페이스들을 모두 지정할 수 있다.

```
Switch#configure terminal
Switch(config)#interface range fastethernet 1/2, gigabitether
   net 2/3
```

스위치의 포트가 [예 4-12]의 그림처럼 연속된다면 [예 4-14]와 같은 방법으로 지정할 수도 있습니다. 패스트 이더넷 2/1에서 24까지를 모두 지정한 경우입니다.

예 4-14 ≫
같은 세팅이 들어가는 연속된 인터페이스들을 모두 지정할 수 있다.

```
Switch#configure terminal
Switch(config)#interface range fastethernet 2/1 - 24
```

[예 4-14]와 같이 컨피규레이션하면 패스트 이더넷 2/1에서 2/24를 한그룹으로 지정했으므로 같은 세팅을 적용할 수 있어 편리합니다.

또 다른 방법으로는 특정 포트를 여러 그룹에 포함시키는 방법도 있습니다. [예 4-15]를 보면 이더넷 0/1 포트는 ciscis 포트 그룹과 momo 포트 그룹에도 속합니다.

예 4-15 ≫
특정 포트를 여러 그룹에 포함시킬 수 있다.

```
Switch(config)#define interface-range ciscis ethernet 0/1, 0/7
Switch(config-if)#define interface-range momo ethernet 0/1-5
Switch(config-if)#exit
Switch(config)#interface range ciscis
Switch(config)#interface range momo
```

캠퍼스 네트워크 내에서 스위치를 편리하게 사용하려면 스위치나 포트의 이름을 역할이나 위치와 관련된 이름으로 설정하는 것이 좋습니다. 예를 들어 1층에 있는 직원들이 인터넷이 안된다고 하면 1층에 연결된 포트가 어떤 포트인지 선을 따라가 보지 않아도 포트 설명을 통해 확인할 수 있습니다. 패스트 이더넷 0/1번 포트가 1층 액세스 레이어에 연결되어 있다면 해당 포트의 LED 상태가 정상적인지 문제가 있는지를 확인합니다. 초록색이 깜박이면 정상이고, 오렌지색이 깜빡이거나 불이 들어오지 않으면 비정상입니다.

포트에 대한 설명을 위해 [예 4-16]과 같이 'description' 명령을 사용합니다.

예 4-16 ≫
포트를 설명하기 위한
description 명령

```
Switch(config)#interface gigabitethernet 0/1
Switch(config-if)#description 1층_디스트리뷰션레이어스위치
Switch(config)#interface range momo
Switch(config-if)#description 기술지원팀_직원들
```

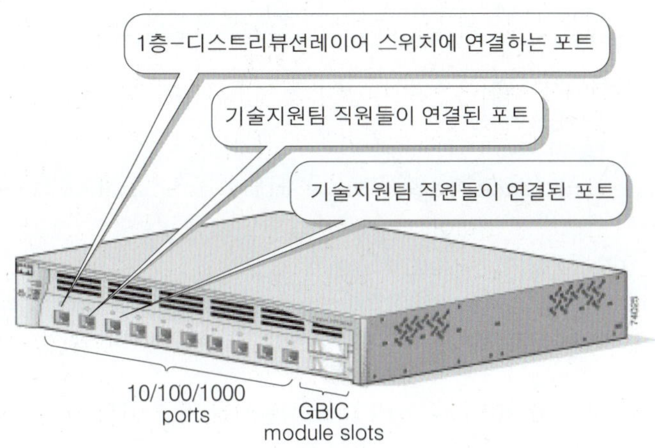

[예 4-17]과 같이 'show running-config'(이 명령어는 컨피규레이션된 명령어를 종합적
으로 확인시켜 주는 명령어) 명령을 통해 스위치 포트에 대한 설명을 확인할 수 있습니다.

예 4-17 ≫
show running—con—
fig 명령을 통해
컨피규레이션한 명령
어들을 종합적으로
확인한다.

```
DIST_RIGHT#show running-config   모든 구현 내용을 전체적으로 확인하는 명령
 Building configuration...

 Current configuration:
 !
 version 12.0
hostname DIST_RIGHT
 interface fastethernet 0/1
  speed 10
 duplex half
····(중략)
define interface-range momo ethernet 0/1-5

interface range momo
 description 기술지원팀   ◀—— 기술지원팀원들이 연결되는 포트
interface gigabitethernet 0/1

Switch(config-if)#description 1F_distribution_switch
                                        1층_디스트리뷰션레이어 스위치에
                                        연결된 포트

 interface VLAN1
 ip address 172.16.84.26 255.255.255.0
 no ip directed-broadcast
 no ip route-cache
 !
 ip default-gateway 172.16.84.1
 !
 line con 0
 transport input none
 stopbits 1
```

　스위치의 포트들 중 10/100 패스트 이더넷 포트는 포트의 속도를 10Mbps 또는 100Mbps 또는 auto 모드로 설정할 수 있습니다. 마찬가지로 10/100/1000Mbps 겸용 이더넷 포트는 10 Mbps나 100Mbps, 혹은 1000Mbps나 auto 모드로 설정할 수 있습니다. 이러한 포트들의 속도가 모두 AUTO 모드로 설정되어 있다면 두 스위치간 협상 메시지를 통해 두 스위치를 연결하는 양쪽 포트가 제공할 수 있는 속도 중 가장 높은 속도를 우선적으로 선택합니다. 예를 들어 10/100 포트와 10/100/ 1000 포트를 auto 모드로 설정하면 100Mbps로 결정됩니다.

　이러한 포트들의 속도는 [예 4-18]과 같이 'speed' 명령으로 설정합니다.

```
Switch(config)#interface fastethernet 1/1
Switch(config-if)#speed 100
Switch(config)#interface range momo
Switch(config-if)#speed auto
```

이더넷 기반의 스위치 포트들은 하프 듀플렉스(Half Duplex)와 풀 듀플렉스(Full Duplex)로 동작할 수도 있습니다. 듀플렉스와 관련하여 포트에서 선택할 수 있는 옵션은 half와 full, auto 모드 3종류입니다.

auto 모드로 컨피규레이션하려면 양쪽 포트에 동일하게 auto 모드로 컨피규레이션해야 합니다. 오토 모드로 컨피규레이션된 두 포트는 처음에 풀 듀플렉스를 시도하고 만약 실패하면 하프 듀플렉스가 됩니다. 이런 두 포트 간의 협상(Autonegotiation)과정은 링크가 끊어졌다가 다시 연결될 때마다 반복됩니다.

장비에 따라 다르지만, 한쪽이 auto 모드이고 다른 쪽을 half나 full 모드로 고정시키면 듀플렉스 불일치(Duplex Mismatch) 에러가 발생할 수 있습니다. 따라서 이러한 실수를 방지하기 위해 두 포트들을 auto 모드로 두기보다는 계획을 가지고 원하는 듀플렉스와 속도로 설정해 주는 것이 좋습니다.

참고로 auto 모드는 패스트 이더넷(100Mbps 이더넷) 포트나 기가비트 이더넷 포트에서만 사용할 수 있습니다.

스위치 포트의 듀플렉스 타입을 설정하려면 [예 4-19]와 같이 'duplex' 명령을 사용합니다.


```
Switch(config)#interface fastethernet 1/2
Switch(config-if)#duplex auto
Switch(config)#interface range ciscis
Switch(config-if)#duplex full
```

스위치 포트들을 'auto' 모드 보다는 이렇게 속도와 듀플렉스 타입을 지정해 주는 것이 안정적입니다.

[그림 4-10]은 스위치들 사이를 연결할 때 속도에 따라 하프 듀플렉스나 풀 듀플렉스로 결정한 예입니다. 이렇게 계획을 가지고 설정하는 것이 좋습니다. 참고로 10Gbps 이더넷 인터페이스는 풀 듀플렉스만 지원합니다.

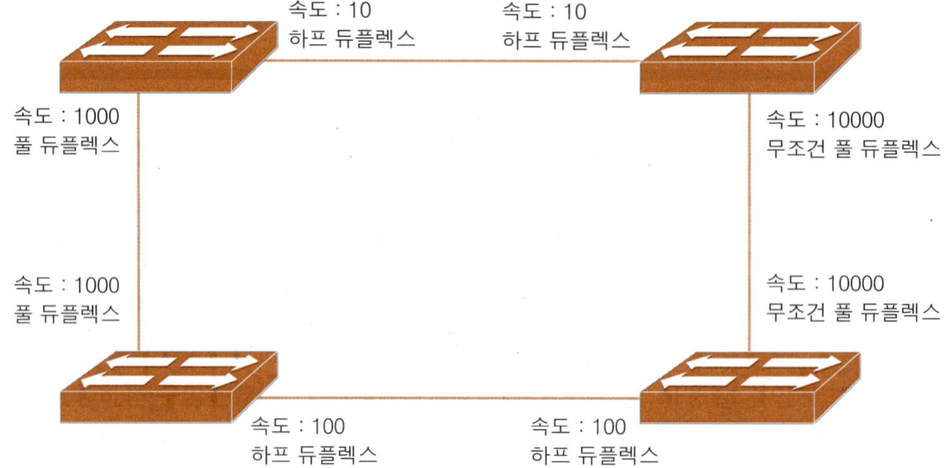

그림 4-10 >>
계획을 가지고 하프 듀플렉스와 풀 듀플렉스 타입을 설정해 주는 것이 좋다.

만약 10/100/1000Mbps 겸용 속도를 제공하는 스위치 포트들의 속도가 느려진다면 스위치 간, 스위치와 PC 간, 또는 스위치와 라우터 간에 속도나 듀플렉스가 일치하는 여부를 확인해야 합니다.

예 4-20 >>
show interface 결과를 통해 듀플렉스가 반대 장비와 일치하는지 확인할 수 있다.

```
Switch# show interfaces fastethernet 5/4
FastEthernet5/4 is up, line protocol is up
Hardware is Cat6K 100Mb Ethernet, address is 0050.f0ac.3058 (bia
0050.f0ac.3058)
MTU 1500 bytes, BW 100000 Kbit, DLY 100 usec,
reliability 255/255, txload 1/255, rxload 1/255
Encapsulation ARPA, loopback not set
Keepalive not set
Auto-duplex(Half) ,Auto Speed (100 ), 100BASETX/FX
ARP type: ARPA, ARP Timeout 04:00:00
Last input 00:00:33, output never, output hang never
Last clearing of "show interface" counters never
Queueing strategy: fifo
Output queue 0/40, 0 drops; input queue 0/75, 0 drops
5 minute input rate 0 bits/sec, 0 packets/sec
5 minute output rate 0 bits/sec, 0 packets/sec
1238 packets input, 273598 bytes, 0 no buffer
Received 0 broadcasts, 12345 runts , 0 giants, 0 throttles
12345 input errors , 0 CRC, 0 frame, 0 overrun, 0 ignored, 12345 abort
0 input packets with dribble condition detected
1380 packets output, 514382 bytes, 0 underruns
0 output errors, 0 collisions, 2 interface resets
0 babbles, 0 late collision, 0 deferred
0 lost carrier, 0 no carrier
0 output buffer failures, 0 output buffers swapped out
```

[예 4-20]에서 패스트 이더넷 5/4 포트는 속도와 듀플렉스 타입으로 auto 모드를 선택했습니다. 스위치는 다른 스위치와의 협상을 통해 하프 듀플렉스와 100Mbps 속도로 결정할 것입니다.

또한 [예 4-20]에서 다수의 runt 에러와 input 에러를 볼 수 있습니다. 이러한 에러는 링크에 연결된 두 스위치의 포트들이 속도와 듀플렉스가 일치하지 않아 발생하는 에러입니다. runt 에러는 링크를 연결하는 스위치의 두 포트들 간에 세팅이 일치하지 않을 때 프레임이 충돌하면서 쪼개져 최소 단위인 64바이트 이하의 프레임을 수신하게 되는 경우에 발생합니다. 이런 경우 두 포트가 같은 속도에 있는지, 듀플렉스 타입 컨피규레이션에는 문제가 없는지 확인해야 합니다. 참고로 [예 4-20]에서 'Fast Ethernet 5/4 is up'은 1계층에 문제가 없음을 의미합니다. 'down' 상태라면 선이나 포트 하드웨어에 문제가 있습니다. 'line protocol is up'은 2계층에 문제가 없음을 의미합니다. 'down' 상태라면 2계층 이더넷 프로토콜에 문제가 있음을 의미합니다. 두 상태가 모두 'up'이어야 이 포트를 정상적으로 사용할 수 있습니다.

스위치 포트의 에러 처리하기

　스위치는 포트에 에러가 발생하는지 확인하기 위해 주기적으로 포트 상태를 점검합니다. 에러가 발생하면 네트워크 관리자가 조치를 취하도록 콘솔 화면에 경고 메지지를 보냅니다. 이러한 기능을 스위치에 컨피규레이션하려면 [예 4-21]과 같이 'errdisable' 명령을 사용합니다. 스위치 포트에 복구할 수 없는 에러가 발생하면 네트워크 관리자가 포트를 다시 복구하거나 지정된 시간이 지날 때까지 스위치가 자동으로 다운(Shutdown) 상태가 됩니다.

예 4-21 ≫
스위치에서 어떤
에러를 체크할 것인지
설정하는 errdisable
명령

```
Switch(config)#errdisable detect cause all
Switch(config)#errdisable detect cause bpduguard
Switch(config)#errdisable detect cause dtp-flap
Switch(config)#errdisable detect cause link-flap
Switch(config)#errdisable detect cause pagp-flap
```

　'errdisable' 명령 뒤에 올 수 있는 에러의 종류들은 다음과 같습니다. 보다 자세한 것은 www.cisco.com에서 참조하기 바랍니다.

errdisable 명령 뒤에 올 수 있는 에러의 종류

- All : 아래에 나열한 모든 옵션들을 포함합니다.
- Bpduguard : STP portfast가 컨피규레이션된 포트는 PC가 연결된 포트이므로 스위치끼리 교환하는 STP 프로토콜의 BPDU 프레임이 들어오면 안됩니다. 그런데 BPDU 프레임이 들어온다면 이 에러가 발생합니다.
- Dtp-flap : 스위치를 트렁크로 연결했을 경우 트렁크는 액세스 링크와 달리 모든 VLAN 트래픽들을 실어나르기 때문에 어떤 VLAN에 속하는지 표시해 주는 헤더가 있어야 합니다. 이것은 두 스위치가 사용하는 헤더 인캡슐레이션 방법(예를 들어 한쪽 스위치는 ISL을 사용하는데 반대쪽 스위치는 IEEE 802.1Q를 사용하는 경우)이 다를 경우 발생합니다.
- Link-flap : 링크가 업/다운을 반복하는 경우입니다.
- Pagp-flap : 스위치 간의 패스트 이더넷 연결이나 기가비트 이더넷 연결을 8개까지 묶을 수 있는데, 묶음 조건(예를 들어 한쪽은 하프 듀플렉스로, 반대쪽은 풀 듀플렉스로 컨피규레이션한 경우)을 만족하지 못하는 경우입니다.

기본적(디폴트)으로 앞에서와 같은 이유로 errdisable 상태에 있는 다운된 스위치의 포트는 관리자가 [예 4-22]와 같이 'no shutdown' 명령을 통해 다시 복구합니다.

예 4-22 ≫
스위치의 포트를 다시
복구하는 no shut-
down 명령

```
Switch(config)#interface ethernet 0/1
Switch(config-if)#no shutdown
```

문제가 해결되었을 때 포트를 자동으로 복구하고자 한다면 [예 4-23]의 명령을 사용합니다.

예 4-23 ≫
자동으로 포트를 복구
하는 errdisable
recovery all 명령

```
Switch(config)#errdisable recovery cause all
```

all 옵션 대신 bpduguard, dtp-flap, link-flap, pagp-flap 옵션을 하나씩만 지정할 수도 있습니다.

자동 복구 기능이 컨피규레이션되었다 하더라도 스위치의 포트가 한번 다운되면 최소한 300초 동안은 다운 상태에 있게 됩니다.

이러한 디폴트 시간을 [예 4-24]의 'errdisable recovery' 명령을 통해 변경할 수 있는데, 30초에서 86,400초(24시간)까지 설정해 줄 수 있습니다.

예 4-24 ≫
포트의 자동 복구 여
부를 확인하는
errdisable recovery
interval 명령

```
Switch(config)#errdisable recovery interval 30
```

포트의 상태를 확인하기 위해 [예 4-25]와 같이 'show interface' 명령을 사용합니다.

예 4-25 ≫
show interface
명령을 통해 포트의
사용 여부를 확인할
수 있다.

```
Switch# show interfaces fastethernet 5/4
FastEthernet5/4 is up, line protocol is up
Hardware is Fast Ethernet, address is 0050.f0ac.3058(bia
0050.f0ac.3058)
MTU 1500 bytes, BW 100000 Kbit, DLY 100 usec,
reliability 255/255, txload 1/255, rxload 1/255
Encapsulation ARPA, loopback not set
Keepalive set(10 sec)
Full-duplex, 100Mb/s
ARP type: ARPA, ARP Timeout 04:00:00
Last input 00:00:33, output never, output hang never
Last clearing of "show interface" counters never
```

FastEthernet 5/4 is up은 피지컬 계층(1계층)에 아무 문제가 없음을 말합니다. 이 상태가 다운이라면 선이 물리적으로 연결되어 있지 않거나 링크가 감지되지 않는다는 것입니다.

line protocol is up은 데이터 링크 계층(2계층)의 상태를 나타냅니다. 이 상태가 errdisable이면 앞에서 설명한 여러 가지 문제가 발생하여 스위치는 문제를 감지하고 자동 복구하거나 네트워크 관리자에 의해 다시 복구될 때까지는 이 포트를 사용하지 못한다는 말입니다. 따라서 스위치 포트를 사용하려면 두 상태가 모두 업되어야 합니다.

> **한 걸음 더!**
>
> ## 고기 잡는 법을 배울 수 있는 시스코 홈페이지(www.cisco.com)
>
> 네트워크를 잘하려면 시스코 홈페이지를 잘 이용하면 됩니다. 시스코 홈페이지를 방문해 본 사람이라면 누구나 하는 말이 있습니다. 바로 "시스코 홈페이지는 참으로 놀라운 곳이다."라는 말입니다.

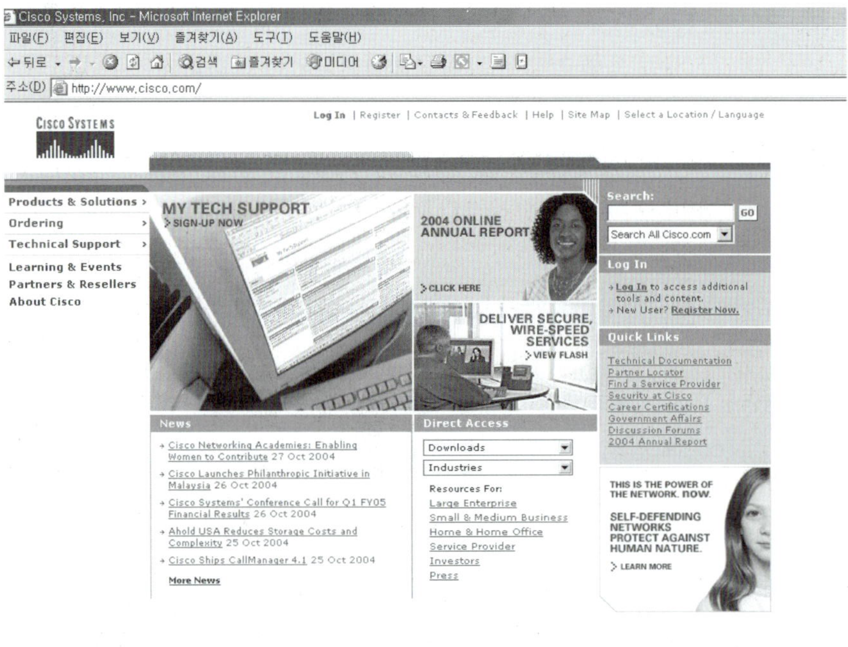

시스코 홈페이지를 잘 활용하는 방법 중의 하나가 시스코에서 제공하는 서치 기능을 다양하게 활용하는 것입니다. 서치에서 여러분이 궁금해 하는 단어를 한번 입력해 보세요. 예를 들어, 'hsrp configuration' 또는 'hsrp command'라고 입력하면 기대 이상으로 방대하고 다양한 자료를 얻을 수 있습니다.

시스코 홈페이지는 또 네트워크 업계의 최신 동향은 물론, 시스코 관련 자격증 체계들을 상세히 설명하고 있습니다. 시스코뿐만 아니라 네트워크의 표준 기술들을 이론적으로, 그리고 실질적이고 구체적으로 설명하고 있습니다. 특별한 일이 없더라도 시스코 홈페이지를 자주 방문하기 바랍니다.

스위치의 동작에 필요한 파일

카탈리스트 스위치가 동작하려면 여러 가지 파일이 필요합니다. 네트워크 관리자라면 스위치망을 관리하기 위해 각 파일들이 어디에 사용되는지, 파일이 손상될 경우를 대비해 파일을 어떻게 백업하고 백업된 파일을 어떻게 다시 불러오는지, 또 어떻게 업그레이드하는지를 알아야 합니다.

카탈리스트 스위치가 동작하는데 가장 필요한 기본적인 파일은 두 가지입니다.

- IOS 이미지 파일 : 스위치(또는 라우터)가 사용하는 OS(운영체제) 소프트웨어로 특정 하드웨어 모델에 특화되어 있습니다.
- 컨피규레이션(Configuration) 파일 : 스위치 동작에 필요한 모든 명령어들을 포함하는 명령어 파일입니다.

이 파일들은 카탈리스트 스위치에 있는 다음 메모리들로 저장됩니다.

- 플래시(Flash) 메모리 : IOS 이미지 파일이 저장되는 곳입니다.
- NVRAM(NonVoratile RAM) : 컨피규레이션 파일이 저장되는 곳입니다. 통상, NVRAM이 별도로 있지만 플래시 메모리의 일부를 NVRAM인 것처럼 가상으로 사용하기도 합니다.
- RAM : 스위칭 테이블, 큐잉, 시스템과 인터페이스를 위한 버퍼 등 다양한 용도로 사용합니다.

[그림 4-11]처럼 스위치를 켜면 우선 플래시 메모리에 있는 IOS 파일이 RAM으로 내려옵니다. 다음으로 NVRAM에 있는 컨피규레이션 파일이 RAM으로 내려와 이미 RAM에 내려온 IOS 이미지에 적용됩니다.

결국 RAM은 IOS 파일과 컨피규레이션 파일이 만나는 지점입니다.

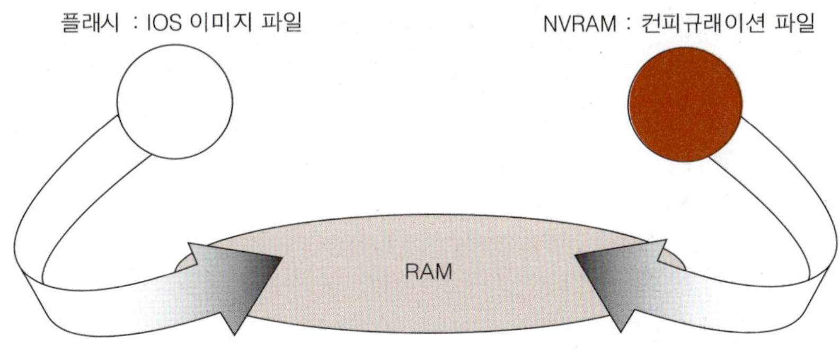

그림 4-11 >>
IOS 이미지와 컨피규
레이션 파일은 RAM
에서 만난다.

플래시 메모리에 저장되는 이미지 파일이나 NVRAM에 저장되는 컨피규레이션 파일은 백업을 위해 외부의 TFTP 서버에 보관될 수도 있습니다.

[그림 4-12]와 같이 어떤 스위치는 PCMCIA 카드 형태의 외장형 플래시 메모리를 사용할 수 있습니다. 그러므로 사용할 IOS 이미지 파일은 카드를 교체하여 쉽게 바꿀 수 있습니다.

그림 4-12 >>
카탈리스트 4500의 수퍼바이저 엔진 IV

이러한 카드 형태의 플래시 메모리는 파일 이름이 slot0: 또는 slot1:로 시작합니다.

스위치의 컨피규레이션 파일은 각 스위치의 기능과 특징을 구성하는데 필요한 모든 명령어들의 파일입니다. 여기에는 다음과 같은 3가지의 컨피규레이션 파일들이 있습니다.

- 스타트업 컨피그(Startup-config) : NVRAM에 저장되기 때문에 스위치를 꺼도 지워지지 않습니다. 스위치를 켜면 [그림 4-11]처럼 NVRAM에서 RAM으로 내려와 사용됩니다.
- 러닝 컨피그(Running-config) : 스위치가 동작하고 있을 때 NVRAM으로부터 불러와서 RAM에서 사용하는 컨피규레이션입니다. 명령어를 입력했을 때 러닝 컨피그의 내용을 바꾸는 것입니다. 스위치를 끄면 사라지기 때문에 [그림 4-14]처럼 'copy running-config startup-config' 명령을 통해 NVRAM에 저장해야 합니다.
- Vlan.dat : VLAN 구성이나 VTP 프로토콜과 관련된 컨피규레이션을 포함합니다.

그림 4-13 >>
copy running-config startup-config 명령으로 RAM에 남아 있던 컨피규레이션 파일을 NVRAM으로 저장하면 스위치를 꺼도 지워지지 않는다.

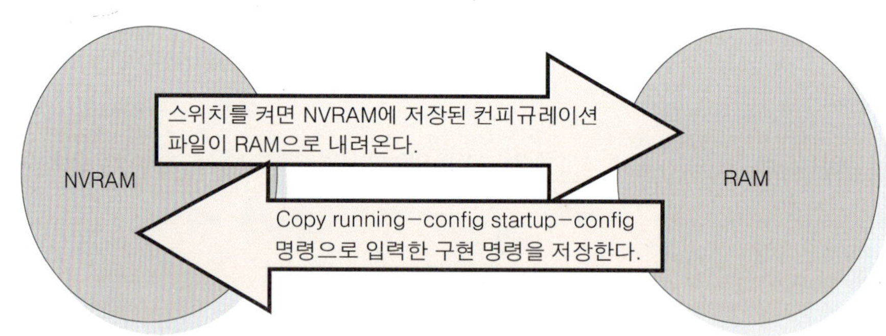

위 파일들처럼 자주 사용되지는 않지만 카탈리스트 스위치에는 다음과 같은 파일들이 저장됩니다. 이러한 파일 시스템은 라우터도 대동소이합니다.

- System_env_vars : 스위치가 사용할 MAC 주소, 모델 번호, 시리얼 번호, 다양한 모듈 정보와 같은 장비 관련 변수를 포함하는 문서 파일로 'show version' 명령을 통해 이 파일의 내용을 볼 수 있습니다.
- Crashinfo : 스위치가 사용하는 메모리 크래쉬(스위치의 두 프로세스가 같은 메모리 주소에 접근하려고 할 때 발생하는 일종의 고장) 정보를 보관하는데, 스위치의 고장 문제를 해결할 때 이 파일을 분석합니다. flash:crashinfo 파일 또는 crashinfo: 디렉토리로 저장됩니다.

한 걸음 더!

IOS 이미지 파일명이 의미하는 것

IOS 이미지 파일명의 기본적인 형태는 다음과 같습니다.

> 모모모모모모-특특특특특-램압-버버버버.bin

- 모 : 카탈리스트 스위치의 모델명(예 : C3550은 카탈리스트 3550을, CAT4000은 카탈리스트 4000을, C6SUP22는 카탈리스트 6500 수퍼바이저 2 용도의 IOS 이미지임을 표시)
- 특 : 'i' 일 때는 3계층 프로토콜 중에서 IP를 지원할 수 있다는 것이고, 'k' 는 IP에 다수의 기능이 추가되었다는 것이고, 'd' 는 IP 외에 IPX와 AppleTalk, DECnet까지 지원할 수 있다는 것이고, 'k' 는 DES나 3 DES와 같은 암호화가 가능함을 말합니다.
- 램 : 스위치가 부팅하여 동작할 때 플래시에 있던 IOS 이미지 파일이 RAM으로 로딩되는 형태입니다(RAM으로 내려오지 않고 플래시에서 동작하는 형태도 있음).
- 압 : 플래시 메모리에 있는 IOS 이미지가 압축되어 있음을 말합니다. RAM으로 내려올 때 압축이 풀립니다.
- 버 : IOS 이미지의 버전 정보는 다음과 같은 포맷을 가집니다.

> 버버버버 = 주요 버전-메인터넌스 버전.배포 단계 또는 영역

소프트웨어의 기능 정도를 표시하는 주요 버전 번호 외에 메인터넌스 버전 번호는 주요 버전 번호의 IOS 소프트웨어에서 발생한 버그들의 해결 정도를 말합니다. 배포 단계 또는 영역은 IOS 소프트웨어의 배포 단계나 영역을 표시합니다. 예를 들어 초기 단계의 소프트웨어(ED : Early Deployment)인지, 특정 품질이 확인된 소프트웨어(GD : General Deployment)인지, 과도기 소프트웨어라서 주의 깊게 사용하는 것인지를 표시합니다.

- .bin : 바이너리(binary) 파일 형태, 즉 글자(text) 형태가 아닌 (읽을 수 없는) 형태임을 표시합니다.

레이어 2 스위치에서 IP 주소를 사용하려면?

레이어 2 스위치에서 텔넷, TFTP, SNMP, Ping 등과 같은 3계층 이상의 프로토콜들을 사용하려면 IP와 같은 3계층 주소를 컨피규레이션해야 합니다. 앞에서 7계층 프로토콜을 사용하기 위해서는 7계층 이하의 모든 계층에 문제가 없어야 하며, 2955와 같은 스위치에서는 [예 4-26]과 같이 IP 주소를 컨피규레이션합니다.

예 4-26 >>
스위치에 IP 주소를
컨피규레이션하는
방법

```
Switch(config)#interface vlan 1
Switch(config-if)#ip address 1.1.1.254  255.255.255.0
Switch(config)#ip default-gateway 1.1.1.1
```

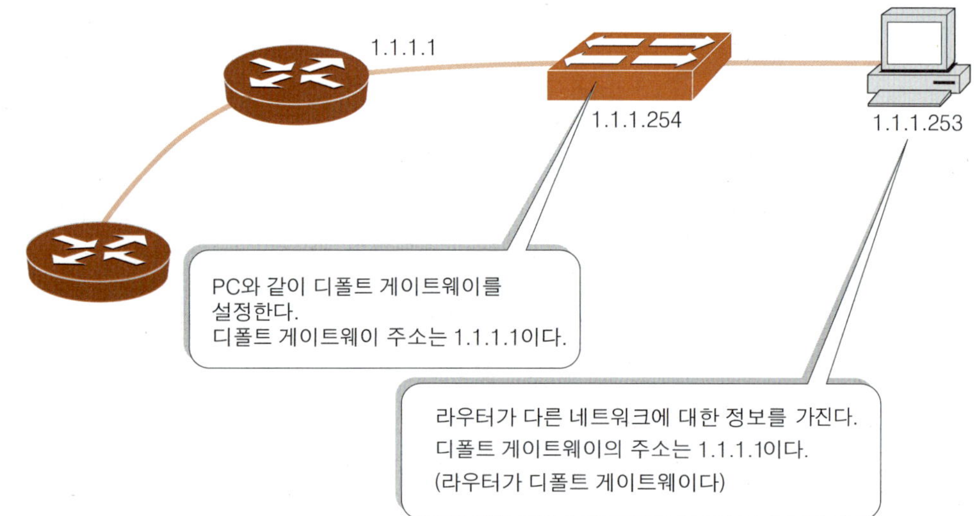

스위치에 컨피규레이션하는 IP 주소는 VLAN 1에 속하도록 컨피규레이션했습니다. 왜냐하면 스위치의 모든 포트(그림에서는 라우터 또는 PC와 연결된 포트)가 기본적으로 VLAN 1에 속하기 때문입니다. 만약 이후에 배울 VLAN 컨피규레이션 방법을 통해 라우터 또는 PC와 연결된 스위치의 포트들을 VLAN 2로 컨피규레이션 한다면 다음과 같이 IP의 VLAN 소속을 변경할 수 있습니다.

예 4-27 >>
IP의 VLAN
소속을 변경한다.

```
Switch(config)#interface vlan 1
Switch(config)#shutdown
Switch(config)#interface vlan 2
Switch(config-if)#ip address 2.2.2.254  255.255.255.0
Switch(config-if)#no shutdown
```

■ 네트워크 연결을 확인하는 ping

네트워크 연결에 문제가 없는지 확인하려면 'ping'(Packet Internet Groper) 명령어로 ping 테스트를 해보면 됩니다. ping 테스트는 ping 패킷이 목적지까지 갔다 올 수 있는지를 통해 특정 시스템까지의 경로에 문제가 있는지 여부를 확인합니다. 또한 특정 시스템을 발견하고 되돌아오는 데까지 걸리는 최소, 평균, 최대 시간도 알려 줍니다.

스위치에 IP 주소가 할당되어 있고 모든 포트에 문제가 없다면 스위치는 네트워크 상의 다른 디바이스와 통신할 수 있습니다. ping 기능은 ICMP(Internet Control Message Protocol) 프로토콜의 일부 기능이고, ICMP는 프로토콜에 부수적으로 정의된 컨트롤과 에러 메시지 전달을 위한 기능입니다. 따라서 ping 테스트가 성공했다는 것은 목적지까지의 3계층 기능에 아무 문제가 없다는 말입니다.

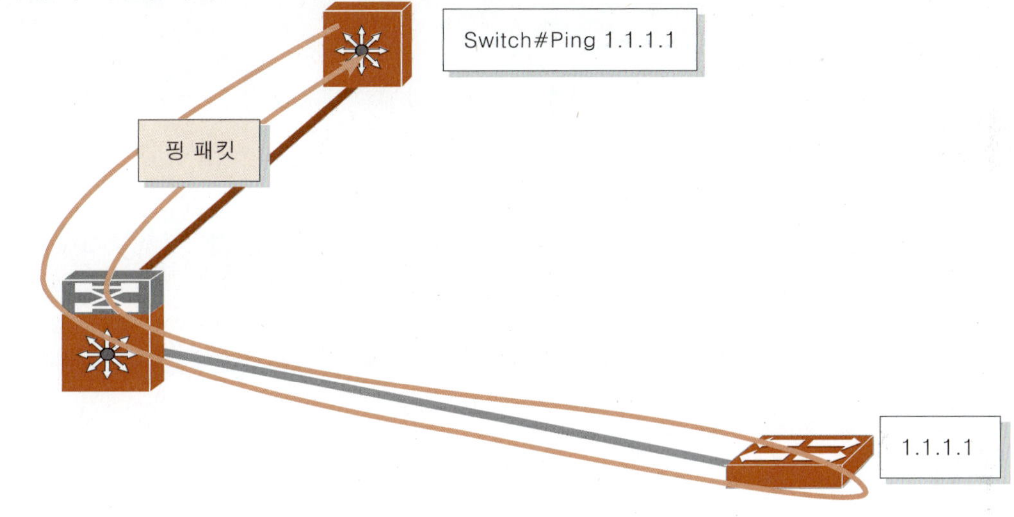

그림 4-14 >>
ping 명령을 통해 네트워크 연결성을 조사한다.

ping 명령어의 결과로 [표 4-1]과 같은 응답이 올 수 있습니다.

표 4-1 >>
ping 명령의 응답

캐릭터	설명
!	ICMP Echo Request(가는 핑)와 ICMP Echo Reply(오는 핑)의 성공을 의미
.	ICMP Echo Reply 수신이 타임아웃 시간 내에 실패
U	라우터의 라우팅 테이블에 문제가 있을 때 라우터가 보냄
C	Congestion(적체) 발생 시에 라우터가 보냄
I	유저가 핑테스트를 중단
?	알려지지 않은 패킷 타입이라는 메시지를 라우터가 보냄
&	TTL(Time To Live) 패킷 라이프 타임 초과했을 때 라우터가 보냄

[예 4-28]은 ping을 보낸 디바이스에서 목적지 IP 주소인 1.1.1.1까지 도착할 수 있음을 '!' 로 나타낸 것입니다.

```
Switch#ping 1.1.1.1
Sending 5, 100-byte ICMP Echos to 1.1.1.1, time out is 2 seconds:
!!!!!  ◀━━━━━   '!' 표시는 통신이 가능하다는 뜻
Success rate is 100 percent (5/5), round-trip min/avg/max 0/2/10 ms
```

■ 패킷이 실제 통과하는 경로를 확인하는 trace

trace도 ICMP 프로토콜에 정의된 기능입니다. ping 테스트가 디바이스들 간의 연결성만 확인하는 데 반해 trace는 디바이스들 간에서 패킷이 통과하는 실제적인 경로까지 확인합니다.

trace 명령을 사용하면 각각의 홉(통과하는 라우터)마다 차례대로 각각의 라우터에게 3개씩의 trace 패킷들을 보내서 돌아오는지의 여부를 확인합니다. ICMP 프로토콜은 3계층 프로토콜이기 때문에 동작하기 위해서는 3계층 주소(예를 들어 IP 주소)를 설정해야 합니다.

예 4-29 ≫
trace 명령의 사용 예

```
Switch#trace 5.5.5.5

Type escape sequence to abort.
Tracing the route to 100.100.100.101

1  1.1.1.1          4 msec 4 msec 4 msec       첫 번째 홉까지 갔다 온 트래이스 정보
2  2.2.2.2          5 msec 6 msec 7 msec       두 번째 홉까지 갔다 온 트래이스 정보
3  3.3.3.3          6 msec 7 msec 9 msec       세 번째 홉까지 갔다 온 트래이스 정보
4  4.4.4.4          8 msec 9 msec 11 msec      네 번째 홉까지 갔다 온 트래이스 정보
5  5.5.5.5          12 msec 15 msec 20 msec    다섯 번째 홉까지 갔다 온 트래이스 정보
```

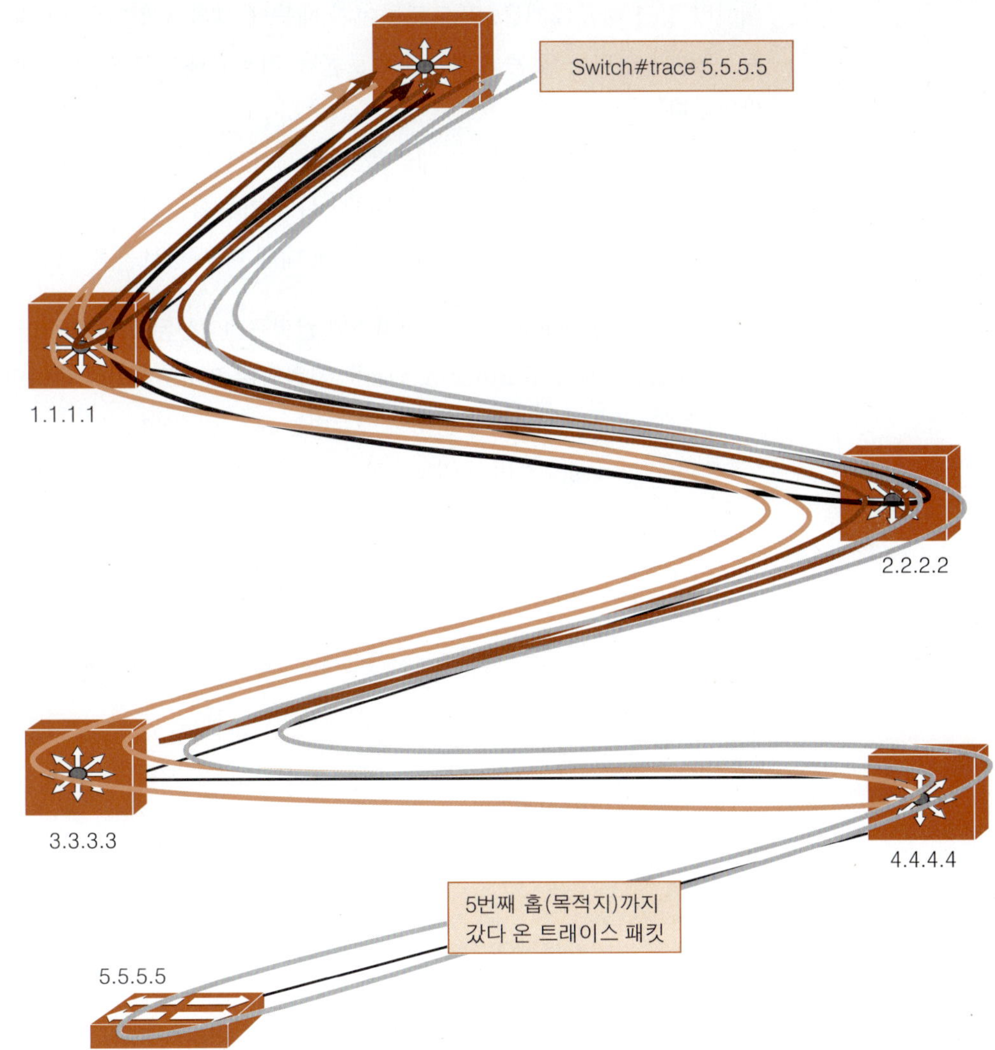

CDP와 텔넷으로 네트워크 구성도 그리기

CDP(Cisco Discovery Protocol)를 통해 직접 연결된 스위치와 라우터 같은 시스코 장비에 대한 요약 정보를 얻을 수 있습니다. 그리고 텔넷은 직접 연결되지 않은 장비들에 접근하여 해당 장비에 대한 정보를 모으거나 제어할 수 있도록 합니다.

■ 직접 연결된 장비의 정보를 모으는 CDP 프로토콜

CDP는 직접 연결된 장비들에 대한 정보를 모아 주는 시스코 고유의 프로토콜입니다. CDP는 데이터 링크 계층(2계층) 프로토콜이기 때문에 상위 3계층의 프로토콜들과 상관없이 동작합니다. 관련이 없다는 것은 3계층 프로토콜을 컨피규레이션의 작동 여부에 관계없이 동작한다는 말입니다.

CDP 프로토콜은 SNAP 2계층 인캡슐레이션을 사용하는데, SNAP(Subnetwork Access Protocol)는 거의 모든 피지컬 계층에서 사용 가능합니다.

CDP 패킷은 이웃 시스코 디바이스들에 대해 다음 정보들을 교환합니다.

- 이름(Device Identifiers) : 디바이스의 컨피규레이션된 이름과 도메인 이름입니다.
- IP와 같은 3계층 주소(Address list) : 지원되는 프로토콜마다 하나의 주소입니다.
- 포트(Port Identifier) : 두 장비를 연결하는 포트 번호입니다.
- Capabilities list : 장비가 라우터인가, 스위치인가?
- 플랫폼(Platform) : 스위치 중에서도 카탈리스트 6500인가, 1900인가?

'show cdp neighbors' 명령을 통해 이웃 디바이스와 교환된 CDP 정보를 확인합니다.

CDP 프로토콜이 수집한 정보는 [예 4-30]처럼 'show cdp neighbors' 명령을 통해 확인할 수 있습니다.

예 4-30 ≫
show cdp neighbors
명령어를 통해 CDP
정보를 확인한다.

```
SwitchA#show cdp neighbors
Capabilety Codes:R-Router, T-Trans Bridge, B-Source Route Bridge
                 S-Switch, H-Host,I-IGMP,r-Repeater

Device ID          Local lntrfce  Holdtme  Capabilith Platform Port ID
RouterB            Eth0/2         148        R         2522     E1/1
SwitchB050BD855780 Eth0/1         167        TS        1900     E0/2
```

‘show cdp neighbors’ 명령에 ‘detail’이라는 옵션을 추가했을 경우, 이웃 디바이스에 대해 해당 장비에서 ‘show version’ 명령을 내리면 볼 수 있는 정보와 3계층 주소 정보 2가지를 추가로 제공합니다. ‘show cdp neighbor detail’ 명령의 결과는 ‘show cdp entry *’ 명령의 결과와 같습니다.

예 4-31 ≫
show cdp neighbors
detail 명령으로 2
가지 정보를 추가로
확인한다.

```
SwitchA#sh cdp neighbors detail
-------------------------
Device ID: SwitchB
Entry address(es):
  IP address: 1.1.1.2
Platform: WS-C3550,  Capabilities: Switch, Trans-Bridge
Interface: GigabitEthernet 0/12,  Port ID(outgoing port): 4/16
Holdtime : 123 sec

Version :
WS-C3550 Software, Version SW: 7.2(2) NmpSW: 7.2.(2)
Copyright (c) 1986-1999 by cisco Systems, Inc.
VTP Management Domain : SSS123
Advertisement version : 2
```

[예 4-32]와 같이 'show cdp entry * protocol' 명령을 사용하면 인접한 장비의 3계층 주소만을 확인할 수 있습니다.

예 4-32 >>
show cdp entry *
protocol 명령으로
3계층 주소만을 확인
한다.

```
SwitchA#sh cdp entry * protocol
Protocol information for SwitchB:
    IP address: 1.1.1.2
```

CDP를 켜놓으면 60초마다 한번씩, 0100.0ccc.cccc 멀티캐스트 주소로 시스코 장비 간에 CDP 정보를 주고받습니다. 이 정보는 앞에서 확인했듯이 특별한 정보가 아닙니다. 네트워크 관리자라면 평소에 숙지하고 있는 정보들입니다. 이렇게 불필요한 정보를 60초마다 주고받는다면 네트워크 자원을 소모할 뿐만 아니라 보안에도 문제가 됩니다. 그렇기 때문에 CDP 프로토콜은 평소에는 잘 사용하지 않습니다.

스위치에서 CDP를 끄는 명령은 다음과 같습니다.

예 4-33 >>
no cdp enable 명령
으로 CDP 프로토콜을
중단한다.

```
Router(config)#interface serial 0
Router(config-if)#no cdp enable
```

■ 직접 연결되지 않은 장비의 정보를 얻는 텔넷 프로토콜

CDP가 직접 연결된 장비에 대한 정보를 제공함으로서 로컬 디바이스를 찾는 반면 텔넷 애플리케이션은 직접 연결되지 않은 장비에 접속하여 장비에 대한 정보를 얻고 제어(명령어(구현/확인))하는데 사용합니다.

한 PC에서 여러 곳으로 HTTP 세션을 열 수 있는 것처럼 동시에 텔넷 세션을 열 수 있습니다.

[예 4-32]와 같이 텔넷을 위한 명령어는 'telnet'이고, 텔넷한 장비에서 원래의 장비로 되돌아 오려면 'exit' 또는 'logout' 명령을 사용합니다.

CDP는 2계층 프로토콜이고, 핑은 3계층 프로토콜, 텔넷은 7계층 프로토콜입니다. 그러므로 CDP가 제대로 동작한다는 것은 2계층까지 문제가 없다는 것이고, 핑이 된다는 것은 3계층까지 문제가 없고, 텔넷이 성공했다는 것은 7계층까지 아무 문제가 없음을 말합니다.

예 4-34 ≫
텔넷 명령어와 텔넷
후 빠져나오는 명령어

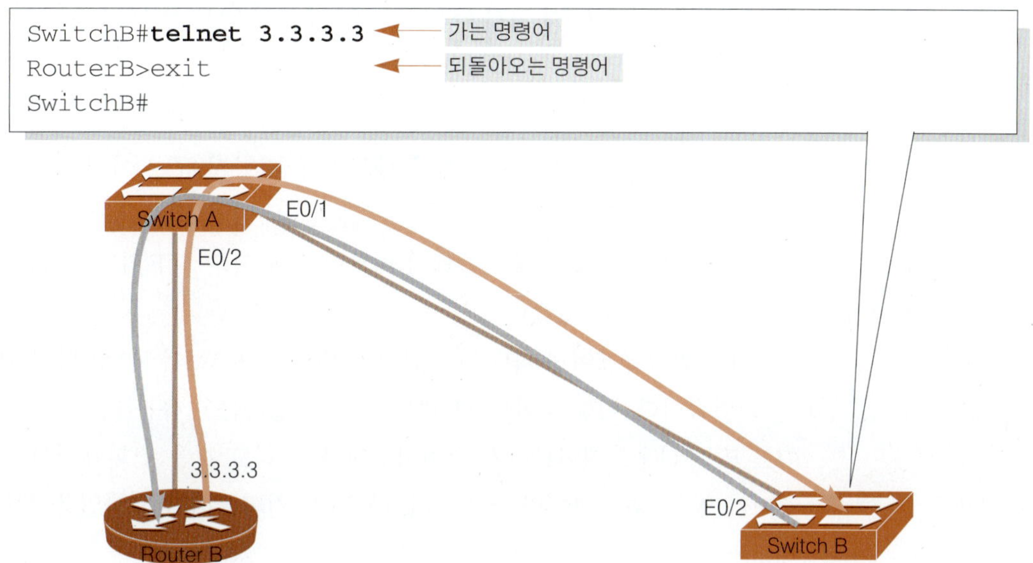

■ CDP와 텔넷으로 네트워크 구성도 그리기

　CDP와 텔넷을 사용하면 네트워크 연결 형태(구성도, 토폴로지)를 알 수 있습니다. [그림 4-15]에서 Router A에 콘솔로 접속하여 'show cdp neighbors detail' 명령을 사용하면 이웃 장비, 즉 Switch A의 IP 주소를 알 수 있습니다. Switch A의 IP 주소를 확인한 후 Switch A로 텔넷한 다음에 Switch A에서 다시 'show cdp neighbors detail' 명령을 사용하면 인접 장비들(Router A, Router D, Router B)의 IP 주소를 알 수 있습니다. 이러한 단계를 반복하면 네트워크의 연결 상태와 구성 장비(CDP 정보를 통해)들을 모두 확인할 수 있습니다.

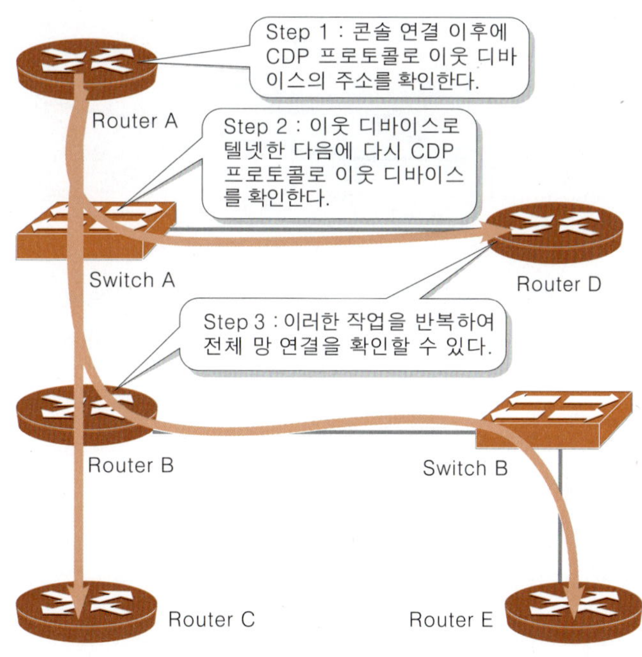

그림 4-15 ≫
CDP와 텔넷을 사용하면 네트워크 구성도를 그릴 수 있다.

컨피규레이션 파일과 IOS 파일 백업하기

스위치를 켜면 스위치는 플래시 메모리에 저장된 IOS 이미지 파일을 RAM으로 보내고, NVRAM에 저장된 컨피규레이션 파일을 RAM에 이미 와 있는 IOS 이미지에 적용합니다.

이러한 IOS 이미지는 내부 플래시 메모리 외에 외부 *TFTP(Trivial File Transfer Protocol) 서버에도 저장할 수 있습니다.

그리고 컨피규레이션 파일은 스위치 내부의 NVRAM과 RAM 외에 외부 TFTP 서버에 저장할 수 있습니다. 이렇게 외부 TFTP 서버에 저장하는 이유는 백업과 IOS 이미지 버전을 업그레이드 또는 다운그레이드하기 위해서입니다. 그리고 같은 컨피규레이션이 적용되는 여러 대의 장비가 있을 경우 한대만 컨피규레이션하고, 컨피규레이션 파일을 TFTP 서버로 업로드하는 데도 필요합니다.

컨피규레이션되지 않은 다른 스위치(라우터도 IOS를 사용하므로 마찬가지입니다)를 연결하여 TFTP 서버에 저장된 컨피규레이션 파일을 다운로드하여 컨피규레이션 파일을 세부적으로 조정하면 컨피규레이션에 필요한 노력과 시간을 절약할 수 있겠지요.

TFTP

네트워크 장비에서 제공되는 일종의 FTP 애플리케이션으로 FTP 보다 좀 더 간단합니다. 사용자 인증이 필요 없고, 디렉토리를 보여 주지 않아도 되는 곳에 사용합니다. TFTP는 TCP 대신 UDP를 사용하는 특징이 있습니다.

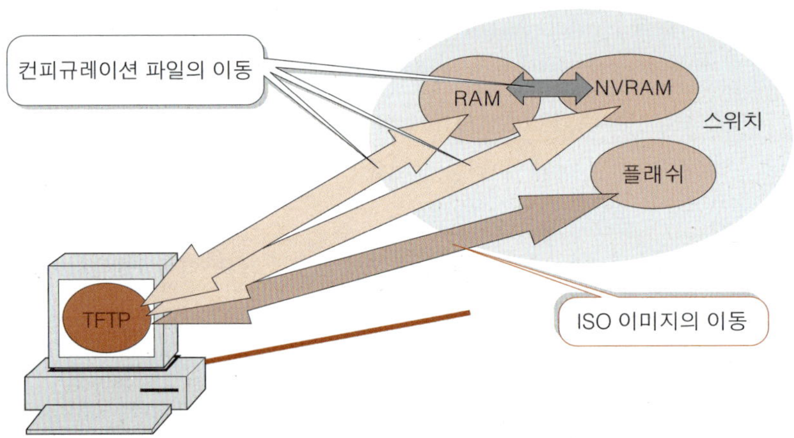

그림 4-16 >>
IOS 이미지와
컨피규레이션 파일의
이동

'copy' 명령어를 이용해 메모리(플래시, NVRAM, RAM) 또는 디바이스로부터 다른 부품이나 외부 디바이스(TFTP)로 컨피규레이션을 이동합니다. 'copy' 명령어 다음에는 출발지 (source : 카피될 파일이 있는 곳)와 목적지 (destination : 새로 카피할 곳)를 차례대로 적어 주면 됩니다. RAM에 있는 컨피규레이션을 RUNNING-CONFIG라고 하고, NVRAM에 있는 컨피규레이션을 STARTUP-CONFIG라고 합니다.

예를 들어 'copy running-config startup-config'라고 하면 RAM에서 NVRAM으로 파일을 이동합니다(저장/백업). NVRAM에 저장된 컨피규레이션 파일을 불러 오고 싶다면 'copy startup-config running-config' 명령어를 사용합니다. RAM에 있는 RUNNING-CONFIG나

NVRAM에 있는 STARTUP-CONFIG를 외부에 있는 TFTP 서버에 백업시키거나 TFTP 서버로부터 백업된 파일을 가져올 수도 있습니다. 또한 RUNNING-CONFIG를 TFTP 서버로 백업하기 위해 'copy running-config tftp' 명령을 사용합니다. 다시 가져오려면 'copy tftp running-config' 명령을 사용합니다. NVRAM에 저장된 STARTUP-CONFIG를 TFTP에 백업하는 데는 'copy startup-config tftp' 명령을 사용하고, 다시 가져오려면 'copy tftp startup-config' 명령을 사용합니다.

표 4-2 >>
copy 명령어

From	To	명령어
NVRAM	RAM	Copy startup-config running-config
RAM	NVRAM	Copy running-config startup-config 또는 write
RAM	TFTP	Copy running-config tftp
TFTP	RAM	Copy tftp running-config
NVRAM	TFTP	Copy startup-config tftp
TFTP	NVRAM	Copy tftp startup-config

RAM에 있는 컨피규레이션은 재부팅하면 모두 지워지지만 NVRAM에 저장된 컨피규레이션은 지워지지 않습니다. NVRAM에 있는 컨피규레이션을 지우려면 'earse startup-config' 명령을 사용합니다. 장비를 껐다 켜고, NVRAM의 컨피규레이션을 지우면 처음 구입한 상태로 돌릴 수 있습니다.

■ 컨피규레이션 파일 백업하기

'copy running-config tftp'은 현재 사용 중인 컨피규레이션을 TFTP 서버에 저장하는 명령입니다.

예 4-35 >>
copy running-con-
fig startup-config
명령을 입력했을 경우

```
SwitchA#copy running-config tftp
Address or name of remote host[]? 172.12.1.2
Destination filename[running-config]? SwitchA.cfg .!!!
1684 bytes copied in 11.300 secs(129 bytes/sec)

SwitchA#copy tftp running-config
Address or name of remote host[]? 172.12.1.2
Source filename[]? SwitchA.cfg
Destination filename[running-config]?
Accessing tftp://172.12.1.2/SwitchA.cfg...
Loading SwitchA.cfg from 172.12.1.2(via Ethernet0): !!!
[OK - 1324/3072 bytes]

1324 bytes copied in 17.692 secs(99 bytes/sec)
```

[예 4-35]와 같이 명령을 입력하면 스위치가 TFTP 서버의 주소와 TFTP 서버에 어떤 파일 이름으로 저장할 것인지를 물어 봅니다. '!!!'는 성공적인 저장을 말합니다.

반대로 'copy tftp running-config' 명령은 TFTP 서버에서 RAM으로 이미 저장된 컨피규레이션 파일을 가져옵니다. 이 명령을 입력하면 TFTP 서버의 위치와 다운로드할 파일의 이름을 물어봅니다.

■ IOS 파일 백업하기

네트워크 관리자의 중요한 임무 중 하나가 우리 회사에서 사용하는 네트워크 장비들의 IOS 이미지를 백업하는 것입니다.

[예 4-36]과 같이 'copy flash tftp' 명령을 사용해 플래시에 있는 IOS 이미지를 TFTP 서버에 백업합니다. 명령을 입력하면 TFTP 서버 주소와 TFTP 서버에 저장할 파일의 이름 그리고 무슨 이름으로 저장할지를 물어 봅니다.

예 4-36 ≫
copy flash tftp
명령어 사용 예

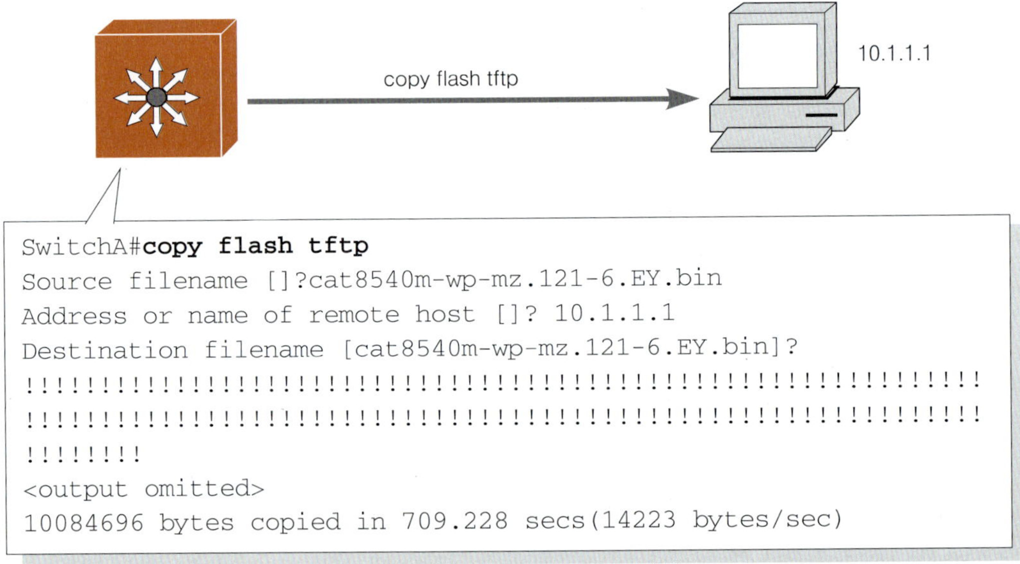


```
SwitchA#copy flash tftp
Source filename []?cat8540m-wp-mz.121-6.EY.bin
Address or name of remote host []? 10.1.1.1
Destination filename [cat8540m-wp-mz.121-6.EY.bin]?
!!!!!!!!!!!!!!!!!!!!!!!!!!!!!!!!!!!!!!!!!!!!!!!!!!!!!!!!!!!!!!!!!!!!!!
!!!!!!!!!!!!!!!!!!!!!!!!!!!!!!!!!!!!!!!!!!!!!!!!!!!!!!!!!!!!!!!!!!!!!!
!!!!!!!!!
<output omitted>
10084696 bytes copied in 709.228 secs(14223 bytes/sec)
```

여기서 소스 파일을 TFTP 서버에 저장할 때 이름을 변경하지 않는 것이 좋습니다. 이 소스 파일 이름은 이미 설명한 대로 업/다운 그레이드나 소프트웨어 관련 장애 해결 시에 중요한 정보를 제공하기 때문입니다. 플래시에 저장된 IOS 이미지의 파일 이름을 확인하기 위해 [예 4-37]과 같이 'show flash' 명령을 사용합니다.

```
SwitchA#show flash

-#- ED --type-- --crc--- -seek-- nlen -length- -----
date/time------ name
  1 .. 2         f3a3e7c1  607f80   24   6061822 Mar 31 2000
15:42:49 cat8540m-wp-m2.121-6.EY.bin
7336000 bytes available(1052608 bytes used)
```

스위치에서 사용 중인 파일이 손상되었거나 다른 버전의 IOS 이미지로 변경할 필요가 있다
면 외부 TFTP 서버에서 이미지를 다운로드합니다. 다운로드 전의 이미지는 삭제되고 다운로
드합니다. [예 4-38]에서 '!' 표시는 성공적인 전송을 말합니다.

참고로, 무료 TFTP 프로그램은 인터넷에서 간단한 검색만으로 쉽게 찾을 수 있습니다.

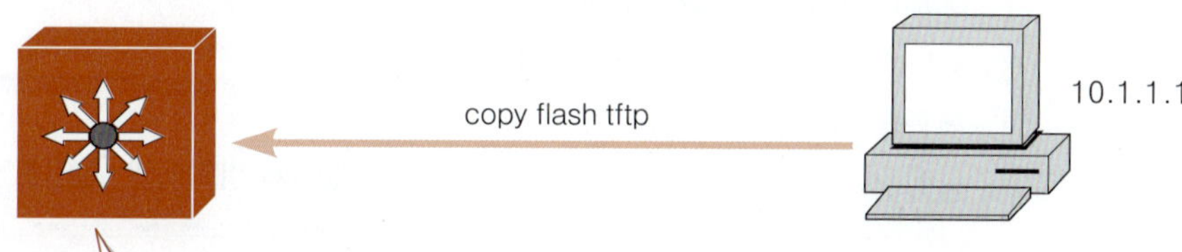


```
SwitchA#copy  tftp flash
Address or name of remote host []? 10.1.1.1
Source filename []?cat8540m-wp-mz.121-6.EY.bin
Destination filename [cat8540m-wp-mz.121-6.EY.bin]?
Accessing tftp://10.1.1.1/ cat8540m-wp-mz.121-6.EY.bin
Erase flash: before copying? [confirm]
Erasing the flash filesystem will remove all files! Continue?
[confirm]
Erasing device... eeeee (output omitted) ...erased
Erase of flash: complete
Loading cat8540m-wp-mz.121-6.EY.bin from 10.1.1.1 (via
Ethernet3/2):

!!!!!!!!!!!!!!!!!!!!!!!!!!!!!!!!!!!!!!!!!!!!!!!!!!!!!!!!!!!!!!!
!!!!!!!!!!!!!!!!!!!!!!!!!!!!!!!!!!!!!!!!!!!!!!!!!!!!!!!!!!!!!!!
!!!!!!!!!!!!!!!!!!!!!!!!!!!!!!!!!!!!!!!!!!!!!!!!!!!!!!!!!!!!!!!
!!!!!!!!!!!!!!!!!!!!!!!!!!!!!!!!!
(output omitted)
[OK - 10084696/20168704 bytes]
Verifying checksum...  OK (0x9AA0)
10084696 bytes copied in 309.108 secs (32636 bytes/sec)
```

네트워크 환경에 꼭 맞는 스위치 제품 선택법

시중에는 많은 스위칭 제품들이 나와 있습니다. 이 중에서 우리 회사, 혹은 우리 학교의 네트워크 환경에 맞는 제품을 어떻게 찾을 수 있을까요? 시스코사는 계층형 3 레이어에 사용되는 스위칭 시리즈를 손쉽게 선택할 수 있는 툴을 제공하고 있습니다.

계층형 3 레이어에서 주로 사용하는 시스코의 카탈리스트 스위치들은 다음과 같습니다.

● 액세스 레이어 : 카탈리스트 1900-5500 스위치

● 디스트리뷰션 레이어 : 카탈리스트 5500-6500과 내/외부 라우터

● 코어 레이어 : 카탈리스트 5500-8500

"http://www.cisco.com/pcgi-bin/front.x/corona/prodtool/select.pl" 사이트에 가면 스위칭 제품을 선택할 수 있는 툴을 사용할 수 있습니다.

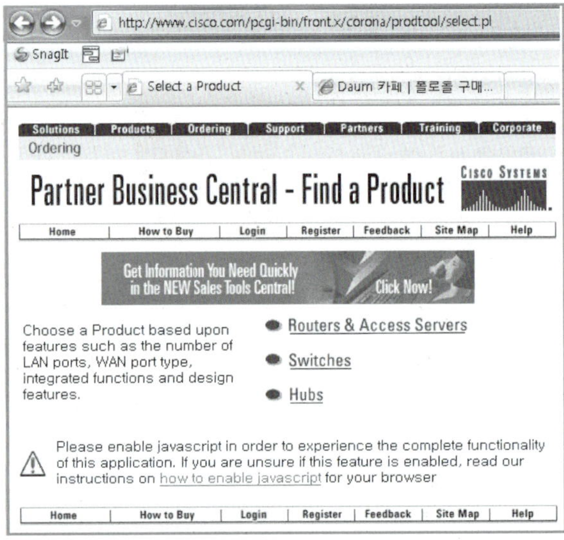

그림 4-17 ≫
시스코 스위치 선택을
도와주는 툴

'Switches'를 클릭하면 [그림 4-18]과 같은 화면이 나타납니다.

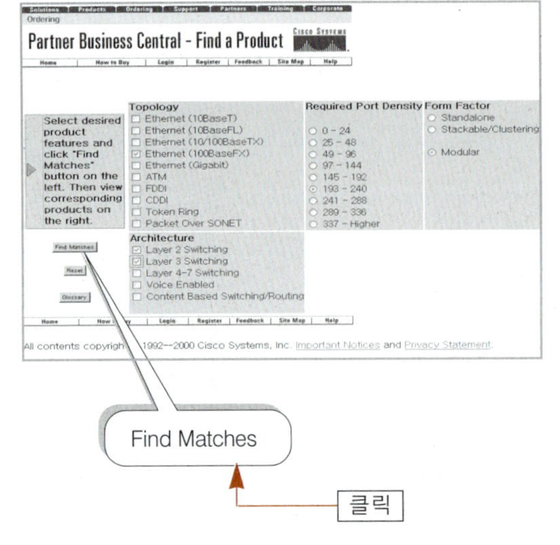

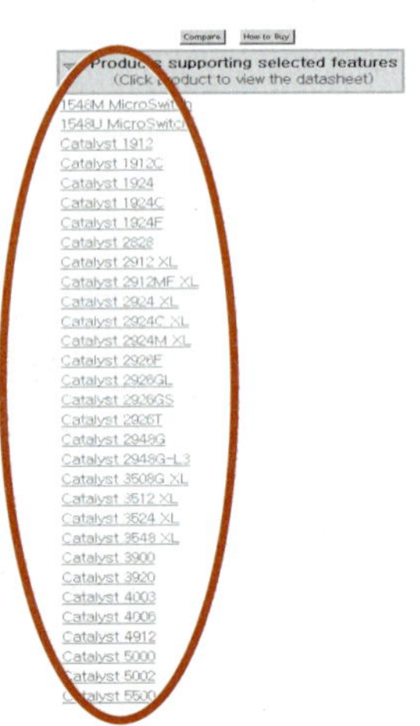

그림 4-18 ≫
100Mbps 이더넷,
193-240 포트가
필요한데 모듈형의
2계층과 3계층 기능을
가진(디스트리뷰션 레
이어) 스위치를
선택한다.

Tip 모듈형·독립형과 묶음형

모듈형은 필요한 모듈들을 모아 스위치 한대를 구성하는 방식입니다. 독립형은 비모듈형이라고도 하는데, 말 그대로 스위치 한대를 독립적으로 구성합니다. 묶음형은 클러스터링(Clustering)이라고도 하는데, 여러 대의 스위치를 묶어서 사용하는 방식입니다.

'Topology'에서 필요한 이더넷(Ethernet), 토큰 링(Token Ring) 또는 ATM, FDDI를 선택하고 원하는 포트 수를 선택합니다. 그 다음 *모듈형(Modular)인지 독립형(Standalone)인지 혹은 묶음형(Stackable)인지를 선택합니다. 마지막으로 아키텍처에서 스위치가 2계층 스위칭 기능만을 수행할 것인지 아니면 3계층 이상의 기능을 포함하는지를 표시합니다. 예를 들어, 디스트리뷰션 레이어에서는 3계층 기능과 2계층 기능이 필요하다고 했습니다.

선택을 마친 후 화면 왼쪽의 'Find Matches' 버튼을 클릭하면 오른쪽에 있는 스위치들 중에서 선택 조건을 만족하는 스위치만 [그림 4-19]와 같이 남습니다.

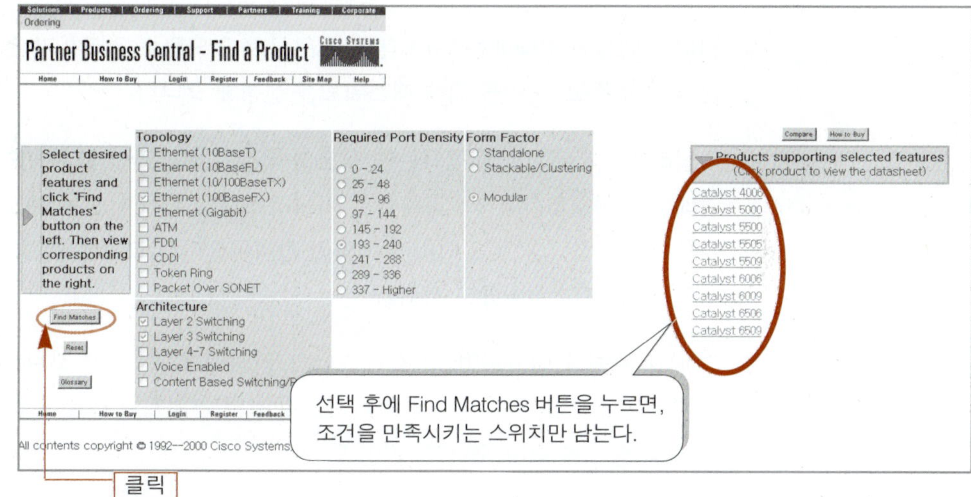

그림 4-19 >>
선택 후 Find Matches 버튼을 누르면 조건을 만족시키는 스위치만 남는다.

조건을 만족시키는 스위치를 클릭하면 [그림 4-20]과 같이 해당 스위치에 대한 사양, 특징에 대한 자세한 설명을 볼 수 있습니다.

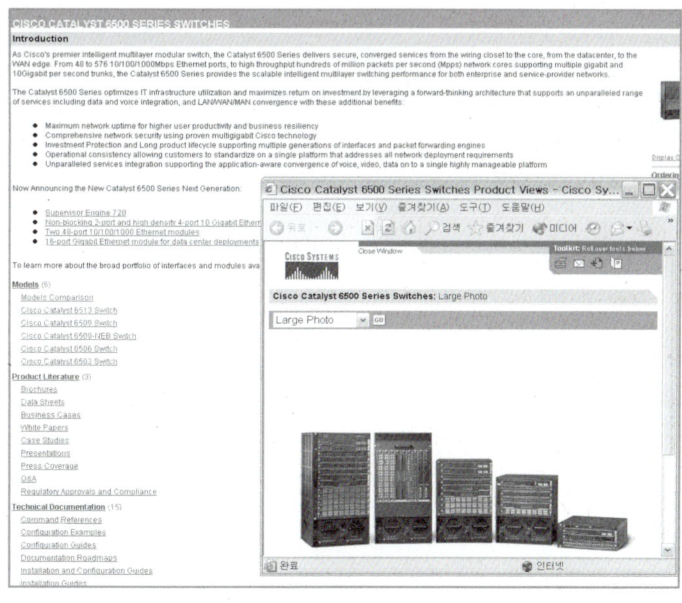

그림 4-20 >>
선택한 스위치에 대한 자세한 설명

 **꼭 알아야 할 핵심 포인트**

✔ ISO는 시스코사에서 만든 네트워크 운영체제로 스위치가 수행해야 하는 다양한 기능들을 제공합니다.

✔ 스위치에 명령을 내리려면 스위치의 콘솔 인터페이스와 PC의 시리얼 인터페이스를 롤오버 케이블과 DB-9 아답터로 연결하면 됩니다. 그리고 PC의 터미널 프로그램을 이용해 명령어를 입력합니다.

✔ 캠퍼스 네트워크 내에는 여러 대의 스위치가 있으므로 관리하기 편리하게 스위치에 이름을 붙여 주고, 보안을 위해 패스워드를 설정해 줍니다.

✔ 카탈리스트 스위치가 동작하는데 필요한 가장 기본적인 파일은 IOS 이미지 파일과 컨피규레이션 파일입니다. 이 파일들은 카탈리스트 스위치에 있는 메모리에 저장되어 스위치를 동작시킵니다. IOS 이미지 파일과 컨피규레이션 파일은 백업과 파일 업그레이드를 위해 외부 TFTP 서버에도 저장을 할 수 있습니다.

✔ CDP와 텔넷을 이용하면 다른 네트워크 장비에 대한 요약 정보를 얻을 수 있습니다. CDP는 시스코 고유의 프로토콜로 직접 연결된 스위치와 라우터 같은 시스코 장비에 대한 요약 정보를 모아 줍니다. 반면 텔넷은 직접 연결되지 않은 장비에 접속하여 장비에 대한 정보를 얻고 제어하는데 사용합니다. 이 CDP와 텔넷을 이용하면 네트워크가 전체적으로 어떻게 구성되어 있는지 알 수 있습니다.

계층형 3 레이어에 꼭 맞는 스위칭 장비와 이더넷 포트

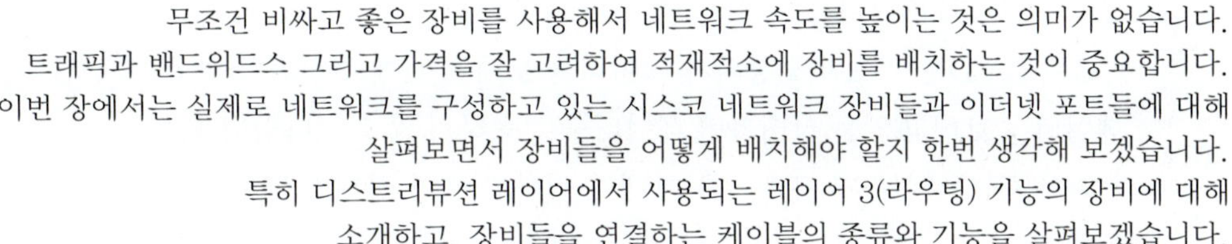

무조건 비싸고 좋은 장비를 사용해서 네트워크 속도를 높이는 것은 의미가 없습니다.
트래픽과 밴드위드스 그리고 가격을 잘 고려하여 적재적소에 장비를 배치하는 것이 중요합니다.
이번 장에서는 실제로 네트워크를 구성하고 있는 시스코 네트워크 장비들과 이더넷 포트들에 대해
살펴보면서 장비들을 어떻게 배치해야 할지 한번 생각해 보겠습니다.
특히 디스트리뷰션 레이어에서 사용되는 레이어 3(라우팅) 기능의 장비에 대해
소개하고, 장비들을 연결하는 케이블의 종류와 기능을 살펴보겠습니다.

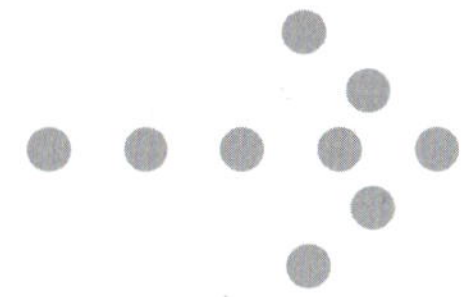

사용 가능한 이더넷 속도

유저 수가 늘고 밴드위스를 많이 소모하는 애플리케이션들이 증가함에 따라 캠퍼스 네트워크의 밴드위스도 증가하게 됩니다. 특히 단순한 데이터뿐만 아니라 오디오나 비디오를 포함한 다양한 멀티미디어 애플리케이션들이 많아지면서 성능이 저하되고 밴드위스는 부족해지기 쉽습니다.

■ 이더넷과 패스트 이더넷, 어떤 것을 사용할까?

이더넷은 10Mbps의 속도를 패스트 이더넷은 100Mbps의 속도를 제공합니다. 모든 이더넷은 *CSMA/CD(Carrier Sense Multiple Access/Collision Detection) 메커니즘을 사용합니다. 앞에서 설명한 대로 CSMA/CD는 하프 듀플렉스만 사용하는 허브나 하프 듀플렉스로 구현된 스위치 포트에서 데이터를 보낼 때 사용합니다. 풀 듀플렉스에서는 컬리전이 발생하지 않으므로 CSMA/CD 메커니즘이 필요없습니다.

CSMA/CD는 네트워크 장비가 데이터를 보내기 전에 전선의 전압 상태를 감지하면서 누군가 데이터를 보내고 있는 상태라면 데이터를 전송하지 않고 기다립니다.

만약 한 디바이스만 프레임을 보내고 있다면 전압 상태가 5Volt(1)와 −5Volt(0) 사이를 왕래할 것입니다. 아무도 데이터를 보내지 않는 전압 상태(0Volt)가 되면 데이터를 전송합니다. 이때 다른 두 장비가 동시에 데이터를 전송한다면 컬리전이 발생하겠지요. 즉, 비정상적인 전압 상태가 되어 전선을 사용하지 않는 상태(0Volt)도, 누군가 한 명이 전송하는 상태(5Volt 또는 −5Volt)도 아닌 전압 상태가 감지됩니다.

이때 두 장비는 데이터를 재전송합니다. 재전송하기 전의 대기 시간은 장비에 의해 무작위로 선택됩니다. 만약 두 장비가 같은 대기 시간을 선택했다면 또 다시 컬리전이 발생합니다. 컬리전이 발생하면 다시 기다렸다가 데이터를 재전송하는데, 이러한 동작을 15회까지 하고 만약 15회까지 컬리전이 발생하면 전송을 포기하는 방식이 CDMA/CD 이더넷 메커니즘입니다.

*허브 포트는 컬리전 도메인을 나누지 않고, 스위치 포트는 각 컬리전 도메인을 나눕니다. 액세스 레이어에서 허브를 사용하다가 스위치를 사용하면 컬리전이 줄어들기 때문에 이더넷에서 제공되는 밴드위스, 예를 들어 10Mbps, 100Mbps, 1000Mbps 등을 거의 사용할 수 있습니다.

만약 스위치 포트를 풀 듀플렉스로 구현한다면 더 이상 컬리전이 발생하지 않습니다. 스위치 포트가 하프 듀플렉스일 때를 1차선이라고 한다면 풀 듀플렉스는 2차선이므로 양방향으로 전송하기 때문입니다. 풀 듀플렉스는 컬리전이 발생하지 않기 때문에 아예 컬리전 도메인 자체를 제거합니다.

이더넷 포트에서 풀 듀플렉스를 사용했을 때 물리적으로 제공되는 밴드위스가 10Mbps라면 양방향이므로 모두 20Mbps가 제공되는 셈입니다. 100Mbps라면 합하여 200Mbps가 됩니다.

Tip CSMA

요약하면 컬리전을 감지한 후 재전송하는 방식입니다. 통신을 하려는 PC는 현재 전선을 누가 사용하고 있는지 전압이나 전류 상태를 보고 판단합니다. 만일 아무도 사용하는 사람이 없다면 데이터를 보내는데, 선을 점유했다고 해서 계속 사용하는 것이 아니라 패킷을 하나 정도만 보내고 다른 사람이 사용하도록 놓아 주지요. 만약 전선이 사용 중이라면 랜덤한 시간 동안 기다린 후에 다시 포트 상태를 확인합니다.

Tip 허브와 스위치

액세스 레이어에서 허브 대신 스위치를 사용하면 같은 컬리전 도메인 내에 속하는 장비의 수가 줄어들기 때문에 컬리전이 발생할 가능성도 적어집니다.

[그림 5-1]에서와 같이 액세스 레이어 장비와 디스트리뷰션 레이어 장비를 연결하는 링크는 액세스 레이어 장비에 연결된 PC/서버가 보낸 트래픽이 합쳐지는 구간이므로, 액세스 레이어 장비와 PC/서버가 연결된 링크보다 빠른 밴드위스를 사용합니다. 디스트리뷰션 레이어 장비와 코어 레이어 장비가 연결된 링크는 액세스-디스트리뷰션 연결 구간에서 보낸 트래픽이 합쳐지는 구간이므로 가장 빠른 밴드위스를 사용합니다.

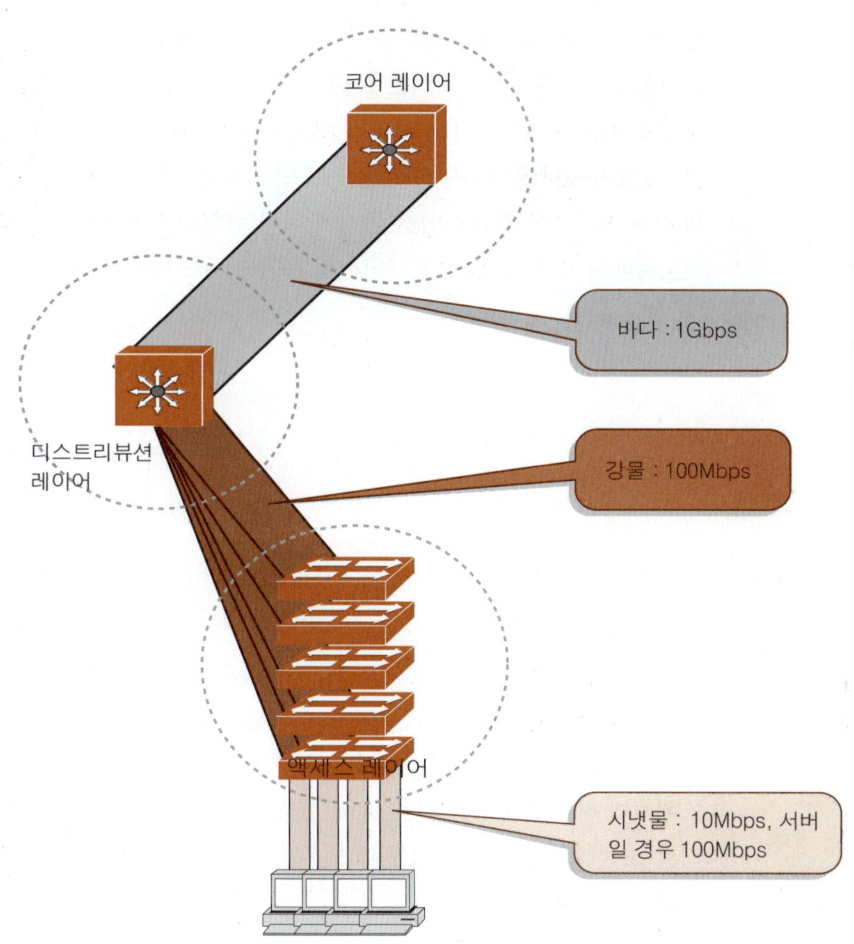

그림 5-1 >>
계층형 3 레이어에서
밴드위드스 배치 예

[그림 5-1]에서 시냇물, 강물, 바다 구간의 밴드위스를 각각 10Mbps, 100Mbps, 1Gbps (1000Mbps)로 제시했지만 이것이 꼭 정해져 있는 것은 아닙니다. 고성능 PC나 서버에서 사용하는 멀티미디어, 이미지, 데이터베이스 애플리케이션 등이 필요로 하는 밴드위스를 만족하기 위해 10Mbps(이더넷) 대신 100Mbps(패스트 이더넷)와 1000Mbps(기가비트 이더넷), 혹은 10Gbps(10기가비트 이더넷)을 사용할 수도 있습니다. 다만, 시내·강·바다 구간의 밴드위스는 계단식으로 높아지거나, 최소한 동일해야 합니다. 한편, 대부분의 트래픽이 WAN을 거치는 일반적인 트래픽 패턴을 보인다면 WAN과의 밴드위스 발란스를 고려하여 LAN 밴드위스가 너무 높을 필요가 없습니다.

한 걸음 더!

입맛에 맞는 케이블 고르기

밴드위스와 관련하여 중요하게 고려할 사항은 어떠한 케이블을 사용하느냐의 여부입니다. 보통 10BaseT 규격의 UTP(Unshielded Twisted Pair) 케이블을 사용합니다. 여기서 'Unshielded'란 '보호가 되지 않는다'는 말입니다. UTP가 보호되지 않는 케이블이라면 STP(Shielded Twisted Pair) 케이블은 보호되는 케이블입니다.

케이블링 공사를 할 때 노이즈의 원인이 되는 전자파로부터 데이터를 보호하기 위해 STP 케이블을 사용하지만 가격이 비싸기 때문에 보통 UTP 케이블을 많이 사용합니다. UTP 케이블은 [그림 5-2]처럼 8가닥의 전선으로 되어 있습니다. 전송을 위해 '+'와 '−' 두 가닥(한쌍)의 선이 필요하므로 송수신을 동시에 하기 위해서는 네 가닥(두 쌍)의 선이 필요합니다. UTP 케이블에서 1000Mbps의 밴드위스를 수용할 때는 나머지 네 가닥(두 쌍)의 선도 사용합니다.

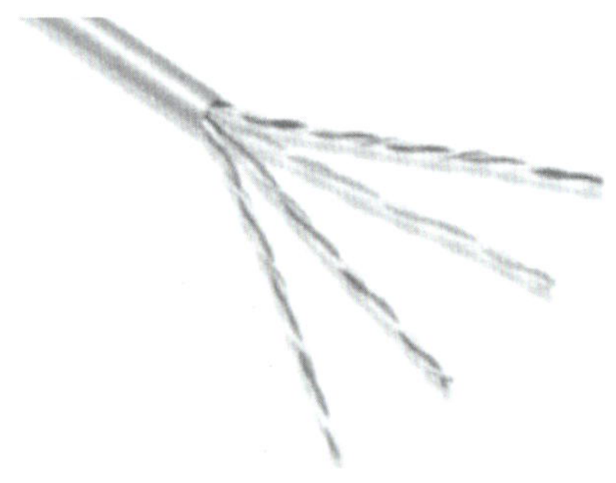

그림 5-2 ≫
8가닥 전선인 UTP
케이블

이 8가닥의 선 중에서 10Mbps와 100Mbps 이더넷을 위해 1번, 2번, 3번, 6번 선을 사용합니다. 라우터는 1번과 2번 선을 통해 데이터를 보내고, 3번과 6번 선을 통해 데이터를 받습니다. PC/서버의 랜 카드도 마찬가지입니다.

스위치와 허브는 반대입니다. 1번과 2번 선을 통해 데이터를 받고, 3번과 6번 선을 통해 데이터를 보냅니다. [그림 5-3]은 UTP 케이블에서 사용되는 RJ-45커넥터와 장비의 ISO 8877 인터페이스 모양입니다.

그림 5-3 ≫
UTP 케이블의 RJ-45
커넥터와 ISO8877
인터페이스

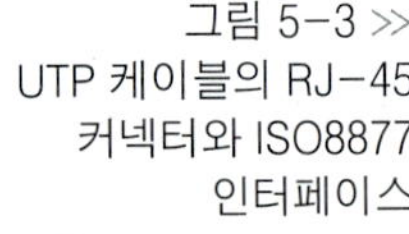

Tip 간섭

회선이 서로 가까이에 있는 경우 통신 신호의 전기나 전기장에 의해 교란이 발생할 수 있는데, 이것을 간섭이라고 합니다. 전화 통화 도중 다른 회선의 통화 내용이 겹쳐서 들리는 것과 같은 현상입니다. 네트워크 회선뿐만 아니라 컴퓨터나 휴대폰, 오디오 내부의 회로에서도 간섭은 발생할 수 있습니다.

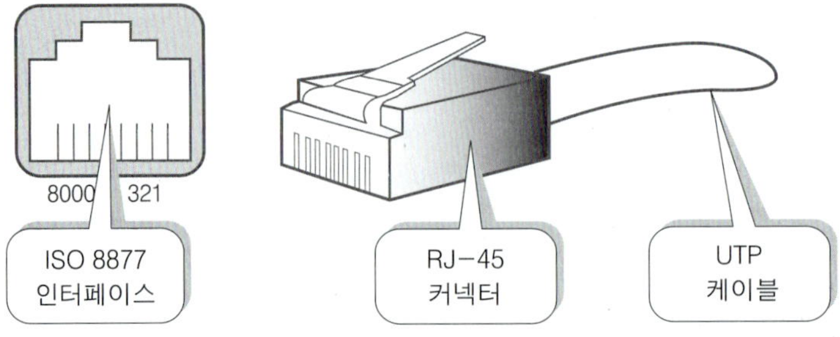

UTP 케이블을 사용할 때 장비 간 최대 한계 거리는 [그림 5-4]와 같이 100m입니다. 최대 한계는 100m지만 장비들 간의 거리가 짧을수록 UTP 케이블에서 발생할 수 있는 *간섭(Crosstalk) 현상과 노이즈(Noise)는 감소합니다.

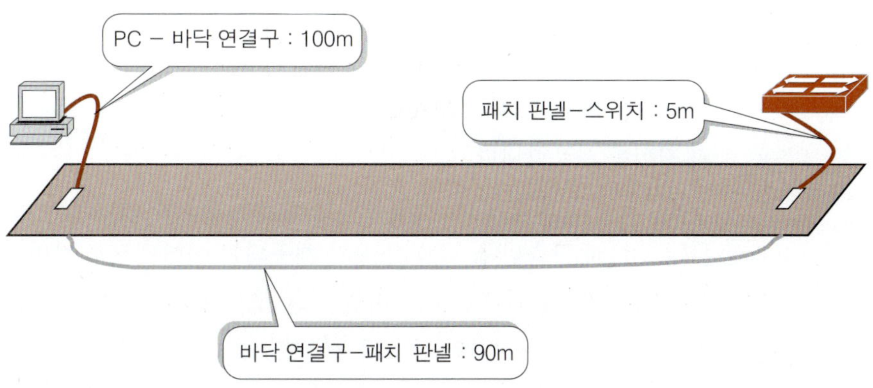

그림 5-4 >>
UTP 케이블의 최대
한계 거리는 100m

UTP 케이블은 카테고리 2, 카테고리 3, 카테고리 4, 카테고리 5 등의 다양한 종류가 있습니다. 각각 케이블의 단면적과 케이블이 가지는 고유 저항값이 달라서 케이블에서 수용할 수 있는 밴드위스와 디바이스 간 최대 한계 거리가 달라집니다. 카테고리 번호가 높을수록 보다 높은 밴드위스를 수용할 수 있습니다. 일반적으로 사용하는 이더넷 케이블은 카테고리 5로 100Mhz의 속도를 수용하는 대신 한계 거리는 100m입니다.

카테고리 5 UTP 케이블 대신 카테고리 1이나 카테고리 2, 혹은 카테고리 3 UTP 케이블을 사용하면 이더넷으로 연결된 장비 간 거리가 훨씬 길어질 수 있습니다. 이것을 롱 리치 이더넷 (LRE : Long Reach Ethernet), 즉 장거리 이더넷이라고 합니다.

카탈리스트 2900 LRE XL 스위치가 롱 리치 이더넷을 지원하는데, 기존의 캠퍼스 네트워크에 내장된 전화선을 그대로 사용할 수 있습니다. LRE는 1520m(5000피트)에서 5Mbps 풀 듀플렉스 밴드위스, 또는 1220m(4000 피트)에서 10Mbps 밴드위스, 혹은 910m(3000 피트)에서 15Mbps의 밴드위스를 제공합니다. LRE 구성을 위해서는 [그림 5-5]와 같이 카탈리스트 2900 LRE XL 스위치 외에 PC에 연결되는 시스코 575나 585 LRE CPE 장치(PC 연결장치)가 필요합니다.

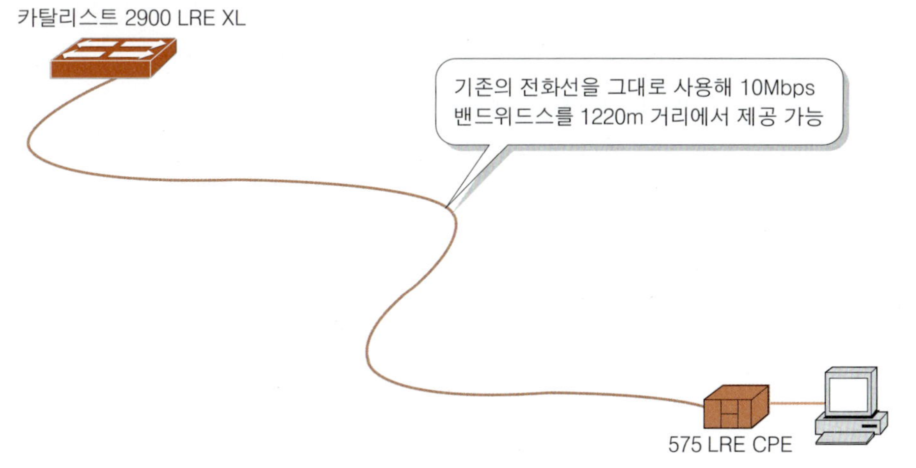

그림 5-5 >>
롱 리치 이더넷 구성
에 필요한 스위치와
CPE 장치

■ 100Mbps의 속도를 제공하는 패스트 이더넷

패스트 이더넷(100BaseT)은 기존의 이더넷(10BaseT) 케이블링(반드시 카테고리 5 UTP 케이블을 사용함)과 CSMA/CD를 사용해서 데이터를 보냅니다. 또 이더넷과 같은 프레임 포맷과 길이를 사용합니다.

패스트 이더넷은 UTP 케이블이나 광케이블을 사용하는데, 구체적인 미디어(전선)의 규격은 [표 5-1]과 같습니다. 100Mbps가 제공되는 이더넷으로 장비들을 연결할 때는 여러 종류의 선을 사용할 수 있습니다. 굳이 비싼 싱글 모드 광케이블을 사용할 필요는 없지만 만약 장비와 장비 간 거리가 멀어진다면 사용해야겠지요.

표 5-1 >>
패스트 이더넷을
지원하는 선의 종류

기술	선 종류	연결 거리
100BaseTX	EIA/TIA Category 5(UTP), 2쌍을 사용	100m
100BaseT2	EIA/TIA Category 3, 4, 5(UTP), 2쌍을 사용	
100BaseT4	EIA/TIA Category 3, 4, 5(UTP), 4쌍을 사용	100m
100BaseFX	멀티모드 광케이블 사용(Multi mode fiber, core : 62.5 마이크론, outer cladding : 125마이크론)	400m(하프 듀플렉스) 2000m(풀 듀플렉스)
	싱글 모드 광케이블(Single mode fiber)	10 Km

패스트 이더넷은 이더넷과 같은 MAC 계층 표준을 사용하지만 이더넷과 달리 피지컬 계층의 표준, 즉 '0'과 '1'을 표현하는 다른 시그널링 방법을 사용함으로서 100Mbps로 속도를 향상시킬 수 있습니다.

100Mbps 이더넷에서 풀 듀플렉스를 사용하면 더 이상 충돌이 발생하지 않습니다. 또한 보낼 때(송신)와 받을 때(수신) 모두 100Mbps를 사용할 수 있으므로 총 200Mbps를 사용할 수 있겠지요. 이더넷과 패스트 이더넷은 양방향으로 똑같이 100Mbps를 사용할 수 있습니다.

[그림 5-6]을 보면 서버나 클라이언트가 스위치에 연결된 구간에 풀 듀플렉스를 사용할 때 송신(Tx)은 부족하고 수신(Rx)이 남거나, 그 반대의 경우가 발생할 수 있다는 것을 염두에 두기 바랍니다. 예를 들어 웹 서버의 경우 클라이언트들이 많은 데이터를 다운로드할 수 있지만 업로드는 거의 없을 수 있습니다.

그림 5-6 ≫
풀 듀플렉스의 양방향
100Mbps 밴드위드스
에서 송신은 남고 수
신이 부족하거나 그
반대의 경우가 발생할
수 있다.

스위치의 포트에는 10Mbps나 100Mbps 전용 포트 외에 10/100 겸용 포트도 있습니다. 이러한 포트들은 구현에 따라 하프 듀플렉스와 풀 듀플렉스를 지원할 수 있습니다. 겸용 포트들은 연결된 인접 장비와 협의(Negotiation)를 통해 속도와 듀플렉스 타입을 결정합니다.

이러한 협의를 하려면 양쪽 장비의 포트들을 오토 네고시에이션(Autonegotiation)으로 구현합니다.

오토 네고시에이션으로 구현된 포트들은 [표 5-2]와 같이 협의를 통해 사용할 수 있는 방법들 중 가장 우선순위가 높은 속도와 듀플렉스 타입을 선택합니다. 예를 들어 두 장비를 연결하는 포트들이 10Mbps, 100Mbps, 하프 및 풀 듀플렉스를 모두 지원하고 오토 네고시에이션 모드로 설정되어 있다면 100Mbps, 풀 듀플렉스를 선택합니다.

포트들을 모두 오토 네고시에이션으로 구현하면 장비들 간에서 협의를 통해 포트의 속도와 듀플렉스 타입을 설정하지만, 한쪽만 오토 네고시에이션으로 설정하고 다른 쪽은 특정 속도와 듀플렉스 타입으로 설정한다면 협의는 실패하고 디폴트 세팅인 하프 듀플렉스가 됩니다. 두 장비를 연결한 포트들의 속도와 듀플렉스 타입이 제대로 협의를 하지 못해서 발생하는 문제를 방지하려면 포트를 오토 네고시에이션으로 두기 보다는 두 포트가 원하는 속도와 듀플렉스 타입을 세밀하게 체크하여 설정하는 것이 좋습니다.

■ 기가비트 이더넷

기가비트 이더넷도 IEEE 802.3 이더넷과 같은 포맷과 기술을 사용합니다. 하지만 이더넷과 패스트 이더넷이 피지컬 계층(1계층)의 시그널링 방법에서 차이가 있듯이 기가비트 이더넷도 피지컬 계층에서 이더넷이나 패스트 이더넷과는 다른 시그널링 방법을 정의하고 있습니다.

패스트 이더채널로 밴드위스 확장하기

시스코는 패스트 이더넷에 한가지 부가적인 기능을 제공합니다. 패스트 이더채널(Fast EtherChannel)은 [그림 5-7]처럼 2개에서 8개의 패스트 이더넷 링크들을 하나의 링크처럼 동작하게 합니다. 물리적으로 분리된 링크를 논리적인 하나의 링크로 묶어 밴드위드스를 증가시키는 방법입니다.

2개의 패스트 이더넷을 모아서 하프 듀플렉스로 묶으면 200Mbps가 되고, 풀 듀플렉스로 묶으면 400Mbps가 됩니다. 8개까지 묶을 수 있으므로 하프 듀플렉스일 때는 800Mbps가 되고, 풀 듀플렉스일 때는 1600Mbps까지의 속도를 낼 수 있습니다.

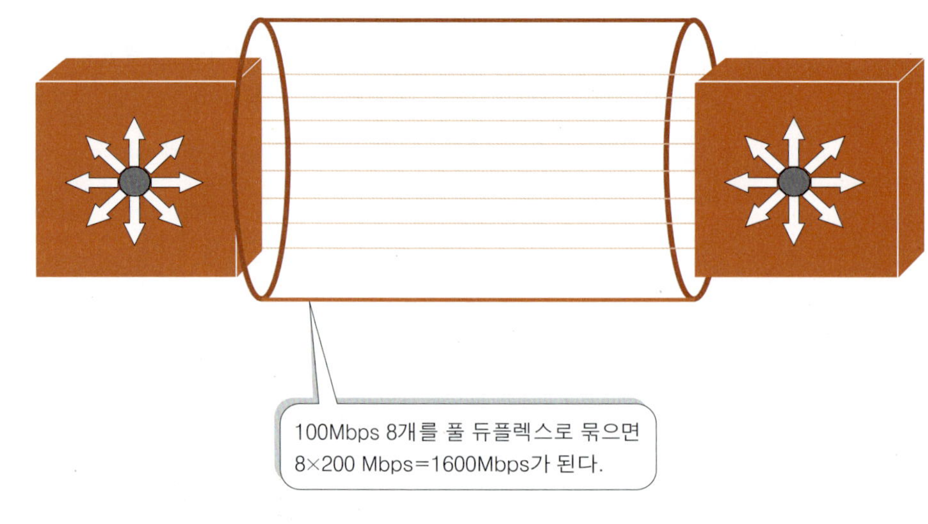

그림 5-7 ≫
물리적으로 분리된 링크들을 최대 8개까지 하나의 논리적인 링크로 묶어 밴드위드스를 확장할 수 있다.

기가비트 이더넷의 피지컬 계층 표준은 ANSI(American National Standards Institute) X3T11 FibreChannel에 정의되어 있습니다. IEEE 802.3 이더넷은 이더넷 프레임 포맷, CSMA/CD, 풀 듀플렉스 등의 특징을 정의한 것입니다.

따라서 기가비트 이더넷의 표준인 IEEE 802.3z는 IEEE 802.3 이더넷 표준과 ANSI X3T11 FibreChannel 표준을 합한 것입니다.

[그림 5-8]의 기가비트 이더넷은 100Mbps 기술과 같은 2계층 기술을 사용하지만 1Gbps의 속도로 향상시키기 위해 피지컬 계층에 일부 수정을 했습니다.

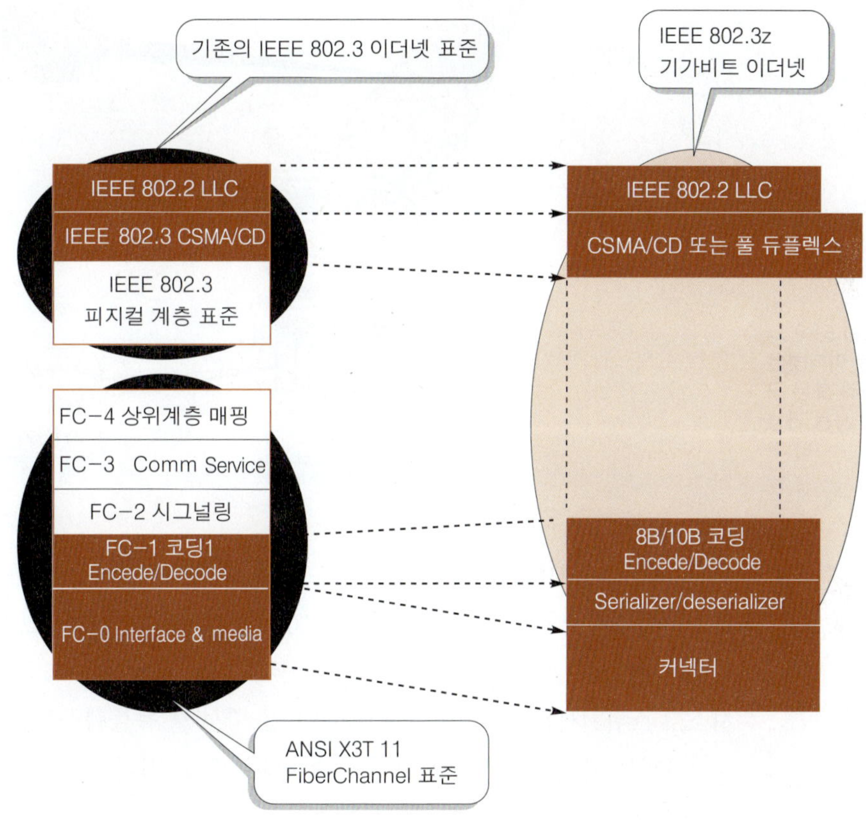

그림 5-8 >>
기가비트 이더넷 표준
= 이더넷 표준 +
ANSI X3T11
FibreChannel 표준

[그림 5-9]와 같이 캠퍼스 네트워크에서 필요로 하는 여러 구간에서 기가비트 이더넷을 사용할 수 있습니다.

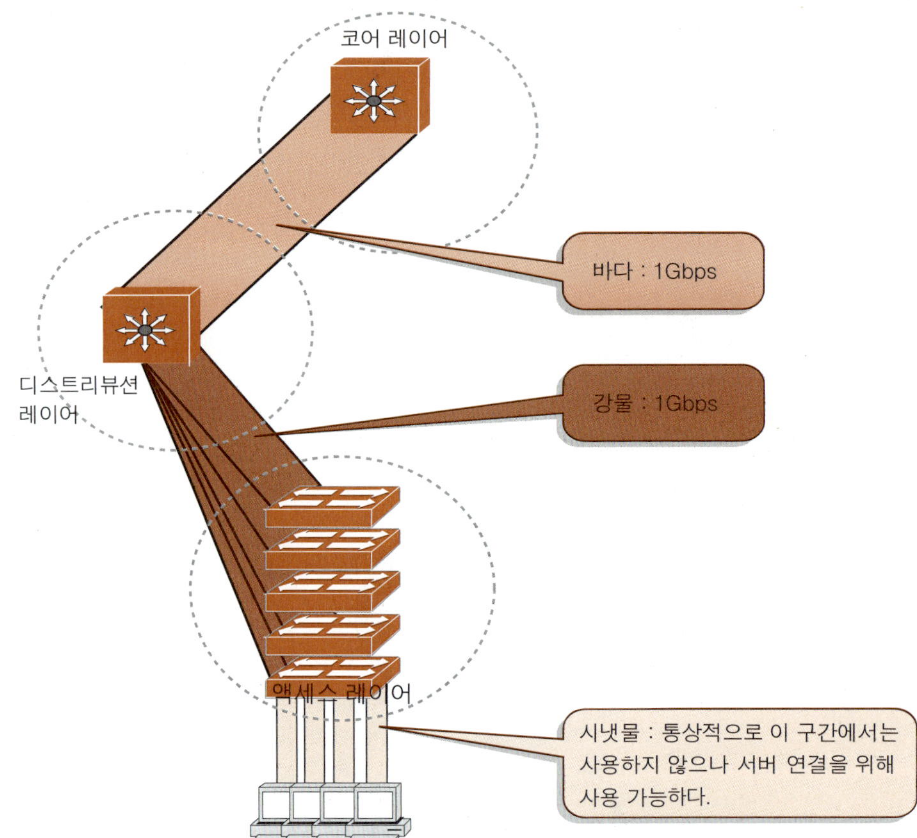

그림 5-9 ≫
기가비트 이더넷은
상황에 따라 모든 구
간에서 사용 가능
하다.

　기가비트 이더넷 연결을 위해 [표 5-3]과 같이 다양한 케이블을 사용할 수 있습니다. 대부분
의 기가비트 이더넷 포트들은 속도가 1000Mbps로 고정되어 있지만 10Mbps나 100Mbps 속
도로 사용할 수 있는 겸용 포트들도 있는데, 이런 포트들을 ‘10/100/1000 포트’라고 합니다.
시스코 스위치들의 기가비트 이더넷 포트는 항상 풀 듀플렉스로 세팅되어 있습니다.

　기가비트 이더넷 규격은 전선 종류에 따라 [표 5-3]과 같은 한계 거리를 가집니다.

기가비트 이더넷을 수용하는 전선

기술	선 타입	케이블 길이
1000BaseCX	Copper Shielded Twisted-Pair(STP) 1쌍을 사용	25m
1000BaseT	Copper EIA/TIA Category 5(UTP) 4쌍을 사용	100m
1000BaseSX	멀티모드 광케이블(62.5 마이크론 직경의 코어: 850 나노미터 파장의 레이저)	275m
	멀티모드 광케이블(50 마이크론 직경의 코어: 850 나노미터 파장의 레이저)	550m
1000BaseLX/LH	멀티모드 광케이블(62.5 마이크론 직경의 코어: 1300 나노미터 파장의 레이저)	
	싱글모드 광(Single-mode fiber) 케이블(50 마이크론 직경의 코어 : 1300 나노미터 파장의 레이저)	550m
	싱글모드 광케이블(9 마이크론 직경의 코어: 1300 나노미터 파장의 레이저)	10km
1000BaseZX	싱글모드 광케이블(9 마이크론 직경의 코어: 1550 나노미터 파장의 레이저)	70Km
	싱글모드 광케이블(9 마이크론 직경의 코어: 1550 나노미터 파장의 레이저)	100Km

Tip 마이크론

마이크론은 얼마나 작은 단위일까요? 1 마이크론은 1mm의 1000분의 1에 해당합니다. 즉, $1\mu=0.0001$ cm입니다. 그 밖에 눈으로는 볼 수 없지만 현미경으로 볼 수 있을 정도의 미립자를 마이크론이라고도 합니다.

Tip 나노미터

나노미터는 마이크론보다 훨씬 작은 단위로 1m의 10억분의 1에 해당합니다. 예전에는 마이크론과 밀리미터를 합친 밀리마이크론($m\mu$)을 사용했지만 이제는 1 나노미터를 사용합니다.

100Mbps인 패스트 이더넷 링크를 8개까지 묶어 풀 듀플렉스로 사용하는 경우 1600Mbps까지 속도를 높일 수 있는 것처럼 기가비트 이더넷도 [그림 5-10]처럼 2개에서 8개까지 묶을 수 있습니다. 풀 듀플렉스로 8개를 묶으면 16GBps까지 속도를 높일 수 있습니다.

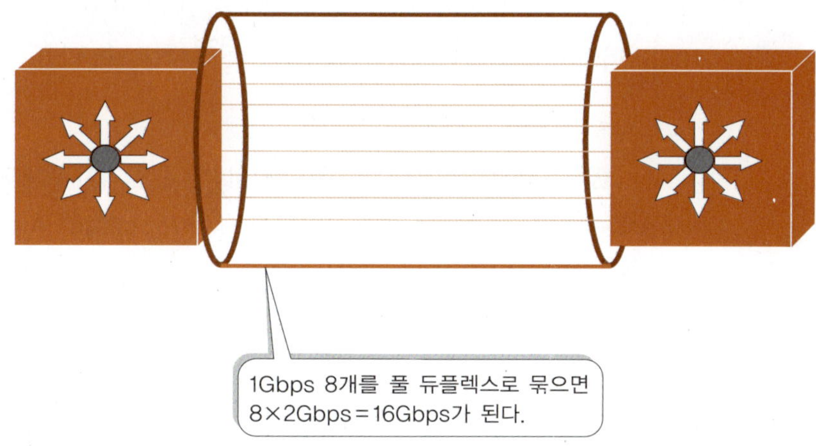

그림 5-10 >>
물리적으로 분리된 링크들을 최대 8개까지 하나의 논리적인 링크로 묶어 밴드위드스를 확장하는 방법이 기가비트 이더채널이다.

■ 10기가비트 이더넷

10기가비트 이더넷도 기가비트 이더넷과 마찬가지로 이더넷의 2계층 특성을 그대로 사용합니다. 10/100/1000/10000Mbps 이더넷 기술은 [그림 5-11]과 같이 2계층 이더넷에서 정의된 프레임 구성과 크기, CSMA/CD의 통신 방식은 그대로 사용하면서 1계층에서만 차이가 있습니다.

이더넷(10Mbps) 규격은 IEEE 802.3 표준에 정의되어 있고, 패스트 이더넷(100Mbps)은 IEEE 802.3u에, 기가비트 이더넷(1000Mbps)은 IEEE 802.3z에, 10기가비트 이더넷(10000Mbps=10Gbps)은 IEEE 802.3ae에 정의되어 있습니다.

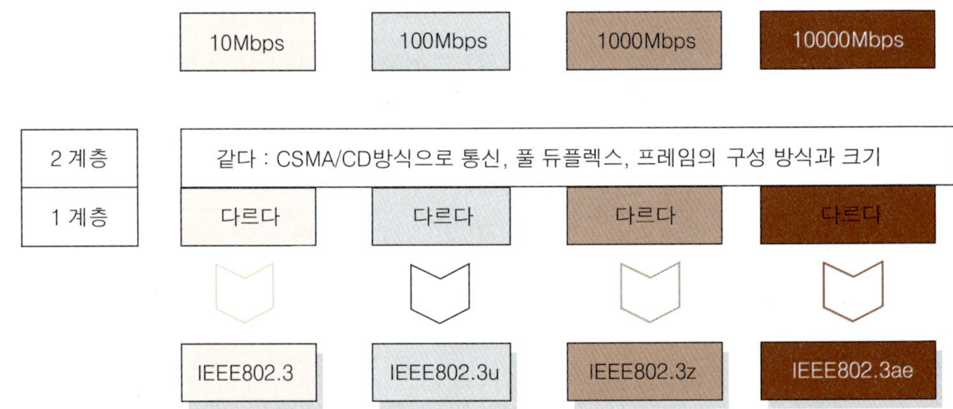

그림 5-11 ≫
10Mbps, 100Mbps, 1000Mbps, 10000 Mbps 이더넷의 규격 비교

10기가비트 이더넷은 풀 듀플렉스로만 동작하며 광케이블로만 연결할 수 있습니다. 이더넷은 본래 LAN 연결을 위한 기술이지만 속도나 기술이 단순하여 유리한 점이 많아 현재는 WAN 연결에도 사용됩니다. 이것을 메트로 이더넷 기술이라고 합니다.

10기가비트 이더넷이 사용하는 광송수신 인터페이스는 다음과 같이 LAN용과 WAN용이 있습니다.

- LAN : 캠퍼스 네트워크에서 주로 코어 레이어를 연결하기 위해 사용되는 인터페이스
- WAN : 도시 규모의 네트워크인 MAN(Metropolitan-Area Network)에서 볼 수 있는 SONET(Synchronous Optical Network)이나 SDH(Synchronous Digital Hierarchy) 코딩 방식을 가진 인터페이스

10기가비트 이더넷은 무조건 광케이블을 사용하기 때문에 [표 5-4]와 같이 40Km까지 연결이 가능해 얼마든지 도시 규모의 네트워크를 구성할 수 있습니다. [표 5-4]는 10기가비트 이더넷을 지원하는 물리 계층의 표준들을 비교한 것입니다.

표 5-4 ≫
10기가비트 이더넷을
수용하는 전선

물리 계층의 표준	광케이블	최대 거리	카탈리스트 스위치 지원 여부
10GBASE-SR/SW (850 나노미터 파장을 사용)	멀티모드 광케이블 : 50 마이크론 코어	66m	×
	멀티모드 광케이블 : 62.5 마이크론 코어	300m	×
10GBASE-LR/LW (1310 나노미터 파장을 사용)	싱글모드 광케이블 : 9 마이크론 코어	10Km	카탈리스트 6500
10GBASE-ER/EW (1550 나노미터 파장을 사용)	싱글모드 광케이블 : 9 마이크론 코어	40Km	카탈리스트 6500
10GBASE-LX4/LW4 (1310 나노미터 파장을 사용)	멀티모드 광케이블 : 50 마이크론 코어	300m	×
	멀티모드 광케이블 : 62.5 마이크론 코어	300m	×
	싱글모드 광케이블 : 9 마이크론 코어	10Km	×

　10기가비트 이더넷 인터페이스에서 사용한 파장은 [표 5-4]에 다음과 같이 표시되어 있습니다. 예를 들어 10GBASE-SR/SW에서 'S'는 'Short'을 말합니다. 'E'는 'Extra long(매우 긴)', 'L'은 'Long(긴)' 파장을 말합니다. 850 나노미터, 1310 나노미터, 1550 나노미터와 같은 파장은 감쇄에 가장 강한 파장들이므로 광전송에서 사용됩니다. 10GBASE-SR/SW에서 'R'은 LAN용을, 'W'는 WAN용 표준을 말합니다.

한 걸음 더!

멀리 떨어진 네트워크를 VLAN으로 묶는 메트로 이더넷

회사가 지역적으로 여러 장소에 나누어져 있다면 고속 WAN 연결을 많이 사용하지만 기존의 WAN이나 MAN 인프라를 활용해 이더넷 프레임을 전송할 수도 있습니다. 이 방법이 바로 메트로 이더넷입니다. 메트로 이더넷 서비스는 고객 네트워크를 모두 하나의 네트워크로 묶는 트랜스페어런트 랜 서비스(TLS : Transparent LAN Service)와 고객 네트워크를 다수의 VLAN으로 나누는 VLAN 서비스(DVS : Directed VLAN Service)로 구분합니다.

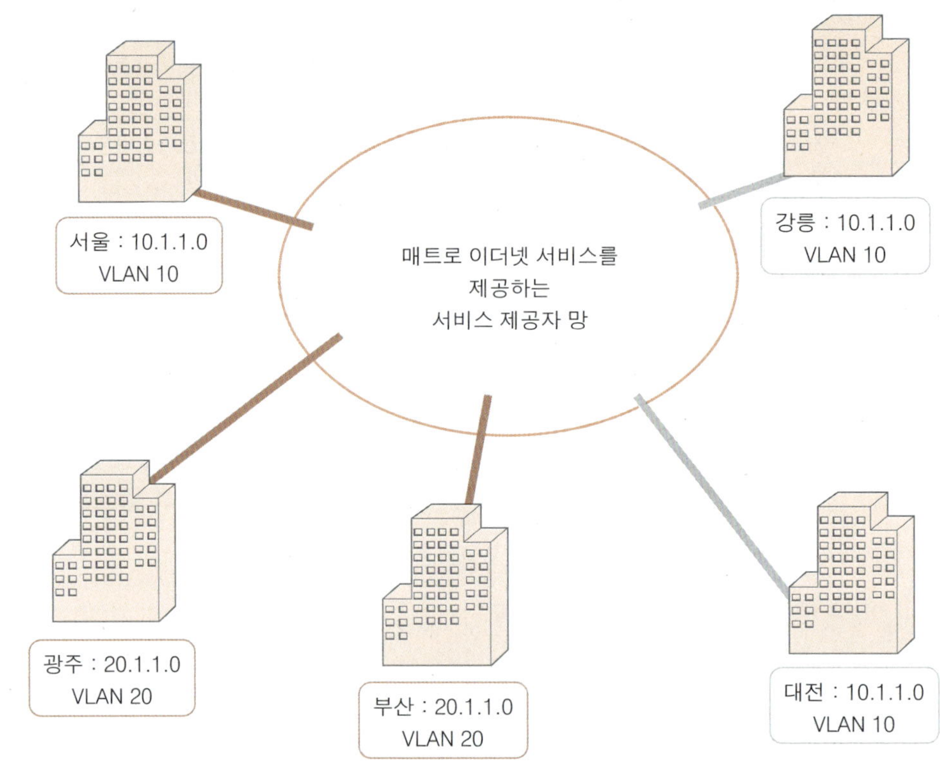

그림 5-12 >>
메트로 이더넷 서비스를 사용해 멀리 떨어져 있는 네트워크를 같은 또는 서로 다른 VLAN에 묶을 수 있다.

메트로 이더넷 망에서 이더넷 프레임을 전송하는 기반이 되는 망 사업자, 서비스 프로바이더의 인프라로는 *SONET(Synchronous Optical NETwork), DWDM(Dense Wave Division Multiplexing), CWDM(Coarse Wave Division Multiplexing) 등이 있습니다. SONET은 도시 간 또는 도시 내부를 링 형태로 연결하는데, 특유의 장애 복구 기능과 다양한 관리 기능을 가지며, 다양한 속도의 밴드위드스를 제공할 수 있습니다. DWDM은 하나의 광전송선에서 다양한 파장의 데이터 스트림을 독립적으로 수용할 수 있도록 하여 전송 효율을 높이는 기술입니다. CWDM은 기본적으로 DWDM과 비슷하지만 광전송선에서 DWDM 보다 짧은 거리에서 8개 파장의 데이터 스트림을 수용하는데, 카탈리스트 GBIC 모듈에서 지원됩니다.

 **Tip** SONET

SONET은 '동기식 광전송망'의 줄임말로 광섬유 매체를 통해 고속으로 데이터 통신을 하는 국제적인 표준입니다. 전송 속도는 51.84Mbps~2.5Mbps 정도입니다. 동기식이므로 보낼 데이터가 존재하는지의 여부에 상관없이 일정한 시간 간격을 두고 전송합니다.

Lesson 02 데이터 전송에 주로 사용되는 UTP 케이블 ✳

■ 양끝의 색 배치가 같은 스트레이트 스루 케이블

UTP 케이블은 8가닥입니다. UTP 케이블이 10Mbps나 100Mbps를 지원할 때 라우터와 PC, 서버는 1과 2번 선으로 데이터를 보내고, 3과 6번 선으로 받습니다. 그러나 허브와 스위치는 반대입니다. 그래서 라우터/PC/서버와 허브/스위치는 궁합이 딱 맞습니다.

[그림 5-13]처럼 내가 데이터를 보내는 쪽으로 상대는 데이터를 받고, 내가 데이터를 받으려고 하는 쪽으로 상대는 데이터를 보내오기 때문입니다.

RJ-45 커넥터의 선 배열은 양끝이 같은 색의 선으로 배열되어야 합니다. UTP 케이블이 1000Mbps를 지원할 때는 8가닥을 모두 사용합니다.

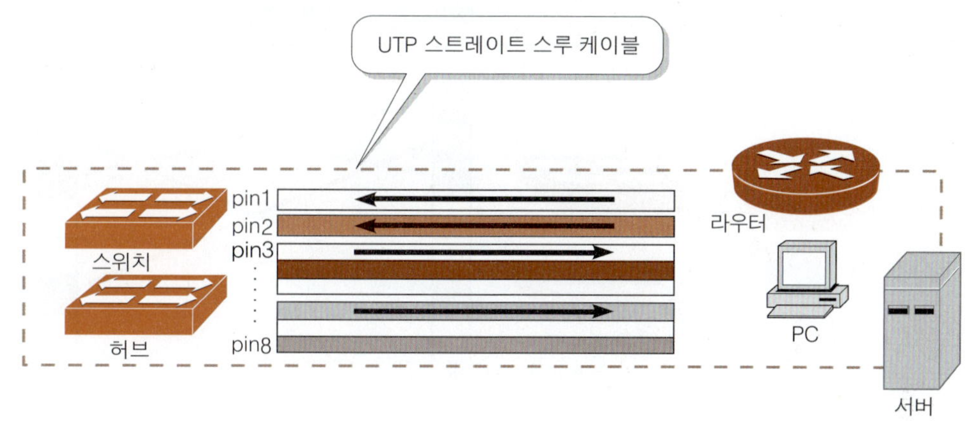

그림 5-13 ≫
라우터/PC/서버와
스위치/허브는 궁합이
맞다.

이러한 연결에 사용하는 케이블이 스트레이트 스루 케이블입니다. 스트레이트 스루 케이블은 [그림 5-14]와 같이 양끝을 쥐었을 때 색의 배치가 같습니다.

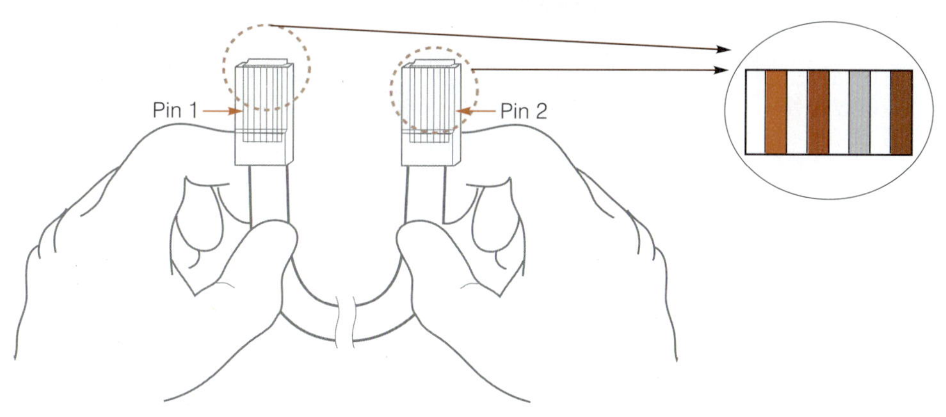

그림 5-14 ≫
스트레이트 스루 케이
블을 확인하는 방법

정리하면 스트레이트 스루 케이블은 다음과 같은 장비들을 연결할 때 사용합니다.

● 스위치 – PC/서버
● 허브 – PC/서버
● 라우터 – 스위치
● 라우터 – 허브

■ 케이블을 한번 꼬아 주는 크로스오버 케이블

허브와 스위치는 라우터/PC/서버와 반대입니다. 같은 방식을 사용하는 장비들 간에 연결할 때는 UTP 케이블을 한번 꼬아 주어야 합니다. [그림 5-15]처럼 내가 보내려고 하는 쪽으로 상대도 보내려고 하고, 내가 데이터를 받으려는 쪽으로 상대도 받으려고 하기 때문입니다.

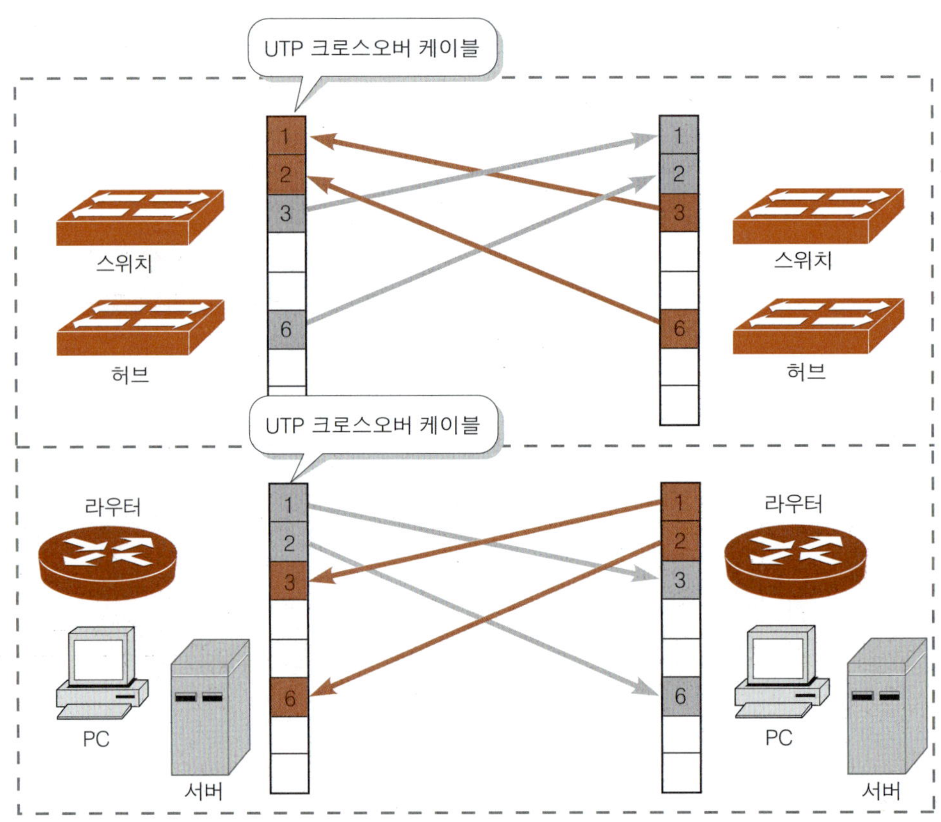

그림 5-15 >>
같은 선을 통해 데이터를 보내거나 받으려고 하는 장비들 간에는 케이블을 한번 꼬아야 한다.

크로스오버 케이블 양끝의 RJ-45 커넥터에서 1과 2번 선이 상대 장비의 3과 6번 선으로 연결되도록 꼬아 주어야 합니다. 크로스오버 케이블은 양끝을 쥐었을 때 [그림 5-16]과 같이 선들의 색이 같아야 합니다.

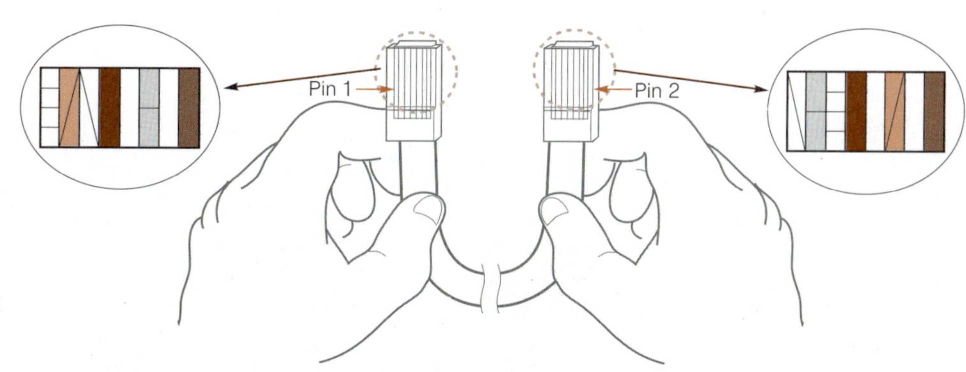

그림 5-16 >>
1과 3번, 2와 6번이
바뀌어져 있으면 크로
스오버 케이블이다.

정리하면 크로스오버 케이블은 다음 장비들을 연결할 때 사용합니다.

- 스위치 – 스위치
- 라우터 – 라우터
- 스위치 – 허브
- 허브 – 허브
- PC/서버 – PC/서버
- 라우터 – PC/서버

스트레이트 스루 케이블과 크로스오버 UTP 케이블을 이용해 스위치와 다른 장비들을 연결할 때 [그림 5-17]과 같이 장비에 따라 적절하게 사용해야 합니다.

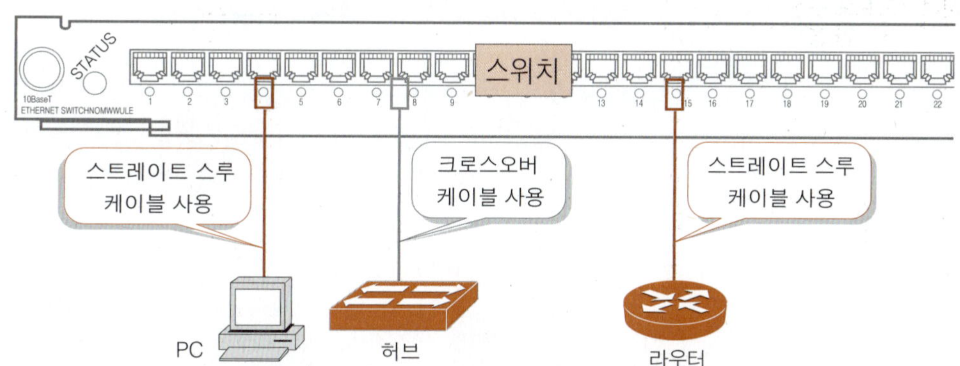

그림 5-17 >>
스트레이트 스루 케이
블과 크로스오버 케이
블의 연결 예

일반적으로 네트워크 장비
의 LED는 색깔에 따라 의
미하는 바가 다릅니다. 알
아 두면 네트워크 상태를
점검하는데 유용하게 사용
할 수 있을 것입니다.
　초록색 : 모든 시스템이
정상적으로 동작
　주황색 : 시스템 중 일부
분에 문제가 발생
　빨간색 : 시스템에 심각
한 문제가 발생

케이블이 제대로 연결되었는지 확인하기 위해 포트 상태를 나타내는 *LED를 확인합니다. 초록색 LED가 깜박거려야 포트에서 정상적으로 데이터를 처리하고 있다는 뜻입니다. LED가 켜져 있지 않으면 반대쪽 장비가 꺼져 있거나 연결된 장비의 아답터 혹은 케이블 타입에 문제가 있다고 볼 수 있습니다.

멀티레이어 스위치는 포트들을 레이어 2 포트(스위치 포트)나 레이어 3 포트(라우터 포트)로 구현할 수 있습니다. 이러한 포트들을 레이어 2 포트로 구현한 경우에는 [그림 5-18]과 같이 크로스오버나 스트레이트 스루 UTP 케이블을 적용하면 됩니다. 레이어 3 포트로 구현한 경우에는 [그림 5-19]와 같이 연결합니다.

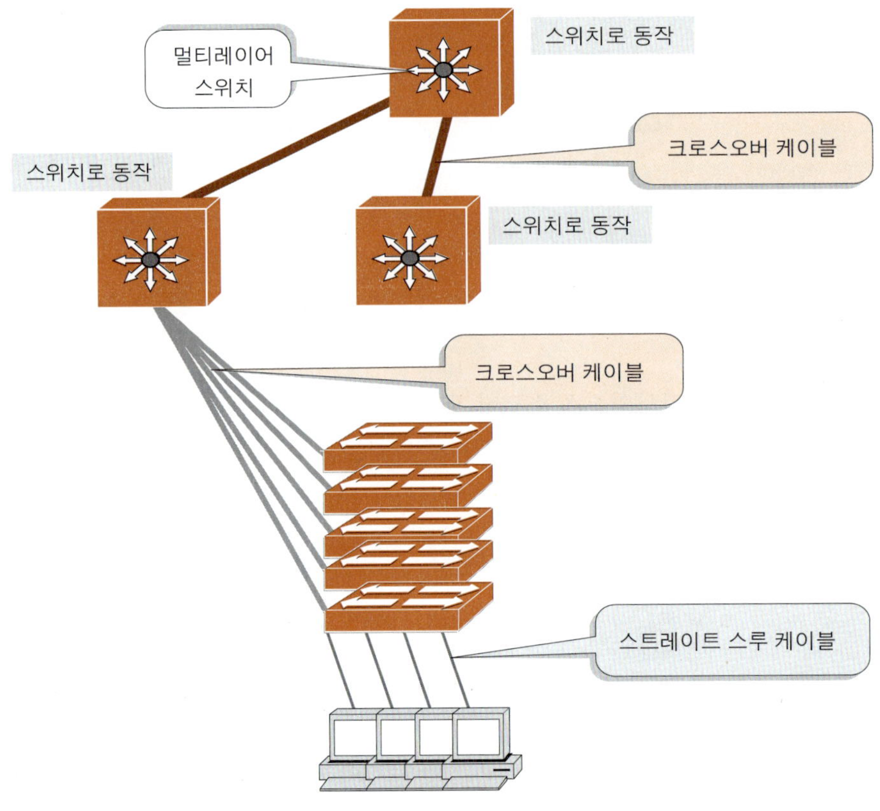

그림 5-18 >>
멀티레이어 스위치를
레이어 2 포트로 구현
한 경우

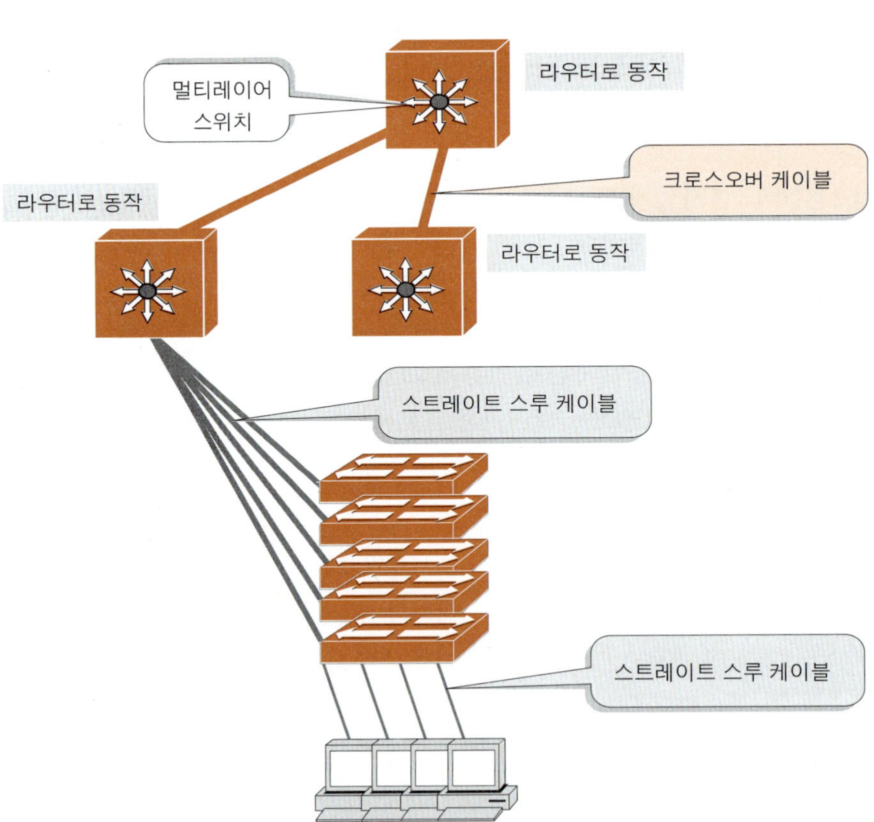

그림 5-19 >>
멀티레이어 스위치를
레이어 3 포트로
구현한 경우

트래픽의 2가지 패턴 ✳

캠퍼스 네트워크를 디자인하려면 사용 중인 애플리케이션에서 발생하는 트래픽 패턴과 서버 및 유저의 위치에 따른 트래픽 패턴을 파악하고 있어야 합니다. 그리고 각각의 네트워크 장비의 성능과 선의 밴드위스들이 이러한 트래픽들을 견뎌낼 수 있도록 설계되어야 합니다.

■ 80/20 룰을 따르는 트래픽 패턴

지금까지는 PC 유저들과 PC 유저들이 가장 많이 접속하는 서버들이 같은 네트워크(VLAN) 내에 있었습니다. 이렇게 같은 네트워크 내에 트래픽이 빈번한 PC 유저들과 서버들을 배치하면 네트워크를 벗어나는 트래픽의 양을 줄일 수 있습니다. 결과적으로 캠퍼스 네트워크 내의 통신 이 대부분 라우터를 통과하지 않으므로 빠른 캠퍼스 네트워크를 만들 수 있고, 네트워크 백본 (코어)에 가해지는 부하를 줄일 수 있습니다.

[그림 5-20]과 같이 이러한 네트워크 트래픽 패턴을 80/20 룰이라고 합니다. 트래픽의 80% 는 네트워크를 벗어나지 않아서 레이어 2 스위칭만으로 통신이 가능하고, 트래픽의 20%는 네 트워크를 벗어나기 때문에 라우팅을 통과해야 통신이 가능합니다.

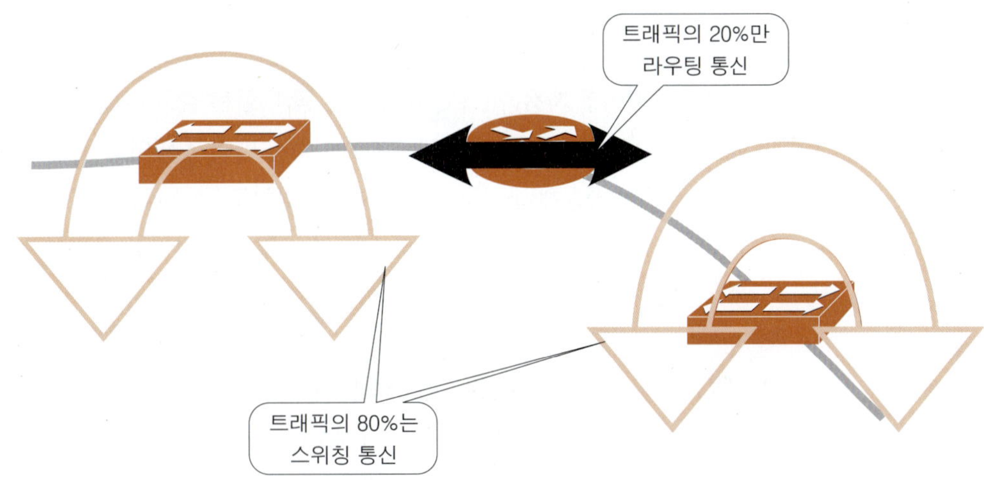

그림 5-20 >>
80/20 룰

80/20 룰의 트래픽 패턴을 따르는 캠퍼스 네트워크는 느린 장비(레이어 3장비, 라우터)를 통 과하지 않으며 다수의 장비를 통과하지 않고 통신이 되므로 네트워크 자원을 효과적으로 사용 할 뿐만 아니라 네트워크 투자 비용도 절약할 수 있는 장점이 있습니다. [그림 5-21]은 20%만 이 느린 통신을 하는 경우입니다.

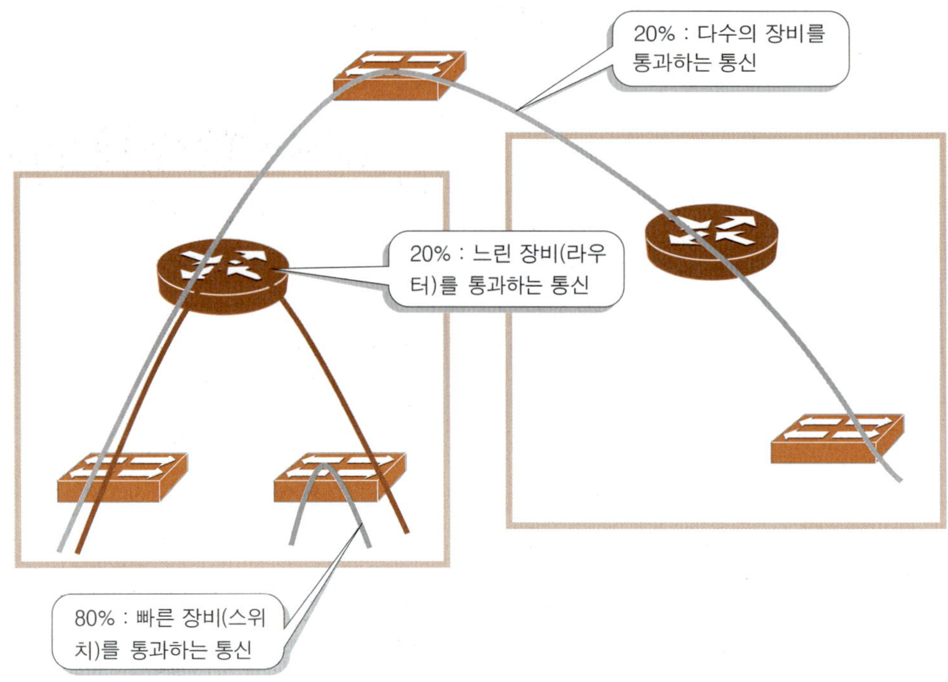

그림 5-21 ≫
가능하면 소수의 빠른 장비를 통과하는 것이 좋다.

80/20 까지는 아니더라도 80/20 룰에 가까운 트래픽 패턴을 가지게 하려면 네트워크 관리자는 다음과 같은 부분을 따라야 합니다.

● 서버들과 서버를 사용하는 PC 유저(친한 장비)들은 같은 네트워크 내에 있어야 합니다.
● VLAN을 사용한다면 엔드 투 엔드 VLAN(멀리 떨어져 있어도 같은 VLAN에 속하는 VLAN 경계 설정 방법)을 사용해 물리적으로는 떨어져 있어도 같은 VLAN 내에 속해야 합니다.
● 필요하다면 같은 네트워크(VLAN)내에 보다 많은 서버들을 추가로 배치합니다(예를 들어 프린트 서버를 추가하는 경우).

■ 20/80 룰을 따르는 트래픽 패턴

그러나 요즘의 캠퍼스 네트워크 환경에서는 사실 이런 80/20 룰을 따르기가 불가능합니다. 서버들은 관리상의 편이와 보안을 위해 클라이언트와 상관없이 한 네트워크에 모아 놓은 데다가 새로운 애플리케이션들도 서버/클라이언트 모델을 따르기는 하지만 서버가 한 네트워크 내의 클라이언트들만을 위해 존재하는 경우는 드물며, 대부분 모든 다른 네트워크 내의 클라이언트를 위해 사용하기 때문입니다.

게다가 업무의 관련 여부에 상관없이 조직 밖 인터넷 상의 웹 서버에 접속하려는 대량의 트래픽 때문에 80/20 룰을 지키려고 하지 않습니다.

이러한 이유로 트래픽 패턴이 80/20 룰을 따르도록 네트워크 관리자가 클라이언트들과 서버들을 최대한 같은 네트워크에 배치하고, 필요한 서버를 추가해도 트래픽 패턴은 역전 현상을 보이기 쉽습니다. 이렇게 역전 현상을 보이는 트래픽 패턴, 즉 트래픽의 20%는 PC 유저들과 같은 네트워크 내를 향하고 80%는 다른 네트워크를 향하는 현상을 20/80 룰이라고 합니다. 그래서 아무리 신경을 쓴 네트워크라고 해도 최소한 트래픽의 80%는 로컬 네트워크를 벗어나게 됩니다.

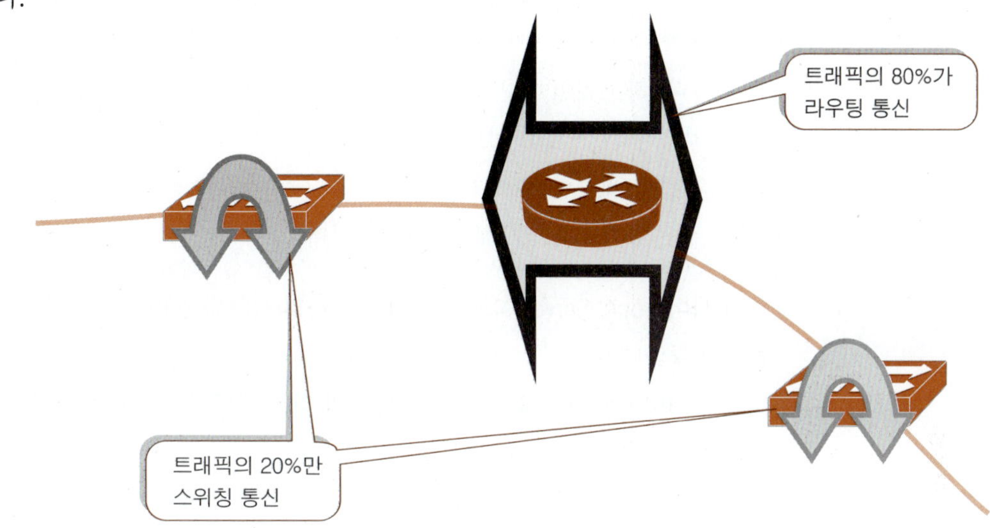

그림 5-22 >>
20/80 룰

이 트래픽 패턴의 변화는 레이어 3 기능을 수행해야 하는 장비에 큰 부담을 주기 때문에 트래픽의 병목 지점이 되기 쉽습니다. 레이어 3 장비는 일반적으로 소프트웨어 기반의 장비일 뿐만 아니라 레이어 1, 2, 3의 기능(레이어 3에서는 라우팅, 레이어 2에서는 미디어 트랜스레이션, 레이어 1에서는 증폭)을 통해 길 찾기 하기 때문에 하드웨어 기반의 레이어 2 장비(레이어 2 기능으로 길 찾기)보다 훨씬 느립니다. 이것에 대한 솔루션이 소프트웨어 기반의 라우터 대신 하드웨어 기반의 레이어 3 스위치를 도입하는 것입니다.

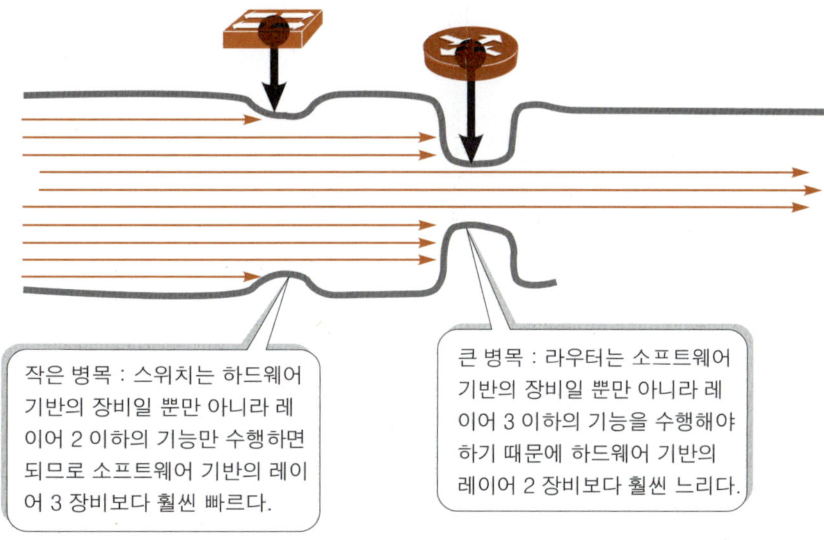

그림 5-23 >>
스위치는 빠르므로 작
은 병목이고, 라우터
는 느리므로 큰 병목
이다.

따라서 일반적으로 사용하는 소프트웨어 기반의 라우터로는 20/80 룰에 따라 라우터로 밀려 드는 트래픽들을 감당하지 못합니다. 따라서 라우팅 기능을 수행하는 네트워크 장비의 병목을 해소하기 위해서는 트래픽 패턴들을 자세히 분석하여 트래픽이 빈번하거나 같은 팀에 속하거 나 서버와 클라이언트 관계에 있는 장비들을 한 VLAN(네트워크)에 배치합니다.

혹은 서버를 추가하는 방법도 있는데 더불어 하드웨어 기반의 라우터 장비를 도입하는 것이 바람직합니다. 하드웨어 기반의 라우터를 레이어 3 스위치라고 하는데, 이에 관해서는 멀티레 이어 스위치 장에서 자세히 설명하겠습니다.

트래픽 패턴을 예측할 수 있는 방법 중 하나가 서버의 위치입니다. 서버의 위치나 대상에 따 라 다음과 같은 3가지 유형으로 나누어 집니다.

- 로컬 서버(Local Server) : 프린트 서버나 파일 서버와 같이 PC 유저와 같은 네트워크에 위치하 는 서버들입니다.
- 리모트 서버(Remote Server) : PC 유저와 다른 네트워크에 위치하는 전산실 또는 인터넷에 있 는 모든 서버들입니다.
- 엔터프라이즈 서버(Enterprise Server) : 모든 회사 직원들이 사용하기 위해 전산실에 위치하는 서버들입니다.

트래픽 패턴이 20/80 룰을 따르게 되었다는 것은 로컬 서버보다는 리모트 서버나 엔터프라 이즈 서버를 향하는 트래픽이 훨씬 많다는 것을 의미합니다.

시냇물, 강물, 바다의 밴드위스 계산하기 ✳

계층형 3 레이어에서 각 레이어 장비들을 연결하는 링크의 밴드위스를 시냇물, 강물, 바다라고 하여 단계별로 배치할 수 있다고 설명했습니다. 이번에는 이러한 링크들의 밴드위스와 각 계층의 장비의 성능을 정확하게 산정하는 방법을 설명합니다.

[그림 5-24]와 같은 조건이 주어졌다고 가정해 보겠습니다.

• 각각의 층은 각각 독립된 VLAN에 속한다.

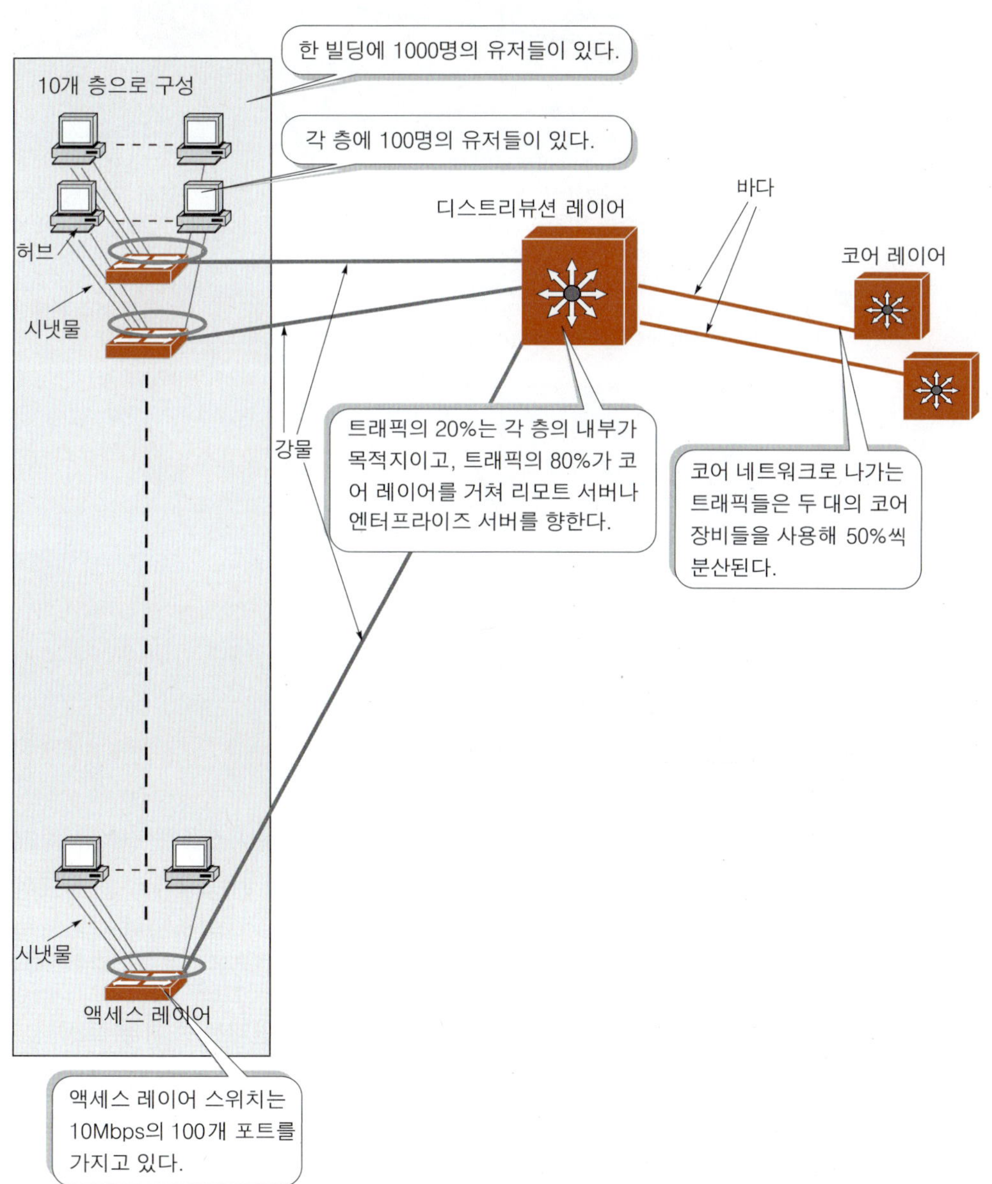

그림 5-24 ≫ 각 링크와 장비가 감당해야 하는 밴드위스를 계산하기 위해 주어진 조건

[그림 5-24]와 같은 조건이 주어졌을 때 최번시를 기준으로 링크와 장비들이 감당해야 하는 밴드위스와 장비의 성능은 [그림 5-25]와 같이 산정됩니다. 조직의 예산과 데이터의 중요도, WAN 밴드위스와의 발란스를 고려하여 이 수준을 조정합니다.

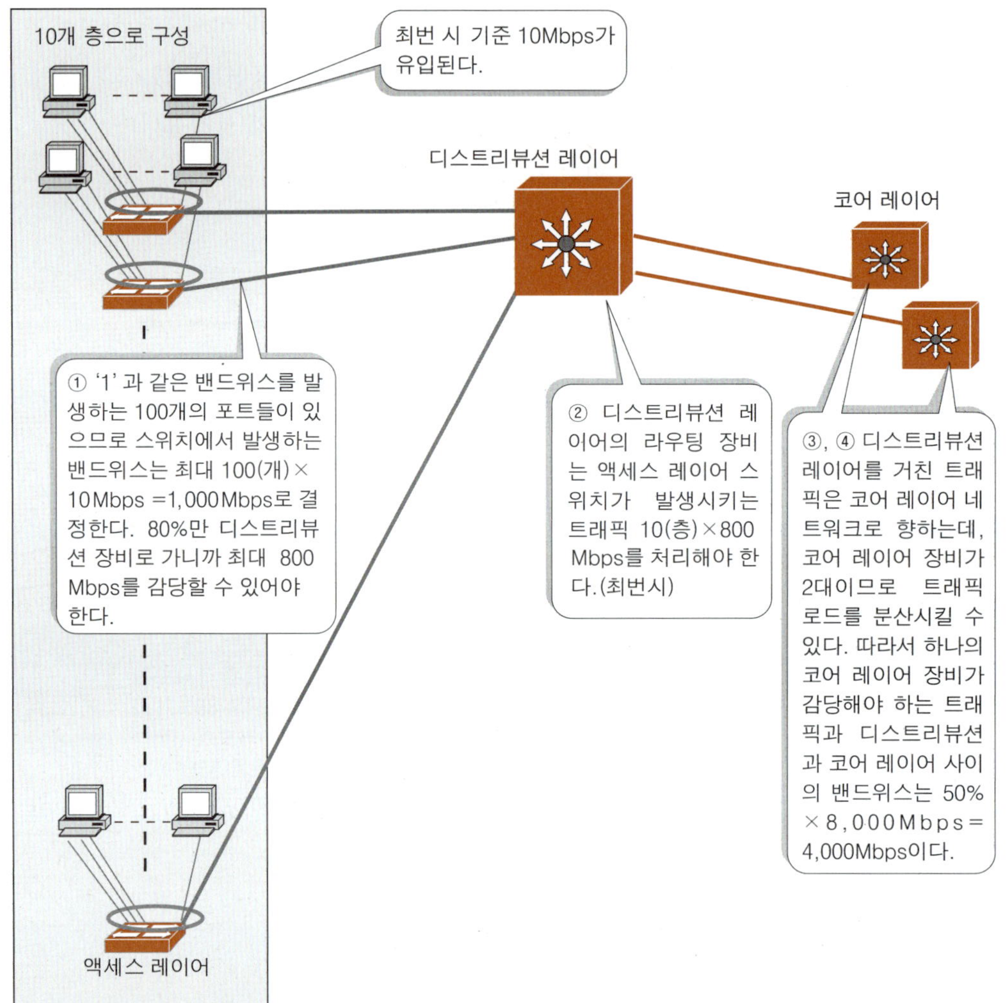

그림 5-25 ≫
[그림 5-24]의 조건에 대한 밴드위드스 산정 결과

① 액세스 레이어와 디스트리뷰션 레이어 디바이스를 연결하는 링크의 밴드위스는?

② 디스트리뷰션 레이어의 라우팅 디바이스가 감당해야 하는 밴드위스는?

③ 디스트리뷰션 레이어와 코어 레이어 디바이스를 연결하는 링크의 밴드위스는?

④ 코어 레이어 디바이스가 감당해야 하는 밴드위스는?

(이 예는 스위칭 블럭이 1개인 환경이고 원래는 스위칭 블럭이 다수일 때 코어 블럭을 도입함)

네트워크 구성에 많이 사용되는 카탈리스트 스위치

네트워크를 구성할 때 [표 5-5]와 같은 시스코 카탈리스트 스위치들을 많이 사용합니다. 이 장비들의 특징을 한번 살펴보겠습니다.

표 5-5 >>
카탈리스트 스위치
비교

특징 \ 종류	시스코 카탈리스트 2950	시스코 카탈리스트 3550	시스코 카탈리스트 4500	시스코 카탈리스트 6500
모듈형인가?	×	×	3-, 6-, 7- 슬롯 3구성이 있음	3-, 6-, 9-, 13- 슬롯 4구성이 있음
10/100Mbps 겸용 포트의 최대 수용 수	최대 50 포트(2950T 48 SI의 경우)	최대 48 포트 (3550 48의 경우)	최대 240 포트	최대 576 포트
1000Mbps 수용 수	최대 2 포트 (2950T 48 SI)	최대 12 포트 (3550 12G)	최대 32 포트	최대 132 포트
10000Mbps(10Gbps) 수용 여부	×	×	×	최대 10 포트
레이어 2 스위칭 기능 외에 레이어 3과 4 스위칭이 가능한가?	×	○	○	○
스위칭 처리 용량	구체적인 모델에 따라 다양	구체적인 모델에 따라 다양	64Gbps	256 Gbps
고급 QoS 기능, 보안 기능 제공 여부	○	○	○	○

[그림 5-26]은 시스코 카탈리스트 2955T 스위치로 UTP 케이블을 사용하는 12개의 10/100Mbps 겸용 포트와 UTP 케이블을 사용하는 2개의 10/100/1000Mbps 겸용 포트가 보입니다.

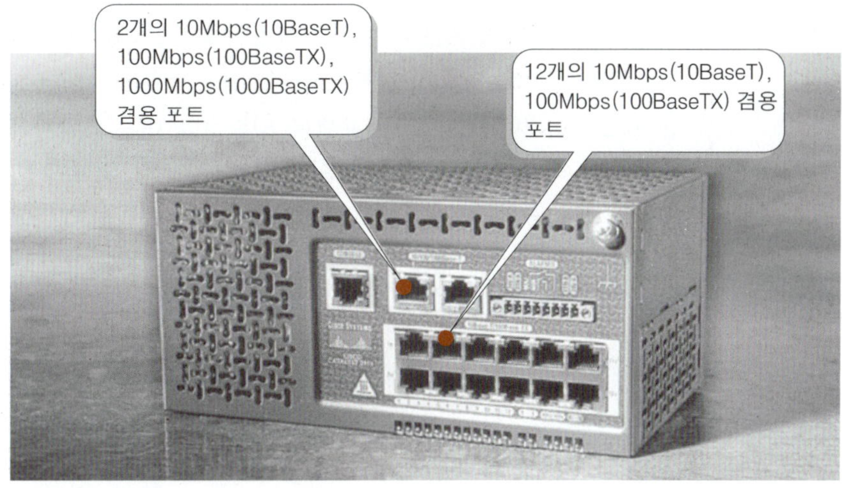

그림 5-26 >>
카탈리스트 2955T

[그림 5-27]은 카탈리스트 2950G EI 스위치로 48개의 10/100 Mbps 겸용 포트와 2개의 1000 Mbps 포트를 제공합니다.

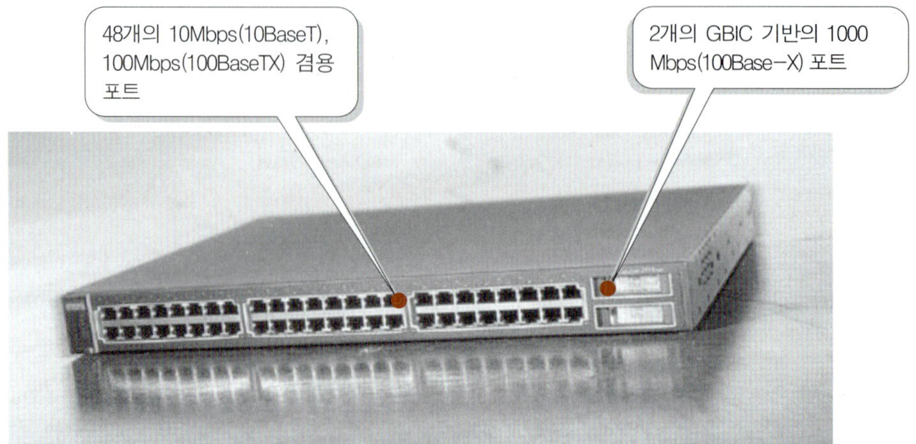

그림 5-27 ≫
카탈리스트 2950G EI

[그림 5-28]의 카탈리스트 3550 24 PWR 스위치는 24개의 10/100Mbps 겸용 포트를 제공하고, 2개의 1000Mbps(1000BASE-X : 기가비트) 이더넷 포트들을 제공합니다. 레이어 2, 3 스위칭의 기능을 수행할 수 있습니다. 한 장비 내에서 레이어 2와 3 기능을 모두 수행할 수 있는 이러한 기기를 멀티레이어(Multi-layer) 스위치라고 합니다.

그림 5-28 ≫
시스코 카탈리스트
3550 24 PWR 스위치

[그림 5-29]는 카탈리스트 4000 시리즈 스위치입니다. 카탈리스트 4003의 경우 3개의 슬롯이, 4006의 경우는 6개의 슬롯이 제공됩니다. 슬롯들은 캠퍼스 네트워크의 필요에 따라 다양한 속도의 이더넷 포트들을 수용할 수 있습니다. 어느 스위치가 계층형 3 레이어의 어느 레이어에 가장 적합하다는 기준은 없습니다. 캠퍼스 네트워크의 상황에 따라 적합한 스위치는 달라집니다. 4000 시리즈 스위치를 코어나 디스트리뷰션 레이어뿐만 아니라 액세스 레이어에서 사용해 PC나 서버에게 10/100Mbps뿐만 아니라 기가비트 이더넷 속도를 제공할 수 있습니다.

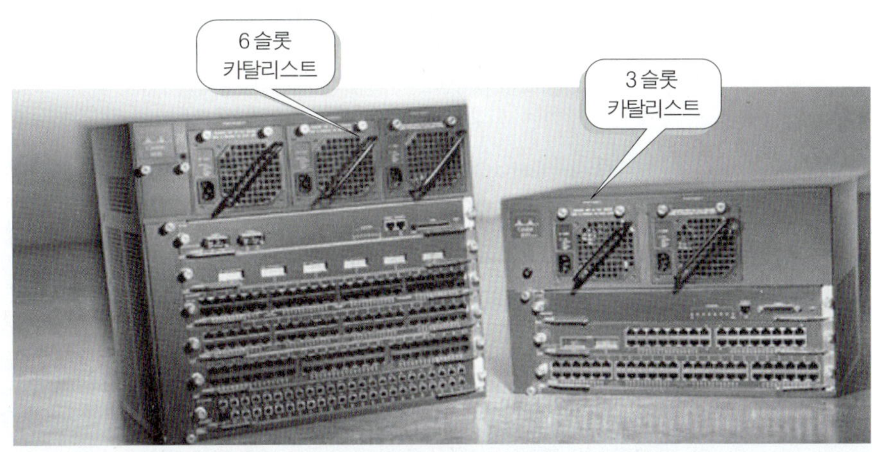

그림 5-29 >>
시스코 카탈리스트
4000 시리즈 스위치

[그림 5-30]은 카탈리스트 6500 스위치들입니다. 카탈리스트 6500 스위치는 3, 6, 9, 13 슬롯이 있습니다. 4000 시리즈 스위치들처럼 이러한 슬롯들은 캠퍼스 네트워크의 상황에 따라 다양한 속도의 포트들로 조합하여 구입할 수 있습니다.

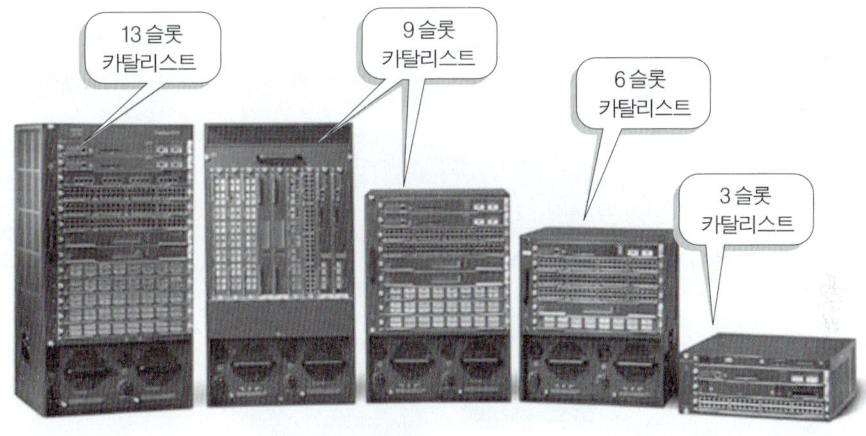

그림 5-30 >>
카탈리스트 6500
시리즈 스위치

카탈리스트 6500 스위치는 초당 1,500만 패킷을 처리할 수 있고, 카탈리스트 8540 스위치는 초당 2,400만 패킷을 처리할 수 있습니다. 카탈리스트 8540 스위치는 카탈리스트 6500 스위치 보다 한단계 높은 장비이기 때문에 카탈리스트 6500 스위치가 디스트리뷰션 레이어에서 사용된다면 카탈리스트 8500 스위치는 코어 레이어에서 사용되어 바닷물에 해당하는 밴드위드스를 처리합니다. [그림 5-31]은 13개의 슬롯을 가진 카탈리스트 8540 스위치입니다.

그림 5-31 >>
카탈리스트 8540
스위치

디스트리뷰션 레이어에 사용되는 라우터

디스트리뷰션 레이어는 스위칭 기능과 함께 라우팅 기능도 제공합니다. 라우팅 기능은 내/외장형 라우터를 통해 제공합니다. 또한 같은 내/외장형 라우터라 하더라도 소프트웨어 기반의 라우터와 하드웨어 기반의 라우터를 사용할 수도 있습니다.

하드웨어 기반의 라우팅을 소프트웨어 기반의 라우팅과 구분하기 위해 '레이어 3 스위칭'이라고 합니다. 하드웨어 기반의 레이어 3 스위칭의 속도는 소프트웨어 기반의 라우팅보다 훨씬 빠릅니다. 소프트웨어 기반의 라우터는 라우팅 외의 다양한 기능을 하기 때문에 라우팅을 받기 위해 대기하는 시간이 길고, 하드웨어 기반의 라우터는 라우팅만 전문적으로 하는 장비이기 때문에 대기시간이 짧기 때문입니다.

하드웨어 기반의 라우팅을 위한 장비와 동작 방법에 대해서는 8장, 멀티레이어 스위칭(Multilayer Switching)장에서 자세히 다룹니다.

[그림 5-32]는 카탈리스트 5500 스위치와 외장형 라우터(소프트웨어 기반의 라우팅을 수행하는 외장형 라우터)를 사용해 연결한 경우입니다. 외장형 라우터와 스위치 연결 방식은 비상 상황에 임시로 사용하는 경우를 제외하고 사용하지 않습니다.

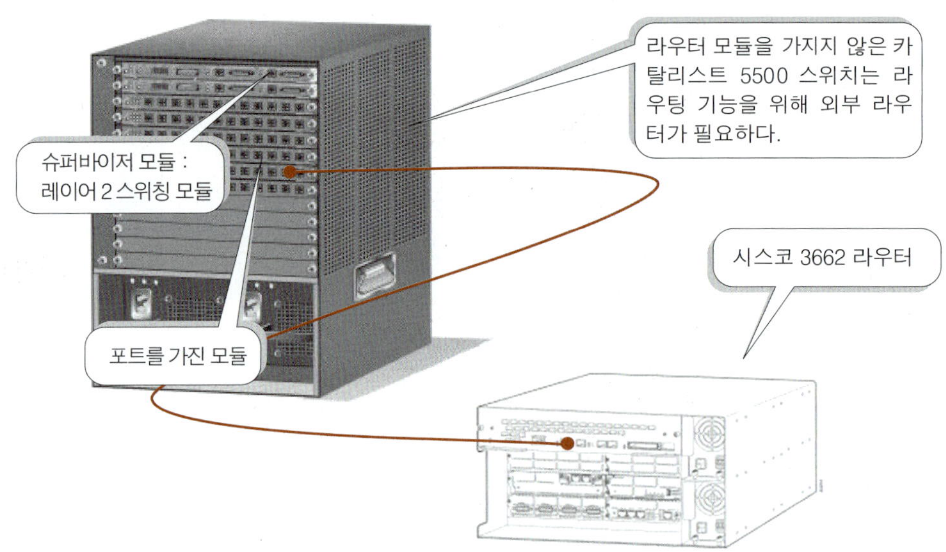

그림 5-32 ≫
디스트리뷰션 레이어에서 외장형 라우터를 사용한 경우

[그림 5-33]은 카탈리스트 5500에 내장형 라우터(소프트웨어 기반의 모듈형 라우터)를 사용해 디스트리뷰션 레이어를 구성한 예입니다. 9개의 슬롯을 가진 카탈리스트 5509는 기본적으로는 레이어 2 스위치지만 외부 라우터를 사용하지 않고, 모듈형의 내장형 라우터를 장착할 수 있습니다.

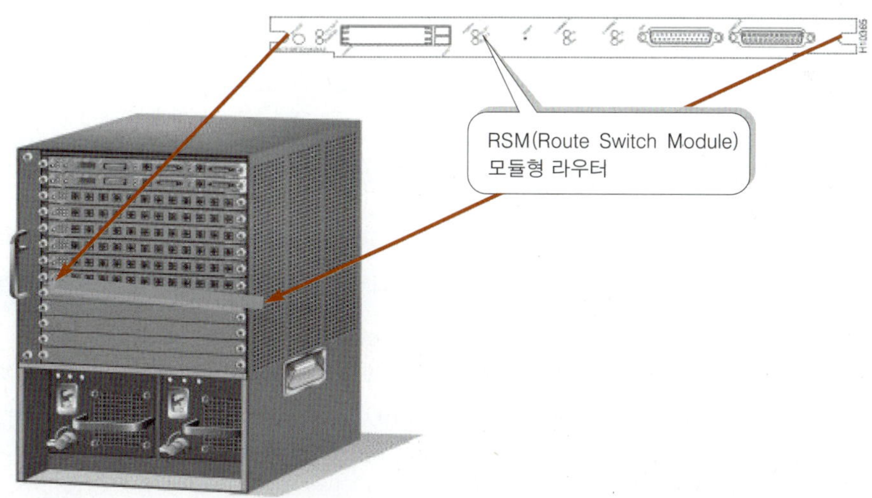

그림 5-33 >>
디스트리뷰션 레이어
에서 모듈형(내장형)
라우터를 사용한 경우

RSM 모듈 대신 6500에서는 보다 나은 성능의 MSM(Multilayer Switch Module)을 사용합니다. 이러한 디스트리뷰션 레이어에서의 라우팅 기능을 위해 외부 라우터를 사용할 수도 있고, 모듈형 라우터를 사용하는 경우 외에 카드 형태의 라우터를 사용할 수도 있습니다.

카드 형태의 라우터는 [그림 5-34]에서와 같이 레이어 2 스위칭 모듈인 수퍼바이저 모듈에 장착됩니다. 카탈리스트 5500에 장착하는 라우팅 카드를 RSFC(Route Switch Feature Card)라고 하고, 6500에 장착되는 카드는 MSFC(Multilayer Switch Feature Card)라고 합니다.

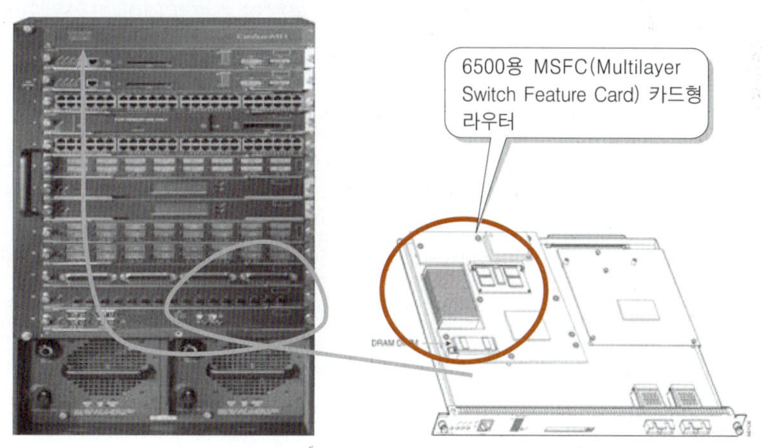

그림 5-34 >>
디스트리뷰션 레이어
에서 카드 형태의
라우터를 사용한 경우

앞에서 언급한 카탈리스트 5500과 RSM 모듈, RSFC 카드와 MSM 모듈, MSFC 카드 등은 현장에서 많이 사용되고 있지만 현재는 단종된 제품입니다. 대신 MSFC2와 MSFC3 같은 제품들이 출시되고 있습니다.

 꼭 알아야 할 핵심 포인트

✔ 모든 이더넷은 CSMA/CD 기술을 사용하는데 이더넷은 10Mbps, 패스트 이더넷은 100Mbps
의 속도를 제공합니다. 기가비트 이더넷과 10기가비트 이더넷도 이더넷의 2계층 특성을 그
대로 사용합니다. 10/100/1000/10000Mbps 이더넷 기술은 2계층 이더넷에서 정의된 프레임
구성과 크기, CSMA/CD의 통신 방식은 그대로 사용하면서 1계층에서만 차이가 납니다.

✔ 데이터 전송에 주로 사용되는 UTP 케이블에는 양끝의 색 배치가 같은 스트레이트 스루 케이
블과 케이블을 한번 꼬아서 사용하는 크로스오버 케이블이 있습니다.

✔ 캠퍼스 네트워크에서 발생하는 트래픽은 2가지 패턴으로 처리됩니다. 80/20 룰은 트래픽의
80%는 네트워크를 벗어나지 않아서 레이어 2 스위칭만으로 통신이 가능하고, 트래픽의 20%
는 네트워크를 벗어나기 때문에 라우팅을 통과해야 통신이 가능합니다. 반면 트래픽의 20%
는 PC 유저들과 같은 네트워크 내에서 해결하고 80%는 다른 네트워크를 향하는 현상을
20/80 룰이라고 합니다.

✔ 디스트리뷰션 레이어는 스위칭 기능과 라우팅 기능을 함께 제공합니다. 라우팅 기능은 내/외
장형 장비들을 통해 제공할 수 있는데, 같은 내/외장형 라우팅 기능이라도 소프트웨어 기반의
라우팅 기능을 사용할 수도 있고, 하드웨어 기반의 라우팅 기능을 사용할 수도 있습니다. 하
드웨어 기반의 레이어 3 스위칭이 소프트웨어 기반의 라우팅보다 훨씬 빠른 속도로 레이어 3
기능을 수행합니다.

VLAN과 트렁크

라우터(레이어 3)없이 스위치(레이어 2)로만 구성된 평평한 네트워크 환경에서는
브로드캐스트가 스위치로 연결된 모든 디바이스로 전달됩니다.
즉, 브로드캐스트를 가로막는 것이 없기 때문에 밴드위드스가 소모되고 네트워크가 느려집니다.
따라서 브로드캐스트를 막을 수 있는 산과 같은 라우터가 필요합니다.
이번 장에서는 평야와 산을 혼합하여 네트워크를 구성하는 방법과 VLAN에 대해 살펴보겠습니다.

스위치 평야와 라우터 산 *

네트워크에 연결된 한 장비가 브로드캐스트(IP 주소 : 255.255.255.255)를 보냈을 때 브로드캐스트를 받는 장비들의 집합을 '브로드캐스트 도메인'이라고 합니다. 라우터는 브로드캐스트 도메인을 나누고, 스위치는 브로드캐스트 도메인을 나누지 못합니다. 즉, 브로드캐스트를 받은 라우터는 브로드캐스트를 다른 인터페이스들로 보내지 않지만 스위치는 다른 모든 인터페이스들로 브로드캐스트를 보냅니다.

캠퍼스 네트워크에서 라우터없이 스위치로만 연결된 네트워크, 즉 하나의 브로드캐스트 도메인으로만 구성된 네트워크를 평평한 네트워크라고 합니다. 2계층과 3계층 장비를 혼합해서 구성한 것이 아니라 높낮이없이 2계층 장비로만 구성한 네트워크가 해당됩니다.

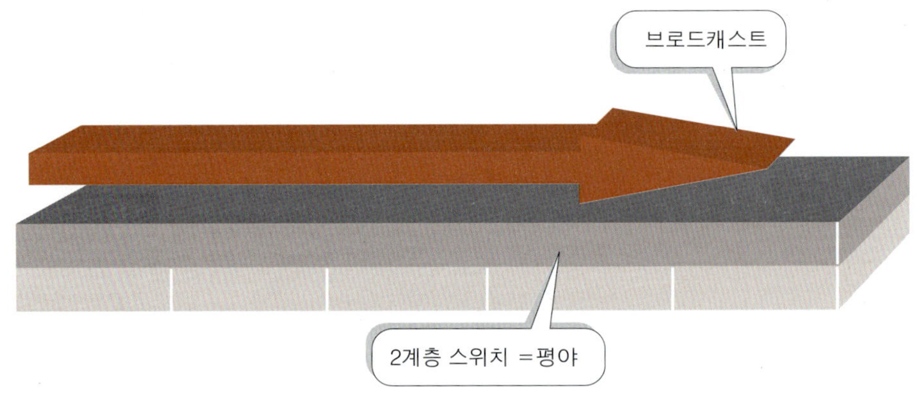

그림 6-1 ≫
2계층 스위치는
브로드캐스트를 막지
못한다.

평평한 네트워크 환경에서는 브로드캐스트가 [그림 6-1]과 같이 스위치로 연결된 모든 디바이스로 전달됩니다. 앞에서 설명한 어드레스 해결사 프로토콜(ARP)이나 윈도우 네트워크에서 컴퓨터 정보들을 주고받을 때 사용하는 *넷바이오스(NetBIOS) 패킷들이 모두 브로드캐스트에 속합니다. 평평한 네트워크 구성에서는 한 PC에서 발생하는 브로드캐스트가 캠퍼스 네트워크 내의 모든 링크로 전달되기 때문에 밴드위스를 쉽게 소모할 수가 있어서 캠퍼스 네트워크는 느려집니다.

PC의 랜 카드는 일종의 2계층 스위치라고 할 수 있습니다. 랜 카드에 도착한 프레임의 목적지 2계층 MAC 주소를 보고 랜 카드의 MAC 주소이면 다음 프로세스, 예를 들어 3계층 프로세스를 위해 CPU로 넘겨줍니다. 즉 CPU로 스위칭을 하는 것입니다. 만약 목적지 2계층 MAC 주소가 랜 카드의 MAC 주소가 아니라면 쓰레기통으로 스위칭합니다.

랜 카드는 2계층 스위치 역할을 한다고 했습니다. 2계층 스위치에 브로드캐스트가 들어오면 들어온 인터페이스를 제외한 다른 모든 인터페이스들로 브로드캐스트를 보냅니다. 랜 카드도 마찬가지입니다. 브로드캐스트가 랜 카드에 도착하면 무조건 CPU로 보냅니다. 그래서 너무 넓

Tip 넷바이오스

넷바이오스는 네트워크의 기본적인 입출력을 정의한 규약입니다. 하드디스크 드라이브 상에서 입출력 할 때 바이오스를 호출하는 것처럼 네트워크 상에서 자원을 읽고 쓰려면 넷바이오스를 사용해야 합니다.

은 브로드캐스트 도메인에 연결된 PC의 CPU는 항상 바빠서 허덕입니다. 한 두개의 프로그램만 사용하는 데도 속도가 느리다면 브로드캐스트 도메인이 너무 넓지 않은지 확인해 보는 것이 좋습니다. 브로드캐스트는 주로 업무와 직접 관련된 트래픽이 아니므로 밴드위스의 10%를 넘지 않는 것이 좋습니다.

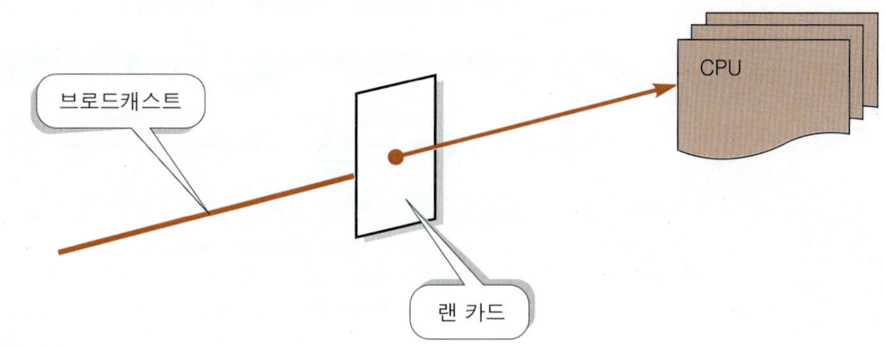

그림 6-2 »
랜 카드도 브로드캐스트를 막지 못한다.

한 걸음 더!

브로드캐스트 패킷으로 소모되는 CPU는 얼마나 될까?

너무 넓은 브로드캐스트 도메인에 연결된 라우터나 스위치도 CPU가 많이 소모됩니다. ARP와 같은 브로드캐스트 패킷 때문에 CPU가 얼마나 소모되고 있는지 알아보려면 스위치나 라우터에서 'show process cpu' 명령을 사용합니다.

[예 6-1]에서 강조된 부분을 보면 ARP(브로드캐스트) 프로세스의 CPU 5분 평균 사용량이 90%이고, 다른 프로세스 사용량이 10%입니다. 모두 100%가 되어 스위치 프로세스가 모두 소모되었습니다.

예 6-1 »
스위치 또는 라우터에서 show process cpu 명령으로 디바이스의 CPU 소모량을 확인한다.

```
Switch#show processes cpu
CPU utilization for five seconds 100%; one minute 100%; five minutes 100%
 PID   Runtime(ms)   Invoked   uSecs    5Sec    1Min    5Min TTY Process
  1         15         44349       0    0.00%   0.00%   0.00%    0 Load Meter
  2         18            31     580    0.24%   0.02%   0.00%    0 Exec
  3      90945         22514    4039   10.00%  10.01%  10.00%    0 Check heaps
  4          3             1    3000    0.00%   0.00%   0.00%    0 Chunk Manager
  5          2             3     666    0.00%   0.00%   0.00%    0 Pool Manager
  6          0             2       0    0.00%   0.00%   0.00%    0 Timers
  7          0             1       0    0.00%   0.00%   0.00%    0 Entity MIB API
  8     123451      12343742     120   89.00%  87.00%  90.00%  1000248 ARP Input
```

스위치는 멀티캐스트를 막지 못하고, 라우터는 멀티캐스트를 막습니다. 따라서 브로드캐스트 도메인과 멀티캐스트 도메인의 넓이는 같습니다.

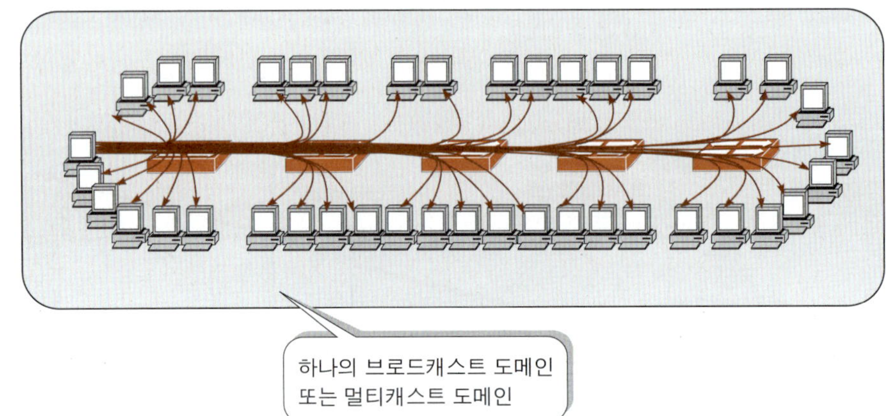

그림 6-3 >>
스위치는 브로드캐스트와 멀티캐스트를 막지 못한다.

실제 캠퍼스 네트워크가 2계층 스위치로만 구성되어 있는 경우를 생각해 보겠습니다. [그림 6-4]처럼 1층 스위치에 연결된 PC에서 시작된 브로드캐스트는 건물 전체의 모든 PC로 전달됩니다.

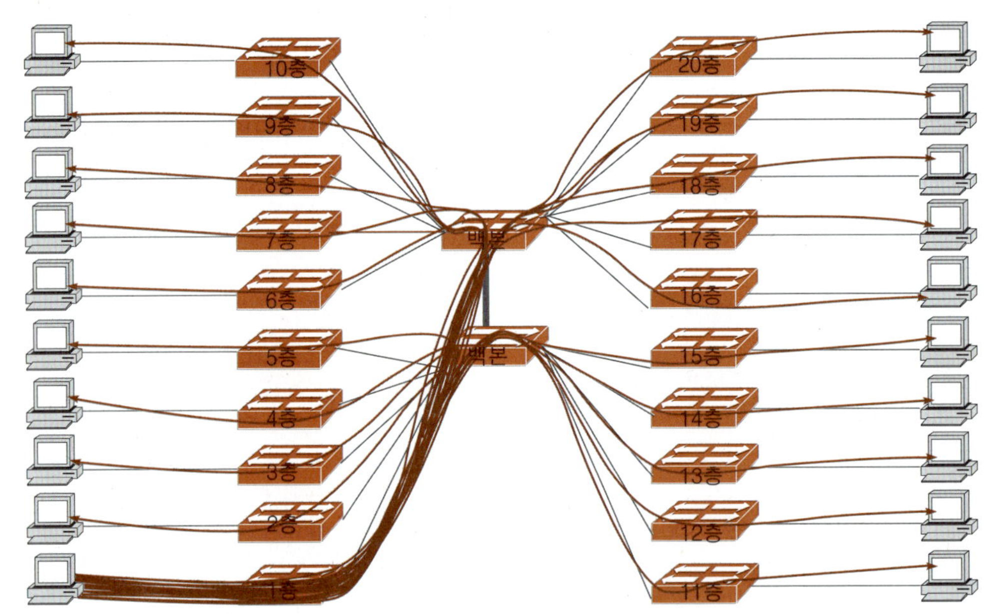

그림 6-4 >>
스위치는 브로드캐스트와 멀티캐스트를 막지 못하므로 1층에서 시작된 브로드캐스트가 모든 층의 모든 PC로 전달된다.

하나의 브로드캐스트 도메인에서 포함된 디바이스들의 수가 늘어나면 브로드캐스트 발생량도 증가합니다. 스위치로 연결된 네트워크가 너무 큰 경우에 해당합니다. 이때 도메인에 들어가는 디바이스들의 수를 줄여 브로드캐스트나 멀티캐스트 도메인을 좁히기 위해 라우터라는 산을 사용합니다.

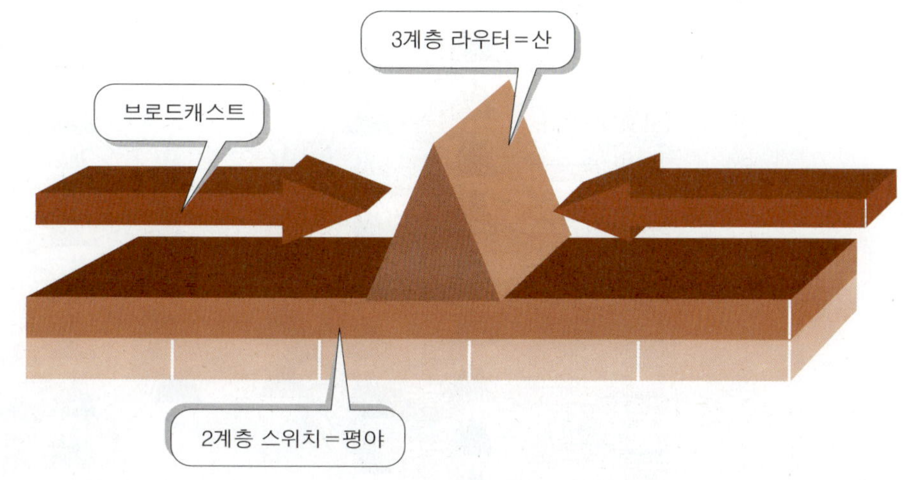

스위치 대신 라우터를 사용한 [그림 6-5]를 보면, 평야와 산을 적절하게 섞어서 네트워크를 구성해야 브로드캐스트 도메인을 줄일 수 있습니다. 브로드캐스트 도메인을 줄이면 과도한 브로드캐스트로 인한 밴드위스와 CPU의 소모 문제가 해결됩니다.

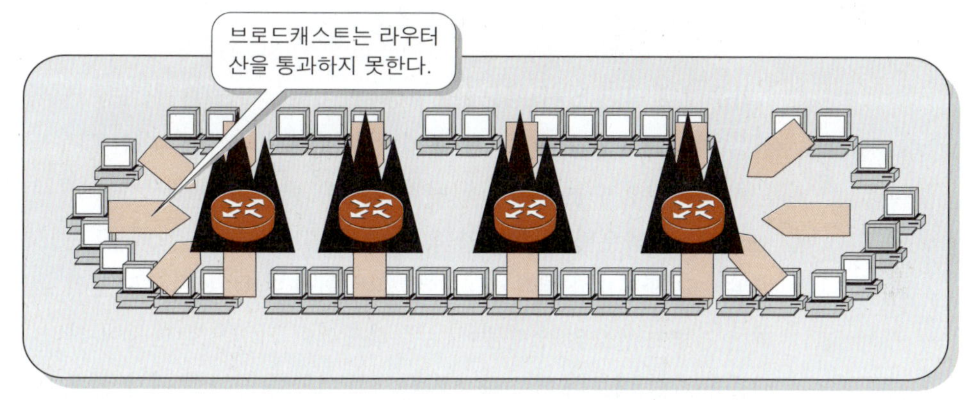

[그림 6-7]은 캠퍼스 네트워크를 2계층 스위치로 연결했을 때 나타나는 브로드캐스트 도메인 문제를 해결하기 위해 스위치 대신 라우터로 구성한 것입니다. 1층 스위치에 연결된 PC에서 시작한 브로드캐스트는 1층 라우터를 통과하지 못하므로 더 이상 전달되지 않아 브로드캐스트 도메인을 좁힐 수 있습니다.

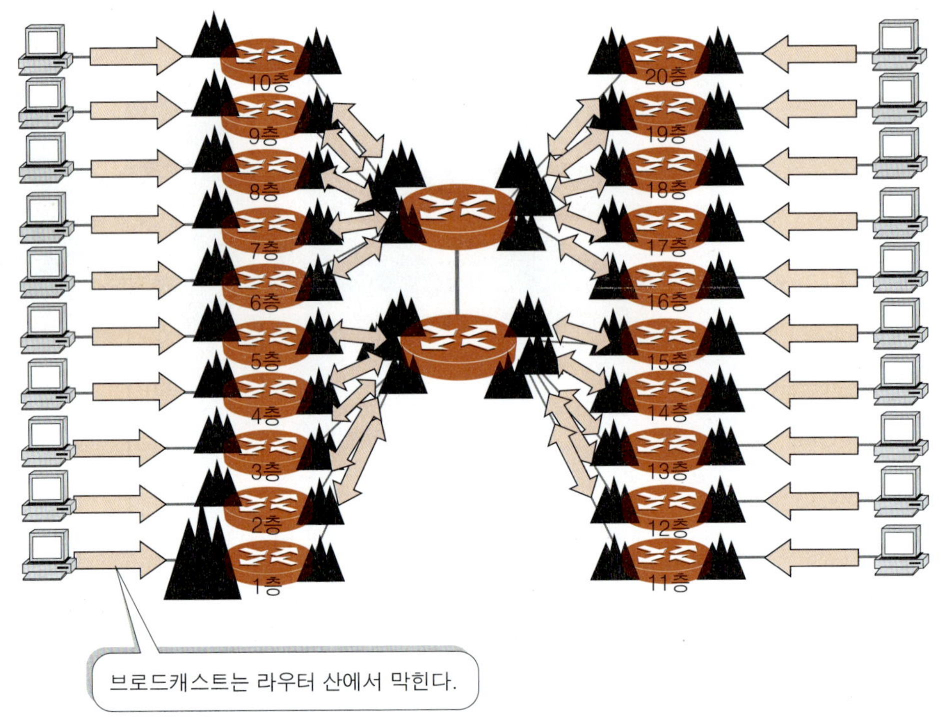

그림 6-7 ≫
스위치 대신 라우터를
사용하면 브로드캐스
트와 멀티캐스트는
라우터를 통과하지
못한다.

라우터로 캠퍼스 네트워크를 구성하면 [그림 6-7]에서 1층 PC와 20층 PC가 유니캐스트 통신을 하려면 4대의 라우터를 통과해야 합니다. 스위치 대신 라우터를 사용하면 브로드캐스트 문제를 해결할 수는 있지만 일반적인 경우, 속도가 느려질 수 있습니다.

라우터는 라우팅 외에도 압축, 암호화, 필터링, 커스텀 큐잉, 밴드위스 할당 등과 같은 다양한 기능들을 제공해야 하므로 소프트웨어 기반으로 만듭니다. 스위치는 레이어 2 스위칭 외에 특별한 기능이 필요없기 때문에 보통 하드웨어 기반으로 만들어 집니다. 소프트웨어 기반의 라우터를 통과할 때보다 하드웨어 기반의 스위치를 통과할 때가 훨씬 빠릅니다.

더욱이, 라우터는 레이어 1, 2, 3의 기능을 모두 통과해야 하지만 스위치는 레이어 1, 2만 통과하므로 [그림 6-8]과 같이 4대의 라우터를 통과해서 통신하는 경우는 [그림 6-4]에서 4대의 스위치를 통과해서 통신할 때보다 속도가 느릴 수밖에 없습니다.

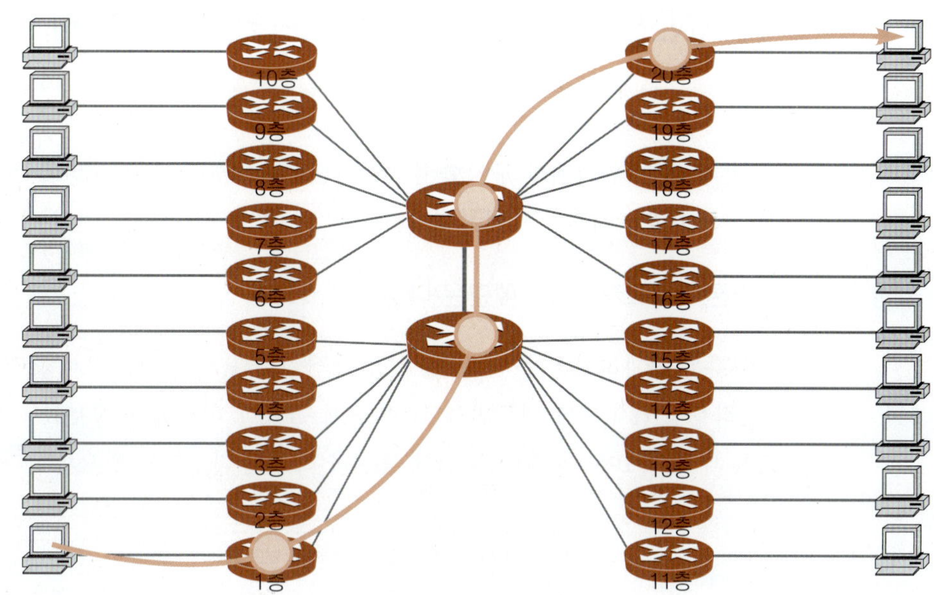

그림 6-8 ≫
브로드캐스트와 멀티
캐스트를 막기 위해
라우터를 사용하면
PC들이 느린 라우터
를 많이 통과해야 하
므로 네트워크가 느려
진다.

지금까지의 내용을 정리하면 캠퍼스 네트워크를 2계층 스위치로만 구성하면 브로드캐스트 도메인이 너무 넓기 때문에 밴드위스, CPU 소모가 커서 비효율적인 네트워크가 됩니다. 그렇다고 스위치 자리에 라우터를 가져다 놓으면 브로드캐스트로 인한 밴드위스와 CPU 소모 문제는 해결할 수 있지만 네트워크에서의 속도가 느려집니다.

몽땅 라우터를 사용해도 문제이고, 몽땅 스위치를 사용해도 문제라면 어떻게 해야 할까요? 그 해답은 조화를 이루는 것입니다. 예를 들어 스위치에서 VLAN을 구성하고 VLAN 간 통신을 위해 라우터를 사용하는 것입니다. 즉, 2계층 스위치와 3계층 라우터를 적절히 섞어서 구성해야 합니다. 즉, 계층형 3 레이어에서 코어와 액세스 계층에 스위치를 두는 이유는 네트워크에서의 속도 때문입니다. 디스트리뷰션 계층도 스위치를 두고 싶지만, 액세스와 코어를 연결하는 중간 계층으로 브로드캐스트 도메인을 나누기 위해 라우터를 배치합니다.

VLAN으로 스위치의 브로드캐스트 도메인 나누기 ✳

VLAN은 스위치에서 구현할 수 있는 브로드캐스트 도메인 분할 방법입니다. 각각의 VLAN은 다른 브로드캐스트 도메인에 속하므로 [그림 6-9]처럼 당연히 다른 서브넷에 속합니다.

다른 브로드캐스트 도메인은 다른 네트워크에 속합니다.

이것은 간과하기 쉬운 매우 중요한 개념입니다. 라우터는 3계층 장비로 네트워크를 구분하고, 라우팅 테이블에 네트워크 간 통신에 필요한 네트워크 정보를 가지고 있습니다. VLAN은 다른 네트워크이므로 VLAN 간에 통신을 하려면 라우터가 필요합니다.

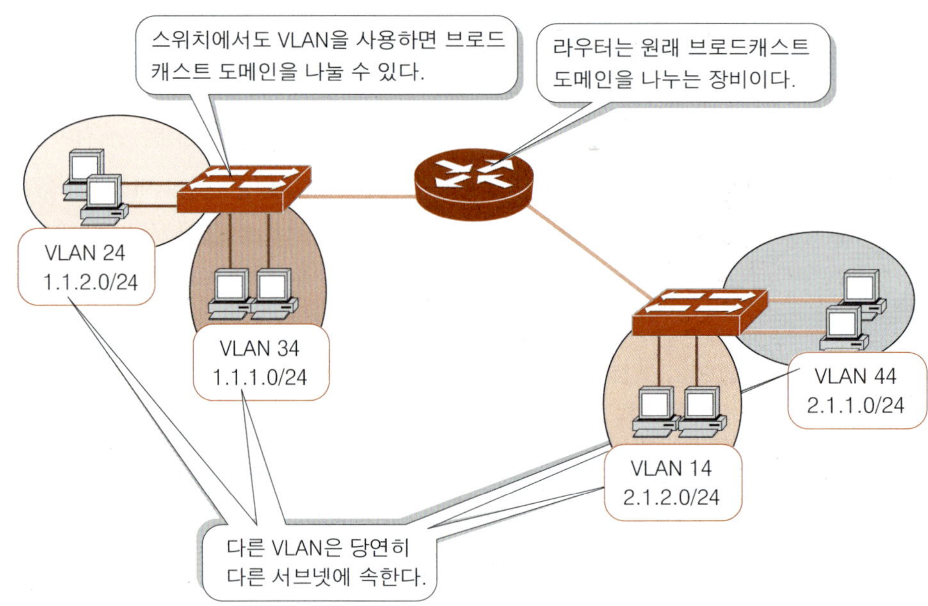

그림 6-9 ≫
스위치는 VLAN을 사용해 브로드캐스트와 멀티캐스트 도메인을 나누고 각각의 VLAN은 논리적으로 다른 네트워크 주소를 가진다.

앞에서 살펴본 캠퍼스 네트워크의 예에 VLAN을 적용해 보면 [그림 6-10]과 같습니다. 캠퍼스 네트워크를 스위치로만 구성하면 브로드캐스트 도메인이 너무 넓어서 문제가 생기고, 라우터로만 구성하면 네트워크 내에서의 통신 속도가 느린 단점이 있었습니다. 하지만 계층형 3 레이어에 따라 2, 3계층 장비를 함께 사용하면 이러한 문제를 해결할 수 있습니다.

[그림 6-10]은 디스트리뷰션 계층에 라우터와 스위치를 모두 배치했습니다. VLAN을 사용하지 않는다면 하나의 브로드캐스트 도메인만으로 구성됩니다.

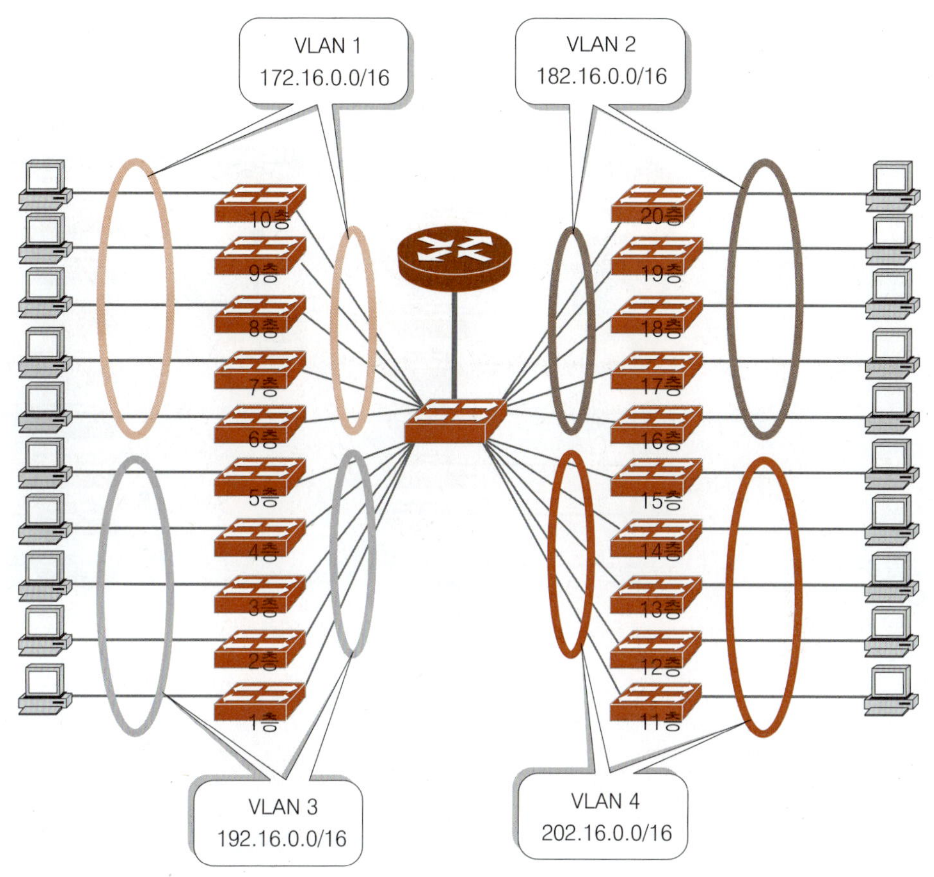

그림 6-10 ≫
스위치에서 브로드캐
스트(멀티캐스트) 도
메인을 나누기 위해
VLAN을 사용하고,
VLAN 간 통신을 위해
라우터가 필요하다.

[그림 6-10]은 캠퍼스 네트워크를 4개의 VLAN으로 나누었기 때문에 VLAN내의 브로드캐스트도 대략 1/4 수준으로 줄어듭니다. 같은 VLAN 내의 통신을 위해서는 라우터를 통과할 필요가 없고 다른 VLAN과 통신할 때만 라우터를 통과하면 됩니다.

스위치와 PC 연결 구간은 하나의 VLAN 트래픽들이 왕래하는 링크입니다. 예를 들어 1~5층 스위치들과 PC 연결 구간은 VLAN 3에 속하고, 6~10층 스위치들과 PC 연결 구간은 VLAN 1에, 11~15층 스위치들과 PC 연결 구간은 VLAN 4에, 16~20층 스위치들과 PC 연결 구간은 VLAN 2에 속합니다.

이렇게 하나의 VLAN 트래픽이 왕래할 수 있는 스위치-PC 연결 구간을 '액세스 링크(Access Link)'라고 합니다. 이 예에서는 디스트리뷰션 스위치와 각 층의 액세스 스위치 연결 구간도 한 VLAN 트래픽들만 왕래하기 때문에 액세스 링크가 됩니다.

[그림 6-11]처럼 디스트리뷰션 스위치와 라우터 사이의 연결은 (VLAN간의 라우팅을 위해 라우터로 향하는) 모든 VLAN에 속하는 트래픽이 왕래하는 링크가 됩니다. 이것을 '트렁크(Trunk)'라고 합니다.

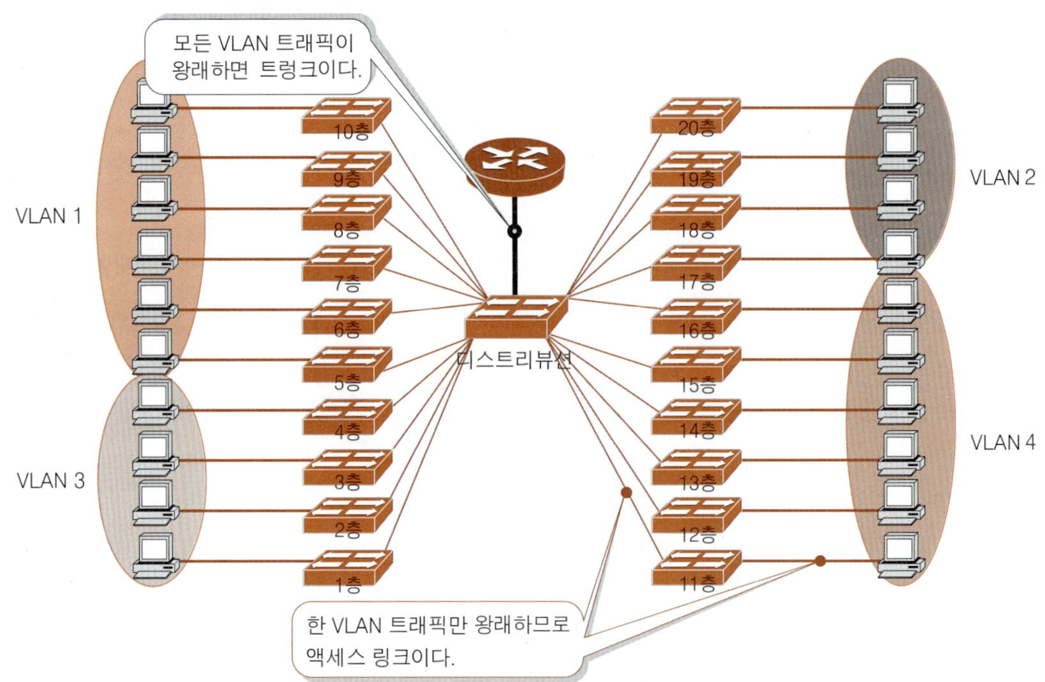

그림 6-11 ≫
모든 VLAN 트래픽이
왕래하면 트렁크가 되
는데 라우터-스위치
연결이 그 예이다.

위와 비슷하지만 조금 다른 [그림 6-12]를 보기 바랍니다. 1~5층 스위치와 PC 간에는 그림처럼 하나의 VLAN 트래픽만 왕래하므로 액세스 링크이고, 1~5층 스위치와 디스트리뷰션 스위치 간에는 여러 VLAN([그림 6-12]에서 1층 스위치와 디스트리뷰션 스위치 간에는 VLAN 1과 VLAN 4 트래픽이 왕래하는 링크입니다. 또한 디스트리뷰션 스위치와 라우터 간에는 모든 VLAN 트래픽이 왕래하는 구간으로 트렁크 구간이 됩니다.

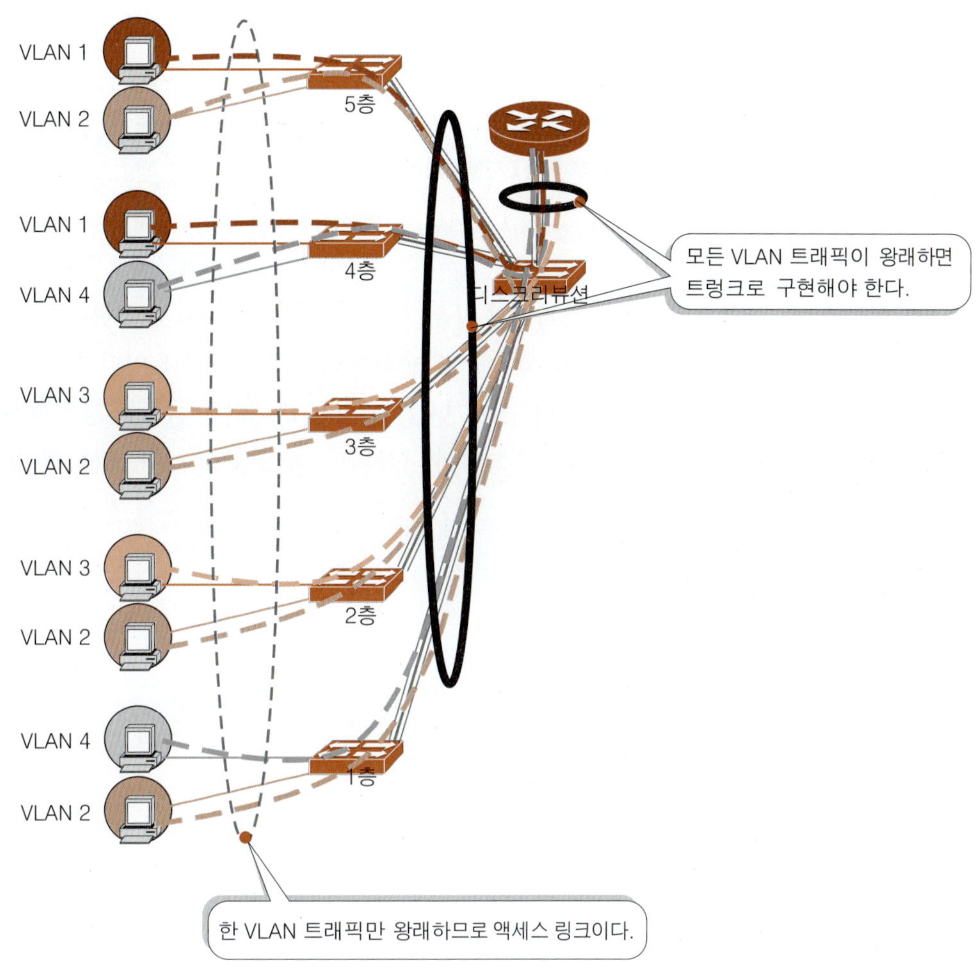

그림 6-12 >>
각 층 스위치와 디스트리뷰션 스위치 간에도 여러 VLAN 트래픽이 왕래하므로 트렁크가 된다.

VLAN은 VLAN 번호로 구분합니다. [그림 6-12]에 나타난 VLAN에 [표 6-1]과 같이 번호와 서브넷을 할당해 보았습니다.

표 6-1 >>
VLAN과 서브넷 구성

VLAN 번호	1	2	3	4
서브넷	1.1.1.0/24	2.2.2.0/24	3.3.3.0/24	4.4.4.0/24
디폴트 게이트웨이	1.1.1.1	2.2.2.1	3.3.3.1	4.4.4.1

VLAN 1에 1.1.1.0/24 네트워크가 할당되었습니다. 1.1.1.0/24 네트워크에 속한 PC들은 다른 네트워크로 가기 위해 디폴트 게이트웨이로 보내야 합니다. 패킷의 목적지가 우리 네트워크가 아닌 경우 우리 네트워크에 속하는 장비 중에서 다른 네트워크에 대한 정보를 아는 디바이스로 패킷을 보내야 합니다. 다른 네트워크에 대한 정보를 가진 디바이스가 누구일까요? 라우팅 테이블을 가지고 있는 장비는 바로 라우터입니다.

따라서 디폴트 게이트웨이 주소는 라우터 주소가 됩니다.

VLAN 1(1.1.1.0 /24네트워크)에 속한 PC들의 디폴트 게이트웨이 주소는 1.1.1.1이고, VLAN 2(2.2.2.0 /24)에 속한 PC들의 디폴트 게이트웨이 주소는 2.2.2.1, VLAN 3(3.3.3.0 /24)에 속한 PC들의 디폴트 게이트웨이는 3.3.3.1, VLAN 4(4.4.4.0 /24)에 속한 PC들의 디폴트 게이트웨이는 4.4.4.1입니다. 따라서 라우터는 1.1.1.1, 2.2.2.1, 3.3.3.1, 4.4.4.1 주소를 모두 가지고 있어야 합니다.

디스트리뷰션 스위치와 라우터 간의 연결을 트렁크로 구현한다면 라우터에 할당된 이 4개의 주소는 [예 6-2]와 같이 구현합니다. 라우터의 이더넷 인터페이스를 VLAN 수만큼의 서브 인터페이스들로 나눕니다. 여기서는 외장형 라우터를 사용한 경우를 예로 들었는데, 스위치/라우터 일체형일 때는 구현 명령이 다릅니다. 이것에 관해서는 멀티레이어 스위치 장에서 설명하겠습니다.

예 6-2 >>
라우터에서 트렁크
구현하기

```
Router#configure terminal
Router(config)#interface fastethernet 0/0
Router(config-if)#no ip address
Router(config)#interface fastethernet 0/0.1
Router(config-subif)#encapsulation isl 1
Router(config-subif)#ip address 1.1.1.1 255.255.255.0
Router(config)#interface fastethernet 0/0.2
Router(config-subif)#encapsulation isl 2
Router(config-subif)#ip address 2.2.2.1 255.255.255.0
Router(config)#interface fastethernet 0/0.3
Router(config-subif)#encapsulation isl 3
Router(config-subif)#ip address 3.3.3.1 255.255.255.0
Router(config)#interface fastethernet 0/0.4
Router(config-subif)#encapsulation isl 4
Router(config-subif)#ip address 4.4.4.1 255.255.255
```

VLAN 1에 속한
서브 인터페이스

VLAN 2에 속한
서브 인터페이스

VLAN 3에 속한
서브 인터페이스

VLAN 4에 속한
서브 인터페이스

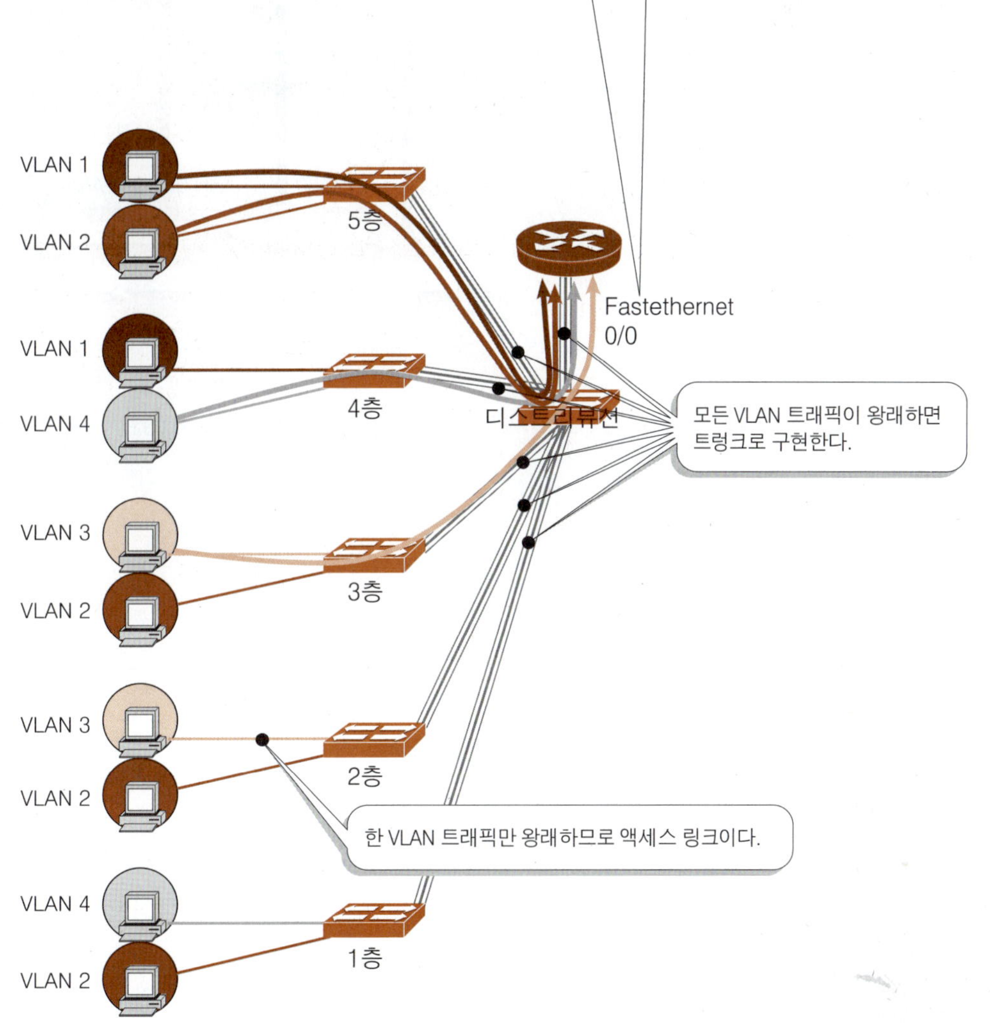

디스트리뷰션 스위치와 라우터 사이를 액세스 링크로 연결할 수 있습니다. 액세스 링크는 한 VLAN만 왕래하므로 액세스 링크를 사용해 연결하려면 VLAN 수만큼의 별도의 물리 링크들이 필요합니다.

자세히 설명하면 VLAN 1에 속하는 트래픽이 왕래하는 통로가 될 VLAN 1에 속하는 액세스 링크, VLAN 2에 속하는 트래픽이 왕래하는 통로가 될 VLAN 2에 속하는 액세스 링크, VLAN 3에 속하는 트래픽이 왕래하는 통로가 될 VLAN 3에 속하는 액세스 링크, VLAN 4에 속하는 트래픽이 왕래하는 통로가 될 VLAN 4에 속하는 액세스 링크 이렇게 4개의 액세스 링크들이 필요합니다.

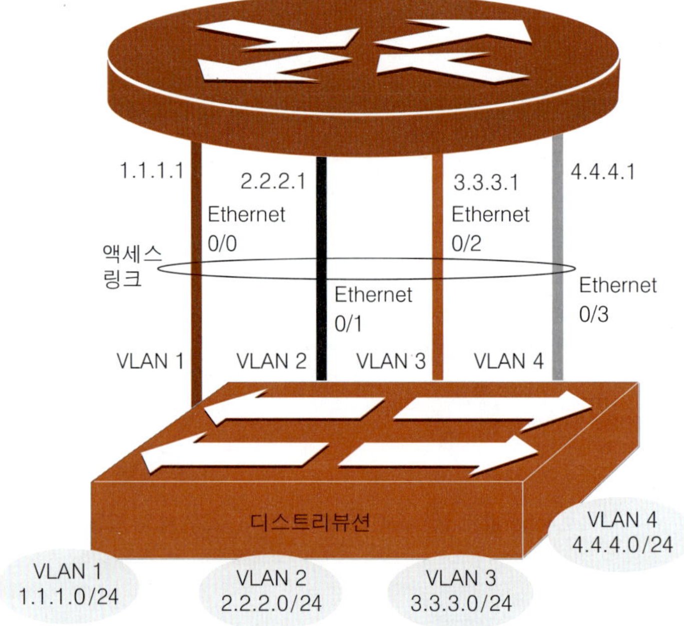

그림 6-13 ≫
라우터와 스위칭 간에서 다수의 VLAN 트래픽을 수용하기 위해 트렁크 대신 VLAN 수만큼의 액세스 링크를 사용할 수 있다.

Lesson 03 캠퍼스 네트워크 문제의 해결사 VLAN ✳

캠퍼스 네트워크에서 하나의 브로드캐스트 도메인에 너무 많은 장비가 속해 있으면 4가지 문제가 발생하는데 다음과 같습니다.

■ 문제 1 : 평평한 네트워크 구조

스위치만으로 네트워크를 구성하면 스위치가 브로드캐스트를 막지 못해 사용 가능한 밴드위스는 줄어 들고, 디바이스들의 CPU가 소모됩니다.

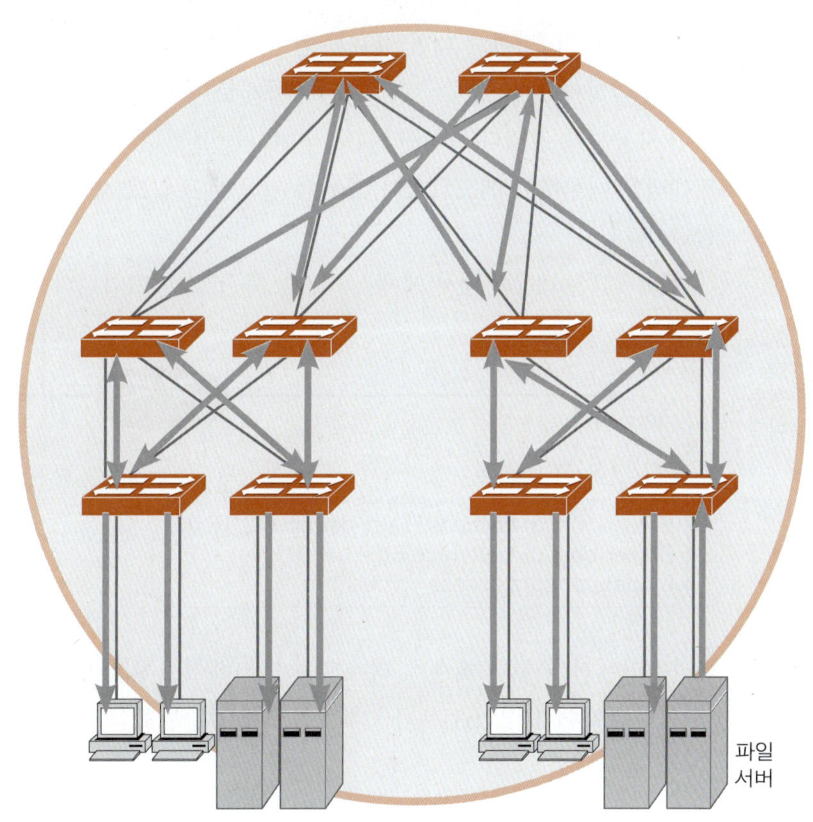

그림 6-14 >>
스위치 평야로 구성된 평평한 네트워크 구조는 브로드캐스트를 막을 수 없다.

스위치에서 VLAN을 사용하면 브로드캐스트 도메인을 나눌 수 있습니다. 즉 [그림 6-15]와 같이 1번 VLAN에서 들어온 브로드캐스트는 1번 VLAN에 속한 포트로만 나가고, 2번 VLAN에서 들어온 브로드캐스트는 2번 VLAN에 속한 포트로만 나가기 때문에 브로드캐스트 도메인이 분할됩니다.

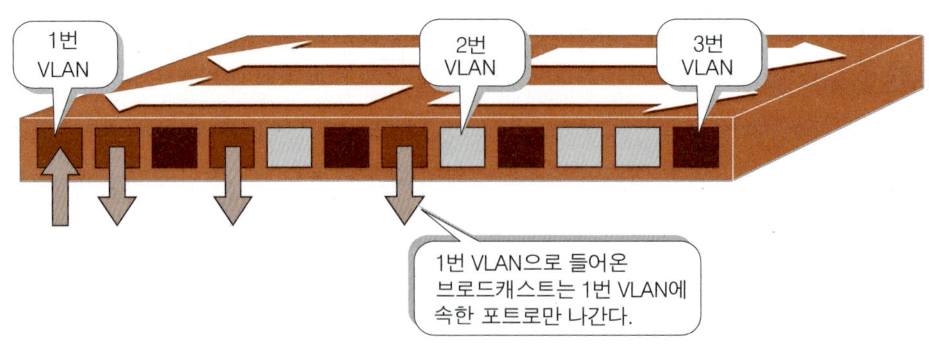

그림 6-15 >>
스위치의 VLAN은 브로드캐스트, 멀티캐스트 도메인을 나눈다.

■ 문제 2 : 보안에 취약하다

윈도우 네트워크 환경에서는 넷바이오스 브로드캐스트 트래픽을 주고받으면서 브로드캐스트 도메인 내의 PC들에 대한 정보를 얻고 PC에 직접 접속할 수 있습니다. 스위치만으로 네트워크를 구성하면 브로드캐스트들이 자유자재로 통과할 수 있어 모든 유저들이 네트워크를 제한 없이 사용하게 됩니다. 라우터에서 구현하는 보안 기능인 액세스 리스트를 사용하면 불필요한 트래픽을 제한하여 밴드위스나 CPU와 같은 네트워크 자원을 절약할 수 있고 보안 문제도 해결합니다.

[예 6-3]은 라우터에서 액세스 리스트를 구현한 예입니다

예 6-3 >>
라우터의 보안 기능 :
액세스 리스트 구현을
통한 패킷 필터링

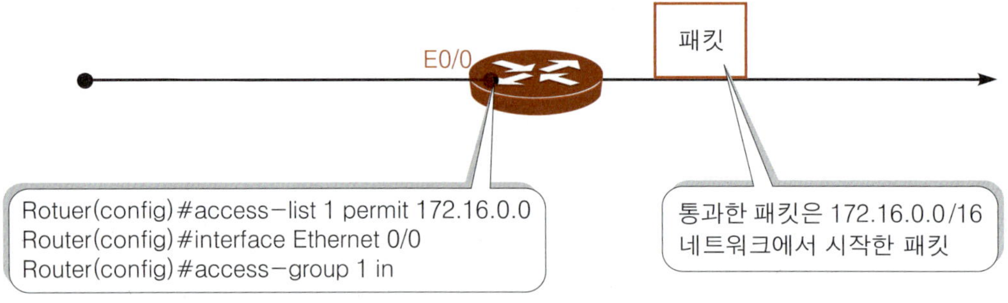

라우터에서 구현한 액세스 리스트는 인터페이스 이더넷 0/0에 인바운드 방향으로 적용되어 있는데, 패킷이 172.16.0.0 /16 네트워크에서 출발했을 때만 통과할 수 있고 나머지는 모두 막습니다.

■ 문제 3 : 로드밸런싱을 못 한다

[그림 6-16]과 같이 2계층 장비인 스위치끼리 연결되어 있다면 왼쪽 지역과 오른쪽 지역이 통신할 때 '가→나' 길과 '다→라' 길을 동시에 사용할 수 없습니다. 가, 나, 다, 라 링크가 모두 같은 VLAN에 속하면 스위칭 루프가 발생하기 때문입니다. 스위칭 루프에 대해서는 STP장에서 자세히 설명할 것입니다. 간단히 설명하면 [그림 6-17]과 같은 네트워크에서는 브로드캐스트가 발생하면 스위치들이 브로드캐스트를 막을 수 없으므로 시계 방향, 또는 시계 반대 방향으로 브로드캐스트 프레임이 계속해서 돌게 됩니다. 이것을 브로드캐스트 폭풍(Broadcast

브로드캐스트 폭풍

스위치는 프레임이 유입된 포트를 제외한 모든 포트로 브로드캐스트 프레임들을 보냅니다. 그래서 PC에서 발생한 브로드캐스트가 스위치에 유입되면 스위치는 모든 포트로 프레임을 보냅니다. 따라서 브로드캐스트가 시계 방향이나 시계 반대 방향으로 계속해서 돌게 되는 것입니다.

Storm)이라고 합니다.

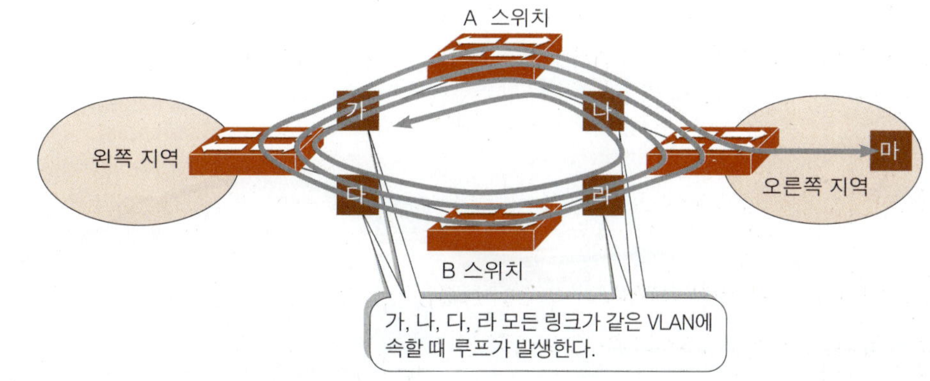

그림 6-16 ≫
2계층 스위치로 연결된 링크들이 같은 VLAN에 속하면 브로드캐스트 폭풍이 발생하여 모든 네트워크 자원을 소모한다.

이러한 브로드캐스트 폭풍을 유발하는 스위칭 루프에 대한 해결책은 [그림 6-17]과 같이 스위칭 루프에 참여하는 스위치의 한 포트를 임의로 차단하는 것입니다(이 메커니즘은 STP 프로토콜장에서 자세히 설명).

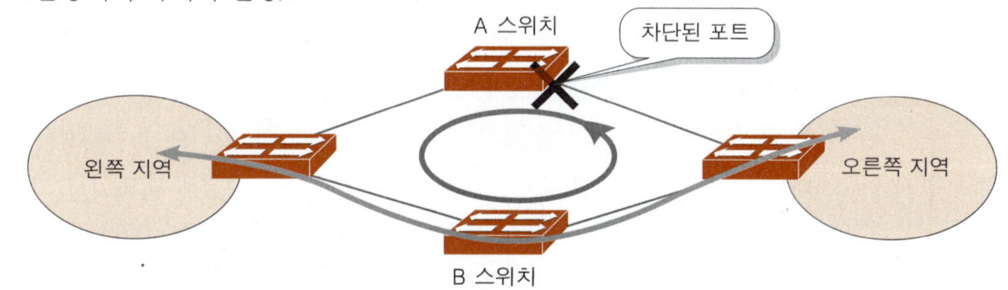

그림 6-17 ≫
루프에 참여하는 스위치의 포트를 차단한다. 그렇기 때문에 왼쪽 지역과 오른쪽 지역의 통신을 위해 두 링크를 동시에 사용할 수 없게 된다.

결국 A 스위치의 차단된 포트 때문에 왼쪽 지역과 오른쪽 지역이 통신하는 경로는 B 스위치를 통한 길 밖에는 없습니다.

그러나 [그림 6-18]과 같이 가, 나 링크를 VLAN 1에 할당하고 다, 라 링크를 VLAN 2에 할당하면 더 이상 스위칭 루프를 볼 수 없습니다. 예를 들어 D 스위치의 나 링크에서 들어온 브로드캐스트는 1번 VLAN에서 발생한 것이므로 2번 VLAN에 속하는 라 링크로 보내지 않습니다. 마찬가지로 C 스위치의 가 링크에서 들어온 VLAN 1에 속하는 브로드캐스트는 VLAN 2에 속하는 다 링크로 보내지 않습니다.

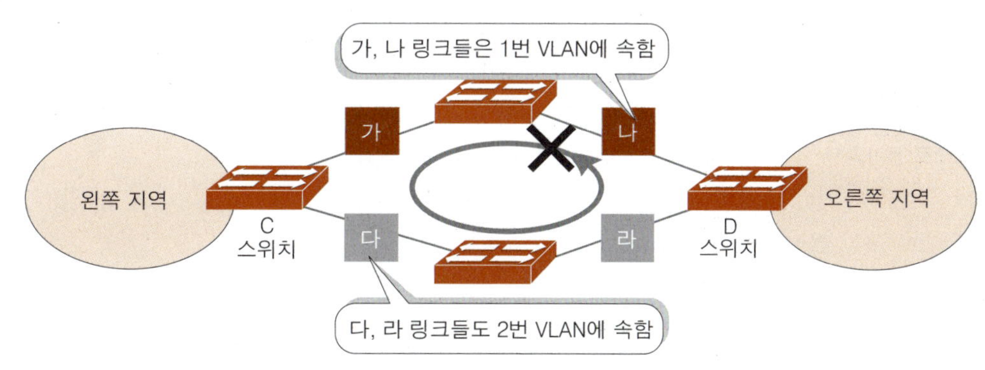

그림 6-18 ≫
가, 나 링크와 다, 라 링크가 다른 VLAN에 속하기 때문에 스위칭 루프는 발생하지 않는다.

따라서 더 이상 브로드캐스트 폭풍이 발생하지 않습니다. 이제 브로드캐스트 때문에 한 포트를 차단할 필요가 없으므로 모든 링크를 동시에 사용할 수 있습니다. 왼쪽 지역과 오른쪽 지역의 통신을 위해 가, 나 링크와 다, 라 링크를 모두 사용할 수 있어 트래픽 로드밸런싱이 가능합니다.

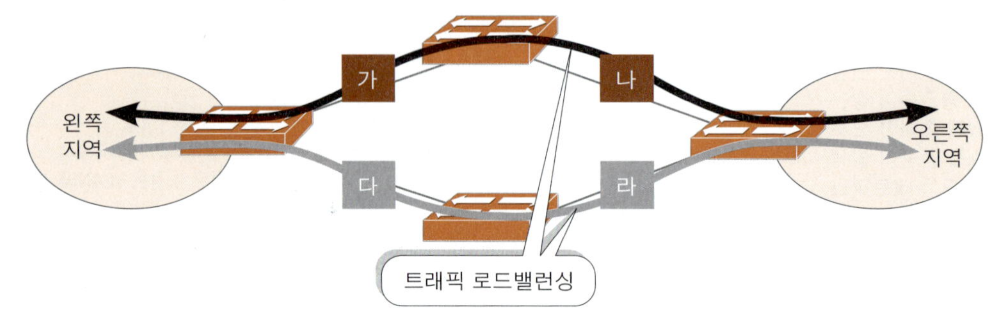

그림 6-19 ≫
링크가 다른 VLAN(네트워크)에 속하면 루프가 발생하지 않으므로 가→나 링크와 다→라 링크를 모두 사용할 수 있다.

■ 문제 4 : 브로드캐스트 폭풍이 발생해 네트워크 자원을 소모한다

한 브로드캐스트 도메인 내의 하드웨어, 애플리케이션들에 의해 비정상적으로 브로드캐스트가 발생된다면, 같은 브로드캐스트 도메인 내의 장비들이 피해를 입습니다. 브로드캐스트 폭풍을 막기 위해 스위치의 한 포트를 차단해야 하는데, 이러한 블럭킹(STP 프로토콜이 담당)이 제대로 동작하지 않으면 브로드캐스트 폭풍 현상이 발생해 네트워크 자원을 모두 소모시킵니다. 이때 브로드캐스트 폭풍도 같은 브로드캐스트 도메인 내의 장비로만 전달됩니다. 이 때 VLAN으로 분할하면 피해를 받는 디바이스들의 피해 규모도 줄어듭니다.

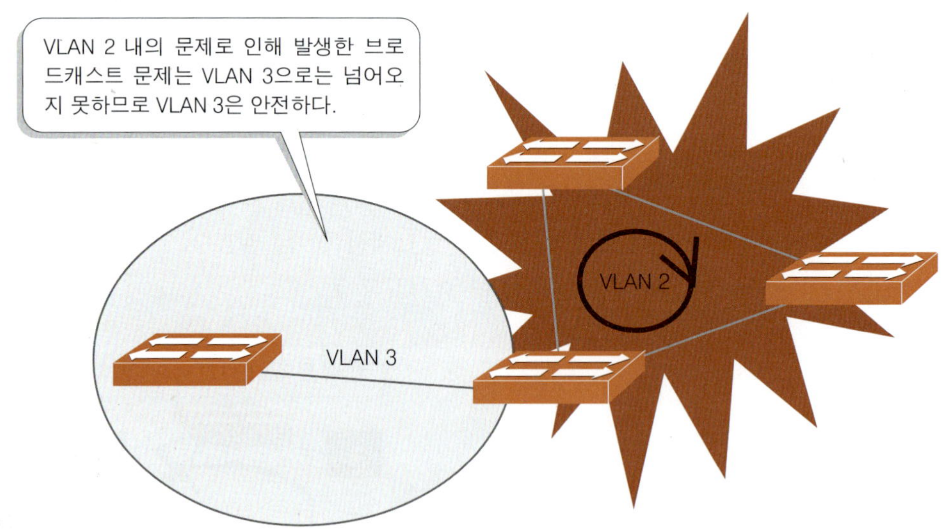

그림 6-20 ≫
VLAN 내의 브로드캐스트 문제는 다른 VLAN으로 전파되지 않는다.

VLAN을 나누는 2가지 방법 ✱

스위치 블럭을 몇 개의 VLAN으로 나눌 것인가는 브로드캐스트의 발생량에 따라 다릅니다. 브로드캐스트 발생량은 회사에서 사용하는 네트워크 애플리케이션의 종류와 수, 브로드캐스트를 얼마나 많이 사용하느냐의 여부, 그리고 애플리케이션들을 사용하는 유저 수에 의해 결정됩니다.

브로드캐스트 도메인 내의 유저 수를 몇 명으로 할 것인지는 이런 세부적인 변수들에 의해 결정되는데, 때로는 네트워크 분석기를 동원할 때도 있습니다. 이 때 브로드캐스트 넓이에 대해서는 다음과 같은 대략적인 기준이 있습니다.

한 네트워크에서 발생하는 브로드캐스트는 밴드위스의 10%를 넘지 않도록 한다.

이러한 VLAN을 나누는 방법에는 지오그래픽 VLAN(Geographic VLAN)과 엔드 투 엔드 VLAN(End-to-end VLAN) 2가지가 있습니다. 지오그래픽 VLAN은 지역별로 VLAN을 나눕니다. 엔드 투 엔드 VLAN은 지역별로 구분하는 것이 아니라 트래픽 패턴을 보고 나눕니다. 즉 공동 작업 그룹, 팀별로 나누는데 이것은 트래픽 빈도가 많은 호스트들을 지역에 상관 없이 같은 VLAN에 속하게 하여 라우팅(스위칭 보다 느린) 통신할 수 있도록 하는 방법입니다.

■ 트래픽 패턴에 따라 나누는 엔드 투 엔드 VLAN

엔드 투 엔드 VLAN에서는 PC나 서버의 장소에 관계없이 VLAN을 구성합니다. [그림 6-21]과 같이 1층의 PC와 20층의 서버가 다른 층에 있으면서 (위치의 근접성에 상관없이) 같은 VLAN에 속하게 하는 VLAN 분할 방식을 엔드 투 엔드 VLAN이라고 합니다.

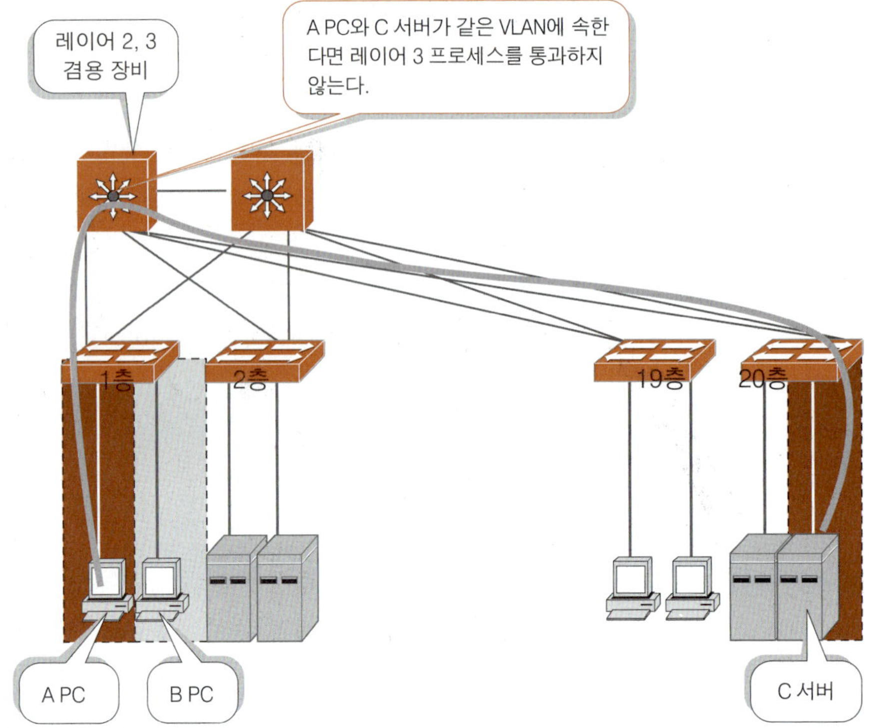

그림 6-21 >>
엔드 투 엔드 VLAN이
므로 장소가 달라도
레이어 2 기능만을
통해서 통신이 된다.

엔드 투 엔드 VLAN은 다음과 같은 특징이 있습니다.

● 다른 장소에 있어도 같은 VLAN에 속합니다(예 1층의 A PC와 20층의 C 서버).

● 같은 장소에 있어도 다른 VLAN에 속합니다(예 1층의 A PC와 B PC).

● 이 기준은 장소가 아니라 친근한 정도가 됩니다. 여기서 친근한 정도란 트래픽이 빈번한 디바이스들을 같은 VLAN에 속하게 한다는 말입니다.

● 트래픽이 빈번한 디바이스들이 같은 VLAN에 속하므로 대량의 트래픽이 같은 VLAN 내에서 라우터 없는 통신을 합니다.

● 라우터 없는 통신 때문에 캠퍼스 네트워크는 라우터 있는 통신보다 네트워크에서의 속도가 빠릅니다.

이러한 엔드 투 엔드 VLAN을 구성하려면 사전에 트래픽 빈도가 높은 디바이스 그룹을 찾아야 합니다. 회사 조직도를 보고 같은 팀이나 작업 그룹, 같은 애플리케이션이나 서버를 사용하는 그룹을 같은 VLAN으로 묶을 수 있겠지만 보다 세밀하고 정확하게 그룹을 묶기 위해 [그림 6-22]와 같은 네트워크 분석기(계측장비)의 도움이 필요한 경우도 있습니다.

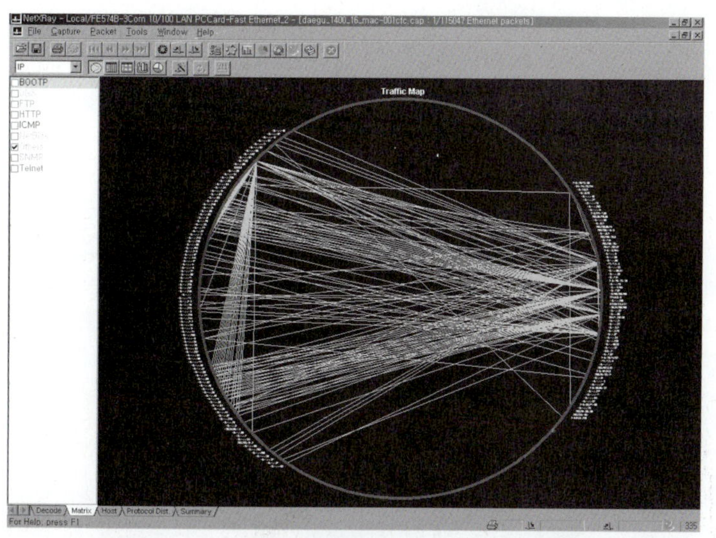

그림 6-22 ≫
네트워크 분석기를
통해 친근한 디바이스
들을 찾아낸다.

[그림 6-22]는 네트워크 분석기의 측정 결과입니다. 하얀 선으로 표시된 부분에서 디바이스
들 간의 트래픽이 빈번한 것을 확인할 수 있으므로 이왕 브로드캐스트 도메인을 나눈다면 이러
한 디바이스들을 장소에 관계없이 같은 VLAN에 속하게 합니다.

트래픽이 빈번한 서버나 PC들이 같은 VLAN에 속하면 3계층 프로세스없이 통신이 가능합니
다. 서버를 편리하게 관리하기 위해 한곳에 집중시키는데, 이럴 때는 서버를 사용하는 클라이언
트들과 엔드 투 엔드 VLAN을 사용해 같은 VLAN에 소속시킬 수 있습니다.

■ 지역별로 나누는 지오그래픽 VLAN

유저가 사용하는 서버들이 한 네트워크에 모인 환경에서는 엔드 투 엔드 VLAN이 편리하지
만 서버가 유저 PC들과 가까운 곳에 있다면 지오그래픽 VLAN(Geographic VLAN 혹은 Local
VLAN)을 사용하는 것이 좋습니다. 엔드 투 엔드 VLAN은 브로드캐스트 도메인의 분할과 라우
팅 없는 통신이라는 2마리 토끼를 잡고자 하는 것입니다. 이에 비해 지오그래픽 VLAN은 라우
팅 없는 통신을 포기하는 대신 VLAN 경계를 단순하게 결정할 수 있고 관리가 편리하다는 장점
이 있습니다.

엔드 투 엔드 VLAN을 구현할 때는 디바이스들 간의 친근성을 관리하는 절차가 필요합니다.
그래서 엔드 투 엔드 VLAN의 장점에도 불구하고 실제로는 지오그래픽 VLAN을 더 많이 사용
합니다. 왜냐하면 엔드 투 엔드 VLAN에서는 항상 트래픽의 패턴을 모니터링하면서 아직도 친
근성이 유지되고 있는지 계속 관리해야 하기 때문입니다. 이처럼 엔드 투 엔드 VLAN은 관리가
불편하므로 실제로는 지오그래픽 VLAN을 더 많이 사용합니다.

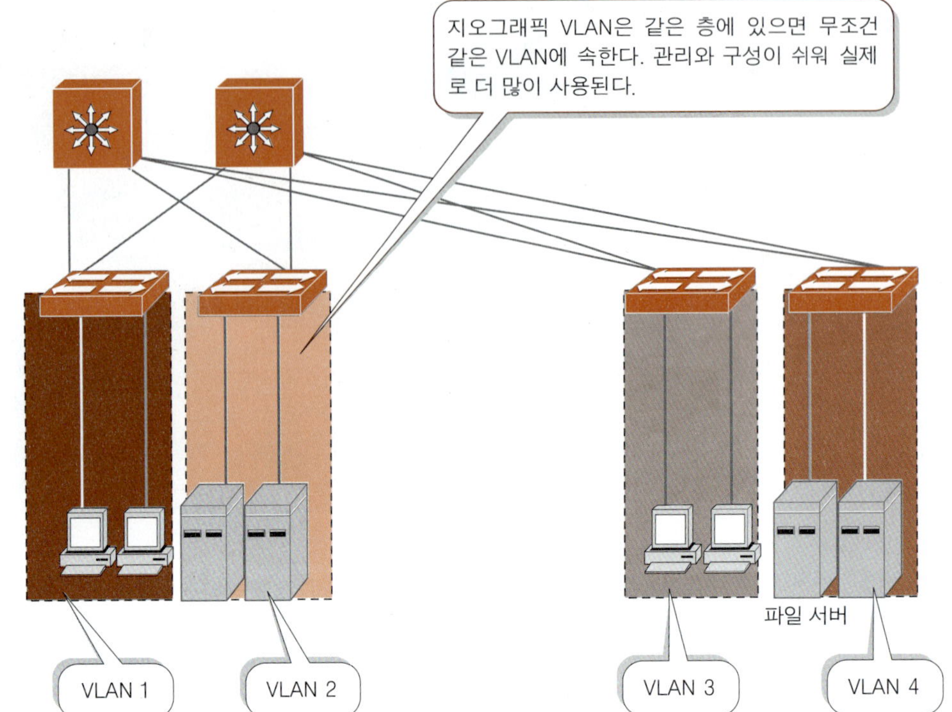

그림 6-23 ≫
같은 장소에 있으면
같은 VLAN이다.

VLAN을 구현하는 방법 ✳

엔드 투 엔드 VLAN이든 지오그래픽 VLAN이던 이것을 구현하는 방법에는 스테이틱 VLAN (Static VLAN)과 다이나믹 VLAN(Dynamic VLAN) 2가지가 있습니다. 스테이틱 VLAN은 포트 별로 VLAN을 할당하고, 다이나믹 VLAN은 MAC 주소별로 VLAN을 할당합니다. 즉, 스테이틱 VLAN은 포트가 기준이고, 다이나믹 VLAN은 MAC 주소가 기준입니다.

■ 포트별로 VLAN을 할당하는 스테이틱 VLAN

스테이틱 VLAN은 포트별로 VLAN을 할당하는 방법으로 [예 6-4]와 같은 명령어를 사용합니다.

예 6-4 ≫
VLAN 구현 명령

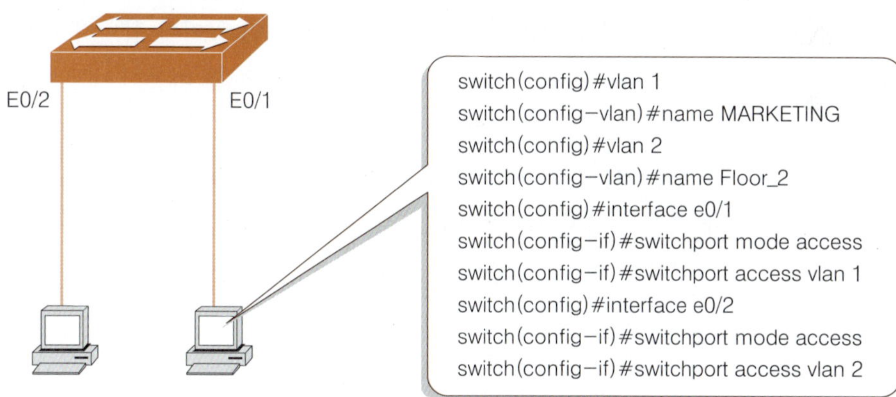

각 명령어에 대한 설명은 다음과 같습니다.

- Vlan 1 : 포트에 할당할 VLAN을 스위치에서 먼저 선언합니다.
- Name MARKETING : 구현하지 않아도 되는 명령으로 VLAN 1에 대한 설명을 할 수 있습니다 (예를 들어 마케팅 팀 VLAN이라는 것을 표시합니다).
- Switchport Mode access : 링크가 트렁크가 아니라 액세스 링크임을 표시합니다.
- Switchport Access Vlan 1 : 액세스 링크인데 1번 VLAN에 속한다는 말입니다.

VLAN을 구현하는 이러한 명령어들은 시스코 카탈시스트 스위치의 종류마다 조금씩 다를 수 있습니다. 스위치에 VLAN을 구현하지 않았을 때 모든 포트들은 기본적으로 VLAN 1에 속합니다. 구현 가능한 VLAN 수의 범위는 스위치마다 다르긴 하지만, 보통은 '1~1005' 입니다. 스위치를 나중에 배울 VTP 트랜스페어런트 모드로 구현하면 1~4094 VLAN 번호까지 구현할 수 있습니다.

VLAN 구현을 확인하려면 [예 6-5]와 같이 'show vlan' 명령을 사용합니다. [예 6-5]를 보면 [예 6-4]에서 생성한 1번 VLAN에 E0/1번 포트가, 2번 VLAN에 E0/2번 포트가 할당되었음을 확인할 수 있습니다.

<table>
<tr><td>

예 6-5 ≫
show vlan 명령으로
스위치에서 VLAN 번
호와 이름, 할당된 포
트들을 확인

</td><td>

```
Switch#show vlan
VLAN Name                             Status      Mod/Ports
---- -------------------------------- ----- --------- ----------------
1    MARKETING                        active              E0/1
2    Floor_2                          active              E0/2
```

</td></tr>
</table>

■ MAC 주소별로 VLAN을 할당하는 다이나믹 VLAN

다이나믹 VLAN은 MAC 주소를 기준으로 VLAN을 할당합니다. 기준이 MAC 주소이기 때문에 MAC 주소와 VLAN 번호의 매핑 테이블이 있어야 합니다. 네트워크 관리자가 이러한 매핑 테이블을 만들고 계속 관리하므로 요즘처럼 PC를 비롯한 네트워크 연결 장비들의 교체 주기가 짧을 때는 관리하기 힘든 방법입니다.

VLAN 할당 기준이 MAC 주소이므로 스위치 포트에 연결된 디바이스의 MAC 주소가 무엇인지에 따라 스위치 포트의 VLAN은 달라집니다. VMPS 서버가 MAC 주소와 VLAN 번호의 매핑 테이블을 가지고 있습니다.

<table>
<tr><td>

예 6-6 ≫
다이나믹 VLAN을
구현하기 위한
VLAN/MAC 주소
매핑 테이블

</td><td>

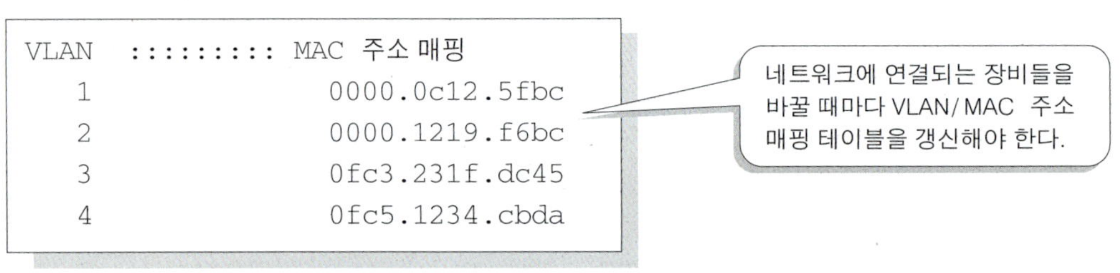

```
VLAN    :::::::::  MAC  주소 매핑
  1                0000.0c12.5fbc
  2                0000.1219.f6bc
  3                0fc3.231f.dc45
  4                0fc5.1234.cbda
```

</td><td>

</td></tr>
</table>

VMPS 서버는 다음과 같이 동작합니다.

스위치를 VMPS 서버로 구현하면 MAC 주소와 VLAN 매핑 테이블을 외부 TFTP(Trivial File Transfer Protcol) 서버로부터 다운로드하고, VMPS 클라이언트 스위치들로부터 VMPS 서비스 요청을 받아들입니다. VMPS 서버는 몇 번 VLAN에 속하고 VLAN 이름은 무엇인지를 응답해 줍니다. VMPS 서버가 보안 모드에 있을 때 VMPS 테이블에 없는 MAC 주소에 대한 요청이 오면 해당 요청을 한 포트를 다운시킵니다.

시스코 카탈리스트 스위치들 중 VMPS 서버 또는 클라이언트가 될 수 있는 디바이스들은 다음과 같습니다.

- 수퍼바이저 엔진 2.3 이후의 버전을 가진 카탈리스트 5000 패밀리와 2926G 스위치들은 VMPS 서버 또는 클라이언트가 될 수 있습니다.
- 수퍼바이저 엔진 5.1 이후의 버전을 가진 카탈리스트 4000 패밀리와 2948GM 2980G 스위치들은 VMPS 클라이언트가 될 수 있습니다.
- 스위치의 포트들이 VMPS를 지원하는지 확인하려면 'show port capabilities' 명령을 사용해야 합니다. 참고로 기가비트 이더넷 포트는 Dynamic VLAN을 지원하지 않습니다.

예 6-7 >>
다이나믹 VLAN을
구현한 예

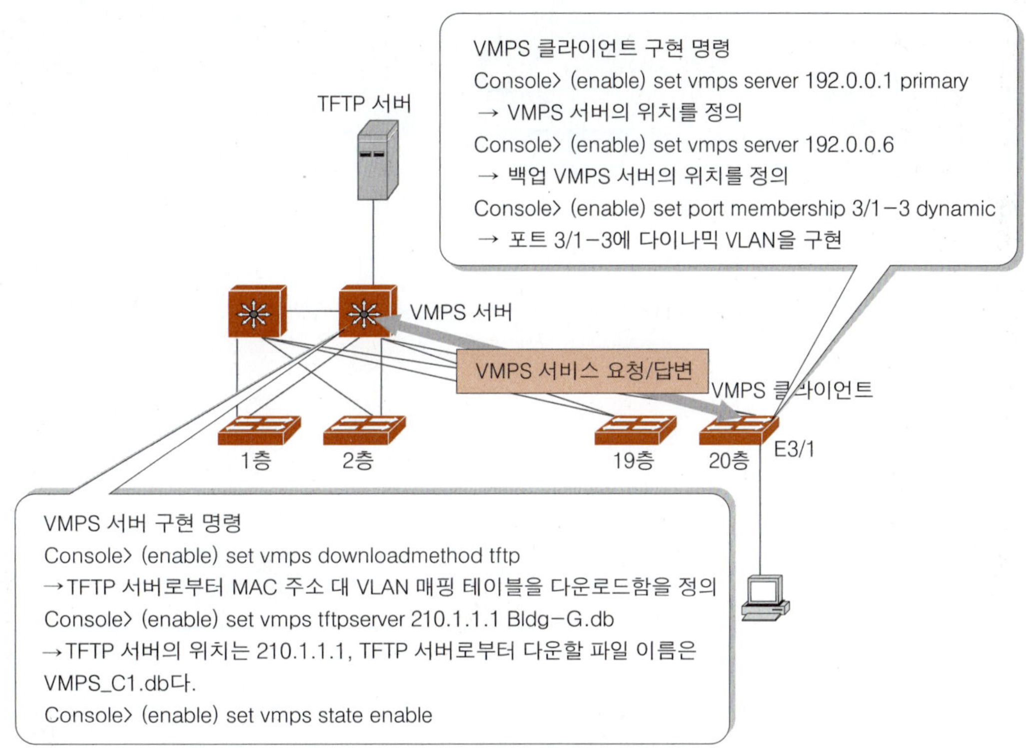

스위치들이 모두 시스코 스위치일 경우에는 VMPS 대신 CiscoWorks 2000같은 시스코의 네트워크 매니지먼트 툴로 다이나믹 VLAN을 생성, 관리할 수 있습니다.

액세스 링크와 트렁크는 어떻게 다른가? ✳

액세스 링크는 오직 한 VLAN에만 속하는 링크이기 때문에 한 VLAN 트래픽만 왕래할 수 있습니다.

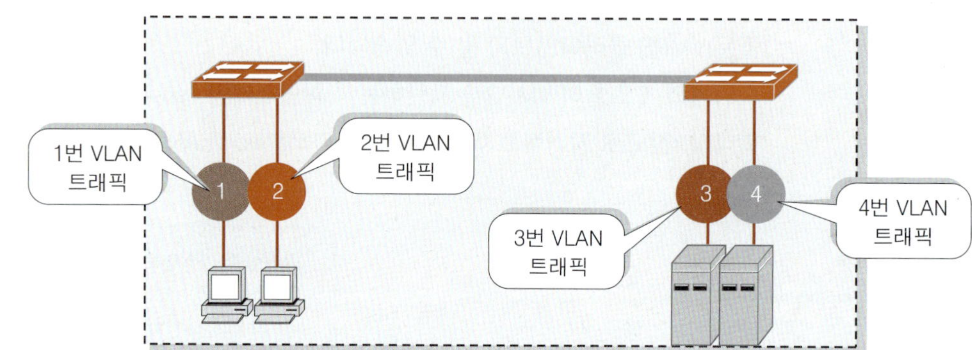

그림 6-24 ≫
액세스 링크는 하나의
VLAN 트래픽만 왕래
한다.

트렁크에서는 VLAN에 속하는 모든 트래픽이 왕래할 수 있습니다. [그림 6-25]와 같이 스위치와 스위치를 연결할 때 트렁크를 사용할 수 있습니다. 시스코 카탈리스트 스위치에서 패스트 이더넷(100Mbps) 이상의 속도를 가진 인터페이스에서 트렁크를 구현할 수 있습니다.

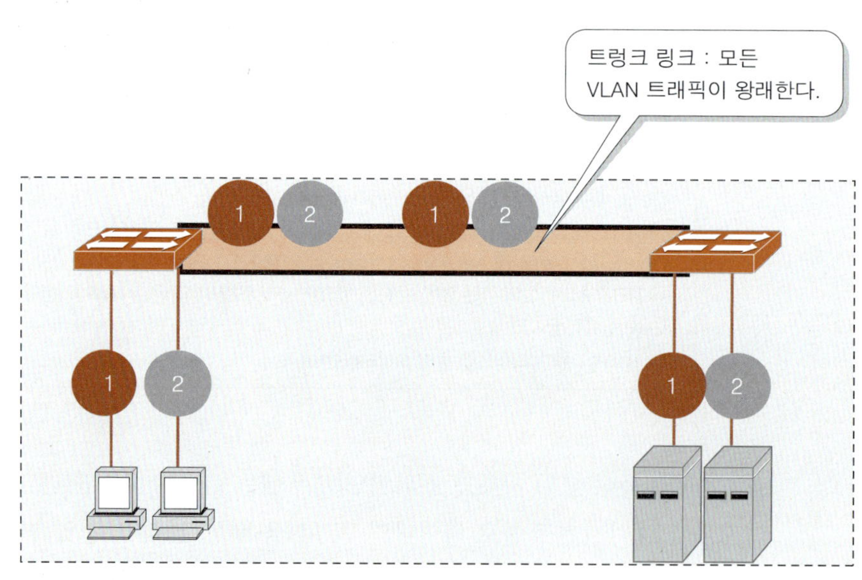

그림 6-25 ≫
트렁크에서는 모든
VLAN 트래픽이 왕래
한다.

트렁크는 한 VLAN에 속하지 않기 때문에 스위치나 라우터, 심지어는 PC들 간에서 여러 VLAN에 속한 트래픽들이 왕래할 수 있도록 합니다. 트렁크는 기본적으로 모든 VLAN 트래픽들을 수용하지만 특별히 지정한 VLAN 트래픽만 통과하도록 구현할 수도 있습니다.

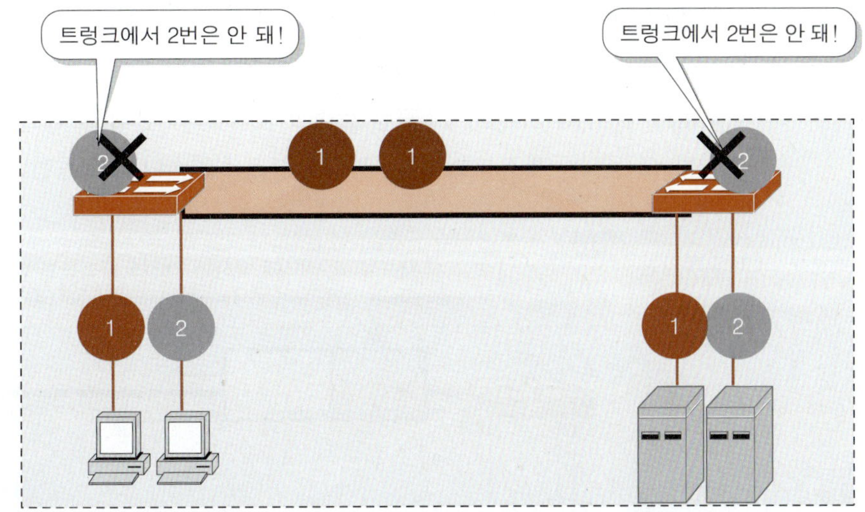

그림 6-26 >>
트렁크에서는 기본적으로 모든 VLAN 트래픽들이 왕래하지만 특정 VLAN 트래픽을 제한할 수 있다.

VLAN은 스위치에서 브로드캐스트 도메인을 나누게 합니다. [그림 6-27]에서 A 스위치의 1번 VLAN에서 들어온 브로드캐스트는 A 스위치에 연결된 포트들 중 1번 VLAN에 속한 포트(액세스 링크)로 보내집니다. 또한 모든 VLAN이 통과할 수 있는 트렁크를 통해 B 스위치에 도착합니다. 이때 B 스위치는 트렁크를 통해 도착한 브로드캐스트가 1번 VLAN에 속하는지, 2번 VLAN에 속하는지 알 수가 없습니다.

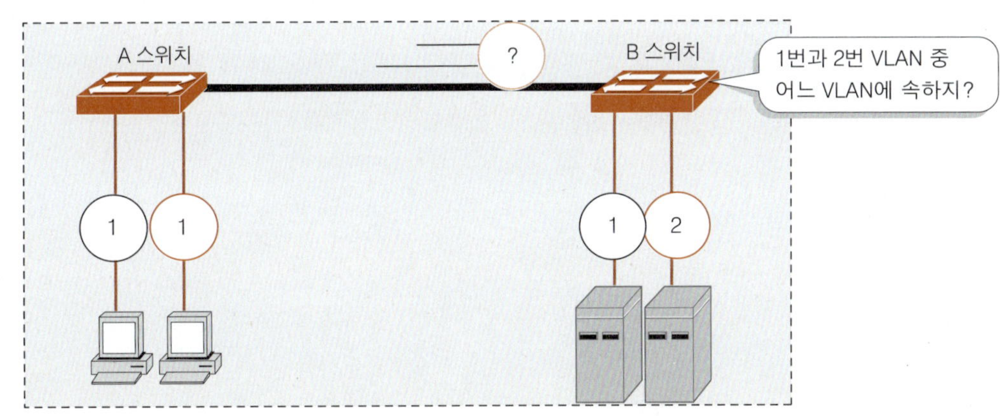

그림 6-27 >>
여러 스위치들을 트렁크로 연결했을 때 전달되는 트래픽이 어떤 VLAN에 속하는지를 알아야 트렁크를 통해 전달된 브로드캐스트를 해당 VLAN 포트로만 보낼 수 있다.

B 스위치는 브로드캐스트를 1번 VLAN 포트로 보내야 하는지, 2번 VLAN 포트로 보내야 하는 것인지 결정하지 못합니다. 따라서 트렁크에서는 브로드캐스트 프레임이 어느 VLAN에 속하는지 확인할 수 있는 방법이 있어야 합니다. 트렁크 구간에서는 이것을 표시하기 위해 원래 프레임이 입는 3개의 옷 외에 1개의 옷을 더 입힙니다.

트렁크에서 착용하는 4번째 옷에는 다음과 같은 2종류가 있습니다.

● Cisco ISL : 시스코 카탈리스트 스위치끼리 연결된 트렁크 구간에서 디폴트로 구현되어 있는 시스코 고유의 트렁크 인캡슐레이션입니다.

● IEEE 802.1Q Standard : 표준 트렁크 인캡슐레이션이고, 시스코 스위치와 다른 제조사 스위치, 또는 다른 제조사 스위치들끼리 트렁크로 연결할 때 사용합니다.

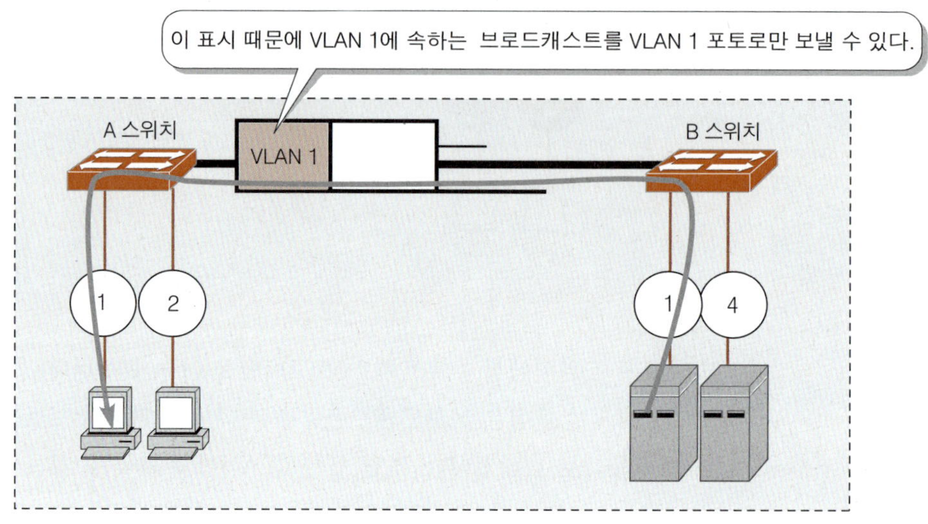

그림 6-28 ≫
트렁크를 통해 전달된 브로드캐스트가 어떤 VLAN에 속하는지 표시할 수 있어야 스위치를 트렁크로 연결했을 때도 브로드캐스트 도메인을 줄일 수 있다.

Lesson 07
VLAN 표시를 위해 옷을 하나 더 입기 ✳

스위치는 트렁크 링크를 통해 프레임을 보내기 전에 VLAN 번호를 표시해 주어야 합니다. 그래야 반대쪽의 스위치가 브로드캐스트 프레임을 받았을 때 이 VLAN 번호를 보고 해당 포트들로만 브로드캐스트 프레임을 보낼 수 있습니다. 이 트렁크 구간에서의 특별한 인캡슐레이션 때문에 같은 VLAN 번호가 다른 스위치의 포트에 할당될 수 있습니다. 같은 VLAN을 다른 스위치들에서 할당한다는 것은 바로 엔드 투 엔드 VLAN을 구현할 수 있다는 뜻입니다. 엔드 투 엔드 VLAN 때문에 [그림 6-29]와 같이 다른 층에 있는 디바이스들도 같은 VLAN에 속할 수 있습니다.

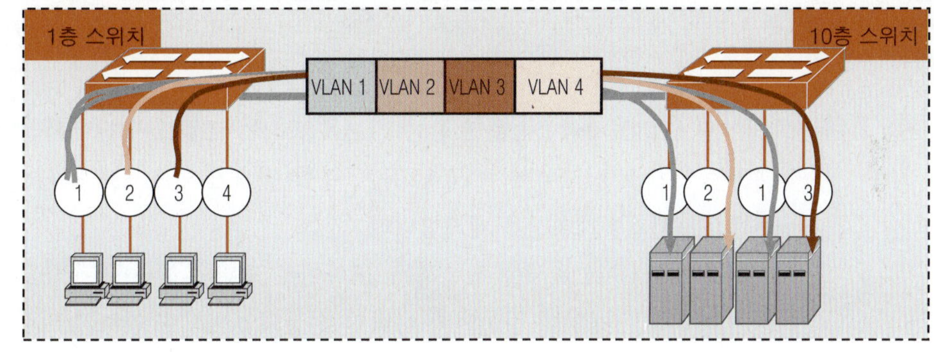

그림 6-29 ≫
트렁크에서는 반드시 트래픽의 VLAN 번호를 표시할 수 있어야 한다.

시스코 제품들은 트렁크에서 VLAN을 표시하기 위해 [표 6-4]와 같은 표준을 지원하는데, 두 가지 방법이 있습니다.

표 6-4 ≫
새로운 인캡슐레이션을 사용해 VLAN 번호를 표시

방법	설 명
ISL	시스코 스위치 또는 라우터에서 지원하는 시스코 고유의 프로토콜로 트렁크가 이더넷 또는 토큰 링일 때 사용한다.
IEEE 802.1Q	IEEE 표준으로 트렁크가 이더넷 구간일 때 사용한다.

■ 시스코 고유의 인캡슐레이션 프로토콜 ISL

ISL은 시스코 고유의 인캡슐레이션 프로토콜입니다. ISL을 사용하면 프레임 앞에 VLAN 번호를 포함하는 ISL 인캡슐레이션을 덧붙이게 됩니다.

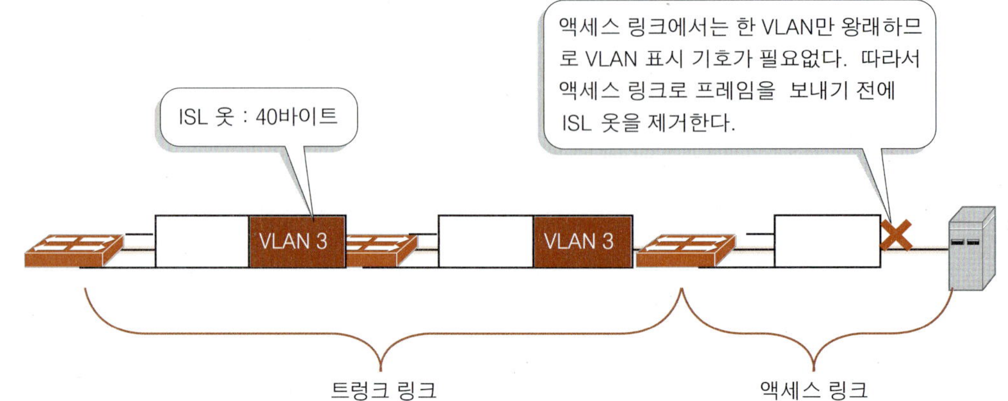

그림 6-30 ≫
ISL은 VLAN 표시를
위해 4번째 입는 옷

[그림 6-30]처럼 ISL을 포함한 VLAN 표시는 트렁크 구간에서만 유지되고, 한 VLAN만 왕래하는 액세스 링크에서는 VLAN을 구분할 필요가 없으므로 액세스 링크로 프레임을 보내기 전에 ISL 인캡슐레이션을 제거합니다.

ISL에는 VLAN 표시를 포함하는 26바이트 헤더와 4바이트 CRC 꼬리가 붙습니다. CRC 꼬리는 이더넷 프레임이 정상인지 아니면 손상되었는지 확인하기 위한 것입니다. 정확한 ISL 인캡슐레이션 포맷은 [표 6-6]과 같습니다.

표 6-6 ≫
ISL 인캡슐레이션
포맷

비트 수	40	4	4	48	16	24	24	15	1	16	16	8 –196600	32
ISL 필드	DA	TYPE	USER	SA	LEN	AAAA03	HSA	VLAN	BPDU	INDEX	RES	ENCAP FRAME	CRC

다음은 ISL 인캡슐레이션 필드들에 대한 설명입니다.

- DA(Destination Address) : 목적지 주소이고 40비트 목적지 멀티캐스트 주소로 항상 0x01-00-0C-00-00이나 0x03-00-0c-00-00에 맞춰져서 수신 스위치에게 ISL 패킷임을 표시합니다.

- TYPE : 프레임 타입이고 TYPE 필드는 4비트 길이로 내부에 인캡슐레이션된 프레임 타입을 표시합니다.

표 6-7 >>
ISL의 TYPE 코드

TYPE 코드	의 미
0000	이더넷 프레임이 포함된다.
0001	토큰 링 프레임이 포함된다.
0010	FDDI 프레임이 포함된다.
0011	ATM 프레임이 포함된다.

● USER : User Defined Bits(TYPE Extension), USER 필드는 4비트 길이로 스위치를 통과할 때 이더넷 프레임의 처리 우선순위를 표시하기 위해 사용됩니다. XX11 코드를 가진 프레임이 가장 먼저 처리됩니다.

표 6-8 >>
ISL의 USER 코드

USER 코드	의 미
XX00	정상 처리(Normal Priority)
XX01	1순위(Priority 1)
XX10	2순위(Priority 2)
XX11	최고 순위(Highest Priority)

● SA(Source Address) : SA 필드는 ISL 패킷을 생성한 디바이스의 주소입니다.

● LEN(Length) : LEN 필드는 ISL 인캡슐레이션의 DA, TYPE, USER, SA, LEN 등과 FCS 필드를 제외한 프레임의 길이입니다.

● AAAA03 : SNAP(Subnetwork Access Protocol) 혹은 LLC(Logical Link Control), 이 자리는 항상 AAAA03으로 고정되어 있습니다.

● HSA(High Bits of Source Address) : SA(Source Address)필드의 상위 3바이트가 옵니다. 원래 MAC 주소의 상위 3바이트는 제조사를 표시하기 위한 번호입니다. ISL 인캡슐레이션은 시스코 고유의 프로토콜이므로 HAS 필드는 항상 '00-00-0C'가 되어야 합니다.

● VLAN : VLAN ID를 표시하는 15비트 길이의 필드입니다.

● BPDU(Bridge Protocol Data Unit) : ISL 프레임이 실어 나르는 프레임이 BPDU이거나 CDP(Cisco Discovery Protocol) 프레임일 때 이것을 표시합니다.

● INDX : INDX 필드는 ISL 프레임이 스위치를 빠져나갈 때의 포트 ID입니다.

● RES : RES 필드는 토큰 링이나 FDDI 패킷이 ISL 프레임에 인캡슐레이션되었을 때 사용합니다.

● ENCAP FRAME(Encapsulated Frame) : ENCAP FRAME 필드는 이더넷, 토큰 링과 FDDI 프레임들을 수용하는 최대 24575 바이트 길이의 필드입니다.

● FCS(Frame Check Sequence) : 프레임의 손상 여부를 체크하기 위한 32비트 길이의 CRC 값이 포함됩니다.

■ VLAN을 표시하는 표준 프로토콜 IEEE 802.1Q

IEEE 802.1Q는 VLAN을 표시하기 위한 표준 프로토콜입니다. ISL이 기존 이더넷 프레임 앞에 인캡슐레이션을 하는 방법이라면 IEEE 802.1Q는 기존의 이더넷 인캡슐레이션 필드 간에 VLAN 정보를 [그림 6-31]과 같이 삽입합니다.

그림 6-31 >>
IEEE 802.1Q 인캡슐
레이션 프로토콜

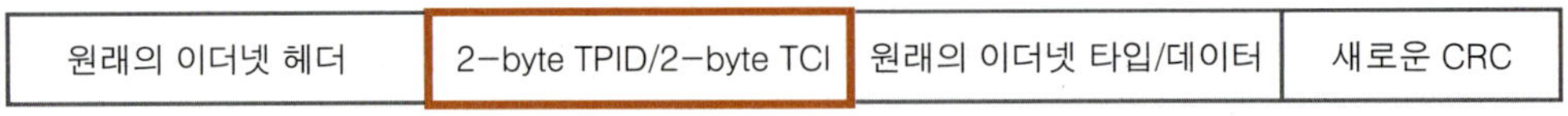

원래의 이더넷 헤더	2-byte TPID/2-byte TCI	원래의 이더넷 타입/데이터	새로운 CRC

- TPID : 0x8100의 고정된 값으로 802.1Q/802.1p 정보를 포함하고 있음을 표시합니다.
- TCI : VLAN 정보와 프레임의 우선순위 값을 표시합니다.

Lesson 08 실전! 트렁크 구현하기 *

트렁크를 생성, 구현하기 위해서는 'switchport mode trunk' 명령을 사용합니다.

예 6-8 ≫
트렁크 구현 명령

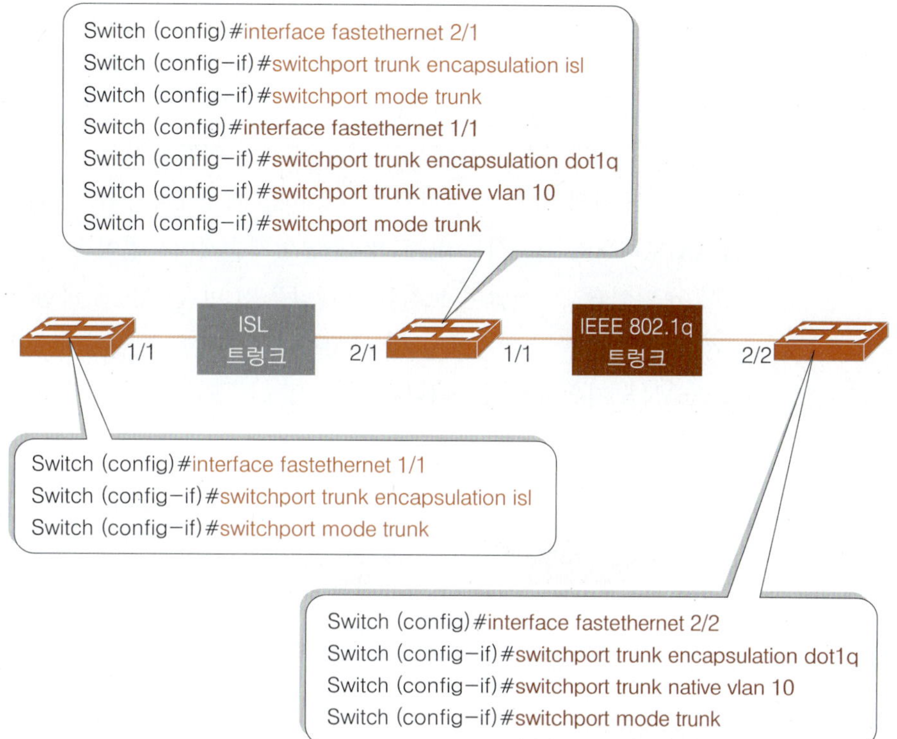

트렁크 구현 명령에서 사용되는 옵션들을 살펴보겠습니다.

```
switchport mode {trunk / dynamic {desirable / auto}}
```

표 6-9 ≫
switchport mode
명령의 옵션 설명

옵션	설 명
trunk	포트를 트렁크 모드로 세팅한다.
dynamic desirable	디폴트 세팅으로 반대쪽 스위치가 trunk, dynamic desirable, dynamic auto 모드일 때 트렁크가 될 수 있다.
dynamic auto	반대쪽 스위치가 trunk, dynamic desirable 모드일 때 트렁크가 될 수 있다. 양쪽 모두 dynamic auto일 때는 트렁크가 될 수 없다.

```
switchport trunk encapsulation {isl / dot1q / negotiate}
```

표 6-10 >>
switchport trunk
명령의 옵션 설명

옵션	설 명
isl	트렁크에서 사용할 인캡슐레이션을 ISL로 구현한다.
dot1.q	트렁크에서 사용할 인캡슐레이션을 표준 방식인 IEEE 802.1q로 구현한다. IEEE 802.1q로 구현된 트렁크에서 native VLAN을 구현했을 때, 네이티브 VLAN에 속하는 트래픽은 인캡슐레이션 생략한다.
negotiate	디폴트 : 양쪽에 지원되는 것을 찾는데 ISL이 우선한다.

```
switchport trunk native vlan 10
```

트렁크 구간의 양쪽 스위치에서 'switchport trunk native vlan 10' 명령을 구현하면 10번 VLAN 트래픽에 대해서는 IEEE 802.1q 인캡슐레이션없이 보냅니다. 수신 스위치에서는 IEEE 802.1q 인캡슐레이션없이 도착한 프레임을 10번 VLAN에 속한 프레임이라고 생각합니다. 따라서 트렁크 양쪽 스위치에서 네이티브 VLAN 번호를 일치시켜야 합니다. 또한 ISL은 네이티브 VLAN을 지원하지 않습니다.

예 6-9 >>
switchport trunk
native vlan 명령

그림 6-32 >>
DTP는 트렁크 구현
명령의 옵션을 교환하
여 트렁크가 될 수 있
는지 결정한다.

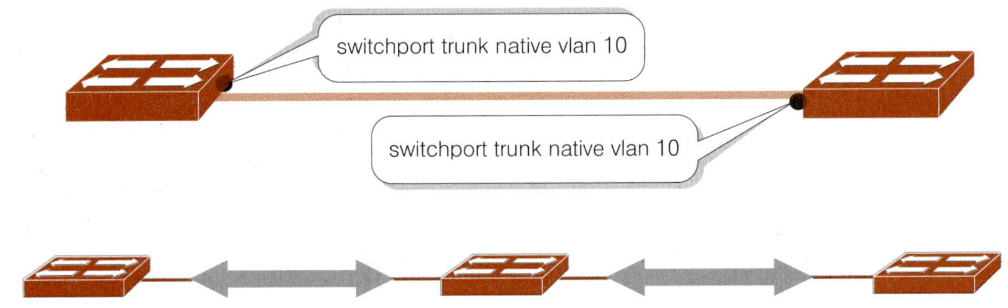

트렁크는 스위치 포트 간 또는 스위치와 라우터 간에서 사용되는 1대1 연결 링크입니다(ISL LAN 카드를 가진 PC/서버와 스위치 연결도 가능). 다이나믹 트렁크 프로토콜은 시스코 카탈리스트 수퍼바이저 엔진 소프트웨어 4.2 이후 버전에서 사용하는 트렁크 니고시에이션(Trunk Negotiation) 프로토콜입니다. DTP의 이전 버전인 DISL(Dynamic ISL) 프로토콜은 ISL 트렁크에서만 사용할 수 있었던 것에 비해 DTP는 ISL과 IEEE 802.1Q 트렁크 모두에서 사용할 수 있습니다.

DTP와 DISL 프로토콜은 트렁크로 연결된 두 스위치 간에서 트렁크 구현 명령에 관한 옵션들을 교환하여 트렁크가 될 수 있는지 없는지의 여부와 트렁크에서 사용할 인캡슐레이션 방법을 결정합니다. 트렁크 구현 명령의 옵션들은 앞에서 소개한 'switchport mode {trunk/dynamic {desirable / auto}}' 명령과 'switchport trunk encapsulation {isl / dot1q / negotiate}'의 옵션을 말합니다.

한 걸음 더!

'너는 못 가!' 트렁크에서 제한하는 트래픽

트렁크에서는 디폴트로 모든 VLAN 트래픽이 왕래합니다. 그러나 다음과 같은 경우에는 왕래하는
VLAN 트래픽에 제한을 줍니다.

● 불필요한 브로드캐스트 억제 : 반대쪽 스위치에 2번 VLAN이 할당되어 있지 않을 때도 모든 1, 2
번 VLAN 브로드캐스트가 불필요하게 전달될 때 억제합니다.

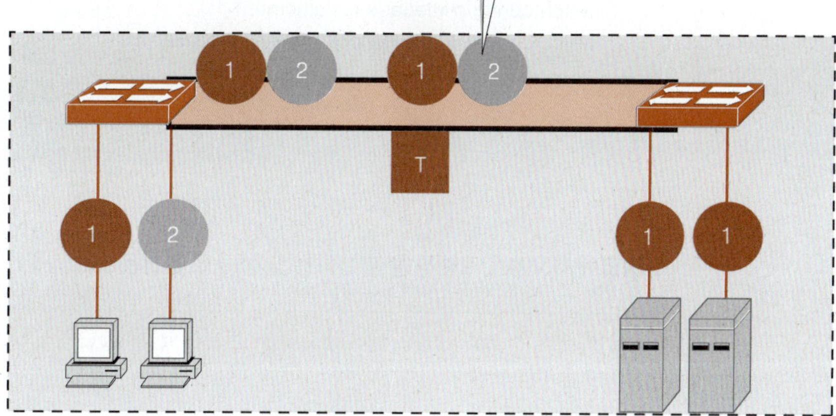

그림 6-33 >>
트렁크에서 불필요한
브로드캐스트가
전달되기도 한다.

● STP 프로토콜의 BPDU 프레임 억제 : STP에서 발생하는 BPDU 프레임들은 VLAN별로 독립된
STP(Per VLAN STP)를 구현했을 때 한 네트워크 내부에서만 교환하면 되는데, 이웃 스위치에
해당되는 VLAN없는데도 불구하고 쓸데없이 BPDU가 트렁크를 통해 전달됩니다.

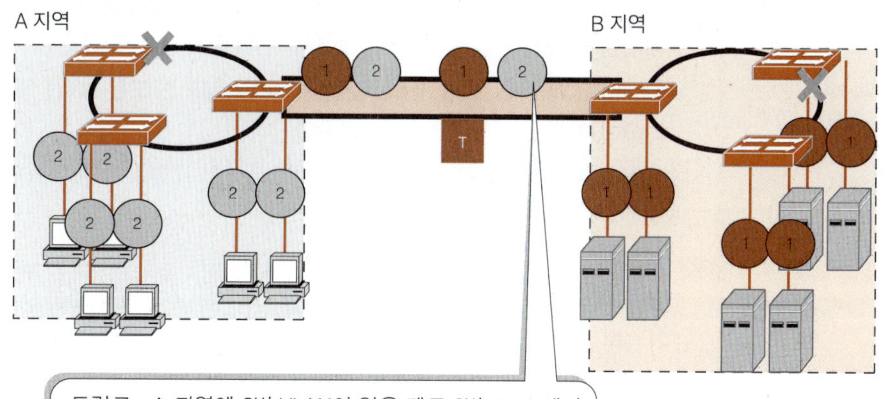

그림 6-34 >>
트렁크에서 불필요하
게 STP BPDU가 전달
될 수 있다.

앞에서와 같은 경우 트렁크에서 전달되는 VLAN 트래픽을 제한하기 위해 [예 6-10]과 같이 'switchport trunk allowed vlan' 명령을 사용합니다.

예 6-10 >>
트렁크에서 전달되는
VLAN 트래픽을 제한
하기 위해 switchport
trunk allowed vlan
명령을 사용한다.

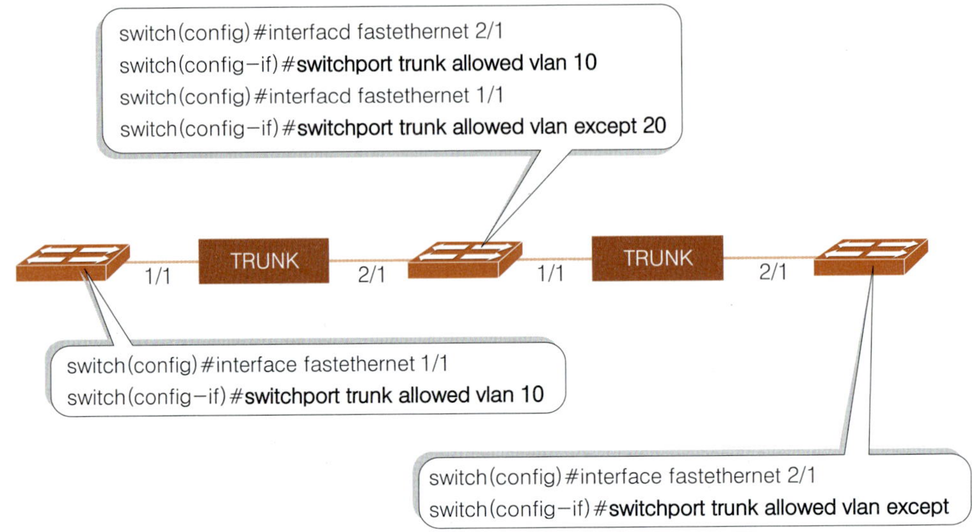

트렁크에서 VLAN 트래픽을 제한하는 명령들의 옵션은 [표 6-11]과 같습니다.

```
switchport trunk allowed vlan {vlan-번호 / all/{add / except / remove} vlan-번호}
```

표 6-11 >>
트렁크에서 VLAN 트
래픽을 제한하기 위한
명령의 옵션

옵션	설 명
switchport trunk allowed vlan 10~20	10~20번 VLAN 트래픽만 트렁크에서 허용한다.
switchport trunk allowed vlan all	모든 VLAN(1~4094 VLAN)을 트렁크에서 허용한다.
switchport trunk allowed vlan 10~20 add 23	10~20번 VLAN 트래픽 외에 23번 VLAN 트래픽도 트렁크에서 허용한다.
switchport trunk allowed vlan all except 21	21번 VLAN을 제외한 모든 VLAN 트래픽을 트렁크에서 허용한다.
switchport trunk allowed vlan 10~20 remove 15	10~20번 중에서 15번을 제외한 VLAN 트래픽만 트렁크에서 허용한다.

스위치 포트의 트렁킹 상태를 확인하려면 'show interface gig1/1 trunk' 명령을 사용합니다. [예 6-11]은 트렁크의 인캡슐레이션 모드는 'on'이고, 트렁크에서 사용할 인캡슐레이션 방식은 ISL 이고, 트렁킹 상태는 성공적이며, 트렁크에서 왕래할 수 있는 트래픽들은 VLAN 1~29와 32~1005 에 속해야 함을 보여 줍니다.

예 6-11 ≫
show interface
gig1/1 trunk 명령으
로 스위치 포트의 트
렁킹 상태와 트렁크에
서 허가된 VLAN을
확인한다.

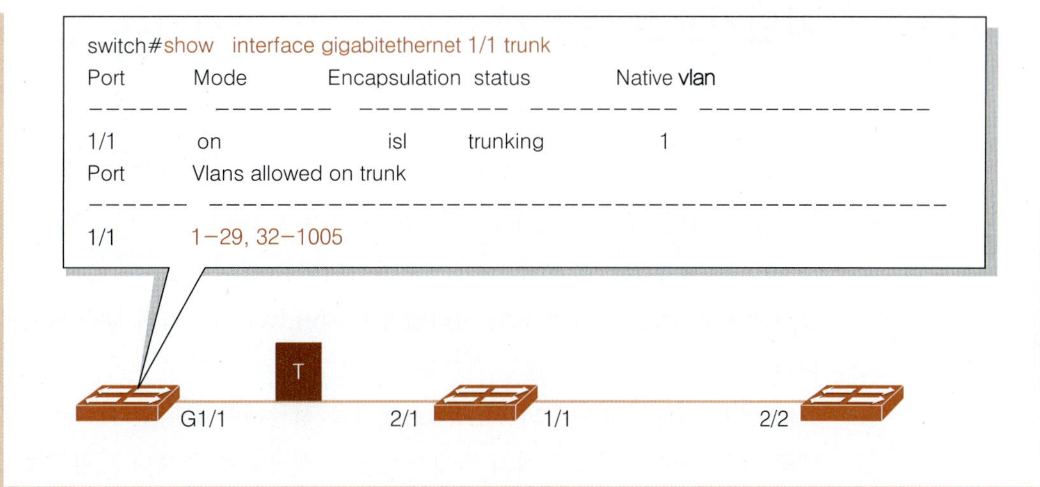

지역적으로 떨어진 네트워크를 연결하는 메트로 이더넷

LAN에서 사용하는 이더넷 기술을 보다 적극적으로 활용하여 WAN을 대체하는 것이 바로 메트로 이더넷(Metro Ethernet)입니다. 메트로 이더넷 서비스는 캠퍼스 네트워크가 지역적으로 멀리 떨어져 있는 경우에 서비스 프로바이더를 통과하는 2계층 이더넷 연결을 말합니다. 통상적으로 WAN 연결에 필요한 시리얼 인터페이스가 사용되지 않기 때문에 라우터가 없어도 됩니다.

[그림 6-35]처럼 다수의 VLAN 트래픽을 전달해야 한다면 서비스 프로바이더 스위치와 고객측 서비스 사이를 여러 개의 액세스 링크를 사용하는 것보다 트렁크로 구현하는 것이 효율적입니다.

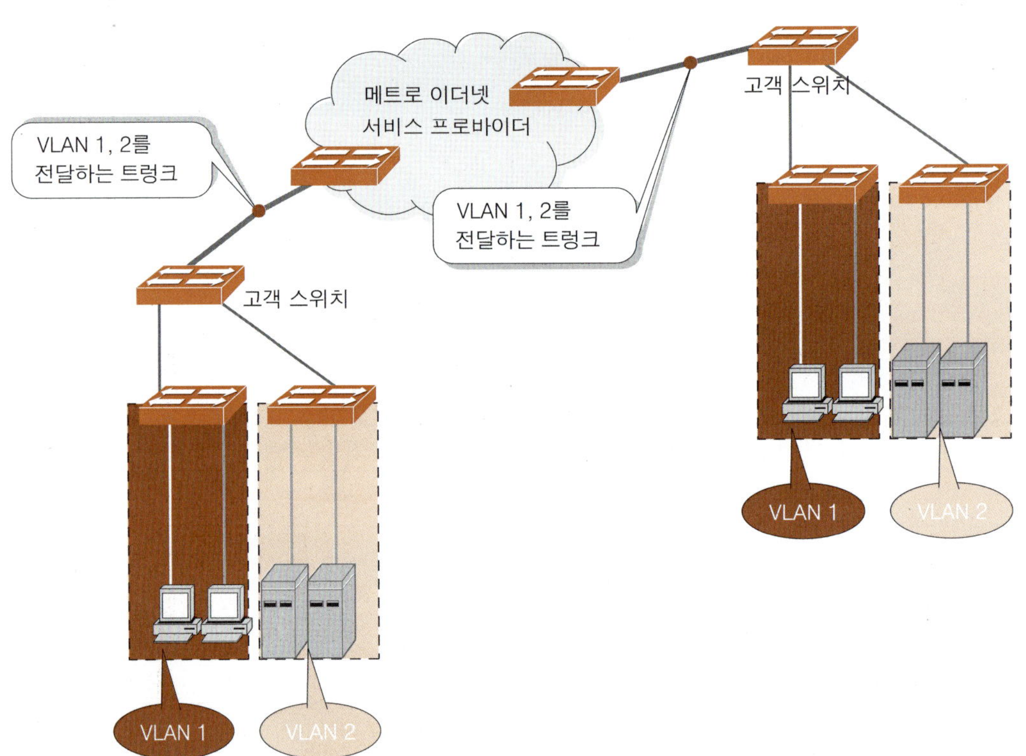

그림 6-35 >>
메트로 이더넷 서비스
의 연결 예

서비스 프로바이더의 메트로 이더넷 서비스 망에는 수많은 고객이 접속하게 됩니다. 이때 고객의 트래픽은 서로 독립적으로 분리되어 통과할 수 있도록 해야 합니다. 이러한 서비스 프로바이더 망을 통과하는 가상의 독립적인 경로를 '터널링(Tunneling)'이라고 하는데, 터널링 방법에는 IEEE 802.1Q 터널링과 EoMPLS(Ethernet over MPLS) 터널링 두 가지가 있습니다.

참고로 이것을 여러 VLAN을 수용하는 트렁크와 혼동하면 안됩니다.

■ IEEE 802.1Q 터널

[그림 6-35]처럼 캠퍼스 네트워크에서 사용하는 VLAN은 여러 개가 있기 때문에 고객 스위치와 메트로 이더넷 서비스 프로바이더의 스위치 간에서는 트렁크 포트를 사용합니다. 이때 이러한 트렁크 라인을 받아 주는 서비스 프로바이더의 트렁크 포트를 IEEE 802.1Q 터널링 포트라고 합니다.

802.1Q은 터널링 구간에서 인캡슐레이션이 한번 더 나타납니다.

- 802.1Q 트렁킹 : 802.1Q 트렁크에서는 모든 프레임에 [그림 6-32]와 같이 EtherTYPE, CoS(Class of Service) 값, VLAN 번호를 전달하기 위한 4바이트 인캡슐레이션을 더합니다.
- 802.1Q 터널링 : 802.1Q 터널에서는 802.1Q 트렁크에서 입었던 옷에 4바이트 옷을 한번 더 입습니다. 고객을 구분하는 번호가 들어갑니다.

프레임은 일반적으로 4계층 인캡슐레이션+3계층 인캡슐레이션+2계층 인캡슐레이션까지 3개의 옷을 입는데 [그림 6-36]을 보면 802.1Q에서는 옷을 4개 입고 802.1Q 터널에서는 옷을 5개 입는 것을 알 수 있습니다.

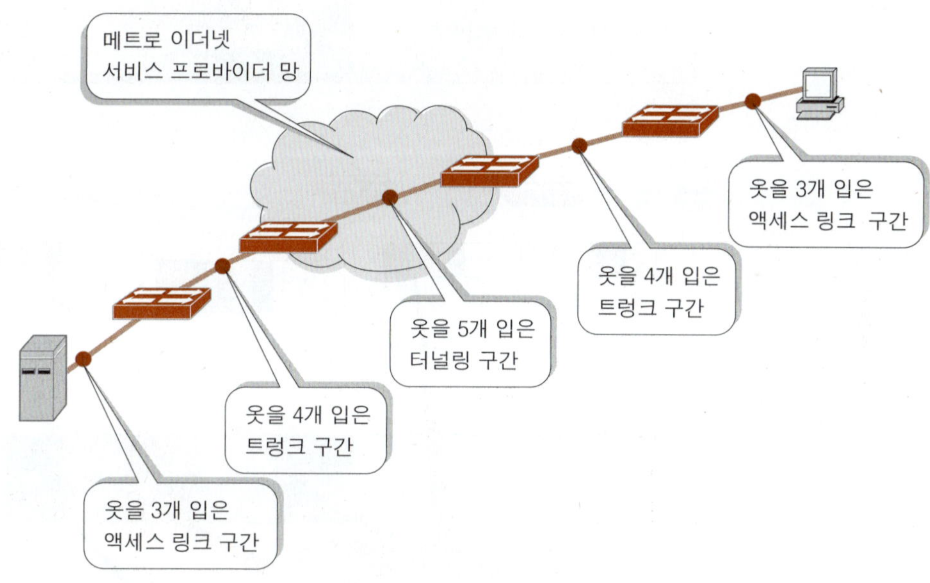

그림 6-36 ≫
옷을 4개 입는 트렁크
구간과 5개 입는
터널링 구간

액세스 링크에서는 다음과 같은 2계층, 3계층, 4계층 인캡슐레이션이 나타납니다. 트렁크 구간에서 IEEE 802.1Q 인캡슐레이션을 사용한다면 2계층 인캡슐레이션 간에 VLAN 정보가 들어옵니다.

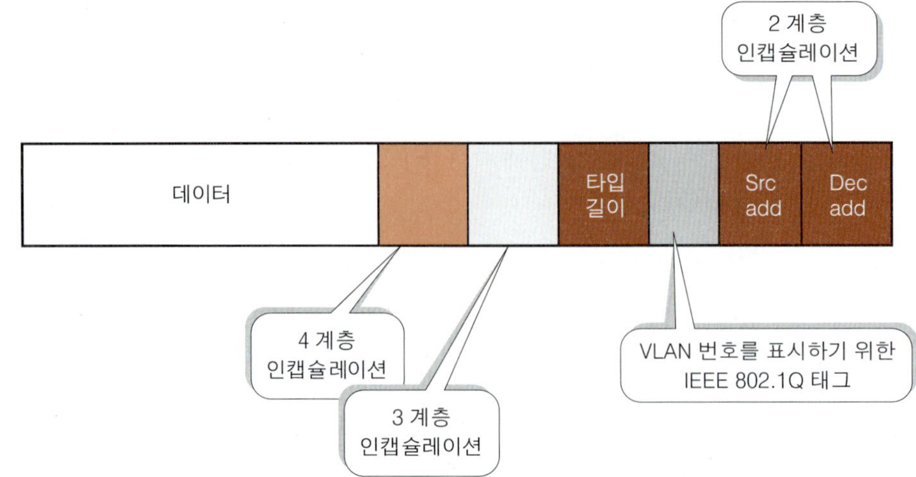

그림 6-37 ≫
IEEE 802.1Q 정보는
2계층 인캡슐레이션
사이에 들어 온다.

한편 802.1Q 터널링 구간에서는 [그림 6-38]과 같이 옷을 하나 더 입는 더블 태깅(Double Tagging)이 나타납니다. 이 5번째 옷에는 고객을 구분하는 VLAN 번호가 들어갑니다.

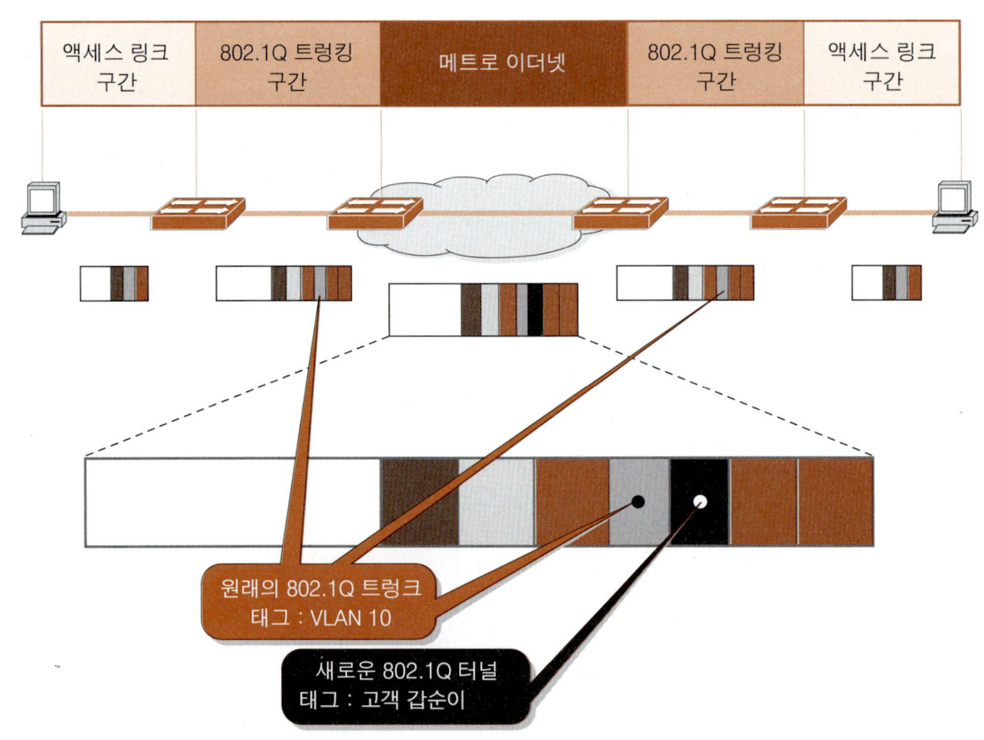

그림 6-38 ≫
터널링 구간에서는 고
객을 구분하는 VLAN
번호가 추가된다.

5번째 태그에는 고객을 구분하는 VLAN 번호가 들어갑니다. [그림 6-39]에서는 '고객 갑순이'를 표시하는 VLAN 번호가 들어갑니다. 서비스 프로바이더의 에지 스위치(Edge Switch)에서 5번째 태그를 붙이는데, 고객측으로 보내기 전에 제거됩니다.

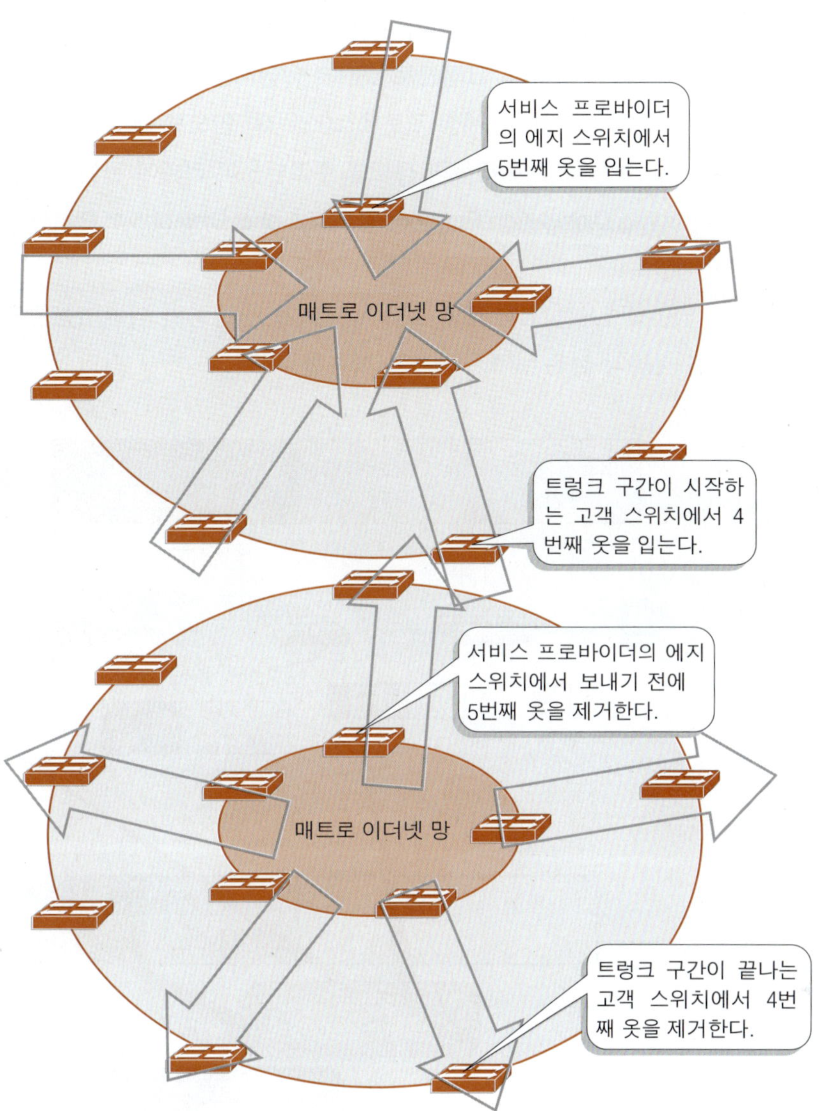

그림 6-39 ≫
적당한 스위치에서
4번째 태그와 5번째
태그를 추가하거나
제거한다.

■ EoMPLS 터널

서비스 프로바이더가 MPLS 프로토콜을 사용하고 있다면 EoMPLS(Ethernet over MPLS)를 사용할 수 있습니다. 서비스 프로바이더와 같이 거대한 네트워크에서 패킷이 효과적으로 길을 찾도록 하기 위해 MPLS 방법을 사용할 수 있습니다. MPLS의 기본적인 아이디어는 다음과 같습니다.

● LER : 서비스 프로바이더의 에지 라우터는 LER(Edge Label Switch Router 또는 Edge LSR)의 기능을 수행합니다. LER은 IEEE 802.1Q 터널링 라우터에서 5번째 옷을 입히듯 특정 목적지 네트워크를 표시하기 위한 MPLS 라벨(또는 태그)을 붙입니다.

● LSR : MPLS 망 내의 라우터인 LSR(Label Switch Router)은 패킷의 목적지를 찾기 위해 MPLS 라벨만 봅니다. 그러므로 LSR에 해당하는 라우터는 IP 주소를 볼 필요가 없습니다. 즉, 3계층 프로세스 없이 2계층 프로세스(스위칭) 만으로 패킷을 스위칭 합니다. LSR은 라우터가 패킷의 라우팅을 위해 라우팅 정보를 주고받듯이 라벨에 관한 정보를 주고받아야 합니다. TDP(Cisco Tag Distribution Protocol)나 LDP(Label Distribution Protocol)를 사용합니다.

EoMPLS는 고객 또는 고객 VLAN을 구분하기 위해 IEEE 802.1Q의 5번째 태그 대신 [그림 6-40]과 같은 MPLS 라벨을 사용합니다.

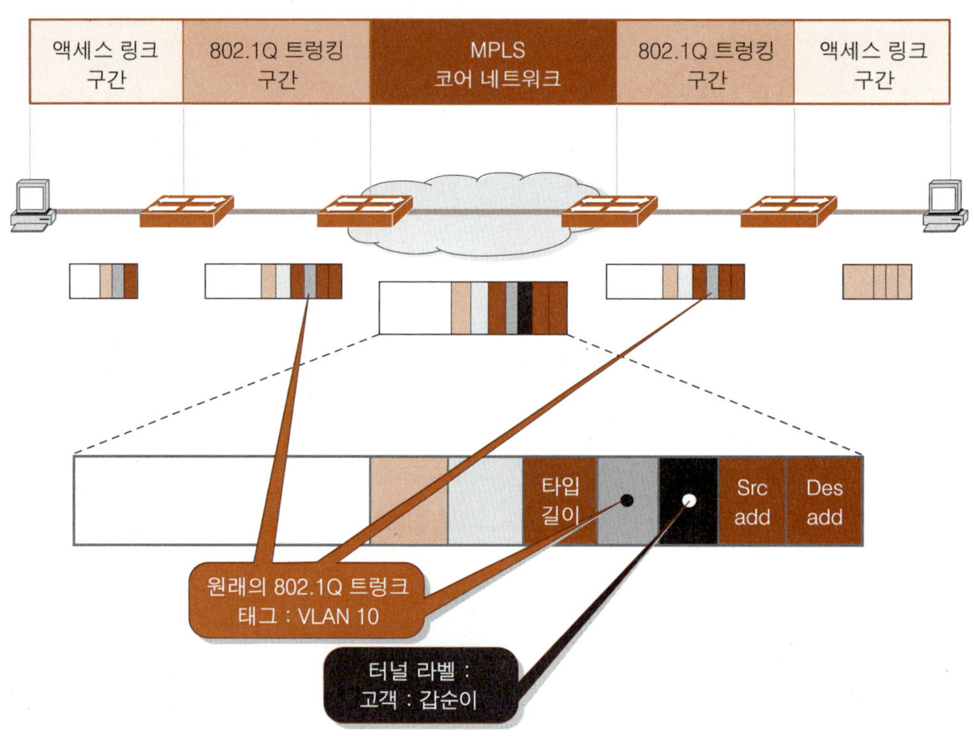

그림 6-40 ≫
EoMPLS 서비스에서
의 태깅

IEEE 802.1Q 터널링 구현하기

IEEE 802.1Q 터널링은 서비스 프로바이더의 에지 스위치에서 [예 6-12]와 같이 구현해야 합니다.

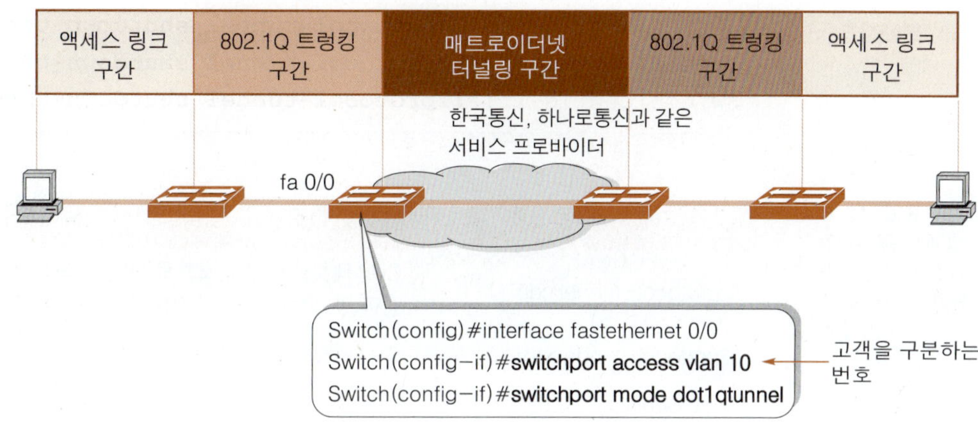

예 6-12 》
서비스 프로바이더의 에지 스위치의 터널링 구현

IEEE 802.1Q 터널링을 위한 명령의 옵션은 [표 6-12]와 같습니다.

표 6-12 》
IEEE 802.1Q 터널링을 위한 명령 옵션

옵션	설 명
Switchport access vlan 10	고객을 구분하기 위한 ID를 표시
Switchport mode dot1qtunnel	스위치의 포트를 터널 모드로 설정

2계층 스위치들 간에 컨트롤 용도로 사용되는 STP, VTP, CDP 등 2계층 프로토콜들이 주고 받는 프레임이 있습니다. 이 프레임들은 트렁크의 VLAN 1 통로를 통해 전달됩니다. 이러한 프로토콜 프레임들이 서비스 프로바이더의 802.1Q 터널 포트에 수신되면 에지 스위치들은 터널링을 시키기 보다는 직접 처리하려고 시도합니다. 결과적으로 고객 스위치들 사이에서 교환되어야 하는 중요한 프레임들이 중간에 사라지게 됩니다.

이 문제를 해결하기 위해 사용하는 것이 'GBPT(Generic Bridge PDU Tunneling)'라고 하는 2계층 프로토콜 터널입니다. GBPT가 구현된 에지 스위치는 고객과 연결된 802.1Q 트렁크를 통해 프레임을 받으면 GBPT 목적지 주소인 0100.0ccd.cdd0로 바꿉니다. 이 주소를 가진 프레임은 바로 802.1Q 터널로 보내 집니다.

GBPT 메커니즘을 특정 프로토콜에만 선택적으로 적용할 수도 있는데, [예 6-13]의 구현 명령과 [표 6-13]의 옵션들을 참조하기 바랍니다.

예 6-13 ≫
터널에서 레이어 2
프로토콜 프레임들을
통과시키기 위한
구현이 필요하다.

```
Switch(config)#interface fastethernet 0/0
Switch(config-if)#l2protocol-tunnel cdp
Switch(config-if)#l2protocol-tunnel stp
Switch(config-if)#l2protocol-tunnel vtp
Switch(config-if)#l2protocol-tunnel drop-threshold 1000 cdp
Switch(config-if)#l2protocol-tunnel drop-threshold 1000 stp
Switch(config-if)#l2protocol-tunnel drop-threshold 1000 vtp
Switch(config-if)#l2protocol-tunnel shutdown-threshold 5000 cdp
Switch(config-if)#l2protocol-tunnel shutdown-threshold 5000 stp
Switch(config-if)#l2protocol-tunnel shutdown-threshold 5000 vtp
```

표 6-13 ≫
터널에서 통과시킬
레이어 2 프로토콜 프
레임을 구현할 때
사용하는 옵션

옵션	설 명
l2protocol-tunnel cdp	CDP 패킷을 터널링 포트로 보낸다. 옵션 없이 l2protocol-tunnel 명령만 있으면 CDP, VTP,STP 모든 프로토콜이 해당된다.
l2protocol-tunnel stp	STP 패킷을 터널링 포트로 보낸다.
l2protocol-tunnel vtp	VTP 패킷을 터널링 포트로 보낸다.
l2protocol-tunnel drop-threshold 1000 cdp CDP	패킷을 터널링 포트로 보내더라도 초당 1000 패킷 이상을 넘기지 않도록 한다.
l2protocol-tunnel shutdown-threshold 5000 cdp	CDP 패킷을 터널링 포트로 보내도 초당 5000 패킷 이상을 받으면 터널 포트를 Shutdown(Errdisable상태)에 둔다.

한 걸음 더!

VLAN과 트렁크의 트러블슈팅

스위치에서 VLAN이 제대로 구현되었는지 확인하려면 'show vlan id' 명령을 사용합니다. 이 명령을 통해 VLAN이 active 상태인지 볼 수 있고, 해당 VLAN에 할당된 포트들을 알 수 있습니다.

예 6-14 ≫
show vlan id 명령으
로 스위치에서 선언된
VLAN과 매핑된 포트
들을 확인한다.

```
Switch# show vlan id 2
VLAN    Name                 Status            Ports
  2     Seconf_floor         active              GI3/1, GI3/2, GI3/3,
                                                 GI3/4,GI3/5

VLAN Type  SAID     MTU Parent RingNo BridgeNo Stp BrdgMode Trans1 Trans2
2    enet 100003 1500   -      -       -        -    -         0      0
Primary Secondary Type Interfaces
```

VLAN 상태가 active라는 것은 선언이 되었다는 말입니다.

트렁크를 위해서는 두 스위치에서 다음 파라미터들을 적절하게 구현해야 합니다.

- 트렁킹 모드 : on(무조건 트렁킹), auto(협상 이후 조건에 따라 트렁킹, 예를 들어 반대쪽이 dynamic 또는 auto일 때 트렁크가 됨), non-negotiate(협상없이 무조건 트렁킹) 등이 있습니다.
- 트렁크에서 사용할 인캡슐레이션 : ISL, IEEE 802.1Q, DTP 프로토콜 메시지를 통해 협상(시스코 스위치에서는 ISL이 우선)합니다.
- 네이티브 VLAN : IEEE 802.1Q 트렁크에서만 지원하는 것으로 트렁크에서 기본 VLAN(네이티브 VLAN)을 설정하면 기본 VLAN에 속하는 트래픽은 태깅없이 전달해도 반대쪽 스위치에서는 전달된 패킷들의 VLAN 소속을 트렁크에 구현된 네이티브 VLAN으로 생각합니다. 두 스위치에서 구현된 네이티브 VLAN이 다르면 에러 로그 메시지가 콘솔 화면에 보이고, 네이티브 VLAN에 속한 트래픽은 제대로 전달되지 않습니다.
- 트렁크에서 허용된 VLAN 범위 : 기본적으로 트렁크는 모든 VLAN 패킷을 통과시키지만 제한할 수도 있습니다. 허용되거나 제한된 VLAN 종류가 일치해야 합니다.

이러한 스위치 포트의 현재 상태를 확인하려면 'show interface --- switchport' 명령을 사용합니다. 'Show interface switchport' 명령을 두 스위치에서 사용해 두 결과가 정확하고 적절한지 비교해야 합니다. [예 6-15]에서 두 스위치의 명령의 결과를 보겠습니다.

표 6-14 ≫
트렁크 옵션

① Administrative Mode:dynamic auto

[예 6-15]의 결과에서 'Administrative mode'가 'dynamic auto'로 되어 있으므로 반대 스위치에서 'trunk, dynamic desirable' 모드로 세팅되어야 트렁크가 될 수 있습니다. 반대쪽이 'dynamic auto'이므로 트렁크가 될 수 없습니다. [표 1-11]은 'Administrative mode'에 대한 비교표입니다.

trunk	포트를 트렁크 모드로 세팅
dynamic desirable	디폴트 세팅으로 반대쪽 스위치가 trunk, dynamic desirable, dynamic auto 모드일 때 트렁크가 될 수 있다.
dynamic auto	반대쪽 스위치가 trunk, dynamic desirable 모드일 때 트렁크가 될 수 있다. 양쪽 모두 dynamic auto일 때는 트렁크가 될 수 없다.

② Operational Mode: static access

모드가 '트렁크'로 구현되어야 하는데 '액세스 링크'로 구현되어 있습니다.

③ Administrative Trunking Encapsulation: dot1q

트렁크에서 사용할 수 있는 인캡슐레이션은 ISL 또는 IEEE 802.1Q 2가지입니다. 이 인캡슐레이션 타입도 두 스위치 간에 일치해야 합니다(두 스위치는 인캡슐레이션 타입이 일치하지 않습니다).

④ Trunking Native Mode VLAN:1 (default)

IEEE 802.1Q 트렁크에서 네이티브 VLAN을 구현했다면 네이티브 VLAN 번호가 일치해야 합니다.

```
Switch# show interfaces gigabitethernet 1/1 switchport
Name:Gi1/1
Switchport:Enabled
① Administrative Mode:dynamic auto
② Operational Mode:static access
③ Administrative Trunking Encapsulation:dot1q
Operation Trunking Encapsulation:native
Negotiation of Trunking:On
Access Mode VLAN:1(default)
④ Trunking Native Mode VLAN:1(default)
Administrative private-vlan host-association:none
Administrative private-vlan mapping:none
Operational private-vlan:none
Trunking VLANs Enabled:ALL
Pruning VLANs Enabled:2-1001
```

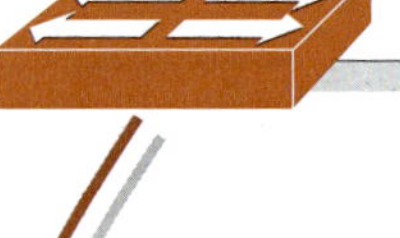

트렁크 구현 확인을 위해 잘못된 Administrative
모드, Operational 모드, Administrative Trunking
인캡슐레이션 구현을 확인해야 한다.

```
Switch# show interfaces gigabitethernet 1/2 switchport
Name:Gi1/1
Switchport:Enabled
Administrative Mode:dynamic auto
Operational Mode:static access
Administrative Trunking Encapsulation:ISL
Operation Trunking Encapsulation:native
Negotiation of Trunking:On
Access Mode VLAN:1 (default)
Trunking Native Mode VLAN:2(default)
Administrative private-vlan host-association:none
Administrative private-vlan mapping:none
Operational private-vlan:none
Trunking VLANs Enabled:ALL
Pruning VLANs Enabled:2-1001
```

스위치의 현재 트렁킹 파라미터 값을 확인하려면 'show interface ----- trunk' 명령을 사용합
니다. 이 명령을 통해 다음과 같은 트렁크 모드, 인캡슐레이션 타입, 트렁크 상태, 네이티브 VLAN,
허용된 VLAN 범위들을 알 수 있습니다.

```
Switch# show interfaces trunk

Port            Mode            Encapsulation   Status          Native vlan
Fa5/9           desirable       ISL             Trunking        1

Port            Vlans allowed on trunk
Fa5/9           1-1005

Port            Vlans allowed and active in management domain
Fa5/9           1-6,10,20,50,100,152,200,300,303-305,349-
                351,400,500,521,524,570,801-802,850,917,999,1002-1005

Port            Vlans in spanning tree forwarding state and not pruned

Fa5/9           1-6,10,20,50,100,152,200,300,303-305,349-
                351,400,500,521,524,570,801-802,850,917,999,1002-1005
```

[예 6-16]에서 'Vlans allowed and active in management domain' 과 'Vlans in spanning tree forwarding state and not pruned' 항목은 VTP 프로토콜에 관련된 것으로 다음 장에서 설명합니다.

 꼭 알아야 할 핵심 포인트

✔ 스위치로만 구성된 평평한 네트워크 환경에서는 브로드캐스트가 모든 디바이스로 전달되기 때문에 밴드위드스가 소모되고 네트워크가 느려집니다. 그래서 평야인 스위치와 산인 라우터를 적당히 조합하여 네트워크를 구성하는 것이 좋습니다.

✔ VLAN을 사용해 브로드캐스트 도메인을 적당히 나눠주는 것이 좋습니다. 스위치 블럭을 몇 개의 VLAN으로 나눌 것인가는 브로드캐스트의 발생량에 따라 다릅니다.

✔ 액세스 링크는 오직 한 VLAN 트래픽만 왕래할 수 있고, 트렁크에서는 VLAN에 속하는 모든 트래픽이 왕래할 수 있습니다. 트렁크 링크를 통해 프레임을 보내기 전에 스위치는 VLAN 번호를 표시해서 반대쪽의 수신 스위치가 VLAN 번호를 보고 해당 포트로만 브로드캐스트 프레임을 보낼 수 있도록 합니다.

✔ 메트로 이더넷은 캠퍼스 네트워크가 지역적으로 멀리 떨어져 있는 경우 서비스 프로바이더를 통과하는 2계층 이더넷 연결을 말합니다. 서비스 프로바이더 망을 통과하는 가상의 독립적인 경로인 터널링 방법에는 IEEE 802.1Q 터널링과 EoMPLS 터널링이 있습니다.

VLAN, 액세스 링크, 트렁크 구현하기

1. SW1−SW2 연결, SW2−SW3 연결을 트렁크로 구현하세요.

2. R1과 R6을 VLAN 10에, R2와 R4를 VLAN 20에, R3과 R5를 VLAN 30에 할당하세요.

3. IP 주소를 논리에 맞게 할당하세요.

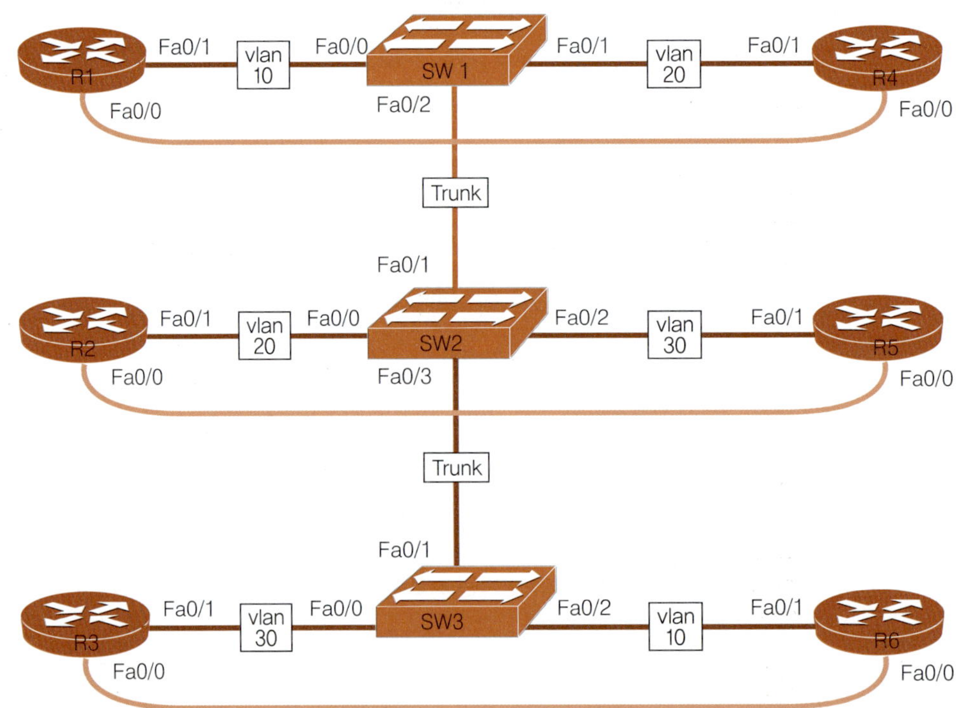

그림 6-41 ≫
네트워크 구성

1. 트렁크를 구현하려면 다음과 같이 'switchport mode trunk' 명령을 사용합니다. 트렁크에서 인캡슐레이션 타입을 IEEE 802.1Q로 지정하는 명령어는 'switchport trunk encapsulation dot1q' 입니다.

2. 포트를 액세스 링크로 구현하는 명령어는 'switchport mode access' 이고, 액세스 링크의 VLAN을 10으로 설정하는 명령이 'switchport access vlan 10' 입니다. 마찬가지로 액세스 링크의 VLAN을 20으로 설정하는 명령어는 'switchport access vlan 20' 입니다.

SW1 구현

```
SW1(config)#vlan 10
SW1(config)#vlan 20
SW1(config)#interface fa 0/0
SW1(config-if)#switchport mode access
SW1(config-if)#switchport access vlan 10
SW1(config)#interface fa 0/1
SW1(config-if)#switchport mode access
SW1(config-if)#switchport access vlan 20
SW1(config)#interface fa 0/2
SW1(config-if)#switchport trunk encapsulation dot1q
SW1(config-if)#switchport mode trunk
```

SW2 구현

```
SW2(config)#vlan 20
SW2(config)#vlan 30
SW2(config)#interface fa 0/0
SW2(config-if)#switchport mode access
SW2(config-if)#switchport access vlan 20
SW2(config)#interface fa 0/2
SW2(config-if)#switchport mode access
SW2(config-if)#switchport access vlan 30
SW2(config)#interface fa 0/1
SW2(config-if)#switchport trunk encapsulation dot1q
SW2(config-if)#switchport mode trunk
SW2(config)#interface fa 0/3
SW2(config-if)#switchport trunk encapsulation dot1q
SW2(config-if)#switchport mode trunk
```

SW3 구현

```
SW3(config)#vlan 10
SW3(config)#vlan 30
SW3(config)#interface fa 0/0
SW3(config-if)#switchport mode access
SW3(config-if)#switchport access vlan 30
SW3(config)#interface fa 0/2
SW3(config-if)#switchport mode access
SW3(config-if)#switchport access vlan 10
SW3(config)#interface fa 0/1
SW3(config-if)#switchport trunk encapsulation dot1q
SW3(config-if)#switchport mode trunk
```

3. R1의 패스트 이더넷 0/0 인터페이스와 R4의 패스트 이더넷 0/0이 같은 VLAN이고, R1의 패스트 이더넷 0/1 인터페이스와 R6의 패스트 이더넷 0/1이 같은 VLAN이고, R2의 패스트 이더넷 0/0 인터페이스와 R5의 패스트 이더넷 0/0이 같은 VLAN 입니다. R2의 패스트 이더넷 0/1 인터페이스와 R4의 패스트 이더넷 0/1이 같은 VLAN이고, R3의 패스트 이더넷 0/0 인터페이스와 R6의 패스트 이더넷 0/0이 같은 VLAN이고, R3의 패스트 이더넷 0/1인터페이스와 R5의 패스트 이더넷 0/1이 같은 VLAN입니다.

예 6-18 ≫
라우터 구현

R1 구현

```
R2#configure terminal
R2(config)#interface fastethernet 0/0
R2(config-if)#ip address 4.4.4.1 255.255.255.0
R2(config)#interface fastethernet 0/1
R2(config-if)#ip address 1.1.1.1 255.255.255.0
```

R2 구현

```
R3#configure terminal
R3(config)#interface fastethernet 0/0
R3(config-if)#ip address 5.5.5.1 255.255.255.0
R3(config)#interface fastethernet 0/1
R3(config-if)#ip address 2.2.2.1 255.255.255.0
```

R3 구현

```
R4#configure terminal
R4(config)#interface fastethernet 0/0
R4(config-if)#ip address 6.6.6.1 255.255.255.0
R4(config)#interface fastethernet 0/1
R4(config-if)#ip address 3.3.3.1 255.255.255.0
```

R4 구현

```
R5#configure terminal
R5(config)#interface fastethernet 0/0
R5(config-if)#ip address 4.4.4.2 255.255.255.0
R5(config)#interface fastethernet 0/1
R5(config-if)#ip address 2.2.2.2 255.255.255.0
```

```
R4#configure terminal
R6(config)#interface fastethernet 0/0
R6(config-if)#ip address 5.5.5.2 255.255.255.0
R6(config)#interface fastethernet 0/1
R6(config-if)#ip address 3.3.3.2 255.255.255.0
```



```
R4#configure terminal
R6(config)#interface fastethernet 0/0
R6(config-if)#ip address 6.6.6.2 255.255.255.0
R6(config)#interface fastethernet 0/1
R6(config-if)#ip address 1.1.1.2 255.255.255.0
```

네트워크 구성도에 VLAN 10, 20, 30을 표시하면 [그림 6-42]와 같습니다.

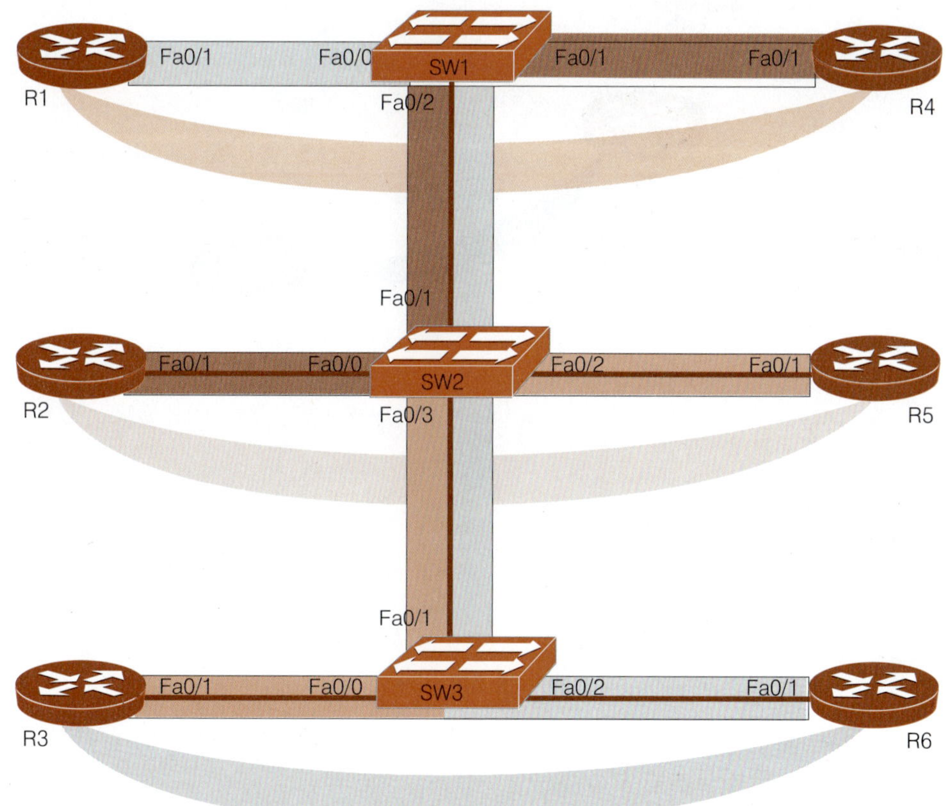

그림 6-42 ≫
물리적인 구성

[그림 6-42]의 물리적인 구성을 논리적인 구성으로 나타내면 [그림 6-43]과 같습니다.
R1과 R6이 같은 네트워크이고, R2와 R4가 같은 네트워크이고, R3과 R5가 같은 네트워크

입니다. 물리적인 구성은 임금 왕(王)자 모양이었는데 논리적인 구성은 원 모양이 됩니다. 논리적인 구성을 잘 활용하면 데이터의 흐름을 쉽게 이해할 수 있습니다.

　참고로 王자 토플러지는 VLAN, 트렁크 구현을 연습하기 위한 것이지 실제 환경에서 사용되는 것은 아닙니다. 실제 환경에서는 이미 언급했듯이 계층형 3 레이어 토플로지가 사용됩니다.

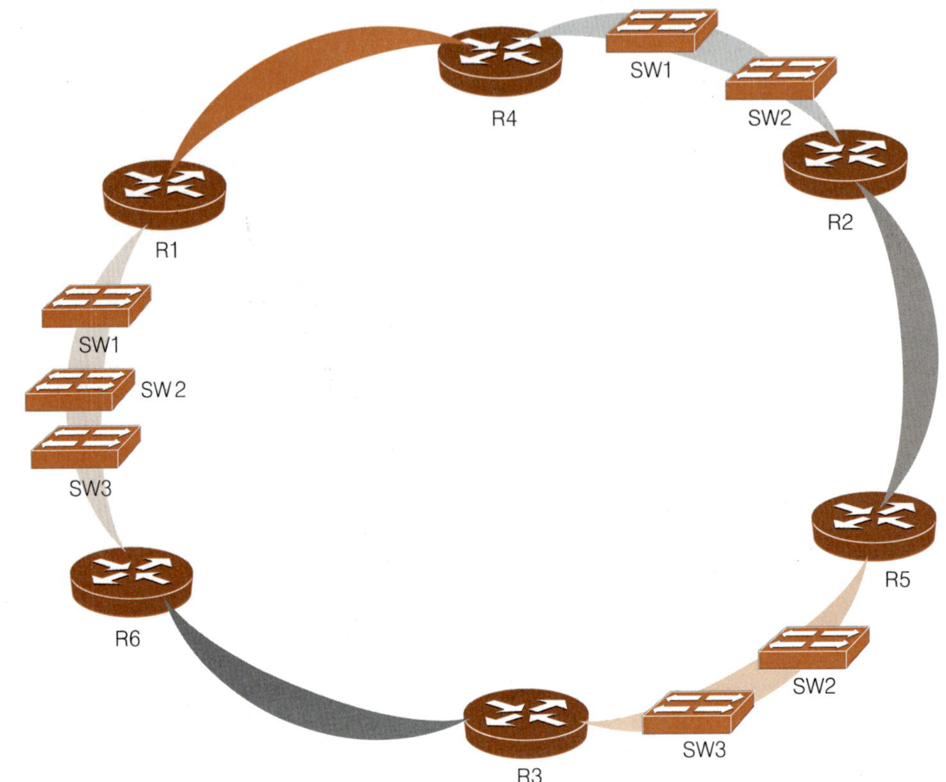

그림 6-43 >>
논리적인 구성

일관성 있는 VLAN 선언을 책임지는 VTP

이번 장에서 배울 것은 VTP 프로토콜입니다. VTP 프로토콜은 스위치의 VLAN 구현과 관계가 있습니다.
한 회사 내에서 사용하는 VLAN은 반드시 스위치에서 '일관성 있게 선언' 되어야 합니다.
VTP 프로토콜이 바로 일관성 있는 VLAN 선언을 책임지는 프로토콜입니다.
일관성 있는 VLAN 구현이란 무슨 의미이고 왜 중요할까요? 그 궁금증을 풀어보겠습니다.

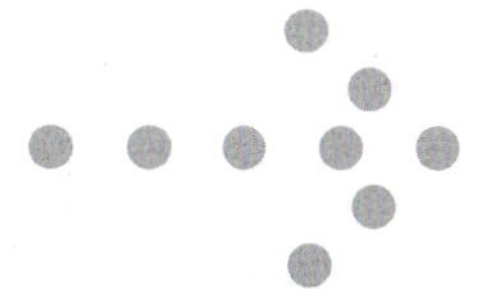

일관성 있는 VLAN 구현은 왜 필요한가? ✳

[그림 7-1]과 같은 캠퍼스 네트워크의 스위치에서 액세스 링크의 VLAN과 트렁크는 어떻게 구현할까요?

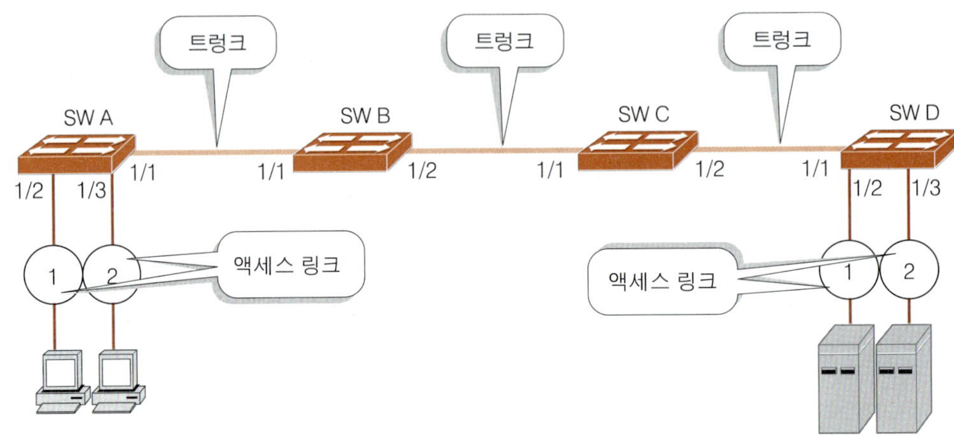

그림 7-1 ≫
액세스 링크의 VLAN
과 트렁크를 어떻게
구현할까?

[그림 7-1]의 SW A와 SW D 스위치에서 액세스 링크와 트렁크는 [예 7-1], [예 7-2]와 같이 구현합니다.

예 7-1 ≫
SW A의 구현

```
SW_A#configure terminal
SW_A(config)#vlan 1
SW_A(config)#vlan 2
SW_A(config)#interface fastethernet 1/2
SW_A(config-if)#switchport mode access
SW_A(config-if)#switchport access vlan 1
SW_A(config)#interface fastethernet 1/3
SW_A(config-if)#switchport mode access
SW_A(config-if)#switchport access vlan 2
SW_A(config)#interface fastethernet 1/1
SW_A(config-if)#switchport mode trunk
```

예 7-2 >>
SW D의 구현

```
SW_D#configure terminal
SW_D(config)#vlan 1
SW_D(config)#vlan 2
SW_D(config)#interface fastethernet 1/2
SW_D(config-if)#switchport mode access
SW_D(config-if)#switchport access vlan 1
SW_D(config)#interface fastethernet 1/3
SW_D(config-if)#switchport mode access
SW_D(config-if)#switchport access vlan 2
SW_D(config)#interface fastethernet 1/1
SW_D(config-if)#switchport mode trunk
```

다음 [그림 7-1]의 SW B와 SW C 스위치를 보기 바랍니다. 이 스위치들은 액세스 링크 없이 트렁크로만 연결된 스위치입니다. SW B와 SW C 스위치는 [예 7-3]과 같이 구현됩니다. 그런데 [예 7-3]은 잘못된 구현입니다. 어디가 틀렸을까요?

예 7-3 >>
잘못된 SW B와
SW C의 구현

```
SW_B#configure terminal
SW_B(config)#interface fastethernet 1/1
SW_B(config-if)#switchport mode trunk
SW_B(config)#interface fastethernet 1/2
SW_B(config-if)#switchport mode trunk
```

```
SW_C#configure terminal
SW_C(config)#interface fastethernet 1/1
SW_C(config-if)#switchport mode trunk
SW_C(config)#interface fastethernet 1/2
SW_C(config-if)#switchport mode trunk
```

SW B와 SW C 스위치는 별도로 액세스 링크를 가지지 않지만 캠퍼스 네트워크 내에서 SW A 스위치와 SW D 스위치에는 액세스 링크가 연결되어 있습니다. SW A와 SW D 스위치에 연결된 VLAN 1과 VLAN 2에 속하는 트래픽들이 통과합니다. 만약 SW B와 SW C에 해당 VLAN이 선언되어 있지 않으면 SW B와 SW C 스위치는 이러한 트래픽들을 통과시키지 않습니다.

따라서 SW B와 SW C 스위치를 구현할 때 [예 7-4]와 같이 VLAN을 선언해야 그 VLAN에 속하는 트래픽이 스위치를 통과할 수 있습니다.

예 7-4 ≫
제대로 구현된
SW B와 SW C

```
SW_B#configure terminal
SW_B(config)#vlan 1
SW_B(config)#vlan 2
SW_B(config)#interface fastethernet 1/1
SW_B(config-if)#switchport mode trunk
SW_B(config)#interface fastethernet 1/2
SW_B(config-if)#switchport mode trunk
```

```
SW_C#configure terminal
SW_C(config)#vlan 1
SW_C(config)#vlan 2
SW_C(config)#interface fastethernet 1/1
SW_C(config-if)#switchport mode trunk
SW_C(config)#interface fastethernet 1/2
SW_C(config-if)#switchport mode trunk
```

SW B와 SW C 스위치는 비록 액세스 링크가 없지만 자신을 통과하는 모든 트래픽의 VLAN 을 선언해야 합니다. 이 캠퍼스 네트워크에는 VLAN 1과 VLAN 2가 선언되어 있고 VLAN에 속하는 트래픽이 캠퍼스 네트워크 내의 모든 스위치를 통과할 수 있으려면 VLAN을 똑같이 선 언해 주어야 합니다.

이처럼 캠퍼스 네트워크는 일관성 있는 VLAN을 구현해야 하는데, VTP 프로토콜을 이용하 면 쉽고 편리하게 해결할 수 있습니다. VTP 프로토콜 어드버타이즈먼트(Advertisement)는 VLAN 번호, 이름 등의 정보를 트렁크에서 2계층 스위치들 간에 교환하기 위한 VTP 프로토콜 의 프레임입니다.

Lesson 02 일관된 VLAN 구현을 돕는 VTP 프로토콜 *

[그림 7-2]와 같은 스위치 네트워크에서는 VLAN이 할당된 액세스 링크가 있던지 없던지 간에 1번과 2번 VLAN 트래픽이 통과할 수 있도록 VLAN을 선언해야 합니다. 즉 SW_B와 SW_C 스위치에서 트래픽을 처리하려면 VLAN을 선언해야 합니다.

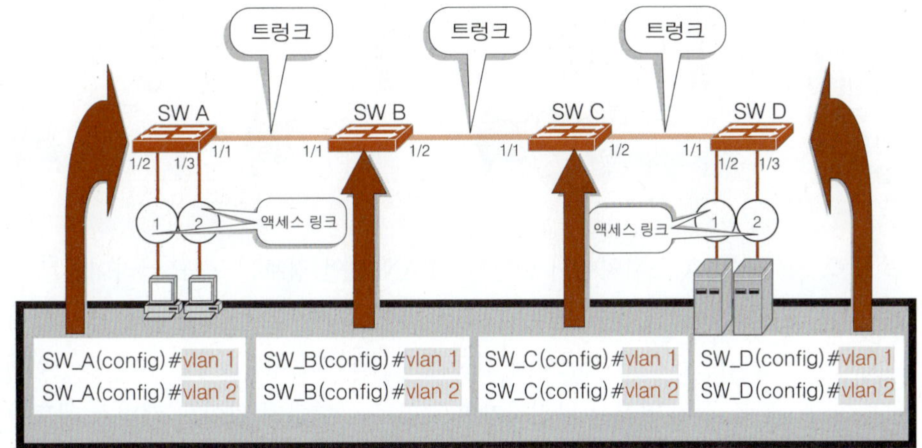

그림 7-2 ≫
SW_B와 SW_C 스위치에서 트래픽을 처리하려면 회사에서 사용하는 VLAN을 선언해야 한다.

일관된 VLAN 선언은 VLAN을 사용하는 캠퍼스 네트워크에서 꼭 필요한 사항이므로 주의해야 합니다. 그래서 VTP 프로토콜이 필요한 것입니다. VTP 프로토콜은 동일하고 일관된 VLAN 구현을 도와줍니다.

VTP를 구현하려면 최소한 하나의 스위치는 VTP 서버 모드로 구현해야 합니다. 그 밖에 다른 스위치들은 VTP 클라이언트 모드로 구현합니다. 이때 [그림 7-3]과 [그림 7-4]와 같이 서버 모드로 구현된 스위치에서만 VLAN을 선언해 주면 선언된 VLAN 정보가 VTP 어드버타이즈먼트(VTP Advertisement)를 통해 전달됩니다.

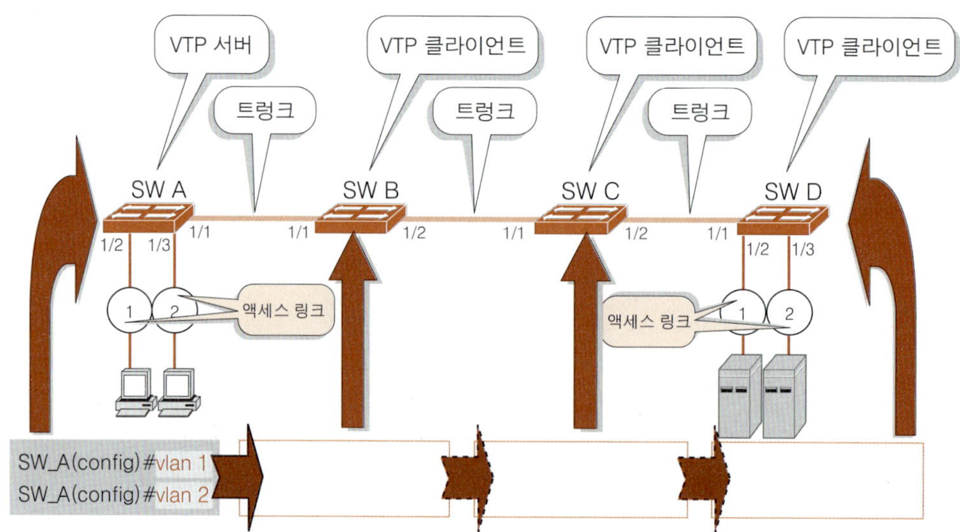

그림 7-3 >>
VTP 서버에 선언된 VLAN 정보는 VTP 어드버타이즈먼트를 통해 전달된다.

SW_A 스위치에서 출발한 VLAN 선언 정보는 VTP 클라이언트 모드로 구현된 SW_B 스위치에 도착합니다. 관리자가 SW_B 스위치에 VLAN을 구현하지 않아도 자동으로 선언되는 것입니다. SW_B 스위치에 전달된 VTP의 VLAN 정보는 SW_C 스위치와 SW_D 스위치에도 전달됩니다. 따라서 관리자가 따로따로 구현하지 않아도 캠퍼스 네트워크 내의 모든 스위치에서 VLAN들을 빠짐없이, 일관되고 동일하게 구현할 수 있습니다.

VTP 클라이언트 모드 스위치에서는 VLAN을 선언할 필요없이 서버 모드에서 이미 선언된 VLAN을 포트에 할당할 수 있습니다. VTP 프로토콜을 사용하지 않으면 각각의 스위치에서 VLAN 구현을 위해 두 단계가 필요합니다. 첫 번째는 VLAN을 선언하고, 두 번째는 선언된 VLAN을 포트에 할당합니다.

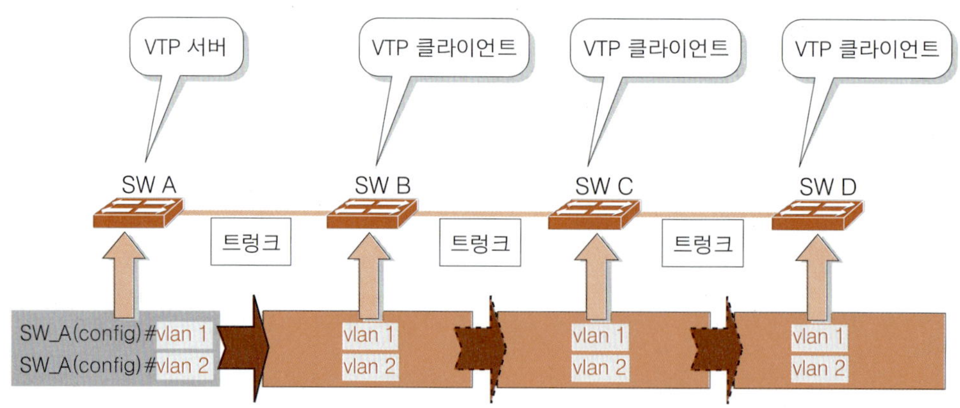

그림 7-4 >>
선언된 VLAN이 VTP 클라이언트로 전달된다.

VTP 서버 모드 스위치에서 선언한 VLAN만 VTP 클라이언트 모드 스위치에서 포트에 할당할 수 있습니다. VTP 서버 모드 스위치에서 생성, 수정되어 VTP 어드버타이즈먼트를 통해 전달된 VLAN들을 확인하려면 [예 7-5]와 같이 'show vlan' 명령을 사용합니다.

```
Switch#show vlan
VLAN Name                                  Status    Mod/Ports
---- -------------------------------- ----- --------- ----------------
1     MARKETING                            active
2     Floor_2                              active
```

[예 7-5]를 보면 VTP 서버에서 선언되고 VTP 어드버타이즈먼트로 전달된 VLAN이 'MARKETING'이라는 이름의 1번 VLAN 과 'Floor_2'라는 이름의 2번 VLAN 2개라는 것을 알 수 있습니다. 이렇게 'show vlan' 명령을 사용하면 어느 스위치에서든 VTP 어드버타이즈 먼트에 의해 전달된 VLAN에 대한 정확한 추적과 모니터링을 할 수 있습니다.

VTP 사용을 위해 알아야 할 VTP 도메인과 모드

VTP 서버 모드에서 구현한 VLAN 정보가 VTP 클라이언트 모드 스위치로 전달되려면 VTP 서버 모드 스위치와 VTP 클라이언트 모드 스위치는 같은 VTP 도메인 이름을 가져야 합니다.

그래서 [그림 7-5]와 같이 'ABC' VTP 도메인 내의 VTP 서버 모드 스위치에서 선언된 VLAN은 클라이언트 모드 스위치 중에서 'ABC' VTP 도메인 내에 있는 스위치로만 전달됩니다. 마찬가지로 '123' VTP 도메인 내에서 VTP 클라이언트 모드로 구현된 스위치는 '123' VTP 도메인 내에 별도의 VTP 모드 스위치가 필요합니다.

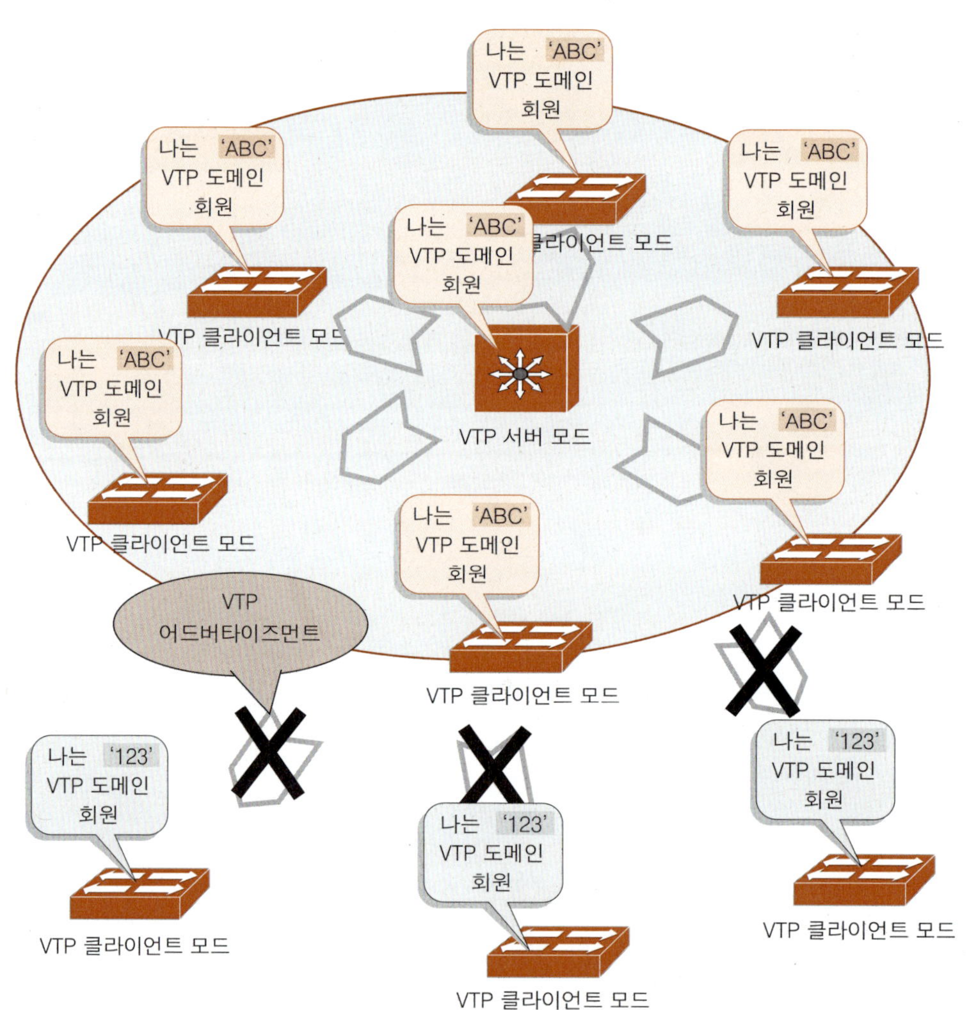

그림 7-5 ≫
VTP 정보는 같은 VTP 도메인 내에 속한 스위치에게만 전달된다.

VTP는 서버와 클라이언트 모드를 포함하여 [표 7-1]과 같이 세 가지가 있습니다.

표 7-1 >>
VTP 모드

모드 종류	VTP 서버	VTP 클라이언트	VTP 트랜스페어런트
VLAN을 생성, 수정, 삭제할 수 있는가?	O	X	O
다른 VTP 서버가 보낸 VTP 어드버타이즈먼트(VLAN 정보)를 받아서 VLAN 선언에 사용하는가?	O	O	X (혼자 모드)
VTP 어드버타이즈먼트를 받아서 다른 스위치에게 전달할 수 있는가?	O	O	O (직접 처리하지 않아도 인접 스위치에게 전달할 수 있음)
자신이 생성, 수정한 VLAN 정보를 보관하는가?	O	X	O

VTP 도메인 내에는 최소한 한대의 VTP 서버 모드 스위치가 있어야 합니다. 스위치에서 VTP 모드를 바꾸지 않는다면 디폴트로 서버 모드입니다. VTP 서버 모드에서는 VLAN을 생성, 수정, 삭제할 수 있습니다. 또한 이후에 설명할 VTP 버전이나 VTP 프루닝(Pruning) 같은 파라미터들을 설정할 수 있습니다.

VTP 트랜스페어런트 모드 스위치에서도 VLAN을 생성, 수정, 삭제할 수 있습니다. 그러나 같은 도메인 내에 있는 VTP 서버 모드 스위치가 보낸 VLAN 선언 정보를 무시합니다. VTP 클라이언트 모드 스위치처럼 선언된 정보를 받아들이는 것이 아니라 받아들이지 않는 것입니다. 다만 트랜스페어런트 모드 스위치는 VTP 어드버타이즈먼트를 받아서 다른 스위치들로 전달합니다. 자신은 사용하지 않더라도 다른 스위치들이 사용할 수 있도록 해 주는 것이지요.

트랜스페어런트, 즉 '투명하다' 는 말을 사용하는 이유는 다음과 같습니다. [그림 7-6]처럼 클라이언트 모드 스위치에서 봤을 때는 서버 모드 스위치와 클라이언트 모드 스위치 간에 트랜스페어런트 모드 스위치가 있던지 없던지 상관없이 VTP 어드버타이즈먼트가 똑같이 전달되므로 유리처럼 투명한 트랜스페어런트 모드라고 합니다.

VTP 트랜스페어런트 스위치는 VTP 도메인 내의 스위치들과는 별도로 독립된 VLAN을 선언하고 포트에 할당합니다. 그래서 [표 7-1]에는 '혼자 모드' 라고 표시되어 있습니다.

그림 7-6 >>
트랜스페어런트라는 말은 투명한 유리와 같이 없는 것처럼 보인다는 말이다.

일반적으로 한 VTP 도메인 내에는 최소한 2대의 VTP 서버를 구현하는 것이 좋습니다. 서버 전원이나 서버와의 링크에 문제가 있어 클라이언트가 서버로부터 VLAN 정보를 받지 못할 수 있습니다. VTP 클라이언트 스위치가 VLAN 정보를 받지 못하면 모든 스위치에 기본적으로 선언되어 있는 1번 VLAN만 포트에 할당할 수 있고, 1번 VLAN 외에 다른 VLAN에 속하는 트래픽은 스위치를 통과할 수도 없습니다. 즉 VTP 어드버타이즈먼트가 전달되지 않아 VTP 프로토콜이 제대로 동작하지 않습니다. 만약 VTP 서버가 2대라면 1대에 문제가 생기더라도 다른 VTP 서버를 이용해 VLAN 정보를 받을 수 있습니다.

트렁크 포트를 통해 전달되는 VTP 어드버타이즈먼트

스위치들의 트렁크 포트를 통해 전달되는 VTP 어드버타이즈먼트 정보에는 다음 내용들이 포함되어 있습니다.

- VTP 도메인 이름
- 컨피규레이션 리비전 넘버(Configuration Revision Number) : VLAN 구현(선언) 수정 번호
- VTP 버전이나 프루닝과 같은 VTP 서버에서 선언된 VLAN 관련 정보들

이처럼 같은 VTP 도메인 내에 있는 스위치들은 모두 VTP 어드버타이즈먼트를 통해 VLAN 정보를 공유합니다. 각각의 스위치들은 어떤 모드로 구현하든지 [그림 7-7]처럼 오직 하나의 VTP 도메인에 속합니다.

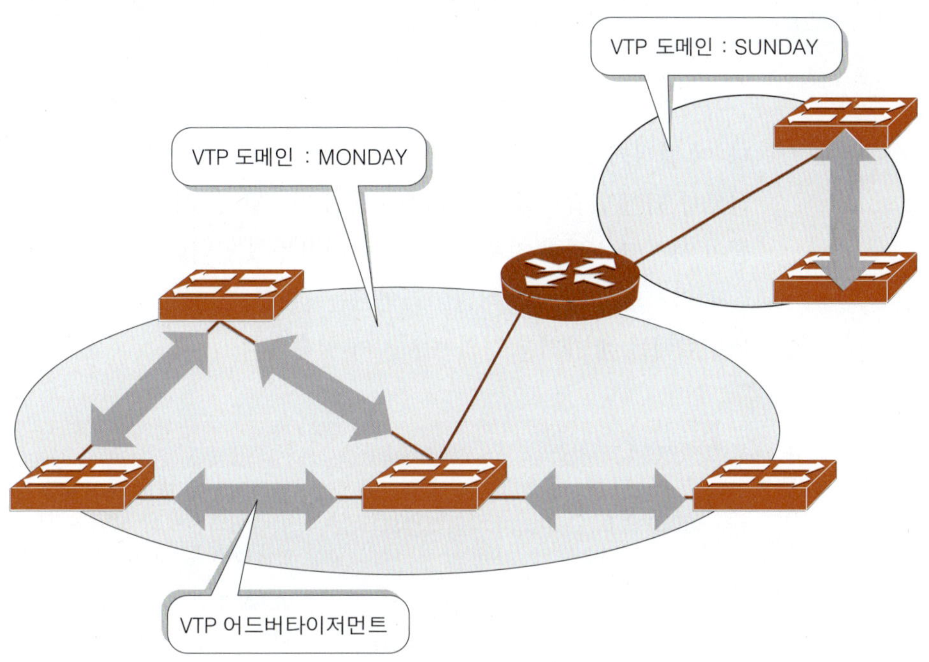

그림 7-7 >>
한 스위치는 한 VTP 도메인에만 속한다.

VTP 스위치들의 VTP 어드버타이즈먼트는 VTP 도메인 내의 트렁크를 통해 전달되는데 ISL 또는 IEEE 802.1Q 인캡슐레이션에서 1번 VLAN으로 표시합니다.

VTP 어드버타이즈먼트에는 다음과 같이 세 가지가 있습니다.

- VTP 요약 어드버타이즈먼트(VTP Summary-Advertisement)
- VTP 상세 어드버타이즈먼트(VTP Subset-Advertisement)
- VTP 어드버타이즈먼트 요청(VTP Advertisement-Request)

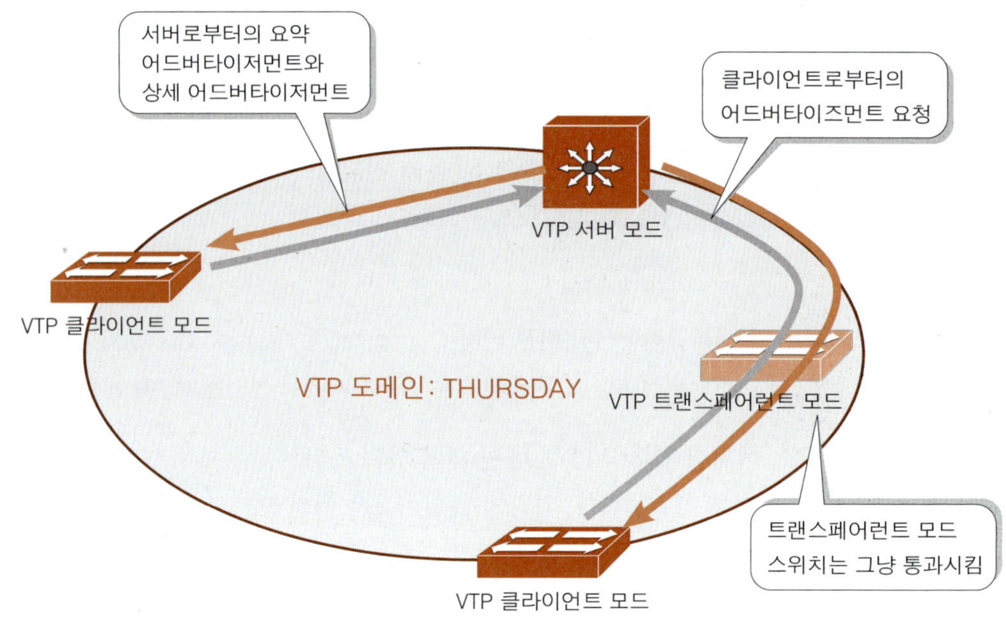

그림 7-8 ≫
3가지 VTP
어드버타이즈먼트

이러한 VTP 어드버타이즈먼트는 효율성을 위해 브로드캐스트보다는 멀티캐스트로 보냅니다. 이 멀티캐스트 주소는 'ALL-시스코-스위치 주소'로 모든 시스코 스위치들이 받아서 처리하도록 되어 있습니다. 멀티캐스트 주소가 'ALL-시스코-스위치 주소'라는 것은 VTP 프로토콜이 시스코 스위치 전용의 프로토콜이라는 뜻입니다.

세 가지의 VTP 어드버타이즈먼트는 [표 7-2]에 설명된 대로 처리됩니다. VTP 어드버타이즈먼트에는 세 가지 타입의 메시지가 있습니다.

표 7-2 ≫
VTP
어드버타이즈먼트

-로부터	이 름	설 명
클라이언트	어드버타이즈먼트 요청	클라이언트 모드 스위치를 부팅했거나 서버가 요약 어드버타이즈먼트를 보냈을 때 클라이언트가 서버에게 보내는 VLAN 정보(요약 또는 상세 어드버타이즈먼트) 요청
서버	요약 어드버타이즈먼트	VLAN 1 포트를 통해 매 300초 마다 또는 VLAN 구현을 변경했을 때, 어드버타이즈먼트 요청을 받았을 때 보내는 것으로 VLAN에 대한 상세 정보를 포함하지 않는다.
서버	상세 어드버타이즈먼트	어드버타이즈먼트 요청을 받았을 때 VLAN에 대한 상세 정보를 포함한다.

그러면 각 VTP 어드버타이즈먼트의 포맷과 각각의 필드에 대해 살펴보겠습니다.

■ 요약 어드버타이즈먼트

VTP 서버는 VLAN 구현을 변경하지 않아도 300초마다 요약 어드버타이즈먼트(VTP Summary Advertisement)를 보냅니다.

요약 어드버타이즈먼트에는 [그림 7-9]의 순서대로 VTP 버전(버전 1과 2가 있음, 1바이트), 요약 어드버타이즈먼트를 표시하는 (1바이트), 요약 어드버타이즈먼트 뒤에 보낼 상세 어드버타이즈먼트의 번호(1바이트), VTP 도메인 이름의 길이(1바이트), VTP 도메인 이름(VTP 도메인 이름이 다르면 요약 어드버타이즈먼트를 무시, 32바이트), 컨피규레이션 리비전 넘버(Configuration Revision Number : VLAN 구현 정보의 최신성(얼마나 새로운가?)을 표시하는 번호, 4바이트), VTP 서버의 주소(VTP 정보를 보낸 스위치의 IP 주소, 4바이트), 타임스탬프(보낸 시간, 12바이트), MD5 방식으로 암호화된 패스워드(VTP 암호를 구현하여 스위치들 간에서 암호가 다르면 삭제, 16바이트)들을 포함합니다.

버전	요약	따라올 상세정보 번호	도메인 이름 길이
VTP 도메인 이름			
컨피규레이션 리비전 넘버			
VTP 서버의 주소			
VTP 정보 업데이트 출발 시간			
MD5 방식으로 암호화된 암호			

그림 7-9 >>
요약 어드버타이즈먼트 포맷

■ 상세 어드버타이즈먼트

VTP 서버는 VTP 클라이언트 스위치가 어드버타이즈먼트 요청하거나 VLAN 구현을 변경했을 때 상세 어드버타이즈먼트(VTP Subset Advertisement)를 보냅니다.

이 상세 어드버타이즈먼트는 [그림 7-10]의 순서대로 VTP 버전 번호(1바이트), 코드 번호(상세 어드버타이즈먼트임을 표시하는 코드 번호, 1바이트), 순서 번호(상세 어드버타이즈먼트의 순서 번호, 1바이트), 이름 길이(VTP 도메인의 이름 길이, 1바이트), VTP 도메인 이름(32바이트), 컨피규레이션 리비전 넘버(4바이트), VLAN 정보(구현된 VLAN 수가 많은 경우 계속해서 길어질 수 있음)를 포함합니다.

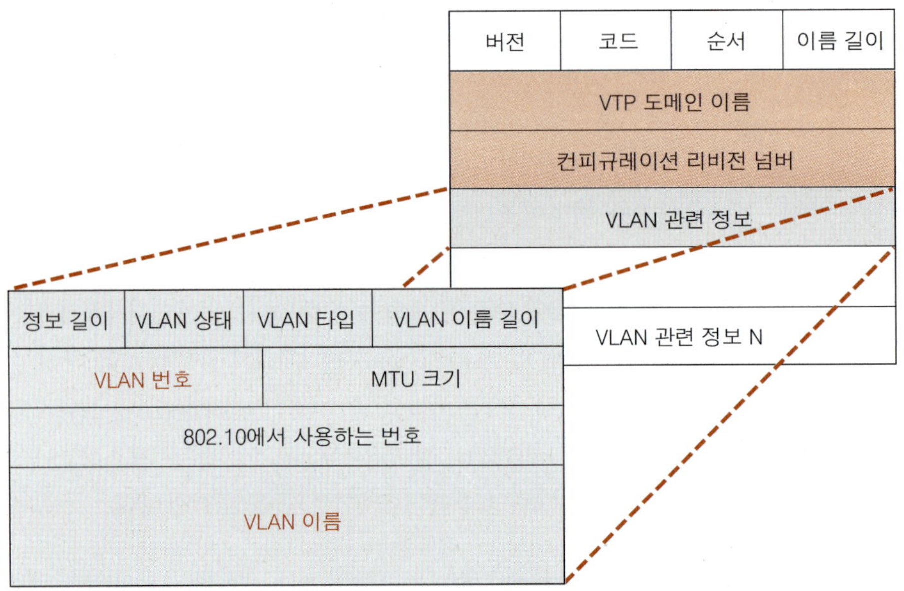

그림 7-10 》
상세 어드버타이즈먼
트 포맷

상세 어드버타이즈먼트의 VLAN 관련 정보 필드는 VLAN 정보의 길이(1바이트), VLAN의 상태(VLAN을 생성한 것인지 삭제한 것인지를 표시, 1바이트), VLAN 타입(이더넷 VLAN인지 토큰 링 VLAN인지를 표시, 1바이트), VLAN 이름의 길이(1바이트), 생성 또는 삭제된 VLAN 번호(2바이트), MTU(VLAN 내에서 처리할 수 있는 최대 프레임 사이즈, 2바이트), FDDI−IEEE 802.10에서 VLAN 번호 대신 사용하는 번호(4바이트), VLAN 이름 정보들을 순서대로 포함합니다.

■ 클라이언트로부터 어드버타이즈먼트 요청하기

다음과 같은 경우에 VTP 클라이언트 스위치는 VTP 서버 스위치로 어드버타이즈먼트 요청을 보냅니다. 스위치를 처음 켜거나 VTP 클라이언트 스위치가 속한 VTP 도메인 이름을 변경할 때, 혹은 VTP 서버로부터 이미 받은 컨피규레이션 리비전 넘버보다 높은 번호의 요약 어드버타이즈먼트를 받을 때입니다.

클라이언트가 어드버타이즈먼트 요청을 보내면 서버는 요약과 상세 어드버타이즈먼트로 답합니다. 어드버타이즈먼트 요청 프레임의 포맷은 [그림 7−11]과 같이 버전(VTP 버전 번호, 1바이트), 코드(어드버타이즈먼트 요청을 표시하는 번호, 1바이트), Rsvd(나중에 쓰려고 남겨둔 필드, 1바이트), 도메인 이름 길이(1바이트), 도메인 이름(32바이트), 요청에 대해 서버가 보내야 할 어드버타이즈먼트 번호로 구성됩니다.

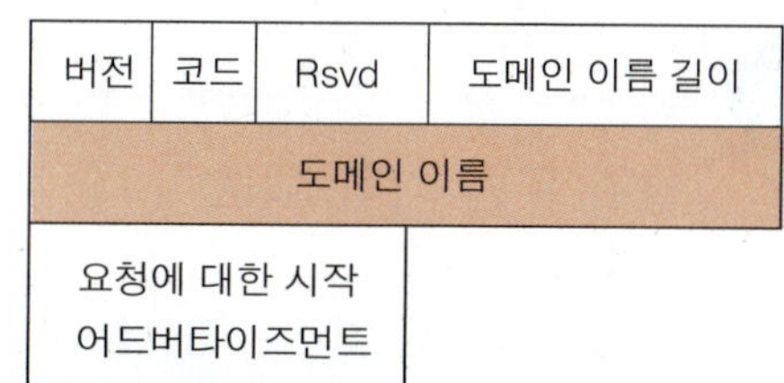

그림 7-11 》
어드버타이즈먼트 요
청의 포맷

시스코 카탈리스트 스위치는 NVRAM에 스위치 구현 내용을 저장합니다. VLAN과 VTP 관련 정보는 플래시 메모리에 vlan.dat이라는 이름으로 저장되는데, 'show flash' 명령을 사용하면 저장된 파일을 확인할 수 있습니다. VTP 컨피규레이션 리비전 넘버, VTP 도메인 이름, 서버에서 선언된 VLAN 번호를 비롯한 모든 VTP 관련된 정보들이 서버 모드에서 저장되기 때문에 스위치를 재부팅해도 지워지지 않습니다. 클라이언트 모드 스위치는 이러한 저장 파일이 없고, 트랜스페어런트 모드 스위치는 있습니다.

한 걸음 더!

알아 두면 약이 되는 VTP 개념

VTP 프로토콜과 관련된 몇 가지 중요한 개념들이 있습니다. 여기서는 컨피규레이션 리비전 넘버, VTP 버전, 패스워드 등에 관해 알아보겠습니다.

① 컨피규레이션 리비전 넘버

VTP 어드버타이즈먼트에 포함된 가장 중요한 요소 중에 하나가 컨피규레이션 리비전 넘버입니다. [그림 7-12]와 같이 VTP 서버가 VTP 정보(데이터베이스)를 수정할 때마다 컨피규레이션 리비전 넘버가 하나씩 올라갑니다. 스위치가 VTP 어드버타이즈먼트들을 받았을 때 컨피규레이션 리비전 넘버를 비교하여 보다 높은 값을 가진 정보를 받아들입니다(Synchronization). 스위치가 이미 가지고 있는 VTP 정보의 컨피규레이션 리비전 넘버와 같은 어드버타이즈먼트는 무시됩니다.

[그림 7-12]와 같이 VTP 서버가 한 VLAN을 삭제하거나 생성한다면 컨피규레이션 리비전 넘버는 하나 올라가서 도메인 내의 모든 스위치들로 VTP 어드버타이즈먼트를 보냅니다. 그러면 다른 스위치들도 VLAN을 삭제하거나 생성합니다. 삭제했을 경우에는 해당 VLAN에 할당된 포트도 VLAN 구현이 해제되어 디폴트 상태인 VLAN 1만 선언된 기본 상태로 돌아갑니다.

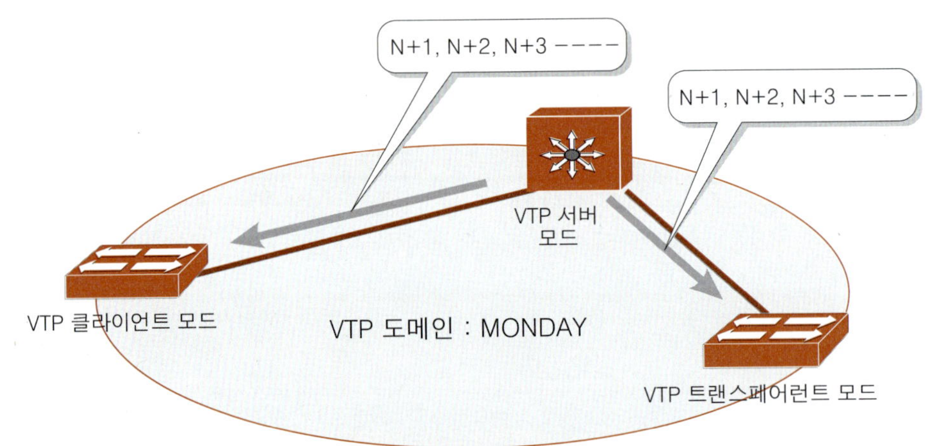

그림 7-12 》
컨피규레이션 리비전 넘버는 VLAN 정보가 얼마나 새로운 것인지를 표시한다.

컨피규레이션 리비전 넘버가 높을수록 VLAN 정보는 보다 새로운 것입니다. 다음과 같은 시나리오를 생각해 봅시다. [그림 7-13]과 같이 'MONDAY' 도메인에서 사용하는 VTP 서버 스위치의 컨피규레이션 리비전 넘버가 '23'이라고 할 때, 다른 네트워크에서 사용하던 스위치를 아무 생각없이 도메인에 연결했습니다. 그런데 하필이면 이 스위치는 서버 모드이고 컨피규레이션 리비전 넘버가 '24'입니다. 그러면 도메인 내의 모든 스위치들은 컨피규레이션 리비전 넘버가 높은 VTP 어드버타이즈먼트에 기억됩니다.

이럴 때 새로운 스위치는 다른 네트워크에서 사용하던 VLAN 정보를 그대로 전달받기 때문에 모든 스위치들이 잘못된 VLAN 정보를 받게 됩니다. 이런 실수를 피하려면 새로운 스위치를 서버 모드로 네트워크에 연결하는 경우에는 컨피규레이션 리비전 넘버를 반드시 '0'으로 바꾸어 주어야 합니다. 컨피규레이션 리비전 넘버를 '0'으로 세팅하는 명령은 'delete vtp'입니다.

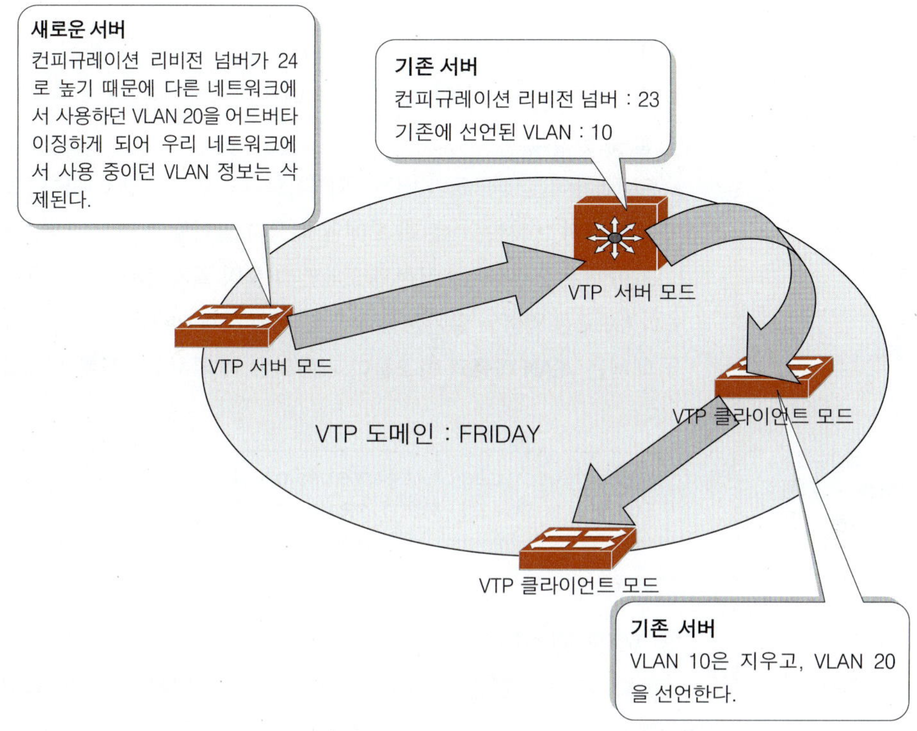

그림 7-13 >>
다른 네트워크에서 사용하던 VTP 서버 스위치의 컨피규레이션 리비전 넘버를 '0'으로 바꾼 다음 네트워크에 연결해야 한다.

② VTP 버전

VTP 버전은 1과 2, 두 가지가 있습니다. [그림 7-14]처럼 도메인 내의 스위치들은 VTP 버전이 다르면 VTP 프로토콜이 동작하지 않기 때문에 반드시 버전을 맞춰야 합니다. 카탈리스트 스위치에서 특별히 VTP 버전을 '2'로 구현하지 않았다면 기본적으로 버전은 '1'입니다. VTP 버전 2를 지원하는 카탈리스트 스위치는 VTP 버전 1도 지원합니다.

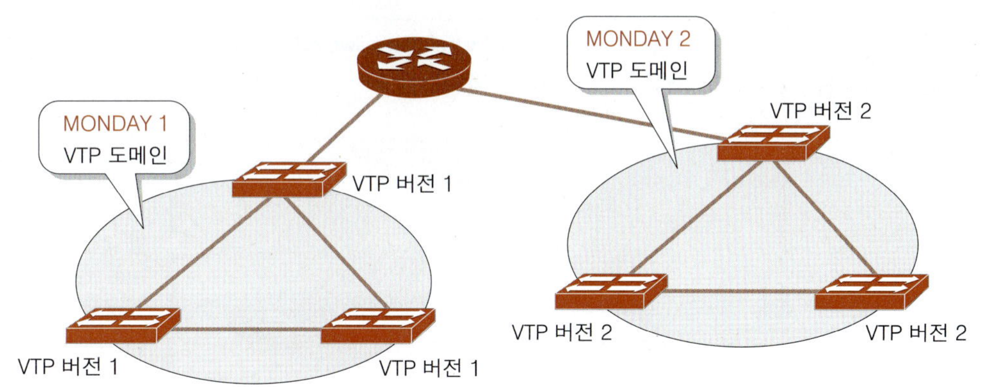

그림 7-14 >>
VTP 프로토콜이 동작하려면 스위치들의 VTP 버전이 일치해야 한다.

만약 VTP 버전 2로 사용하고 싶다면 도메인 내의 VTP 서버만 VTP 버전을 2로 구현하면 됩니다. 그러면 서버의 버전 구현 정보가 VTP 버전 2를 지원하는 다른 모든 스위치들로 자동으로 전달됩니다.

VTP 버전 2는 버전 1에서 제공하지 않는 다음과 같은 특징들이 있습니다.

- 토큰 링을 지원합니다.
- VTP 서버의 구현 정보가 나머지 스위치로 자동으로 전달되어 설정됩니다.
- 범위 이상의 필드 길이, 값을 가진 VTP 어드버타이즈먼트를 다른 트렁크로 전달하거나 저장할 수 있습니다.
- 트랜스페어런트 모드가 버전 1과 다릅니다. VTP 트랜스페어런트 모드 스위치로 구현했을 때 VTP 버전 1에서는 버전과 도메인 이름이 일치할 때만 VTP 메시지를 다른 스위치들로 전달하지만 버전 2일에서는 버전과 도메인 이름이 일치하지 않아도 전달합니다.
- VLAN 구현 명령의 일관성을 체크합니다(Consistency Check). VLAN을 구현할 때 VTP 버전 2 에서는 VLAN 이름과 번호들이 기존의 것과 일치하는지를 체크합니다.

예 7-6 ≫
버전 넘버를 구현하는
vtp version 명령

```
Switch(config)#vtp version 1
Switch(config)#vtp version 2
```

③ VTP 패스워드

VTP 메시지를 교환할 스위치는 같은 VTP 도메인 내에 있어야 합니다. 도메인을 안전하게 관리하려면 VTP 정보에 패스워드를 설정해 주는 것이 좋습니다. VTP 패스워드를 설정하면 스위치들은 도메인 이름과 더불어 패스워드가 일치하는지 확인한 후 VTP 정보를 교환합니다.

VTP 패스워드는 VTP 도메인 내에 설정할 것이 좋습니다. 왜냐하면 VTP 패스워드를 이용해 VTP 정보를 교환할 수 있는 스위치들을 제한함으로서 부정확한 VLAN 정보가 교환될 위험을 줄이기 때문입니다.

스위치에 VTP 패스워드를 구현하는 명령어는 [예 7-7]과 같습니다.

예 7-7 ≫
패스워드를 구현하는
vtp password 명령

```
Switch(config)#vtp password cisco
```

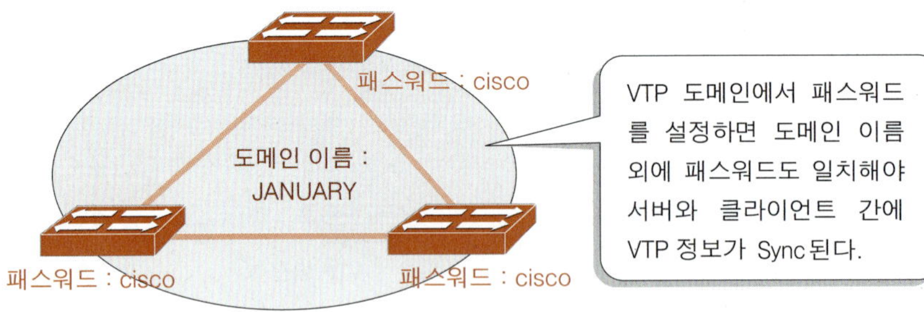

도전! 스스로 VTP 구현하기

그럼 VTP를 직접 구현해 보겠습니다. VTP를 구현하기 전에 우선 다음 사항을 결정해야 합니다.

- VTP 도메인 이름을 무엇으로 할까?
- 어떤 스위치를 VTP 서버로 할까?
- 서버가 다운되었을 경우 VTP 동작을 계속하기 위해 VTP 서버를 한대 더 지정할까?
- VTP 버전은 1로 할까, 2로 할까?
- VTP 패스워드를 구현할까?
- VTP 서버로 구현할 스위치의 컨피규레이션 리비전 넘버를 '0'으로 리셋시켜야 할까?

VTP 서버가 선택되면 VTP 서버를 [예 7–8]과 같이 구현합니다.

예 7–8 >>
VTP 서버 구현 예

```
Switch(config)#vtp domain TUESDAY_1
Switch(config)#vtp version 2
Switch(config)#vtp mode server
Switch(config)#vtp password cisco
Switch(config)#vlan 34
Switch(config)#vlan 45
Switch(config)#vlan 56
```

VTP 클라이언트에서는 VTP를 [예 7–9]와 같이 구현해 줍니다.

예 7–9 >>
VTP 클라이언트 구현
예

```
Switch(config)#vtp domain TUESDAY_1
Switch(config)#vtp mode client
Switch(config)#vtp password cisco
```

도메인 이름과 패스워드만 일치하면 서버로부터 버전 정보나 선언된 VLAN 정보를 가져오므로 클라이언트 모드에서는 따로 구현해 주지 않습니다.

VTP 트랜스페어런트에서는 VTP를 [예 7–10]과 같이 구현합니다.

예 7-10 >>
VTP 트랜스페어런트
모드 구현 예

```
Switch(config)#vtp domain TUESDAY_1
Switch(config)#vtp mode transparent
Switch(config)#vlan 200
Switch(config)#vlan 201
Switch(config)#vlan 202
```

트랜스페어런트 스위치에서는 도메인 이름만 구현하고, 패스워드는 서버와 클라이언트에서만 구현합니다. 트랜스페어런트 스위치에서는 서버에서 선언한 VLAN 외에 다른 VLAN을 선언하여 사용합니다.

이렇게 구현한 트랜스페어런트 스위치는 같은 VTP 도메인 내에 있는 다른 스위치들로 VTP 어드버타이즈먼트를 전달할 뿐 VLAN 정보를 받아서 처리하거나 Sync되지는 않습니다.

예 7-11 >>
show vtp status
명령의 결과

```
Switch# show vtp status
VTP Version : 2
Configuration Revision : 247
Maximum VLANs supported locally : 1005
Number of existing VLANs : 33
VTP Operating Mode : Transparent
VTP Domain Name : CISCO_SW_LAB
VTP Pruning Mode : Enabled
VTP V2 Mode : Disabled
VTP Traps Generation : Disabled
MD5 digest : 0x45 0x52 0xB6 0xFD 0x63 0xC8 0x49 0x80
Configuration last modified by 0.0.0.0 at 8-12-99 15:04:49
Switch#
```

'show vtp status' 명령은 [예 7-11]과 같이 VTP 버전(2), 컨피규레이션 리비전 넘버(247), 스위치에서 선언 가능한 VLAN 수(1005), 서버에서 선언된 VLAN 수(33), 모드(트랜스페어런트 모드), 도메인 이름(CISCO_SW_LAB), VTP 프루닝을 사용하는지의 여부, V2 모드(Disabled : VTP 버전 2를 지원하지만 현재는 버전 1로 구현됨), VTP 트랩(VTP 관련 정보를 NMS 서버에게 보낼 것인지), MD5 Digest(VTP 서버와 클라이언트 간에 비교하는 암호화된 패스워드) 같은 정보를 알 수 있습니다.

VTP 메시지와 에러 수를 확인하려면 'show vtp counters' 명령을 사용합니다.

예 7-12 >>
show vtp counters
명령의 결과

```
Switch#show vtp counters
VTP statistics:
Summary advertisements received : 7
Subset advertisements received : 5
Request advertisements received : 0
Summary advertisements transmitted : 997
Subset advertisements transmitted : 13
Request advertisements transmitted : 3
Number of config revision errors : 0
Number of config digest errors : 0
Number of V1 summary errors : 0
VTP pruning statistics:
Trunk   Join Transmitted  Join Received Summary advts received from
                                             non-pruning-capable device

---------------  ---------------  ---------------  --------------
Fa5/8          43071              42766                    5
```

[예 7-12]는 'show vtp counters' 명령을 사용해 서버와 클라이언트 모드 스위치들 간에 교환된 VTP 어드버타이즈먼트의 메시지 수와 발견된 에러 수를 보여주고 있습니다.

요약 어드버타이즈먼트, 상세 어드버타이즈먼트, 어드버타이즈먼트 요청 메시지들이 교환된 수가 나오는데, 이 통계 수치가 일정 수준 이상이 되어야 VTP 메시지를 정상적으로 주고받는 것으로 VTP 프로토콜이 정상적으로 동작한다는 것입니다.

컨피그 리비전 에러(Config Revision Error)와 컨피그 다이제스트 에러(Config Digest Error)는 VTP 프로토콜에서 다음과 같은 비정상적인 동작을 확인하는데 사용합니다. 한 VTP 서버에서 VLAN 정보를 수정하면 컨피규레이션 리비전 넘버가 하나 증가해 VTP 어드버타이즈먼트가 전달됩니다. 2대의 VTP 서버에서 동시에 VLAN 정보를 수정하면 다른 VLAN 정보를 가진 VTP 어드버타이즈먼트의 컨피규레이션 리비전 넘버는 같아집니다. 스위치들은 이러한 2가지 VTP 어드버타이즈먼트들이 도착하면 에러로 판단해서 받아들이지 않습니다.

컨피그 다이제스트 에러는 다른 스위치가 보낸 VTP 어드버타이즈먼트의 패스워드가 일치하지 않는 경우에 발생합니다.

'보낸 조인 메시지(Join Transmitted)'와 '받은 조인 메시지(Join Received)'는 다음 페이지에서 설명할 VTP 프루닝 동작을 위해 구현되는 메시지 수를 표시합니다. 따라서 VTP 프루닝이 정상적으로 동작하는지 확인할 수 있습니다.

불필요한 트래픽을 가지치기하는 VTP 프루닝

스위치는 브로드캐스트, 멀티캐스트, 언논 유니캐스트를 받으면 이것을 해당 VLAN에 속하는 즉, 동일한 브로드캐스트 도메인에 속하는 모든 액세스 링크와 트렁크 링크로 보냅니다.

[그림 7-15]에서 VLAN 100에 속한 포트를 가진 스위치는 A 스위치와 B 스위치뿐입니다. 그러나 트렁크 구간에서는 모든 VLAN 트래픽이 교환될 수 있기 때문에 VLAN에서 생성된 모든 브로드캐스트는 [그림 7-15]와 같이 일단 트렁크 구간까지는 전달됩니다. 따라서 브로드캐스트가 VLAN 100에서 생성되었더라도 불필요하게 C 스위치와 D 스위치에까지 전달됩니다. 불필요하게 전달되는 만큼 밴드위스와 스위치 장비의 메모리, CPU를 소모하게 됩니다.

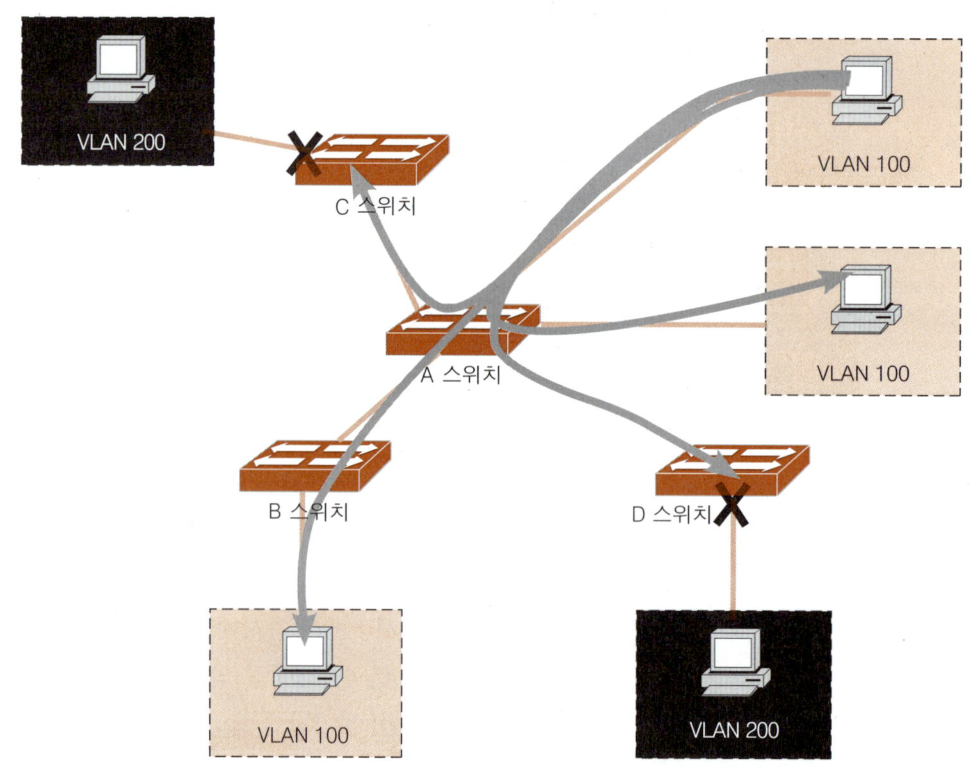

그림 7-15 ≫
모든 VLAN의 브로드
캐스트는 일단 트렁크
링크까지 전달된다.

이 문제를 해결하는 데는 2가지 방법이 있습니다. 첫 번째, 네트워크 관리자가 직접 명령어를 통해 트렁크에 전달되는 VLAN 트래픽의 범위를 한정하는 것입니다.

[예 7-13]은 트렁크 포트에서 2, 3, 4, 5번 VLAN에 속하는 트래픽만 보내는 명령입니다.

```
Switch(config)#interface fastethernet 0/1
Switch(config-if)#switchport mode trunk
Switch(config-if)#switchport trunk allowed vlan 2-5
```

두 번째 방법이 바로 VTP 프루닝(Pruning)입니다. VTP 프루닝을 구현하면 스위치들 간에 VTP 조인 메시지를 주고받습니다. VTP 조인 메시지에는 각각의 스위치에 할당된 VLAN 정보들이 포함되어 있습니다. 이러한 VTP 프로토콜의 조인 메시지 때문에 스위치들은 트렁크 구간들 중에서 VLAN 100을 가진 스위치와 그렇지 않은 스위치를 구분합니다.

이러한 구분을 통해 [그림 7-16]과 같이 VLAN 100에서 들어온 브로드캐스트, 멀티캐스트, 언논 유니캐스트는 B 스위치쪽으로만 보내고, C와 D 스위치로는 보내지 않습니다. 이것이 VTP 프루닝, 즉 가지치기입니다.

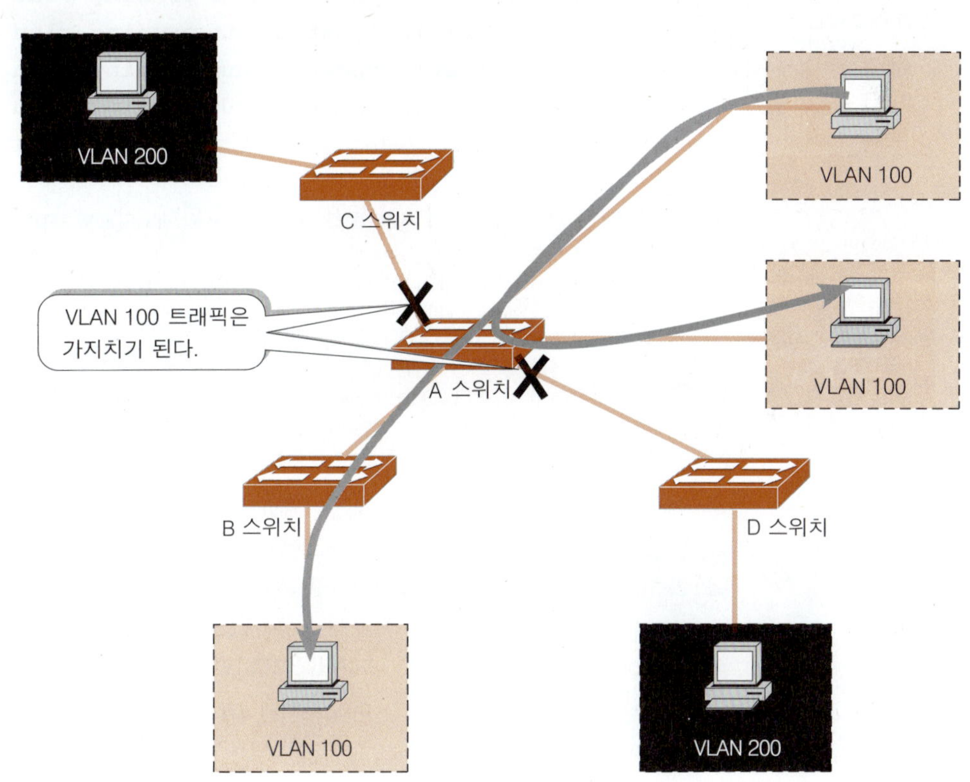

VLAN 2~1000까지 VTP 프루닝을 구현하기 위한 명령은 [예 7-14]와 같습니다.

VLAN 1번 통로는 CDP, VTP, STP 프로토콜들이 메시지 교환을 위해 사용하는 통로이므로 VTP 프루닝을 통해서는 가지치기가 되지 않습니다. [예 7-14]의 명령으로 VTP 서버에서만 VTP 프루닝을 선언하면 VTP 어드버타이즈먼트를 통해 프루닝 선언이 전달되어 도메인 내의 모든 스위치도 자동으로 VTP 프루닝이 선언됩니다.

예 7-14 >>
VTP 프루닝을 구현
하기 위한 명령

```
Switch(config)#vtp pruning
```

또한 각각의 인터페이스에서 특정 VLAN에 대해서만 VTP 프루닝을 선언하거나 선언에서 제외시킬 수 있습니다. 이러한 명령은 [예 7-15]와 같습니다.

예 7-15 >>
각 인터페이스에서
특정 VLAN에 대해서
VTP 프루닝을 선언하
거나 선언을 취소하는
명령

```
Switch(config)#interface fastethernet 0/1
Switch(config-if)#switchport trunk pruning vlan 2-10
Switch(config-if)#switchport trunk pruning vlan all
Switch(config-if)#switchport trunk pruning vlan add 2-10
Switch(config-if)#switchport trunk pruning vlan except 2-10
Switch(config-if)#switchport trunk pruning vlan remove 2-10
```

트렁크 포트에서 프루닝 된 VLAN 들을 확인하기 위해 'show trunk' 명령을 사용합니다.

[예 7-15]의 구현 명령에 대한 자세한 설명은 [표 7-3]과 같습니다.

표 7-3 >>
VTP 프루닝 명령의
옵션

옵 션	설 명
switchport trunk pruning vlan 2-10	2~10번 VLAN(2~1001번 범위만 구현 가능) 트래픽에 대해서 VTP 프루닝을 선언한다.
switchport trunk pruning vlan all	모든 VLAN(1~4094 VLAN)들에 대해 VTP 프루닝을 선언한다.
switchport trunk pruning vlan add 2-10	이미 구현한 VTP 프루닝 리스트에 2~10 VLAN(2~100번 범위만 구현 가능)을 추가한다.
switchport trunk pruning vlan except 2-10	모든 VLAN(1~4094 VLAN)의 VTP 프루닝 리스트에서 2~10 VLAN(2~1001번 범위만 구현 가능)을 제외한다.
switchport trunk pruning vlan remove 2-10	이미 구현된 VTP 프루닝 리스트에서 2~10 VLAN (2~1001번 범위만 구현 가능)을 제거한다.

예 7-16 ≫
show trunk 1/1 명령을 통해 네트워크 관리자가 허용하고, VTP 도메인 내의 VTP 서버에서 선언되고, VTP 프루닝 메커니즘에 의해 트렁크 구간을 통과한 VLAN을 확인할 수 있다.

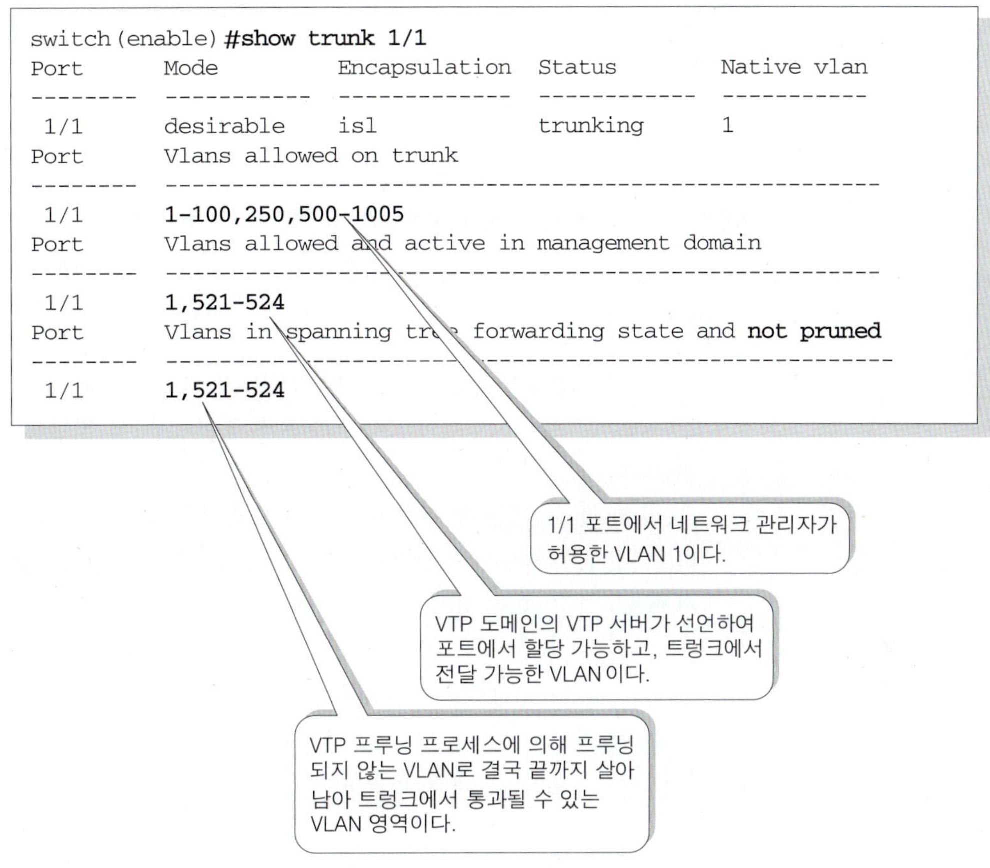

```
switch(enable) #show trunk 1/1
Port        Mode         Encapsulation   Status        Native vlan
--------    ----------   -------------   ----------    -----------
 1/1        desirable    isl             trunking      1
Port        Vlans allowed on trunk
--------    ------------------------------------------------------------
 1/1        1-100,250,500-1005
Port        Vlans allowed and active in management domain
--------    ------------------------------------------------------------
 1/1        1,521-524
Port        Vlans in spanning tree forwarding state and not pruned
--------    ------------------------------------------------------------
 1/1        1,521-524
```


마지막으로 [예 7-16]처럼 'show trunk 1/1' 명령을 통해 네트워크 관리자가 허용하고, VTP 도메인 내의 VTP 서버에서 선언되고, VTP 프루닝 메커니즘에 의해 트렁크 구간을 통과한 VLAN을 확인할 수 있습니다. 최종적으로 트렁크 1/1을 통과할 수 있는 VLAN은 [예 7-16]과 같이 VLAN 1과 VLAN 521, 522, 523, 524입니다.

한 걸음 더!

VTP 트러블슈팅

VTP 프로토콜이 제대로 동작하는지 확인하려면 다음 사항들을 한번 점검해 봅시다.

Step 1   VTP 프로토콜이 제대로 동작하는지 확인하기

기본적으로 VTP 프로토콜이 제대로 동작하고 있는지 다음과 같은 명령을 통해 VTP의 동작 여부를 확인해 봅시다.

- 'show vtp counters' 명령을 통해 VTP 어드버타이즈먼트가 교환되는지 확인합니다.
- 'show vlan' 이나 'show vlan brief' 명령을 통해 서버에서 선언된 VLAN 정보가 넘어오는지 확인합니다.
- 'show vtp status' 명령을 통해 컨피규레이션 리비전 번호가 '0' 이 아닌 값을 가졌는지 확인합니다. 서버로부터 VTP 어드버타이즈먼트를 받았거나 서버가 보냈을 경우 컨피규레이션 리비전 번호는 '0' 이 아닌 값을 가질 것입니다.

Step 2   오동작하는 VTP 프로토콜 해결하기

'show' 명령들로 VTP 프로토콜이 제대로 동작하지 않는다면 다음과 같은 방법으로 바로 잡습니다. VTP 관련하여 의심이 될 때는 다음과 같이 확인합니다.

- 'show vtp status' 명령을 통해 모든 스위치의 도메인 이름과 패스워드가 일치하는지 확인합니다.
- 'show vtp status' 명령을 통해 모든 스위치가 같은 VTP 어드버타이즈먼트에 싱크되었는지 확인하기 위해 VTP 버전 번호가 일치하는지 봅니다.
- 'show vtp status' 명령을 통해 최소한 1대의 스위치를 서버 모드로 구현했는지 확인합니다.

VTP 이외의 부분이 의심될 경우에는 다음과 같이 해 봅니다.

- 트렁크 구현이 제대로 되었는지 확인합니다.
- 스위치 포트의 듀플렉스 타입과 스피드 타입과 관련한 링크의 물리적인 문제를 확인합니다.

Step 3   기타 구현 내용 확인하기

그 밖에 VTP 프루닝이나 트랩 관련 구현은 'show vtp status' 명령을 통해 확인합니다. 특히 VTP 프루닝과 관련하여 트렁크에서 VTP 프루닝을 통과한 VLAN 범위를 확인하려면 'show trunk' 명령을 사용합니다.

 ## 꼭 알아야 할 핵심 포인트

✓ VTP 프로토콜은 캠퍼스 네트워크에서 일관성 있는 VLAN을 구현하는데 꼭 필요합니다. VTP를 구현하면 최소한 하나의 스위치는 VTP 서버 모드가, 그 밖의 스위치는 VTP 클라이언트 모드가 되는데, 서버 모드 스위치에서만 VLAN을 선언해 주면 VTP 어드버타이즈먼트를 통해 클라이언트 모드 스위치로 전달됩니다. VTP 어드버타이즈먼트를 통해 전달되는 정보는 VTP 도메인 이름, 컨피규레이션 리비전 넘버, VTP 서버에서 선언된 VLAN 관련 정보입니다.

✓ VTP 트랜스페어런트 모드 스위치에서도 VLAN을 생성, 수정, 삭제할 수 있습니다. VTP 트랜스페어런트 스위치는 VRP 도메인 내의 스위치와는 별도로 독립된 VLAN을 선언하고 포트에 할당합니다.

✓ VLAN에서 생성된 브로드캐스가 모든 스위치로 전달되면 메모리와 CPU가 불필요하게 소모됩니다. 이것을 막기 위해 명령으로 VLAN 트래픽의 범위를 한정하거나 VTP 프루닝 방법을 사용합니다. VTP 프루닝을 구현하면 스위치들 간에 VTP 조인 메시지를 주고받아 트렁크 구간들 중에서 해당 VLAN을 가진 스위치와 가지지 않은 스위치를 구분해 브로드캐스트, 멀티캐스트, 언논 유니캐스트를 꼭 필요한 곳으로만 보냅니다.

VLAN, VTP 구현하기

1. SW2-SW3, SW3-SW4, SW2-SW4, SW5-SW6, SW6-SW7, SW5-SW7 스위치들을 트 링크로 연결하세요.

2. SW1에 연결된 SW1-SW2, SW1-SW4, SW1-SW5, SW1-SW7 링크들을 액세스 링크를 통해 다음과 같은 VLAN에 소속시키기 바랍니다.

포트	VLAN 번호
Fa0/0	10
Fa0/1	11
Fa0/2	12
Fa0/3	13

3. VTP 프로토콜을 다음과 같이 구현해 보기 바랍니다.

VTP 도메인 이름	소속 스위치	버전	VTP 프루닝	선언할 VLAN	패스워드
MONDAY	SW1을 트랜스페어런트 모드로 구현할 것	1	×	10, 11, 12, 13	×
TUESDAY	SW2, SW3, SW4 스위치 중에서 SW2를 서버로 구현할 것	2	○	10,11, 30, 40	×
THURSDAY	SW5, SW6, SW7 스위치 중에서 SW5를 서버로 구현할 것	1	×	12,13, 50, 60	passion

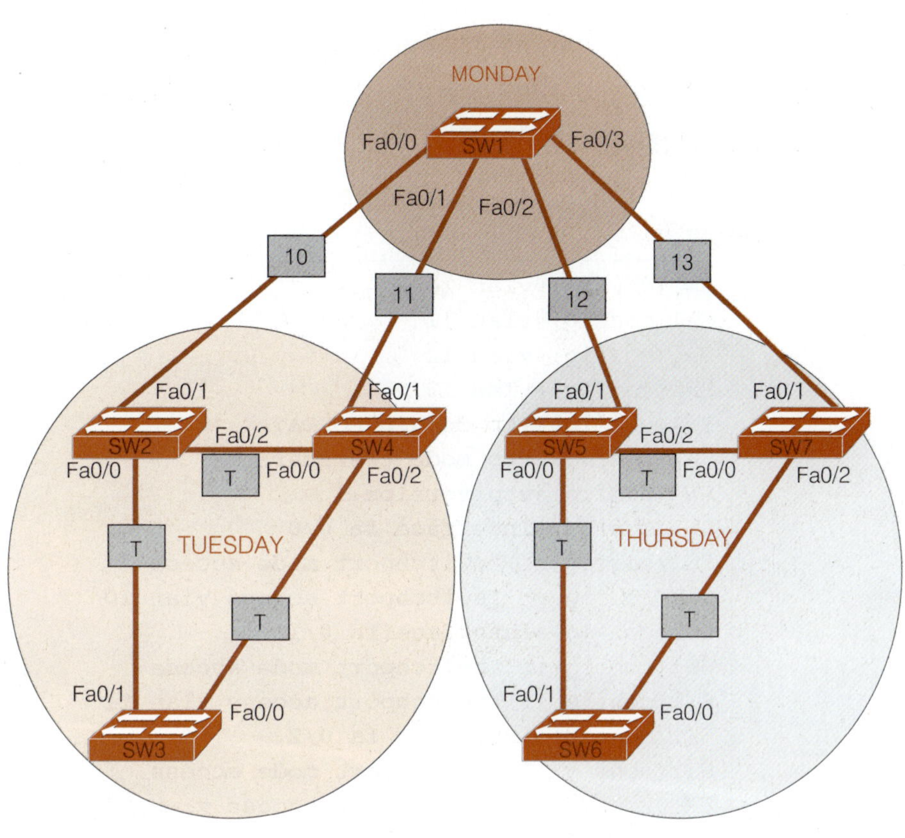

그림 7-17 ≫
VTP 구성

　문제에 제시된 것들을 해결하려면 각각의 스위치를 다음과 같이 구현하면 됩니다. SW1 스위치만 MONDAY VTP 도메인에 속합니다. VTP 도메인 내에 속한 스위치가 1대 밖에 없으므로 VTP 서버로 구현해 VTP 어드버타이즈먼트를 발생시킬 필요가 없습니다. 발생한다고 해도 트렁크가 없으므로 전달되지 않습니다.

1. 다음 SW2, SW3, SW4, SW5. SW6, SW7에서의 구현과 같이 스위치 포트를 트렁크로 구현하기 위해서 'switchport mode trunk' 명령을 사용합니다.

2. SW2, SW3, SW4, SW5. SW6, SW7에서 구현한 것처럼 스위치 포트를 트렁크가 아닌 액세스 링크로 구현하는 명령은 'switchport mode access'이고, 액세스 링크에 VLAN 10을 할당하는 명령은 'switchport access vlan 10'입니다.

3. TUESDAY VTP 도메인 내의 스위치에서 VTP 프로토콜을 구현하는 방법은 SW2, SW3, SW4에서의 구현 방법과 같습니다. SW2 스위치는 VTP 도메인 TUESDAY에서 서버 모드 스위치입니다. VTP 버전 2나 VTP 프루닝을 구현하기 위해서 VTP 서버에서만 구현하면 다른 스위치들은 자동으로 거기에 맞춰집니다. 또한 구현하는 방법은 SW5, SW6, SW7에서의 구현과 같습니다. SW5 스위치는 VTP 도메인 THURSDAY에서 서

버 모드 스위치입니다. VTP 버전 2나 VTP 프루닝을 구현하려면, VTP 서버에서만 구현하면 다른 스위치에서는 자동으로 이네이블됩니다. THURSDAY 도메인 내에 VTP 패스워드를 설정한다면 모든 스위치는 VTP 패스워드를 같게 설정해야 합니다.

SW1 구현

```
SW1(config)#vlan 10
SW1(config)#vlan 11
SW1(config)#vlan 12
SW1(config)#vlan 13
SW1(config)#vtp domain MONDAY
SW1(config)#vtp mode transparent
SW1(config)#vtp version 1
SW1(config)#interface fa 0/0
SW1(config-if)#switchport mode access
SW1(config-if)#switchport access vlan 10
SW1(config)#interface fa 0/1
SW1(config-if)#switchport mode access
SW1(config-if)#switchport access vlan 11
SW1(config)#interface fa 0/2
SW1(config-if)#switchport mode access
SW1(config-if)#switchport access vlan 12
SW1(config)#interface fa 0/3
SW1(config-if)#switchport mode access
SW1(config-if)#switchport access vlan 13
```

SW2 구현

```
SW2(config)#vlan 10
SW2(config)#vlan 11
SW2(config)#vlan 30
SW2(config)#vlan 40
SW2(config)#vtp domain TUESDAY
SW2(config)#vtp version 2
SW2(config)#vtp pruning
SW2(config)#interface fa 0/0
SW2(config-if)#switchport mode trunk
SW2(config)#interface fa 0/1
SW2(config-if)#switchport mode access
SW2(config-if)#switchport access vlan 10
SW2(config)#interface fa 0/2
SW2(config-if)#switchport mode trunk
```

```
SW3(config)#vtp domain TUESDAY
SW3(config)#vtp client
SW3(config)#interface fa 0/0
SW3(config-if)#switchport mode trunk
SW3(config)#interface fa 0/1
SW3(config-if)#switchport mode trunk
```



```
SW4(config)#vtp domain TUESDAY
SW4(config)#vtp client
SW4(config)#interface fa 0/0
SW4(config-if)#switchport mode trunk
SW4(config)#interface fa 0/1
SW4(config-if)#switchport mode access
SW4(config-if)#switchport access vlan 11
SW4(config)#interface fa 0/2
SW4(config-if)#switchport mode trunk
```



```
SW5(config)#vlan 12
SW5(config)#vlan 13
SW5(config)#vlan 50
SW5(config)#vlan 60
SW5(config)#vtp domain THURSDAY
SW5(config)#vtp server
SW5(config)#vtp password passion
SW5(config)#interface fa 0/0
SW5(config-if)#switchport mode trunk
SW5(config)#interface fa 0/1
SW5(config-if)#switchport mode access
SW5(config-if)#switchport access vlan 12
SW5(config)#interface fa 0/2
SW5(config-if)#switchport mode trunk
```

SW6 구현

```
SW6(config)#vtp domain THURSDAY
SW6(config)#vtp client
SW6(config)#vtp password passion
SW6(config)#interface fa 0/0
SW6(config-if)#switchport mode trunk
SW6(config)#interface fa 0/1
SW6(config-if)#switchport mode trunk
```

SW7 구현

```
SW7(config)#vtp domain THURSDAY
SW7(config)#vtp client
SW7(config)#vtp password passion
SW7(config)#interface fa 0/0
SW7(config-if)#switchport mode trunk
SW7(config)#interface fa 0/1
SW7(config-if)#switchport mode access
SW7(config-if)#switchport access vlan 13
SW7(config)#interface fa 0/2
SW7(config-if)#switchport mode trunk
```

Chapter 8

VLAN 간의 라우팅과 멀티레이어 스위칭 비법

VLAN 내의 통신은 레이어 2 스위치만으로도 충분하지만
VLAN 간에는 통신을 하려면 레이어 3 디바이스인 라우터가 필요합니다.
VLAN 간 라우팅을 위해서 라우터가 각각의 VLAN과 연결되어야 합니다.
이번 장에서는 VLAN 간의 라우팅과 멀티레이어 스위칭 방법에 대해 소개합니다.

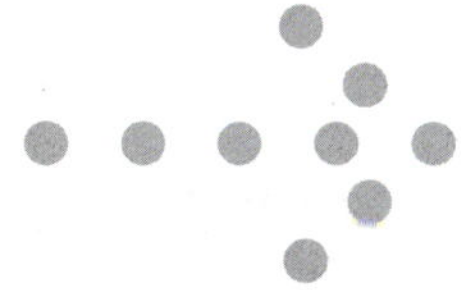

VLAN 간의 통신 방법 *

Tip VLAN 간의 통신

VLAN이 별도의 서브넷에 속한다는 것은 네트워크가 서로 다르다는 것입니다. 서로 다른 네트워크 간에는 라우터가 있어야 통신이 가능하므로 VLAN 간에도 라우터가 있어야 통신을 할 수 있습니다.

VLAN은 별도의 서브넷에 속합니다. *서로 다른 VLAN 내에 속하는 장비들은 [그림 8-1]과 같이 라우터나 레이어 3 장비없이는 통신을 할 수 없습니다.

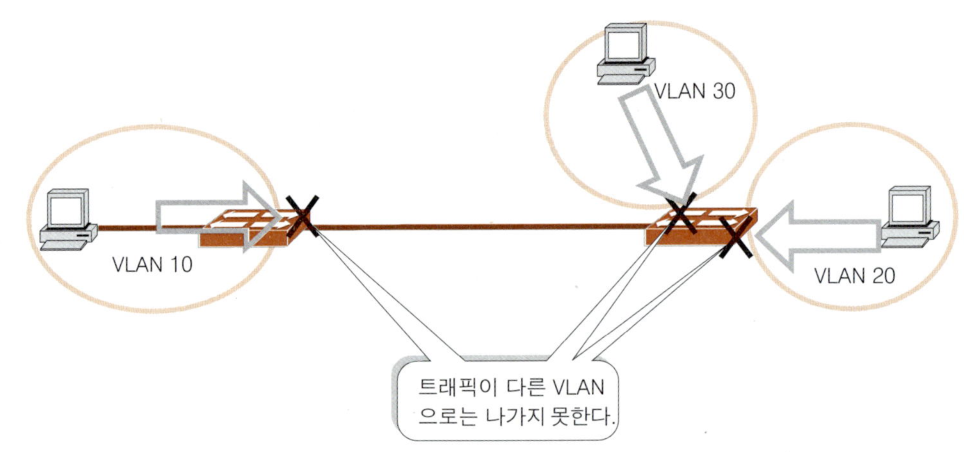

그림 8-1 ≫
다른 VLAN 간에는 라우터없이 통신할 수 없다.

[그림 8-2]와 같이 라우터가 있어야 서브넷이나 네트워크 간에 통신이 가능합니다.

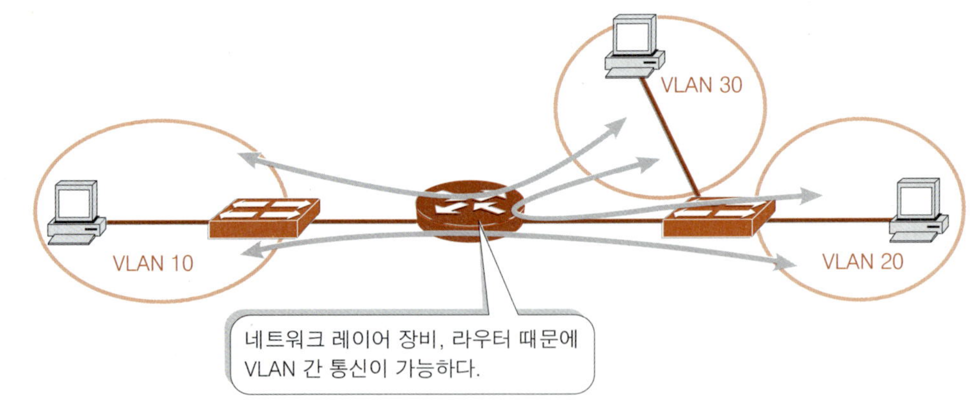

그림 8-2 ≫
라우터가 있어야 다른 VLAN 간에 통신이 가능하다.

그러면 다른 VLAN에 속하는 PC들이 어떤 절차를 거쳐 통신하는지 보다 자세히 살펴보겠습니다.

■ 라우터로 패킷 보내기

PC들은 어떻게 다른 VLAN 내의 PC와 통신할 수 있을까요? 패킷을 다른 VLAN으로 보내려면 우리 네트워크에 속하는 장비들 중 우선 다른 네트워크들에 대한 정보를 가진 장비로 패킷을 보내야 합니다. 바로 라우터로 보내면 됩니다.

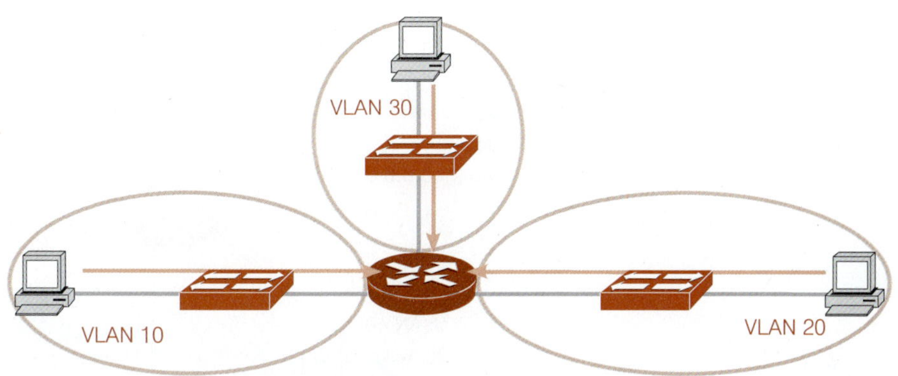

그림 8-3 ≫
라우터가 네트워크들
에 대한 정보를 가지
고 있다.

라우터는 네트워크들에 대한 정보를 라우팅 테이블에 가지고 있습니다.

PC는 7계층 장비로 3계층의 라우팅 기능도 수행하는데 PC는 다음과 같이 라우팅합니다. 패킷이 도착할 네트워크가 PC와 같은 네트워크라면 라우터로 패킷을 보내지 않아도 되지만 같은 네트워크가 아닐 경우 다른 네트워크에 대한 정보를 가진 라우터로 패킷을 보냅니다. 그래서 PC들은 라우터의 주소를 알고 있어야 합니다. PC에 있는 디폴트 게이트웨이 주소가 바로 라우터의 IP 주소입니다.

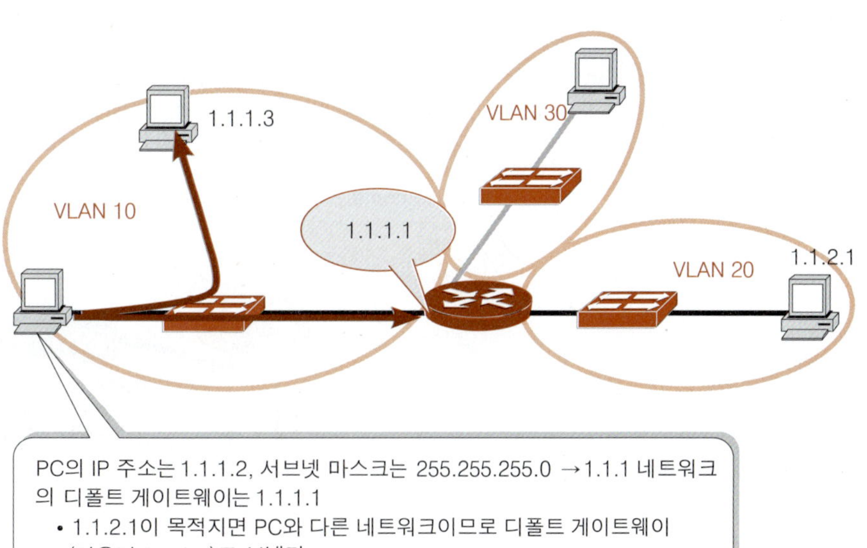

그림 8-4 ≫
PC는 다른 네트워크
로 가는 트래픽을 다
른 네트워크에 대한
정보를 가진 라우터로
보낸다.

■ 라우터와 스위치를 연결하는 세 가지 방법

라우터의 인터페이스는 다른 네트워크에 속합니다. [그림 8-5]와 같이 라우터 인터페이스가 5개라면 네트워크의 수도 5개가 됩니다.

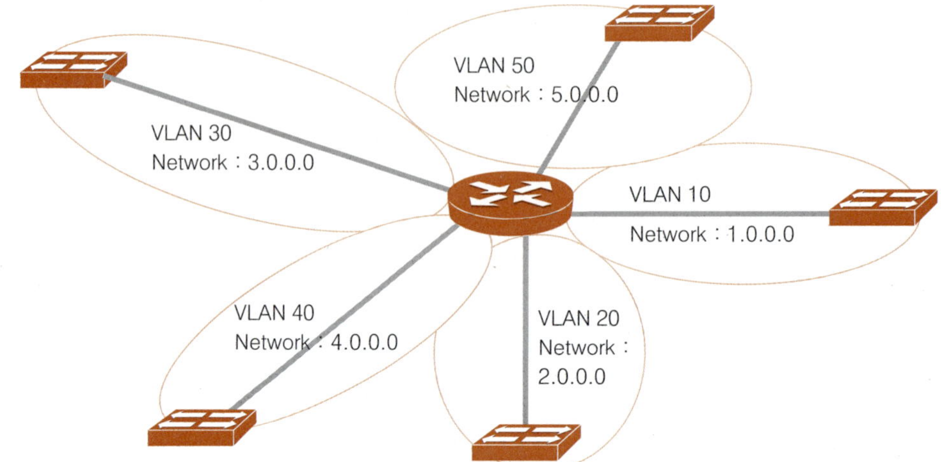

그림 8-5 ≫
라우터의 인터페이스
가 5개면 네트워크도
5개다.

[그림 8-6]은 스위치의 포트들이 다수의 VLAN으로 나누어져 있습니다. VLAN 간의 라우팅을 위해 라우터와 스위치를 연결하는 첫 번째 방법은 다수의 액세스 링크를 사용하는 것입니다.

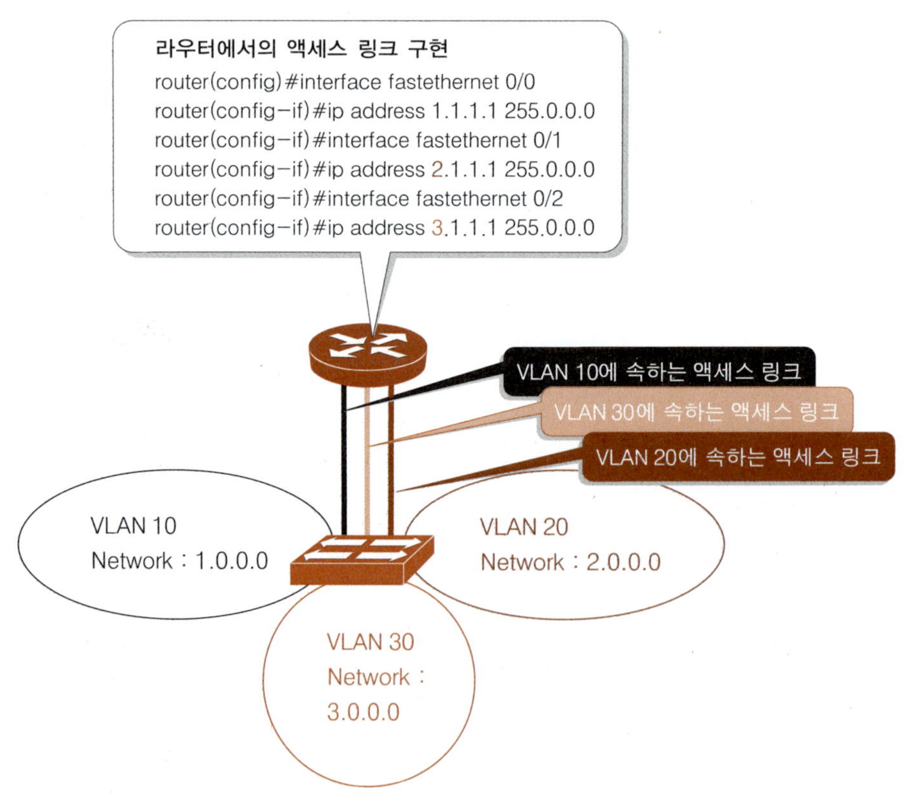

그림 8-6 ≫
스위치 아래에 3개의
VLAN이 있을 때 스위
치와 라우터를 3개의
액세스 링크로 연결할
수 있다.

라우터와 스위치를 연결하는 두 번째 방법은 하나의 트렁크 링크를 사용하는 것입니다. [그림 8-7]과 같이 한 링크에서 다수의 VLAN 트래픽을 수용하는 것이 트렁크입니다.

VLAN별로 별개의 액세스 링크를 사용하는 첫 번째 방법과는 조금 다릅니다. 트렁크를 구현하려면 100Mbps 이상의 이더넷 인터페이스가 있어야 합니다. [그림 8-7]에 구현된 것을 보면 하나의 메인 인터페이스 패스트 이더넷 0/0을 VLAN 수만큼의 서브 인터페이스들로 나누었습니다.

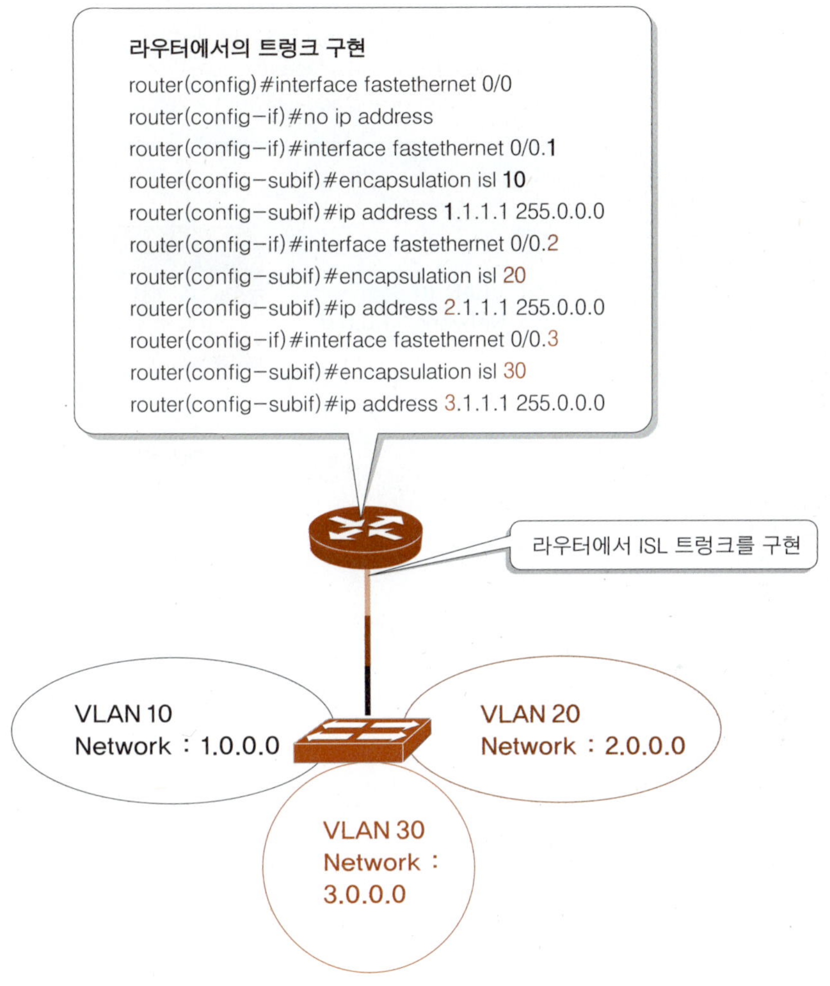

그림 8-7 >>
스위치 아래에 3개의 VLAN이 있을 때 스위치와 라우터를 한개의 트렁크로 연결할 수 있다.

세 번째 방법으로 라우터와 스위치 간에 연결이 필요 없는 경우가 있습니다. [그림 8-8]과 같이 라우터와 스위치의 기능을 합한 멀티레이어 스위치를 사용하는 경우입니다. 라우팅 기능과 스위칭 기능이 한 장비에 통합되어 있기 때문에 별도로 액세스 링크나 트렁크를 통해 외부 라우터와 연결할 필요가 없습니다. 별도의 라우터 포트가 없으므로 각각의 VLAN에 속하는 라우터의 IP 주소를 [그림 8-8]과 같이 가상의 인터페이스에 구현해 주어야 합니다.

[그림 8-8]에서 'interface vlan 10', 'interface vlan 20', 'interface vlan 30'을 SVI(Switched Virtual Interface)라고 합니다.

그림 8-8 ≫
멀티레이어 스위치 아래에 3개의 VLAN이 있을 수 있다.

디스트리뷰션 레이어는 만능 재주꾼

계층형 3 레이어에서 디스트리뷰션 레이어는 일반적으로 레이어 2 스위칭 기능과 레이어 3 라우팅 기능 두 가지를 모두 수행하는 만능 재주꾼입니다. 여기서는 디스트리뷰션 레이어가 수행하는 레이어 3 기능에 관해 살펴보겠습니다.

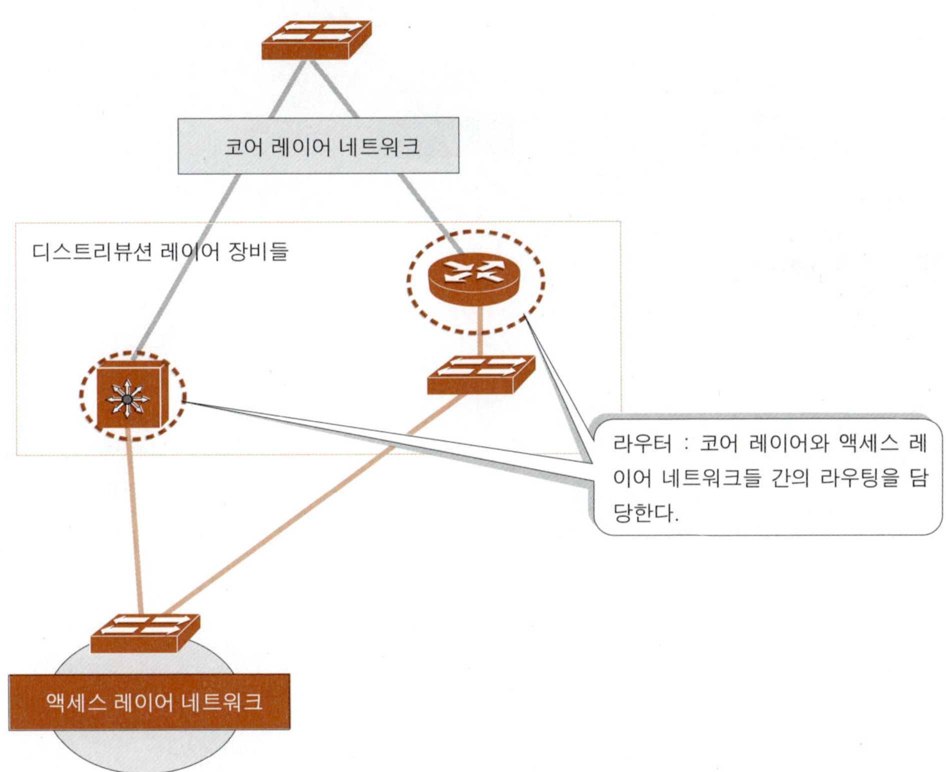

그림 8-9 ≫
디스트리뷰션 레이어
가 수행하는 레이어
3 기능

라우팅 기능을 수행하는 디스트리뷰션 레이어에는 매우 다양한 하드웨어 장비들이 사용됩니다. [그림 8-10]과 같이 수퍼바이저 모듈 위에 장착되는 카드 형태의 라우터(RSFC, MSFC 카드)도 있고, 모듈 형태의 라우터(RSM, MSM 모듈)나 별도의 외장형 라우터를 사용하는 경우도 있습니다.

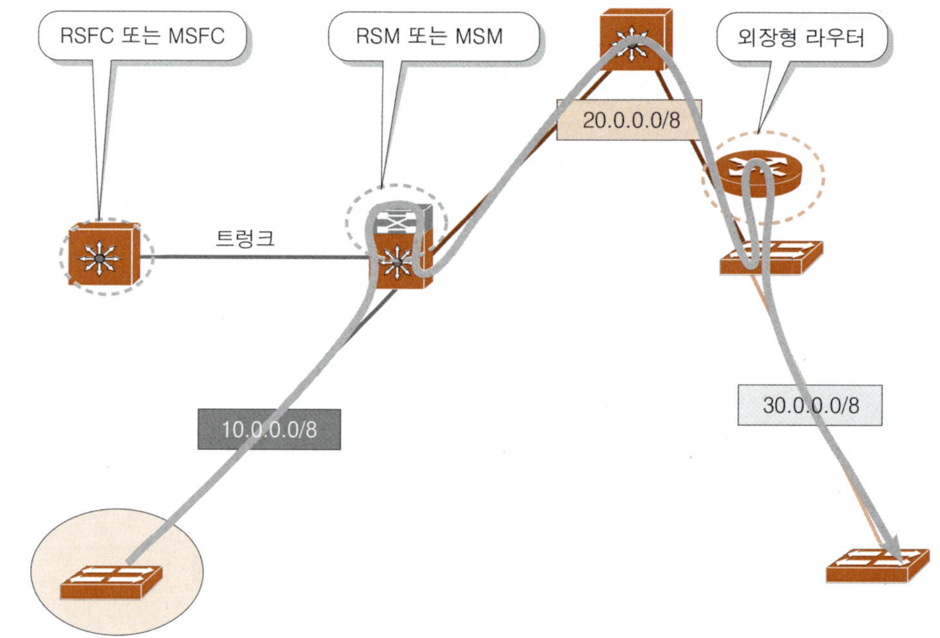

그림 8-10 ≫
RSFC, MSFC, RSM,
MSM은 모두 레이어
3 라우팅 기능을 수행
할 수 있다.

카탈리스트 5000 시리즈 스위치는 RSM(Route Switch Module)이나 RSFC(Route Switch Feature Card)를 사용합니다. 카탈리스트 6000/6500 시리즈 스위치는 MSM(Multilayer Switch Module)이나 MSFC(Multilayer Switch Feature Card)를 사용합니다. RSM/MSM이나 RSFC/MSFC는 외장형 라우터와 같은 시스코 IOS를 가집니다. 따라서 외장형 라우터와 같은 라우팅 기능을 수행합니다.

Lesson 02 스위칭 기능 + 라우팅 기능 = 멀티레이어 스위치 ✳

멀티레이어 스위치는 스위칭 기능과 VLAN 간 라우팅 기능을 모두 수행하는 장비입니다. 레이어 2 스위칭은 레이어 2 액세스 링크와 레이어 2 액세스 링크 간, 혹은 레이어 2 트렁크와 레이어 2 트렁크 간, 혹은 레이어 2 액세스 링크와 레이어 2 트렁크 인터페이스들 간에 발생합니다. 이러한 링크들은 모두 IP 주소를 가지지 않습니다. VLAN 간 라우팅이라고 하는 레이어 3 스위칭은 IP(3계층) 주소가 있는 인터페이스들 간에서 발생합니다.

이 멀티레이어 스위치의 일부 인터페이스들은 레이어 2 포트로 사용되고, 일부 인터페이스들은 레이어 3 포트로 사용될 수 있다는 말입니다. 멀티레이어 스위치의 포트들은 명령어에 따라 레이어 2 포트로 사용될지, 아니면 레이어 3 포트로 사용될지 결정됩니다. 레이어 3 포트로 사용되는 멀티레이어 스위치의 인터페이스에는 라우터의 인터페이스와 같이 IP 주소가 할당됩니다.

카탈리스트 2950, 3550, 4500의 모든 포트를 디폴트로 레이어 2 인터페이스들입니다. 반면 카탈리스트 6500은 레이어 3 인터페이스입니다. 카탈리스트 스위치들의 디폴트 인터페이스 타입을 바꾸고 싶으면 'switchport' 명령을 사용하면 됩니다.

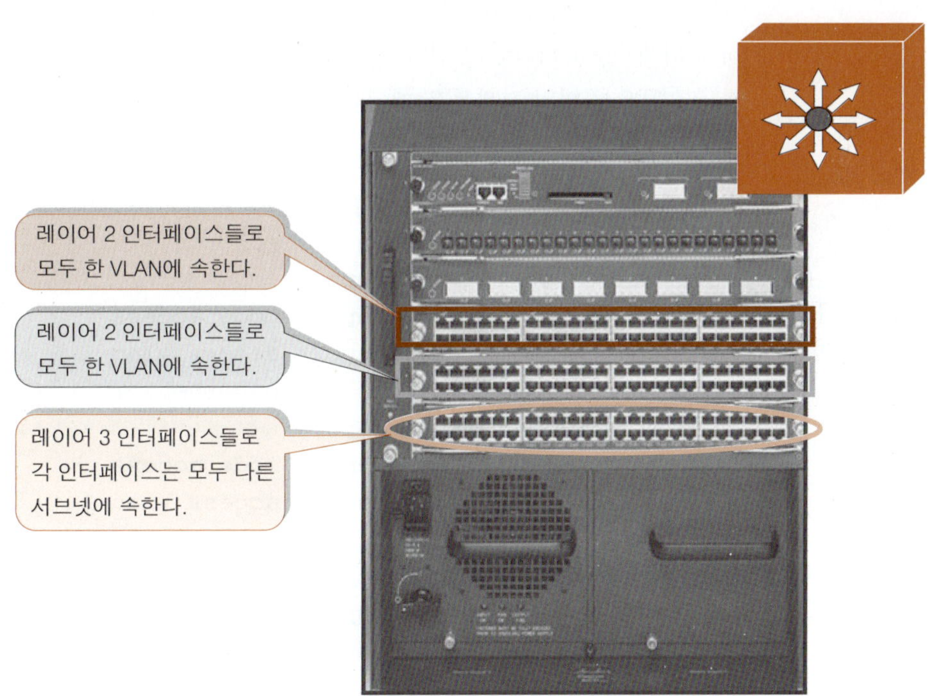

그림 8-11 ≫ 멀티레이어 스위치의 포트들은 레이어 2 인터페이스 또는 레이어 3 인터페이스로 설정할 수 있다.

■ 레이어 2 포트를 레이어 3 포트로 바꾸기

카탈리스트 2950, 3550, 4500의 모든 포트는 디폴트로 레이어 2 포트로 동작한다고 했습니다. 이것을 레이어 3 포트로 바꾸려면 [예 8-1]과 같은 명령을 사용합니다. 'no switchport' 명령은 포트를 레이어 2 모드에서 레이어 3 모드로 바꿔 줍니다.

예 8-1 ≫
레이어 3 포트로 설정
하는 명령

```
Switch(config)#interface fastethernet 3/1
Switch(config-if)#no switchport
Switch(config-if)#ip address 1.1.1.1 255.0.0.0
```

카탈리스트 6500은 모든 포트가 디폴트로 레이어 3 포트로 동작하기 때문에 'no switchport' 명령이 필요없습니다. 그러므로 [예 8-2]와 같이 사용하면 됩니다.

예 8-2 ≫
카탈리스트 6500의
모든 포트는 기본적으
로 레이어 3 포트로
동작한다.

```
Switch(config)#interface fastethernet 3/1
Switch(config-if)#ip address 1.1.1.1 255.0.0.0
```

■ 레이어 3 포트를 레이어 2 포트로 전환하기

카탈리스트 6500의 모든 포트들은 디폴트로 레이어 3 모드이기 때문에 레이어 2 모드로 전환하기 위해 'switchport' 명령을 사용합니다.

[예 8-3]은 스위치 포트들을 레이어 2 스위치인 '액세스 링크와 VLAN 1'으로 구현한 것입니다.

예 8-3 ≫
카탈리스트 6500 포
트를 레이어 2 포트로
전환하는 명령

```
Switch(config)#interface fastethernet 3/1
Switch(config-if)#switchport
Switch(config-if)#switchport mode access
Switch(config-if)#switchport access vlan 1
Switch(config)#interface fastethernet 3/2
Switch(config-if)#switchport
Switch(config-if)#switchport mode access
Switch(config-if)#switchport access vlan 1
Switch(config)#interface fastethernet 3/3
Switch(config-if)#switchport
Switch(config-if)#switchport mode access
Switch(config-if)#switchport access vlan 1
```

카탈리스트 2950, 3550, 4500의 모든 포트들은 디폴트로 레이어 2 포트로 동작합니다. 그러므로 레이어 2 포트를 레이어 3 포트 모드로 바꾸는 'switchport' 명령이 필요없습니다.

[예 8-4]는 레이어 2 스위치로 '액세스 링크와 VLAN 1'을 구현한 것입니다.

예 8-4 >>
카탈리스트 2950,
3550, 4500의 모든
포트는 기본적으로
레이어 2 포트로 동작
한다.

```
Switch(config)#interface fastethernet 3/1
Switch(config-if)#switchport mode access
Switch(config-if)#switchport access vlan 1
Switch(config)#interface fastethernet 3/2
Switch(config-if)#switchport mode access
Switch(config-if)#switchport access vlan 1
Switch(config)#interface fastethernet 3/3
Switch(config-if)#switchport mode access
Switch(config-if)#switchport access vlan 1
```

■ 전체 VLAN의 대표자 SVI 포트 구현하기

서로 다른 VLAN에 속한 레이어 2 인터페이스들이 통신하기 위해서는 각각의 VLAN을 대표하는 레이어 3 주소가 필요합니다. VLAN으로 구분된 레이어 2 인터페이스들에 대해 전체 VLAN을 대표하는 SVI(Switched Virtual Interface)라는 논리적인 인터페이스를 만드는데, 이 인터페이스에 IP 주소를 할당할 수 있습니다.

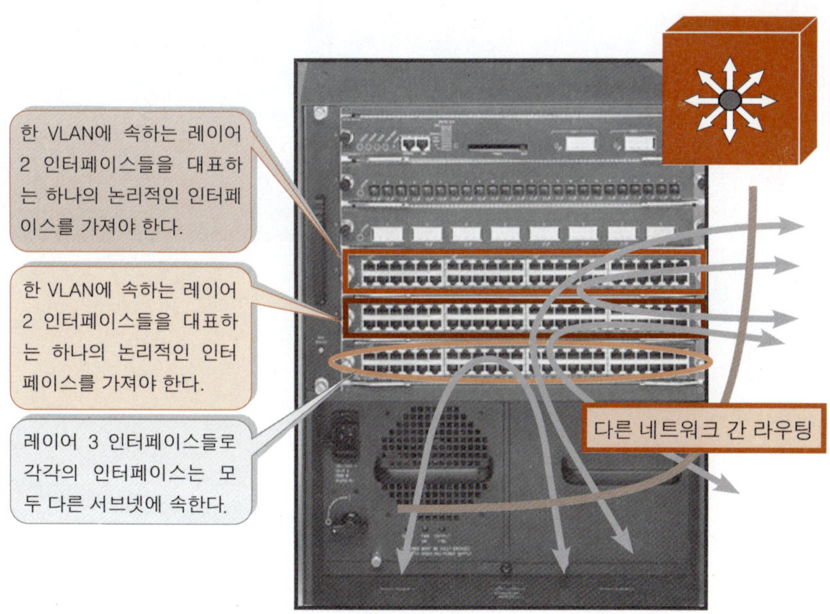

그림 8-12 >>
서로 다른 네트워크
간의 다양한 통신

[그림 8-13]에서 빨간색 테두리(①) 내의 인터페이스는 'VLAN 10'에 속하는 레이어 2 인터페이스이고, 파란색 테두리(②) 내의 인터페이스는 'VLAN 20'에 속하는 레이어 2 인터페이스이고, 노란색 테두리(③) 내의 인터페이스는 'VLAN 30'에 속하는 레이어 2 인터페이스입니다.

각각의 VLAN에 IP 주소를 할당하는 논리적인(가상의) 인터페이스가 [그림 8-13]의 Interface Vlan 10, Interface Vlan 20, Interface Vlan 30입니다. 따라서 VLAN 10에 속하는 PC들의 디폴트 게이트웨이 주소는 10.1.1.1이 되고, VLAN 20에 속하는 PC들의 디폴트 게이트웨이 주소는 20.1.1.1이, VLAN 30에 속하는 PC들의 디폴트 게이트웨이 주소는 30.1.1.1이 됩니다.

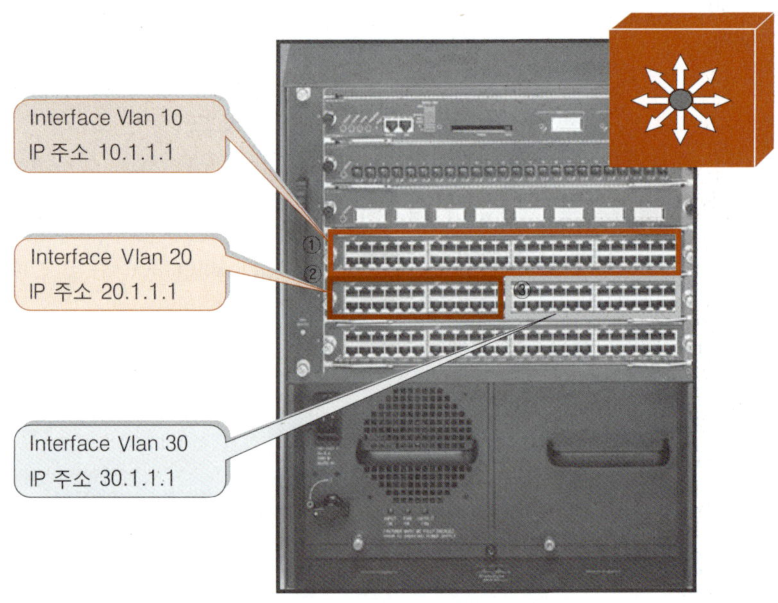

그림 8-13 ≫
10번 VLAN에 속하는 모든 레이어 2 인터페이스들을 대표하는 하나의 논리적인 인터페이스(SVI 인터페이스)가 VLAN 10이다.

회사는 일반적으로 외부 네트워크에 알려진 것과 다른 내부 네트워크 주소를 사용합니다. 그래서 외부에서 내부로 들어오는 패킷들은 반드시 IP 주소를 변환하는 과정을 통해야 하는데, 이것은 보안에 큰 도움이 됩니다. 네트워크 주소 변환은 라우터의 일부로 포함되며, 방화벽의 일부가 될 때도 종종 있습니다.

'show cpu process'라는 명령을 보면 라우터가 얼마나 바쁜 장비인지 알 수 있습니다. 라우터의 CPU는 라우팅 외에도 인터페이스들에 대한 에러 체크, 패킷에 대한 버퍼의 할당, 암호화, 압축, 필터링, *네트워크 주소 변환(Network Address Translation), QoS(Quality of Service) 등 많은 역할을 합니다. 라우팅은 라우터가 수행하는 복잡하고 많은 기능 중 하나일 뿐입니다.

멀티레이어 스위칭은 라우팅만 담당하는 모듈로 RP(Route Processor)와 SE(Switching Engine)로 구성됩니다. 멀티레이어 스위칭의 기본적인 아이디어는 '느린 라우팅은 한번만, 빠른 레이어 3 스위칭은 많이'입니다.

하드웨어적인 레이어 3 스위칭을 위해서는 반드시 소프트웨어적인 라우터가 있어야 합니다. 라우터는 직접 연결된 네트워크 정보들을 주고 받습니다. 자신이 알고 있는 모든 정보를 교환하므로 결국 라우터들은 모든 네트워크에 대한 정보를 가지게 됩니다. 이렇게 라우팅 정보를 만들기 위해서는 반드시 소프트웨어적인 라우터가 있어야 합니다. 하드웨어적인 레이어 3 스위칭은 이 라우팅 정보를 소프트웨어적인 라우터로부터 빌려서 사용할 뿐입니다. 그래서 레이어 3 스위칭을 하려면 라우터와 레이어 3 스위치가 모두 갖추어져 있어야 합니다.

RP가 느린 라우팅을 담당하고 SE는 빠른 레이어 3 스위칭을 담당합니다. 시스코 멀티레이어 스위칭에 필요한 요소들은 [그림 8-14]와 같습니다.

MLS-SE	기능 : 패킷 라우팅과 패킷 리라이트 기능을 제공한다. 장비 : 카탈리스트 스위치의 수퍼바이저 엔진 3 모듈상의 NFFC 카드이다.
MLS-RP	기능 : 라우팅 정보와 라우터의 MAC 주소 정보를 MLS-SE에게 제공한다. 장비 : RSM, RSFC, MSM 등의 모듈형 또는 카드형 라우터와 시스코 7500, 7200, 4500, 4700, 3640, 3620, 8500과 같은 외부 라우터이다.
MLSP	기능 : MLS-SE와 MLS-RP 사이에서 멀티레이어 스위칭을 위해 동작하는 프로토콜이다. RSM 또는 외부 라우터가 라우팅 정보, VLAN 또는 MAC 주소 정보를 보내기 위한 방법을 정의한다.

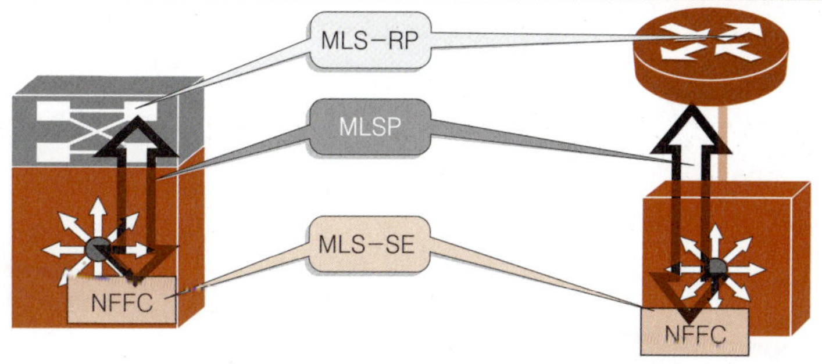

그림 8-14 ≫
전통적인 멀티레이어
스위칭의 3 요소

라우터는 3계층 장비로 1계층에서 증폭, 2계층에서 미디어 트랜스레이션, 3계층에서 라우팅을 담당합니다. 라우터가 미디어 트랜스레이션을 하려면 ARP 테이블을 참조하여 새로운 2계층 인캡슐레이션을 입힙니다.

[그림 8-15]처럼 첫 패킷은 무조건 라우터(소프트웨어 기반)를 통과해야 합니다. 라우터를 통해 온 패킷은 새로운 2계층 인캡슐레이션으로 갈아 입은 다음 2계층으로 내려옵니다. 2계층 인캡슐레이션 정보는 MLS 캐시(레이어 3 스위치의 스위칭 테이블)에 남게 됩니다. 또한 라우터가 가진 라우팅 정보가 MLSP 메시지에 의해 MLS 캐시로 내려옵니다.

첫 번째 이후의 모든 패킷은 스위치의 캐시를 참조하기 때문에 더 이상 느린 라우터를 통과하지 않아도 되지만, 첫 번째 패킷은 반드시 느린 라우터를 통과해야 합니다.

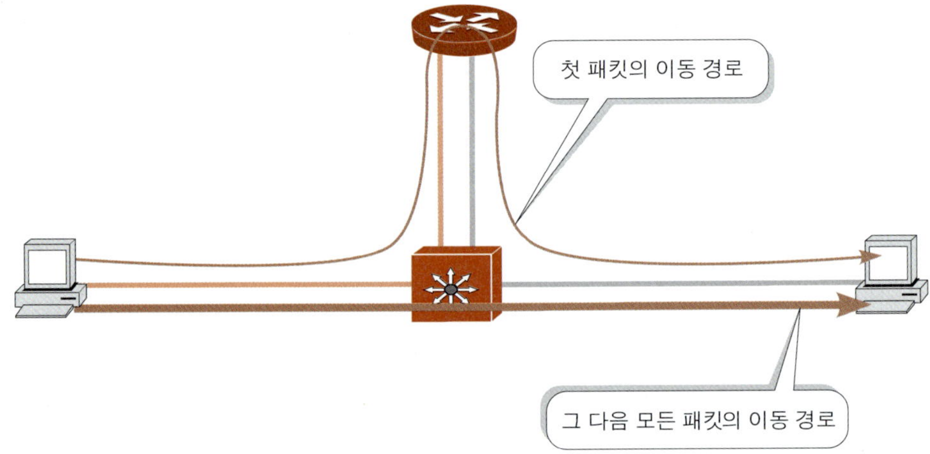

그림 8-15 >>
전통적인 멀티레이어 스위칭에서 첫 패킷과 나머지 패킷들의 이동 경로

새로운 방식의 CEF 레이어 3 스위칭 방법

카탈리스트 스위치는 전통적인 멀티레이어 스위칭에서 보다 개선된 CEF(Cisco Express Forwarding) 멀티레이어 스위칭을 제공합니다. CEF는 시스코 카탈리스트 스위치에서만 지원되는 방식으로 이것을 사용하려면 다음과 같은 하드웨어가 필요합니다.

- MSFC3 라우터 카드를 장착한 카탈리스트 6500 수퍼바이저 720 모듈
- MSFC2 라우터 카드를 장착한 카탈리스트 6500 수퍼바이저 2 모듈
- 카탈리스트 4500 수퍼바이저 3과 4
- 카탈리스트 3550 패밀리

CEF 기반의 멀티레이어 스위치는 [그림 8-16]과 같이 레이어 3 엔진(Layer 3 Engine)과 레이어 3 포워딩 엔진(Layer 3 Forwarding Engine)으로 구성됩니다. MSFC 3 라우팅 카드가 레이어 3 엔진이 되고, PFC 2나 PFC 3는 레이어 3 포워딩 엔진의 역할을 담당합니다.

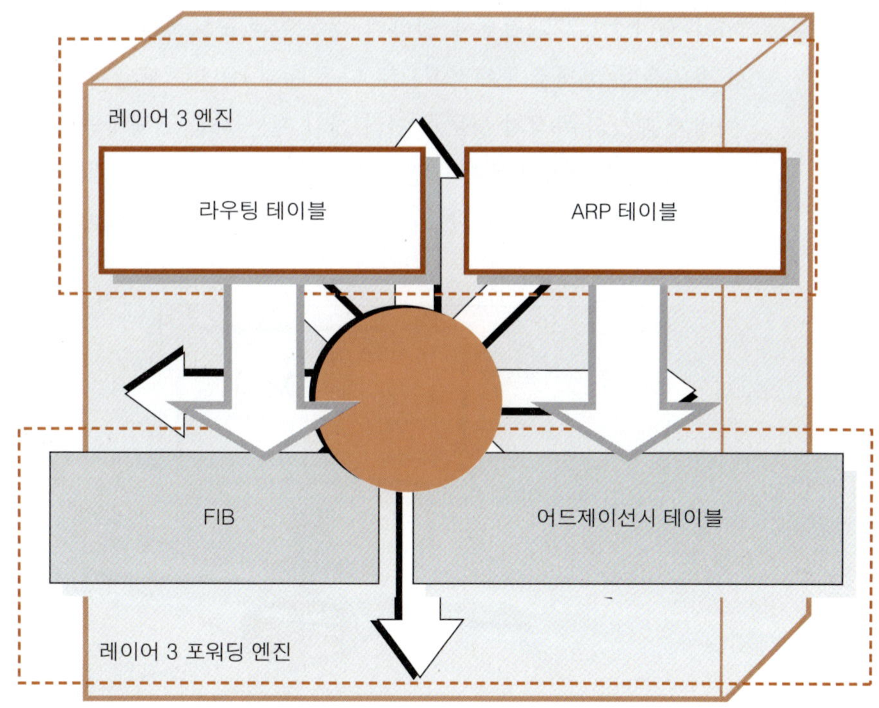

그림 8-16 >>
CEF 멀티레이어 스위
칭을 위한 테이블

전통적인 멀티레이어 스위칭 방법에 비교하면 레이어 3 엔진은 RP에 해당하는 소프트웨어 기반의 느린 라우터이고, 레이어 3 포워딩 엔진은 SE에 해당하는 하드웨이 기반의 빠른 라우터의 기능을 담당합니다. 카탈리스트 6500 시리즈에서 CEF 3 포워딩 엔진은 수퍼바이저 엔진의

PFC 2 또는 PFC 3 카드의 역할을 담당합니다. PFC 2나 PFC 3 카드는 레이어 2 또는 3 패킷 포워딩, 액세스 리스트 체크, QoS 마킹과 처리, 패킷 플로우에 대한 통계 수집 기능을 담당합니다.

패킷들이 소프트웨어 기반의 라우터에서 라우팅 서비스를 받으려면 여러 프로세스들 간에 끼어 중간 중간 라우팅 서비스를 받기 위해 기다려야 합니다.

이처럼 라우팅을 위해 기다리는 시간 때문에 소프트웨어 기반의 라우팅 속도는 라우팅만 전문적으로 담당하는 하드웨어 기반의 라우팅보다 느립니다.

■ 정보 재배치로 효율을 높이는 FIB 테이블

CEF의 레이어 3 엔진은 라우팅 정보를 가집니다. CEF의 레이어 3 포워딩 엔진은 '가장 구체적인 정보를 위에' 재배치하는 원칙에 따라 FIB 테이블을 구성합니다. 예를 들어 '/25' 정보를 '/24' 정보보다 FIB 테이블의 상위에 배치하는 것입니다.

레이어 3 엔진이 [그림 8-17]과 같은 라우팅 테이블을 가지고 있다면 10.1.1.1로 가려는 패킷을 다음 홉인 4.1.1.1로 보냅니다. 10.1.1.1의 목적지인 4가지 정보들 중에서 10.1.1.1 /32 정보가 가장 구체적이기 때문입니다.

만약 10.1.1.1 /32 정보가 없다면 다음으로 구체적인 정보를 따릅니다. 여기서는 10.1.1.0 /24 정보가 두 번째로 구체적이므로 다음 홉 2.1.1.1로 보냅니다.

이렇게 패킷의 목적지 정보가 여러 개일 때는 가장 구체적인 정보를 따르기 때문에 라우팅 테이블의 첫 번째 칸에서 목적지 정보를 만나더라도 보다 구체적인 정보가 아래 칸에 있는지 확인하기 위해 항상 라우팅 테이블의 마지막까지 대조 작업을 해야 합니다.

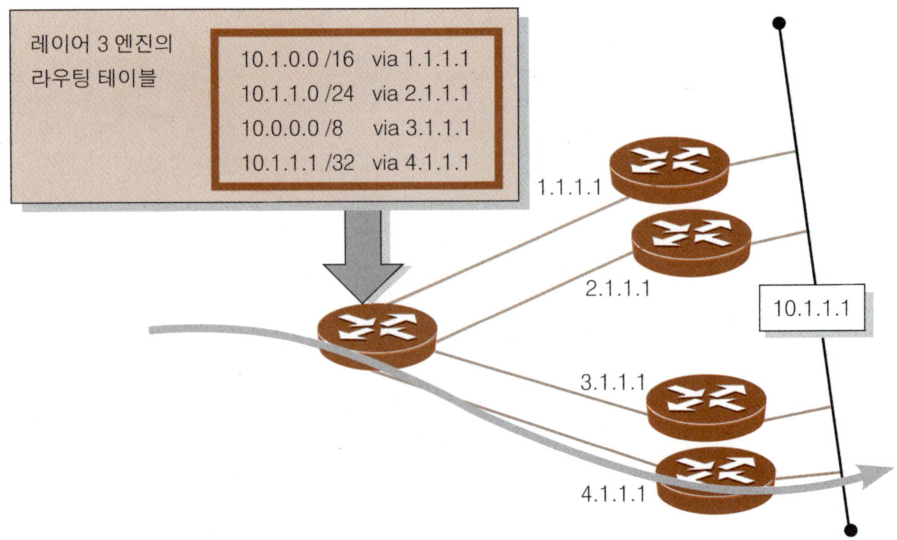

그림 8-17 >>
원래의 라우팅
프로세스

레이어 3 엔진이 가지고 있는 라우팅 정보를 FIB 테이블로 보내면 순서가 [그림 8-18]과 같이 바뀝니다. FIB에서는 가장 구체적인 정보를 위에 배치하기 첫 번째 칸에서 목적지 정보를 만나면 더 이상 구체적인 정보가 아래에 없으므로 FIB 테이블을 볼 필요가 없습니다.

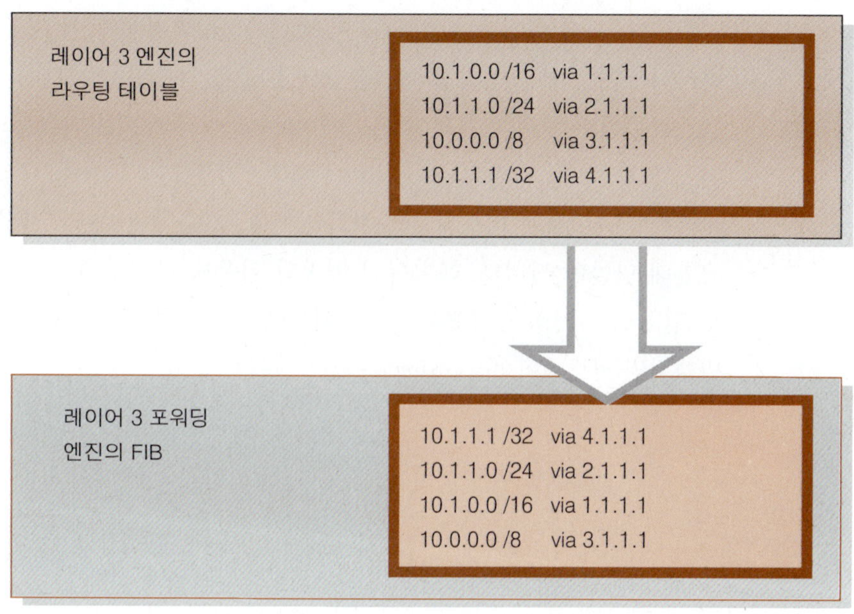

그림 8-18 >>
라우팅 테이블이 FIB 테이블이 구제적인 정보를 위에 배치한다.

만약 목적지 주소에 대한 테이블 길이가 15만 줄(현재 인터넷의 전체 네트워크 정보 수)이라면 레이어 3 엔진에서는 [그림 8-19]와 같이 패킷이 들어올 때마다 항상 15만 번의 대조 작업을 해야 합니다. 하지만 레이어 3 포워드 엔진의 FIB 테이블에서는 가장 처음 만나는 정보에서 대조 작업을 멈출 수 있습니다.

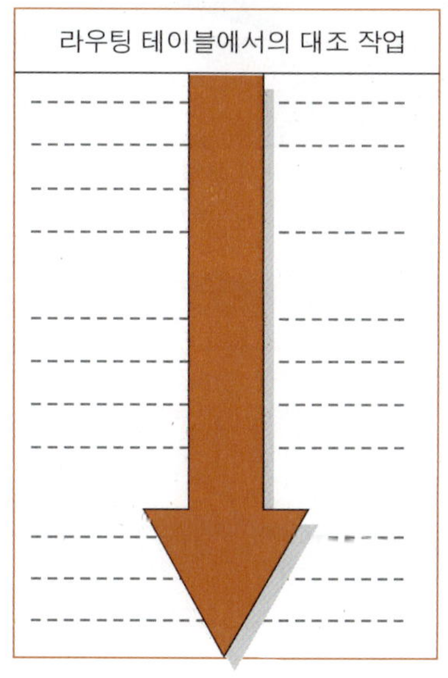

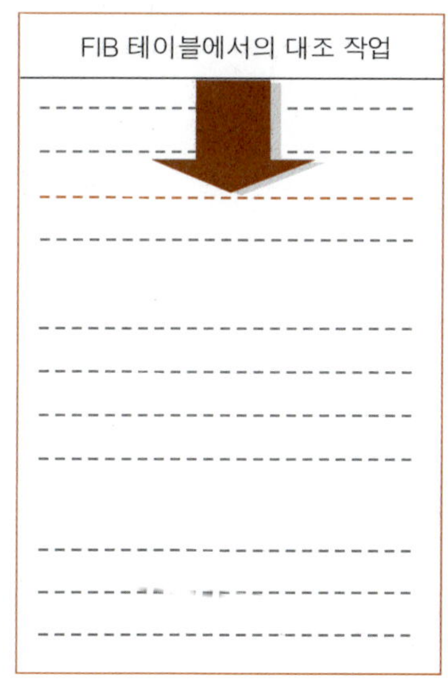

그림 8-19 >>
라우팅 테이블 대조 작업과 FIB 테이블 대조 작업 비교

원래 라우팅 테이블에는 네트워크를 대표하는 정보만 옵니다. 예를 들어 10.0.0.0 /8과 같이 네트워크 정보만 옵니다. 하지만 FIB 테이블에는 10.10.10.10 /32와 같은 호스트 정보가 올 수 있습니다. 이 호스트 정보는 라우팅 테이블에서는 볼 수 없는 사항입니다.

FIB 테이블의 호스트 루트 정보는 직접 연결된 네트워크에 인접한 호스트들일 경우에 볼 수 있습니다. 직접 연결된 호스트 루트 정보가 /32이기 때문에 FIB 테이블의 위쪽에 배치됩니다. 따라서 FIB 테이블이 직접 연결된 호스트들을 참조하는 시간이 훨씬 단축됩니다. 직접 연결된 호스트들에는 많은 트래픽이 몰리기 때문에 이러한 FIB 테이블의 구성이 효율적이라고 할 수 있습니다.

라우팅 테이블은 네트워크의 변화(UP/DOWN)에 따라 라우터들 간에 동적인 라우팅 정보를 교환해 만들어 집니다. 레이어 3 엔진의 라우팅 테이블이 새로운 라우팅 정보를 가지게 되면 [그림 8-20]처럼 즉시 FIB로 갱신된 라우팅 정보를 보냅니다. 레이어 3 엔진의 ARP 테이블이 변경되면 어드제이선시(Adjancency) 테이블도 바로 바뀝니다.

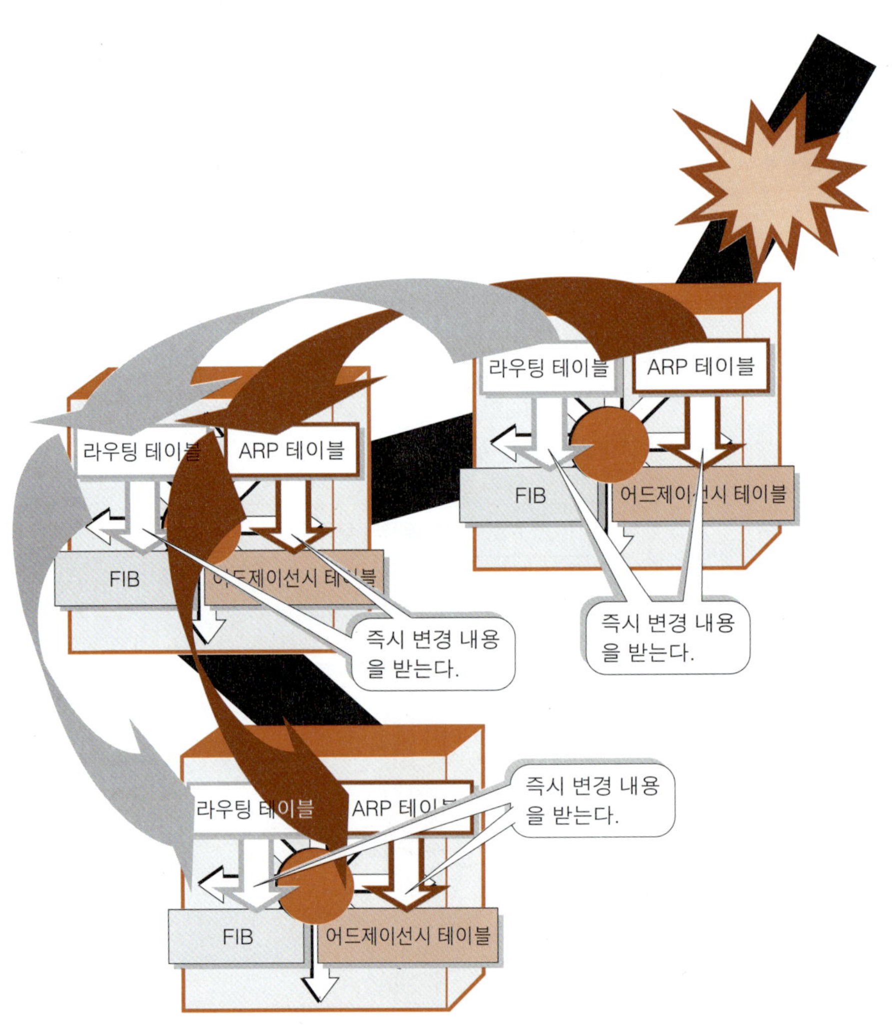

그림 8-20 ≫
ARP 테이블과 라우팅 테이블이 변경되면 어드제이선시 테이블과 FIB 테이블이 바로 갱신된다.

FIB 테이블에 라우팅 정보가 있고, 어드제이선시 테이블에 2계층 구조와 3계층 주소의 매핑 정보가 있다면 패킷들은 FIB 테이블과 어드제이선시 테이블을 참조하는 하드웨어 기반의 라우팅(레이어 3 스위칭) 프로세스를 통과하게 됩니다. 하드웨어 기반의 라우팅 프로세스에 의해 패킷들은 최소 10배 이상의 빠른 속도를 보장하는 빠른 라우팅 서비스를 받게 됩니다.

그런데 FIB에 의한 하드웨어 스위칭이 불가능한 경우가 있습니다. 하드웨어 스위칭이 불가능한 패킷들은 FIB 테이블에 'CEF 펀트(CEF Punt)' 라고 표시되고 즉시 레이어 3 엔진(소프트웨어 기반의 라우터)으로 보내집니다.

- FIB에 라우팅 정보가 없는 경우입니다.

- FIB 테이블이 가득 차서 더 이상 목적지 네트워크 정보를 포함하지 못하는 경우입니다.

- IP 패킷의 'TTL(Time To Live)' 필드가 '0'이 되어 패킷을 소멸시켜야 하는 경우입니다. 목적지를 찾지 못한 패킷이 네트워크를 계속 돌아다니면 네트워크 자원이 소모됩니다. 이것을 방지하기 위해 패킷을 출발시키는 장비가 TTL 필드에 목적지에 도착하기 전에 통과할 수 있는 최대 라우터 수를 써 넣습니다. TTL 값은 라우터를 통과할 때마다 라우터에 의해 하나씩 줄어들게 됩니다.

- 라우터의 인터페이스마다 MTU(Maximum Transmission Unit), 즉 인터페이스에서 처리할 수 있는 최대 패킷 크기가 정해져 있는데 이 크기를 초과한 경우 라우터는 MTU 크기에 따라 패킷을 잘라서 보내게 됩니다. 패킷을 자른다면 도착지에서는 순서대로 합치는 작업을 해 주어야겠지요. 그래서 라우터는 나중에 패킷을 합칠 수 있도록 패킷에 순서 정보를 포함시켜야 합니다. 이 작업을 레이어 3 포워드 엔진에서는 수행할 수 없기 때문에 레이어 3 엔진으로 보냅니다.

- ICMP 리다이렉트(Internet Control Message Protocol Redirect) 메시지를 레이어 3 엔진에서 PC 쪽으로 보내야 할 경우입니다.

- 지원하지 않는 인캡슐레이션 타입일 때. 예를 들어 현재 CEF는 IP 패킷과 IPX 패킷들만 지원할 수 있습니다.

- 패킷들에 대한 압축과 암호화가 필요할 경우입니다.

- 액세스 리스트에 로그 옵션을 붙였을 경우입니다(로그 옵션이 있어 패킷들이 액세스 리스트에 걸릴 때마다 콘솔 화면에 메시지로 표시해야 함).

- NAT(Network Address Translation)가 구현되었을 경우입니다. 단, 카탈리스트 6500 수퍼바이저 720은 레이어 3 엔진으로 보내지 않고 처리할 수 있습니다.

한 걸음 더!

ICMP 리다이렉트 메시지는 언제 PC쪽으로 보내질까?

ICMP 리다이렉트 메시지가 라우터에 의해 PC로 보내지는 경우는 다음과 같습니다. PC에는 하나의 디폴트 게이트웨이만 설정할 수 있으므로 라우터 A가 되었던 라우터 B가 되었던 PC는 하나의 라우터만을 디폴트 게이트로 설정합니다. 그러면 PC는 모든 외부 네트워크로 향하는 패킷들을 디폴트 게이트웨로 보냅니다.

[그림 8-21]에서 만약 PC가 10.4.0.0 /16 네트워크로 보낼 패킷이 있으면 라우터 B쪽이 합리적인 경로라 하더라도 라우터 A로 보냅니다. 라우터 A가 라우팅 테이블을 보면 10.4.0.0/ 16에 대해서는 라우터 B 가 넥스트 홉이 될 것입니다. 그래서 라우터 A는 첫 번째 패킷을 라우터 B로 보내고, 라우터 A에서 ICMP 프로토콜의 리다이렉트 메시지를 발생시키도록 라우터의 인터페이스를 ip redirect 명령으로 구현해 놓으면 PC쪽으로 ICMP 리다이렉트 메시지를 보냅니다. 이 리다이렉트 메시지는 '10.4.0.0/16 네트워크의 넥스트 홉은 라우터 B' 라는 내용을 포함하고 있습니다.

리다이렉트 메시지를 받은 PC는 10.4.0.0 /16 네트워크로 가려는 패킷을 디폴트 게이트웨이인 라우터 A쪽으로 보내지 않고 라우터 B로 바로 보냅니다. 그러면 PC에서 10.4.0.0 /16 네트워크로 향하는 패킷들의 흐름이 [그림 8-21]의 빨간색 선처럼 나타납니다. 선의 흐름을 보면 10.4.0.0 /16으로 향하는 패킷들이 불필요하게 라우터 A를 경유하고 있습니다.

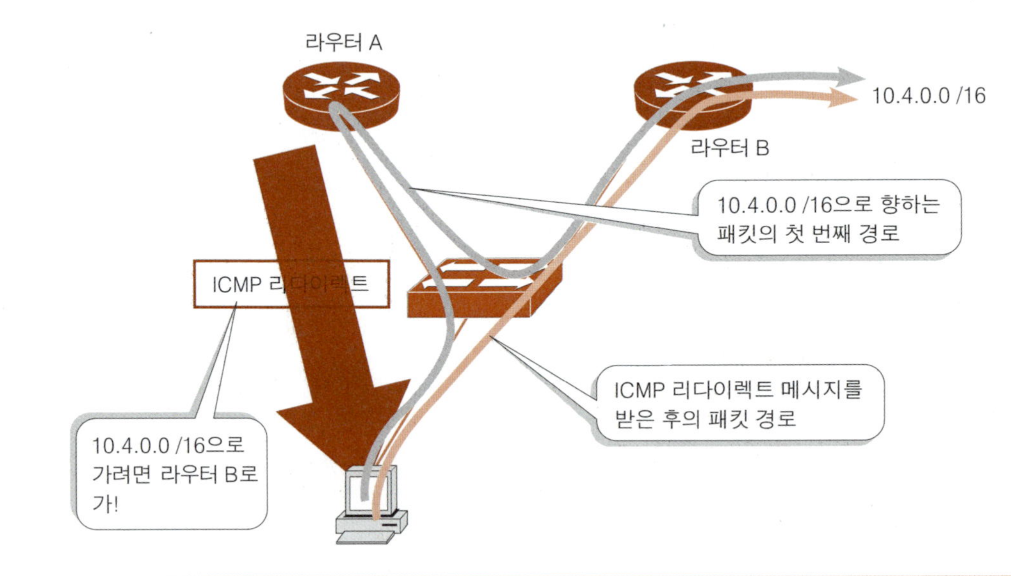

그림 8-21 ≫
ICMP 리다이렉트
동작

CEF는 스위치의 수퍼바이저 모듈에서 동작하지만 CEF는 다음에서 설명할 내용을 통해 더욱 빠른 속도를 낼 수 있습니다.

■ 패킷 처리 속도가 빠른 aCEF

CEF의 기능은 카탈리스트 6500 제품 라인의 카드에 위치한 레이어 3 포워딩 엔진들로 분산됩니다. 이런 정보의 분산 때문에 패킷들은 PFC 카드가 있는 수퍼바이저 모듈까지 이동하지 않아도 라우팅될 수 있습니다.

aCEF(Accelerated CEF) 기술은 수퍼바이저 엔진 720의 PFC 3 카드와 인터페이스 모듈의 분산 aCEF 엔진에 있는 Master-Slave 관계를 통해 제공됩니다. 레이어 3 포워딩 엔진들은 전체 FIB를 저장하는 대신 FIB의 일부만을 다운로드합니다. 이것은 FIB 캐시가 재사용될 것 같은 정보들만 포함하도록 합니다. FIB 정보가 캐시에서 발견되지 않으면 레이어 3 엔진에게 정보를 요청합니다. 결과적으로 라인 카드들이 가지는 라우팅 정보는 쓸만한 정보들로만 채워집니다. 쓸만한 정보의 기준은 '얼마나 자주 사용되는 정보인가?' 입니다. aCEF는 다음과 같이 동작합니다.

- 일반적인 CEF 스위칭에서와 같이 수퍼바이저 엔진의 PFC 3 카드는 필요한 라우팅 정보를 가지고 있어야 합니다.
- 트래픽이 aCEF720 인터페이스 모듈에 도착하면 aCEF 엔진은 패킷 라우팅 정보를 찾고, 없으면 PFC3 카드에 패킷을 보냅니다.
- PFC3 카드가 패킷에 대한 하드웨어 기반의 포워딩을 하고 aCEF에게 CEF라우팅 정보를 보냅니다.
- aCEF 엔진은 이런 CEF 라우팅 정보를 저장하고, 모든 패킷을 포워딩하고, 일정시간 사용되지 않는 CEF 라우팅 정보는 삭제하여 CEF 라우팅 테이블의 길이를 최적화 합니다.

aCEF를 사용하려면 카탈리스트 6500 수퍼바이저 720 엔진에서 최대 400,000,000 패킷까지 처리할 수 있습니다. 이 aCEF 기능을 사용하려면 시스코 카탈리스트 수퍼바이저 CEF720과 aCEF 인터페이스 모듈이 있어야 합니다.

■ 각 모듈이 FIB 테이블과 포워딩 엔진을 가지는 dCEF

dCEF(Distributed CEF)를 지원하는 카탈리스트 6500은 각 모듈이 FIB 테이블과 포워딩 엔진을 가집니다. 예를 들어 MSFC2와 같은 레이어 3 엔진은 라우팅 테이블을 만들고, PFC 카드가 FIB 테이블을 생성합니다. 그리고 각각의 라인 카드들은 이 FIB 테이블을 다이나믹하게 다운로드합니다. dCEF를 구현하기 위해 'ip cef distributed' 명령을 사용하는데, dCEF는 다음과 같이 동작합니다.

- 일반적인 CEF 스위칭에서와 같이 수퍼바이저 엔진의 PFC 3 카드가 CEF 라우팅 정보를 가지면 인터페이스 모듈의 DFC 엔진들은 같은 CEF 정보를 다운로드합니다. aCEF와 달리 스위치에 패킷이 도착하기 전에 CEF 정보를 가집니다.

- 패킷이 스위치에 도착하면 DFC 엔진이 CEF 테이블을 참조하고 하드웨어 기반의 포워딩을 합니다.
- 모든 스위칭 기능이 인터페이스 모듈에서 해결되므로 수퍼바이저 엔진은 쉴 수 있어서 다른 기능들이 지연없이 수행됩니다.

dCEF 기능을 사용하려면 dCEF720 모듈과 dCEF256 모듈 혹은 DFC3 카드를 일반 모듈에 장착해야 합니다. CEF, aCEF, dCEF를 지원하는 시스코 카탈리스트 6500 시리즈의 인터페이스 모듈을 정리하면 [표 8-1]과 같습니다.

표 8-1 ≫
카탈리스트 6500 시
리즈의 스위치 모듈

모듈	설 명
일반적인 인터페이스 모듈	centralized CEF 엔진을 가진 수퍼바이저 엔진의 PFC 카드에 32Gbps 스위칭 버스를 연결하고, 초당 15,000,000 패킷을 처리할 수 있다.
CEF256 인터페이스 모듈	centralized CEF 엔진을 가진 수퍼바이저 엔진의 PFC 카드에 32Gbps 스위칭 버스를 연결하고, 초당 30,000,000 패킷을 처리할 수 있다.
CEF256 인터페이스 모듈	DFC 카드에 dCEF 엔진을 가진 인터페이스 모듈이 초당 210,000,000 패킷을 처리할 수 있다.
aCEF720 인터페이스 모듈	DFC3 카드에 dCEF 엔진을 가진 인터페이스 모듈이 초당 400,000,000 패킷을 처리할 수 있다.
dCEF720 인터페이스 모듈	DFC3 카드에 dCEF 엔진을 가진 인터페이스 모듈이 초당 400,000,000 패킷을 처리할 수 있다.

■ 어드제이선시 테이블

라우터는 2계층의 인캡슐레이션 변환 작업을 위해 [그림 8-22]와 같이 라우팅 테이블과 ARP 테이블을 가집니다.

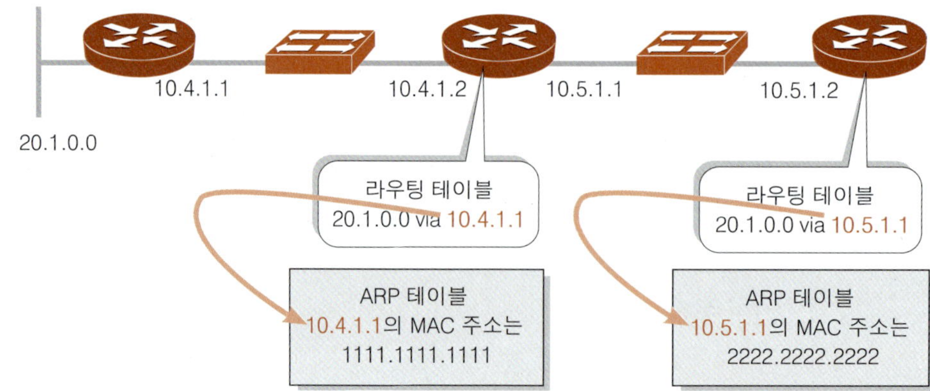

그림 8-22 ≫
라우터가 라우팅과 인
캡슐레이션 변환을 위
해 라우팅 테이블과
ARP 테이블이 필요
하다.

ARP 테이블은 라우팅 테이블과 별도로 존재합니다. 'show ip route' 명령으로 라우팅 테이블을 확인하고, 'show arp' 명령으로 ARP 테이블을 볼 수 있습니다. 이렇게 모든 프레임의 2계층 목적지 주소는 각각의 라우팅 테이블에 있는 넥스트 홉([그림8-22]에서는 'via 10.4.1.1'과 'via 10.5.1.1') 주소에 해당하는 2계층 주소로 계속해서 변환되어야 합니다. 이것이 미디어 트랜스레이션입니다.

FIB 테이블은 [그림 8-23]과 같이 각각의 네트워크 정보, 해당 네트워크에 대한 넥스트 홉 정보를 가지고 있습니다. FIB 테이블은 별도의 ARP 테이블 대신 FIB 테이블의 일부로 각각의 넥스트 홉에 해당하는 2계층 주소를 가집니다. FIB의 일부로 넥스트 홉에 대한 2계층 주소를 어드제이선시 테이블이라고 합니다. 이러한 어드제이선시 테이블은 ARP 테이블로부터 생성되는데, 넥스트 홉 라우터의 MAC 주소들을 표시합니다.

넥스트 홉에 대한 2계층 주소 정보를 갖추지 못하면 FIB 라우팅 정보는 'CEF 그린(CEF Grean)'이라고 표시합니다. 레이어 3 포워딩 엔진이 레이어 2 주소를 모르기 때문에 미디어 트랜스레이션을 수행할 수 없다는 말입니다. 이럴 때는 패킷을 레이어 3 엔진으로 보냅니다. 이 패킷을 받은 레이어 3 엔진은 정상적인 ARP 요청/응답에 따라 필요한 넥스트 홉에 해당하는 2계층 주소를 알게 됩니다. ARP 테이블에서 새롭게 알게 된 3계층 주소와 2계층 주소의 매핑 정보는 어드제이선시 테이블로 보내지고, CEF 그린 상태는 해제됩니다.

그림 8-23 ≫
어드제이선시 테이블은 FIB 테이블의 일부로 어드제이선시 MAC 정보 테이블을 가진다.

FIB 테이블
그린 상태 : 10.4.0.0 /16 via 1.1.1.1 (MAC 주소 :   )
정상 상태 : 10.5.0.0 /16 via 2.2.2.2 (MAC 주소 : 2222.2222.2222)

[그림 8-24]를 보면 FIB 테이블의 상태가 ARP의 2/3계층 주소 매핑을 기다리는 CEF 그린 상태일 때는 잇달아 들어오는 패킷들이 인풋 큐에 채워지지 않고 드롭됩니다. 따라서 레이어 3 엔진으로 패킷들을 연달아 보내지 않아 중복된 ARP 요청도 발생하지 않습니다. 이것을 ARP 스로틀링(ARP Throttling)이라고 합니다.

2초 내에 ARP 응답이 도착하지 않으면 ARP 스로틀링은 중단되고, 패킷들은 레이어 3 엔진으로 보내집니다. 레이어 3 엔진은 다시 ARP 요청을 보냅니다. 물론 ARP 응답에 의해 2계층/3계층 주소 매핑이 성공하면 ARP 스로틀링이 중단됩니다.

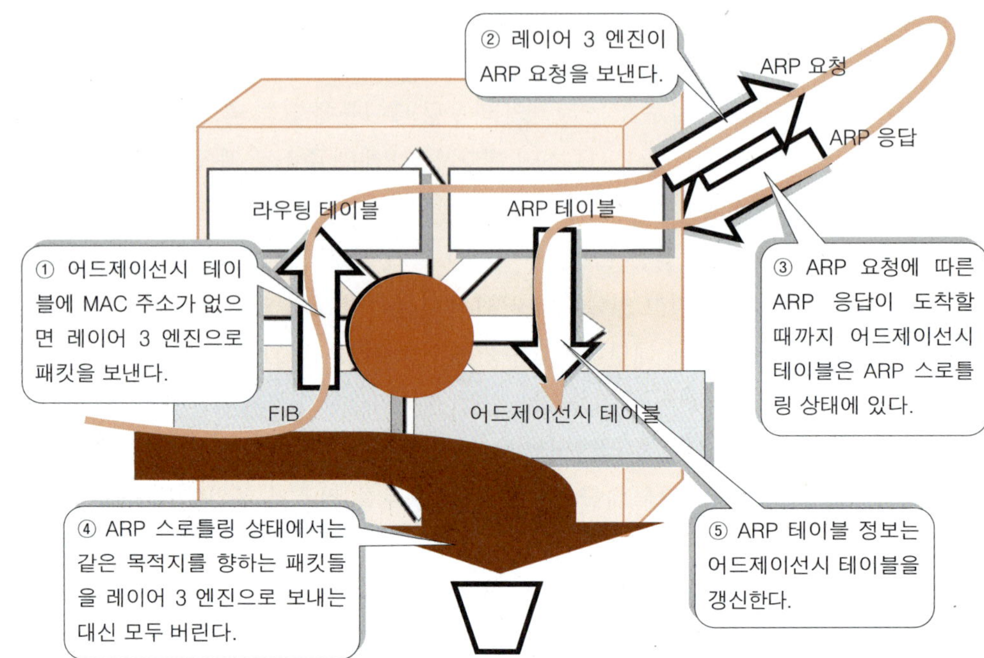

그림 8-24 >>
ARP 스로틀링

IP 패킷을 수정하는 패킷 리라이트

멀티레이어 스위치가 FIB 테이블과 어드제이선시 테이블에서 적합한 정보를 찾으면 패킷은 하드웨어 라우팅됩니다. 어드제이선시 테이블을 참조하는 이유는 라우터 본래 기능인 2계층 인캡슐레이션 변환을 하기 위한 것입니다.

그러나 패킷이 라우터를 통과할 때는 2계층 인캡슐레이션을 수정하는 것 외에도 3계층 인캡슐레이션을 다음과 같이 수정해야 합니다.

- 레이어 2 출발지 주소
- 레이어 2 목적지 주소
- 레이어 2 프레임 첵섬
- 레이어 3 TTL 필드 수정
- 레이어 3 패킷 체크섬

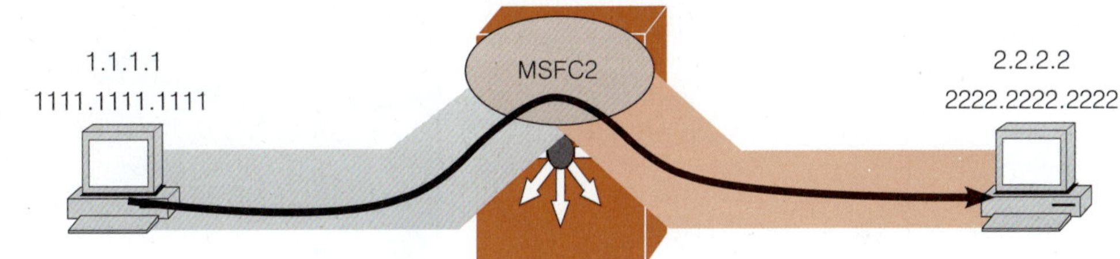

그림 8-25 >>
패킷 리라이트

[그림 8-25]에서 멀티레이어 스위치가 받은 IP 패킷이 [표 8-2]와 같은 포맷을 가졌다고 가정하면 멀티레이어 스위치에서 IP 패킷 리라이트(Packet Rewrite) 과정을 통과한 후에는 [표 8-3]과 같이 수정된 IP 포맷을 가지게 됩니다.

표 8-2 >>
멀티레이어 스위치가
받은 IP 패킷

레이어 2 프레임 헤더		레이어 3 IP 헤더				데이터	FCS
목적지	출발지	목적지	출발지	TTL	체크섬		
MSFC2의 MAC 주소	1111.1111.1111.1111	2.2.2.2	1.1.1.1	N	체크섬 계산 값-1		

표 8-3 >>
멀티레이어 스위치에
의한 IP 패킷 리라이
트 과정 이후의 패킷
포맷

레이어 2 프레임 헤더		레이어 3 IP 헤더				데이터	FCS
목적지	출발지	목적지	출발지	TTL	체크섬		
2222.2222.2222.2222	MSFC2의 MAC 주소	2.2.2.2	1.1.1.1	N-1	체크섬 계산 값-2		

CEF로 해결하지 못한 프로토콜은 폴백 브리징으로 구현

CEF에 의해 라우팅이나 브리징이 될 수 없는 프로토콜들이 있습니다. 이때 사용하는 방법이 폴백 브리징(Fallback Bridging)입니다. 예를 들어 CEF는 IP 프로토콜과 달리 IPX와 AppleTalk 같은 3계층 프로토콜들은 지원하지 않습니다. 또한 SNA나 LAT와 같은 브리징 프로토콜들도 지원하지 않습니다.

SVI 인터페이스([그림 8-26]에서 Interface Vlan 10, Interface Vlan 20, Interface Vlan 30)는 같은 VLAN에 속하는 레이어 2 포트들을 포함하고 있는 하나의 레이어 3 인터페이스입니다. 따라서 같은 VLAN 내에 속하는 포트들 간에는 레이어 2 스위칭이 가능하지만, 다른 VLAN 에 속하는 레이어 2 포트 간에는 라우팅됩니다.

폴백 브리징(Fallback Bridging)은 이러한 라우팅을 하기 위해 [그림 8-26]과 같이 레이어 3 인터페이스들을 레이어 브리징 인터페이스로 구현하는 것을 말합니다.

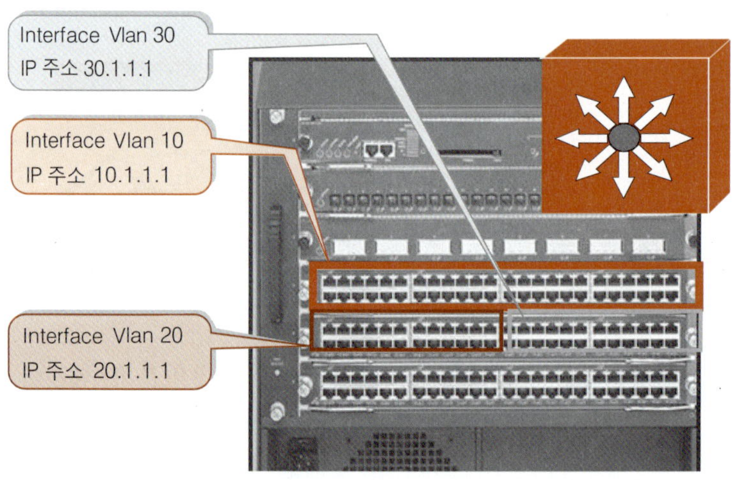

그림 8-26 ≫
레이어 3 SVI 인터페이스

[그림 8-27]처럼 SNA나 LAT와 같은 라우팅을 위한 3계층 인캡슐레이션을 가지지 않은 논-라우터블(non-routable) 프로토콜이나 3계층 인캡슐레이션을 가질 수 있는 3계층 프로토콜이라 하더라도 CEF가 지원하지 않는 프로토콜들은 CEF의 라우팅 프로세스를 통과할 수 없습니다.

그림 8-27 ≫
다른 VLAN 간에 멀티레이어 스위칭이 될 수 없는 경우가 있다.

이처럼 CEF에서 라우팅이 불가능한 패킷들을 처리하려면 [그림 8-28]과 같이 브리징을 SVI 인터
페이스에서 구현합니다. 이것을 폴백 브리징이라고 하고, 폴백 브리징을 통해 패킷들은 라우팅되
는 것이 아니라 한 VLAN에서 다른 VLAN으로 브리징됩니다.

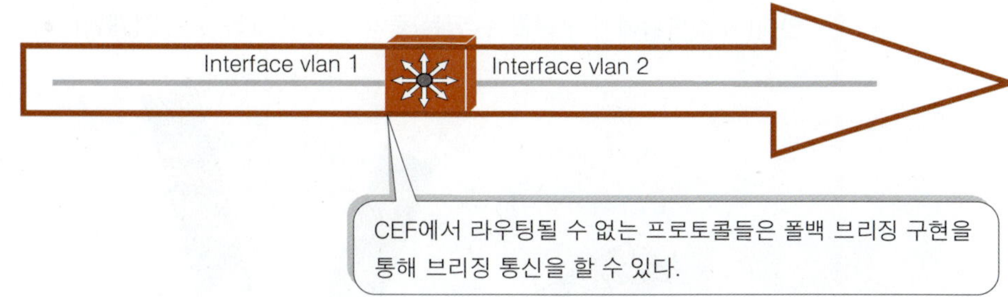

그림 8-28 >>
[그림 8-27]에 대한
해결방법이 폴백 브리
징이다.

패킷이 인터페이스 간에 라우팅이 아닌 브리징이 된다는 것은 무엇을 말할까요? 인터페이스 측면
에서 보면 라우팅을 위한 인터페이스가 아니라 브리징을 위한 인터페이스가 됩니다. 라우팅을 위
한 인터페이스는 네트워크를 구분하고, 라우터는 각각의 인터페이스에 해당하는 네트워크 정보를
라우팅 테이블에 올리고, 라우터에 들어오는 패킷에 맞는 목적지 네트워크를 적절하게 찾아줍니
다. 그러나 같은 인터페이스를 브리징을 위한 인터페이스로 구현하면 인터페이스는 더 이상 네트
워크를 구분하지 않기 때문에 인터페이스가 다르더라도 한 네트워크에 속하게 됩니다. 따라서 모
든 브로드캐스트/멀티캐스트를 통과하게 되고, 유니캐스트는 레이어 2 브리징됩니다.

이 폴백 브리징을 구현하려면 우선 라우팅 처리를 할 수 없는 트래픽들을 어느 VLAN이 가지고 있
는지 찾아서 [예 8-5]와 같은 명령을 사용합니다.

예 8-5 >>
폴백 브리징 구현


```
Switch(config)#bridge-group 10 protocol vlan-bridge
Switch(config)#bridge-group 20 protocol vlan-bridge
Switch(config)#interfaced vlan 1
Switch(config-if)#bridge-group 10
Switch(config)#interfaced vlan 2
Switch(config-if)#bridge-group 10
Switch(config)#interfaced vlan 3
Switch(config-if)#bridge-group 20
Switch(config)#interfaced vlan 4
Switch(config-if)#bridge-group 20
```

[그림 8-29]에서 'bridge-group 10'은 브리징 기능을 선언합니다. 번호 '10'은 같은 번호에 속하는 인터페이스 간에 브리징 통신을 한다는 것을 표시합니다. 같은 번호에 속한 인터페이스들은 같은 네트워크입니다. 브리지 번호가 한개이면 네트워크도 1이고, 브리지 번호가 10개이면 네트워크도 10개가 됩니다. 마치 스위치에서 VLAN을 사용해 브로드캐스트 도메인을 나눈 것과 같은 효과입니다. 스위치에서 구현할 수 있는 폴백 브리지 그룹 수는 31개입니다.

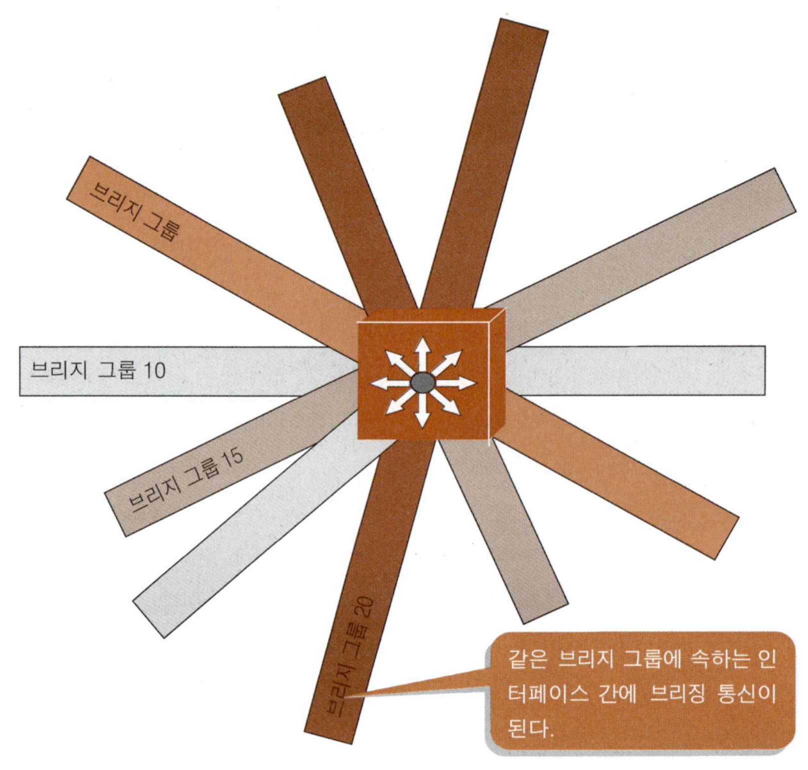

그림 8-29 >>
같은 브리지 그룹에 속하는 인터페이스 간에만 브리징된다.

따라서 번호가 서로 다르게 선언된 인터페이스들 간에는 라우팅 통신이 필요합니다. 'protocol vlan-bridge' 명령은 폴백 브리징이 사용하는 STP(Spanning Tree Protocol) 프로토콜의 종류를 명시합니다. STP에 대해서는 다음 장에서 자세히 소개하겠습니다.

참고로 폴백 브리징이 사용하는 vlan-bridge STP는 일반적인 스위치에서 사용하는 IEEE 802.1d STP나 RSTP(Rapid STP), MSTP(Multiple STP)와 호환되지 않습니다. 일반적인 STP와 호환되지는 않지만 동작 원리는 같습니다. 예를 들어 'spantree' 명령으로 브리지의 순위(Bridge Priority), 브리지 포트의 순위(Port Priority), 포트의 코스트(Port cost), 헬로 타이머(Hello Timer), 포워드 딜레이 타이머(Forward Delay Timer), 맥스 에이지(Max Age) 등을 설정할 수 있습니다. 이러한 수치들에 대해서는 다음 9장에서 자세히 소개하겠습니다.

실전! CEF 구현하기

CEF를 지원하는 모든 카탈리스트 스위치는 CEF가 디폴트로 켜져 있습니다. 카탈리스트 3550, 4500, MSFC2 카드를 가진 수퍼바이저 720, 또는 MSFC2 카드를 가진 수퍼바이저 2 모듈을 장착한 6500은 모두 CEF를 지원합니다. 라우팅 테이블에서 다이나믹하게 다운로드되는 레이어 3 포워딩 엔진의 FIB 테이블은 [예 8-6]와 같이 'show ip cef' 명령을 통해 볼 수 있습니다.

예 8-6 ≫
show ip cef 명령

```
Switch# show ip cef

Prefix                  Next Hop              Interface
0.0.0.0/32              receive
192.168.1.0/32          receive
192.168.1.1/32          receive
192.168.1.2/32          192.168.1.2           vlan 10
192.168.1.255/32        receive
192.168.1.0/24          attached              vlan 10
```

[예 8-6]의 실행 결과는 [표 8-4]와 같습니다.

표 8-4 ≫
show ip cef 명령의
결과

결과	설 명
0.0.0.0/32 receive	디폴트 정보로 넥스트 홉이 발견되지 않으므로 디폴트 정보를 따르고자 하는 패킷들은 레이어 3 엔진으로 보낸다.
192.168.1.0/32 receive	네트워크 대표 주소가 목적지인 패킷들을 위한 정보로 넥스트 홉 정보가 발견되지 않으므로 레이어 3 엔진으로 보낸다(receive로 표시).
192.168.1.1/32 receive	멀티레이어 스위치의 인터페이스 VLAN 10이 가지는 IP 주소로 이 주소가 목적지인 패킷은 당연히 멀티레이어 스위치로 보내야 하므로 receive로 표시한다.
192.168.1.2/32 192.168.1.2 vlan 10	이웃 멀티레이어 스위치의 주소로 넥스트 홉 정보는 같은 IP 주소로 표시되어 있는데, 이것은 어드제이션시 정보가 유효함을 뜻한다.
192.168.1.255/32 receive	192.168.1.25는 192.168.1.0 /24 네트워크의 다이렉티드 브로드캐스트 주소로 다이렉티드 브로드캐스트는 멀티레이어 스위치도 처리해야 하므로 receive로 표시된다.
192.168.1.0/24 attached vlan 10	VLAN 10 인터페이스에 할당된 네트워크이다. 직접 연결된 네트워크에 할당된 네트워크는 'attached'라고만 표시된다. 직접 연결된 네트워크 정보는 다시 /32 정보로 와서 이 정보 대신 사용하기 때문에 이 정보에서 넥스트 홉 정보를 가지고 있지 않아도 된다.

'show ip cef' 명령을 통해 확인할 수 있는 어드제이선시 테이블은 아웃바운드 인터페이스와 MAC 헤더 정보 외에 다음과 같은 다양한 엔트리를 포함할 수 있습니다.

- 정상적인 경우 인접한 호스트나 라우터에 도착하기 위한 아웃바운드 인터페이스와 MAC 헤더 정보를 포함합니다.
- Receive가 표시되는 경우 : 넥스트 홉이 receive라면 이 목적지 정보는 장비 자체가 가진 주소인 경우 또는 브로드캐스트인 정보임을 표시합니다.
- drop이 표시되는 경우 : 액세스 리스트나 널 인터페이스(라우팅 정보 요약 구현시에 생기는 가짜 네트워크의 아웃바운드 인터페이스)로 라우팅되는 패킷 등 드롭해야 할 패킷을 표시한다.
- punt : CEF가 멀티레이어 스위칭할 수 없음을 말하고, 레이어 3 엔진으로 포워딩함을 뜻한다.
- glean : 넥스트 홉이 직접 연결되어 있었지만 현재는 MAC 헤더 리라이트 정보를 포함하고 있지 않음을 뜻한다.

특정 인터페이스에 대한 FIB 테이블과 어드제이선시 테이블 정보를 보려면 'show ip cef vlan 1/1' 명령을 사용합니다. 멀티레이어 스위치에서 CEF 스위칭되지 못한 패킷의 통계치를 확인하려면 'show cef not-cef-switched' 명령을 사용합니다. 그러면 다양한 이유로 CEF 스위칭되지 못한 패킷의 수를 확인할 수 있습니다.

꼭 알아야 할 핵심 포인트

✔ 서로 다른 VLAN에 속하는 장비들은 라우터나 레이어 3 장비가 있어야 통신이 가능합니다. VLAN 간의 라우팅을 위해 라우터와 스위치를 연결하려면 다수의 액세스 링크를 사용하거나 하나의 트렁크 링크를 사용하면 됩니다.

✔ 멀티레이어 스위치는 스위칭 기능과 VLAN 간 라우팅 기능을 모두 수행합니다. 그래서 멀티레이어 스위치의 일부 인터페이스는 레이어 2 포트로, 일부 인터페이스는 레이어 3 포트로 사용됩니다. 디폴트 인터페이스 타입은 명령어를 통해 바꿀 수 있습니다.

✔ 전통적인 멀티레이어 스위칭은 빠른 스위칭을 담당하는 MLS-SE, 느린 라우팅을 담당하는 MLS-RP 그리고 MLS-SE와 MLS-RP 간에서 동작하는 프로토콜인 MLSP 3가지로 구성됩니다. 시스코의 카탈리스트 스위치는 여기에서 보다 개선된 CEF 방식을 제공합니다. CEF 방식은 가장 구체적인 라우팅 정보를 위쪽에 재배치하는 원칙에 따라 보다 빠른 라우팅이 가능합니다.

STP 프로토콜로 동그라미 연결 문제에 대한 고민 끝!

스위치로만 연결된 네트워크 환경에서는 브로드캐스트 폭풍이 발생해 네트워크 자원을 모두 소모하거나 데이터가 여러 번 도착하는 중복 전송이 발생합니다. 이러한 현상을 막기 위해 루프에 참여하는 스위치의 포트들 중 하나를 차단해야 합니다. 만약 사용 중이던 링크나 스위치가 고장나면 차단한 포트를 포워딩 상태로 만들수 있어야 합니다. 이때 사용하는 것이 스패닝 트리 프로토콜입니다. 이번 장에서는 루프 환경에서 발생할 수 있는 문제점들과 이것을 해결하는 스패닝 트리 프로토콜에 대해 소개합니다.

동그라미 연결로 인한 문제와 해결 방법 ✳

좋은 네트워크는 24시간×365일 동안 끊기지 않고 계속 사용할 수 있어야 합니다. 네트워크가 라우터들로 연결되어 있다면 네트워크 간에서 통신할 때 다이나믹 라우팅 프로토콜을 이용해 백업 경로를 만들거나 로드밸런싱을 할 수 있습니다.

라우팅 테이블에는 각각의 네트워크에 대한 모든 경로가 오는 것이 아니라 [그림 9-1]과 같이 라우팅 프로토콜의 메트릭을 비교하여 최고의 경로만 옵니다.

두 경로의 메트릭이 같으면 로드밸런싱을 하고, 메트릭이 다르면 최고의 경로만 라우팅 테이블에 올라와 사용됩니다. 만약 최고의 경로에 문제가 있으면 차선 경로가 라우팅 테이블에 올라와서 목적지까지의 경로로 사용됩니다.

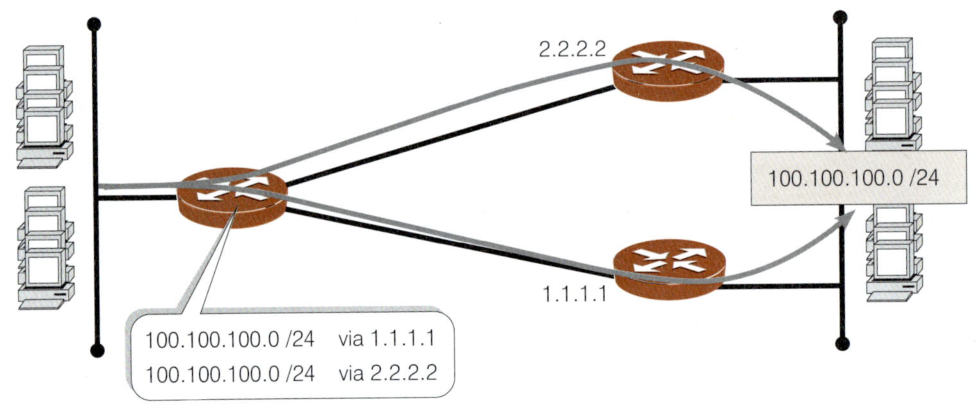

그림 9-1 ≫
라우터는 특성상 두 경로들을 동시에 사용할 수 있다.

이번에는 [그림 9-2]와 같이 스위치로만 구성된 네트워크를 살펴보기 바랍니다. A 선과 B 선에 연결된 PC들은 2가지 경로를 통해 통신할 수 있습니다. 그래서 한 경로의 링크나 스위치에 문제가 생겨도 다른 경로를 통해 통신이 지속됩니다. 이러한 구성을 동그라미 연결(Redundant Topology, 이중 연결)이라고 합니다.

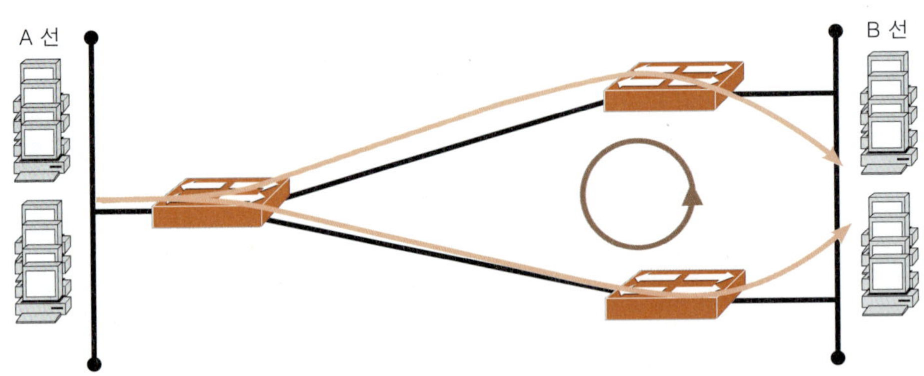

그림 9-2 ≫
스위칭 루프

하지만 스위치로만 연결된 이중 네트워크에서는 백업 서비스(선에 문제가 있을 때만 남은 선이 사용됨)만 가능하고 로드밸런싱(두 선을 같이 사용함)은 불가능합니다. 다음의 이유 때문에 두 링크를 동시에 사용할 수 없습니다. 그 문제점과 해결 방법에 대해 알아보겠습니다.

■ 문제 1 : 브로드캐스트 폭풍이 발생

스위치는 프레임이 입력된 포트를 제외한 모든 포트로 브로드캐스트 프레임들을 보냅니다. 그래서 PC에서 발생한 ARP와 같은 브로드캐스트가 스위치에 유입되면 스위치는 유입된 포트를 제외한 모든 포트로 프레임을 보냅니다. 따라서 브로드캐스트가 [그림 9-3]과 같이 시계 방향이나 시계 반대 방향으로 계속해서 돌게 됩니다. 이런 브로드캐스트 폭풍이 발생하면 네트워크의 모든 자원이 소모됩니다.

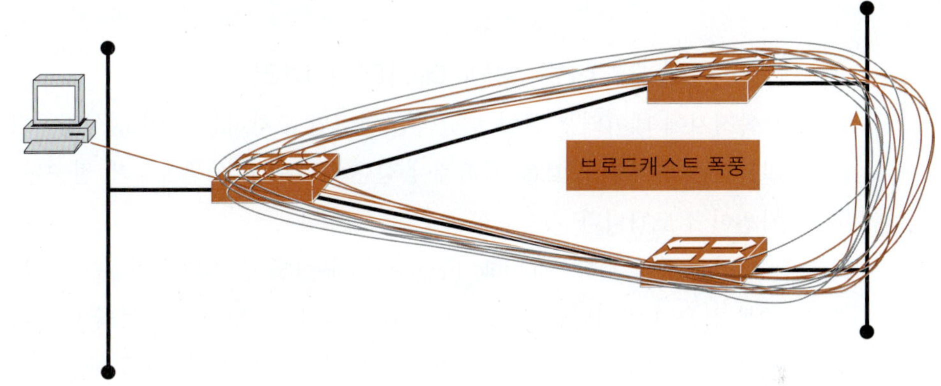

그림 9-3 ≫
스위칭 루프 환경에서 볼 수 있는 브로드캐스트 폭풍 현상

브로드캐스트 폭풍을 막으려면 동그라미 연결을 형성하고 있는 스위치들의 포트 중 하나를 임의로 차단해야 합니다.

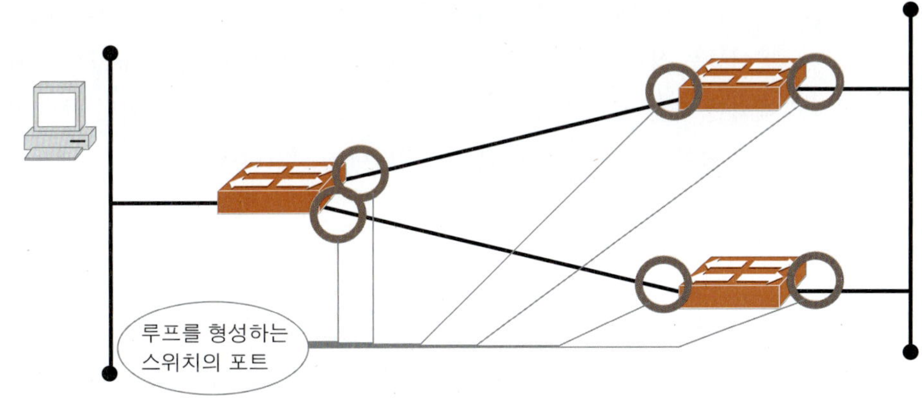

그림 9-4 ≫
스위칭 루프에 가담하고 있는 스위치 포트

루프(동그라미)를 형성하는 스위치의 포트 중 하나를 막으면 브로드캐스트가 더 이상 돌지 못하므로 브로드캐스트 폭풍은 발생하지 않습니다.

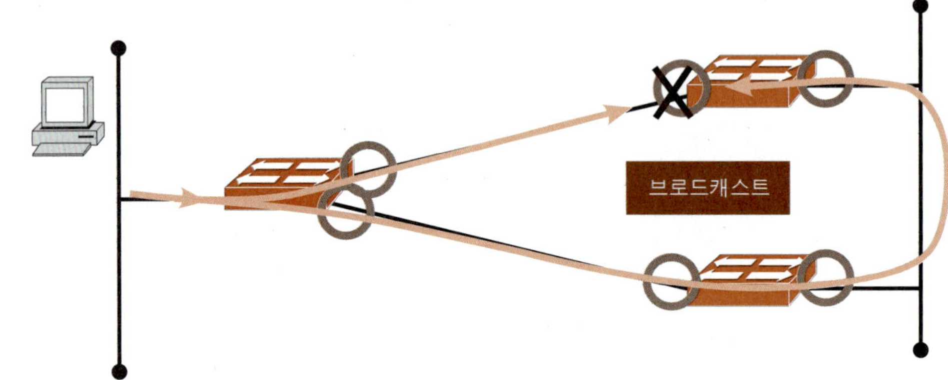

그림 9-5 ≫
스위칭 루프에 가담하고 있는 포트 중 하나를 막으면 브로드캐스트 폭풍을 해결할 수 있다.

■ 문제 2 : 한번 보낸 데이터가 여러 번 도착

목적지에 데이터를 한번 보냈다면 한번만 도착하는 것이 정상입니다. 한번 보냈는데 여러 번 받는다면 중복된 정보를 처리해야 함은 물론이고 불필요하게 전송된 데이터로 인해 네트워크 자원이 소모됩니다.

이러한 중복 전송(Multiple Frame Copies)도 동그라미 연결에서 발생할 수 있는 문제입니다. 중복 전송이 일어나는 과정은 다음과 같습니다. PC A가 오른쪽 라우터에게 유니캐스트 프레임을 보내면 스위치 A에 도착합니다. 이때 이 프레임이 가려고 하는 라우터의 MAC 주소가 스위치 A의 MAC 주소 테이블에 없으면 언논 유니캐스트가 되기 때문에, 들어온 포트를 제외한 모든 다른 포트들로 프레임을 보냅니다. 이것을 언논 유니캐스트 플러딩(Unknown Unicast Flooding)이라고 합니다.

스위치 A에서 스위치 B와 스위치 C로 유입된 프레임들은 스위치 B와 스위치 C의 MAC 주소 테이블을 살펴봅니다. 만약 여기에도 라우터의 MAC 주소가 없으면 마찬가지로 유입된 포트를 제외한 다른 포트로 프레임이 나갑니다. 브로드캐스트가 아닌 유니캐스트 프레임에서도 계속 돌고 돌아 중복으로 전송 현상이 나타나는 것입니다.

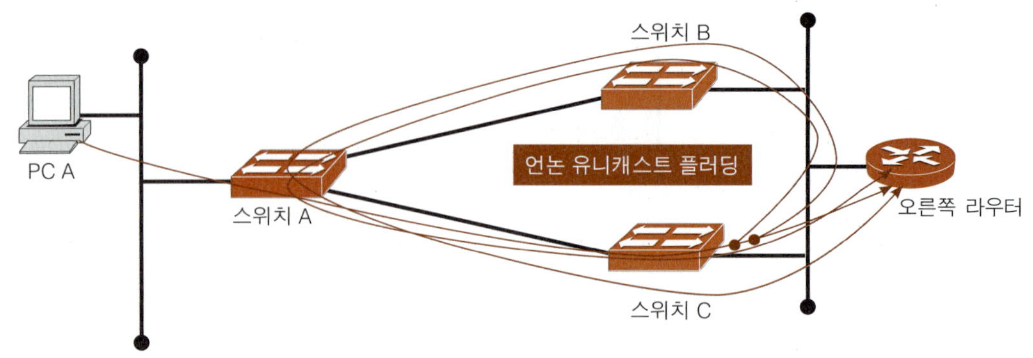

그림 9-6 ≫
스위칭 루프 환경에서 볼 수 있는 중복 전송 현상

[그림 9-6]은 시계 반대 방향의 흐름을 보여 주는데, 언논 유니캐스트가 시계 방향으로도 계속 돌아서 목적지에 반복적으로 도착합니다. 이 중복 전송 문제를 해결하는 방법은 브로드캐스트 폭풍 문제를 해결하는 방법과 같습니다. 즉, 루프를 형성하는 스위치의 포트 중 하나를 임의로 막는 것입니다. PC A가 라우터에게 보낸 유니캐스트 프레임은 막힌 포트 때문에 [그림 9-7]처럼 돌지 못하므로 언논 유니캐스트라고 해도 라우터에 정확하게 한번만 도착합니다.

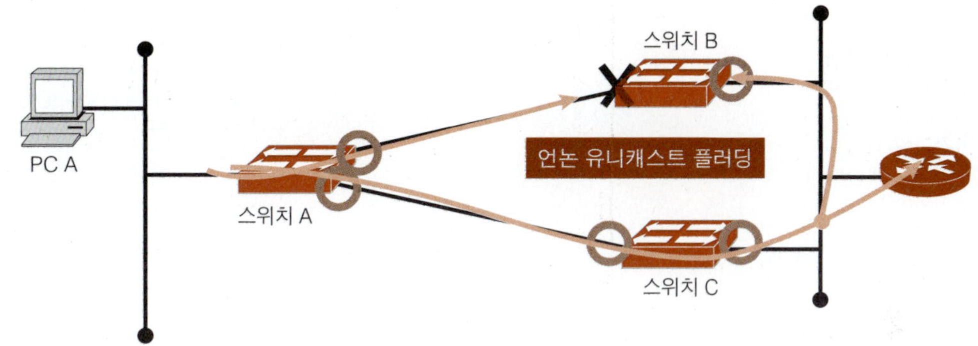

그림 9-7 >>
루프에 가담하는 포트 중 하나를 막아서 중복 전송 현상을 해결한다.

이러한 브로드캐스트 폭풍이나 중복 전송 문제는 스위치 루프에 가담하는 포트 중 아무것이나 하나를 막으면 됩니다. 예를 들어 스위치 A에 있는 포트 중 하나를 막아도 언논 유니캐스트나 브로드캐스트가 통과하지 못하므로 중복 전송되지 않고 브로드캐스트 폭풍도 발생하지 않습니다.

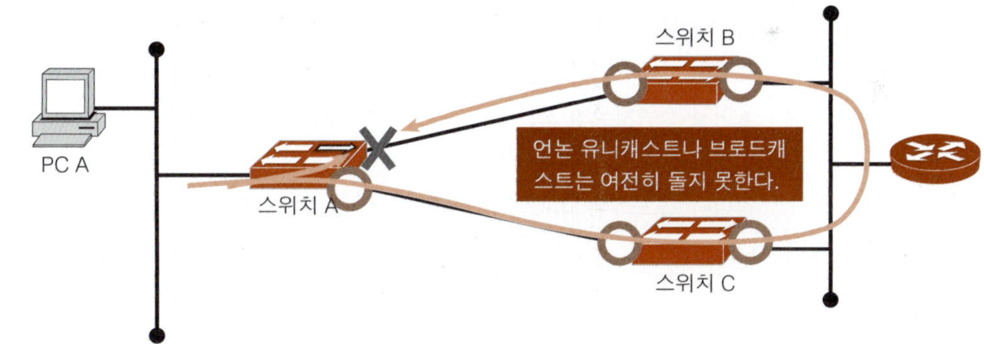

그림 9-8 >>
스위치 루프에 가담하는 포트들 중 아무것이나 하나를 막으면 된다.

■ 문제 3 : 불안한 MAC 주소 테이블

불안한 MAC 주소 테이블 현상은 스위치의 다른 포트에서 같은 MAC 주소가 인식(학습)되는 경우를 말합니다. 예를 들어 '1111.1111.1111'이라는 MAC 주소를 포트 1에서 인식했다가 포트 2에서 인식하는 현상입니다. 이 현상은 출발지 MAC 주소가 같은 프레임이 스위치의 다른 포트로 번갈아 들어올 때 발생합니다.

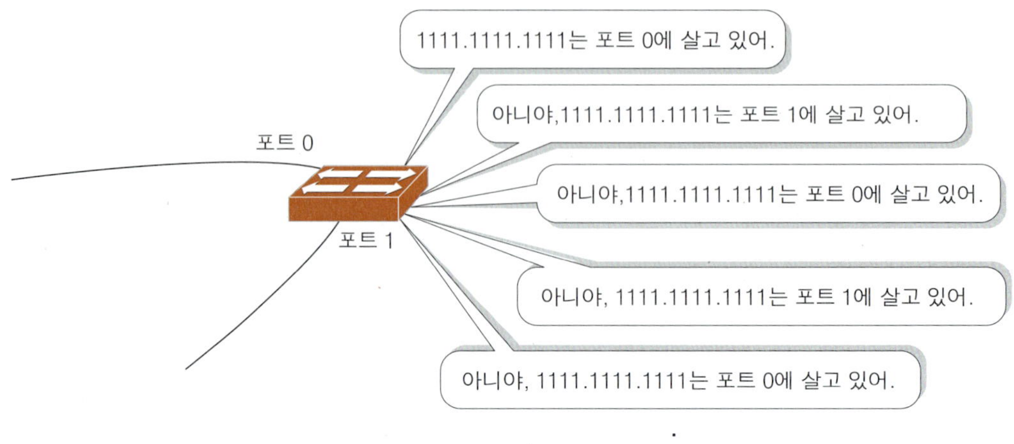

그림 9-9 >>
불안한 MAC 주소 테이블은 같은 MAC 주소가 다른 포트에서 번갈아 인식될 때 발생한다.

한 걸음 더!

왜 불안한 MAC 주소 테이블이 생기는가?

스위치에 연결된 두 포트가 어떻게 같은 MAC 주소를 인식하게 될까요? 이 문제 역시 [그림 9-10]과 같이 루프 때문에 발생합니다. PC A가 보낸 유니캐스트가 스위치에 도착했는데 이 유니캐스트가 스위치 A에게는 언논 유니캐스트에 해당한다면 스위치 A는 다른 모든 포트로 유니캐스트를 보냅니다. 스위치 B와 스위치 C에 도착한 유니캐스트가 언논 유니캐스트에 해당한다면 이것이 돌고 돌아서 스위치 A의 포트 1에서 인식됩니다. 스위치는 원래 스위칭 테이블을 만들 때 보다 새로운 정보로 갱신되기 때문에 이전에 포트 0에 학습되었던 PC A의 MAC 주소는 다시 포트 1에 학습이 됩니다. 포트 1에 MAC 주소를 학습시킨 프레임이 언논 유니캐스트인 경우 계속해서 빙빙 돌게 됩니다.

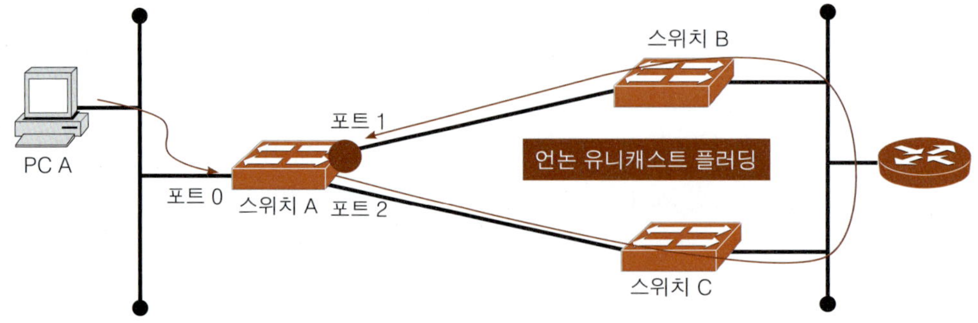

그림 9-10 >>
PC A의 MAC 주소는 다음과 같은 환경에서 스위치 A의 포트 1에 학습될 수 있다.

또한 PC A가 보낸 유니캐스트는 스위치 A에 의해 포트 1로도 보내져서 스위치 B와 스위치 C를 거쳐 스위치 A의 포트 2에 도착합니다. 그리고 PC A의 MAC 주소가 포트 2에 학습됩니다. 포트 2에

PC A의 MAC 주소를 학습시킨 유니캐스트는 언논 유니캐스트인 동안 계속해서 빙빙 돌게 됩니다.

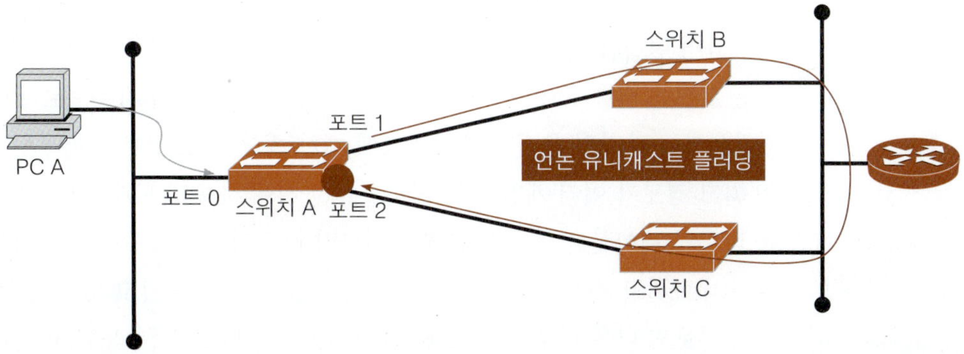

그림 9-11 ≫
PC A의 MAC 주소는
다음과 같은 환경에서
스위치 A의 포트 2에
학습될 수 있다.

이렇게 언논 유니캐스트 프레임이 빙빙 돌면서 PC A의 MAC 주소를 포트 1과 2에 번갈아 학습시
키게 됩니다. 이것이 불안한 MAC 주소 테이블이 생기게 되는 과정입니다.

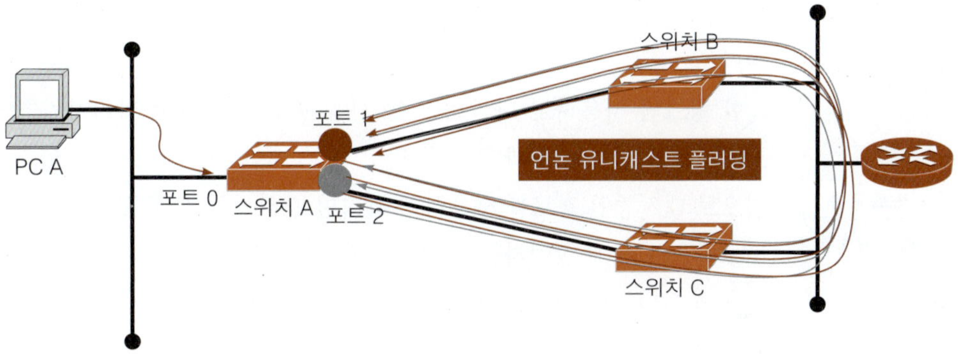

그림 9-12 ≫
스위칭 루프 환경에서
PC A의 MAC 주소는
스위치 A의 포트 1과
2에 번갈아 학습된다.

불안한 MAC 주소 테이블 문제도 루프를 형성하는 스위치의 포트 중 하나를 임의로 막아서
해결할 수 있습니다. 어떤 포트던지 한 포트를 막으면 PC A의 MAC 주소는 정확하게 스위치 A
의 포트 0에 학습됩니다. 그리고 포트 0과 1, 2에 번갈아 학습되는 현상도 막을 수 있습니다. 이
것은 다른 스위치에서도 마찬가지입니다. PC A의 MAC 주소는 스위치 B의 포트 1에 학습되고,
스위치 C의 포트 0에만 안정적으로 학습됩니다.

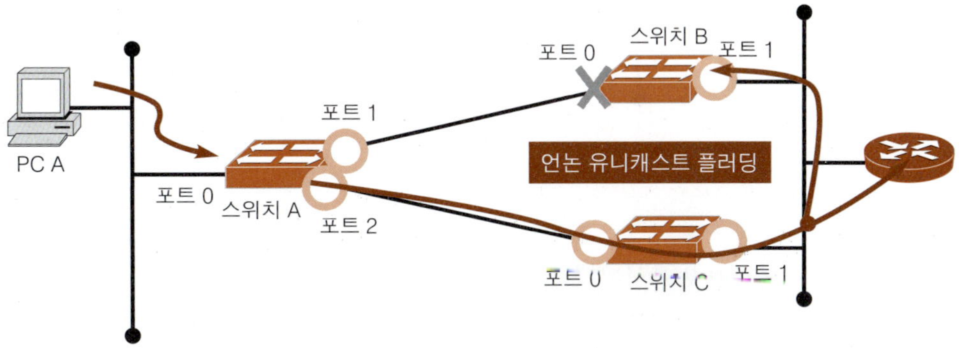

그림 9-13 ≫
불안한 MAC 주소
테이블 문제도 스위칭
루프를 형성하는 포트
들 중 하나를 막아서
해결한다.

이처럼 스위치들이 동그랗게 연결되면 앞에서 설명한 3가지 문제 때문에 모든 링크를 동시에 사용할수 없게 됩니다. 브로드캐스트와 언논 유니캐스트로 인해 발생하는 문제를 해결하려면 동그라미 연결을 형성하는 스위치의 포트 중 하나를 임의로 막아야 하기 때문입니다. 이렇게 차단된 포트는 사용 중이던 링크나 스위치에 문제가 생기면 자동으로 포워딩 상태가 됩니다.

라우터는 각각의 목적지 네트워크에 대한 최고 경로 정보를 라우팅 테이블에 가지고 있는데, 이 최고 경로가 여러 개일 때는 경로들을 동시에 사용해 트래픽 로드를 분산시킵니다. 라우터들은 라우팅 테이블을 만들기 위해 다이나믹 라우팅 프로토콜을 구현하여 라우터들 간에 직접 연결된 네트워크 정보를 교환합니다. 라우터들은 자기가 알고 있는 모든 정보(직접 연결된 네트워크 정보와 다른 라우터가 보내준 네트워크 정보)를 다른 라우터에게 알려주므로 라우팅 테이블에 모든 네트워크 정보를 가지게 됩니다.

따라서 라우터들로 연결된 네트워크에서 동그라미 연결이 발생하면 라우팅 프로토콜들에 의해 *로드밸런싱을 하거나 혹은 한 링크만 사용하고 다른 링크는 백업으로 대비해 놓습니다. 스위치들로 연결된 네트워크에서는 동그라미 연결이 발생하면 로드밸런싱을 사용할 수 없습니다.

한 링크만 사용하고 다른 링크는 사용 중인 링크나 스위치가 고장났을 때를 대비해 둡니다. 스위칭룹을 감지하여 한 포트를 막고 다른 대안 경로에 문제가 있다면, 막힌 포트를 풀어서 백업으로 대기중인 경로를 사용하게 하려면 스위치들 간에 프로토콜이 하나 있어야 합니다. 이 프로토콜은 루프에 참여하는 스위치의 포트 중 하나를 어떤 기준에 따라 차단할 수 있어야 하고, 사용 중이던 링크나 스위치가 고장나면 차단한 포트를 포워딩 상태로 만들 수 있어야 합니다. 이 프로토콜이 바로 *스패닝 트리 프로토콜(Spanning Tree Protocol, STP)입니다.

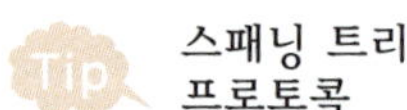

백업과 로드밸런싱

라우터를 동그랗게 연결하면 백업과 로드밸런싱 기능을 제공하지만 스위치는 로드밸런싱 개념을 제공하지 않습니다. 라우터는 브로드캐스트와 언논 유니캐스트들을 다른 포트로 보내지 않지만, 스위치는 스위칭 테이블에 목적지 정보가 없는 패킷을 다른 모든 포트들로 보내기 때문입니다.

스패닝 트리 프로토콜

스패닝 트리 프로토콜은 DEC가 개발한 브리지용 프로토콜입니다. DEC 스패닝 트리 알고리즘(비표준)은 IEEE 802.3 회의에서 개정되었고, IEEE 802.1d 규격(표준)으로 발표되었습니다. DEC와 IEEE 802.1d 프로토콜은 서로 호환되지 않습니다. 카탈리스트 스위치들은 IEEE 802.1d 스패닝 트리 프로토콜을 사용합니다.

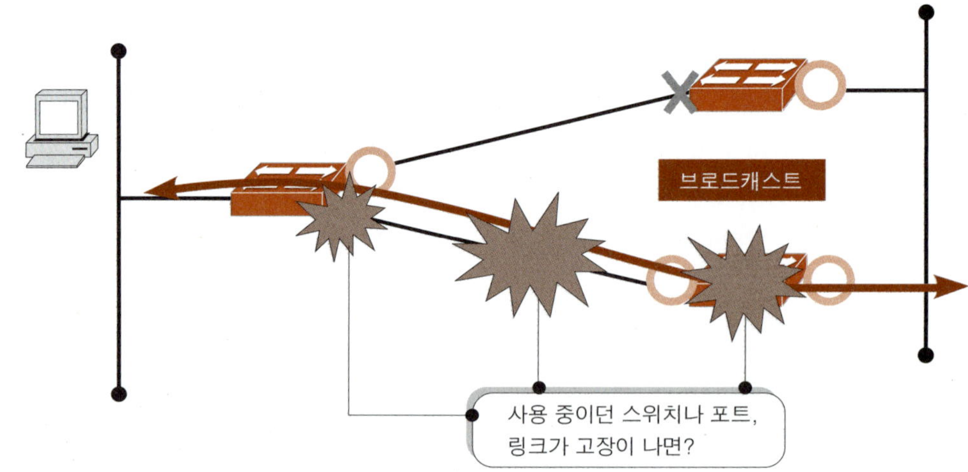

그림 9-14 ≫
사용하던 링크나 스위치가 고장나면 막았던 포트를 재사용해야 한다.

사용 중이던 스위치나 스위치의 포트, 혹은 링크에 문제가 생기면 차단된 포트가 STP에 의해 자동으로 복구됩니다.

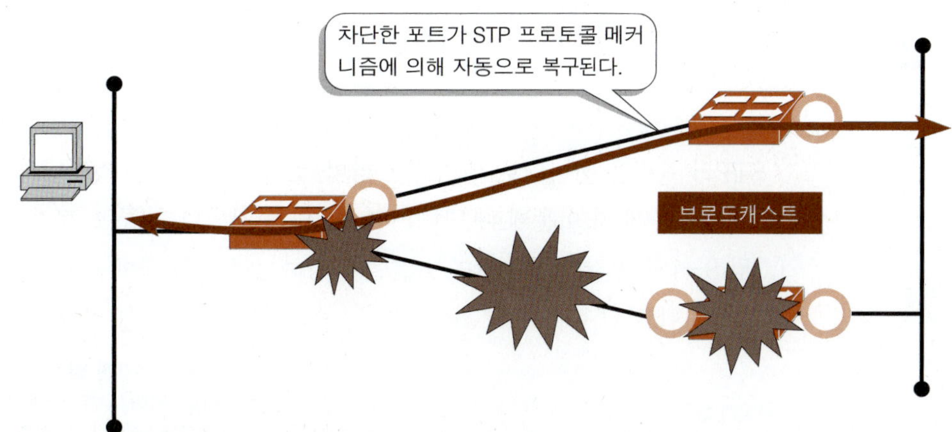

그림 9-15 ≫
사용하던 링크나 스
위치가 고장나면 막아
놓은 포트를 사용
한다.

이런 백업 개념의 네트워크 구성을 통해 24시간×365일 간 중단되지 않는 가용성이 높은 네
트워크가 됩니다.

루프로부터의 자유선언! 스패닝 트리 프로토콜 ✳

STP의 목적은 한마디로 루프(동그라미)로부터 벗어나는 것입니다. 즉, 동그라미 연결로 인해 발생하는 세 가지 문제로부터 벗어나게 하는 것입니다. 루프 프리(Loop-Free) 네트워크는 [그림 9-16]과 같이 동그라미 연결을 구성하는 스위치 중에서 한 포트를 임의로 막아서 만들 수 있습니다.

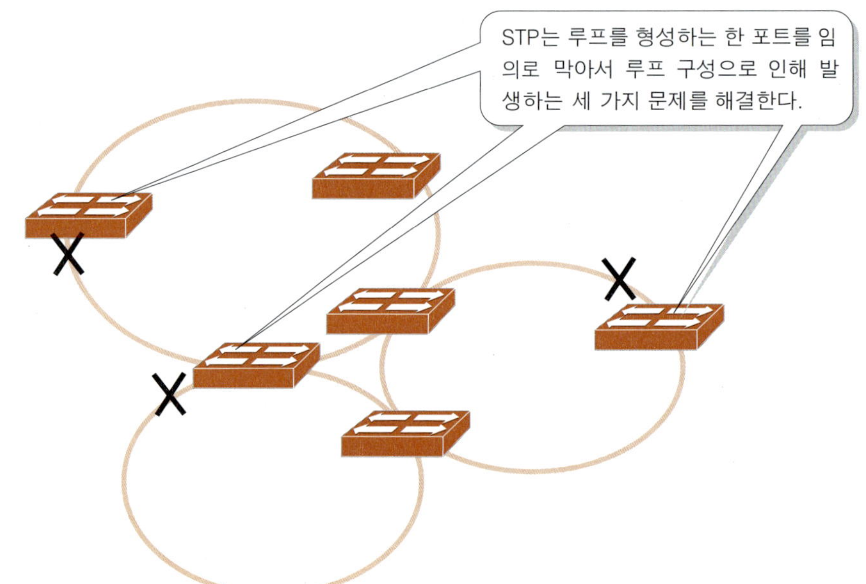

그림 9-16 ≫
STP는 루프를 형성하는 포트를 막는다.

스위치로 연결된 네트워크에서 STP는 BPDU(Bridge Protocol Data Unit) 프레임을 통해 링크가 죽었는지 아니면 살아 있는지에 대한 정보를 계속해서 검사합니다. 이런 주기적인 BPDU 교환을 통해 스위치들은 네트워크 내에서 발생하는 새로운 루프를 찾아냅니다. 즉, 네트워크의 변화와 상관없이 지속적으로 동그라미 연결을 없애 나갑니다.

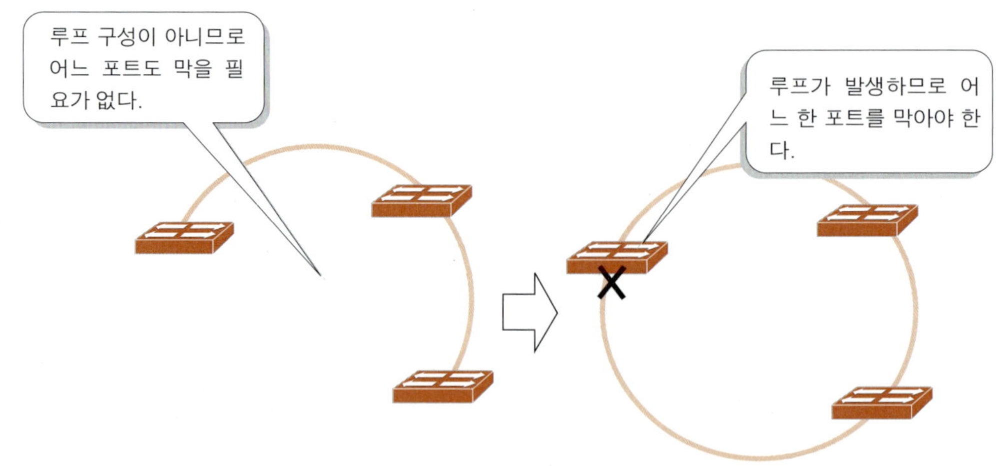

그림 9-17 ≫
루프가 발생하지 않으면 어떤 포트도 막을 필요가 없다.

프로토콜 이름에 '나무(Tree)'라는 단어가 들어가는데, 나뭇가지는 동그라미 모양을 형성하지 않기 때문입니다.

그림 9-18 >>
나무는 동그라미를
형성하지 않는다.

Lesson

03 스패닝 트리 프로토콜은 어떻게 포트를 막을까? ✳

STP가 동그라미 연결을 감지하고 포트를 막기 위해 가장 먼저 할 일은 기준을 잡는 것입니다. 프로토콜 이름이 나무이므로 기준이 되는 스위치는 뿌리, 즉 루트 스위치라고 합니다.

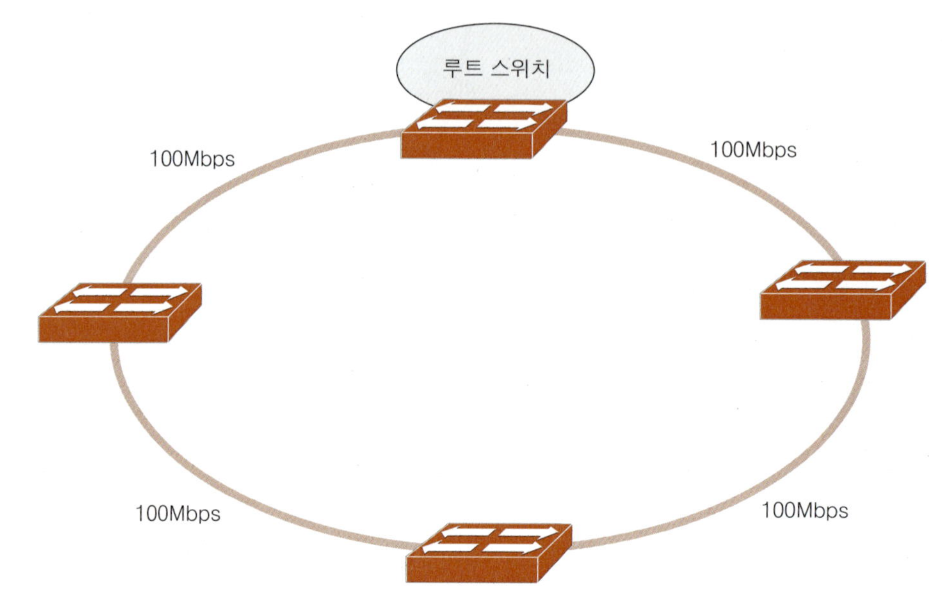

그림 9–19 >>
스패닝 트리 프로토콜의 기준을 루트 스위치라고 한다.

루트 스위치가 정해지면 루트 스위치는 모든 링크를 통해 STP가 사용하는 BPDU 프레임을 보냅니다. 일반 스위치들은 루프가 발생했을 때 루트 스위치까지 최단 거리를 제공하는 경로를 루트 포트로 선택하고, 나머지 포트들 중 적당한 포트를 차단합니다.

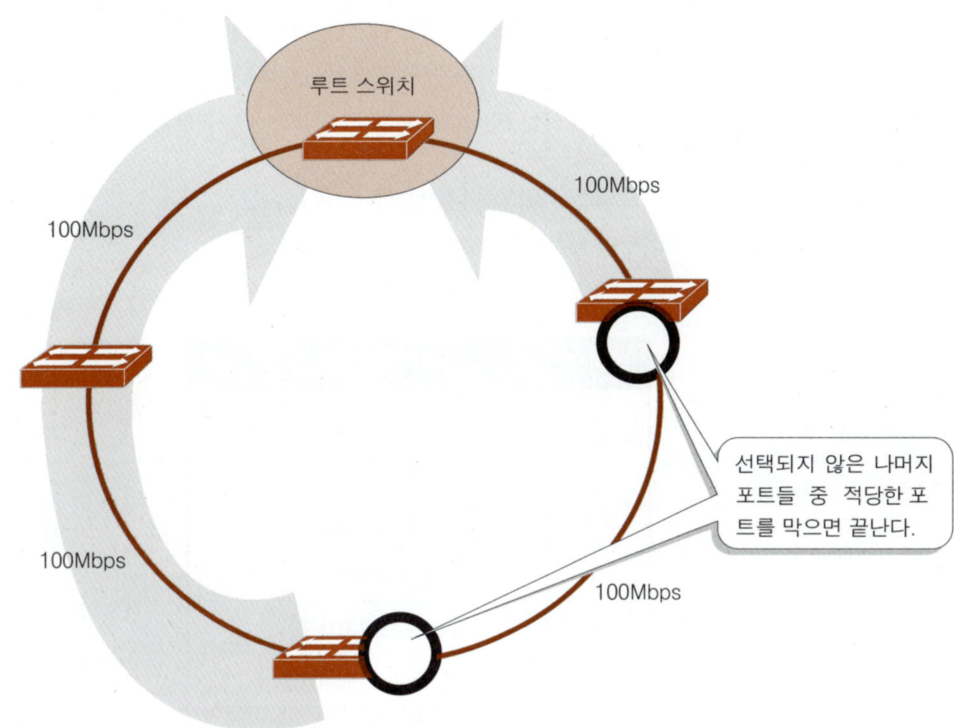

그림 9-20 >>
루트 스위치가 보낸 BPDU들을 비교해 최단 거리의 링크를 선택한다.

 **Tip** BPDU

BPDU는 2초 마다 주기적으로 교환됩니다.

표 9-1 >>
BPDU 프레임 포맷

STP가 교환하는 BPDU 프레임의 포맷은 [표 9-1]과 같습니다.

바이트	필드
2	프로토콜 이름(Protocol ID)
1	버전(Version)
1	메시지 타입
1	플래그(Flags)
8	루트 스위치의 ID
4	패스 코스트(Path Cost)
8	이전 스위치 ID(Bridge ID)
2	이전 스위치 포트 ID

BPDU 메시지들을 교환하면 다음과 같은 결과를 얻을 수 있습니다.

- 가장 먼저 스위치들 중 하나의 루트 스위치를 선정합니다.
- 일반 스위치에서 사용할 링크를 결정합니다.
- 일반 스위치들에서 사용하지 않을 링크 중에서 한 포트를 막습니다.

STP를 이용해 루프 프리 네트워크를 만드는 첫 번째 단계는 루트 스위치를 정하는 것입니다. 스위치들은 BPDU 필드 중에서 스위치 ID 자리를 비교하여 가장 낮은 ID를 가진 스위치를 루트 스위치로 선정합니다. 스위치 ID는 두 부분으로 구성됩니다.

- 2바이트의 프라이오리티(Priority) : 기본값은 32768
- 6바이트의 MAC 주소

표 9-2 >>
브리지 ID = 브리지 프라이오리티 + 브리지 MAC 주소

바이트	필드
2	프로토콜 이름(Protocol ID)
1	버전(Version)
1	메시지 타입
1	플래그(Flags)
8	루트 스위치의 ID
4	패스 코스트(Path Cost)
8	이전 스위치 ID(Bridge ID)
2	이전 스위치 포트 ID
2	메시지 나이(Message Age)
2	맥시멈 타임(Max Time)
2	헬로 타임(Hello Time)
2	포워드 딜레이(Fwd Delay)

스위치 ID는 스위치의 프라이오리티(2바이트)+스위치의 MAC 주소(6바이트)로 구성됩니다. 스위치 ID의 디폴트 프라이오리티 번호는 32768(중간 숫자)입니다. 스위치 ID가 제일 낮은 것이 루트 스위치가 됩니다. [그림 9-22]에서 모든 스위치가 디폴트 프라이오리티를 사용한다면 MAC 주소가 가장 낮은 스위치가 루트 스위치가 됩니다.

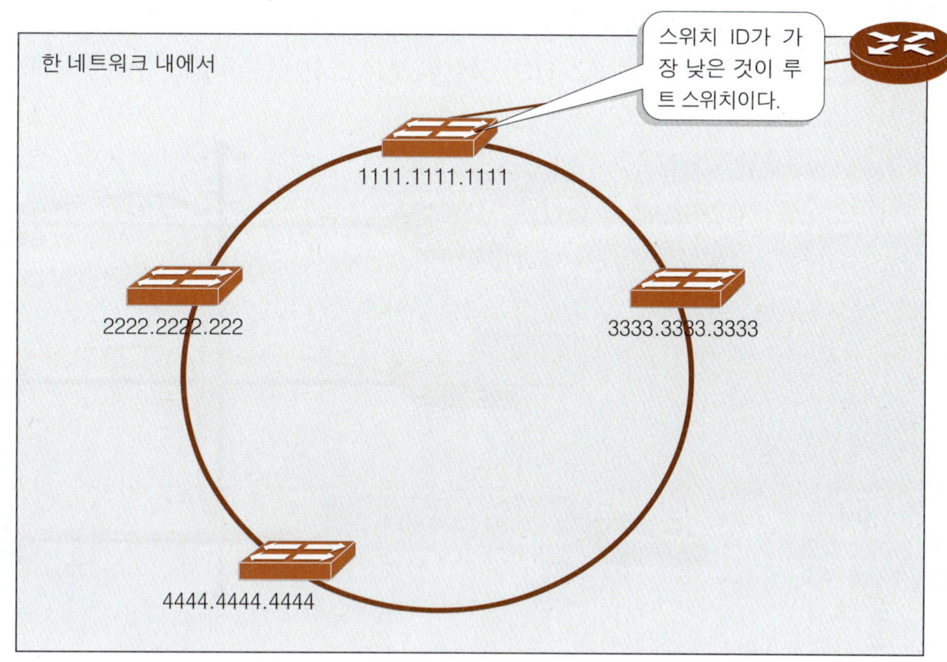

그림 9-21 ≫
한 네트워크 내에서
브리지 ID가 가장 낮
은 스위치가 루트 스
위치가 된다.

스위치의 프라이오리티는 네트워크 관리자가 설정하지 않으면 기본값인 '32768' 으로 설정
됩니다. 특정 스위치를 루트 스위치로 선정하고 싶다면 [그림 9-22]와 같이 스위치의 프라이
오리티를 낮게 조정하면 됩니다.

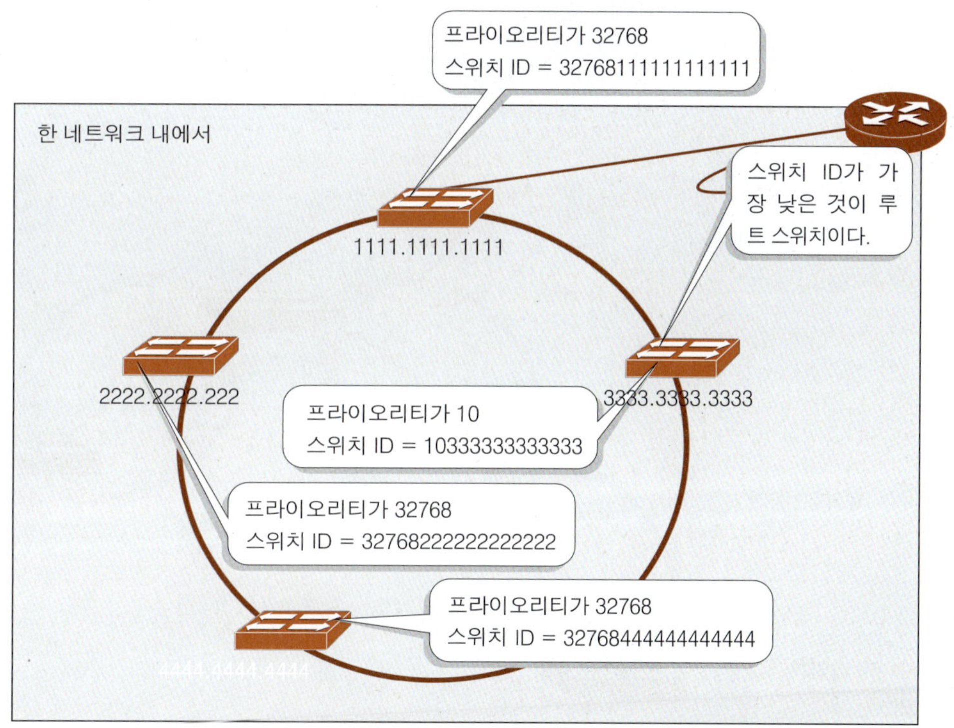

그림 9-22 ≫
한 네트워크 내에서
브리지 ID가 가장 낮
은 스위치가 루트 스
위치가 된다.

BPDU 프레임의 목적지 MAC 주소는 0180.c200.0000으로 STP는 항상 이 주소로 BPDU 프레임을 보내며, STP가 구현된 모든 스위치는 이것을 받아서 처리해야 합니다.

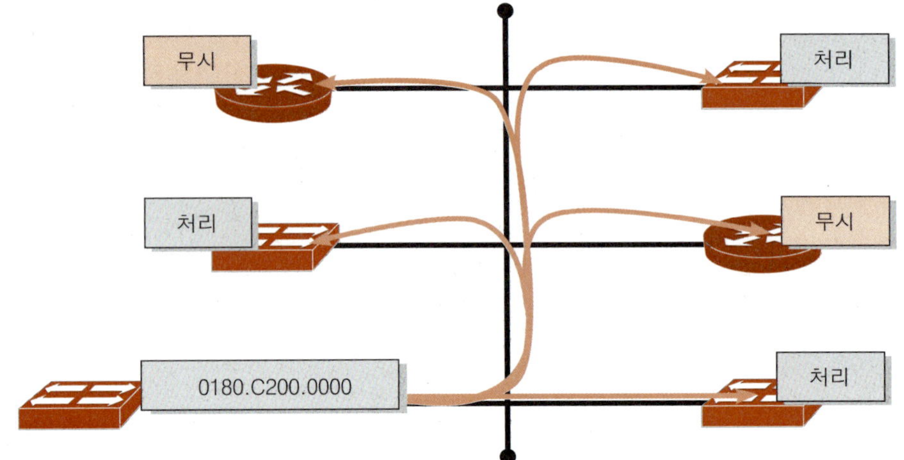

그림 9-23 >>
STP BPDU는 0180.C200.0000 멀티캐스트 주소로 주고 받는다.

BPUD 메시지에는 [표 9-3]과 같이 2가지 타입이 있습니다.

표 9-3 >>
2가지 타입의 BPDU 메시지

타입	용도	방향
컨피규레이션 BPDU (Configuration BPDU)	스패닝 트리 계산을 위한 BPDU	루트 스위치에서 일반 스위치쪽으로 보냄
토폴로지 체인지 BPDU (Topology Change Notification BPDU)	네트워크 토폴로지 변화를 알리기 위한 BPDU	일반 스위치에서 루트 스위치쪽으로 보냄

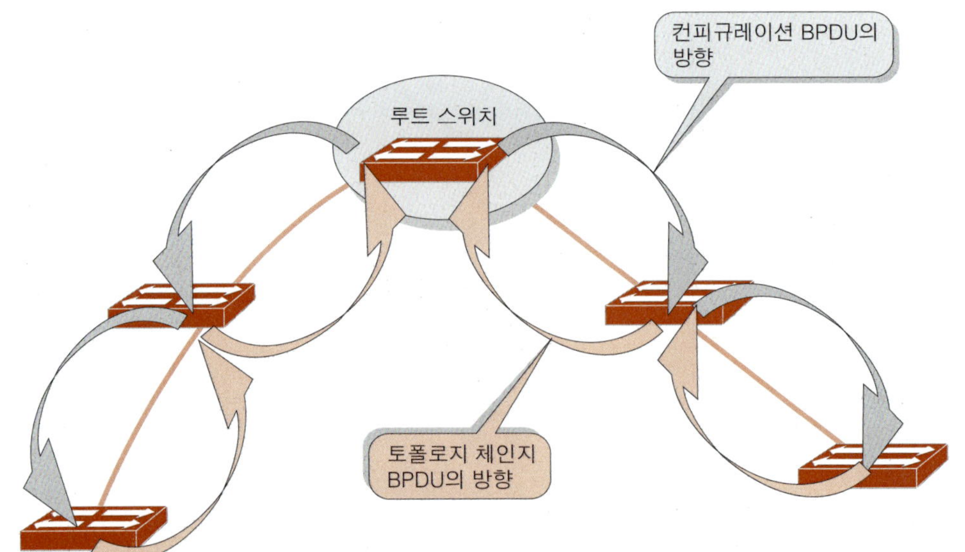

그림 9-24 >>
2가지 타입의 BPDU 메시지

컴퓨규레이션 BPDU와 토폴로지 체인지 BPDU는 방향에 따라 나뉩니다. 스위치들 중에서 루트 스위치로 선정된 스위치는 모든 포트를 통해 컴퓨규레이션 BPDU를 보냅니다. 토폴로지 체인지 BPDU는 토폴로지에 변화가 발생했을 때, 예를 들어 링크가 다운되거나 링크의 코스트 값이 바뀔 때 변화를 감지한 일반 스위치들이 루트 스위치쪽으로 보내는 BPDU입니다.

표 9-4 ≫
컴퓨규레이션 BPDU인지 아니면 토폴로지 체인지 BPDU인지는 BPDU의 메시지 타입 자리에 표시한다.

바이트	필드
2	프로토콜 이름(Protocol ID)
1	버전(Version)
1	메시지 타입
1	플래그(Flags)
8	루트 스위치의 ID
4	패스 코스트(Path Cost)
8	이전 스위치 ID(Bridge ID)
2	이전 스위치 포트 ID
2	메시지 나이(Message Age)
2	맥시멈 타임(Max Time)
2	헬로 타임(Hello Time)
2	포워드 딜레이(Fwd Delay)

사용할 경로와 사용하지 않을 경로 결정하기 ✳

루트 스위치가 결정되면 루트 스위치는 컨피규레이션 BPDU를 다른 스위치쪽으로 보냅니다. 루트 스위치가 아닌 일반 스위치들은 각 포트들을 통해 들어오는 BPDU의 패스 코스트와 이전 스위치 ID, 이전 스위치의 포트 ID를 비교하여 차단할 포트를 결정합니다.

표 9-5 >>
패스 코스트, BPDU가 통한 브리지의 ID, BPDU가 통과한 브리지의 포트 ID를 비교해 포워딩하거나 차단할 포트를 결정한다.

바이트	필드
2	프로토콜 이름(Protocol ID)
1	버전(Version)
1	메시지 타입
1	플래그(Flags)
8	루트 스위치의 ID
4	패스 코스트(Path Cost)
8	이전 스위치 ID(Bridge ID)
2	이전 스위치 포트 ID
2	메시지 나이(Message Age)
2	맥시멈 타임(Max Time)
2	헬로 타임(Hello Time)
2	포워드 딜레이(Fwd Delay)

■ 패스 코스트 비교하기

차단할 포트를 선정하는 첫 번째 단계는 패스 코스트를 비교하는 것입니다. 패스 코스트는 루트 스위치에서 출발한 BPDU가 통과한 링크의 코스트들을 모두 합한 값입니다. 코스트의 합이 가장 작은 포트는 무조건 포워딩 상태에 있게 됩니다.

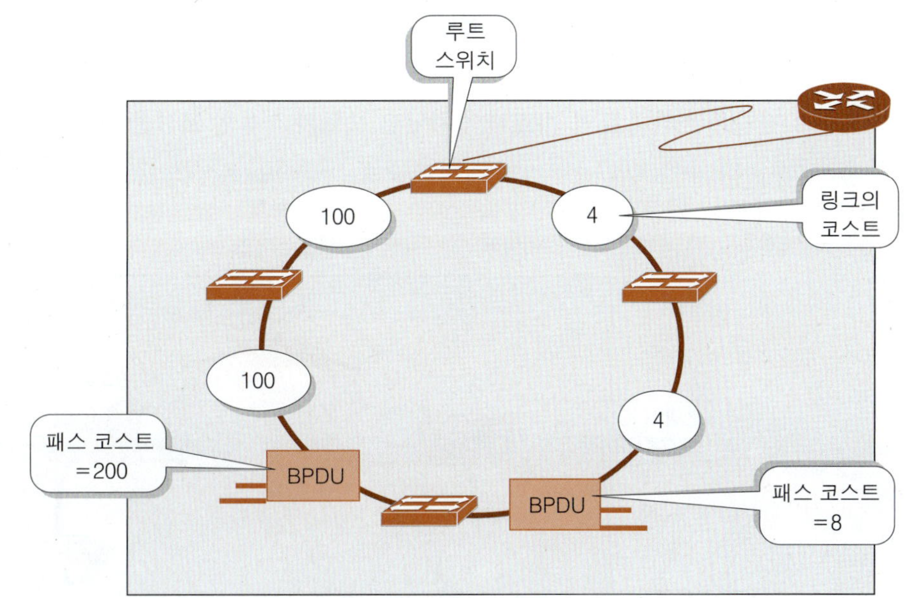

그림 9-25 >>
패스 코스트는 루트
스위치에서 출발하여
루트 스위치가 아닌
스위치에 이르는 모든
링크의 코스트를 합한
것이다.

루트 스위치를 제외한 일반 스위치들은 각 스위치 포트에 도착하는 BPDU의 패스 코스트 필드를 보고 사용할 포트를 결정합니다. [표 9-6]은 *예전의 IEEE 코스트 기준 값과 새로운 IEEE 코스트 기준 값인데 명령어를 통해 바꿀 수도 있습니다. STP의 링크 코스트는 밴드위스에 기초합니다.

카탈리스트 1900 소프트웨어의 현재 버전에서는 예전 코스트 규정을 사용하고, 카탈리스트 2900XL을 포함한 다른 카탈리스트 스위치들은 새로운 코스트 규정을 사용합니다.

표 9-6 >>
STP에서 사용하는
링크의 코스트 기준
값

링크 속도	코스트 (새로운 IEEE 규정)	코스트 (이전 IEEE 규정)
10Gbps	2	0
1Gbps	4	1
622Mbps	6	2
155Mbps	14	6
100Mbps	19	10
45Mbps	39	22
16Mbps	62	63
10Mbps	100	100
4Mbps	250	250

루프를 형성하는 스위치의 포트들 중 어느 한 포트를 차단하기 위해 스위치들은 루트 스위치에서 출발한 컨피규레이션 BPDU의 패스 코스트 값을 비교합니다. 만약 패스 코스트 값으로 결정이 나지 않으면 컨피규레이션 BPDU를 전달한 이전 스위치의 스위치 ID와 스위치의 포트 ID 값을 비교합니다.

■ 이전 스위치의 ID 비교하기

패스 코스트가 같다면 컨피규레이션 BPDU가 방금 통과한, 다시 말해 컨피규레이션 BPDU를
전달한 스위치 ID를 비교해서 차단할 포트와 사용할 포트를 결정합니다.

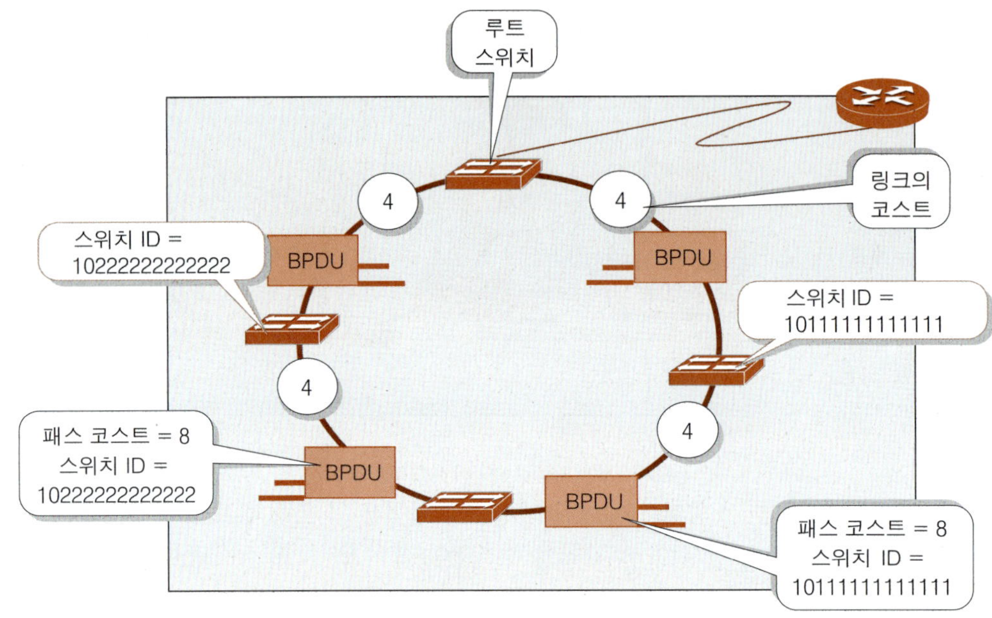

그림 9-26 >>
패스 코스트가 같다
면 BPDU가 방금 통과
한 스위치 ID를 비교
하여 사용할 포트를
결정한다.

■ 이전 스위치의 포트 ID 비교하기

만약 패스 코스트와 스위치 ID를 비교해도 결정나지 않는다면 바로 전에 컨피규레이션
BPDU를 전달한 스위치의 포트 ID를 비교해서 사용할 포트를 결정합니다.

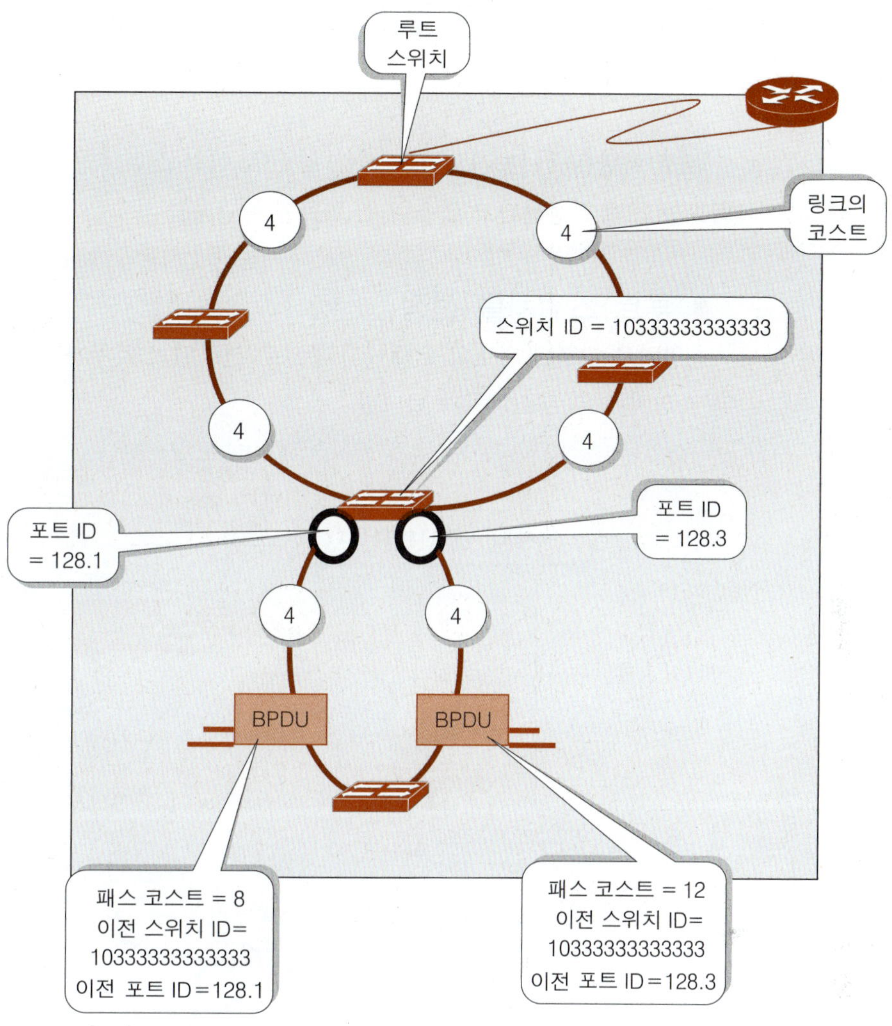

그림 9-27 ≫
패스 코스트,
BPDU가 방금 통과한
스위치의 ID가 모두
같다면 BPDU가 방금
통과한 스위치의 포트
를 비교하여 사용할
포트를 결정한다.

그림 루프를 형성하는 스위치의 포트들 중에서 어떤 포트를 차단하는지 다음 절에서 구체적인 예를 통해 확인해 보겠습니다.

Lesson

05 스패닝 트리 프로토콜의 포트 차단 과정 ✳

포트 차단(Port Blocking)은 패스 코스트, 이전 스위치의 스위치 ID, 이전 스위치의 포트 ID 비교를 통해 결정된다고 했습니다. 포트를 차단하는 과정은 다음과 같습니다.

■ 루트 스위치를 선정

스위치로 연결된 네트워크 내에서 루트로 선정된 스위치가 하나 있는데, 스위치 ID가 가장 낮은 스위치가 루트 스위치가 됩니다.

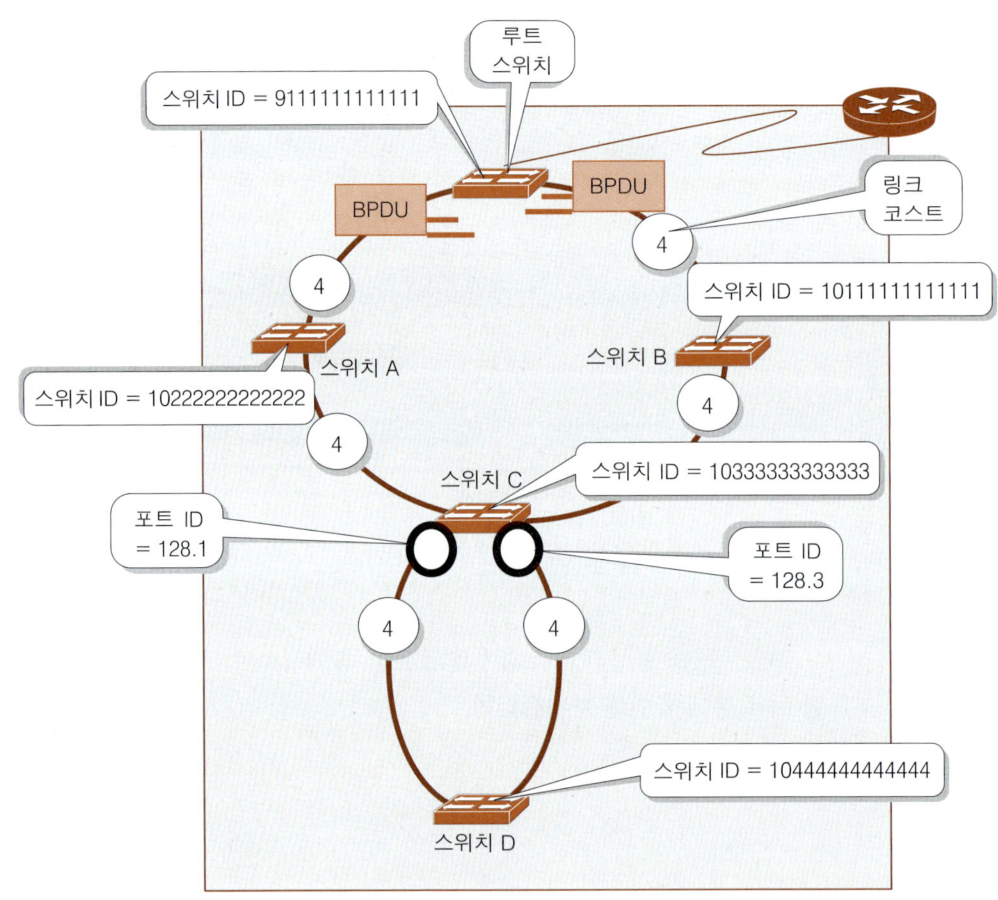

그림 9-28 >>
STP가 루프 환경에서 포트를 적당하게 막으려면 가장 먼저 루트 스위치를 선정해야 한다.

■ 컨피규레이션 BPDU를 비교해 루트 포트를 선정

루트 스위치가 아닌 일반 스위치들의 경우 하나의 루트 포트를 가집니다. 루트 포트는 루트 스위치까지 *최단 거리를 제공하는 포트입니다. 패스 코스트로 루트 포트를 선정할 수 없는 경우에는 이전 스위치의 ID를 비교하고, 이전 스위치의 ID로도 비교되지 않으면 이전 스위치의 포트 ID를 비교합니다.

최단거리

최단 거리란 루트 스위치까지의 패스 코스트가 가장 작은 포트를 말합니다.

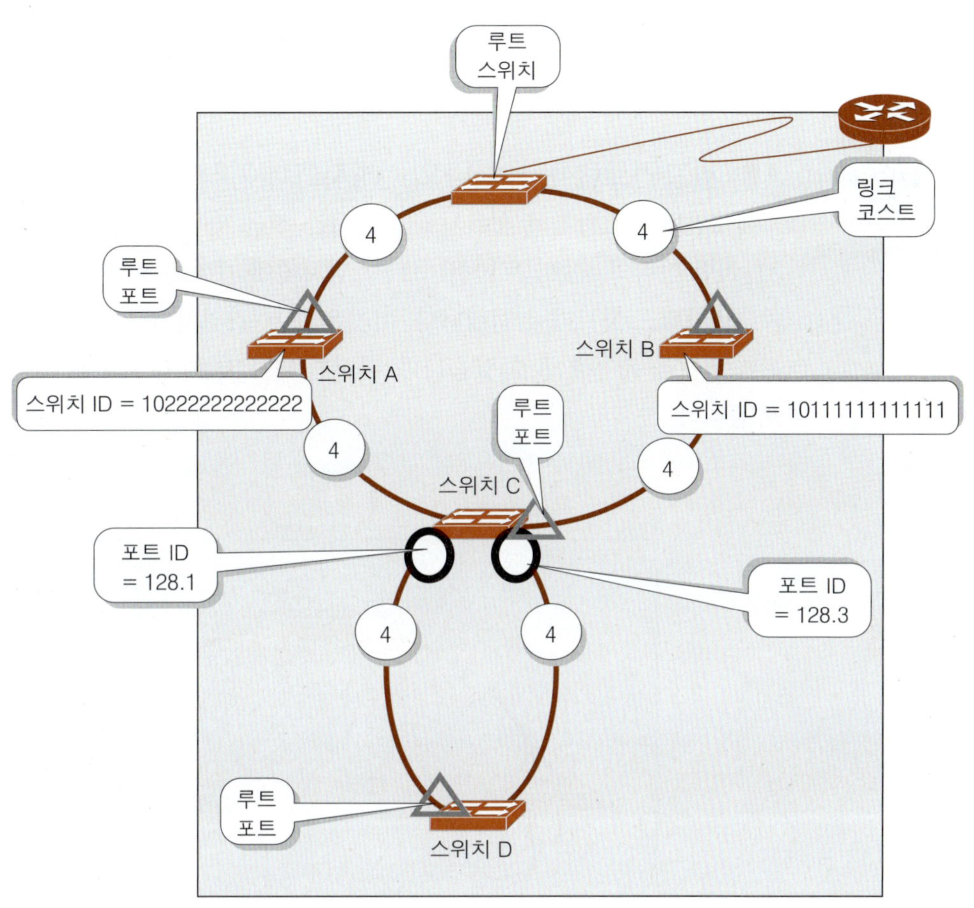

그림 9-29 ≫
루트 스위치가 보낸
컨피규레이션 BPDU
를 비교해 루트 포트
를 선정한다.

● 스위치 A의 경우 : 패스 코스트로 루트 포트를 결정할 수 있습니다. 따라서 이전 스위치의 ID와
이전 스위치의 포트 ID를 비교할 필요가 없습니다.

● 스위치 B의 경우 : 스위치 A의 경우와 같습니다. 스위치 B의 위쪽 포트에 도착한 컨피규레이션
BPDU의 패스 코스트는 4이고, 아래쪽 포트에 도착한 컨피규레이션 BPDU의 패스 코스트는
12이므로 위쪽 포트가 루트 포트가 됩니다.

● 스위치 C의 경우 : 왼쪽 포트와 오른쪽 포트 모두 패스 코스트가 8로 같습니다. 이와 같이 패스
코스트로 비교할 수 없을 경우에는 컨피규레이션 BPDU가 방금 통과한 스위치의 스위치 ID를
비교합니다. 스위치 ID가 낮은 쪽 포트가 루트 포트가 되므로 스위치 B(10111111111111로 스
우치 A의 ID, 10222222222222보다 낮다)쪽 포트인 오른쪽 포트가 루트 포트가 됩니다.

● 스위치 D의 경우 : 패스 코스트가 12로 같고, 이전 스위치의 ID도 스위치 C로 같습니다. 이렇게
패스 코스트와 스위치 ID로 루트 포트를 선정할 수 없는 경우에는 이전 스위치(컨피규레이션
BPDU가 방금 통과한)의 포트 ID를 비교합니다. 왼쪽 포트에 도착한 컨피규레이션 BPDU의 포
트 ID는 128.1이고, 오른쪽 포트에 도착한 컨피규레이션 BPDU의 포트 ID는 128.3입니다. 이러
한 경우에는 포드 ID가 낮은 쪽이 루트 포트가 됩니다. 따라서 스위치 D는 이전 스위치의 포트

ID가 낮은 왼쪽 포트가 루트 포트가 됩니다. 이러한 루트 포트는 차단하지 않고 포워딩 상태로 둡니다.

Tip 데지그네이티드 포트

루트 스위치쪽을 향하는 포트를 말합니다.

■ 세그먼트(선)당 하나의 *데지그네이티드 포트가 선정

세그먼트란 스위치와 스위치를 연결하는 선을 말합니다. 데지그네이티드 포트는 [그림 9-31]처럼 각각의 세그먼트에서 루트 스위치쪽에 가까운 포트가 됩니다. 세그먼트당 하나의 데지그네이티드 포트가 선택됩니다. 이것은 루트 스위치의 모든 포트가 데지그네이티드 포트가 된다는 것을 유추해 낼 수 있습니다. 이러한 데지그네이티드 포트도 차단하지 않고 포워딩 상태로 둡니다.

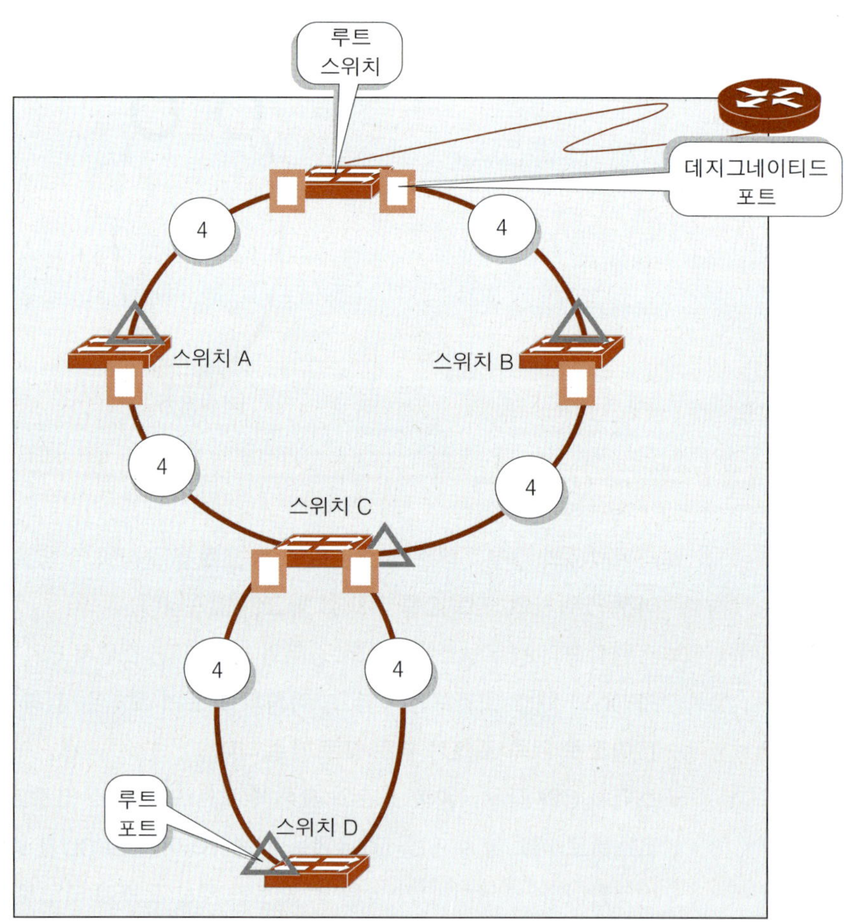

그림 9-30 ≫
루트 포트와 데지그네이티드 포트는 차단하지 않고, 나머지 포트는 차단한다.

루트 포트는 루트 스위치가 아닌 일반 스위치에서 루트 스위치쪽으로 최단 거리를 제공하는 포트이고, 데지그네이티드 포트는 각 세그먼트에서 루트 스위치쪽에 보다 가까운 스위치의 포트이기 때문에 루트 포트-데지그네이티드 포트-루트 포트-데지그네이티드 포트를 따라가면 루트 스위치를 만나게 됩니다.

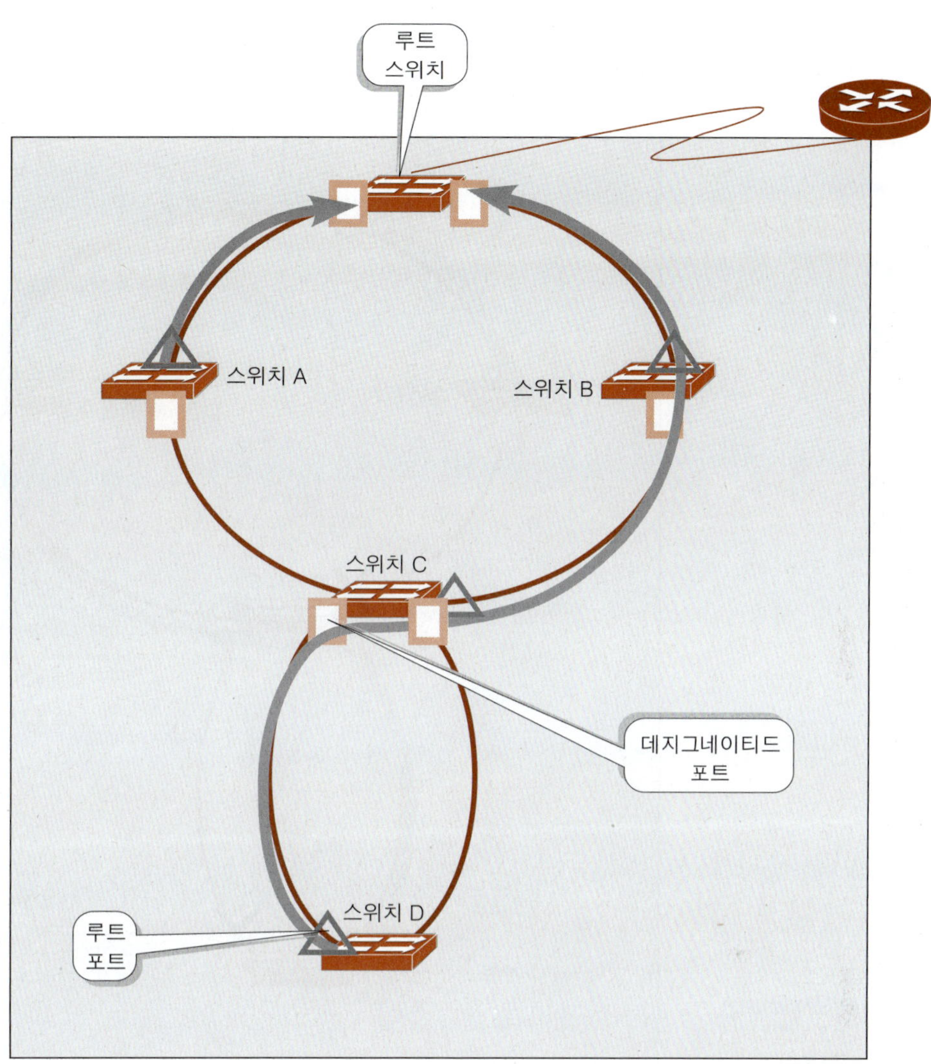

그림 9-31 ≫
루트 포트와 데지그
네이티드 포트를 따라
가면 루트 스위치를
만나게 된다.

■ 논-데지그네이티드 포트를 차단(Blocking) 상태로 두어 루프 발생 해결

루트 포트도, 데지그네이티드 포트도 아닌 포트들이 있습니다. 선택되지 못한 이 포트들을
논-데지그네이티드 포트(Non-Designated Port)라고 하는데, 그대로 두면 루프로 인해 문제
가 생기므로 차단 상태로 둡니다. [그림 9-32]에서 스위치 A-스위치 C 연결링크와 스위치
C-스위치 D의 오른쪽 링크는 선택되지 않은 링크입니다. 이러한 링크를 사용한다면 스위칭 루
트가 일어나겠지요. 이러한 링크를 연결하는 두 포트 중 하나만 블럭킹하는데 스위치 ID가 높은
쪽 포트를 블럭킹 합니다. STP 프로토콜에는 낮은 수 일수록 좋습니다. 아마도 스위치 A 보다
는 스위치 C의 ID가 높고, 스위치 C 보다는 스위치 D의 ID가 높겠지요.

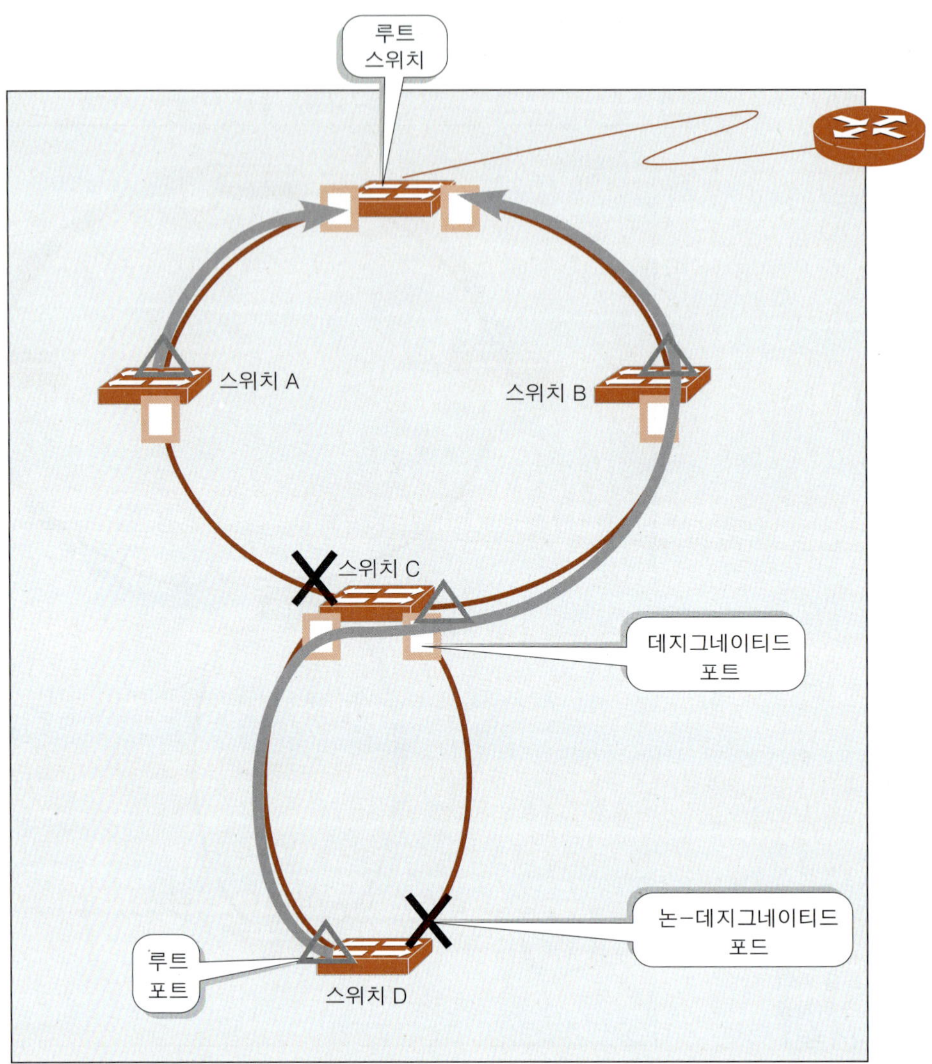

그림 9-32 ≫
루프로 인한 문제를
막기 위해 한 포트를
차단한다.

　　루트 포트들과 데지그네이티드 포트들만 포워딩 상태로 두고 논−데지그네이티드 포트는 차
단 상태로 두기 때문에 데이터 트래픽들이 이동하는 경로는 [그림 9−32]와 같습니다. 논−데
지그네이티드 포트는 일반 데이터를 송수신하지 않지만 BPDU는 수신합니다. 그러나 BPDU를
보내지는 않습니다. [그림 9−33]에서 보는 것처럼 더 이상 루프가 발생하지 않기 때문에 루프
연결로 인한 문제가 해결됩니다.

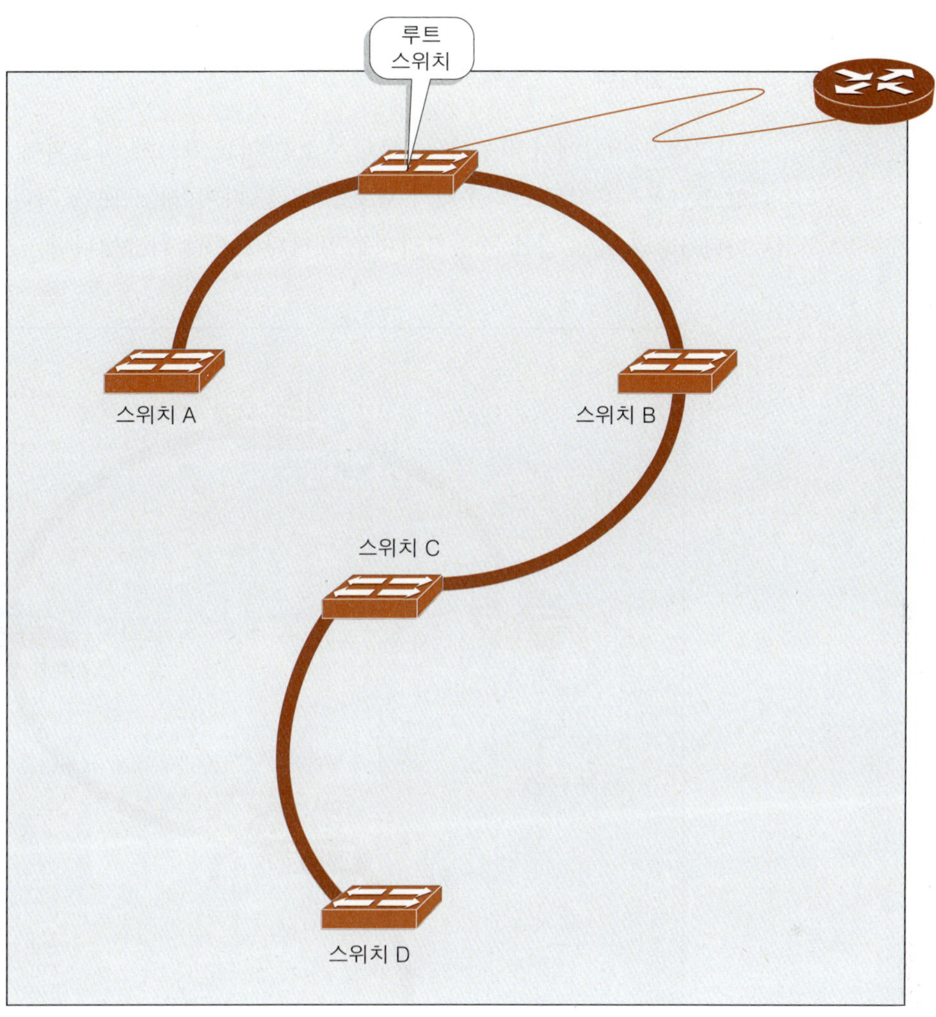

그림 9-33 >>
더 이상 루프가 발
생하지 않는다.

STP의 목적은 이같이 더 이상 루프가 발생하지 않도록 차단할 포트와 포워딩 포트를 구분하
는 것입니다. 차단할 포트와 포워딩할 포트를 구분하는 작업 순서는 다음과 같습니다.

① 제일 먼저 루트 스위치를 정합니다.

② 일반 스위치들이 루트 스위치가 보낸 컨피규레이션 BPDU를 보고 다음의 순서에 따라 루트
포트를 찾습니다.

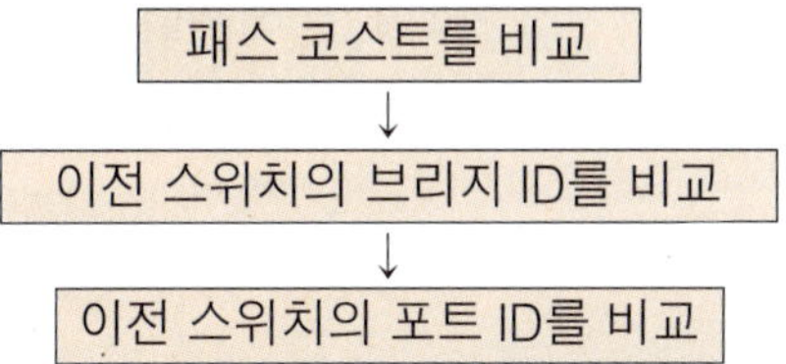

③ 스위치와 스위치를 연결하는 각각의 세그먼트(전선)에서 하나의 데지그네이티드 포트를 찾아
냅니다.

④ 루트 포트도 아니고, 데지그네이티드 포트도 아닌 포트는 논–데지그네이티드 포트가 되어 차
단합니다.

[그림 9–34]에서 라우터의 MAC 주소는 어느 포트에 학습되어 있을까요? 그림에 나와 있는
링크들만 사용되므로 라우터의 MAC 주소는 다이아몬드로 표시된 포트에 학습되어 있을 것입
니다. PC의 MAC 주소는 동그라미로 표시된 포트에 학습됩니다.

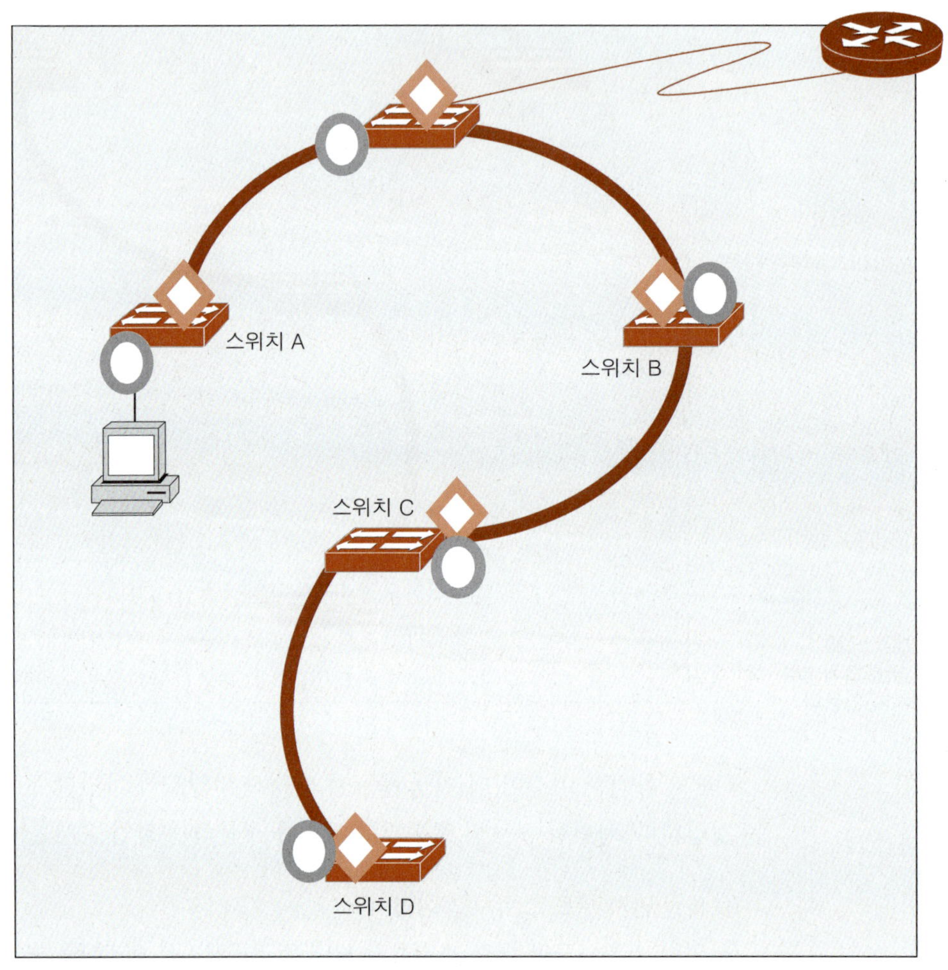

그림 9–34 ≫
라우터의 MAC 주
소(다이아몬드)와 PC
의 MAC 주소(동그라
미)는 각 스위치의 어
느 포트에 학습될까?

논–데지그네이티드 포트를 정하는 과정을 정확하게 이해하기 위해서 예제를 하나 더 살펴보
겠습니다. [그림 9–35]에서 스위치 C의 ID가 제일 낮고, 스위치 A와 B 중에서는 스위치 A의
ID가 더 낮다고 가정하겠습니다.

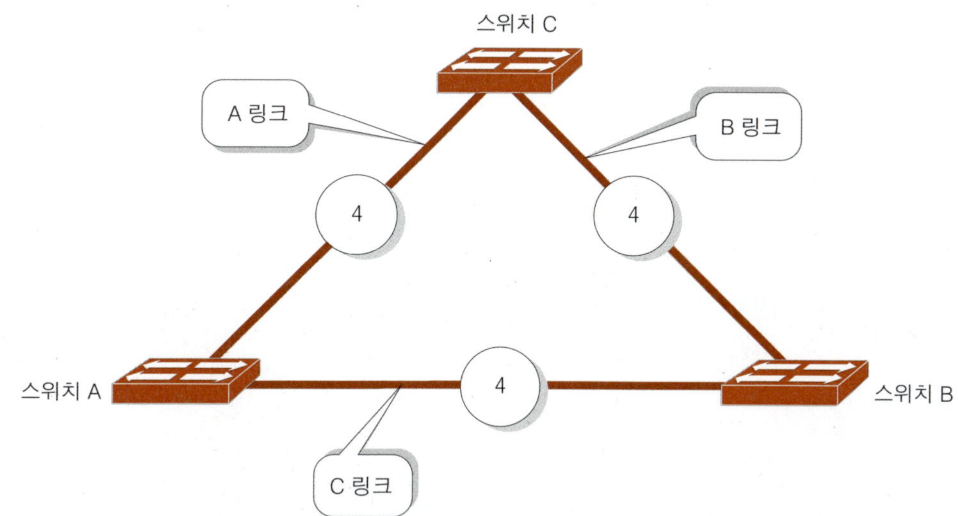

그림 9-35 >>
가정

이 예에서 루트 포트와 데지그네이티드 포트는 [그림 9-36]과 같습니다. 스위치 A와 B 입장에서, 패스코스트 4와 8을 제공하는 두 경로 중 '4'를 제공하는 포트가 루트 포트이고, A와 B 링크에서 루트 스위치 쪽 포트가 루트 스위치에 보다 가까우므로 데지그네이티드 포트가 됩니다.

원래 데지그네이티드 포트는 각 선에서 보다 루트 스위치에 가까운 스위치의 포트입니다. 스위치 A가 B에게 보낸 컨피규레이션 BPDU의 패스 코스트 값도 8이고, 스위치 B가 A에게 보낸 컨피규레이션 BPDU의 패스 코스트 값도 8로 같기 때문에 스위치 A와 B의 스위치 ID를 비교합니다. 스위치 ID는 낮을수록 좋기 때문에 스위치 A(스위치 ID가 스위치 B 보다 낮다고 가정)의 포트가 데지그네이티드 포트가 됩니다. 따라서 스위치 B쪽 포트는 루트 포트도, 데지그네이티드 포트도 아닌 논-데지그네이티드 포트가 되어 차단됩니다.

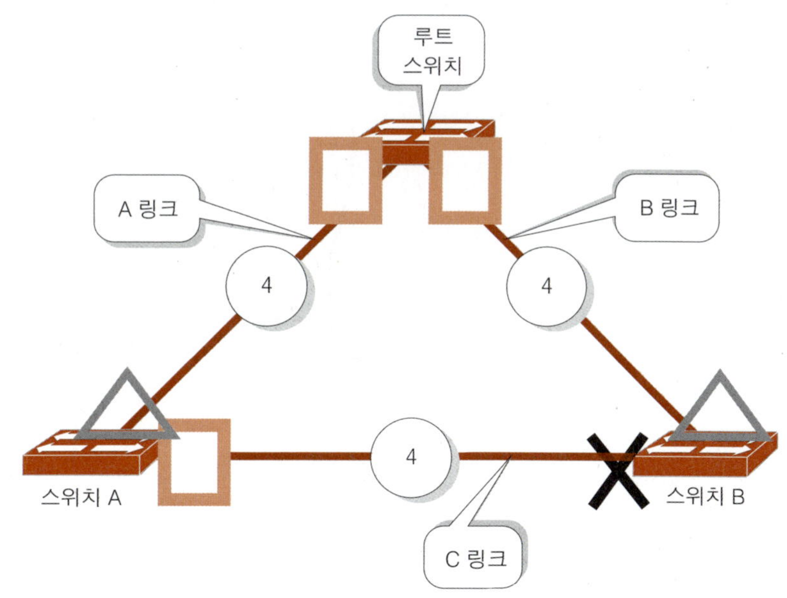

그림 9-36 >>
STP 프로토콜의
결과

스패닝 트리 프로토콜의 포트 상태

문제가 없는 스위치나 포워딩 상태에 있는 포트, 혹은 사용 중이던 스위치 간의 연결 링크가 다운되면 '토폴로지 변화가 발생한다'고 말합니다. 이런 변화가 감지되면 루트 스위치로 토폴로지 체인지 BPDU가 전달되고, 이것을 받은 루트 스위치는 모든 포트를 통해 컨피규레이션 BPDU를 보냅니다. 그리고 스위치들은 변화에 맞게 다시 차단할 포트와 포워딩할 포트를 결정합니다.

Tip 차단할 포트와 포워딩할 포트

논-데지그네이티드 포트는 차단하고, 루트 포트와 데지그네이티드 포트는 포워딩합니다.

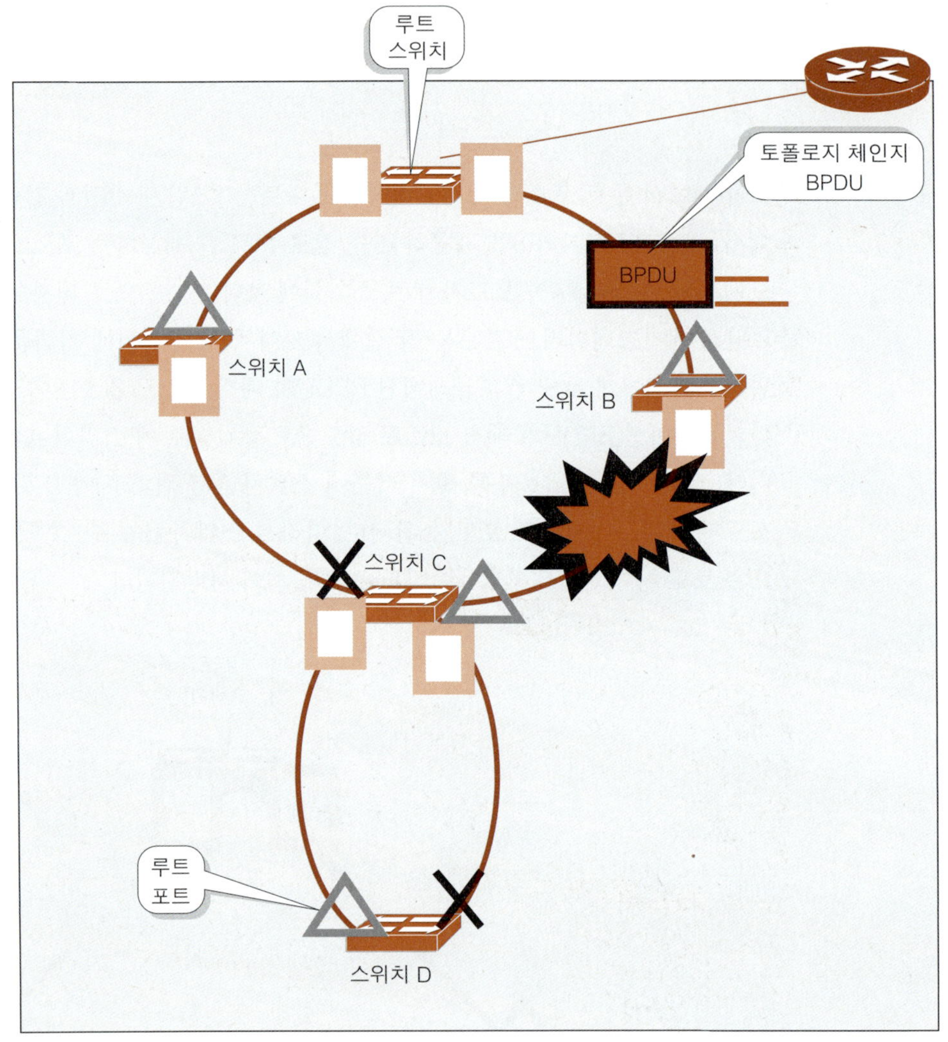

그림 9-37 ≫ 루트 스위치가 토폴로지 변화를 감지하면 토폴로지 체인지 BPDU를 보낸다.

스위치 B와 C 사이를 연결하는 링크가 다운되었으므로 스위치 C 입장에서는 이전에 차단한 포트가 루트 포트가 됩니다.

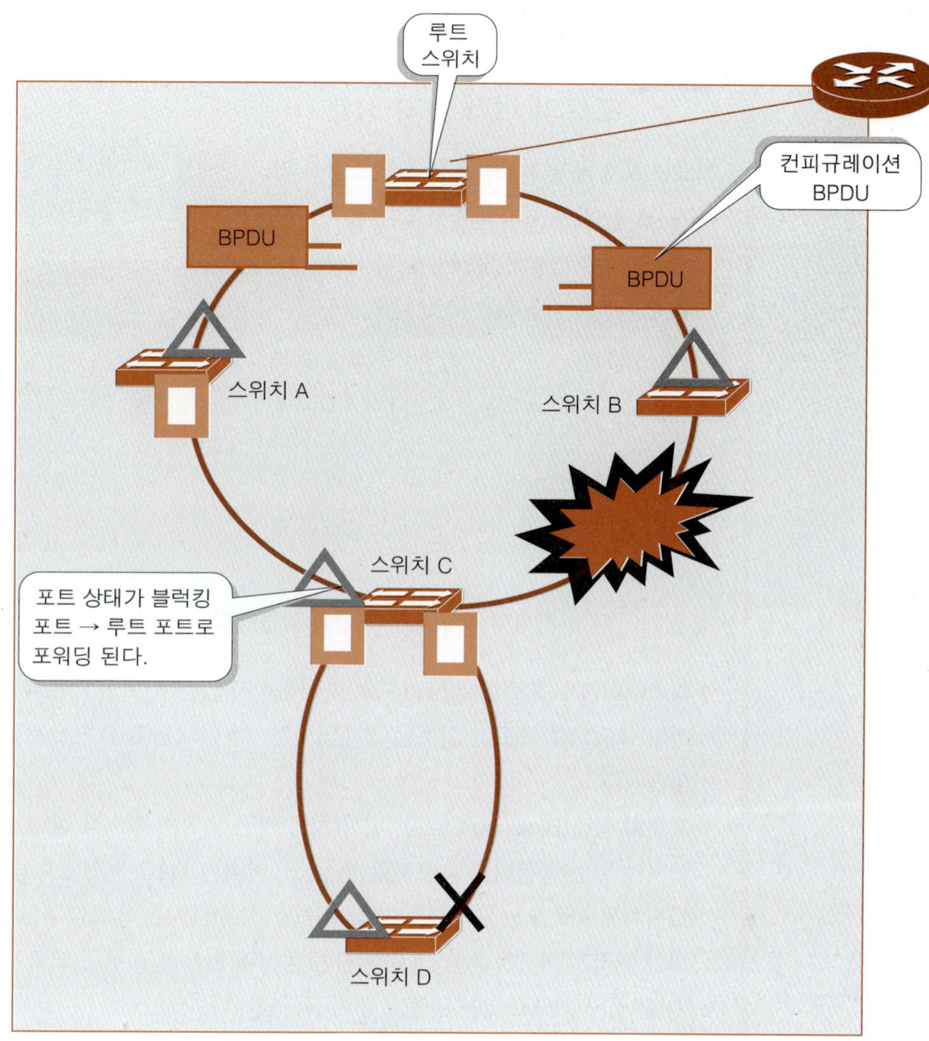

그림 9-38 ≫
컨피규레이션
BPDU를 받아 포트의
상태가 바뀌기도
한다.

이렇게 블럭킹 상태에 있던 포트가 포워딩 상태로 바뀌려면 [그림 9-39]와 같이 리스닝 상태(Listening State)와 러닝 상태(Learning State)를 통과해야 합니다. 일반적으로 포트는 포워딩 또는 블럭킹 상태에 있습니다.

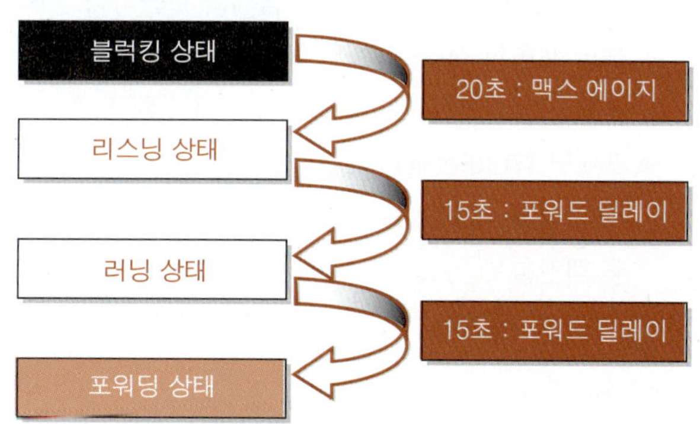

그림 9-39 ≫
4가지 STP 포트
상태

한 걸음 더!

포트의 여러 가지 상태

포트는 포워딩이나 블럭킹 외에 리스닝과 러닝 상태를 통과할 수도 있습니다. 포트의 여러 가지 상태가 [표 9-7]에 정리되어 있습니다.

표 9-7 ≫
STP 포트의 4가지
상태

포트의 상태	언제	데이터 송수신	MAC 주소 학습	BPDU 송수신
블럭킹	처음 켤 때	X	X	수신만
리스닝	루트 포트나 데지그네이티드 포트가 될 수 있다면	X	X	O
러닝 포워드	딜레이 후	X	O	O
포워딩 포워드	딜레이 후	O	O	O

각 상태에 대해 자세히 살펴 보면 다음과 같습니다.

● 디스에이블드 포트(Disabled Port) : 사용하지 않는 포트로 네트워크 관리자가 명령어를 사용하거나 고장으로 포트가 다운된 상태입니다. 이 상태는 STP 프로토콜의 정상적인 동작에 속하지 않습니다.

● 블럭킹 상태(Blocking State) : 스위치를 켜면 포트는 블럭킹 상태에서 시작합니다. 블럭킹 상태에서는 일반 데이터를 송수신할 수 없고, 어떠한 MAC 주소도 학습시키지 않습니다. 대신 이웃 스위치로부터 오는 BPDU를 받을 수는 있고, 보내지는 않습니다. 이러한 블럭킹 상태에 있는 포트는 브리지 루프를 막는 역할을 하는 동시에 언제라도 루트 포트가 다운될 경우에 포워딩 상태가 될 준비를 하고 있는 일종의 대기 모드입니다.

● 리스닝 상태(Listening State) : 포트가 포워딩 상태인 루트 포트나 데지그네이티드 포트가 될 수 있다면 블럭킹 상태에서 리스닝 상태로 이동합니다. 리스닝 상태의 포트는 데이터 프레임들을 주고받을 수 없지만 BPDU를 주고받아서 새로운 STP 토폴로지에 적극적으로 참여하게 됩니다.

● 러닝 상태(Learning State) : 포트는 리스닝 상태에서 포워드 지연 시간이 지나면 러닝 상태로 갑니다. 러닝 상태에 있는 포트는 아직 일반 데이터 프레임들을 주고받을 수 없고, BPDU는 주고받을 수 있다는 점에서 리스닝 상태와 같습니다. 그러나 러닝 상태에서 스위치는 MAC 주소 테이블을 새롭게 갱신할 수 있습니다. 예를 들어 포워딩 상태의 포트에 학습되었던 MAC 주소들이 블럭킹 상태에서 새롭게 포워딩 상태로 된 포트에 학습됩니다.

● 포워딩 상태(Forwarding State) : 러닝 상태로부터 포워드 지연 시간이 지난 포트는 포워딩 상태로 갑니다. 포트는 일반 데이트들과 BPDU들을 주고받을 수 있으며, 계속해서 MAC 주소 테이블을 갱신할 수 있습니다. 현재 이 포트는 전체적인 스위칭 기능을 완전히 수행할 수 있습니다.

포트가 블러킹 상태에서 포워딩 상태로 이동하는데 걸리는 시간은 최대 50초입니다. 이렇게 시간을 두는 이유는 컨피규레이션 BPDU가 스위치들을 통과하여 전달될 때까지 걸리는 시간을 고려해야 하기 때문입니다. 밴드위스가 부족하거나 스위치의 CPU 프로세스에 문제가 생기는 등 여러가지 이유로 지연될 수 있습니다.

리스닝 상태와 러닝 상태를 통과하면서 스위치들은 모든 이웃 스위치로부터 컨피규레이션 BPDU를 받아낼 수 있고, 이 BPDU를 근거로 정확한 STP를 새로 그릴 수가 있습니다.

[그림 9-41]과 같이 모든 스위치가 여유를 가지고 BPDU들을 받아서 정확하게 계산하므로 일시적으로 생길 수도 있는 루프를 피할 수 있습니다.

그림 9-40 >>
모든 링크를 통해 전달되는 모든 BPDU를 근거로 STP 결과를 나타낸다.

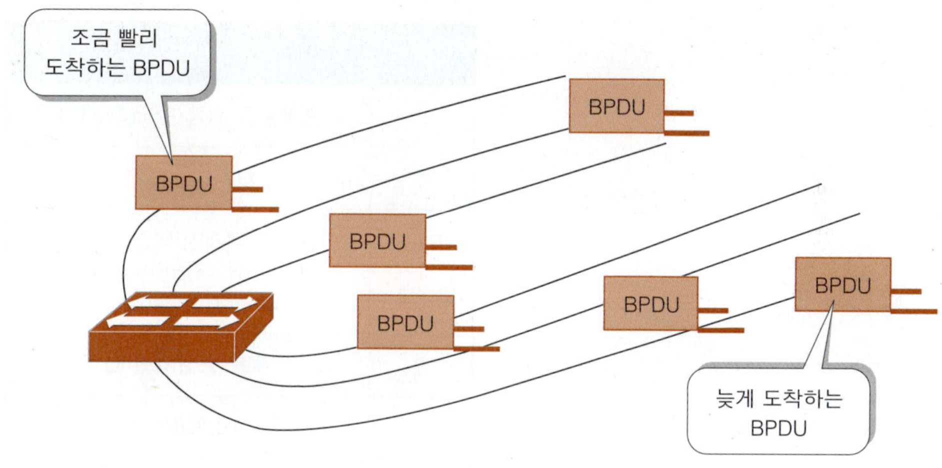

STP 프로토콜이 사용하는 디폴트 타이머 값은 다음과 같습니다.

- 헬로 타이머(Hello Timer) : 루트 스위치가 컨피규레이션 BPDU를 보내는 간격으로 2초입니다.
- 맥스 에이지 혹은 맥시멈 타임(Max Age 혹은 Maximum Time) : 최고의 패스코스트 이전 스위치의 ID, 이전 스위치의 포트 ID 값을 가진 BPDU를 보관하는 시간으로 20초입니다. 맥스 에이지가 지나도록 이웃 스위치가 최고의 BPDU를 계속 보내지 않으면 스위치는 토폴로지 변화가 발생한다고 간주하고 토폴로지 체인지 BPDU를 루트 스위치로 보냅니다.
- 포워드 딜레이(Forward Delay) : 15초입니다.

Tip 스위치 직경

스위치 직경이란 루트 스위치로부터 몇 대의 스위치가 연결되어 있는지를 나타내는 것입니다.

이러한 디폴트 타이머 값은 *스위치 직경(Diameter)이 7대인 스위치 네트워크를 기준으로 만들어 진 것입니다. [그림 9-41]의 예는 스위치 직경이 5대일 경우입니다.

그림 9-41 ≫
스위치 직경이 5대
이다.

　　타이머들은 루트 스위치에서 스위치의 직경값을 기본값인 7보다 작은 값으로 줄일 수 있습니다. 예를 들어 루트 스위치에서 스위치의 직경값을 '2'로 수정하면 자동으로 맥스 에이지는 10초로, 포워드 딜레이는 7초로 바뀝니다.

　　루트 스위치에서만 설정하면 이 타이머 값들이 BPDU의 다음 필드들을 통해 전달되어 적용되므로 일반 스위치에서 각각 구현할 필요가 없습니다.

표 9-8 ≫
맥시멈 타임

바이트	필드
2	프로토콜 이름(Protocol ID)
1	버전(Version)
1	메시지 타입
1	플래그(Flags)
8	루트 스위치의 ID
4	패스 코스트(Path Cost)
8	이전 스위치 ID(Birdge ID)
2	이전 스위치 포트 ID
2	메시지 나이(Message Age)
2	맥시멈 타임(Max Time)
2	헬로 타임(Hello Time)
2	포워드 딜레이(Fwd Delay)

나무 그림에 변화가 나타났을 때

링크가 고장났음을 감지한 스위치 A가 루트 스위치쪽으로 토폴로지 체인지 BPDU(TCN BPDU)를 보냅니다. 토폴로지 체인지 BPDU를 받은 루트 스위치는 잘 받았다는 뜻으로 토폴로지 체인지 ACK BPDU를 스위치 A로 보내 줍니다. 토폴로지 체인지 ACK BPDU를 스위치 A로 보낸 루트 스위치는 이어서 모든 포트로 컨피규레이션 BPDU를 보냅니다.

루트 스위치가 보낸 컨피규레이션 BPDU를 받은 스위치 C는 기존의 루트 포트가 링크 고장으로 디스에이블드 상태(Disabled State)에 있으므로 논-데지그네이티드 상태에 있던 포트가 리스닝 상태로 이동합니다. 앞에서 포트가 포워딩 상태의 루트 포트나 데지그네이티드 포트가 된다면 블럭킹 상태에서 리스닝 상태로 이동한다고 했습니다. 15초의 포워드 지연 시간이 지난 후에는 러닝 상태로 이동하고, 15초 이후에는 포워딩 상태가 됩니다.

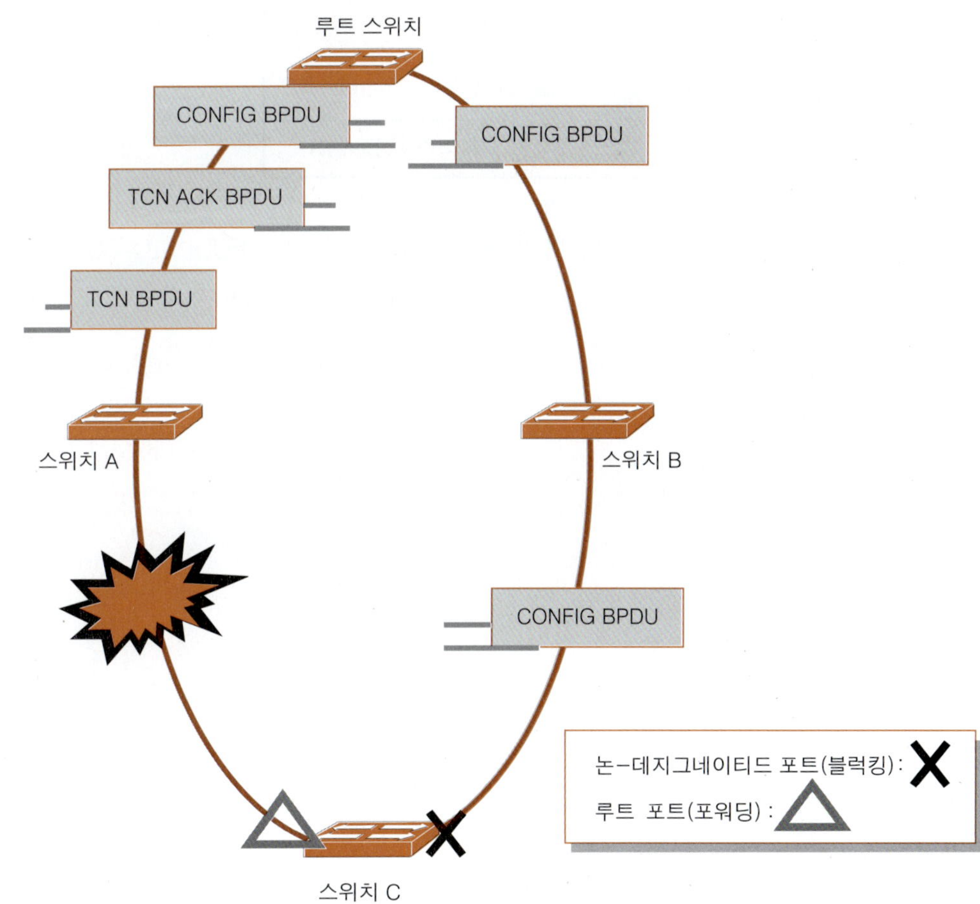

그림 9-42 >>
컨피규레이션
BPDU와 토폴로지
체인지 BPDU

이렇게 세 가지 BPDU를 구분하는 BPDU 필드가 플래그 필드와 메시지 타입 필드입니다.

표 9-9 ≫
3가지 BPDU를
구분하는 필드

바이트	필드
2	프로토콜 이름(Protocol ID)
1	버전(Version)
1	메시지 타입
1	플래그(Flags)
8	루트 스위치의 ID
4	패스 코스트(Path Cost)
8	이전 스위치 ID(Bridge ID)
2	이전 스위치 포트 ID
2	메시지 나이(Message Age)
2	맥시멈 타임(Max Time)
2	헬로 타임(Hello Time)
2	포워드 딜레이(Fwd Delay)

메시지 타입 필드가 '00'이면 컨피규레이션 BPDU이고, '80'이면 토폴로지 체인지 BPDU라는 말입니다. 플래그 필드의 첫 번째 비트는 토폴로지 체인지가 발생했음을 표시하는데 사용하고, 여덟 번째 비트는 토폴로지 체인지 ACK를 나타냅니다.

한 걸음 더!

알아 두면 좋은 BPDU 필드

본문에서 미처 소개하지 못한 BPDU 필드들이 있습니다. 그 밖의 BPDU 필드들에 관해 정리해 보겠습니다.

표 9-10 >>
BPDU 필드의 프로토콜 이름과 버전, 메시지 에이지

바이트	필드
2	프로토콜 이름(Protocol ID)
1	버전(Version)
1	메시지 타입
1	플래그(Flags)
8	루트 스위치의 ID
4	패스 코스트(Path Cost)
8	이전 스위치 ID(Bridge ID)
2	이전 스위치 포트 ID
2	메시지 나이(Message Age)
2	맥시멈 타임(Max Time)
2	헬로 타임(Hello Time)
2	포워드 딜레이(Fwd Delay)

STP 프로토콜은 표준인 IEEE 802.1d 외에도 DEC STP 프로토콜이 있습니다. 참고로 DEC STP 프로토콜이 사용하는 BPDU 프레임 필드는 다음과 같습니다.

- DEC code : E1
- 메시지 타입 : 19면 헬로 BPDU, 02면 토폴로지 체인지 BPDU
- 버전 : 01
- 플래그 : 1바이트
  - 1비트 : 토폴로지 체인지 표시
  - 2비트 : 토폴로지 체인지 ACK 표시
  - 37 비트 : 사용하지 않음
  - 8비트 : 숏 타이머 사용 표시
- 루트 스위치의 프라이오리티 : 2바이트
- 루트 스위치의 ID : 6바이트

- 패스 코스트 : 2바이트
- 스위치 프라이오리티 : 2바이트
- 스위치 ID : 6바이트
- 포트 ID : 1바이트
- 메시지 에이지 : 1바이트
- 헬로 타임 : 1바이트
- 맥스 에이지 : 1바이트
- 포워드 딜레이 : 1바이트

DEC STP와 IEEE 802.1d STP 프로토콜의 BPDU 포맷이 다르므로 회사의 모든 스위치에서 같은 STP 프로토콜을 사용합니다. 만약 다른 STP 프로토콜을 사용한다면 루프를 막을 수 없습니다.

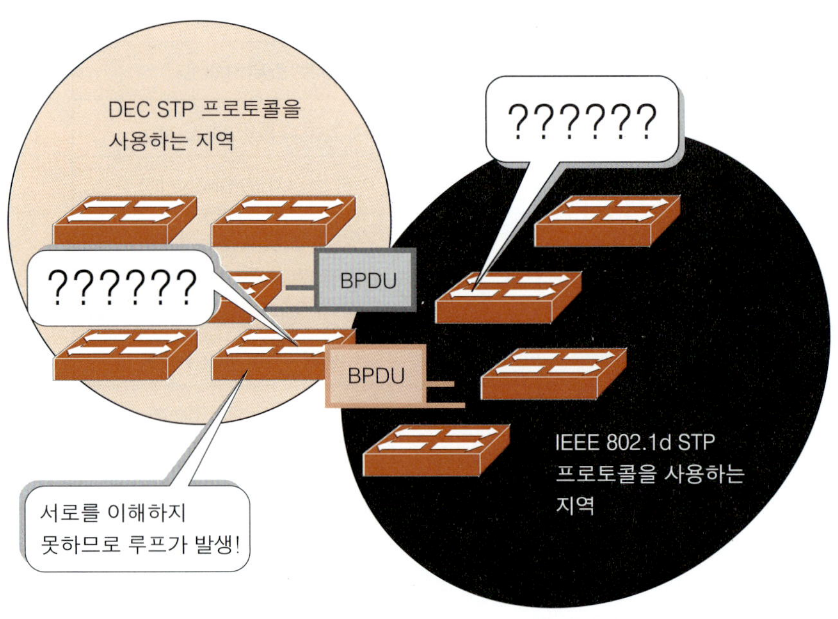

그림 9-43 ≫
IEEE STP와 DEC
STP는 호환되지
않는다.

메시지 에이지는 다른 타이머들과 달리 값이 고정되어 있지 않습니다. 메시지 에이지는 루트 스위치에서 출발한 컨피규레이션 BPDU가 이동한 스위치들의 수를 표시합니다. 결국 메시지 에이지는 컨피규레이션 BPDU를 받은 스위치가 루트 스위치로부터 얼마나 멀리 떨어져 있는가를 표시합니다. 이러한 메시지 에이지는 다음과 같이 사용됩니다.

- 스위치A와 D는 메시지 에이지가 0인 컨피규레이션 BPDU를 받습니다. 또한 맥스 에이지로 20초를 사용합니다(맥스 에이지 = 0초~20초).
- 스위치 B와 E는 메시지 에이지가 1인 컨피규레이션 BPDU를 받습니다. 또한 맥스 에이지로 19초를 사용합니다(맥스 에이지 = 1초~20초).

● 스위치 C는 메시지 에이지 = 2 인 컨피규레이션 BPDU를 받습니다. 스위치 C는 맥스 에이지로 18 초를 사용합니다(맥스 에이지 = 2초~20초).

맥스 에이지는 일반 스위치들이 컨피규레이션 BPDU를 받았을 때 이 정보를 유효하다고 간주하는 시간이기도 합니다. 따라서 맥스 에이지가 지나도록 컨피규레이션 BPDU를 받지 못하면 루트 스위치가 다운되었다고 생각하고 다시 루트 스위치를 선정합니다.

이렇게 루트 스위치에서 멀리 떨어질수록 맥스 에이지가 짧아지기 때문에 루트 스위치에 가까운 스위치든지 멀리 떨어진 스위치든지 거의 같은 정보를 현재 정보로 가질 수가 있습니다.

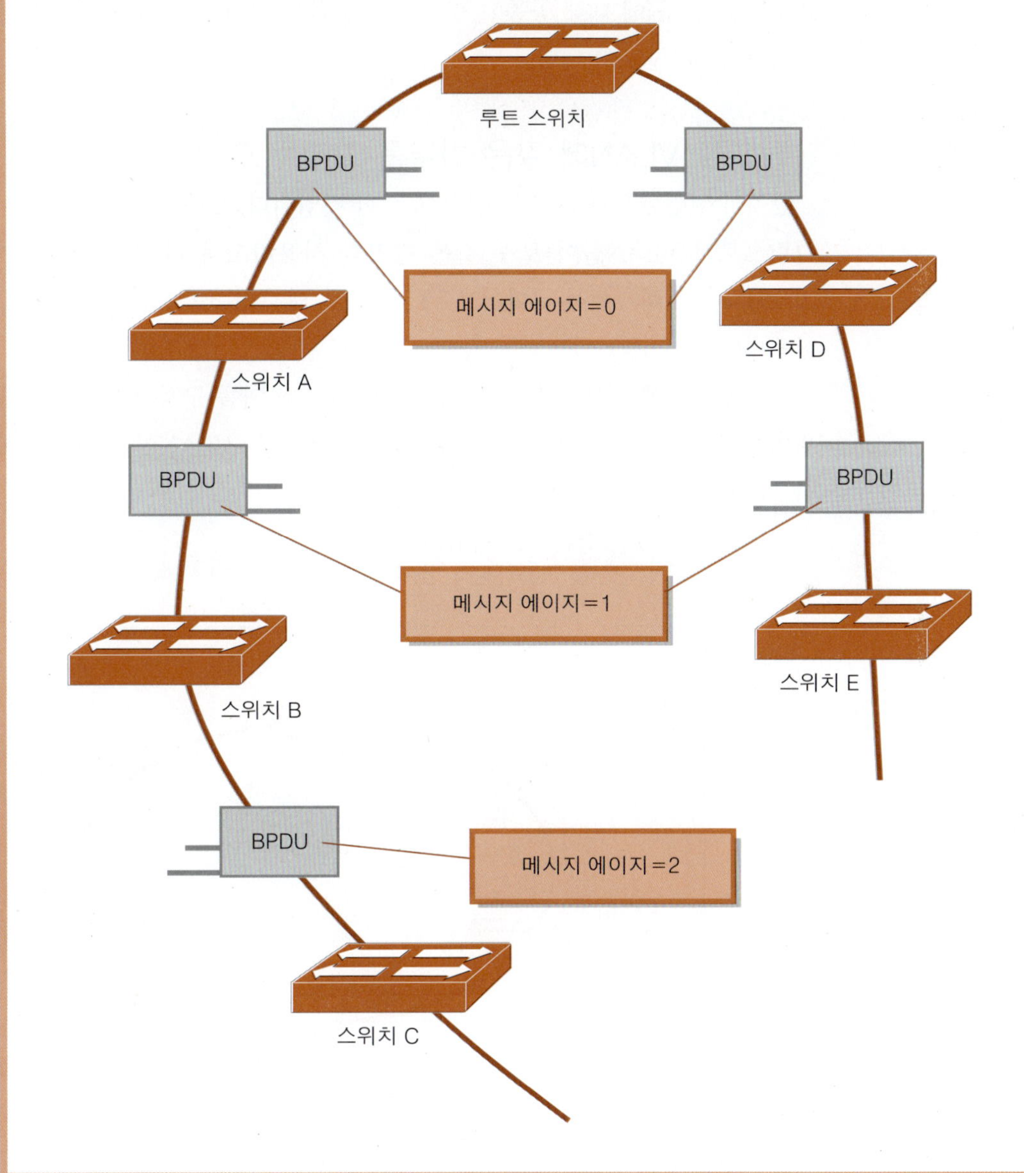

그림 9-44 >>
메시지 에이지의 의미

 좋은 PVST ✳

지금까지 루프 환경에서 발생할 수 있는 문제들과 이것을 해결하기 위한 STP에 대해서 공부했습니다. 이러한 STP는 한 네트워크 내에서 동작합니다.

STP 솔루션은 모든 VLAN에 공통된 하나의 나무 그림을 그리는 CST(Common Spanning Tree)와 VLAN별로 나무 그림을 따로 그리는 PVST(Per-VLAN Spanning Tree)로 나눕니다. 모든 VLAN에 대해 공통된 링크를 사용하는 것이 CST이고, VLAN별로 다른 링크들을 사용하는 것이 PVST입니다.

■ 모든 VLAN에 같은 나무를 그리는 CST

앞에서 설명한 STP는 모두 CST에 관한 것입니다. 모든 VLAN에 대해서 하나의 STP 그림을 그림으로서 VLAN들이 모두 같은 링크를 사용하도록 하는 것이 CST입니다. CST를 위한 BPDU들은 트렁크에서 네이티브 VLAN으로 태깅(IEEE 802.1q나 ISL 인캡슐레이션)없이 전달됩니다.

모든 VLAN에 대해 공통된 하나의 STP 토폴로지를 구성하면 스위치 구현이 단순해지고 스위치의 CPU 소모도 줄일 수 있습니다. 하지만 모든 VLAN이 하나의 경로만 사용하기 때문에 사용하지 않는 링크가 발생합니다.

즉, VLAN별 로드밸런싱을 지원하지 않습니다.

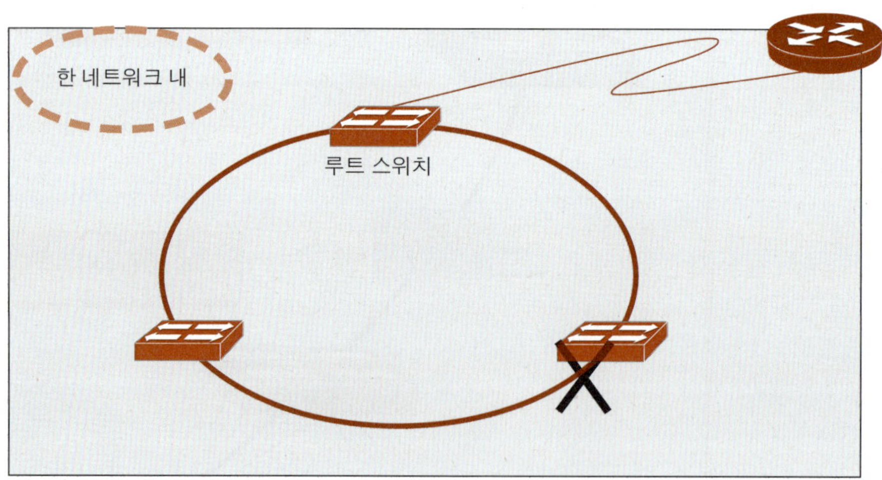

그림 9-45 ≫
CST

■ VLAN별로 나무를 따로 그리는 PVST

[그림 9-45]의 예는 브로드캐스트 도메인이 너무 넓기 때문에 [그림 9-46]과 같이 스위치에서 VLAN을 사용해 브로드캐스트 도메인을 나누었습니다.

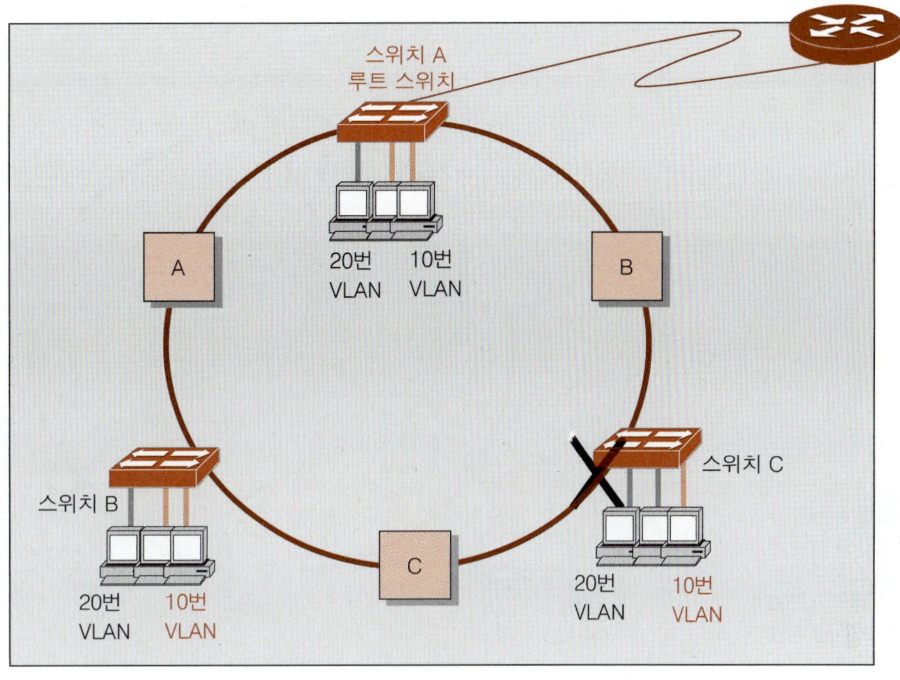

그림 9-46 >>
한 네트워크를 여러
VLAN으로 나누었을
때 CST를 돌리면?

[그림 9-46]에서 C 링크는 스위치 C의 블러킹된 포트 때문에 평소에 사용되지 않습니다. A
또는 B 링크에 문제가 발생하면 C 링크를 사용합니다. 여기서 VLAN별 STP인 PVST(Per
VLAN STP)를 사용하면 모든 링크를 사용할 수 있습니다.

PVST는 다음과 같이 동작합니다. 스위치 A를 10번 VLAN에 대한 루트 스위치로 구현하고,
스위치 C를 20번 VLAN에 대해 루트 스위치로 구현합니다. 모드 링크의 코스트 값이 같고 스
위치 ID가 스위치 A<스위치 B<스위치 C 순으로 높다고 가정하면 VLAN 10번에 대해서는
기존의 STP 결과 대로 스위치 C 포트가 블러킹됩니다. VLAN 20번에 대해서는 A링크의 스위
치 B쪽 포트가 블러킹됩니다.

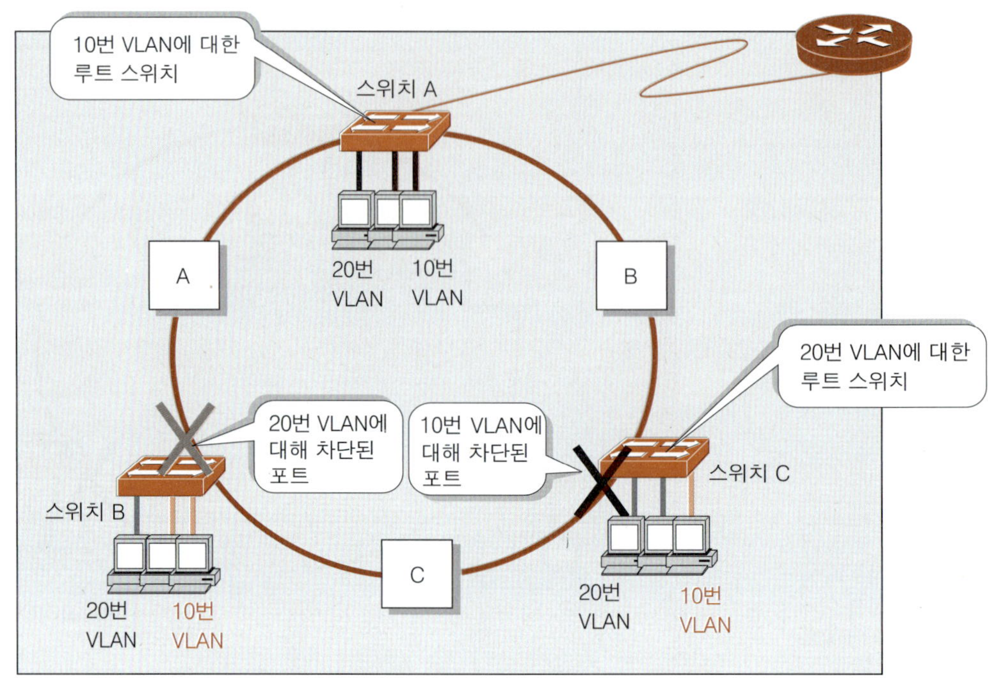

그림 9-47 >>
PVST를 돌리면
VLAN별로 차단되는
포트가 달라지므로
VLAN별로 사용하는
경로가 달라진다.

　　VLAN별로 블럭킹되는 포트가 달라지므로 VLAN별로 사용하는 링크도 달라집니다. 10번 VLAN은 B와 C 링크를 사용하고, 20번 VLAN은 A와 B 링크를 사용합니다. 모든 링크를 사용하는 셈입니다.

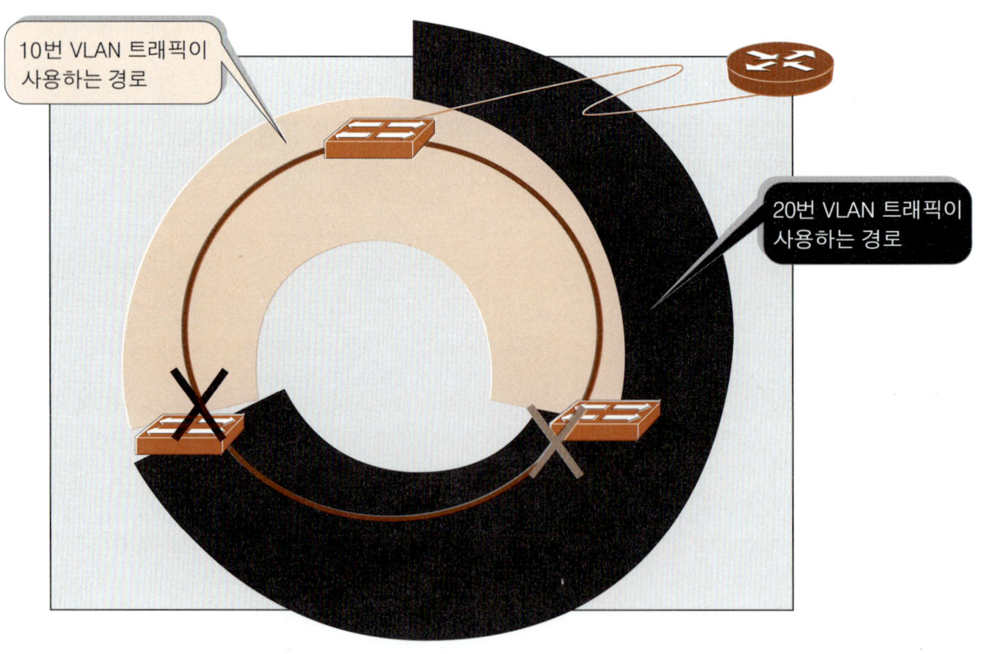

그림 9-48 >>
PVST를 사용하면
모든 경로를 골고루
사용하게 된다.

PVST는 VLAN별로 루프가 없는 스위치 네트워크를 그릴 수 있으므로 VLAN별로 트래픽을 분산시킬 수 있어서 좋습니다.

그러나 VLAN별로 나무 그림을 따로 그리다 보니 BPDU 수가 늘어나고, 늘어난 BPDU들을 처리해야 하므로 스위치의 CPU 부하가 증가하게 됩니다.

PVST는 시스코 고유의 프로토콜입니다. PVST를 사용하기 위해서는 트렁크 인캡슐레이션으로 반드시 시스코 고유의 트렁크 인캡슐레이션인 ISL을 사용해야 합니다. PVST는 VLAN별로 루트 스위치를 선정하고, 사용할 링크를 따로 선정함으로서 모든 링크를 골고루 사용하여 네트워크 효율성을 향상시킵니다. 하지만 CST는 모든 VLAN에 하나의 루트 스위치를 선정하기 때문에 VLAN별로 최적의 경로를 제공하지 않습니다.

표 9-11 >> PVST와 CST의 장단점		장점	단점
	PVST	· 스패닝 트리 토폴로지의 전체적인 규모를 줄일 수 있다. · 따라서 확장성을 높이고 컨버전스 시간을 줄인다. · 빠른 복구 시간과 보다 나은 신뢰성을 제공한다.	· 스위치가 STP 프로세스를 여러 번 수행한다. · 밴드위스는 BPDU를 자주 전달해야 한다.
	CST	· 스위치가 STP process를 자주 수행하지 않아도 된다. · BPDU 교환 회수가 적으므로 밴드위드스가 절약된다.	· 하나의 루트 스위치를 기준으로 하므로 VLAN별로 최적의 경로를 선정할 수 없다. · 스패닝 트리 토폴로지의 전체적인 규모가 크므로 복구 시간이 길어지고 신뢰성은 낮아진다.

만약 한 스위치가 시스코 스위치라서 PVST를 지원하고, 다른 스위치는 시스코 제품이 아니라서 CST를 지원한다면 이것은 트렁크에서 다른 인캡슐레이션을 사용하기 때문에 같이 사용할 수 없습니다. 이것을 해결할 솔루션이 PVST+입니다.

■ PVST와 CST의 통역사 PVST+

시스코사는 PVST를 돌리는 스위치뿐만 아니라 CST를 돌리는 시스코 외의 스위치와도 호환이 가능하도록 하기 위해 PVST+ 솔루션을 만들었습니다.

PVST+는 CST 또는 PVST와 같이 운영됩니다. [그림 9-49]와 같이 CST 영역과 PVST+ 영역에 통과해 발생하는 루프를 막을 수 있습니다.

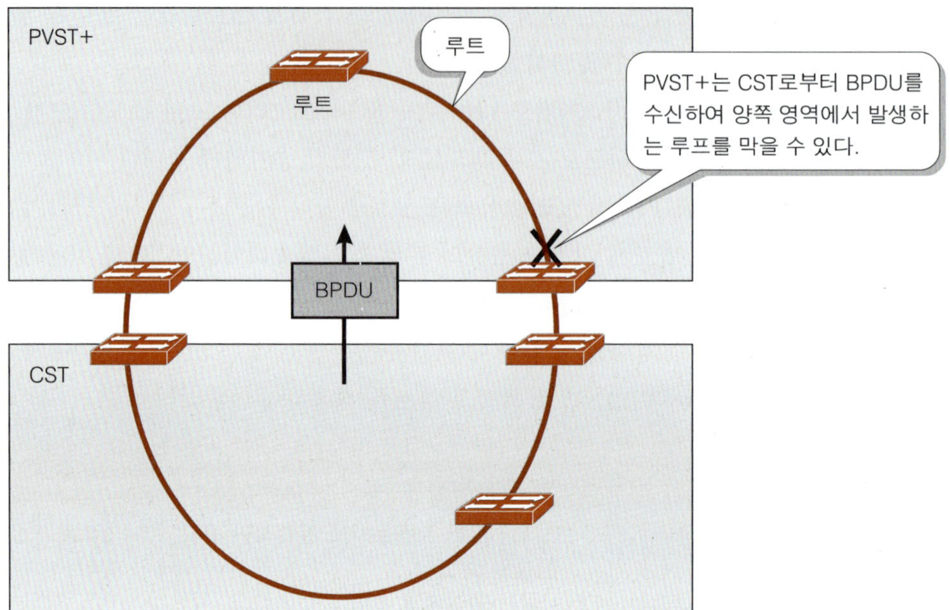

그림 9-49 >>
PVST+와 CST를 같이 사용한다면 루프를 막을 수 있다.

[그림 9-50]처럼, CST 스위치는 PVST+ 스위치가 독특한 MAC 주소로 전달한 BPDU를 수신한 다음 처리하지 않고 그대로 전달합니다. 이것은 PVST+ 터널을 따라 전달됩니다. 따라서 PVST+를 지원하는 스위치들은 중간에 CST만 지원하는 스위치가 있더라도 VLAN별로 나무 그림을 그릴 수 있습니다. 시스코 스위치는 소프트웨어에 따라 디폴트로 PVST 또는 PVST+가 켜져 있으므로 특별한 구현 명령이 필요없습니다.

[표 9-11]을 다시보면, PVST는 CST의 단점을 극복하여 모든 링크를 사용할 수 있게 하지만, VLAN 별로 BPDU를 교환하고 STP 프로세스를 돌려야 하므로 밴드위스 CPU가 낭비됩니다. 이것에 대한 솔루션이 MST(Multiple STP IEEE802.1S)입니다.

MST는 VLAN들을 두 개의 그룹으로 나누고 그룹별로 STP를 돌리기 때문에 CST와 PVST의 단점을 동시에 극복하는 프로토콜입니다.

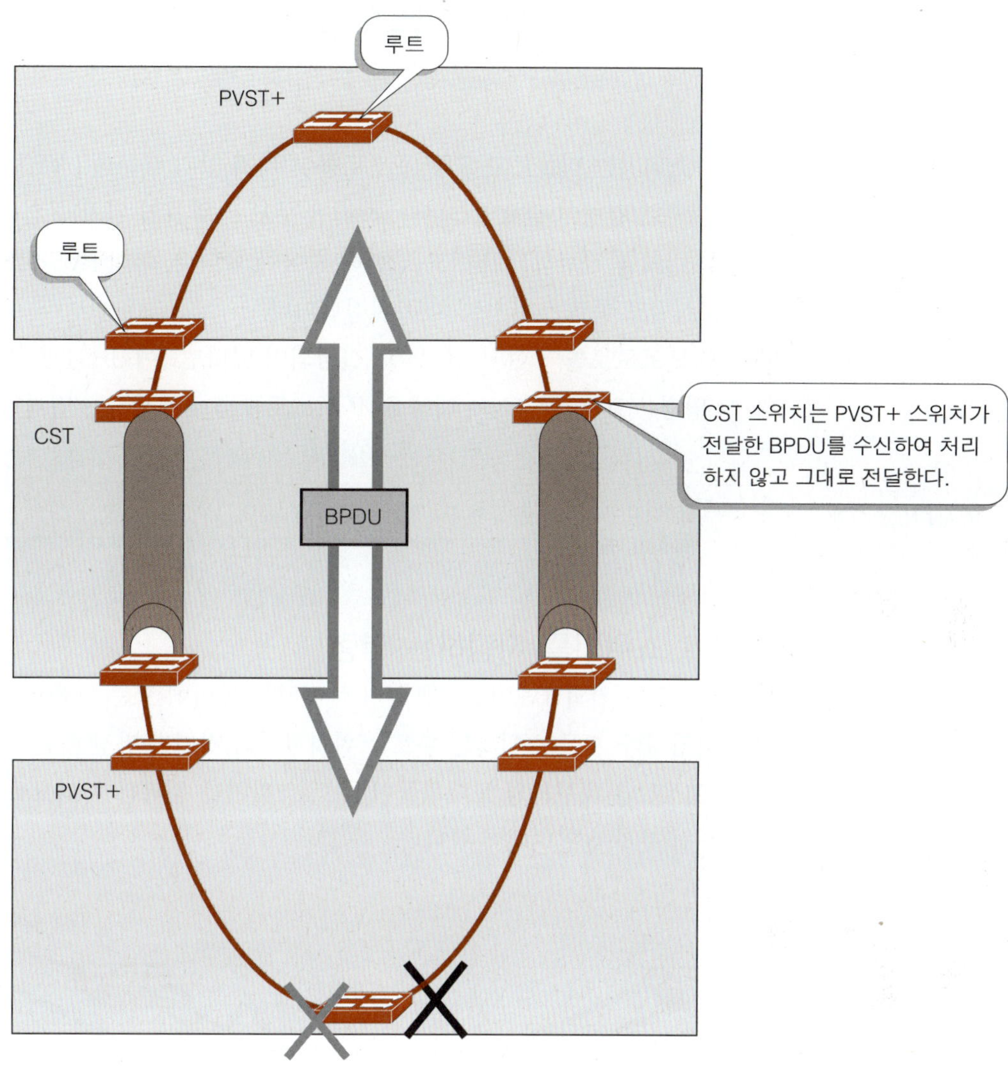

그림 9-50 >>
CST 스위치의
PVST BPDU 터널링

도전! 스패닝 트리 프로토콜 구현하기

시스코 스위치는 디폴트로 STP 프로토콜이 켜져 있기 때문에 PVST나 PVST+를 사용하는데 별다른 구현 명령이 필요없습니다. 하지만 루트 스위치의 위치나 컨버전스 속도를 조정하거나 사용할 링크를 지정하려면 따로 구현해 주어야 합니다. 특히 PVST를 제대로 사용하기 위해서는 VLAN별로 루트 스위치를 따로 지정합니다.

만약 STP 프로토콜 구현이 '취소'로 설정되어 있다면 [예 9-1]과 같이 구동시켜 주어야 합니다. 이 명령은 10번 VLAN에 대해 STP 프로토콜을 구동시키는 명령입니다.


```
Switch(config)#spanning-tree vlan 10
```

■ 루트 스위치를 지정하는 명령

루트 스위치는 컨피규레이션 BPDU가 출발하는 동시에 모든 토폴로지 체인지 BPDU가 도착하는 지점입니다. 모든 스위치는 루트 스위치까지의 거리가 가장 짧은 경로를 사용합니다. 따라서 모든 BPDU와 대부분의 트래픽들이 루트 스위치를 통과하게 되므로 루트 스위치는 가운데에서 과중한 부하를 견뎌내야 합니다.

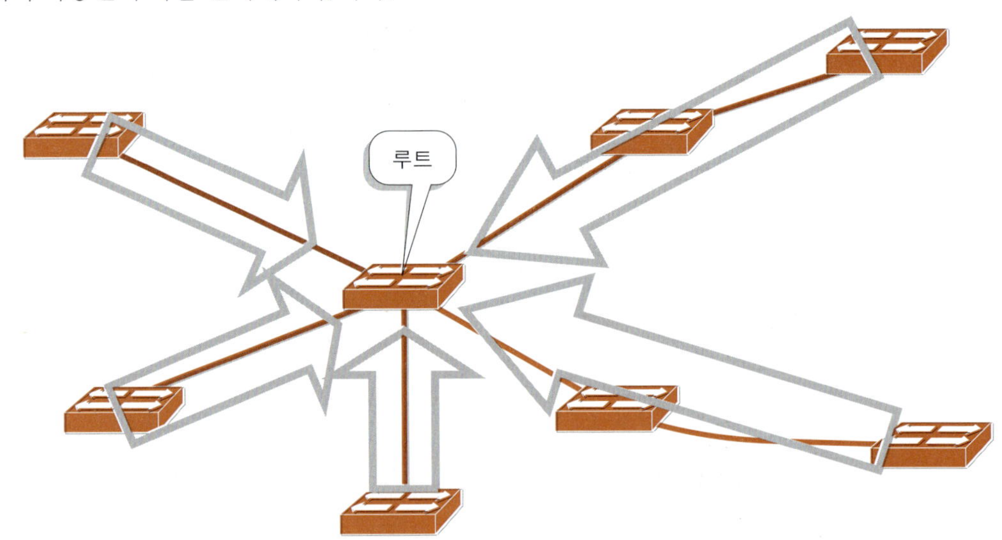

그림 9-51 ≫
루트 스위치는 업무
부담이 과중하다.

루트 스위치는 자연스럽게 결정되겠지만 이러한 자동 선택이 최선이 아닐 수가 있습니다. 루트 스위치는 구석에 있기 보다는 모든 BPDU 프레임이 교환되는 중심에 위치하는 것이 좋습니다. 또 느린 스위치가 루트가 된다면 과중한 트래픽을 감당하지 못할 것입니다.

[그림 9-56]의 예를 보면 스위치 A의 스위치 ID가 가장 낮으므로 루트가 됩니다. 그리고 'X' 표시가 된 포트는 블러킹됩니다.

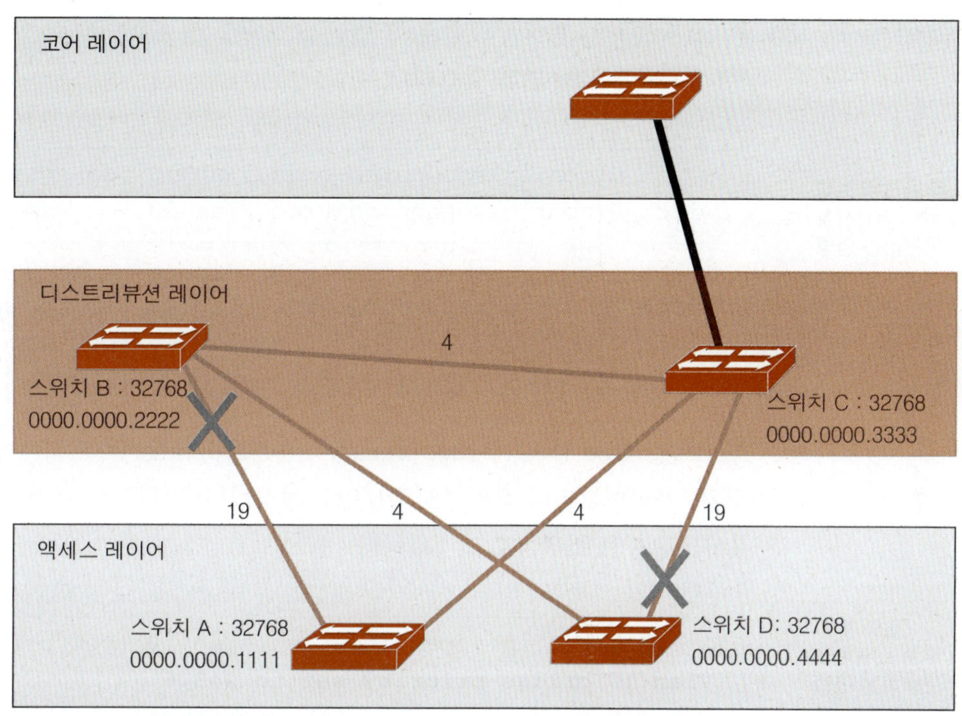

그림 9-52 ≫
디스트리뷰션 레이어 스위치가 루트 스위치가 되면 좋을 것이다.

일반적으로 액세스 레이어 스위치는 디스트리뷰션 레이어 스위치에 비해 성능이 떨어집니다. 액세스 레이어 스위치는 기본적으로 PC나 서버(시냇물 밴드위스)들을 연결하는 목적으로 사용되기 때문입니다. 이 경우 디스트리뷰션 레이어의 스위치 B가 루트 스위치가 되면 좋을 것입니다. 루트 스위치가 되려면 스위치 ID가 다른 스위치들보다 낮으면 됩니다.

시스코 스위치는 PVST를 지원하기 때문에 [예 9-2]와 같이 스위치 B는 VLAN 10에 대한 루트 스위치로, 스위치 C는 VLAN 20에 대한 루트 스위치로 설정할 수 있습니다.

예 9-2 ≫
루트 스위치로
설정하는 명령

```
Switch_B(config)#spanning-tree vlan 10 priority 1
```

```
Switch_C(config)#spanning-tree vlan 20 priority 1
```

또한 각각의 VLAN에 대해 루트 스위치가 다운되는 경우를 대비해 또 다른 디스트리뷰션 레이어 스위치를 백업 스위치로 설정할 수 있습니다. 우리가 구현하고자 하는 내용을 [표 9-12]와 같이 정리했습니다.

표 9-12 ≫
구현하고자 하는
내용

	VLAN 10	VLAN 20
루트 스위치	스위치 B	스위치 C
백업 루트 스위치	스위치 C	스위치 B

구현 명령은 [예 9-3]과 같습니다.

예 9-3 ≫
루트 스위치와 백업
루트 스위치를
구현하는 명령

```
Switch_B(config)#spanning-tree vlan 10 root primary
Switch_B(config)#spanning-tree vlan 20 root secondary
```

```
Switch_C(config)#spanning-tree vlan 20 root primary
Switch_C(config)#spanning-tree vlan 10 root secondary
```

'spanning-tree vlan 10 root primary' 명령의 'primary' 키워드에 따라 스위치는 브릿지 (스위치) 프라이오리티 값이 '24576'으로 설정됩니다. 디폴트 프라이오리티 '32768'보다 낮은 값이므로 루트 스위치로 결정됩니다.

예 9-4 ≫
루트 스위치로
구현하는 명령

```
Switch_C(config)#spanning-tree vlan 10 root primary
Vlan 10 bridge priority set to 24576
Vlan 10 bridge max age time unchanged at 20
Vlan 10 bridge hello time unchanged at 2
Vlan 10 bridge forward delay unchanged at 15
```

'spanning-tree vlan 10 root secondary' 명령의 'secondary' 키워드에 의해 스위치는 스위치 프라이오리티 값이 '28672'로 설정됩니다. 디폴트 프라이오리티 보다는 낮지만 Primary 루트 스위치 보다는 높기 때문에 백업 루트 스위치가 됩니다. 구현 결과는 [그림 9-53]과 같습니다.

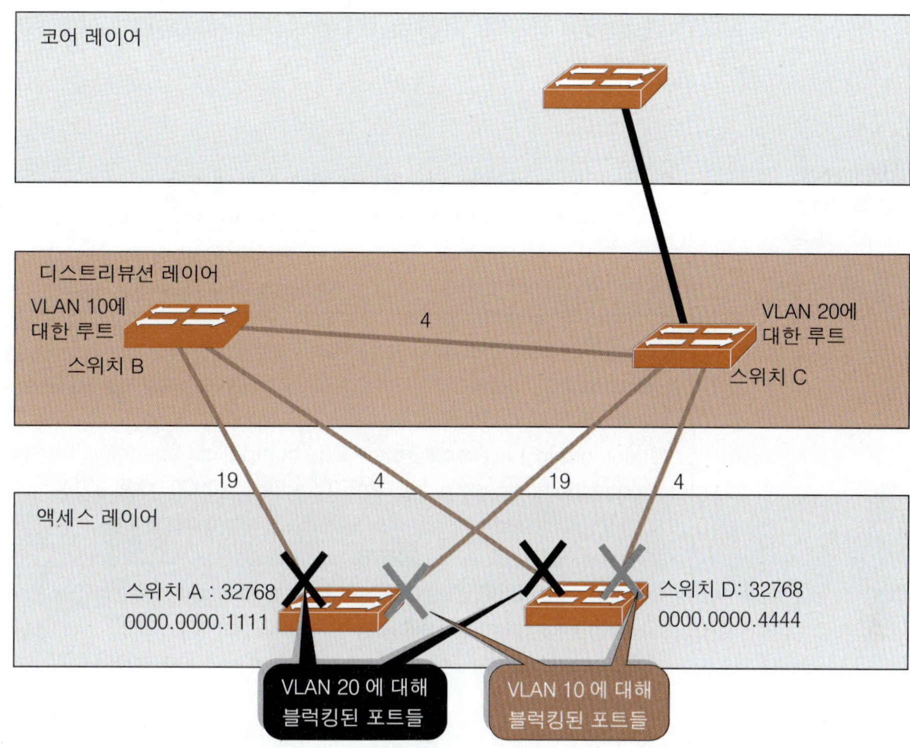

그림 9-53 >>
구현 결과

구현 결과에 대한 VLAN별 트래픽 흐름은 [그림 9-54]와 같습니다.

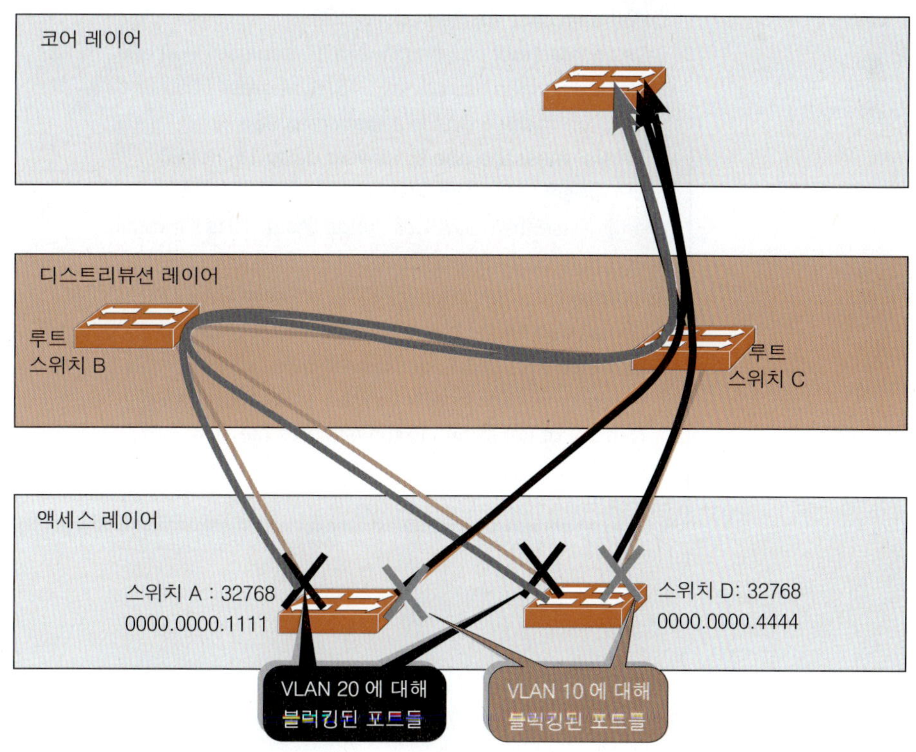

그림 9-54 >>
구현 결과에 따른
VLAN별 트래픽의
흐름

VLAN별 스패닝 트리의 결과는 [예 9-5]의 'show spanning-tree vlan' 명령을 통해 확인할 수 있습니다.

예 9-5 >>
STP 결과를 확인하는
명령

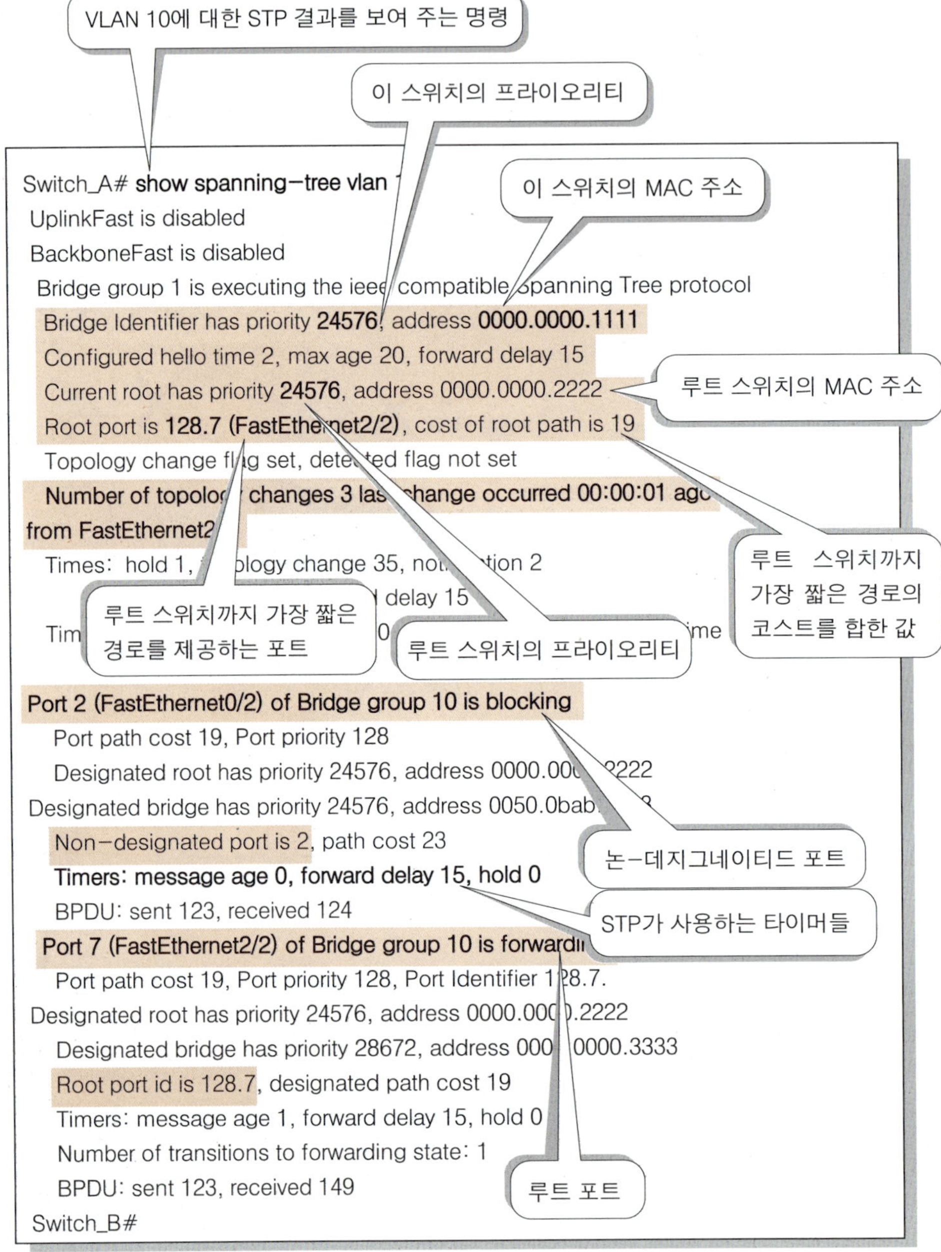

■ 경로를 변경하는 명령

STP 프로토콜이 사용할 경로를 선택하는 기준과 순서를 다시 한번 정리해 보겠습니다.

- 제일 먼저 루트 스위치를 정합니다.
- 일반 스위치들이 루트 스위치가 보낸 컨피규레이션 BPDU를 보고 다음 순서에 따라 루트 포트를 찾아 냅니다.

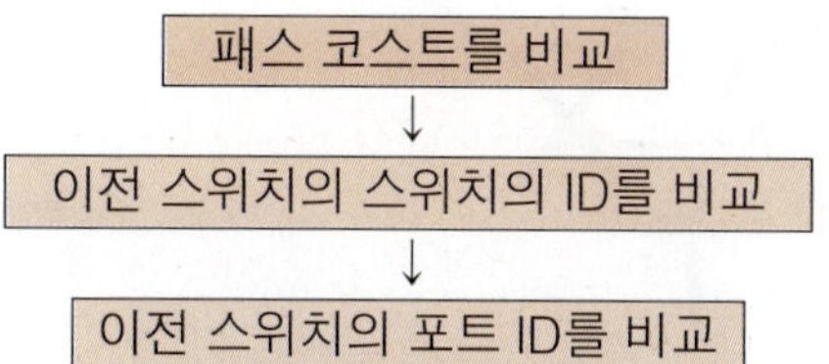

패스 코스트는 루트 스위치로부터 BPDU가 거친 모든 링크의 코스트를 합한 것입니다. 이 링크의 코스트는 밴드위스에 반비례합니다. [그림 9-55]를 보면, 스위치 A가 루트 스위치가 되고, 스위치 B의 두 포트 중에서 패스 코스트가 19인 포트와 8인 포트 중 8인 포트는 루트 포트가 됩니다. 스위치 A와 B 간의 통신은 반드시 스위치 C를 통과해야 합니다. 그러나 스위치 C는 매우 느린 장비이기 때문에 네트워크 관리자는 트래픽이 스위치 C를 통과하지 않고 직접 통신하기 바랍니다.

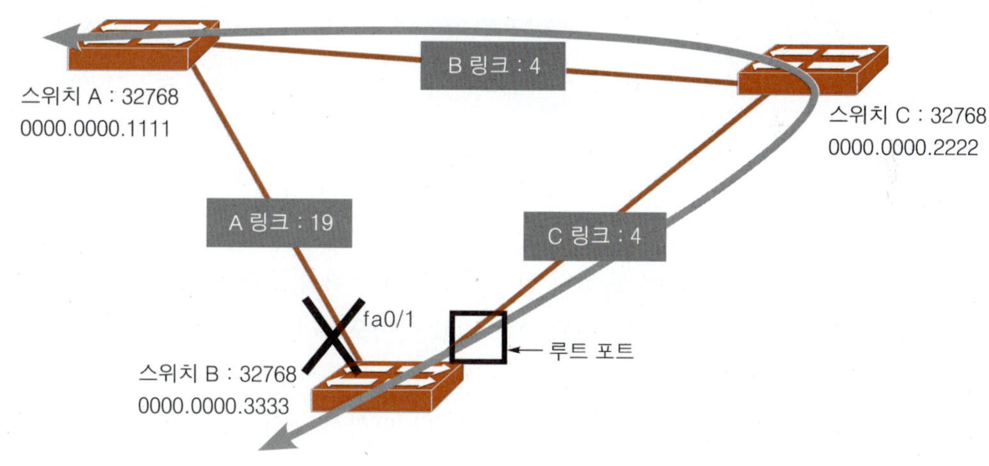

그림 9-55 >>
루트 포트를 변경
하는 시나리오

이러한 요구를 만족시키려면 A 링크의 코스트 값을 [예 9-6]의 명령어를 통해 19에서 2로 변경합니다. [예 9-7]은 VLAN별로 코스트를 설정하는 예입니다.

예 9-6 >>
링크 코스트
변경 명령어

```
Switch_B(config)#interface fastethernet 0/1
Switch_B(config-if)#spanning-tree cost 2
```

이 명령의 결과로 스위치 A와 B는 [그림 9-56]과 같이 직접 통신할 수 있습니다.

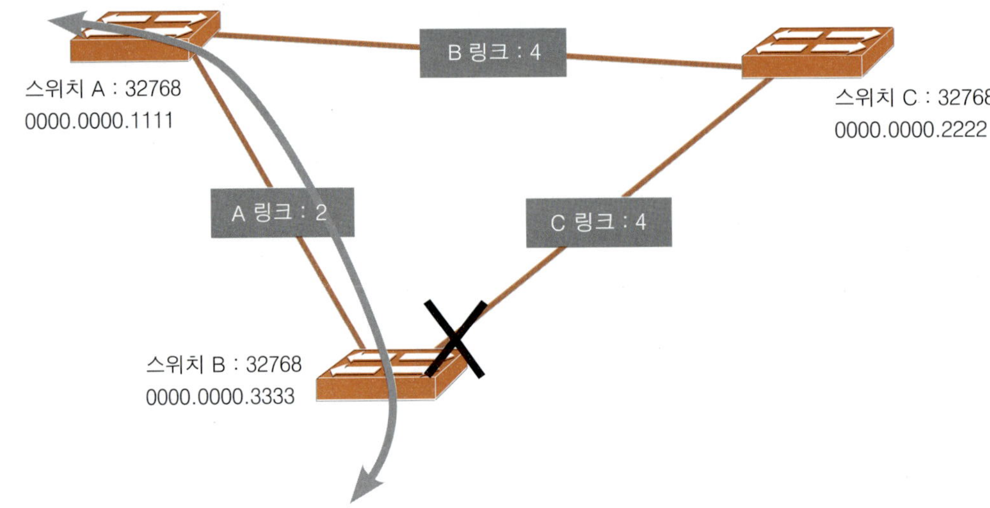

그림 9-56 ≫
코스트 값을 바꿔서
[그림 9-55]의 트래
픽 경로를 변경할 수
있다.

VLAN 10에 대해서만 코스트를 조정할 수도 있습니다. 이때는 [예 9-7]의 명령을 사용합니다.

예 9-7 ≫
VLAN 10 STP를 위해
서만 링크의 코스트를
변경하는 명령

```
Switch_A(config)#interface fastethernet 0/1
Switch_A(config-if)#spanning-tree vlan 10 cost 2
```

설정 가능한 코스트 범위는 1~65535입니다. 패스 코스트 외에 포트 ID도 경로를 결정하는 기준입니다.

다음의 경우를 한번 생각해 봅시다. 스위치 B에서는 왼쪽 포트와 오른쪽 포트 중에서 어느 포트를 루트 포트로 사용할까요? 스위치 B 입장에서는 양쪽 링크에 도착한 컨피규레이션 BPDU의 패스 코스트 값과 이전 스위치의 스위치 ID가 같기 때문에 이전 스위치의 포트 ID를 비교하게 됩니다. 포트 ID는 포트의 프라이오리티와 포트 번호를 합한 값입니다. 디폴트 포트 프라이오리티가 128이므로 [그림 9-57]에서 스위치 A의 포트 0/1의 포트 ID는 128.1이 되고, 포트 0/2의 포트 ID는 128.2가 됩니다. 따라서 스위치 B의 왼쪽 포트가 루트 포트가 됩니다. 왜냐하면 포트 ID가 낮은 쪽이 루트 포트가 되기 때문입니다. STP에서는 낮은 값이 좋은 값입니다.

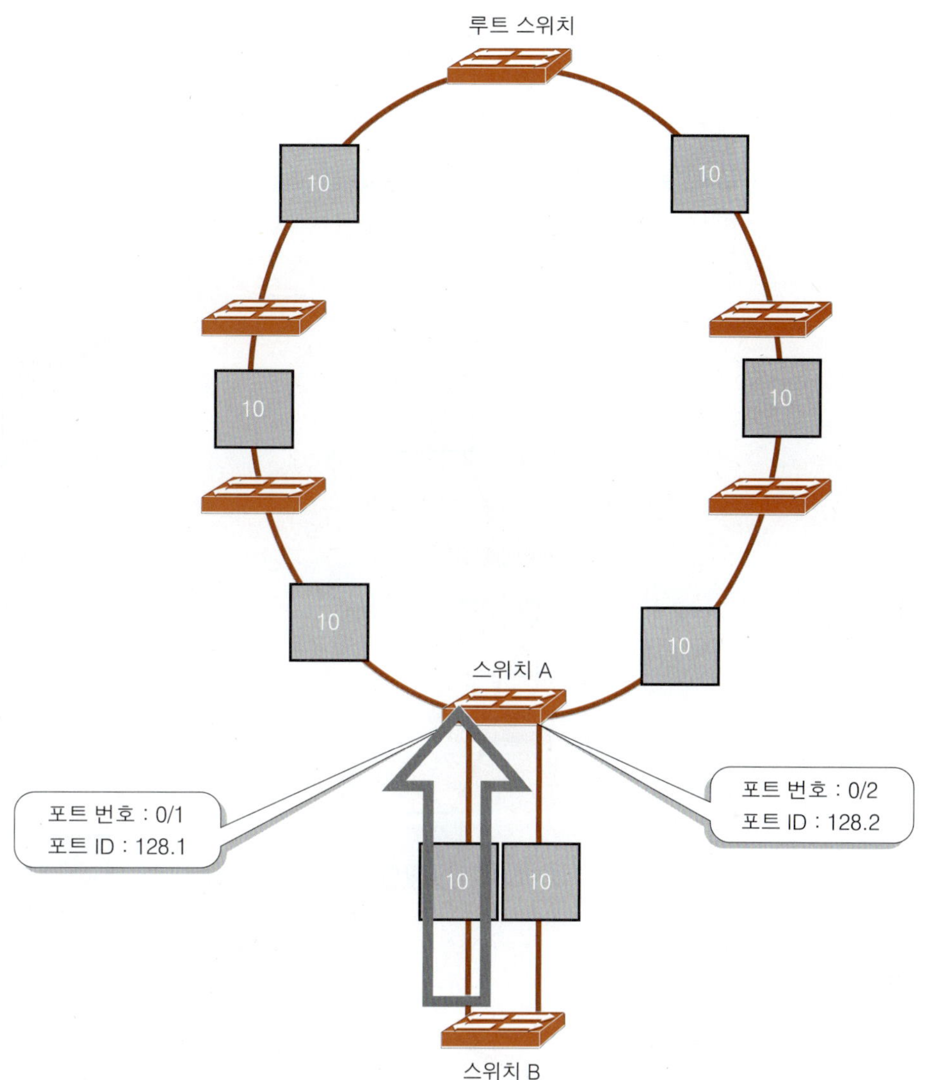

그림 9-57 ≫
마지막에는 BPDU가 방금 통과한 스위치의 포트 ID를 비교한다.

이러한 상황도 [예 9-8]과 같이 'spanning-tree port-priority' 명령을 통해 스위치 A 포트의 프라이오리티를 바꿔서 역전시킬 수 있습니다.

예 9-8 ≫
포트의 프라이오리티를 설정하는 명령

```
Switch_A(config)#interface fastethernet 0/1
Switch_A(config-if)#spanning-tree port-priority 100
```

설정 가능한 포트 프라이오리티 범위는 0~255입니다. 포트 프라이오리티도 VLAN별로 다르게 설정할 수 있어야 VLAN별로 트래픽을 분산할 수 있습니다. 이것을 가능하게 하는 명령이 [예 9-9]입니다.

예 9-9 ≫
VLAN별로 포트의
프라이오리티를 다르
게 구현하는 명령

```
Switch_A(config)#interface fastethernet 0/1
Switch_A(config-if)#spanning-tree vlan 10 port-priority 100
Switch_A(config)#interface fastethernet 0/2
Switch_A(config-if)#spanning-tree vlan 20 port-priority 100
```

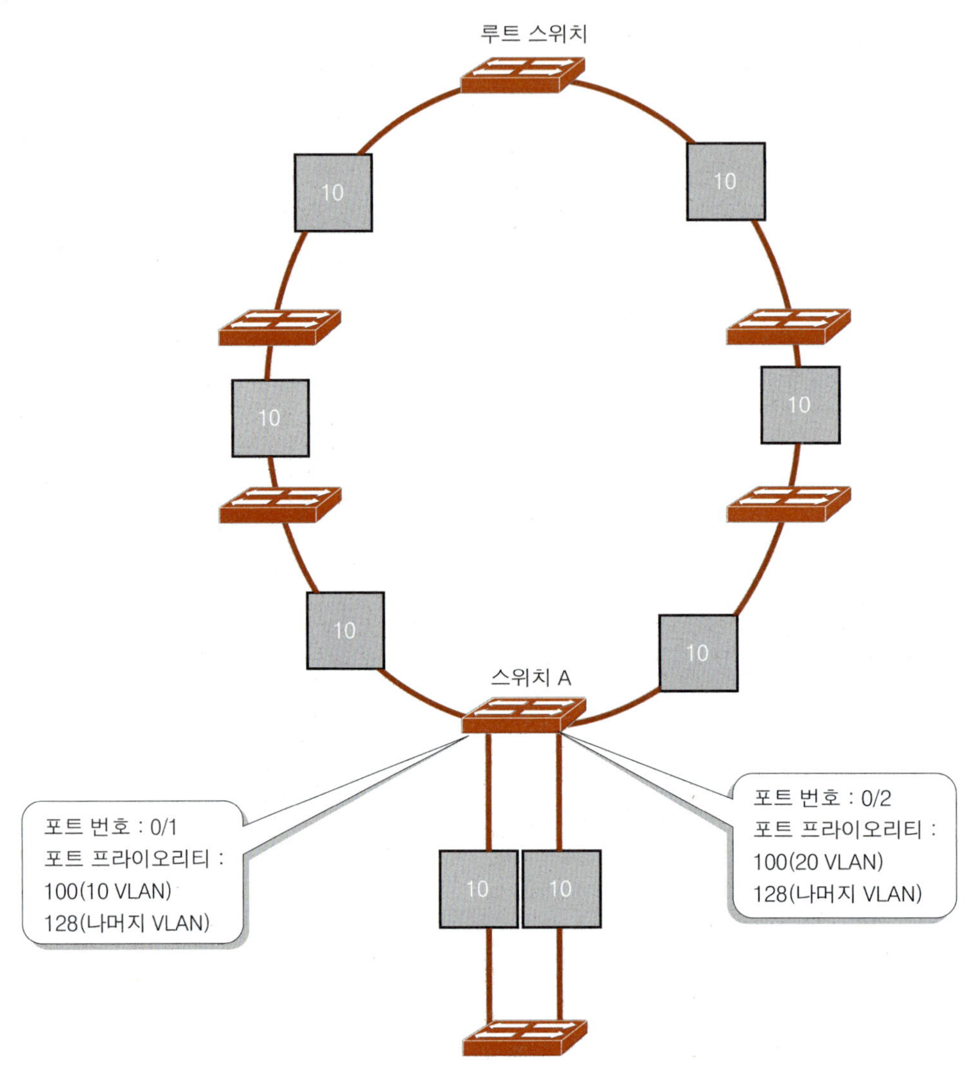

그림 9-58 ≫
VLAN별로 포트의
프라이오리티를 다르
게 구현

명령의 결과는 [그림 9-59]와 같습니다.

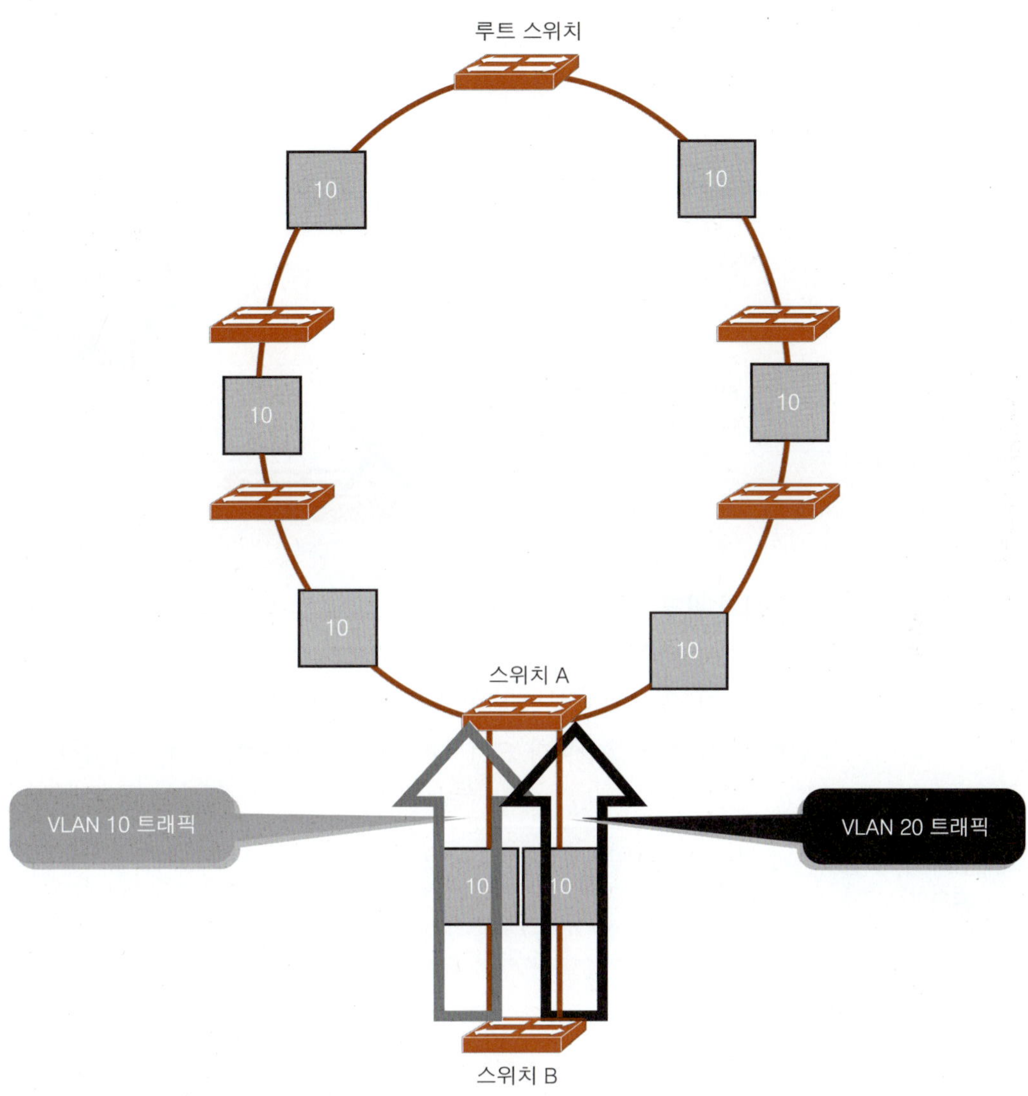

포트 프라이오리티
를 변경하면 VLAN별
로 사용하는 링크들을
다르게 할 수 있다.

■ STP 타이머를 변경하는 명령

STP 프로토콜이 사용하는 타이머는 헬로 타이머, 맥스 에이지, 포워드 딜레이 등이 있습니다. 블럭킹 포트에 있던 포트가 포워딩 포트가 되려면 맥스 에이지와 포워드 딜레이를 기다려야 합니다.

이렇게 지연하는 이유는 스위치들과 포트들을 통해 컨피규레이션 BPDU들을 모두 받아서 변경된 STP 토폴로지에 정확하게 적응할 시간을 주기 위해서입니다. 하지만 이 타이머들은 루트 스위치로부터 직경(루트 스위치로부터 최대 장비 수, [그림 9-59]에서의 직경은 5대)이 7대일 때를 기준으로 만들어진 시간입니다. 이 시간 덕분에 모든 스위치들이 토폴로지 변화를 정확하게 계산할 가능성은 높아지겠지만, 해당 시간 동안은 사용할 수 있는 백업 링크가 있음에도 불구하고 사용하지 못합니다.

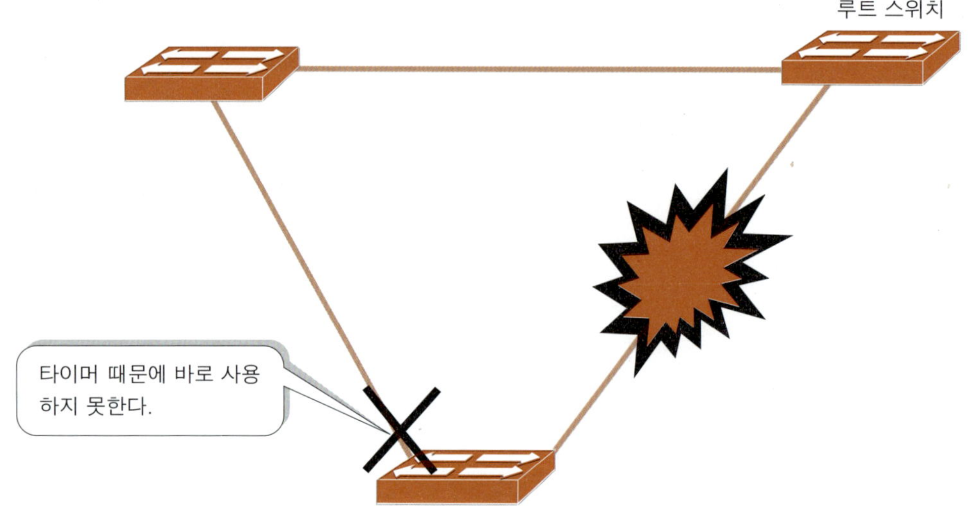

그림 9-60 ≫
STP 타이머 때문에
STP 컨버전스 타임이
길어진다.

스위치 직경이 [그림 9-60]과 같이 2대에 불과한 경우는 타이머를 줄이는 것이 좋습니다. 이 타이머는 스위치마다 따로 구현해 줄 필요가 없습니다. 루트 스위치에서만 구현하면 컨피규레이션 BPDU를 통해 다른 스위치로 전달되기 때문입니다. 다른 스위치들은 루트 스위치에서 구현한 타이머를 사용합니다. STP 타이머를 변경할 때는 [예 9-10]과 같은 명령을 사용합니다.

예 9-10 ≫
STP 타이머를
변경하는 명령

```
Switch_A(config)#spanning-tree hello-time 2
Switch_A(config)#spanning-tree forward-time 7
Switch_A(config)#spanning-tree max-age 10
```

PVST를 사용하는 경우 VLAN별로 다른 STP 타이머를 사용할 수 있는데 [예 9-11]은 VLAN 10에 대해 타이머를 변경한 예입니다.

예 9-11 ≫
VLAN 10에 대해서만
STP 타이머를 변경
하는 명령

```
Switch_A(config)#spanning-tree vlan 10 hello-time 2
Switch_A(config)#spanning-tree vlan 10 forward-time 7
Switch_A(config)#spanning-tree vlan 10 max-age 10
```

포트패스트, 업링크패스트, 백본패스트로 50초 문제를 해결하라!

토폴로지에 변화가 발생할 때 [그림 9-61]과 같이 최대 50초의 시간을 기다립니다. 이런 50초의 시간을 줄이는 솔루션들이 바로 포트패스트(PortFast), 업링크패스트(UplinkFast), 백본패스트입니다.

■ 액세스 레이어 스위치에서 구현하는 포트패스트

[그림 9-61]에서 보는 바와 같이 토폴로지에 변화가 발생하면 STP 컨버전스 시간 동안은 스위칭 루프와 무관한 포트도 사용이 중단됩니다. 바로 PC나 서버, 라우터에 연결된 포트입니다. 이러한 포트들은 스위칭 루프와 아무 상관없기 때문에 토폴로지가 변하더라도 50초 동안 사용을 멈출 이유가 없습니다.

포트패스트를 구현하면, 스패닝 트리 컨버전스 시간 동안 리스닝 상태와 러닝 상태를 통과하지 않고 블럭킹 상태에서 바로 포워딩 상태로 바뀝니다. 그래서 포트패스트가 구현된 포트와 연결된 PC와 서버, 라우터 간에는 통신이 끊어지지 않습니다.

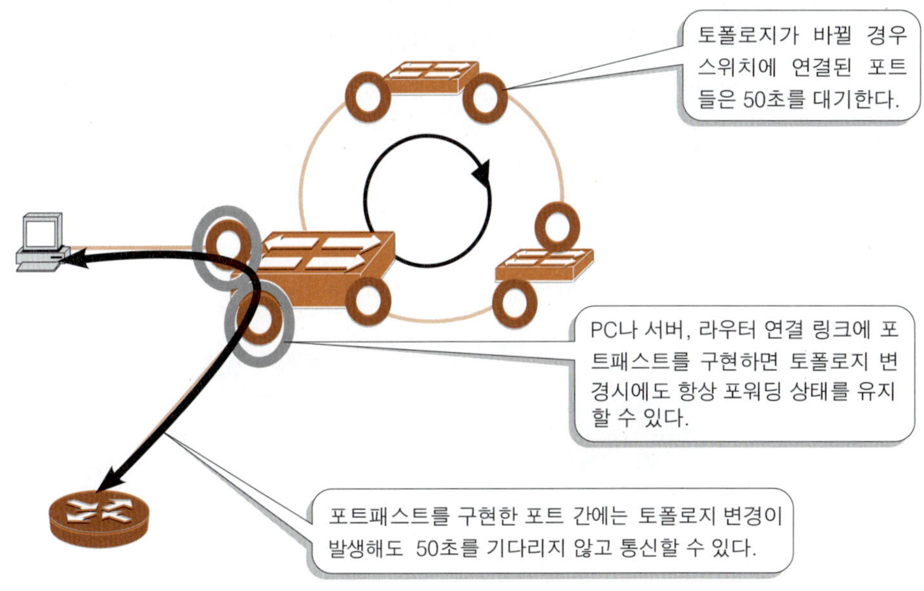

그림 9-61 >>
포트 패스트의 동작

[예 9-12]는 PC, 서버나 라우터가 연결된 스위치 포트 1/1에 포트패스트를 구현하는 명령입니다.

예 9-12 >>
포트패스트 구현 명령

```
Swtich(config)#interface fastethernet 1/1
Switch(config-if)#spanning-tree portfast
```

■ 액세스 레이어 스위치에서 구현하는 업링크패스트

[그림 9-62]와 같이 STP 프로토콜이 컨버전스되는 동안은 네트워크를 사용할 수 없습니다. 끊기지 않는 네트워크를 위해 컨버전스 시간을 줄이는 것은 매우 중요합니다.

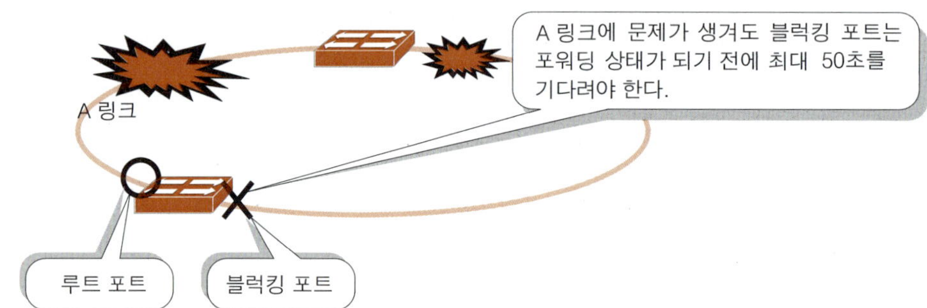

그림 9-62 >>
차단된 포트는 포워딩 포트가 되기 위해 50초를 기다려야 한다.

업링크패스트를 사용하면 컨버전스가 빨라집니다. 업링크패스트는 [그림 9-63]과 같이 사용 중이던 링크가 고장나면 블럭킹 상태에서 대기 중이던 포트를 지체없이 포워딩 상태로 바꿉니다. 업링크 패스트는 스위치에 직접 연결된 링크에 문제가 생겨야 동작합니다. 다음에 설명할 백본패스트는 이 점에서 업링크패스트와 차이가 있습니다. 백본패스트는 직접 연결되지 않은 링크가 고장났을 때 컨버전스 타임을 줄이는 해결 방법입니다.

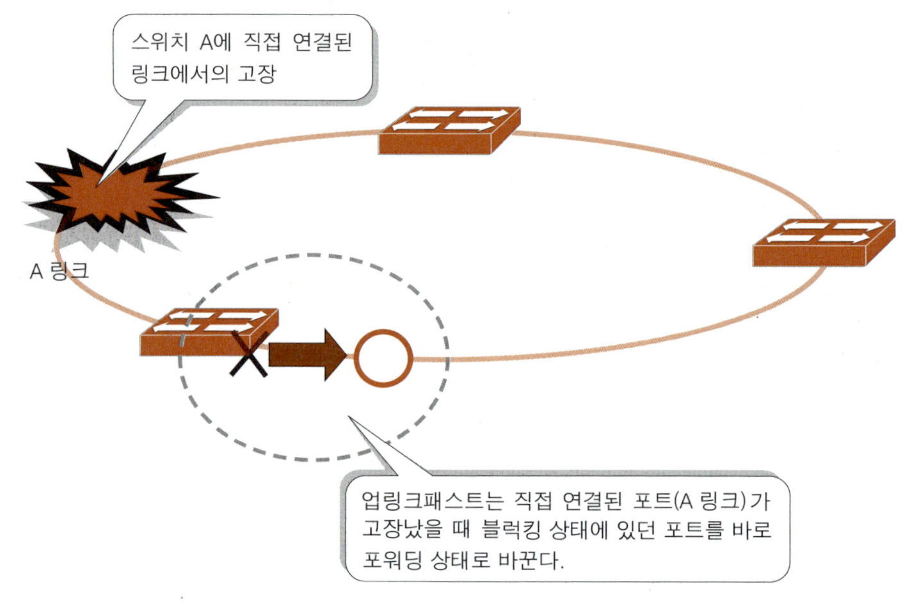

그림 9-63 >>
업링크패스트를 구현하면 블럭킹된 포트에서 포워딩 포트가 되기 위해 50초를 기다리지 않아도 된다.

업링크패스트가 동작하기 위한 조건은 다음과 같습니다.

● 업링크패스트가 켜져 있어야 합니다.
● 스위치는 최소한 하나의 블럭킹된 포트를 가져야 합니다.
● 스위치의 루트 포트에서 고장이 발생하면 업링크패스트가 동작합니다.

업링크패스트가 동작하기 위한 조건들을 보면 현실적으로는 액세스 레이어 스위치에서 발생하는 것임을 알 수 있습니다.

따라서 일반적으로 업링크패스트는 액세스 레이어 스위치를 위한 기능입니다. 액세스 레이어 스위치는 디스트리뷰션 레이어 스위치에 [그림 9-64]와 같이 연결됩니다.

● 한 링크는 루트 스위치로 연결됩니다.
● 다른 한 링크는 루트 스위치가 아닌 스위치로 연결됩니다.

업링크패스트는 스위치의 루트 포트에서 링크 고장을 감지하면 [그림 9-64]와 같이 즉시 컨버전스됩니다.

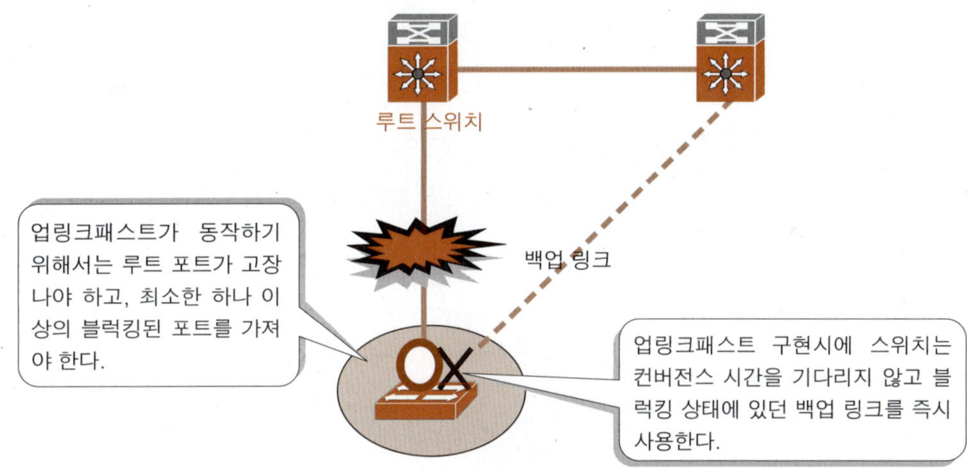

그림 9-64 ≫
업링크패스트의
실제 적용 예

[예 9-13]은 액세스 레이어 스위치에 업링크패스트를 구현하는 명령입니다.

예 9-13 ≫
업링크패스트 구현
명령

```
Switch(config-if)#spanning-tree uplinkfast [max-update-rate 초
    당-패킷-수]
```

'max-update-rate' 옵션 명령은 다음과 같이 사용됩니다.

[그림 9-65]를 보면 A 스위치에 연결된 PC들의 MAC 주소는 삼각형으로 표시된 포트에 학습됩니다.

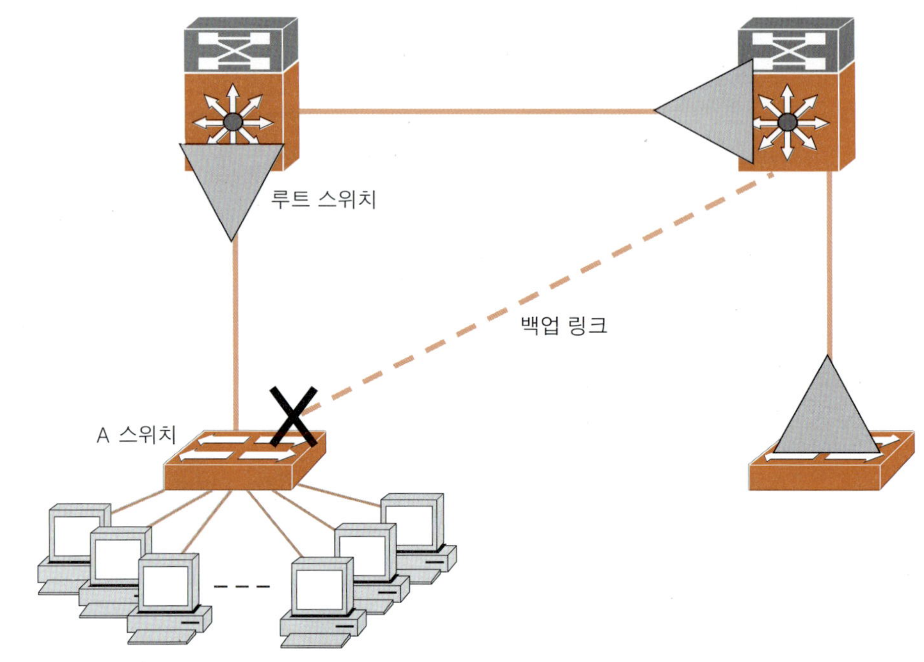

그림 9-65 >>
A 스위치에 연결된 MAC 주소는 스위치들에서 삼각형으로 표시된 포트에 학습될 것이다.

앞에서 예를 들었던 링크에 고장이 발생하면 A 스위치에 연결된 PC들의 MAC 주소는 [그림 9-66]과 같은 삼각형 표시가 된 포트에 학습되어야 합니다.

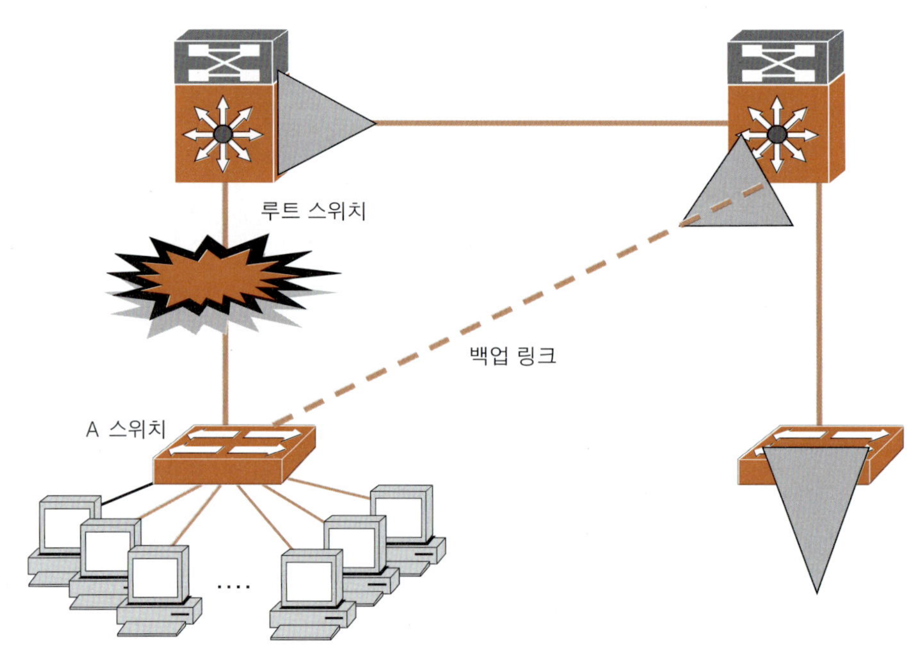

그림 9-66 >>
토폴로지 변화가 발생할 때마다 스위치들은 MAC 주소 테이블을 갱신한다.

업링크패스트를 구현하지 않았다면 러닝 상태에서 모든 스위치가 MAC 주소 테이블을 수정하겠지만 업링크패스트를 구현하면 러닝 상태가 생략되기 때문에 MAC 주소 테이블을 수정할 시간이 없습니다. 이러한 단점을 보완하기 위해 업링크패스트 솔루션은 스위치에 연결되어 있는 MAC 주소(스위칭 테이블) 정보를 다른 스위치로 보냅니다. 즉 [그림 9-65]에서 [그림 9-66]과 같이 다른 스위치에서 A 스위치에 연결된 PC들의 MAC 주소 테이블을 빨리 수정하도록 합니다. 'max-update-rate' 옵션은 이 MAC 주소 정보를 얼마나 빨리 보낼 것인가를 나타냅니다. 이 정보는 멀티캐스트 MAC 주소 '0100.0ccd.cdcd'로 보내집니다.

업링크패스트를 구현했다면 스위치의 프라이오리티는 기본값 '32768'에서 '49152'로 증가하여 루트 스위치가 되지 않도록 합니다. 또한 모든 포트의 코스트를 '3000'으로 증가시켜 업링크패스트가 구현된 스위치쪽을 루트 패스로 선택하지 않도록 합니다.

■ 간접적으로 연결된 링크 고장시 동작하는 백본패스트

업링크패스트가 직접 연결된 링크가 고장났을 때 동작하는 데 반해 백본패스트는 직접 연결되지 않은 링크가 고장났을 때 동작합니다. 루트 포트에서 수신되던 BPDU가 더 이상 수신되지 않으면 루트 스위치가 주기적으로 보내는 BPDU가 도착하지 않는다는 말입니다. 즉 직접 연결되지 않은 한 링크에 문제가 생긴 것입니다.

백본패스트를 구현하지 않았다면 맥스 에이지 동안은 BPDU를 기다리지만, 백본패스트를 구현했다면 [그림 9-67]과 같이 RLQ BPDU(Rot Link Query BPDU)라고 하는 새로운 형태의 BPDU를 대안이 되는 경로로 보냅니다. RLQ BPDU에 대해 RLQ Reply BPDU가 도착하면 맥스 에이지 시간을 생략하고, 즉각 리스닝과 러닝 상태를 통과해서 포워딩 상태로 갑니다. 따라서 백본패스트 때문에 컨버전스 지연 시간을 최대 50초에서 최대 30초로 줄일 수 있습니다. 이것은 맥스 에이지 20초가 생략되기 때문입니다.

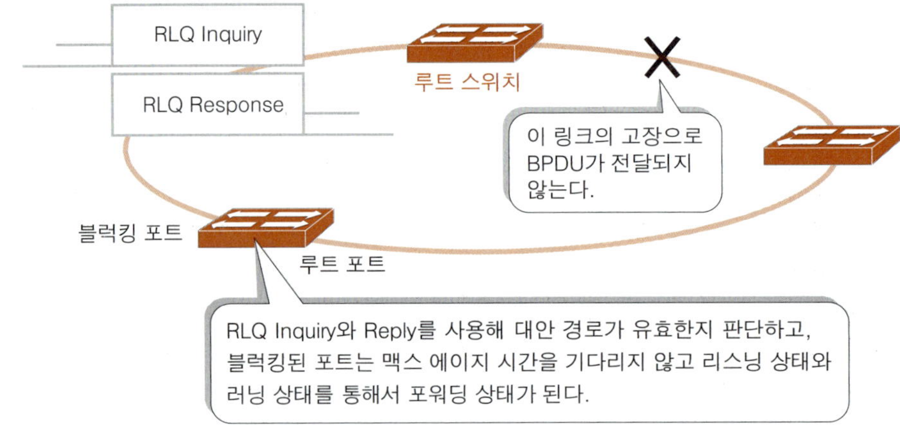

그림 9-67 >>
백본패스트

백본패스트는 [예 9-14]의 명령을 사용해 구현합니다.

예 9-14 >>
백본패스트를
구현하는 명령

```
Swtich(config)#spanning-tree backbonefast
```

 **꼭 알아야 할 핵심 포인트**

✔ 스위치로만 연결된 네트워크는 브로드캐스트 폭풍이 발생하고, 목적지에 데이터를 한번 보냈는데 여러 번 도착하거나 스위치의 다른 포트에서 같은 MAC 주소가 인식되는 문제가 있습니다. STP는 루프를 형성하는 스위치의 한 포트를 막아 이러한 문제를 해결합니다. STP는 패스 코스트, 이전 스위치의 브리지 ID, 이전 스위치의 포트 ID를 비교해 차단할 포트를 결정합니다.

✔ 스위치나 포트에 변화가 감지되면 토폴로지 체인지 BPDU가 루트 스위치로 전달되고, 이것을 받은 루트 스위치는 모든 포트로 컨피규레이션 BPDU를 보내서 스위치들은 다시 차단할 포트와 포워딩할 포트를 결정합니다. 블럭킹 상태에 있던 포트는 리스닝 상태와 러닝 상태를 통해 포워딩 상태로 바뀝니다.

✔ STP 솔루션은 두 가지가 있습니다. CST는 모든 VLAN에서 하나의 스패닝 트리를 그림으로서 공통된 링크를 사용하고, PVST는 VLAN별로 스패닝 트리를 따로 그려서 VLAN별로 다른 링크들을 사용합니다.

✔ 토폴로지에 변화가 발생하면 스위치에 연결된 포트들은 모두 50초 동안 대기합니다. 포스패스트, 업링크패스트, 백본패스트를 사용하면 이렇게 사용이 중단되는 50초의 시간을 줄일 수 있습니다.

실 습 실 ❶

루트 포트, 데지그네이티드 포트, 논-데지그네이티드 포트 찾기

문제

1. [그림 9-68]에서 루트 포트, 데지그네이티드 포트, 논-데지그네이티드 포트를 찾아보기 바랍니다. 스위치 ID는 스위치 A<스위치 B< 스위치 C< 스위치 D<스위치 E<스위치 F< 스위치 G<스위치 H<스위치 I의 순으로 높고, 스위치 포트 ID는 왼쪽 포트일수록 낮다고 가정합니다.

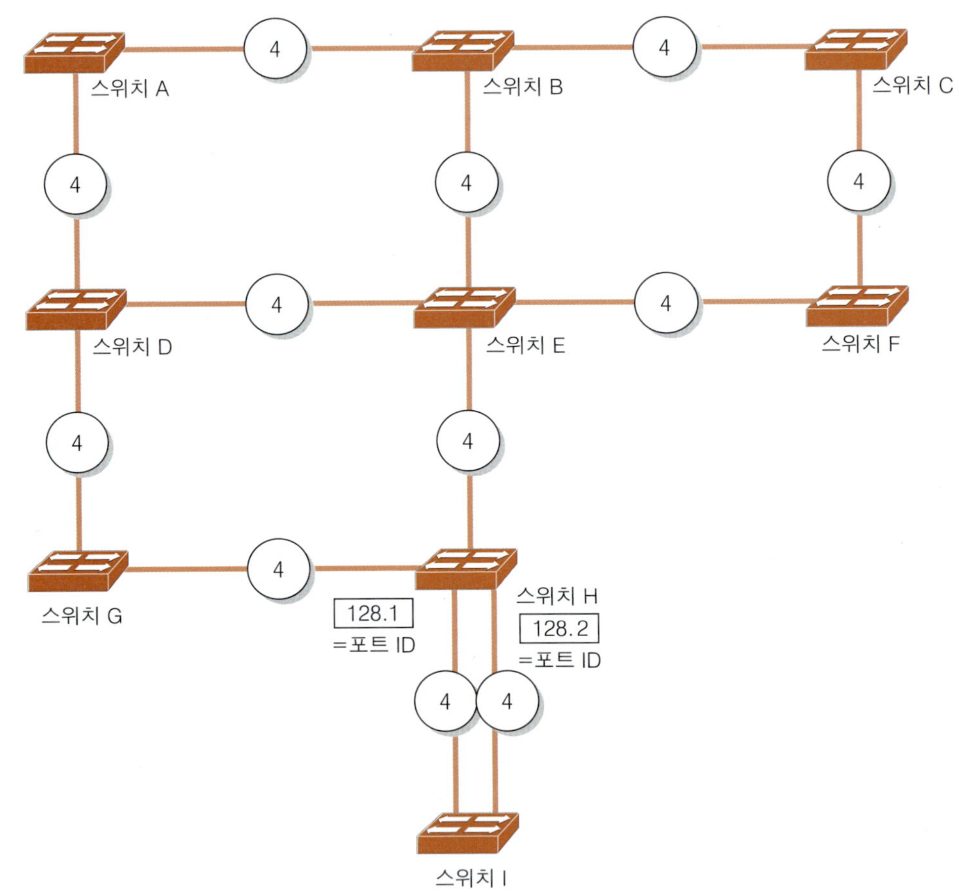

그림 9-68 ≫
시나리오 1

2. [그림 9-66]에서 루트 포트, 데지그네이티드 포트, 논-데지그네이티드 포트를 찾아보기 바랍니다. 스위치 ID는 스위치 A<스위치 B<스위치 C<스위치 D<스위치 E<스위치 F<스위치 G<스위치 H<스위치 I 순으로 높고, 스위치 포트 ID는 왼쪽 포트일수록 낮다고 가정합니다.

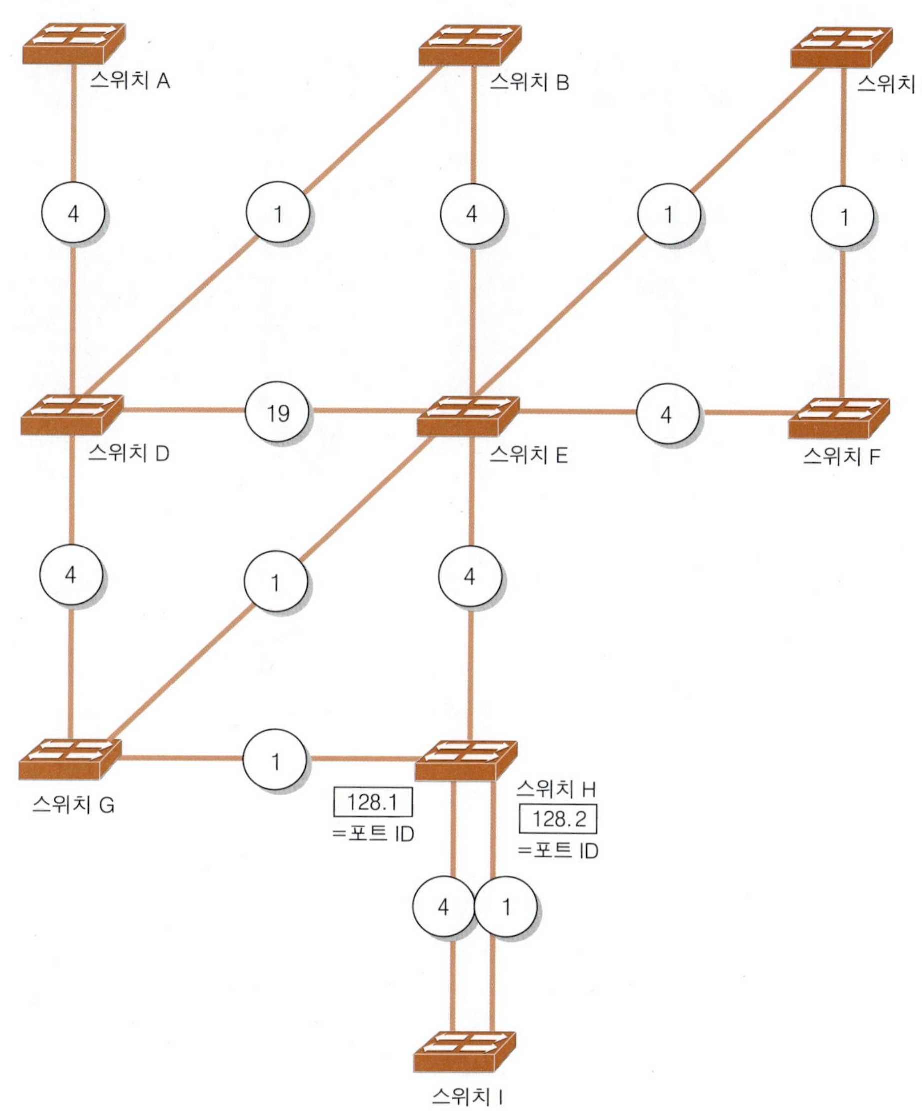

그림 9-69 >>
시나리오 2

정답

1. [그림 9-68]의 루트 포트, 데지그네이티드 포트, 논-데지그네이티드 포트는 다음과 같습니다.

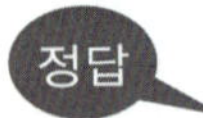

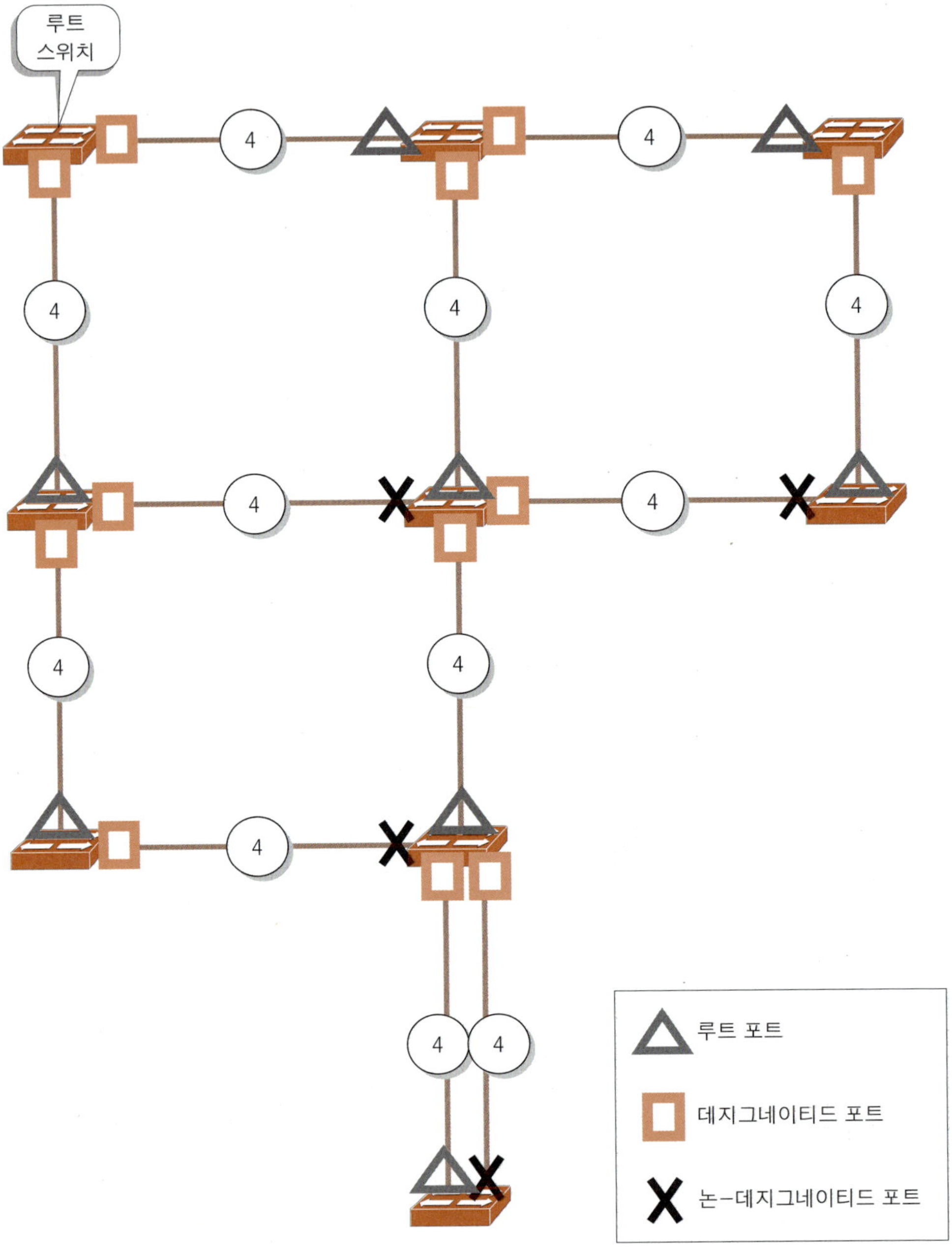

그림 9-70 >> 시나리오 1에 대한 STP 프로토콜의 결과

2. [그림 9-69]의 루트 포트, 데지그네이티드 포트, 논-데지그네이티드 포트는 다음과 같습니다. 스위치 E-스위치 G 링크를 주목하십시오. 스위치 E가 보낸 패스코스트는 10이고, 스위치 G가 보낸 패스코스트는 9이기 때문에 스위치 G쪽 포트가 데지그네이티드 포트가 됩니다. 스위치 E-스위치H 링크에서 스위치 E와 스위치 H링크에서 스위치 E와 스위치 H가 보낸 패스코스트는 13으로 동일합니다. 이때는 이전 스위치의 ID가 낮은쪽 즉, 스위치 E쪽 포트가 데지그네이티드 포트가 됩니다.

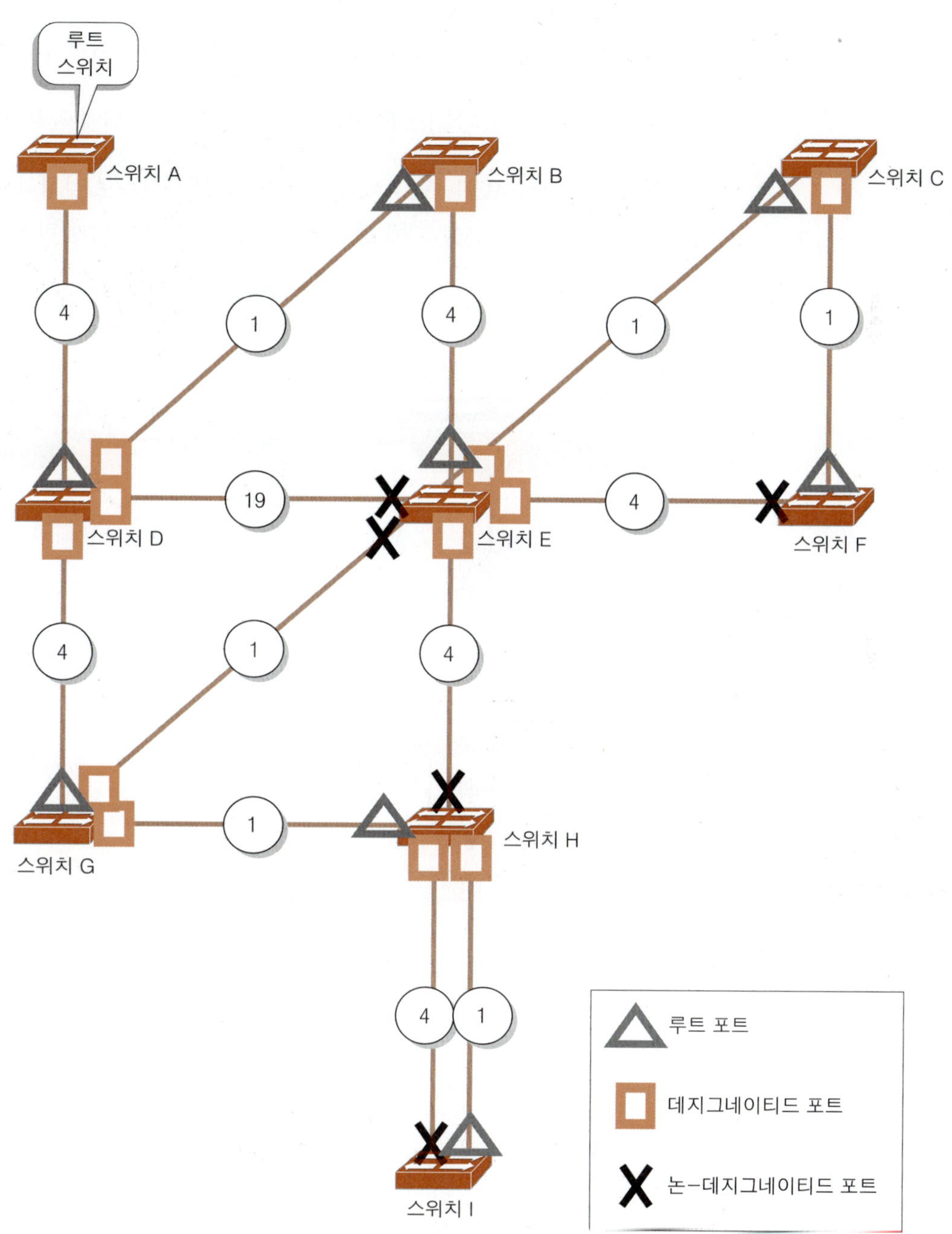

그림 9-71 >>
시나리오 2에 대한
STP 프로토콜 결과

실습실 ②

STP, PVST 구현하기

1. SW1–SW2, SW2–SW3, SW3–SW1의 스위치를 트렁크로 연결하세요.

2. SW3의 Fa0/0 포트는 VLAN 10, Fa0/1과 Fa0/2는 VLAN 20에 속하게 하세요.

3. SW1은 VLAN 10에, SW2는 VLAN 20에 대한 루트 스위치로 설정하세요. 그리고 SW1은 VLAN 20, SW2는 VLAN 10에 대한 백업 루트 스위치가 되게 하세요.

4. SW3에 업링크패스트와 포트패스트를 구현하고, SW2와 SW4에는 백본패스트를 구현하세요.

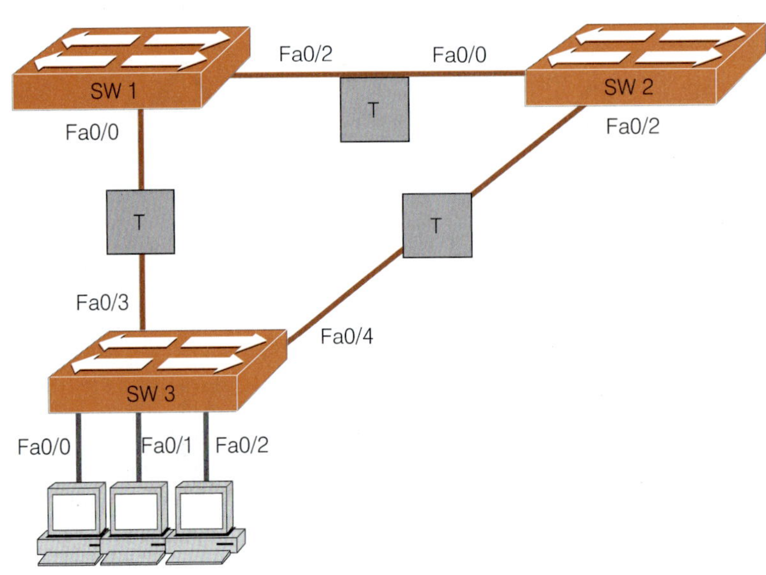

그림 9-72 >>
STP 랩 토폴로지

문제에 제시된 것들을 구현하려면 각각의 스위치를 다음과 같이 구현합니다.

1. 다음 SW1, SW2, SW3에서의 구현과 같이 스위치 포트를 트렁크로 구현하기 위해서 'switchport mode trunk' 명령을 사용합니다.

2. 다음 SW3에서의 구현과 같이 스위치 포트(트렁크가 아니라)를 액세스 링크로 구현하는 명령은 'switchport mode access'이고, 액세스 링크에 VLAN 10을 할당하는 명령은 switchport access vlan 10입니다.

3. SW1을 VLAN 10에 대한 루트 스위치를 만들기 위해서는 스위치 프라이오리티(기본값 32768)를 VLAN 10에 속한 스위치들 중 가장 낮은 값으로 구현하면 됩니다. 마찬가지로 SW2을 VLAN 20에 대한 루트 스위치를 만들기 위해서는 스위치 프라이오리티(기본값 32768)를 VLAN 20에 속한 스위치들 중 가장 낮은 값으로 구현하면 됩니다. 스위치 프라이오리티를 VLAN 10에 대해서 1로 낮추는 명령이 'spannint-tree vlan 10 priority 1'입니다. 스위치 프라이오리티를 VLAN 20에 대해서 1로 낮추는 명령이 'spannint-tree vlan 20 priority 1'입니다.

VLAN 10에서 SW2를 백업 루트 스위치로 구현하기 위해서는 VLAN 10에 속한 스위치들 중 스위치 프라이오리티를 두 번째로 낮은 값으로 세팅하면 됩니다. VLAN 20에 대해서도 SW1을 백업 루트 스위치로 구현하기 위해서 동일하게 세팅합니다. 사용한 명령은 각각 'SW2(config)#spannint-tree vlan 10 priority 2'와 'SW1(config) #spannint-tree vlan 20 priority 2'입니다.

4. SW1과 SW 2에서 백본패스트를 구현하는 명령은 'spannint-tree backbonefast'이고, SW3에서 업링크패스트와 포트패스트를 구현하는 명령은 각각 'spanning-tree uplinkfast'와 'spanning-tree portfast'입니다. 중요한 것은 포트패스트 명령은 각각의 인터페이스에서 구현해야 한다는 것입니다.

SW1 구현

```
SW1(config)#vlan 10
SW1(config)#vlan 20
SW1(config)#spannint-tree vlan 10 priority 1
SW1(config)#spannint-tree vlan 20 priority 2
SW1(config)#spannint-tree backbonefast
SW1(config)#interface fa 0/0
SW1(config-if)#switchport mode trunk
SW1(config)#interface fa 0/2
SW1(config-if)#switchport mode trunk
```

SW2 구현

```
SW2(config)#vlan 10
SW2(config)#vlan 20
SW2(config)#spannint-tree vlan 10 priority 2
SW2(config)#spannint-tree vlan 20 priority 1
SW2(config)#spannint-tree backbonefast
SW2(config)#interface fa 0/0
SW2(config-if)#switchport mode trunk
SW2(config)#interface fa 0/2
SW2(config-if)#switchport mode trunk
```

```
SW3(config)#vlan 10
SW3(config)#vlan 20
SW3(config)#spanning-tree backbone fast
SW3(config)#spanning-tree uplinkfast
SW3(config)#interface fa 0/3
SW3(config-if)#switchport mode trunk
SW3(config)#interface fa 0/4
SW3(config-if)#switchport mode trunk
SW3(config)#interface fa 0/0
SW3(config-if)#switchport mode access
SW3(config-if)#switchport access vlan 10
SW3(config-if)#spanning-tree port fast
SW3(config)#interface fa 0/1
SW3(config-if)#switchport mode access
SW3(config-if)#switchport access vlan 20
SW3(config-if)#spanning-tree portfast
SW3(config)#interface fa 0/2
SW3(config-if)#switchport mode access
SW3(config-if)#switchport access vlan 20
SW3(config-if)#spanning-tree portfast
```

SW 3에서 구현한 PVST(VLAN별 STP)에 의해 VLAN별로 선택된 경로는 다음과 같습니다.

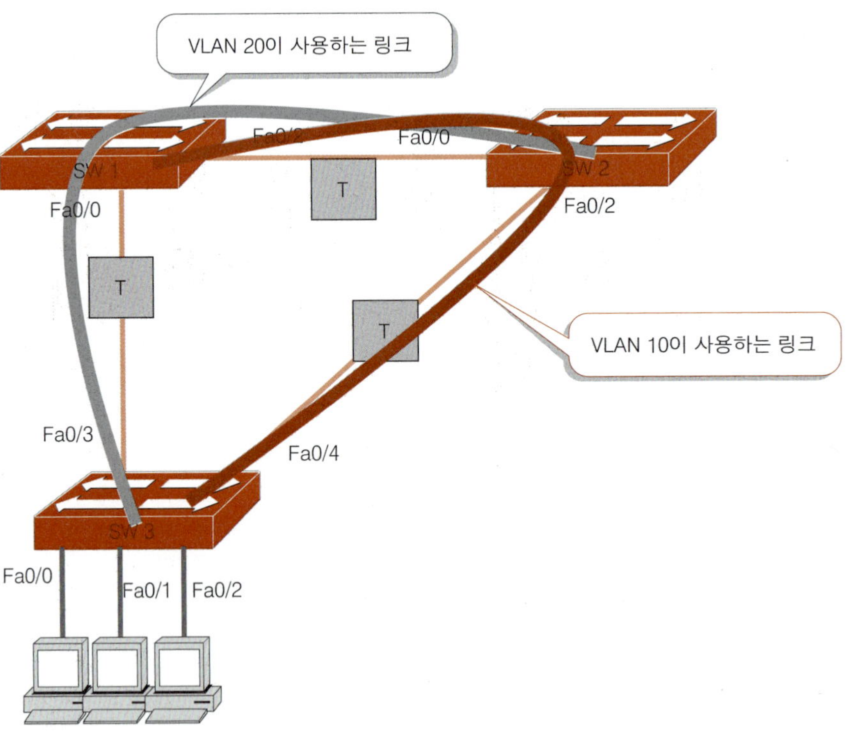

그림 9-73 >>
PVST에 의해 VLAN
별로 선택된 경로

밴드위스를 높이는 마법의 기술 이더채널

시스코사는 여러 링크를 하나로 묶어 링크의 밴드위드스를 높이는
이더채널이라는 개념을 제공합니다. 이더채널은 8개의 링크들을 1개의 링크로 간주하기 때문에
차단되는 포트없이 모든 링크를 동시에 사용할 수 있어 더욱 편리합니다.
이번 장에서는 이더채널을 구현하는 방법과
트래픽 분산법을 소개합니다.

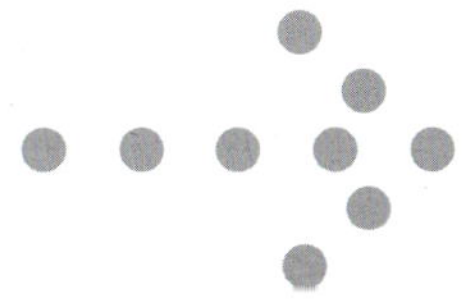

Lesson 01

이더채널의 트래픽 로드 분산 ✱

앞의 장에서 소개했지만 동그라미 연결(스위칭 룹)로 발생하는 문제들을 해결하기 위해 STP 프로토콜은 한 포트를 블럭킹합니다. [그림 10-1]과 같은 루트 토폴로지 환경에서는 이 포트 블럭킹 때문에 8개의 링크를 동시에 사용할 수 없습니다. [그림 10-1]과 같은 경우 8개의 링크 중에서 블럭킹되지 않은 가장 위의 링크 하나만 사용할 수 있습니다.

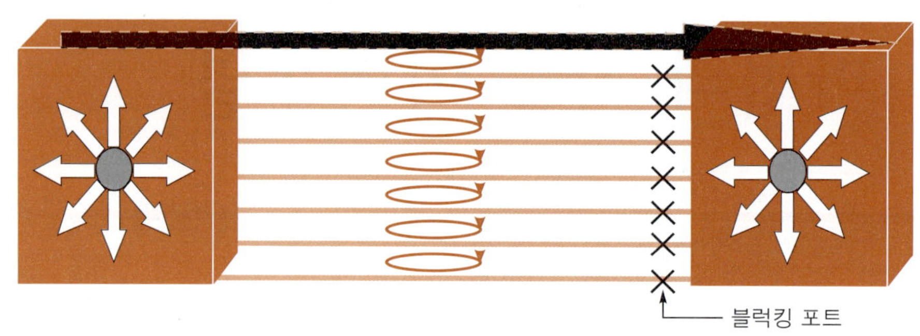

그림 10-1 >> STP의 포트 블럭킹 때문에 가장 위의 링크 하나만 사용할 수 있다.

이 상황에서 우리는 다음과 같은 문제를 생각해 볼 수 있습니다.

"물리적인 링크들을 동시에 모두 사용할 수 있는 방법이 없을까?"

이더채널(EtherChannel)은 바로 이 문제에 대한 해결 방법을 제공합니다. 시스코사는 링크의 밴드위스를 높일 수 있는 새로운 방법을 제공하는데, 이것이 바로 여러 링크들을 하나로 묶는 이더채널입니다.

Tip 이더넷의 속도

이더넷 속도는 이더넷(10Mbps), 패스트 이더넷(100Mbps), 기가비트 이더넷(1Gbps), 10기가비트 이더넷(10Gbps)으로 10배 단위로 나누어 집니다.

이 방법은 *패스트 이더넷(100Mbps)을 8개까지 묶어서 800Mbps로 만들고, 이 패스트 이더넷을 모두 풀 듀플렉스로 사용한다면 1600Mbps를 만들 수 있습니다. 이것이 '패스트 이더채널(Fast EtherChannel)' 솔루션 입니다. 또한 기가비트 이더넷(1Gbps)을 8개까지 풀 듀플렉스로 묶어서 16Gbps를 만들 수 있는데, '기가비트 이더채널(Gigabit EtherChannel)' 이라고 합니다. 이러한 솔루션은 트래픽이 대량으로 발생하는(예. 이 중화된 디스트리뷰션 장비−디스트리뷰션 장비−연결구간) 구간에 부분적으로 사용할 수 있습니다.

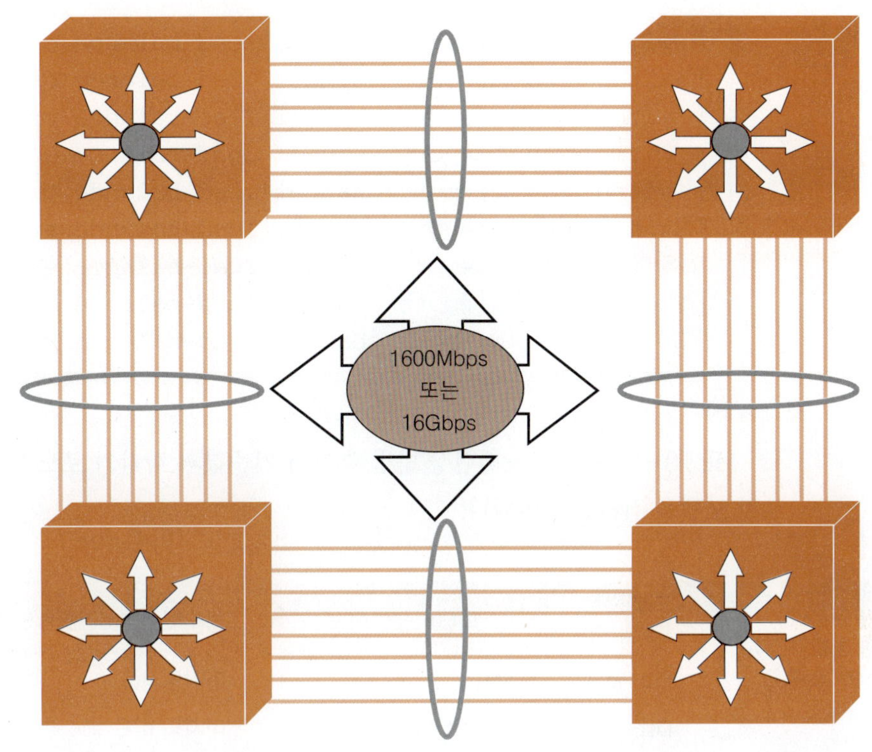

그림 10-2 >>
이더채널은
1600Mbps 또는
16Gbps를 만든다.

시스코사는 최대 8개의 링크를 하나의 링크로 간주하는 이더채널 솔루션을 제공합니다. [그림 10-3]처럼 물리적으로는 8개이지만 논리적으로 하나의 링크로 보기 때문에 STP 프로토콜 입장에서는 루프가 발생하지 않습니다. 그래서 어떤 포트도 차단할 필요가 없고 모든 링크를 동시에 사용할 수 있습니다. 이더채널은 100Mbps를 묶어서 1600Mbps를 만들거나 1Gbps를 묶어서 16Gbps의 속도를 만듭니다.

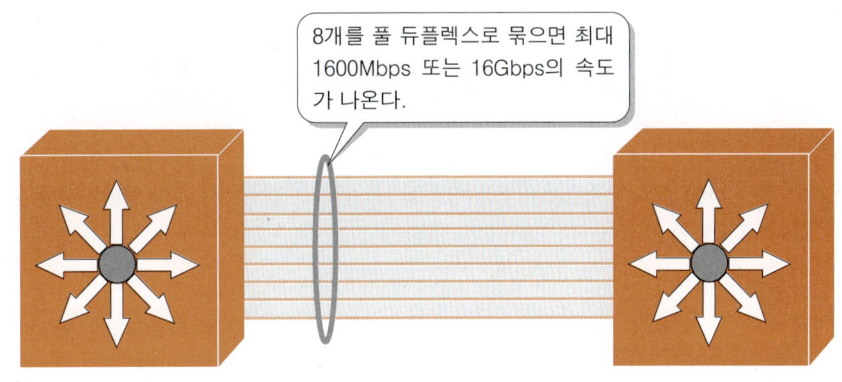

그림 10-3 >>
이더채널은 8개의
링크들을 1개의 링크
로 간주하기 때문에
모든 링크를 동시에
사용할 수 있다.

로드밸런싱의 기준은 출발지나 목적지 MAC 주소, 혹은 IP 주소입니다. 이더채널 링크에 대한 프레임 분산 방법을 구현하기 위해 [예 10-1]와 같이 'port-channel load-balance 로드밸런싱_방법' 명령어를 사용합니다.

예 10-1 ≫
로드밸런싱 방법을
구현하는 명령

```
① Switch(config)#port-channel load-balance src-ip
② Switch(config)#port-channel load-balance dst-ip
③ Switch(config)#port-channel load-balance src-dst-ip
④ Switch(config)#port-channel load-balance src-mac
⑤ Switch(config)#port-channel load-balance dst-mac
⑥ Switch(config)#port-channel load-balance src-dst-mac
⑦ Switch(config)#port-channel load-balance src-port
⑧ Switch(config)#port-channel load-balance dst-port
⑨ Switch(config)#port-channel load-balance src-dst-port
```

[표 10-1]은 각 로드밸런싱 방법에 따라 기준값과 각각의 로드밸런싱 방법을 지원하는 스위치 모델을 정리한 것입니다.

표 10-1 ≫
이더채널에서의
로드밸런싱 방법과
지원 모델

로드밸런싱 방법	로드밸런싱 기준	로드밸런싱을 위해 보는 값	지원하는 스위치
Src-ip	출발지 IP 주소	마지막 비트	6500/4500
Dst-ip	목적지 IP 주소	마지막 비트	6500/4500
Src-dst-ip	출발지와 목적지 IP 주소	두 주소의 마지막 비트의 XOR 값	6500/4500/3550
Src-mac	출발지 MAC	마지막 비트	6500/4500/3550
Dst-mac	목적지 MAC 주소	마지막 비트	6500/4500/3550
Src-dst-mac	출발지와 목적지 MAC 주소	두 주소의 마지막 비트의 XOR 값	6500/4500
Src-port	출발지 포트 번호	마지막 비트	6500/4500
Dst-port	목적지 포트 번호	마지막 비트	6500/4500
Src-dst-port	출발지와 목적지 포트 번호	두 주소의 마지막 비트의 XOR 값	6500/4500

XOR(eXclusive OR)은 [표 10-2]와 같이 비교할 비트가 같으면 '0'이 되고, 다르면 '1'이 됩니다.

표 10-2 ≫
XOR은 비교할 두
비트가 같으면 0이 되
고, 다르면 1이 된다.

비교할 두 비트		XOR 값
0	0	0
0	1	1
1	0	1
1	1	0

Lesson 02
로드 분산 알고리즘으로 트래픽 분산하기 ✳

Tip 로드 분산 알고리즘

로드 분산 알고리즘은 해싱 알고리즘(hashing algorithm)이라고도 합니다.

이더채널이 각 링크로 트래픽을 분산하지만 모든 링크에게 같은 비율로, 같은 트래픽을 나누어 주는 것은 아닙니다. 이더채널 기술은 여러 링크들을 하나의 링크처럼 사용하기 위해 간단한 ✳로드 분산 알고리즘(Load Distribution Algorithm)을 사용합니다.

로드 분산 알고리즘은 이더채널을 통과할 프레임들을 출발지 IP 주소, 목적지 IP 주소, 출발지와 목적지 IP 주소, 출발지와 목적지 MAC 주소, TCP/UDP 포트 번호를 기준으로 구분합니다. 특정 주소나 포트가 많이 사용되는 환경에서 해당 주소나 포트가 가리키는 링크는 다른 링크보다 많이 사용될 수 밖에 없습니다.

■ 로드 분산 기준이 1개일 때

만약 로드 분산의 기준이 출발지 IP 주소라면 8개의 링크는 [표 10-3]과 같이 로드를 분산합니다. 링크가 8개이므로 출발지 IP 주소에서 마지막 비트 3칸을 보고 사용할 링크를 결정합니다.

표 10-3 ≫
출발지 IP 주소에서 뒤의 3자리를 보고 8개의 링크 중에서 사용할 링크를 결정한다.

출발지 IP 주소의 2진수화	사용할 링크 번호
XXXXXXX.XXXXXXX.XXXXXXX.XXXXX000	링크 0 사용
XXXXXXX.XXXXXXX.XXXXXXX.XXXXX001	링크 1 사용
XXXXXXX.XXXXXXX.XXXXXXX.XXXXX010	링크 2 사용
XXXXXXX.XXXXXXX.XXXXXXX.XXXXX011	링크 3 사용
XXXXXXX.XXXXXXX.XXXXXXX.XXXXX100	링크 4 사용
XXXXXXX.XXXXXXX.XXXXXXX.XXXXX101	링크 5 사용
XXXXXXX.XXXXXXX.XXXXXXX.XXXXX110	링크 6 사용
XXXXXXX.XXXXXXX.XXXXXXX.XXXXX111	마지막 링크 7 사용

[표 10-3]의 출발지 IP 주소에 따라 트래픽들이 선택하는 링크는 [그림 10-4]와 같습니다.

- 1.1.1.1에서 출발한 패킷은 2진수의 마지막 3비트가 '001'이므로 링크 1을 사용합니다.
- 1.1.1.2에서 출발한 패킷은 2진수의 마지막 3비트가 '010'이므로 링크 2를 사용합니다.
- 1.1.1.3에서 출발한 패킷은 2진수의 마지막 3비트가 '011'이므로 링크 3을 사용합니다.
- 1.1.1.4에서 출발한 패킷은 2진수의 마지막 3비트가 '100'이므로 링크 4를 사용합니다.
- 1.1.1.5에서 출발한 패킷은 2진수의 마지막 3비트가 '101'이므로 링크 5를 사용합니다.
- 1.1.1.6에서 출발한 패킷은 2진수의 마지막 3비트가 '110'이므로 링크 6을 사용합니다.
- 1.1.1.7에서 출발한 패킷은 2진수의 마지막 3비트가 '111'이므로 링크 7을 사용합니다.
- 1.1.1.8에서 출발한 패킷은 2진수의 마지막 3비트가 '000'이므로 링크 0을 사용합니다.

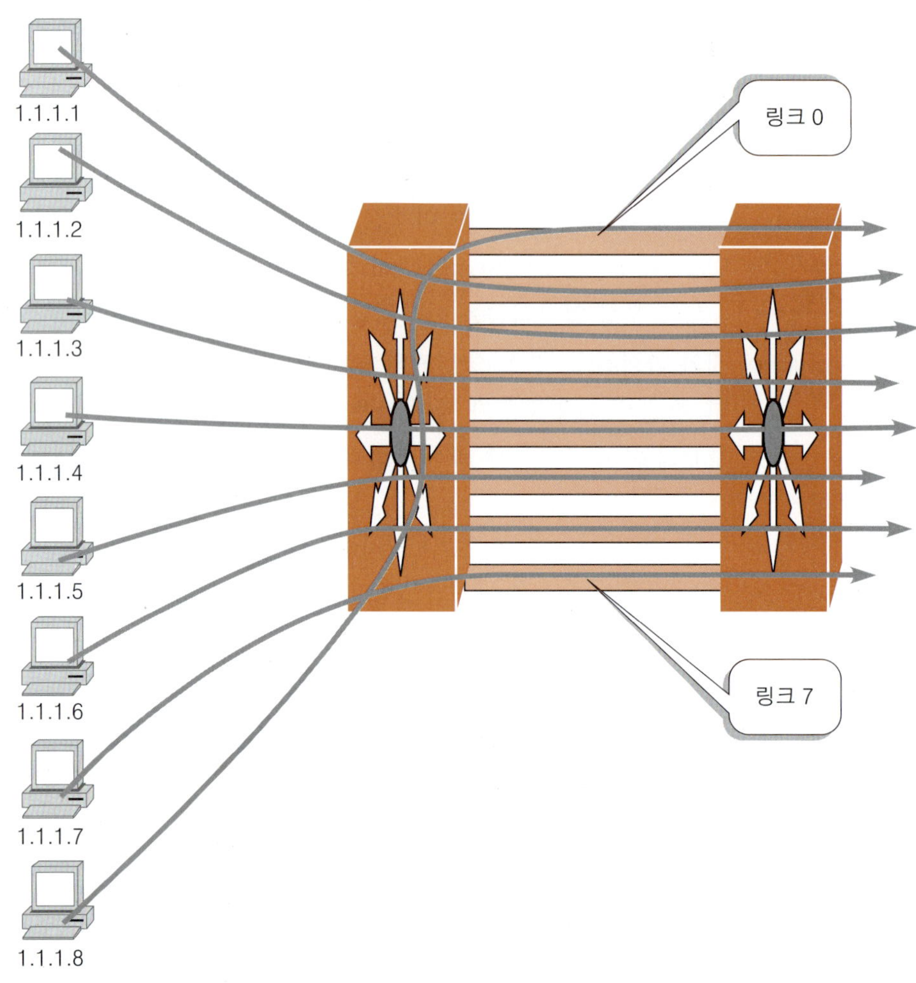

그림 10-4 ≫
프레임의 출발지 IP 주소에 따라 8개의 링크 중 사용할 링크가 결정된다.

이더채널로 묶인 링크가 4개라면 출발지 IP 주소의 마지막 2비트만 보면 되겠지요. [표 10-4]는 4개의 링크가 묶여 있을 때의 로드 분산 알고리즘 결과입니다.

표 10-4 ≫
이더채널이 4개의 링크로 구성된다면 주소의 마지막 2자리를 보고 사용할 링크를 결정한다.

출발지 IP 주소의 2진수화	사용할 링크 번호
XXXXXXX.XXXXXXX.XXXXXXX.XXXXXX00	링크 0 사용
XXXXXXX.XXXXXXX.XXXXXXX.XXXXXX01	링크 1 사용
XXXXXXX.XXXXXXX.XXXXXXX.XXXXXX10	링크 2 사용
XXXXXXX.XXXXXXX.XXXXXXX.XXXXXX11	링크 3 사용

[표 10-4]의 출발지 IP 주소에 따라 트래픽들이 선택하는 링크는 [그림 10-5]와 같습니다.

● 1.1.1.1과 1.1.1.5에서 출발한 패킷은 2진수의 마지막 2비트가 '01(10진수로 '1')'이므로 링크 1을 사용합니다.

- 1.1.1.2와 1.1.1.6에서 출발한 패킷은 2진수의 마지막 2비트가 '10' 이므로 링크 2를 사용합니다.
- 1.1.1.3와 1.1.1.7에서 출발한 패킷은 2진수의 마지막 2비트가 '11' 이므로 링크 3을 사용합니다.
- 1.1.1.4와 1.1.1.8에서 출발한 패킷은 2진수의 마지막 2비트가 '00' 이므로 링크 0을 사용합니다.

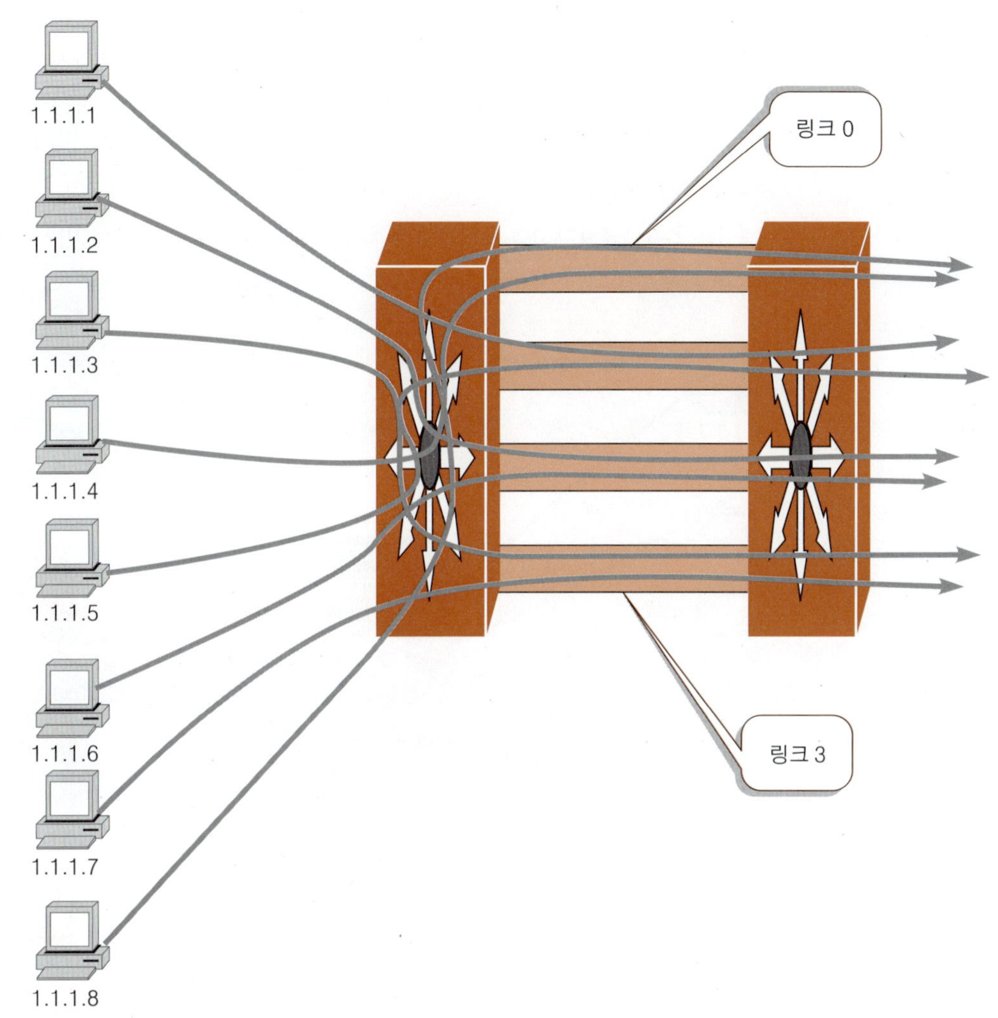

그림 10-5 ≫ 이더채널이 4개의 링크로 구성된다면 주소의 마지막 2자리를 보고 사용할 링크를 결정한다.

한곳에 묶인 링크가 2개이면 출발지 IP 주소의 마지막 1비트만 보면 되겠지요. [표 10-5]는 묶인 링크가 2개일 때의 로드 분산 알고리즘 결과입니다.

표 10-5≫
이더채널이 2개의
링크로 구성된다면 주
소의 마지막 1자리를
보고 사용할 링크를
결정한다.

출발지 IP 주소의 2진수화	사용할 링크 번호
XXXXXXX.XXXXXXX.XXXXXXX.XXXXXX0	링크 0 사용
XXXXXXX.XXXXXXX.XXXXXXX.XXXXXX1	링크 1 사용

[표 10-5]의 출발지 IP 주소에 따라 트래픽들이 선택하는 링크는 [그림 10-6]과 같습니다.

- 1.1.1.1, 1.1.1.3, 1.1.1.5, 1.1.1.7에서 출발한 패킷은 2진수의 마지막 2비트가 '1'이므로 링크 1을 사용합니다.

- 1.1.1.2, 1.1.1.4, 1.1.1.6, 1.1.1.8에서 출발한 패킷은 2진수의 마지막 2비트가 '0'이므로 링크 0을 사용합니다.

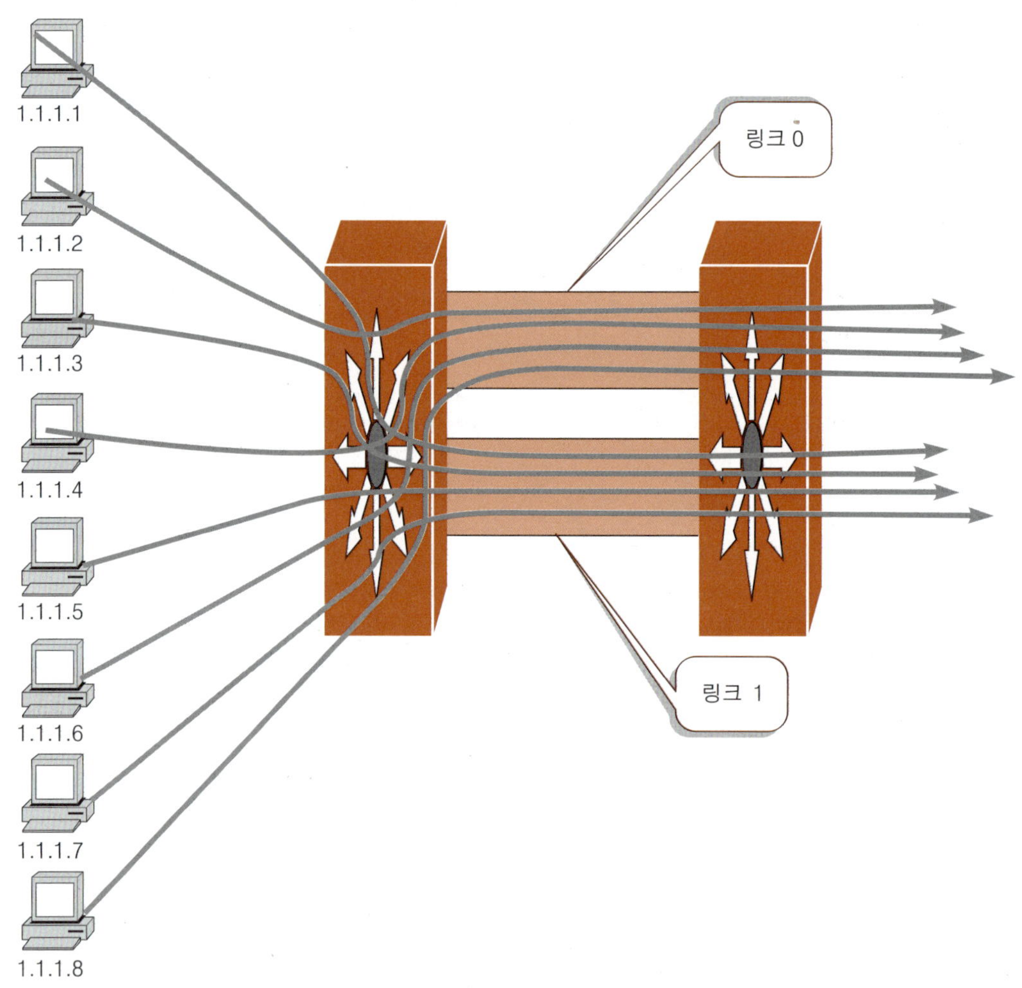

그림 10-6 ≫
이더채널이 2개의
링크로 구성된다면
주소의 마지막 1자
리를 보고 사용할 링
크를 결정한다.

지금까지는 기준이 출발지 IP 주소일 때의 로드 분산 예를 살펴보았습니다. 기준이 출발지 IP 주소가 아니라 목적지 IP나 출발지 MAC 주소, 목적지 MAC 주소, 포트 번호일 경우에도 같은 원리로 트래픽이 분산됩니다.

■ 로드 분산 기준이 2개일 때

앞에서 살펴본 예는 기준이 하나일 경우이고 트래픽 분산의 기준을 2개로 설정할 수도 있습니다. 출발지와 목적지 IP 주소 모두를 기준으로 할 때도 있고, 출발지와 목적지 MAC 주소 모두를 기준으로 할 때도 있습니다. 로드 분산의 기준이 출발지 IP 주소로 하나일 경우에는 한 PC에서 출발한 트래픽이 무조건 한 링크를 사용하지만, 기준이 출발지와 목적지 IP 주소 2개일 경우에는 한 PC에서 출발한 트패픽이라고 해도 목적지가 무엇이냐에 따라 사용할 링크가 달라질 수 있습니다.

예를 들어 출발지와 목적지 IP 주소가 로드 분산의 기준이라면 8개의 링크에서 [표 10-6]과 같이 로드가 분산됩니다. [표 10-6]와 같이 출발지 IP 주소와 목적지 IP 주소의 마지막 비트 3칸은 XOR 결과가 나오는데, 이 XOR 값이 가리키는 링크 번호를 사용합니다.

표 10-6 ≫
두 주소의 XOR 값이 사용할 링크를 결정한다.

출발지 IP 주소의 2진수화	목적지 IP 주소의 2진수화	두 2진수의 XOR 값	사용할 링크 번호
...XX.XXXXX000	...XX.XXXXX000	000	링크 0 사용
	...XX.XXXXX001	001	링크 1 사용
	...XX.XXXXX010	010	링크 2 사용
	...XX.XXXXX011	011	링크 3 사용
	...XX.XXXXX100	100	링크 4 사용
	...XX.XXXXX101	101	링크 5 사용
	...XX.XXXXX110	110	링크 6 사용
	...XX.XXXXX111	111	링크 7 사용
...XX.XXXXX001	...XX.XXXXX000	001	링크 1 사용
	...XX.XXXXX001	000	링크 0 사용
	...XX.XXXXX010	011	링크 3 사용
	...XX.XXXXX011	010	링크 2 사용
	...XX.XXXXX100	101	링크 5 사용
	...XX.XXXXX101	100	링크 4 사용
	...XX.XXXXX110	111	링크 7 사용
	...XX.XXXXX111	110	링크 6 사용
...XX.XXXXX010	...XX.XXXXX000	010	링크 2 사용
	...XX.XXXXX001	011	링크 3 사용
	...XX.XXXXX010	000	링크 0 사용
	...XX.XXXXX011	001	링크 1 사용
	...XX.XXXXX100	110	링크 6 사용
	...XX.XXXXX101	111	링크 7 사용
	...XX.XXXXX110	100	링크 4 사용
	...XX.XXXXX111	101	링크 5 사용

…XX.XXXXX011	…XX.XXXXX000	011	링크 3 사용
	…XX.XXXXX001	010	링크 2 사용
	…XX.XXXXX010	001	링크 1 사용
	…XX.XXXXX011	000	링크 0 사용
	…XX.XXXXX100	111	링크 7 사용
	…XX.XXXXX101	110	링크 6 사용
	…XX.XXXXX110	101	링크 5 사용
	…XX.XXXXX111	100	링크 4 사용
…XX.XXXXX100	…XX.XXXXX000	100	링크 4 사용
	…XX.XXXXX001	101	링크 5 사용
	…XX.XXXXX010	110	링크 6 사용
	…XX.XXXXX011	111	링크 7 사용
	…XX.XXXXX100	000	링크 0 사용
	…XX.XXXXX101	001	링크 1 사용
	…XX.XXXXX110	010	링크 2 사용
	…XX.XXXXX111	011	링크 3 사용
…XX.XXXXX101	…XX.XXXXX000	101	링크 5 사용
	…XX.XXXXX001	100	링크 4 사용
	…XX.XXXXX010	111	링크 7 사용
	…XX.XXXXX011	110	링크 6 사용
	…XX.XXXXX100	001	링크 1 사용
	…XX.XXXXX101	000	링크 0 사용
	…XX.XXXXX110	011	링크 3 사용
	…XX.XXXXX111	010	링크 2 사용
…XX.XXXXX110	…XX.XXXXX000	110	링크 6 사용
	…XX.XXXXX001	111	링크 7 사용
	…XX.XXXXX010	100	링크 4 사용
	…XX.XXXXX011	101	링크 5 사용
	…XX.XXXXX100	010	링크 2 사용
	…XX.XXXXX101	011	링크 3 사용
	…XX.XXXXX110	000	링크 0 사용
	…XX.XXXXX111	001	링크 1 사용
…XX.XXXXX111	…XX.XXXXX000	111	링크 7 사용
	…XX.XXXXX001	110	링크 6 사용
	…XX.XXXXX010	101	링크 5 사용
	…XX.XXXXX011	100	링크 4 사용
	…XX.XXXXX100	011	링크 3 사용
	…XX.XXXXX101	010	링크 2 사용
	…XX.XXXXX110	001	링크 1 사용
	…XX.XXXXX111	000	링크 0 사용

표의 출발지 IP 주소에 따라 트래픽들이 선택하는 링크는 [그림 10-7]과 같습니다.

- 1.1.1.1(...XX.XXXXX001)에서 출발하여 2.1.1.1(...XX.XXXXX001)로 가는 프레임은 2진수의 마지막 3비트의 XOR 값이 '000(10진수로 '0')'이므로 링크 0을 사용합니다.

- 1.1.1.1(...XX.XXXXX001)에서 출발하여 2.1.1.2(...XX.XXXXX010)로 가는 프레임은 2진수의 마지막 3비트의 XOR 값이 '011'이므로 링크 3을 사용합니다.

- 1.1.1.1(...XX.XXXXX001)에서 출발하여 2.1.1.3(...XX.XXXXX011)으로 가는 프레임은 2진수의 마지막 3비트의 XOR 값이 '010'이므로 링크 2를 사용합니다.

- 1.1.1.1(...XX.XXXXX001)에서 출발하여 2.1.1.4(...XX.XXXXX100)로 가는 프레임은 2진수의 마지막 3비트의 XOR 값이 '101'이므로 링크 5를 사용합니다.

- 1.1.1.1(...XX.XXXXX001)에서 출발하여 2.1.1.5(...XX.XXXXX101)로 가는 프레임은 2진수의 마지막 3비트의 XOR 값이 '100'이므로 링크 4를 사용합니다.

- 1.1.1.1(...XX.XXXXX001)에서 출발하여 2.1.1.6(...XX.XXXXX110)으로 가는 프레임은 2진수의 마지막 3비트의 XOR 값이 '111'이므로 링크 7을 사용합니다.

- 1.1.1.1(...XX.XXXXX001)에서 출발하여 2.1.1.7(...XX.XXXXX111)로 가는 프레임은 2진수의 마지막 3비트의 XOR 값이 '110'이므로 링크 6을 사용합니다.

- 1.1.1.1(...XX.XXXXX001)에서 출발하여 2.1.1.8(...XX.XXXXX000)로 가는 프레임은 2진수의 마지막 3비트의 XOR 값이 '001'이므로 링크 1을 사용합니다.

- 1.1.1.2……도 마찬가지 방식입니다.

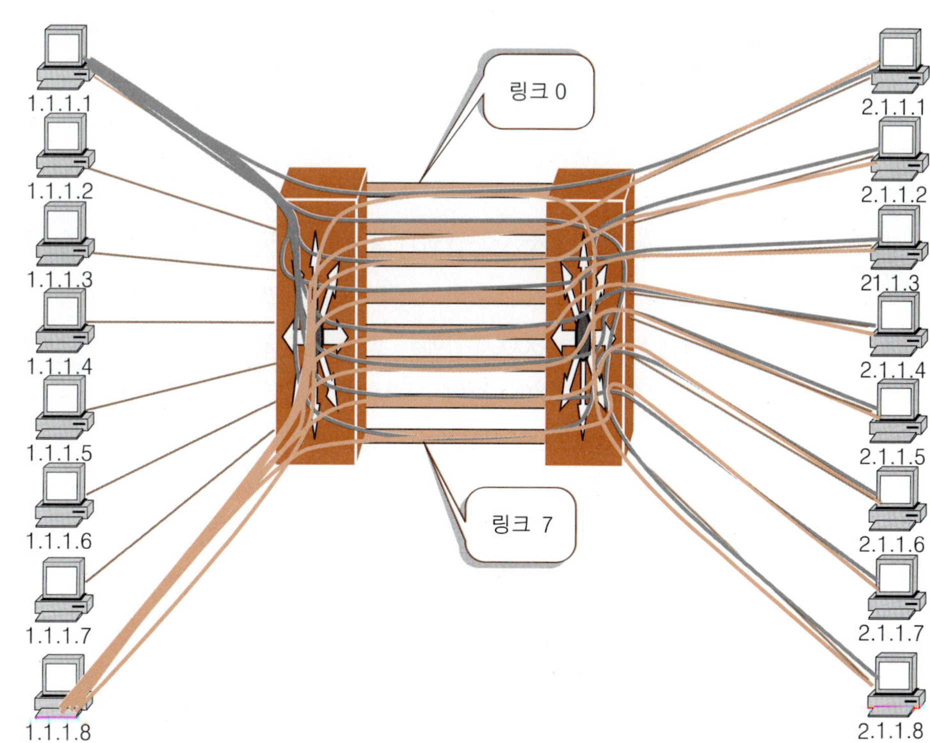

그림 10-7 >>
이더채널이 8개의 링크로 구성되어 있고 기준이 출발지 주소와 목적지 주소가 2개라면 두 기준의 마지막 3자리에 있는 XOR 값으로 사용할 링크를 결정한다.

출발지와 목적지의 IP 주소가 로드 분산의 기준이고 4개의 링크로 이더채널을 구성한다면 로드는 [표 10-7]과 같이 분산됩니다. 출발지 IP 주소와 목적지 IP 주소의 마지막 비트 2자리에 있는 XOR 값을 보고 이 XOR 값이 가리키는 링크를 사용합니다.

표 10-7 ≫ 두 주소의 XOR 값이 사용할 링크를 결정한다.

출발지 IP 주소의 2진수화	목적지 IP 주소의 2진수화	두 2진수의 XOR 값	사용할 링크 번호
...XX.XXXXXX00	...XX.XXXXXX00	00	링크 0 사용
	...XX.XXXXXX01	01	링크 1 사용
	...XX.XXXXXX10	10	링크 2 사용
	...XX.XXXXXX11	11	링크 3 사용
...XX.XXXXXX01	...XX.XXXXXX00	01	링크 1 사용
	...XX.XXXXXX01	00	링크 0 사용
	...XX.XXXXXX10	11	링크 3 사용
	...XX.XXXXXX11	10	링크 2 사용
...XX.XXXXXX10	...XX.XXXXXX00	10	링크 2 사용
	...XX.XXXXXX01	11	링크 3 사용
	...XX.XXXXXX10	00	링크 0 사용
	...XX.XXXXXX11	01	링크 1 사용
...XX.XXXXXX11	...XX.XXXXXX00	11	링크 3 사용
	...XX.XXXXXX01	10	링크 2 사용
	...XX.XXXXXX10	01	링크 1 사용
	...XX.XXXXXX11	00	링크 0 사용

[표 10-7]에서 출발지 IP 주소에 따라 트래픽들이 선택하는 링크는 [그림 10-8]과 같습니다.

● 1.1.1.1(...XX.XXXXXX01)에서 출발하여 2.1.1.1(...XX.XXXXXX01)로 가는 프레임은 2진수의 마지막 2비트의 XOR 값이 '00'이므로 링크 0을 사용합니다.

● 1.1.1.1(...XX.XXXXXX01)에서 출발하여 2.1.1.2(...XX.XXXXXX10)로 가는 프레임은 2진수의 마지막 2비트의 XOR 값이 '11'이므로 링크 3을 사용합니다.

● 1.1.1.1(...XX.XXXXXX01)에서 출발하여 2.1.1.3(...XX.XXXXXX11)으로 가는 프레임은 2진수의 마지막 2비트의 XOR 값이 '10'이므로 링크 2를 사용합니다.

● 1.1.1.1(...XX.XXXXXX01)에서 출발하여 2.1.1.4(...XX.XXXXXX00)로 가는 프레임은 2진수의 마지막 2비트의 XOR 값이 '01'이므로 링크 1을 사용합니다.

● 1.1.1.1(...XX.XXXXXX01)에서 출발하여 2.1.1.5(...XX.XXXXXX01)로 가는 프레임은 2진수의 마지막 2비트의 XOR 값이 '00'이므로 링크 0을 사용합니다.

- 1.1.1.1(…XX.XXXXXX01)에서 출발하여, 2.1.1.6(…XX.XXXXXX10)로 가는 프레임은 2진수의 마지막 2비트의 XOR 값이 '11'이므로, 링크 3을 사용합니다.

- 1.1.1.1(…XX.XXXXXX01)에서 출발하여 2.1.1.7(…XX.XXXXXX11)으로 가는 프레임은 2진수의 마지막 2비트의 XOR 값이 '10'이므로 링크 2를 사용합니다.

- 1.1.1.1(…XX.XXXXXX01)에서 출발하여 2.1.1.8(…XX.XXXXXX00)로 가는 프레임은 2진수의 마지막 2비트의 XOR 값이 '01'이므로 링크 1을 사용합니다.

- 1.1.1.2(…XX.XXXXXX10)……도 마찬가지 방식입니다.

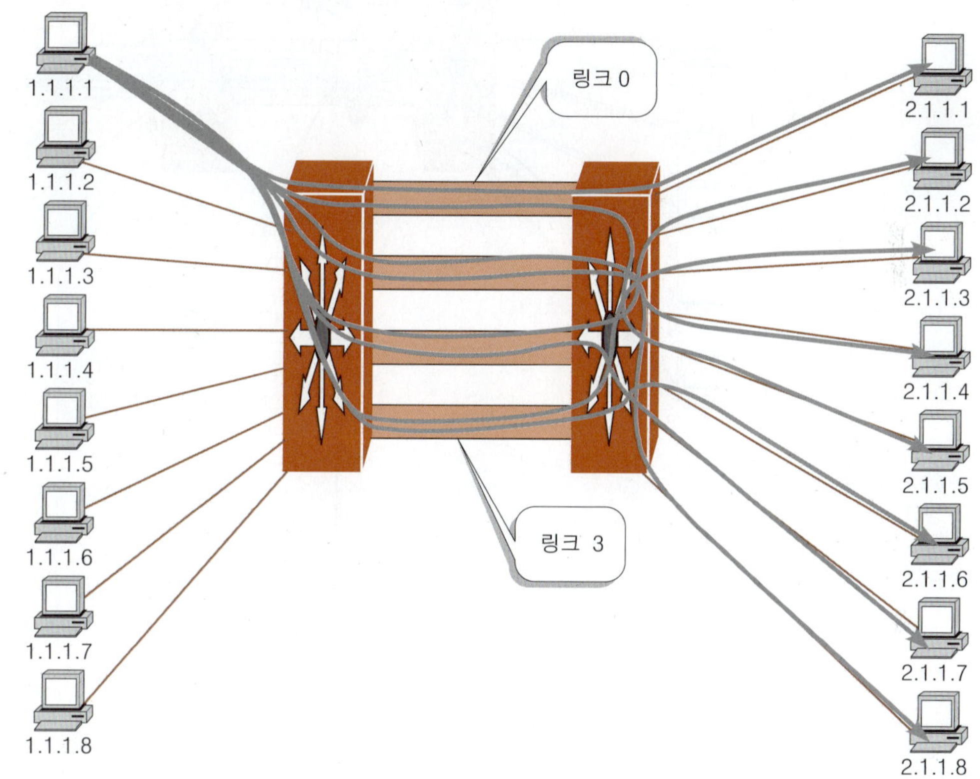

그림 10-8 >> 이더채널이 4개의 링크로 구성되어 있고 기준이 출발지 IP 주소와 목적지 IP 주소가 2개라면 두 기준의 마지막 2자리에 있는 XOR 값으로 사용할 링크를 결정한다.

[그림 10-9]와 같이 한곳에 묶인 링크들 중 하나가 고장나면 이더넷 번들 컨트롤러(EBC : Ethernet Bundle Controller)는 카탈리스트 스위치의 메인 CPU인 EARL(Enhanced Address Recognition Logic)에게 고장 사실을 알립니다. EARL은 해당 링크에 학습된 모든 MAC 주소를 MAC 주소 테이블에서 삭제하고, EBC와 EARL은 다른 링크에게 트래픽을 맡깁니다. 이러한 변경과 처리는 순식간에 발생합니다.

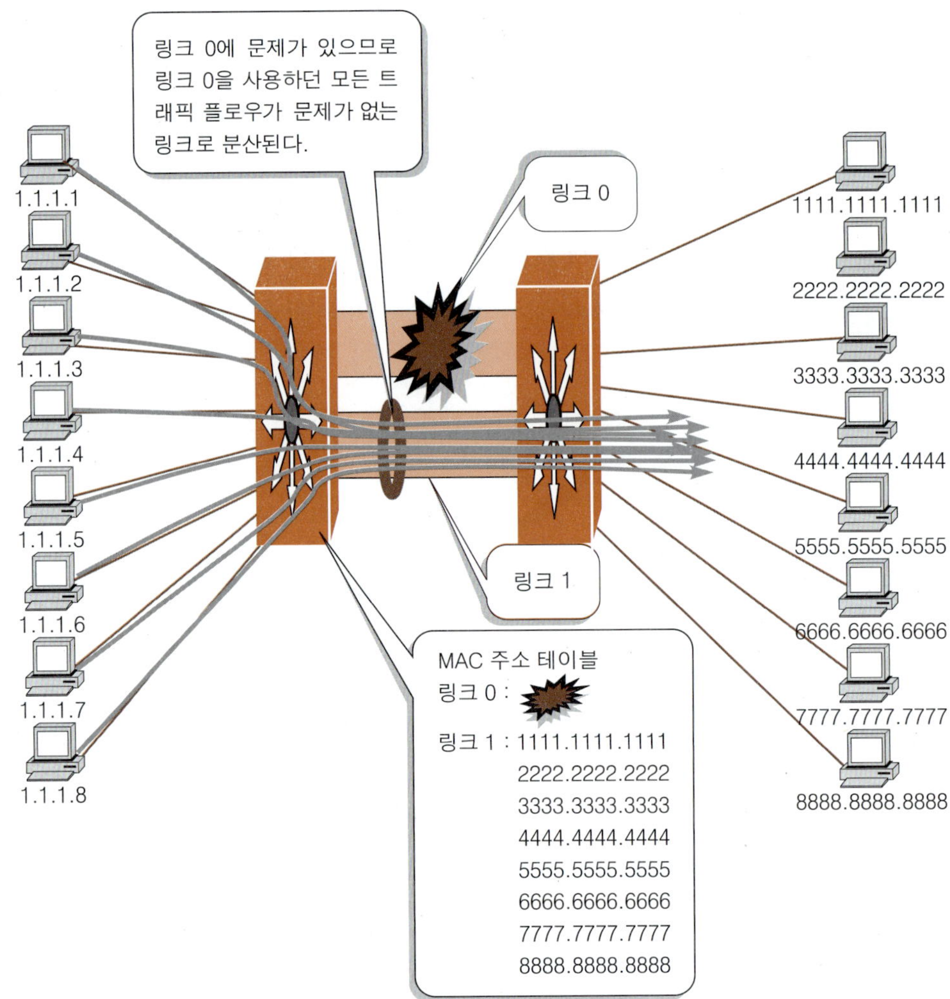

그림 10-9 ≫
한곳에 묶인 링크 중 한 링크가 고장나면 재빨리 문제 없는 링크만 사용하게 된다.

이더채널로 묶을 포트를 선택하는 네고시에이션 프로토콜

룸 메이트와 한집에서 같이 지내려면 어느 정도 마음이나 조건이 맞아야 합니다. 마찬가지로 같은 포트라고 해서 이더채널로 모두 묶을 수 없습니다. 다음 조건들이 같은 포트들만 이더채널로 묶을 수 있습니다.

- 8개의 링크는 같은 전선(광 케이블 또는 UTP 케이블)에 속도가 같아야 합니다.
- 묶인 포트가 액세스 링크라면 같은 VLAN에 속해야 합니다.
- 트렁크로 구현했다면 모든 포트도 똑같이 트렁크로 구현합니다. 또한 네이티브 VLAN과 트렁크를 통과할 수 있는 VLAN의 범위가 같아야 합니다.
- 모든 포트는 속도뿐만 아니라 듀플렉스 타입 역시 같게 세팅되어야 합니다.
- 포트의 STP 프로토콜이 같아야 합니다.
- 모든 포트의 브로드캐스트 %를 같은 값으로 구현해야 합니다.(설정값 이상의 브로드캐스트는 폐기됨)
- 이더채널로 묶는 포트는 다이나믹 VLAN을 구현해서는 안됩니다.
- *포트 시큐리티(Port Security)를 구현하지 않아야 합니다.(포트에 구현된 MAC 주소를 가진 장비만 연결 가능)

이렇게 복잡하고 까다로운 조건들을 어떻게 맞출 수 있을까요? 이더채널에서 사용되는 *PAgP(Port Aggregation Protocol)와 LACP(Link Aggregation Control Protocol)는 네고시에이션을 통해 두 스위치 간의 링크들이 이 조건에 맞는지를 자동으로 점검해 이더채널을 구성합니다.

■ 시스코 고유의 프로토콜 PAgP

시스코사는 이더채널을 자동으로 구현하고 스위치들 간에서 네고시에이션을 하기 위해 PAgP를 만들었습니다. PAgP 패킷들은 [그림 10-10]처럼 이더채널이 가능한 포트에서 서로 교환합니다. 모든 링크에서 같은 이웃 스위치가 연결되었는지, 포트들을 이더채널로 묶을 수 있는지를 자동으로 점검하고 비교합니다. 이웃 장비의 이름이 같고 이더채널로 묶을 수 있는 포트들은 포인트 투 포인트 이더채널 링크로 함께 묶습니다.

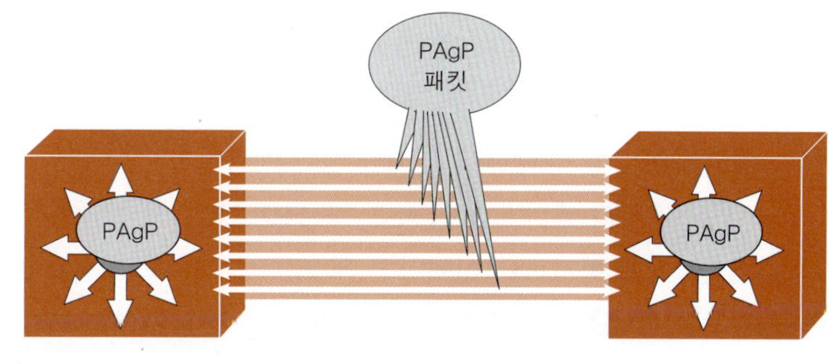

그림 10-10 >>
모든 링크에서
PAgP 패킷을 교환하여 이더채널 네고시에이션을 한다

PAgP는 스테이틱 VLAN이나 트렁크로 동일하게 구현된 포트에서만 이더채널을 만드는 특징이 있습니다.

그래서 PAgP는 한다발로 묶인 포트들 중에서 어느 한 포트의 구현 사항이 바뀌면 이더채널 전체의 파라미터 값을 자동으로 수정하여 포트 다발을 유지합니다. 예를 들어 포트 다발 내에 있는 어느 한 포트의 VLAN, 속도, 듀플렉스 모드가 변경되면 PAgP는 다발 내 모든 포트의 파라미터 값을 같은 값으로 수정하여 이더채널 다발을 유지합니다.

PAgP는 액티브 모드로 구현하면 반대쪽 스위치에게 먼저 PAgP 네고시에이션 패킷을 보내도록 할 수 있고, 패시브 모드로 구현하면 반대쪽 스위치가 먼저 PAgP 패킷을 보냈을 때만 이더채널 네고시에이션을 합니다.

■ 공식적으로 정의된 표준 프로토콜 LACP

PAgP가 시스코사 고유의 프로토콜인데 비해 LACP는 IEEE 802.3ad(IEEE 802.3 Clause43, Link Aggregation)라는 공식 명칭으로 정의된 표준 프로토콜입니다.

LACP 패킷들은 [그림 10-11]처럼 스위치들 간에서 링크를 통해 교환됩니다. PAgP와 마찬가지로 모든 링크에서 같은 스위치가 연결되었는지, 포트들을 이더채널로 묶을 수 있는지의 여부를 비교합니다.

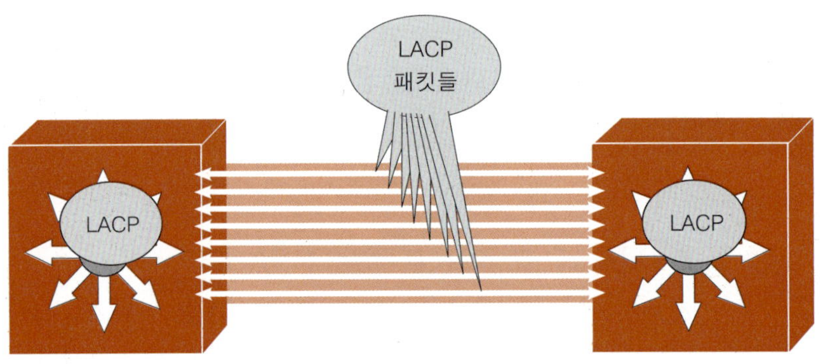

그림 10-11 ≫
모든 링크를 통해
LACP 패킷들을 교환
하여 이더채널 네고시
에이션을 한다.

두 스위치 중에서 보다 낮은 시스템 프라이오리티(2바이트 프라이오리티+6바이트 MAC 주소)를 가진 스위치가 최종적으로 이더채널에 포함될 포트를 결정합니다.

이더채널에 묶을 수 있는 링크 수는 최대 8개지만 16개까지 구현이 가능합니다. 포트에 구현된 포트 프라이오리티 값(2바이트 프라이오리티+2바이트 포트 번호)에 따라 낮은 프라이오리티 값을 가진 포트가 먼저 선택됩니다. 선택되지 않은 다른 링크들은 대기 상태에 있다가 이더채널에 포함된 한 링크에 문제가 생기면 새롭게 이더채널로 편입됩니다.

LACP 역시 액티브 모드 혹은 패시브 모드로 구현할 수 있습니다. 액티브 모드에서는 반대쪽 스위치에게 먼저 네고시에이션 패킷을 보냅니다. 패시브 모드는 반대쪽 스위치가 먼저 LACP 패킷을 보냈을 경우에만 이더채널 네고시에이션이 시작됩니다.

알고 보면 쉬운 이더채널 구현 방법

스위치에서 각각의 이더채널을 사용하려면 이더채널 네고시에이션 프로토콜을 선택하고, 스위치 포트들이 이더채널에 속하도록 설정해야 합니다. 이더채널을 'on' 모드로 구현할 경우에는 PAgP나 LACP 패킷들을 교환없이 무조건 이더채널로 설정합니다.

■ PAgP 이더채널 구현하기

PAgP 네고시에이션을 스위치에 구현하려면 [예10-2]와 같은 명령을 사용합니다.

예 10-2 >>
PAgP 네고시에이션
프로토콜과 모드 구현

```
Switch(config)#interface fastethernet 0/1
Switch(config-if)#channel-protocol pagp
Switch(config-if)#channel-group 채널_번호 mode { on /auto / desirable}
```

모든 IOS 기반의 카탈리스트 스위치들(3550, 4500, 6500)에서 채널 네고시에이션 프로토콜로 PAgP나 LACP를 선택할 수 있는데, 카탈리스트 2950에서는 PAgP만 사용이 가능합니다. 이더채널에 속한 각각의 인터페이스는 같은 채널 그룹 번호에 속해야 합니다. 채널 네고시에이션의 모드 옵션으로는 'on', 'auto', 'desirable'을 사용할 수 있습니다.

- on : PAgP 네고시에이션 패킷을 교환하지 않고 무조건 채널로 구현하는 것입니다.
- auto : 반대쪽 스위치에서 PAgP 패킷을 보낼 때까지 기다립니다.
- Desirable : 구현된 스위치가 먼저 PAgP 패킷을 보내 네고시에이션을 시도합니다.

디폴트로 PAgP에서는 'desirable'나 'auto' 모드를 'silent' 모드에 둡니다. PAgP는 [예 10-3]과 같이 'desirable' 또는 'auto' 모드를 'non-silent' 모드에 둘 수도 있습니다.

예 10-3 >>
PAgP 네고시에이션
프로토콜과 non-
silent 서브 모드
구현

```
Switch(config)#interface fastethernet 0/1
Switch(config-if)#channel-protocol pagp
Switch(config-if)#channel-group 채널_번호 mode { auto / desirable} non-silent
```

'silent' 모드에 있을 때는 반대쪽 스위치가 PAgP 패킷들을 보내지 않아도 포트들이 이더채널에 포함될 수 있습니다. 이것은 네고시에이션을 통해 포트들을 이더채널로 묶는 PAgP 프로토콜의 본래 의도에서 완전히 벗어납니다. 그러나 이 'silent' 모드 덕분에 PAgP를 지원하지 못하는 파일 서버나 네트워크 분석기와 스위치 간의 이더채널을 만들 수 있습니다.

반대쪽 스위치가 PAgP를 지원한다면 [예 10-3]과 같이 'desirable' 모드나 'auto' 모드에 반드시 'non-silent'라는 키워드를 덧붙여야 합니다. 그래야만 PAgP 네고시에이션이 정상적으로 발생합니다. 즉, PAgP 네고시에이션에 의해 한다발로 묶을 수 있습니다. 만약 PAgP 네고시에이션이 성공하지 못하면 포트의 상태가 'up'이라고 하더라도 이더채널 형성에 실패했으므로 STP 프로토콜에 의해 블럭킹 포트가 될 수 있습니다.

■ LACP 이더채널 구현하기

LACP 네고시에이션을 스위치에 구현하려면 [예 10-4]와 같은 명령을 사용합니다.

예 10-4 ≫
LACP 네고시에이션
프로토콜과 모드 구현

```
Switch(config)#lacp system-priority 프라이오리티
Switch(config)#interface fastethernet 0/1
Switch(config-if)#channel-protocol lacp
Switch(config-if)#channel-group 채널_번호 mode { on / passive / active}
Switch(config-if)#lacp port-priority 프라이오리티
```

먼저 스위치에 LACP 시스템 프라이오리티를 구현합니다. LACP 시스템 프라이오리티의 범위는 1~65535이지만 기본값은 32768입니다. 보다 낮은 시스템 프라이오리티를 가진 스위치가 이더채널을 구성할 수 있는지의 여부를 결정합니다. 시스템 프라이오리티가 같다면 MAC 주소가 보다 낮은 스위치에게 결정권이 있습니다. 한 이더채널에 속한 각각의 인터페이스에는 같은 채널 그룹 번호(1~64)가 할당되어야 합니다. 채널 네고시에이션 방법에는 'on'과 'passive'와 'active'가 있습니다.

- on : LACP 네고시에이션없이 무조건 이더채널이 됩니다.
- passive : 먼저 LACP 네고시에이션 패킷이 올 때까지 기다립니다. (다른 LACP 디바이스가 있을 때 이더채널이 됨)
- active : 먼저 LACP 네고시에이션 패킷을 보냅니다.

8개 이상의 인터페이스를 하나의 채널 그룹 번호에 소속시키면 남는 인터페이스들은 대기하게 됩니다. 'lacp port-priority' 명령을 통해 프라이오리티 값이 보다 낮은 포트들이 우선적으로 이더채널의 멤버가 됩니다. 이 프라이오리티의 범위는 1~65535인데 기본값은 32768입니다.

한 걸음 더!

이더채널 구현에 관한 트러블슈팅

이더채널을 구현시 문제가 발생하면 우선 다음 사항을 확인해 보기 바랍니다.

- 이더채널의 'on' 모드는 LACP나 PAgP 패킷들을 교환하지 않기 때문에 이더채널이 되려면 양쪽 스위치를 모두 'on' 모드로 세팅합니다.
- PAgP를 'desirable' 모드로, LACP를 'active' 모드로 설정하는 것은 반대쪽 스위치에게 PAgP 패킷이나 LACP 패킷을 보내서 이더채널이 될 것을 제안하는 것입니다. PAgP를 'desirable' 모드로 설정하면 반대쪽 스위치는 'desirable' 모드나 'auto' 모드로 설정되어야 합니다. LACP를 'active' 모드로 설정했을 때 반대쪽 스위치는 'passive' 모드 또는 'active' 모드로 설정합니다.
- PAgP를 'auto' 모드로, LACP를 'passive' 모드로 설정하면 반대쪽 스위치가 PAgP 패킷이나 LACP 패킷을 보내서 이더채널이 될 것을 제안할 때까지 기다립니다. 두 스위치가 모두 PAgP의 'auto' 모드나 LACP의 'passive' 모드로 설정되어 있으면 둘 다 기다리기 때문에 이더채널이 되지 못합니다.
- PAgP의 'desirable' 모드나 'auto' 모드의 'non-silent' 서브 모드로 구현이 되어 있으면 PAgP 패킷들을 통해 네고시에이션이 성공해야 합니다.

[예 10-5]는 'show etherchannel summary' 명령을 통해 이더채널의 상태와 이더채널에 포함된 포트들을 확인합니다.

예 10-5 >>
show etherchannel
summary 명령

```
Cat#show etherchannel summary
Flags:D - down P-in port-channel I - stand-alone s ? suspended R - Layer3
S - Layer2  U - port-channel in use
Group  Port-channel    Ports
-----+-----------+-------------------------------------------------------
1          Po1(SU)      Fa4/2(P)    Fa4/3(P)    Fa4/4(P)    Fa4/5(D)
  Fa4/6(P)    Fa4/7(P)    Fa4/8(P)    Fa4/9(P)
```

포트 채널이 정상이라면 [예 10-5]와 같이 'SU'로 표시되어야 합니다. 'S'는 레이어 2 채널을 의미하고, 'U'는 사용 가능하다는 말입니다. 채널 포트들은 대부분 '(P)'로 표시됩니다. '(P)'는 이더채널 내의 포트 상태가 'active(정상)'이라는 말입니다. 한 포트는 '(D)'로 표시되어 있는데, 이것은 선이 연결되어 있지 않거나 포트가 다운된 상태임을 나타냅니다. 포트에 문제가 없고 선이 연결되어 있지만 이더채널에 속하지 않으면 포트는 '(I)'로 표시됩니다.

[예 10-6]의 'show etherchannel port' 명령을 통해 채널 네고시에이션 모드를 알 수 있습니다.

```
Cat2#show etherchannel port
Channel-group listing: Group: 1
Ports in the group: Fa0/1 Fa0/2 Fa0/3 Fa0/4 Fa0/5 Fa0/6 Fa0/7 Fa0/8
Port state = up  Mstr In-Bndl
Channel group = 1      Mode = Desirable-Sl      Gcchange = 0
Port-channel = Po1  GC = 0x00010001  Pseudo port-channel = Po1
Port index = 0      Load = 0x00   Protocol = PAgP

Flags:S- Device is sending slow hello, C ? Device is in Consistent state.
      A ? Device is in Auto mode.     P ? Device learns on physical port.
      D ? PAgP is down.
Timers: H ? Hello timer is running.    Q ? Quit timer is running
        S ? Switching timer is running  I ? Interface timer is running

Local information:    Hello  Partner  PAgP    Learning  Group
Port      Flags   State   Timer  Interval  Count  Priority  Method Ifindex
FA 0/1    SC    U6/S7    H       30s      1      128        Any    55
Partner's information
Port Partner name Partner Device ID Partner port age Partner Flags Group cap
Fa0/1   GAPDORI   00d0.1234.2345   Fa 0/1    19s    SAC           11

Age of the port in the current state : 01d: 09h: 12m: 59s
```

이 예에서는 PAgP 모드가 'desirable'임을 알 수 있습니다. 또한 반대쪽 스위치의 네고시에이션 모드도 알 수 있습니다. 'Partner Flags' 아래에 있는 'A'로 'auto' 모드임을 알 수 있습니다.

 이더채널로 묶이는 포트들은 액세스 링크이면 모두 같은 액세스 링크로, 트렁크라면 모두 같은 트렁크로 구현해야 합니다. 또 트렁크이면 같은 네이티브 VLAN을 구현하고, 트렁크를 통과할 수 있는 VLAN 범위를 제한한다면 그 범위가 같아야 합니다. 포트들의 속도와 듀플렉스 타입(하프 듀플렉스 혹은 풀 듀플렉스) 역시 같아야 하고 조건에 어긋나서는 안됩니다.

포트의 구현 상태를 확인하려면 [예 10-7]의 'show running-config interface fastethernet 1/1' 명령을 사용합니다.


```
cat# show running-config interface fastethernet 1/1
Building configuration...
Current configuration:
!
interface FastEthernet5/6
switchport
switchport access vlan 10
switchport mode access
channel-group group 2 mode desirable
switch-port duplex half
end
```

또 'show interface fastethernet 1/1 etherchannel' 명령을 통해 각 포트에서 모든 이더채널에 대한 파라미터 값들을 알 수 있습니다. 이 명령으로 이더채널에 속하는 포트들이 일관적으로 구현되어 있는지 점검할 수 있습니다. 스위치에 다음과 같은 에러 메시지가 나타날 수 있습니다.

```
5d01h: %EC-5-L3DONTBNDL2 : Fastethernet 0/2 suspended: incompatible part-
ner port with Fastethernet 1/1 (duplex of Fa1/2 is full, Fa1/1 is half)
```

이 메시지는 우리 스위치의 패스트 이더넷 1/1 인터페이스는 하프 듀플렉스인데 반해 반대쪽 스위치의 패스트 이더넷 1/2 인터페이스는 풀 듀플렉스 타입이라는 말입니다. 'show etherchannel load-balance' 명령으로는 로드밸런싱 방법을 알 수 있습니다. 두 스위치가 다른 로드밸런싱 방법을 사용할 경우도 있습니다. 두 스위치의 로드밸런싱 방법이 다르다면 트래픽이 비대칭일 수 있겠죠.

 꼭 알아야 할 핵심 포인트

✓ 시스코사는 여러 링크들을 하나로 묶어 링크의 밴드위드스를 높입니다. 100Mbps의 패스트 이더넷을 8개까지 묶어서 800Mbps로 만들 수 있고, 이 패스트 이더넷을 모두 풀 듀플렉스로 사용하면 1600Mbps의 패스트 이더채널이 됩니다. 또 1Gbps의 기가비트 이더넷을 8개까지 풀 듀플렉스로 묶어서 16Gbps를 만들면 기가비트 이더채널이 됩니다.

✓ 이더채널은 로드 분산 알고리즘을 사용해 여러 링크로 트래픽을 나누어 줍니다. 로드 분산 기준은 출발지 IP 주소 1개일 때도 있고, 출발지와 목적지 IP 주소, 혹은 출발지와 목적지 MAC 주소 2개일 때도 있습니다.

✓ 이더채널로 묶을 수 있는 포트들은 자격 조건이 까다롭습니다. PAgP와 LACP는 네고시에이션을 통해 두 스위치 간의 링크들이 이더채널이 될 수 있는지를 자동으로 점검해 줍니다.

실 습 실

이더채널 구현하기

1. [그림 10-12]의 디스트리뷰션 스위치들인 갑돌이_스위치–갑순이_스위치 간 연결 8개를 트렁크로 설정하세요.

2. 갑돌이_스위치–갑순이_스위치 간 트렁크 연결을 이더채널로 구현하되 이더채널 네고시에 이션 프로토콜로 PagP를 사용하세요. SW1의 PAgP 프로토콜 모드를 'non-silent' 모드로 구현하되 'desirable' 모드로 설정하고, SW2의 PAgP 프로토콜 모드를 'non-silent' 모드로 구현하되 'auto' 모드로 설정하세요.

3. 갑돌이 스위치에서는 로드밸런싱의 기준을 '출발지 IP'로 하고, 갑순이 스위치의 로드밸런싱 기준은 '출발지와 목적지 MAC 주소'로 설정하세요.

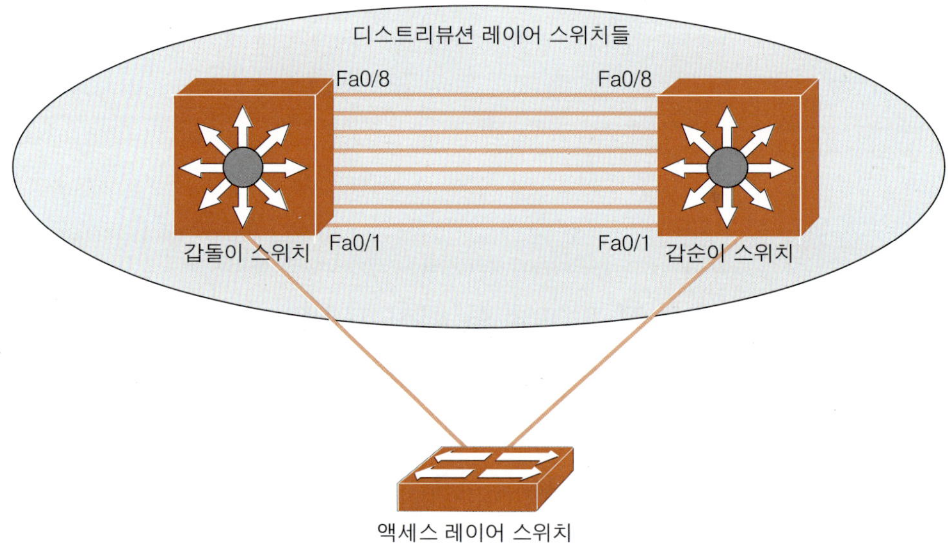

그림 10-12 >>
디스트리뷰션
레이어 스위치들을
이더채널로 묶는다.

1. 갑돌이 스위치와 갑순이 스위치에서 포트를 트렁크로 구현하는 명령은 'switchport mode trunk'입니다.

2. 갑돌이 스위치와 갑순이 스위치 간의 트렁크 8개를 이더채널로 묶기 위해 갑돌이 스위치에서 명령을 사용합니다. 'channel-protocol pagp'와 'channel-group group 2 mode desirable non-silent'입니다.

갑순이 스위치에서는 이더채널에서의 니고시에이션 프로토콜을 PAGP 로 설정하는 명
령과 PAGP 프로토콜의 모드를 auto와 nonsilent로 구현하는 명령으로 'channel-pro-
tocol pagp'와 'channel-group group 2 mode auto non-silent'를 사용합니다.

3. 갑돌이 스위치에서 로드밸런싱의 기준을 출발지 IP로 하는 명령은 'port-channel
load-balance src-ip'이고, 갑순이 스위치의 로드밸런싱 기준인 출발지와 목적지 MAC
주소로 잡는 명령은 'port-channel load-balance src-dst-mac'입니다.


```
갑돌이_스위치(config)#interface fa 0/1
갑돌이_스위치(config-if)#switchport mode trunk
갑돌이_스위치(config-if)#channel-protocol pagp
갑돌이_스위치(config-if)#channel-group group 2 mode desirable non-silent
갑돌이_스위치(config)#interface fa 0/2
갑돌이_스위치(config-if)#switchport mode trunk
갑돌이_스위치(config-if)#channel-protocol pagp
갑돌이_스위치(config-if)#channel-group group 2 mode desirable non-silent
갑돌이_스위치(config)#interface fa 0/3
갑돌이_스위치(config-if)#switchport mode trunk
갑돌이_스위치(config-if)#channel-protocol pagp
갑돌이_스위치(config-if)#channel-group group 2 mode desirable non-silent
갑돌이_스위치(config)#interface fa 0/4
갑돌이_스위치(config-if)#switchport mode trunk
갑돌이_스위치(config-if)#channel-protocol pagp
갑돌이_스위치(config-if)#channel-group group 2 mode desirable non-silent
갑돌이_스위치(config)#interface fa 0/5
갑돌이_스위치(config-if)#switchport mode trunk
갑돌이_스위치(config-if)#channel-protocol pagp
갑돌이_스위치(config-if)#channel-group group 2 mode desirable non-silent
갑돌이_스위치(config)#interface fa 0/6
갑돌이_스위치(config-if)#switchport mode trunk
갑돌이_스위치(config-if)#channel-protocol pagp
갑돌이_스위치(config-if)#channel-group group 2 mode desirable non-silent
갑돌이_스위치(config)#interface fa 0/7
갑돌이_스위치(config-if)#switchport mode trunk
갑돌이_스위치(config-if)#channel-protocol pagp
갑돌이_스위치(config-if)#channel-group group 2 mode desirable non-silent
갑돌이_스위치(config)#interface fa 0/8
갑돌이_스위치(config-if)#switchport mode trunk
갑돌이_스위치(config-if)#channel-protocol pagp
갑돌이_스위치(config-if)#channel-group group 2 mode desirable non-silen
갑돌이_스위치(config)# port-channel load-balance src-ip
```

```
갑순이_스위치(config)#interface fa 0/1
갑순이_스위치(config-if)#switchport mode trunk
갑순이_스위치(config-if)#channel-protocol pagp
갑순이_스위치(config-if)#channel-group group 2 mode auto non-silent
갑순이_스위치(config)#interface fa 0/2
갑순이_스위치(config-if)#switchport mode trunk
갑순이_스위치(config-if)#channel-protocol pagp
갑순이_스위치(config-if)#channel-group group 2 mode auto non-silent
갑순이_스위치(config)#interface fa 0/3
갑순이_스위치(config-if)#switchport mode trunk
갑순이_스위치(config-if)#channel-protocol pagp
갑순이_스위치(config-if)#channel-group group 2 mode auto non-silent
갑순이_스위치(config)#interface fa 0/4
갑순이_스위치(config-if)#switchport mode trunk
갑순이_스위치(config-if)#channel-protocol pagp
갑순이_스위치(config-if)#channel-group group 2 mode auto non-silent
갑순이_스위치(config)#interface fa 0/5
갑순이_스위치(config-if)#switchport mode trunk
갑순이_스위치(config-if)#channel-protocol pagp
갑순이_스위치(config-if)#channel-group group 2 mode auto non-silent
갑순이_스위치(config)#interface fa 0/6
갑순이_스위치(config-if)#switchport mode trunk
갑순이_스위치(config-if)#channel-protocol pagp
갑순이_스위치(config-if)#channel-group group 2 mode auto non-silent
갑순이_스위치(config)#interface fa 0/7
갑순이_스위치(config-if)#switchport mode trunk
갑순이_스위치(config-if)#channel-protocol pagp
갑순이_스위치(config-if)#channel-group group 2 mode auto non-silent
갑순이_스위치(config)#interface fa 0/8
갑순이_스위치(config-if)#switchport mode trunk
갑순이_스위치(config-if)#channel-protocol pagp
갑순이_스위치(config-if)#channel-group group 2 mode auto non-silent
갑순이_스위치(config)# port-channel load-balance src-dst-mac
```

Chapter 11

HSRP·VRRP·GLBP로 라우터 두 대를 한대처럼 쓰자!

디스트리뷰션 레이어 장비는 다른 네트워크로 향하는 모든 트래픽이 반드시 통과하는 아주 중요한 길목입니다. 그래서 중간 규모 이상의 캠퍼스 네트워크에서는 안전을 위해 디스트리뷰션 레이어의 라우터 장비를 이중화하는 것이 보통입니다. 이번 장에서는 라우터 이중화를 위한 프로토콜인 HSRP, VRRP, GLBP에 대해 배우겠습니다.

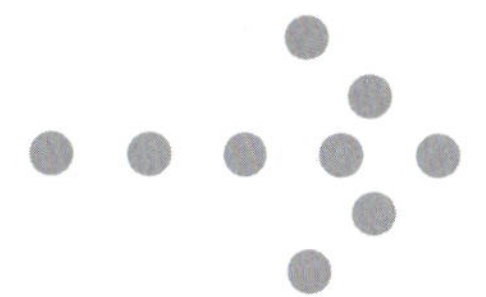

Lesson
01

라우터 백업을 가능하게 하는 HSRP 프로토콜 *

PC가 다른 네트워크에 있는 장비와 통신을 하려면 반드시 라우터의 라우팅 서비스를 받아야 합니다.

패킷의 목적지가 다른 네트워크에 있는 장비일 경우 PC는 디폴트 게이트웨이인 라우터로 패킷을 보냅니다. 하지만 디폴트 게이트웨이는 PC에 하나만 구현할 수 있기 때문에 망 내에 라우터가 여러 대 있더라도 한대만 사용할 수 있어서 결국 라우터 백업을 하지 못합니다.

즉, 라우터 하나가 다운되더라도 다른 라우터를 사용하지 못하게 됩니다.

[그림 11-1]을 보면 PC B와 C는 갑돌이 라우터를 디폴트 게이트웨이로 구현하여 외부 네트워크로 나가는 트래픽을 무조건 갑돌이 라우터로 보내고 있습니다. PC들은 기본적으로 하나의 디폴트 게이트웨이만 구현할 수 있기 때문에 갑돌이 라우터가 다운되면 갑순이 라우터가 있더라도 라우팅 서비스를 받지 못합니다. 결국 갑순이 라우터는 무용지물인 셈입니다.

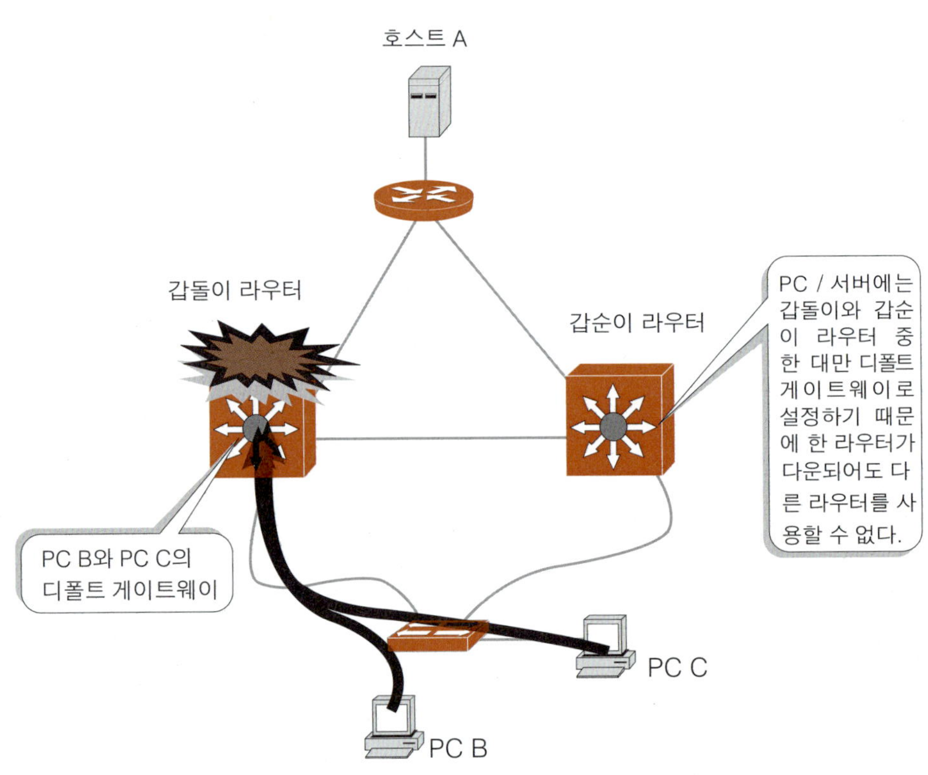

그림 11-1 ≫ PC 중 한대에만 디폴트 게이트웨이가 구현되기 때문에 갑돌이 라우터가 다운되더라도 갑순이 라우터를 대신 사용할 수 없다.

디폴트 게이트웨이 역할을 하는 라우터가 고장났을 때 고장이 나지 않은 다른 라우터를 사용하기 위해서 시스코 라우터는 HSRP(Hot Standby Routing Protocol)를 사용합니다.

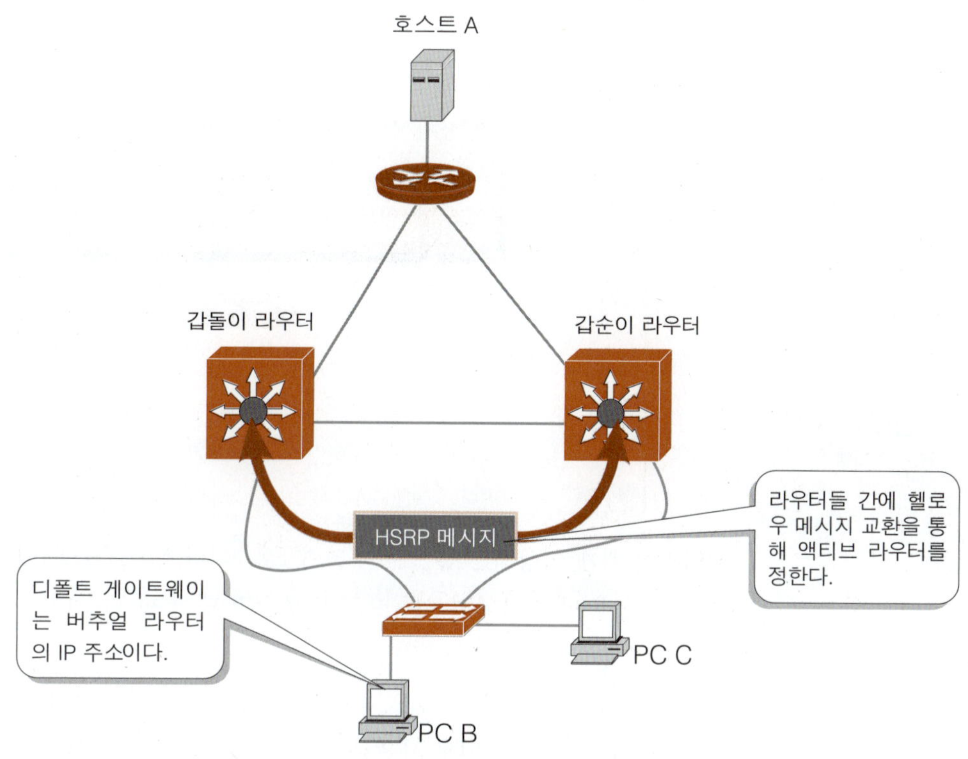

그림 11-2 ≫
두 라우터 중에서
한 라우터가 액티브
라우터로 선택된다.

Tip 유령 라우터

버추얼 라우터는 실제로 존재하지 않는 가상 라우터이므로 유령 라우터(Phan-tom Router)라고도 합니다.

PC/서버들은 HSRP를 구현하면 여러 대의 라우터들을 하나의 라우터로 보는데, 이것을 *버추얼 라우터(Virtual Router)라고 합니다.

각 라우터가 가진 실제 IP 주소와 MAC 주소 외에 버추얼 라우터도 하나의 IP 주소와 MAC 주소를 가집니다. PC에서는 버추얼 라우터 주소를 디폴트 게이트웨이 주소로 구현해야 합니다. 버추얼 라우터의 주소는 갑돌이 라우터의 주소도, 갑순이 라우터의 주소도 아닙니다. 두 라우터들이 헬로우 메시지를 주고받아서 누가 버추얼 라우터 역할을 할 것인지를 정합니다.

버추얼 라우터의 IP 주소와 MAC 주소를 공유하는 라우터들은 액티브 라우터(Active Router)와 스탠바이 라우터(Standby Router)로 나뉘는데, 액티브 라우터가 고장났을 때 스탠바이 라우터가 액티브 라우터 역할을 대신합니다. 이 액티브 라우터가 버추얼 라우터의 역할을 수행합니다. HSRP 그룹은 [그림 11-3]과 같은 항목들로 구성됩니다.

그림 11-3 >>
HSRP 그룹 멤버

HSRP는 한개 이상의 그룹으로 나눌 수 있습니다. HSRP를 여러 개의 그룹으로 나누는 이유는 간단합니다. 만약 하나의 그룹으로만 묶으면 항상 한 라우터만 사용해야 하고, 다른 라우터는 쉬어야 하는데 이것은 합리적이지 않습니다.

그래서 [그림 11-4]와 같이 PC들을 여러 그룹으로 나누어서 그룹 1에 속하는 PC들은 갑돌이 라우터를 액티브 라우터로 사용하고, 그룹 2에 속하는 PC들은 갑순이 라우터를 액티브 라우터로 사용해서 라우터 간 로드를 분산합니다. 참고로 HSRP 그룹은 255개까지 만들 수 있습니다.

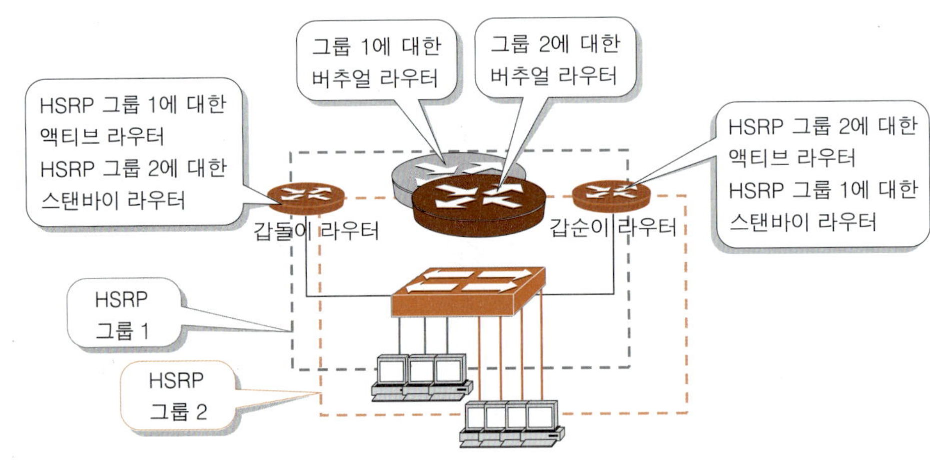

그림 11-4 >>
HSRP 그룹을 두 개로
나누면 두 라우터
모두 동시에 사용할
수 있다.

Lesson 02 한눈으로 보는 HSRP의 동작 원리 ✳

ARP 테이블을 통해 HSRP 그룹 내의 액티브 라우터와 스탠바이 라우터들, 버추얼 라우터의 IP 주소, MAC 주소들을 확인할 수 있습니다. [그림 11-5]에서 갑돌이 라우터 또는 갑순이 라우터에서 'show ip arp' 명령을 내리면 ARP 테이블을 볼 수 있습니다.

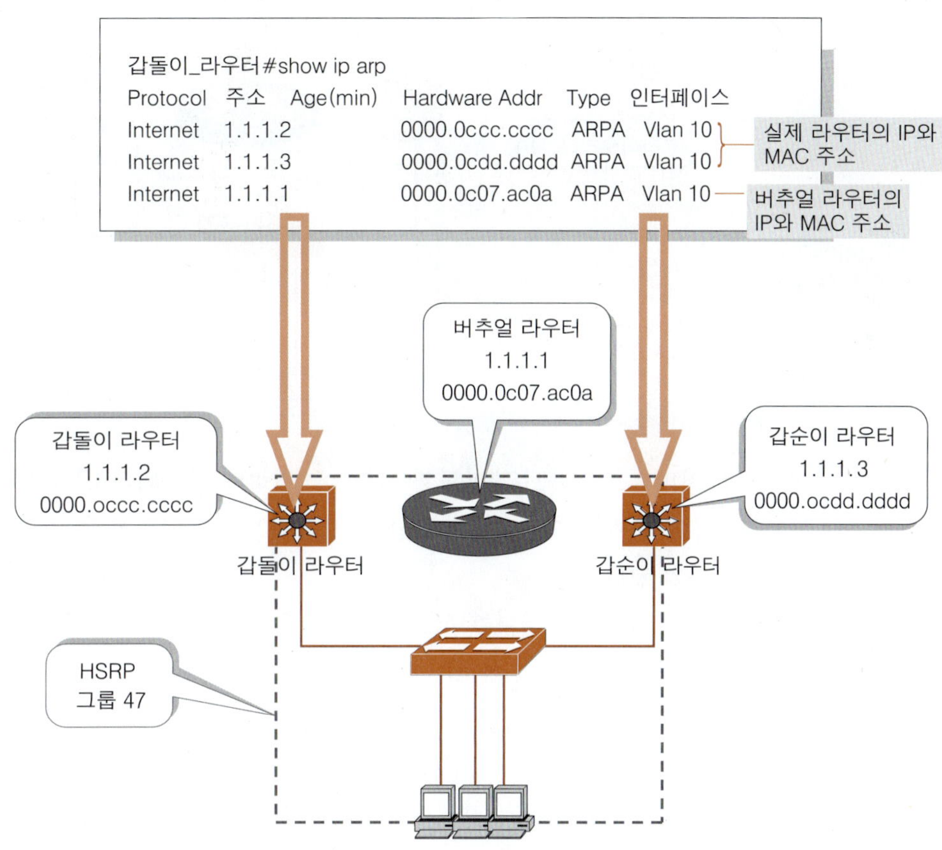

그림 11-5 ≫ 버추얼 라우터도 MAC 주소가 있다.

버추얼 라우터의 IP 주소는 사람이 직접 입력해야 하지만 MAC 주소는 다음과 같은 원리에 의해 자동으로 부여됩니다. [그림 11-5]의 '0000.0c07.ac0a'를 예로 들어 보겠습니다.

- 0000.0c : 시스코 제조사 번호
- 07.ac : HSRP 버추얼 MAC 주소에서 사용하는 고정 번호
- 0a : 스탠바이 그룹 ID(47)

나중에 소개하겠지만 HSRP를 구현하려면 각 라우터에서 HSRP 프라이오리티를 구현해 주어야 합니다. [그림 11-6]과 같이 HSRP 프라이오리티가 높은 라우터가 액티브 라우터가 되고, 프라이오리티가 낮은 라우터가 스탠바이 라우터가 됩니다.

액티브 라우터는 다음과 같은 원리에 따라 동작합니다. HSRP 메시지 교환을 통해 갑돌이 라우터가 갑순이 라우터보다 HSRP 프라이오리티가 높다면 갑돌이 라우터가 액티브 라우터가 됩니다. 갑돌이 라우터가 액티브 라우터가 되었다는 것은 갑돌이 라우터가 소속된 PC/서버에서 출발한 패킷에게 라우팅 서비스를 제공한다는 말입니다.

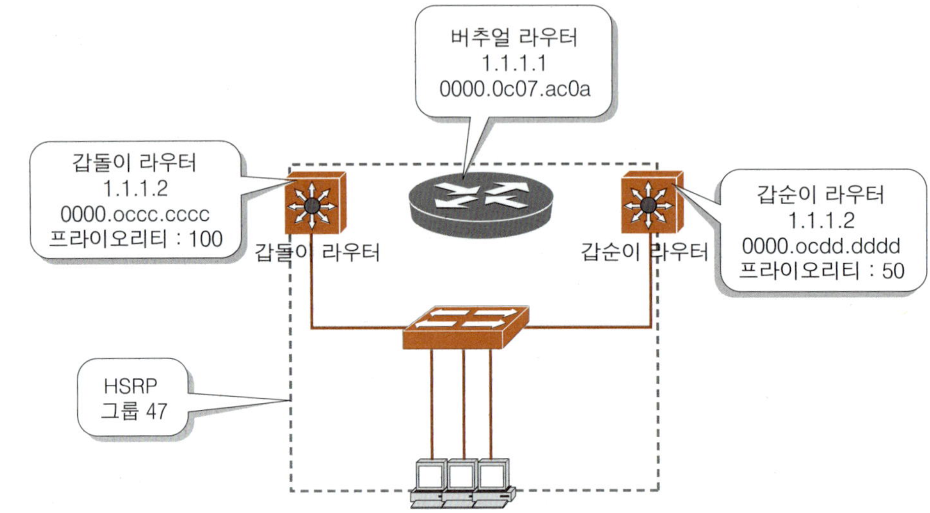

그림 11-6 ≫
프라이오리티가 높은 라우터가 액티브 라우터가 되는데, 액티브 라우터가 버추얼 라우터 역할을 한다.

PC/서버들의 디폴트 게이트웨이 주소는 갑돌이 라우터의 IP 주소(1.1.1.2)도 아니고, 갑순이 라우터의 IP 주소(1.1.1.3)도 아닙니다. 버추얼 라우터의 IP 주소(1.1.1.1)가 디폴트 게이트웨이 주소가 됩니다.

PC들이 다른 네트워크를 향하는 패킷들의 2계층 인캡슐레이션을 위해 버추얼 IP 주소에 대한 MAC 주소를 알기위해 ARP 요청을 보내면, [그림 11-7]과 같이 액티브 라우터가 PC에서 요청한 버추얼 라우터의 MAC 주소를 알려 줍니다.

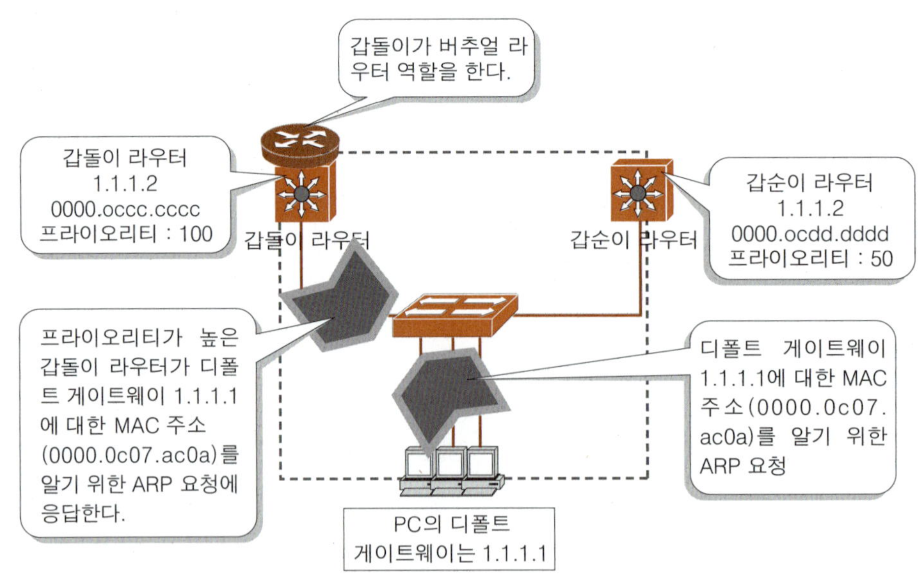

그림 11-7 ≫
액티브 라우터가 버추얼 라우터 주소에 대한 ARP 요청에 응답한다.

갑돌이 라우터가 액티브 라우터가 될 수도 있고, 갑순이 라우터가 액티브 라우터가 될 수도 있습니다. 갑돌이 라우터가 액티브 라우터가 되었다면 [그림 11-8]에서 액세스 레이어 스위치의 인터페이스 fa0/1에 버추얼 라우터의 MAC 주소가 학습될 것이고, 갑순이 라우터가 액티브 라우터가 되었다면 액세스 레이어 스위치의 인터페이스 fa0/2에 버추얼 라우터의 MAC 주소가 학습됩니다.

PC에서 출발해 다른 네트워크로 향하는 패킷들의 2계층 목적지 MAC 주소는 버추얼 라우터의 MAC 주소이므로 갑돌이 라우터가 액티브 라우터라면 [그림 11-8]에서 갑돌이 라우터 방향으로 가서 액티브 라우터인 갑돌이를 만나게 될 것입니다. 갑순이 라우터가 액티브 라우터라면 갑순이 라우터 방향으로 가서 액티브 라우터로 활약하는 갑순이를 만나게 될 것입니다.

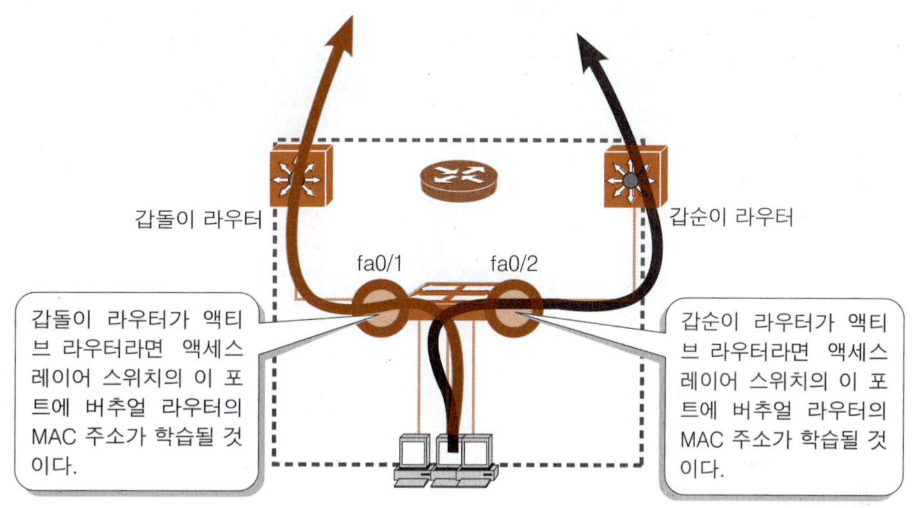

그림 11-8 >>
버추얼 라우터의 MAC 주소는 다음과 같이 학습될 것이다.

앞에서 설명한 것처럼 HSRP에 그룹이 하나만 있으면 한 라우터는 혹사당하고 다른 라우터는 놀기만 하므로 불공평합니다. 그래서 [그림 11-9]처럼 HSRP를 여러 개의 그룹으로 나누어 라우터 간에 부하를 분산합니다. 이것을 MHSRP(Multiple HSRP)라고 합니다.

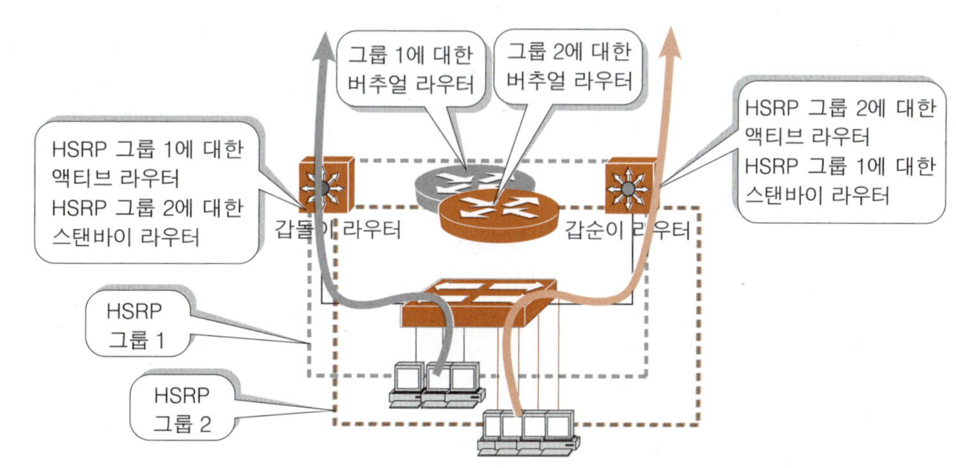

그림 11-9 >>
그룹별로 액티브 라우터가 달라지면 두 라우터를 동시에 사용할 수 있다.

Lesson 03 | 누구나 할 수 있는 HSRP 구현 ✳

[그림 11-10]은 HSRP를 구현한 예입니다. VLAN 10에 속하는 PC들은 갑돌이 라우터를 액티브 라우터로 구현하고, VLAN 20에 속하는 PC들은 갑순이 라우터를 액티브 라우터로 사용하도록 구현했습니다. 한 VLAN 내에서도 두 개의 HSRP 그룹을 사용할 수 있지만 [그림 11-10]은 HSRP를 VLAN별로 두 개의 그룹으로 나눈 경우입니다.

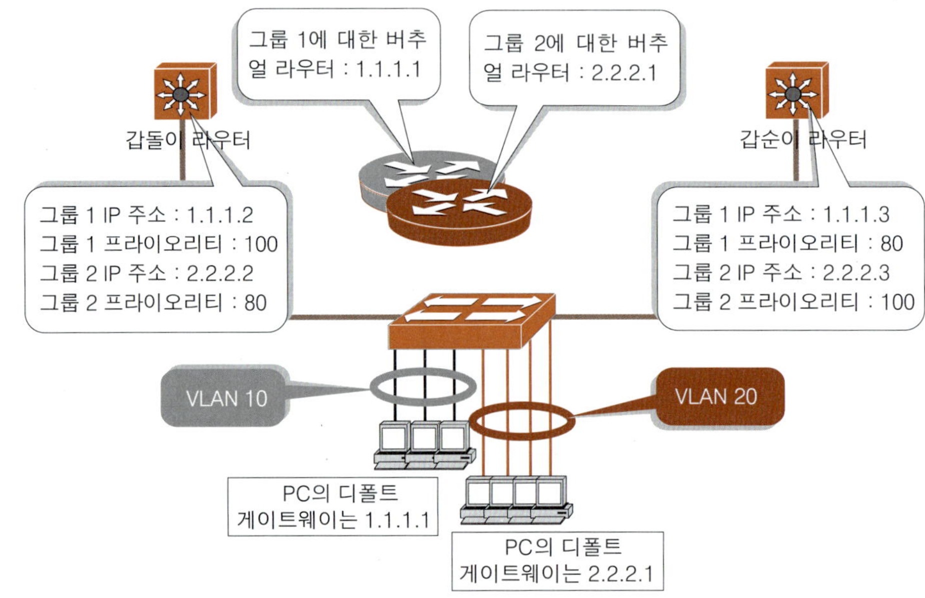

그림 11-10 ≫ VLAN별로 프라이오리티를 조정하여 액티브 라우터를 정한다.

액티브 라우터는 스탠바이 라우터 보다 프라이오리티가 높도록 구현합니다.

HSRP에 사용되는 명령어

- standby 1 lp 1.1.1.1 : HSRP 그룹 1에 대한 버추얼 라우터의 주소는 1.1.1.1로 스탠바이 그룹 1에 해당하는 VLAN 10에 속한 PC들의 디폴트 게이트웨이 주소입니다.
- Standby 1 Priority 100 : HSRP 그룹 1에 대한 각 라우터의 프라이오리티로 두 라우터 중 프라이오리티가 높은 라우터가 액티브 라우터가 됩니다. HSRP 헬로우 메시지 교환을 통해 액티브 라우터를 정합니다.
- standby 1 Preempt : 액티브 라우터가 다운되면 스탠바이 라우터가 이 역할을 대신하는데, 만약 이전의 액티브 라우터가 살아나면 다시 액티브 라우터 역할을 맡을 수 있도록 합니다. 이 명령이 없으면 다시 살아나더라도 스탠바이 상태로 있게 됩니다.

[그림 11-10]에 있는 두 라우터에서 HSRP를 구현하는 명령이 [예 11-1]에 있습니다. 이것은 멀티레이어 스위치의 내장형 라우터일 경우의 예입니다.

예 11-1 ≫
내장형 라우터에서
VLAN들이 각각 다른
그룹에 속하게 하여
HSRP를 구현한다.

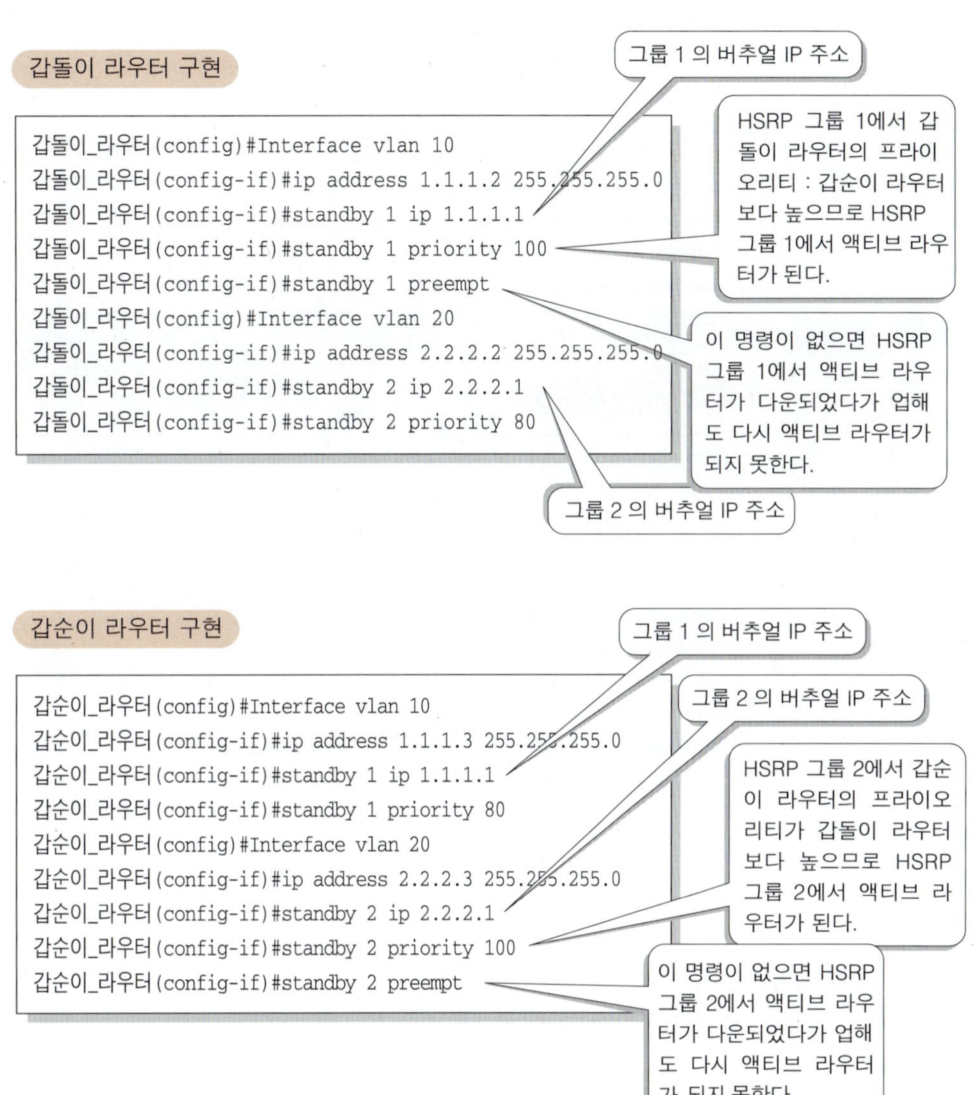

[예 11-2]는 외장형 라우터일 경우로 액세스 레이어 스위치와 라우터는 트렁크로 연결되어야 합니다. 이 경우의 HSRP 구현 명령입니다.

예 11-2 ≫
외장형 라우터에서
VLAN들이 각각 다른
그룹에 속하게 하여
HSRP를 구현한다.

갑돌이 라우터 구현

```
Router(config)#Interface fastethernet 0/0.1
Router(config-if)#encapsualtion isl 10
Router(config-if)#ip address 1.1.1.2 255.255.255.0
Router(config-if)#standby 1 ip 1.1.1.1
Router(config-if)#standby 1 priority 100
Router(config-if)#standby 1 preempt
Router(config)#Interface fastethernet 0/0.2
Router(config-if)#encapsualtion isl 20
Router(config-if)#ip address 2.2.2.2 255.255.255.0
Router(config-if)#standby 2 ip 2.2.2.1
Router(config-if)#standby 2 priority 80
```

갑순이 라우터 구현

```
Router(config)#Interface fastethernet 0/0.1
Router(config-if)#encapsualtion isl 10
Router(config-if)#ip address 1.1.1.3 255.255.255.0
Router(config-if)#standby 1 ip 1.1.1.1
Router(config-if)#standby 1 priority 80
Router(config)#Interface fastethernet 0/0.2
Router(config-if)#encapsualtion isl 20
Router(config-if)#ip address 2.2.2.3 255.255.255.0
Router(config-if)#standby 2 ip 2.2.2.1
Router(config-if)#standby 2 priority 100
Router(config-if)#standby 2 preempt
```

HSRP 메시지 교환, 포맷, 상태

앞에서 말한 것처럼 HSRP 그룹은 액티브 라우터, 스탠바이 라우터, 버추얼 라우터로 구성됩니다. 액티브 라우터는 버추얼 라우터로 보내진 패킷들을 라우팅 처리하는 역할을 합니다. 스탠바이 라우터는 HSRP 그룹의 상태를 감시하다가 액티브 라우터가 고장났을 때 액티브 라우터를 대신하기 위해 대기하고 있습니다.

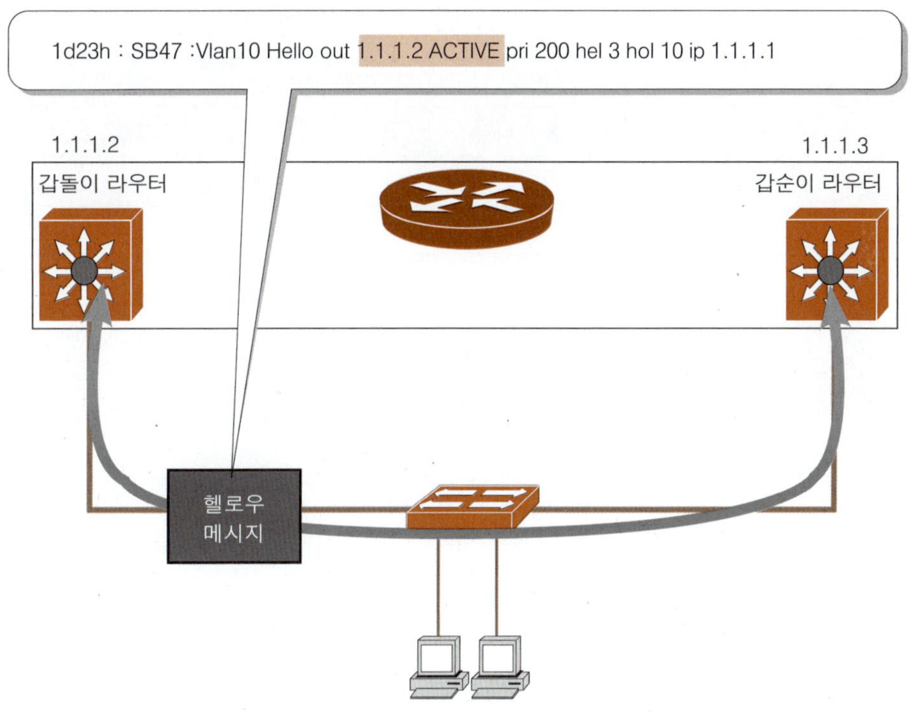

그림 11-11 >>
HSRP 메시지
교환을 통해 액티브
라우터가 정해진다.

두 라우터 중 어느 것이 액티브 라우터가 되고 스탠바이 라우터가 될 지는 헬로우 메시지 교환을 통해서 정합니다. 액티브 라우터가 된 라우터는 PC들의 ARP 요청에 응답합니다. 만약 액티브 라우터가 고장나면 HSRP 그룹 내의 스탠바이 라우터는 HSRP 헬로우 메시지를 수신할 수 없습니다.

스탠바이 라우터가 [그림 11-13]처럼 HSRP 헬로우 메시지를 HSRP *홀드 타임(HSRP Hold Time) 동안 수신하지 못하면 자신이 액티브 라우터가 됩니다.

새로 액티브 라우터가 된 스탠바이 라우터는 액티브 라우터가 원래 수행하던 일을 맡습니다. 이렇게 해서 PC는 라우터가 바뀐 것과 상관없이 여전히 라우팅 서비스를 받을 수 있습니다.

스탠바이 그룹 내의 모든 라우터는 HSRP 메시지를 주고 받습니다. 이 메시지를 통해 그룹 내 라우터의 역할들을 결정하고 유지합니다. HSRP 메시지는 UDP(User Datagram Protocol)로 인캡슐레이션 되고, 포트 번호 '1985'를 사용하며, 라우터만이 수신하는 주소인 '224.0.0.2'를 사용합니다.

HSRP 메시지는 16 octet으로 구성되며, 포맷은 다음과 같습니다.

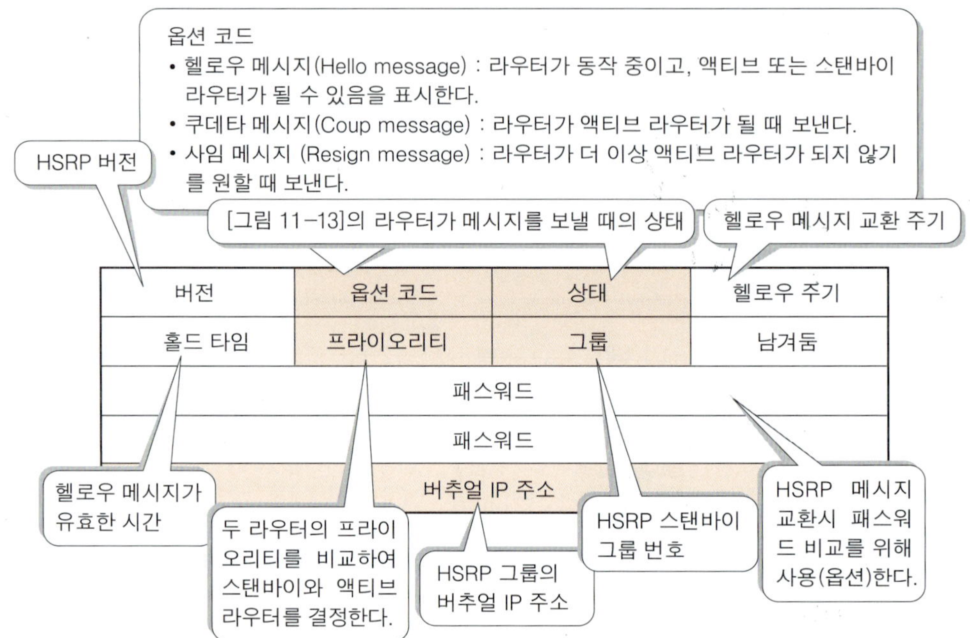

그림 11-12 >> HSRP 헬로우 메시지의 포맷

HSRP 그룹 내의 라우터들이 액티브 라우터와 스탠바이 라우터로 선정되는 과정은 [그림 11-13]과 같이 6단계를 거칩니다. 라우터는 각 단계에서 필요한 동작을 수행합니다.

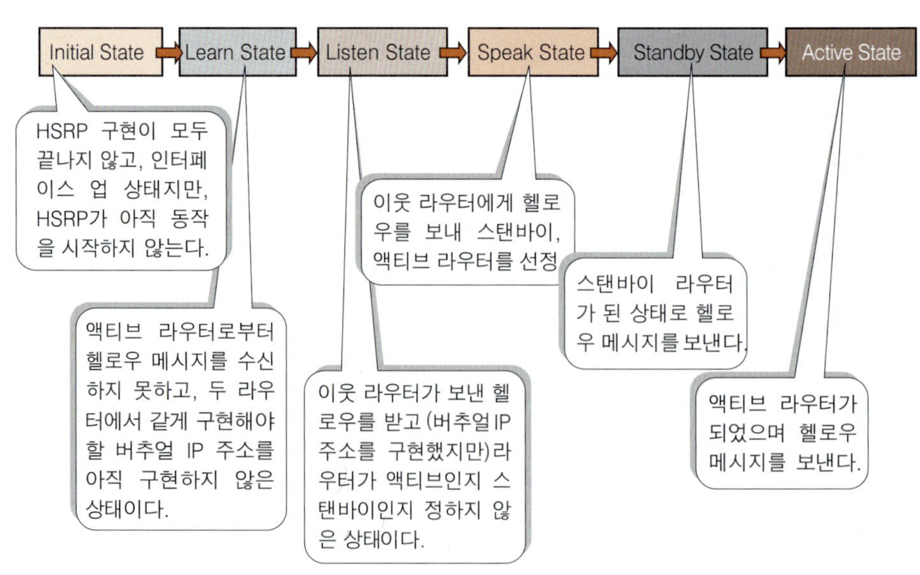

그림 11-13 >> HSRP 상태

HSRP 프로토콜의 인터페이스 트래킹 기능

[그림 11-14]를 보면 10.0.0.0 네트워크에서는 '라우터 1'이 액티브 라우터입니다. 따라서 10.0.0.0 네트워크에 있는 PC들은 20.0.0.0 네트워크에 가려면 라우터 1을 통해서 가야 합니다.

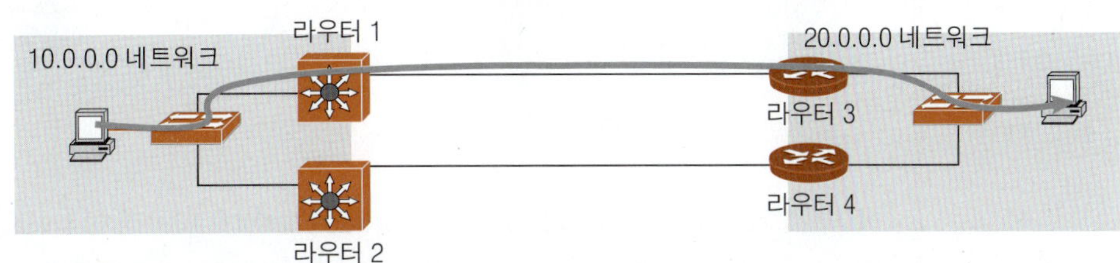

그림 11-14 >>
일반적인 경우 액티브 라우터를 통해 통신한다.

그런데 라우터 1과 3 사이의 링크에 문제가 발생하면 라우터 1은 라우터 2에게 헬로우 메시지를 보내고 액티브 라우터 역할을 계속 수행합니다. 라우터 1이 여전히 액티브 라우터이기 때문에 PC 간의 통신은 [그림 11-15]와 같은 경로를 따를 것입니다.

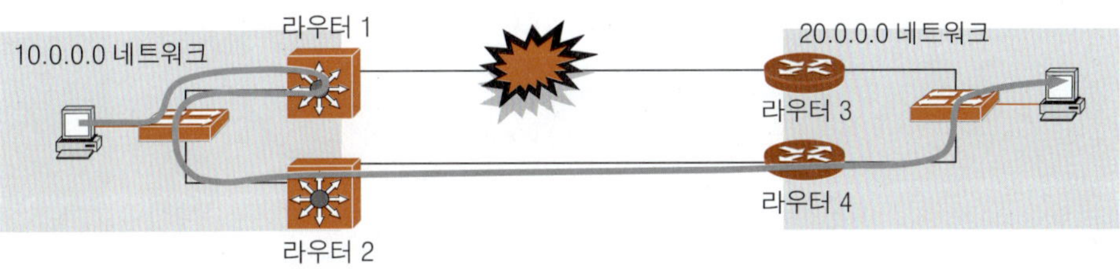

그림 11-15 >>
링크가 다운되어도 반드시 액티브 라우터를 거쳐서 통신한다.

인터페이스 트래킹(tracking)을 구현하면 HSRP 라우터는 라우터 인터페이스의 링크 상태에 따라 자동으로 HSRP 그룹의 프라이오리티를 조정합니다. 그래서 감시 중이던 인터페이스가 다운되면 라우터의 HSRP 프라이오리티는 감소합니다.

[그림 11-15]에서 라우터 1과 3 사이의 링크가 다운되면 라우터 1의 프라이오리티를 감소시키고, 라우터 2가 액티브 라우터가 됩니다. 이때 라우터 2에 'standby 1 preempt' 명령을 구현해야 합니다.

인터페이스 트래킹을 구현하면 라우터가 다운되었을 때 뿐만 아니라 라운터 1과 3을 연결하는 링크가 다운되었을 때도 스탠바이 라우터가 액티브 라우터의 역할을 수행할 수 있어서 [그림 11-16]과 같은 경로로 패킷을 보낼 수 있습니다. 불필요하게 라우터 1을 통과할 필요없이 합리적인 경로를 이용합니다.

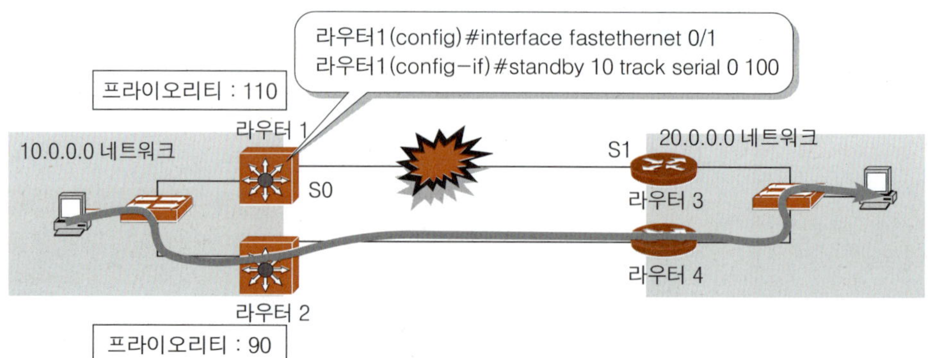

그림 11-16 》
인터페이스 트래킹을
구현하면 다음과 같은
경로를 선택한다.

HSRP 트래킹을 구현하려면 'standby 10 track serial 0 100' 명령을 사용합니다. 'Serial 0' 인터페이스는 트래킹되는 인터페이스입니다. '100'은 인터페이스가 다운된 상태에서 감소되는 프라이오리티 수치를 말합니다. 인터페이스가 한번 다운되었을 때 프라이오리티가 '100'이 감소되어 '10'이 되므로 라우터 2의 프라이오리티 '90'보다 낮아져서 라우터 2가 액티브 라우터가 됩니다.

HSRP의 상태 확인하기

HSRP의 상태를 확인하기 위해서는 'show standby brief' 명령을 사용합니다. [예 11−3]에서 갑돌이 라우터(VLAN 10 인터페이스)는 HSRP 그룹 10에 속하는데, 그룹 10번에서의 프라이오리티는 150으로 액티브 라우터가 되었음을 알 수 있습니다. 또한 갑돌이 라우터(VLAN 20 인터페이스)는 HSRP 그룹 20에 속하는데, 갑돌이 라우터는 프라이오리티가 50으로 스탠바이 라우터임을 알 수 있습니다.

예 11−3 >>
HSRP의 상태를 확인하는 show standby−brief 명령

```
갑돌이_라우터#show standby brief
Interface   Grp   Prio   P State     Active Addr    Standby Addr   Group Addr
V10         10    150    P Active    local          1.1.1.3        1.1.1.1
V20         20    50       Standby   2.1.1.2        local          2.1.1.1
```

'debug standby' 명령을 사용하면 [예 11−4]와 같이 HSRP 상태 전환과 HSRP 메시지를 교환하는 현재 상태를 보여 줍니다.

예 11−4 >>
debug standby
명령

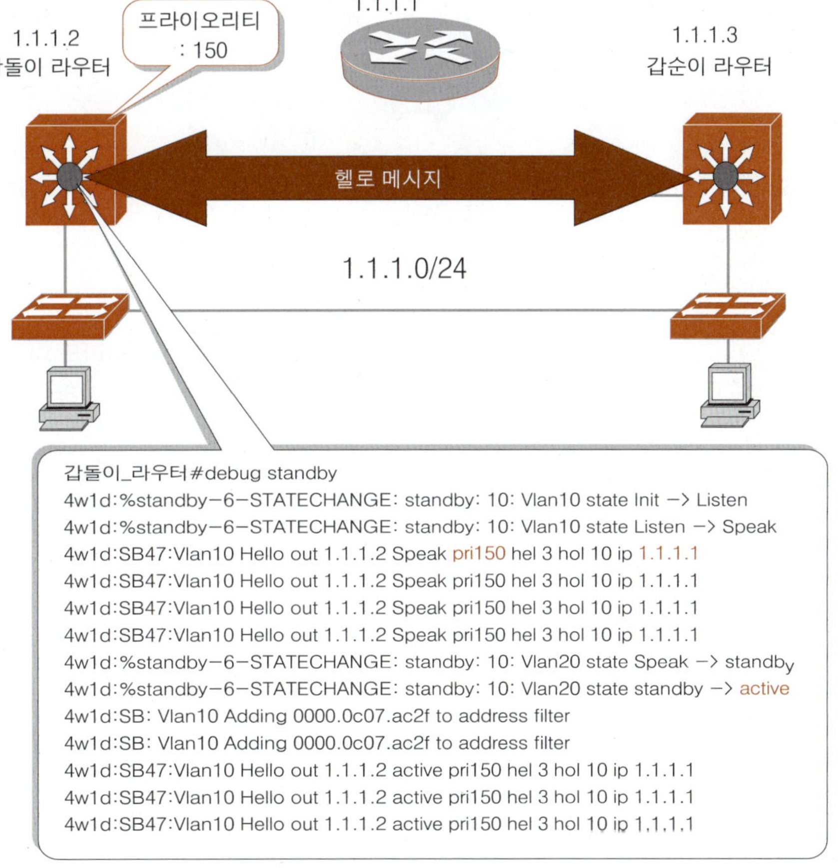


```
갑돌이_라우터#debug standby
4w1d:%standby−6−STATECHANGE: standby: 10: Vlan10 state Init −> Listen
4w1d:%standby−6−STATECHANGE: standby: 10: Vlan10 state Listen −> Speak
4w1d:SB47:Vlan10 Hello out 1.1.1.2 Speak pri150 hel 3 hol 10 ip 1.1.1.1
4w1d:SB47:Vlan10 Hello out 1.1.1.2 Speak pri150 hel 3 hol 10 ip 1.1.1.1
4w1d:SB47:Vlan10 Hello out 1.1.1.2 Speak pri150 hel 3 hol 10 ip 1.1.1.1
4w1d:SB47:Vlan10 Hello out 1.1.1.2 Speak pri150 hel 3 hol 10 ip 1.1.1.1
4w1d:%standby−6−STATECHANGE: standby: 10: Vlan20 state Speak −> standby
4w1d:%standby−6−STATECHANGE: standby: 10: Vlan20 state standby −> active
4w1d:SB: Vlan10 Adding 0000.0c07.ac2f to address filter
4w1d:SB: Vlan10 Adding 0000.0c07.ac2f to address filter
4w1d:SB47:Vlan10 Hello out 1.1.1.2 active pri150 hel 3 hol 10 ip 1.1.1.1
4w1d:SB47:Vlan10 Hello out 1.1.1.2 active pri150 hel 3 hol 10 ip 1.1.1.1
4w1d:SB47:Vlan10 Hello out 1.1.1.2 active pri150 hel 3 hol 10 ip 1.1.1.1
```

[예 11-4]를 보면 VLAN 10의 서브넷인 1.1.1.0/24 네트워크에서 버추얼 IP가 1.1.1.1입니다. 1.1.1.1 주소를 가진 갑돌이 라우터의 프라이오리티가 150으로 액티브 라우터가 되는 과정을 보여 줍니다.

> **한 걸음 더!**
>
> ## 네트워커(Networker)는 네트워크(Network)를 닮아야 한다
>
> 네트워크를 공부하는 사람은 네트워크를 닮아야 합니다. 기술이 중요하고 하지만 훌륭한 지식 네트워크를 가진 사람에 비하면 한 수 아래입니다. 훌륭한 네트워크 기술을 가지기 위해서는 네트워크 지식을 습득하는 한편 자기만의 성을 쌓기 보다는 네트워크 기술의 각 분야(예를 들어, Voice over IP, 보안 등)마다 스승으로 삼을 수 있는 사람들을 최소한 한 명 이상 두는 것이 좋습니다. 스승이 되어 줄 사람을 찾을 때는 기술 지식의 수준이 높다면 좋겠지만 그렇지 못하더라도 상호 토론의 미덕과 파워를 아는 사람을 찾는 것이 중요합니다. 또한 각 분야마다 스승이 없더라도 내가 아는 스승이 다른 스승을 소개시켜 줄 것입니다. 그것이 바로 네트워크의 힘이니까요.
>
> 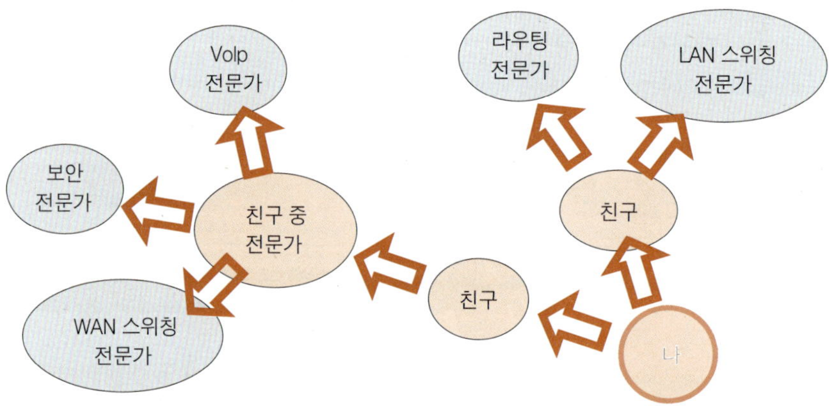
>
>
> 조금 아는 것도 물어 보십시오. 그리고 많이 아는 것이라도 다시 물어 보십시오. 겸손하게 끊임없이 질문을 하다 보면 자연스럽게 모든 사람이 인정하는 진정한 실력을 가지게 될 것입니다.

표준 프로토콜 VRRP

HSRP가 시스코 프로토콜인데 반해 VRRP(Virtual Router Redundancy Protocol)는 IETF 표준 RFC 2338에 정의된 표준 프로토콜입니다. VRRP의 동작과 구현 방식은 HSRP와 거의 같습니다. 단지 용어를 비롯해 약간의 차이가 있을 뿐입니다. HSRP와 VRRP의 차이점이 [표 11-1]에 정리되어 있습니다.

표 11-1 ≫
HSRP와 VRRP
비교

비교 항목	HSRP	VRRP
액티브 라우터의 이름	액티브 라우터라고 한다. HSRP 그룹 내에서 가장 높은 프라이오리티를 가진 라우터가 액티브 라우터가 된다.	마스터 라우터라고 한다. VRRP 그룹 내에서 가장 높은 프라이오리티를 가진 라우터가 마스터 라우터가 된다.
그룹 범위와 프라이오리티 범위	HSRP 그룹 넘버의 범위는 0~255이고, 프라이오리티 범위는 0~255이다(디폴트는 100).	VRRP 그룹 넘버의 범위는 0~255이고, 프라이오리티 범위는 1~254이다(디폴트는 100).
버추얼 라우터의 MAC 주소	버추얼 라우터의 MAC 주소는 0000.0c07.acxx이다(xx는 HSRP 그룹 번호).	버추얼 라우터의 MAC 주소는 0000.5e00.01xx이다(xx는 VRRP 그룹 번호).
메시지 간격	HSRP 헬로우 메시지는 3초마다 보낸다.	VRRP 어드버타이즈먼트는 1초마다 보낸다.
프리엠프트(Preempt) 구현이 가능한가?	기본적으로 모든 HSRP 라우터가 보다 높은 프라이오리티를 가진다면 다시 액티브 라우터가 되도록 구현할 수 있다	기본적으로 모든 VRRP 라우터가 보다 높은 프라이오리티를 가진다면 다시 마스터 라우터가 되도록 구현할 수 있다
인터페이스 트래킹 기능이 있는가?	인터페이스 트래킹 메커니즘이 있다.	인터페이스 트래킹 메커니즘이 없다.

VRRP는 기능상으로 보면 HSRP와 같습니다. 따라서 기능에 대한 소개는 넘어가고 VRRP와 HSRP 명령어를 구현할 때 어떤 차이가 있는지 소개하겠습니다.

VRRP를 구현하는 명령

● Vrrp 10 priority 100 : VRRP 10번 그룹에서 라우터의 프라이오리티입니다.

● Vrrp 10 timers advertise 1 : VRRP 10번 그룹에서의 VRRP 헬로우 메시지 교환 주기

● Vrrp 10 timers learn : VRRP 마스터 라우터의 VRRP 타이머를 따라 갑니다.

● Vrrp 10 preempt : VRRP 마스터 라우터가 다운되었다가 살아나면 다시 VRRP 마스터 라우터가 됩니다.

● Vrrp 10 authentication cisco : VRRP 어드버타이저먼트를 주고받기 전에 확인해 주는 패스워드를 설정할 수 있는데, 꼭 설정해야 하는 것은 아닙니다.

● Vrrp 10 ip 1.1.1.1 : VRRP 버추얼 라우터의 IP 주소입니다.

[예 11-5]는 VRRP를 구현한 예입니다.

예 11-5 >>
VRRP 구현

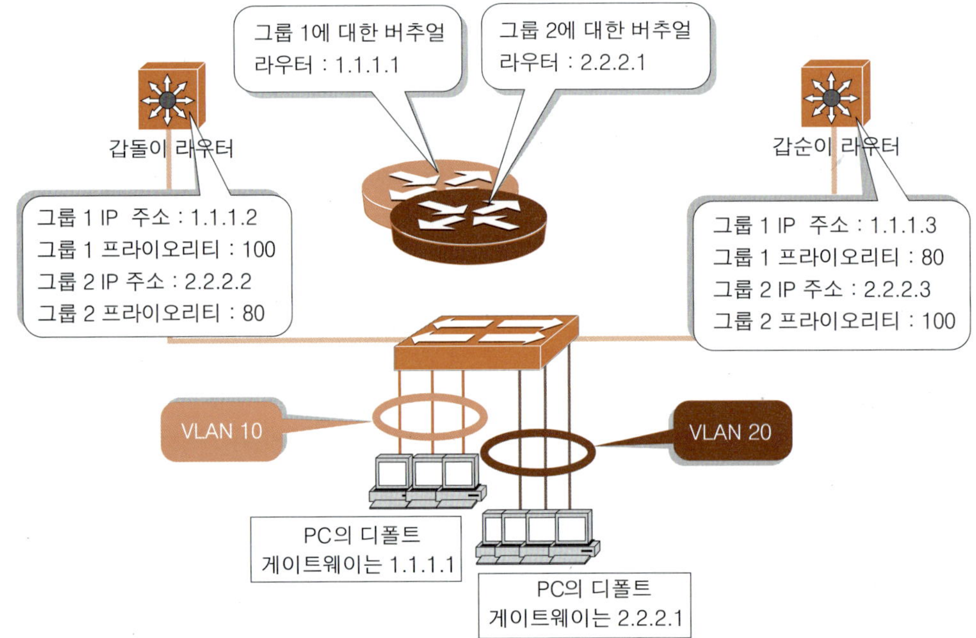

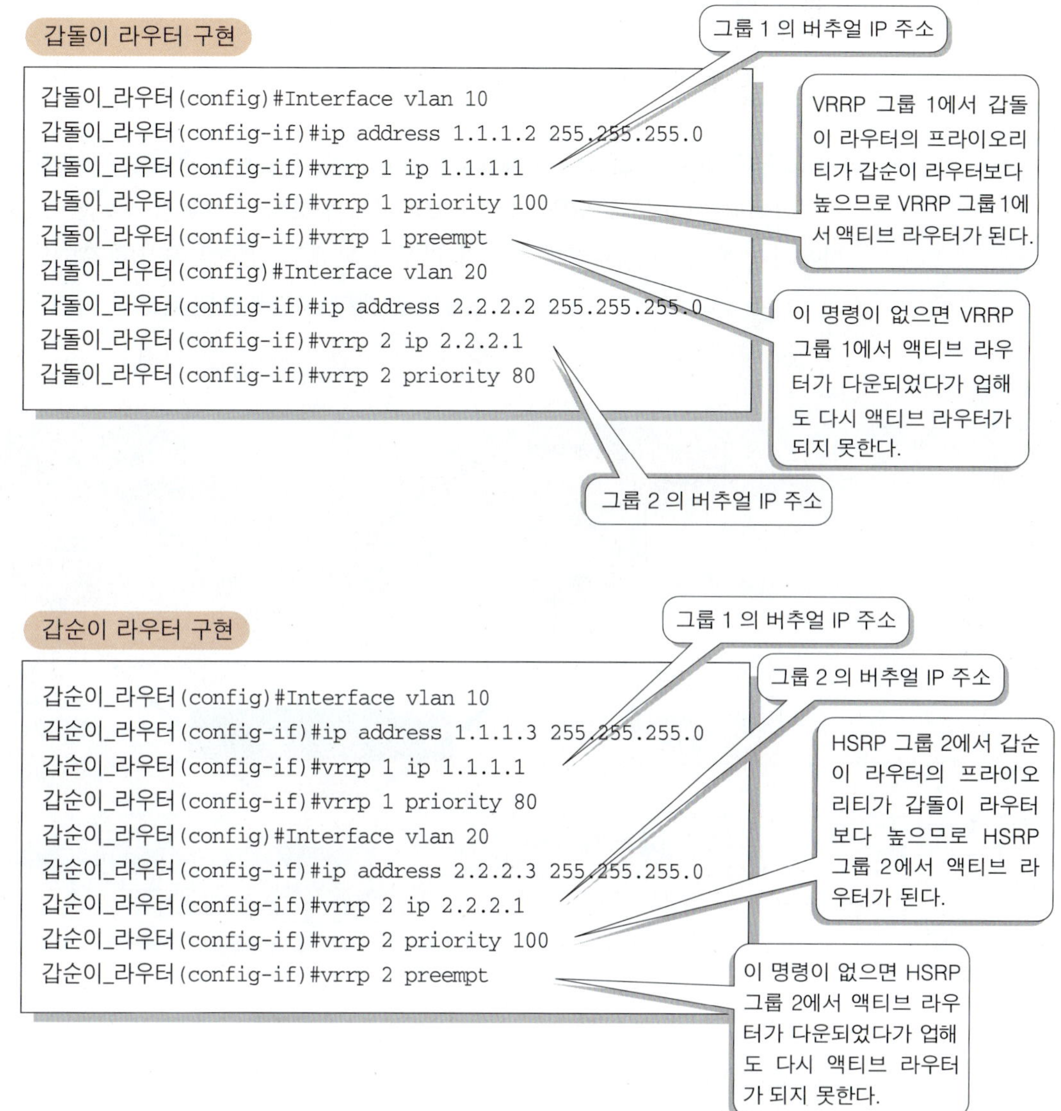

갑돌이 라우터 구현

갑돌이_라우터(config)#Interface vlan 10
갑돌이_라우터(config-if)#ip address 1.1.1.2 255.255.255.0
갑돌이_라우터(config-if)#vrrp 1 ip 1.1.1.1
갑돌이_라우터(config-if)#vrrp 1 priority 100
갑돌이_라우터(config-if)#vrrp 1 preempt
갑돌이_라우터(config)#Interface vlan 20
갑돌이_라우터(config-if)#ip address 2.2.2.2 255.255.255.0
갑돌이_라우터(config-if)#vrrp 2 ip 2.2.2.1
갑돌이_라우터(config-if)#vrrp 2 priority 80

그룹 1 의 버추얼 IP 주소

VRRP 그룹 1에서 갑돌이 라우터의 프라이오리티가 갑순이 라우터보다 높으므로 VRRP 그룹 1에서 액티브 라우터가 된다.

이 명령이 없으면 VRRP 그룹 1에서 액티브 라우터가 다운되었다가 업해도 다시 액티브 라우터가 되지 못한다.

그룹 2 의 버추얼 IP 주소

갑순이 라우터 구현

갑순이_라우터(config)#Interface vlan 10
갑순이_라우터(config-if)#ip address 1.1.1.3 255.255.255.0
갑순이_라우터(config-if)#vrrp 1 ip 1.1.1.1
갑순이_라우터(config-if)#vrrp 1 priority 80
갑순이_라우터(config)#Interface vlan 20
갑순이_라우터(config-if)#ip address 2.2.2.3 255.255.255.0
갑순이_라우터(config-if)#vrrp 2 ip 2.2.2.1
갑순이_라우터(config-if)#vrrp 2 priority 100
갑순이_라우터(config-if)#vrrp 2 preempt

그룹 1 의 버추얼 IP 주소

그룹 2 의 버추얼 IP 주소

HSRP 그룹 2에서 갑순이 라우터의 프라이오리티가 갑돌이 라우터보다 높으므로 HSRP 그룹 2에서 액티브 라우터가 된다.

이 명령이 없으면 HSRP 그룹 2에서 액티브 라우터가 다운되었다가 업해도 다시 액티브 라우터가 되지 못한다.

HSRP, VRRP와 GLBP의 차이

GLBP(Gateway Load Balancing Protocol)의 기능과 동작도 앞에서 살펴본 HSRP, VRRP와 비슷합니다. HSRP, VRRP는 한 서브넷 내에서 하나의 그룹 번호만을 사용해 두 대 중 한대의 라우터만 쓰게 되면 트래픽 로드가 라우터 한대로 집중됩니다. 하지만 [그림 11-17]과 같이 서브넷을 2개 이상으로 나누어 그룹별로 액티브 라우터를 다르게 하면 트래픽 로드를 분산할 수 있습니다.

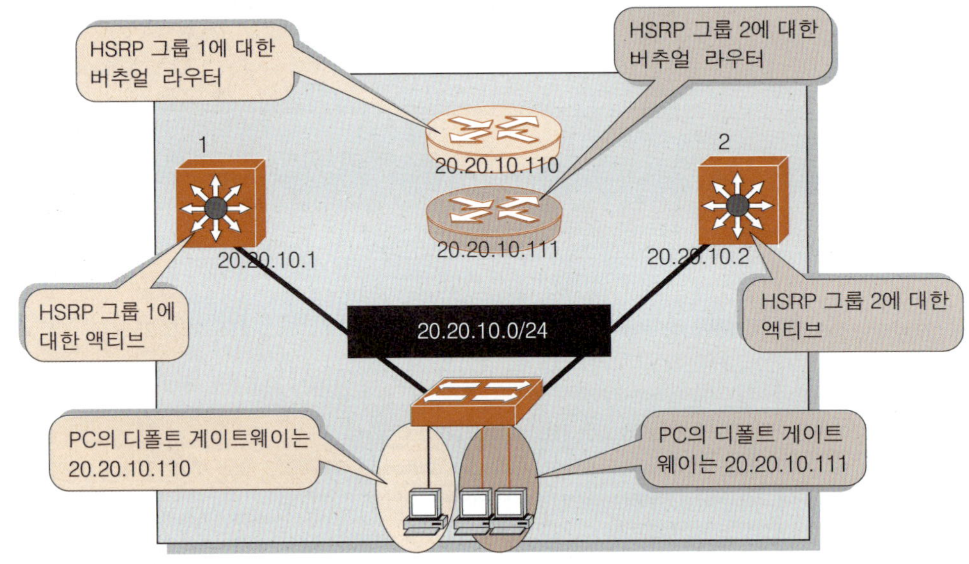

그림 11-17 ≫
같은 VLAN 내의 PC들도 두 개의 그룹으로 나누어 두 라우터를 모두 사용할 수 있다. 이것을 MHSRP라고 한다.

이렇게 하나의 네트워크에 속하는 PC나 서버들을 두 그룹으로 나누어 두 대의 라우터를 모두 사용하도록 하는 방식을 MHSRP(Multiple HSRP)와 MVRRP(Multiple VRRP)라고 합니다. MHSRP를 구현하는 명령어는 [예 11-6]과 같은데, 그룹별로 액티브 라우터로 사용할 라우터의 프라이오리티를 높게 잡으면 됩니다.

예 11-6 ≫
MHSRP의 구현 예

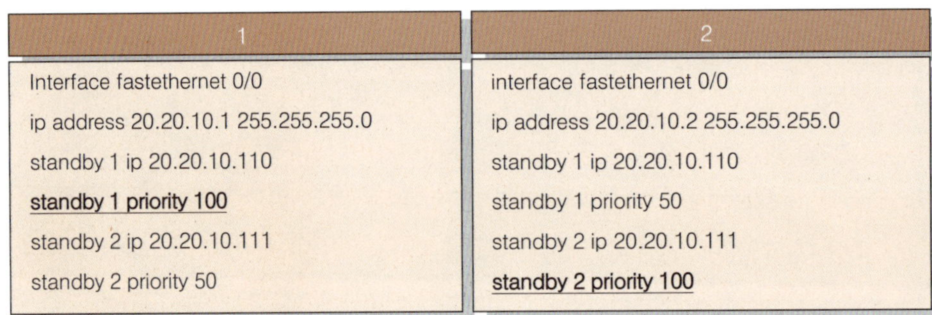

1	2
Interface fastethernet 0/0	interface fastethernet 0/0
ip address 20.20.10.1 255.255.255.0	ip address 20.20.10.2 255.255.255.0
standby 1 ip 20.20.10.110	standby 1 ip 20.20.10.110
standby 1 priority 100	standby 1 priority 50
standby 2 ip 20.20.10.111	standby 2 ip 20.20.10.111
standby 2 priority 50	**standby 2 priority 100**

이렇게 트래픽들이 MHSRP 구성에 따라 다른 네트워크로 가기 위해 통과하는 흐름을 나타내면 [그림 11-18]과 같습니다.

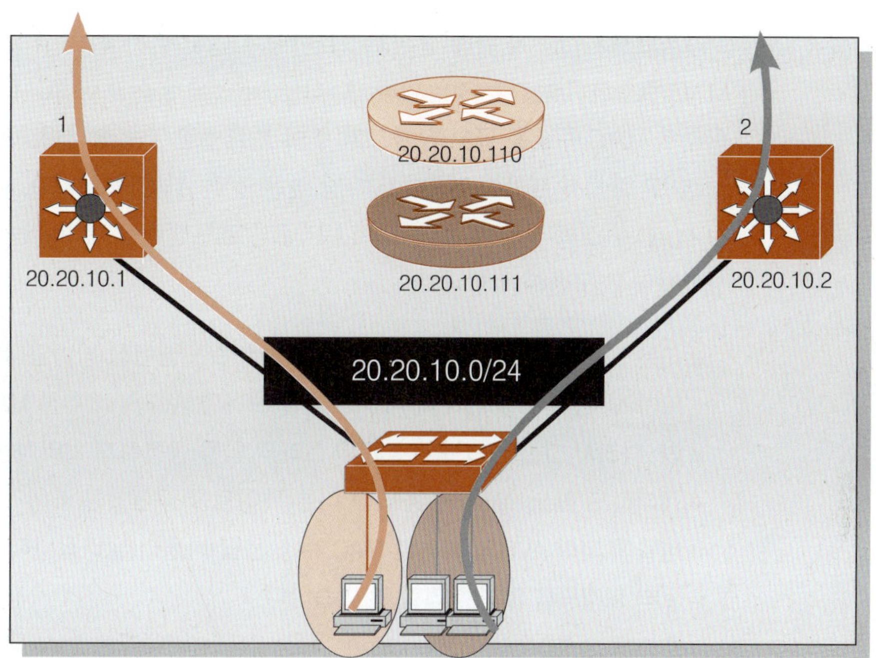

그림 11-18 >>
MHSRP에 의한
트래픽 분산

　　MVRRP의 동작과 구현 방법도 MHSRP와 비슷합니다. HSRP와 VRRP는 한 네트워크 내에서 두 라우터를 같이 사용하려면 MHSRP와 MVRRP로 다시 구현해야 하지만 GLBP는 그럴 필요가 없습니다. 그래서 MHSRP, MVRRP를 통한 로드밸런싱은 별도로 구현해 주어야 하기 때문에 다소 번거롭고, MHSRP의 그룹에서 시작되는 트래픽 양이 균등하다는 보장도 없습니다.

　　GLBP는 시스코 고유의 프로토콜로 MHSRP, MVRRP의 약점을 보완하기 위해 만든 것입니다. GLBP도 HSRP, VRRP와 크게 다르지 않습니다.

GLBP는 어떻게 동작하는가?

다음으로 GLBP에 관해 살펴보겠습니다. GLBP의 가장 큰 특징은 라우터마다 상이한 버추얼 MAC 주소를 갖는다는 것입니다. AVG는 ARP 요청을 보낸 PC나 서버에게 그룹 내 라우터들의 버추얼 MAC 주소를 골고루 가르쳐 주어 로드밸런싱을 합니다. GLBP에서 라우터를 AVF라 하고 AVF 중에서 프라이오리더가 가장 높은 것을 AVG라 합니다. AVG는 AVF들이 사용할 버추얼 MAC 주소를 지정해 줍니다. GLBP 내의 로드밸런싱 방법에는 3가지가 있는데 AVG에서 로드밸런싱을 구현해야 합니다.

- 라운드 로빈(Round Robin) : 가장 간단한 로드밸런싱 방법입니다. PC, 서버가 디폴트 게이트웨이 MAC 주소를 알고자 ARP 요청을 보내면 AVF의 버추얼 MAC 주소를 순서대로 알려 줍니다. 따라서 그룹 내의 모든 AVF가 트래픽 양을 공평하게 처리하는 장점이 있습니다.
- 웨이티드(Weighted) : AVF마다 다른 웨이트를 구현했을 때의 로드밸런싱 방법입니다. 웨이트 비율에 따라 AVG의 버추얼 MAC 주소 응답 비율이 달라집니다. 따라서 특정 AVF가 다른 AVF보다 트래픽을 많이 처리할 수 있습니다.
- 호스트 기준(Host-dependent) : 특정 PC, 서버에게는 항상 특정 AVF의 버추얼 MAC 주소로 ARP 응답합니다. 따라서 특정 PC, 서버는 항상 같은 AVF를 사용합니다.

한 걸음 더!

AVG와 AVF

GLBP에서 라우터를 AVF라고 합니다. GLBP 그룹 내에서 가장 높은 프라이오리티를 가진 라우터가 AVG(Active Virtual Gateway)가 됩니다. 만약 프라이오리티가 모두 같다면 가장 높은 IP 주소를 가진 라우터가 AVG가 됩니다. AVG는 한마디로 중개인입니다. PC, 서버가 보낸 버추얼 주소에 대해 ARP 요청이 오면 선택된 로드밸런싱 방법에 따라 GLBP 그룹에 속한 라우터 중에서 한 라우터의 버추얼 MAC 주소로 ARP 응답을 합니다.

버추얼 MAC 주소는 AVG가 GLBP 그룹 내의 라우터에게 할당하는 주소입니다. 최대 4개까지 MAC 주소를 사용할 수 있습니다. 이러한 라우터를 AVF(Active Virtual Forward)라고 합니다. AVG는 PC, 서버와 AVF 간에서 중개인 역할을 하는 것입니다. AVG는 AVF에게 버추얼 MAC 주소를 할당하고, PC, 서버가 사용할 라우터를 알선합니다. 다른 라우터들은 백업으로 대기하고 있습니다. PC, 서버에 ARP 요청을 할 때마다 AVG는 선택된 로드밸런싱 방법에 따라 그룹 내 AVF의 MAC 주소를 가르쳐 주기 때문에 한 라우터에 로드가 집중되지 않고 분산됩니다. AVG는 AVF 역할도 함께 수행합니다.

GLBP도 HSRP나 VRRP처럼 그룹 내 특정 라우터의 웨이트(HSRP, VRRP에서는 프라이오리티)를 조정하여 AVF가 되도록 할 수 있습니다. 라우터의 디폴트 웨이트는 '100'입니다.

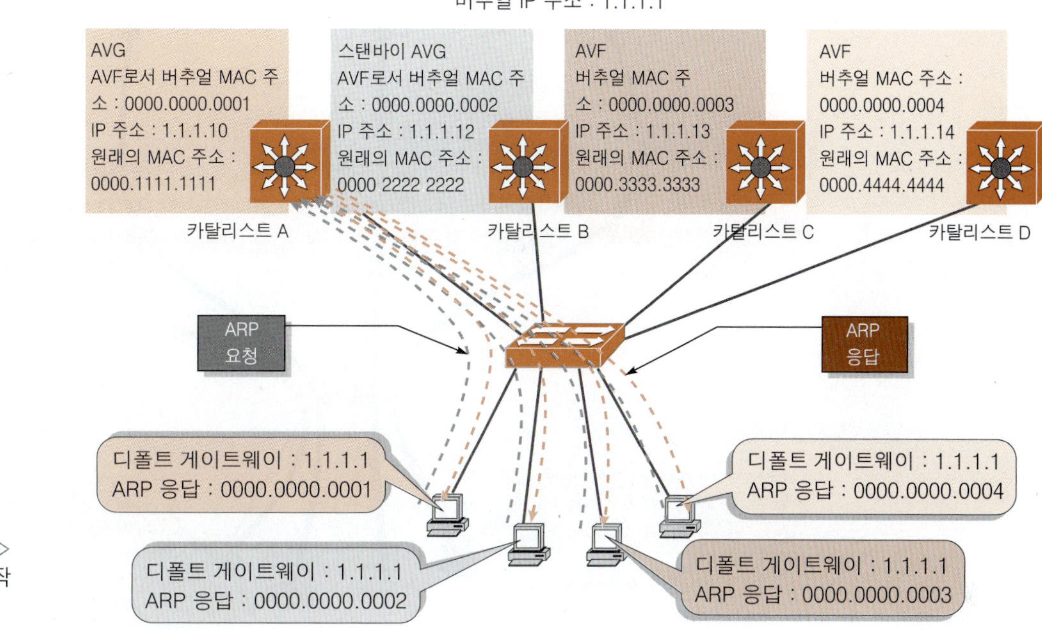

그림 11-19 >>
GLBP 동작

[그림 11-19]에서 4대의 멀티레이어 스위치들은 GLBP 그룹 내에 속합니다. 카탈리스트 A 가 AVG로 전체 GLBP 프로세스를 조정합니다. 그룹 내 PC, 서버의 디폴트 게이트웨이가 1.1.1.1(버추얼 IP 주소)로 설정되어 있습니다. 그룹 내의 모든 PC, 서버가 보낸 버추얼 IP 주소 에 대한 ARP 요청에 AVG가 응답합니다. AVG 역할을 하는 카탈리스트 A는 AVF 역할도 합니 다. 카탈리스트 B는 카탈리스트 A가 다운되면 AVG 역할을 물려 받습니다. 카탈리스트 C와 D 는 AVF인데, 카탈리스트 A와 B가 다운되면 AVG가 될 수 있습니다.

AVG에서 라운드 로빈 방식으로 로드밸런싱을 구현한다고 가정하면 PC, 서버의 ARP 요청에 대해 순서대로 AVF의 버추얼 MAC 주소를 응답해 줍니다. 이러한 과정에 따라 각각의 PC에서 다른 네트워크로 향하는 트래픽들은 [그림 11-20]과 같이 로드밸런싱이 됩니다.

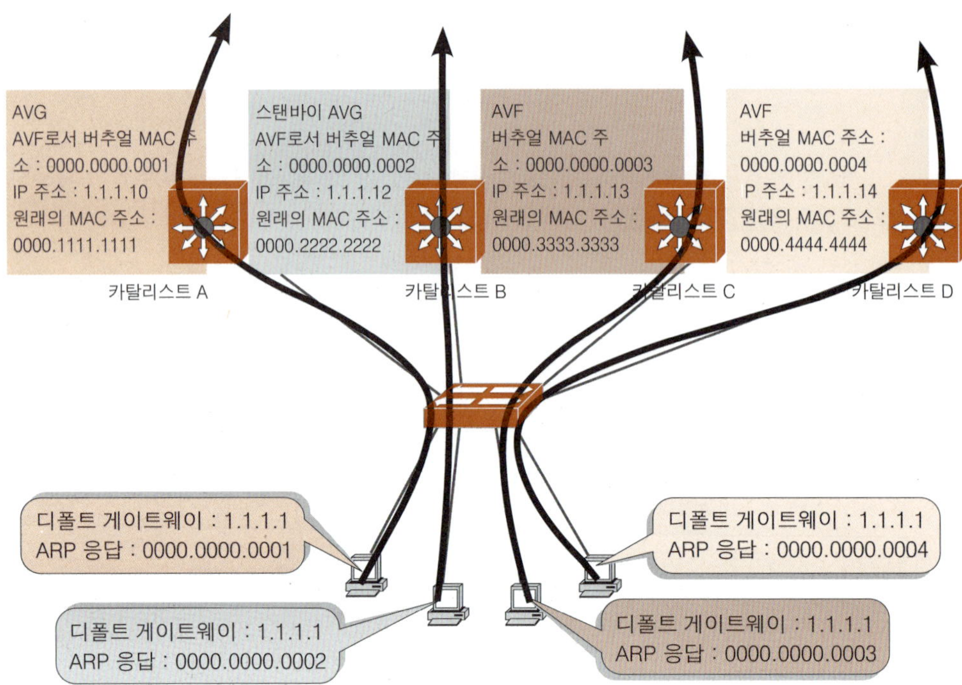

그림 11-20 >>
GLBP에 의한
트래픽 분산

만약 GLBP 그룹 내 카탈리스트 A가 고장이 났다면 [그림 11-21]처럼 스탠바이 AVG가 AVG의 역할을 할 뿐만 아니라 기존 AVG가 사용하던 AVF의 버추얼 MAC 주소도 물려받게 됩니다.

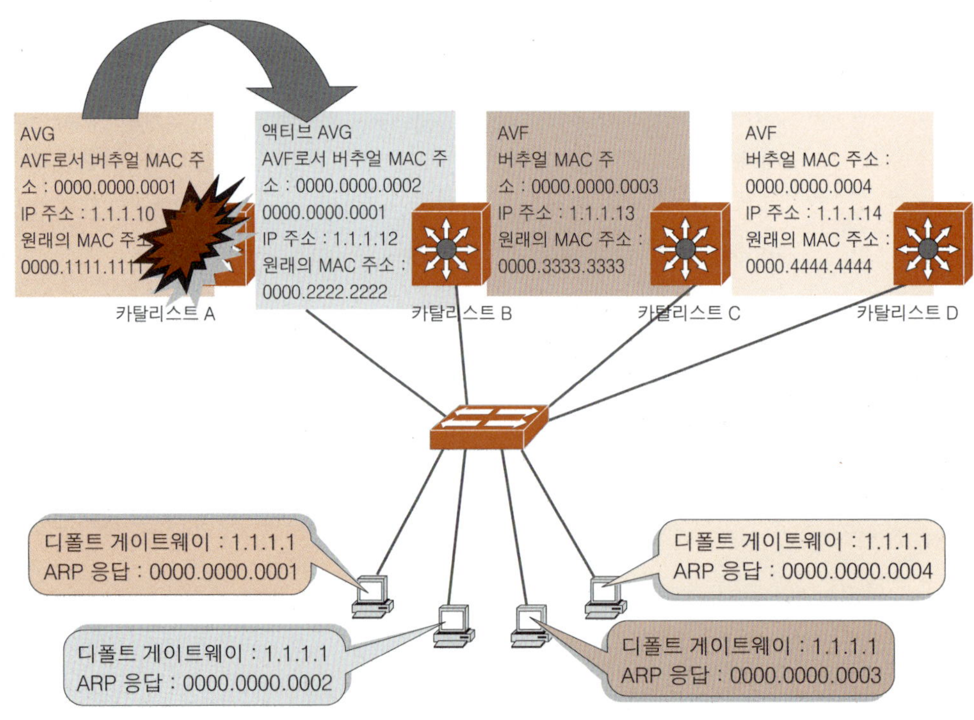

그림 11-21 >>
GLBP의 AVG 라우
터가 다운되었을 경우

[예 11-7]은 GLBP를 구현하기 위해 'glbp 1 ip 1.1.1.1' 명령으로 버추얼 IP 주소를 구현했습니다. 이 IP 주소는 PC, 서버의 디폴트 게이트웨이가 됩니다.

AVG가 되기 위해서는 다른 라우터들보다 프라이오리티가 높아야 합니다. 이때 'glbp 1 priority 150' 명령을 사용합니다. AVG에서 라운드 로빈, 웨이티드, 호스트 기준의 로드밸런싱 방법을 설정합니다. 여기서는 'glbp 1 load-balancing [round-robin / weighted / host-dependent]' 명령을 사용하면 됩니다.

예 11-7 ≫
GLBP 구현

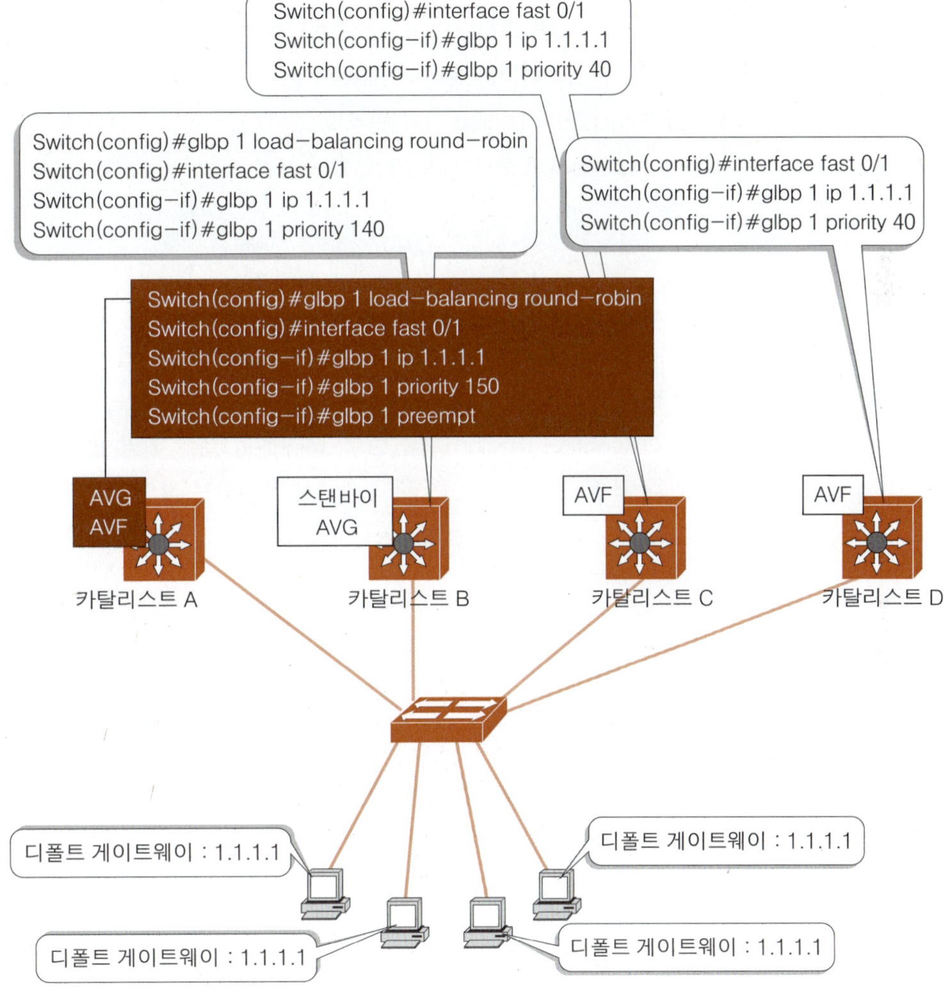

GLBP 구현에 사용하는 명령어들

AVG에서의 구현 명령어

- ROUTER(config-if)#glbp 그룹_번호 ip IP_주소 : GLBP를 구현하기 위해 인터페이스에 버추얼 IP 주소를 구현해야 합니다. GLBP 그룹 번호는 0~1023입니다.
- ROUTER(config-if)#glbp 그룹_번호 priority 100 : 1번 그룹에 대해 GLBP 라우터의 프라이오리티를 '100'으로 설정하는 명령입니다. 라우터 프라이오리티의 범위는 1~255입니다.
- ROUTER(config-if)#glbp 그룹_번호 preempt[delay minimum 초] : 이 구현을 통해 1번 GLBP 그룹에 속하는 다른 라우터의 프라이오리티보다 이 라우터의 프라이오리티가 더 높다면 언제라도 AVG가 될 수 있습니다. 'delay minimum'은 AVG가 되기 전의 대기 시간입니다.
- ROUTER(config-if)#glbp 그룹_번호 load-balancing[round-robin / weighted / host-dependent] : AVG에서의 로드밸런싱 방법을 구현합니다.

AVF에서의 구현 명령

- ROUTER(config)#track 매핑_번호 interface 인터페이스_명칭 {line-protocol / ip routing} : 'line-protocol'은 인터페이스의 라인 프로토콜 상태를 체크하고, 'ip routing'은 인터페이스를 통해 IP 라우팅이 가능한지, IP 주소가 구현되었는지 추적한다는 표시입니다.
- ROUTER(config-if)#glbp 그룹_번호 weighting track 매핑_번호[decrement 인터페이스에_문제가_있을_때_다운시킬_웨이트_값] : 다운시킬 웨이트 값 범위는 1~254이고, 디폴트는 10입니다. 매핑_번호는 'track 매핑_번호 interface 인터페이스_명칭 {lin-protocol / ip routing}' 명령의 '매핑_번호'와 매핑시킵니다.
- ROUTER(config-if)#glbp 그룹_번호 weighting 최대_웨이트_값[lower lower_값] [upper upper_값] : 최대 웨이트 값 범위는 1~254이고 디폴트는 100입니다. Upper는 디폴트로 최대 웨이트 값과 같고 lower는 디폴트로 1인데, upper는 AVF가 될 수 있는 값이고 lower는 AVF가 더 이상 될 수 없는 기준 값입니다.

짐은 나누고 속도는 높이자! 서버 로드밸런싱

서버 로드밸런싱(Server Load Balencing)을 하기 위한 기본적인 아이디어는 다음과 같습니다.

외부에서 볼 때는 하나의 서버지만 실제로는 여러 대의 서버를 두어서 서버 하나가 감당하지 못하는 로드를 여러 대의 서버로 분산시키고자 합니다.

서버 로드밸런싱을 하면 실제로는 다수의 물리적인 IP 주소들을 가진 서버들이 존재하지만 외부에서는 이 서버들을 대표하는 가상의 IP 주소만 보게 됩니다. 가상의 IP 주소를 목적지로 찾아온 트래픽들을 멀티레이어 스위치가 받아서 실제 서버로 공평하게 연결해 주는 것입니다.

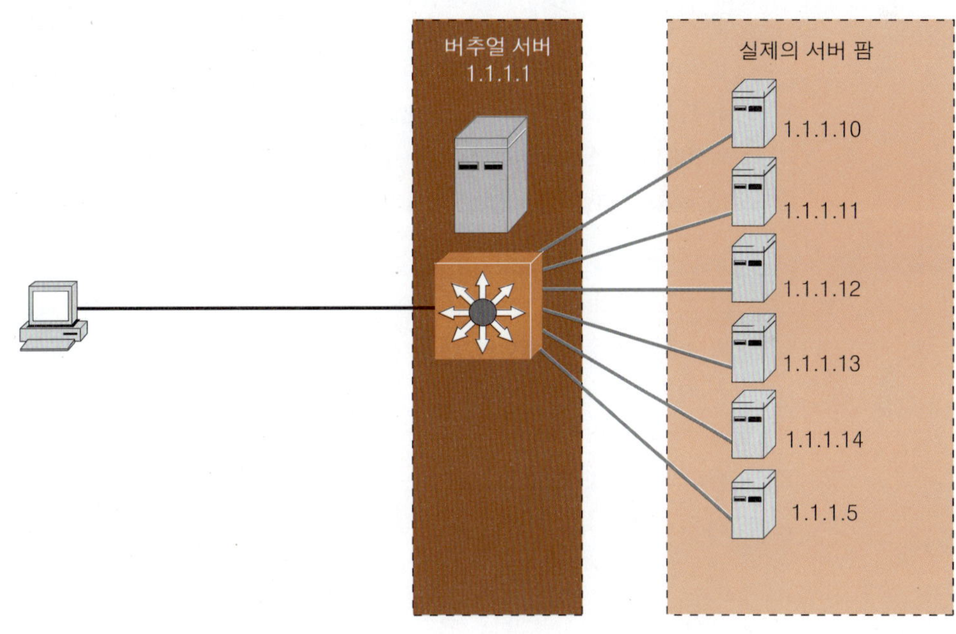

그림 11-22 >>
밖에서 볼 때는 버추얼 서버 한대뿐이지만 실제로는 여러 대의 서버가 있다.

클라이언트 PC가 버추얼 서버 1.1.1.1과 커넥션을 만들려면 서버 로드밸런싱을 맡은 멀티레이어 스위치가 실제의 서버 팜에 속한 한 서버와 연결시켜 줍니다. 멀티레이어 스위치에서 구현하는 서버 로드밸런싱 방식에는 2가지가 있습니다.

● 웨이티드 라운드 로빈(Weighted Round Robin) : 각각의 실제 서버에게 웨이트가 주어집니다. 높은 웨이트를 받은 서버는 낮은 웨이트를 받은 서버보다 더 많이 사용됩니다. 예를 들어 웨이트의 비율이 3대1이라면 사용되는 빈도도 3대1이 됩니다.

● 웨이티드 리스트 커넥션(Weighted Least Connections) : 현재 최소한의 커넥션을 가진 서버로 연결시킵니다. 각 서버에게 웨이트가 주어지는데, 웨이트에 가장 못 미치는 커넥션 수를 가진 서버에게 연결합니다.

서버 로드밸런싱은 실제 서버들의 주소가 감추어지기 때문에 보안 기능도 합니다. 커넥션이 실제 어떤 서버에게 연결되는지 클라이언트들은 모르기 때문입니다. 서버 로드밸런싱 구현에 사용되는 명령어들은 다음과 같습니다.

서버 팜 구현시 사용하는 명령어

● 멀티레이어_스위치(config)#ip slb serverfarm 서버_팜_이름 : 15자까지 가능합니다.
● 멀티레이어_스위치(config-slb-sfarm)#predictor{roundrobin / leastconns} : 라운드 로빈 방식을 결정합니다. 디폴트는 웨이티드 라운드 로빈 방식입니다.
● 멀티레이어_스위치(config-slb-sfarm)#real : 실제 서버의 IP 주소를 구현합니다.
● 멀티레이어_스위치(config-slb-sfarm)#weight 웨이팅_값 : 실제 서버의 웨이팅 값입니다. 1~255까지의 범위로 디폴트는 8입니다.
● 멀티레이어_스위치(config-slb-sfarm)#inservice : 실제 서버를 기능하게 합니다. 관리를 위해 no service 명령으로 서비스에서 제외시킬 수 있습니다.

버추얼 서버를 구현하는 명령어

● 멀티레이어_스위치(config)#ip slb vserver 버추얼_서버_이름 : 버추얼 서버의 이름으로 15자까지 사용할 수 있습니다.
● 멀티레이어_스위치(config-slb-vserver)#serverfarm 서버_팜_이름 : 서버 팜의 이름입니다.
● 멀티레이어_스위치(config-slb-vserver)#virtual IP_주소 : 버추얼 IP 주소입니다. 외부 PC들은 이 주소로 접속을 시도합니다.
● 멀티레이어_스위치(config-slb-vserver)#client IP_주소 와일드카드_마스크(액세스리스트에서 사용하는 마스크, 0비트는 일치이고 1비트는 무시) : 이 명령을 통해 버추얼 서버에 접속할 수 있는 네트워크를 제한할 수 있습니다. 구현하지 않으면 모든 네트워크가 접속 가능합니다.
● 멀티레이어_스위치(config-slb-vserver)#inservice : 버추얼 서버의 서비스를 시작합니다.

[예 11-8]은 서버 로드밸런싱을 구현 예입니다.

예 11-8 >>
서버 로드밸런싱
구현

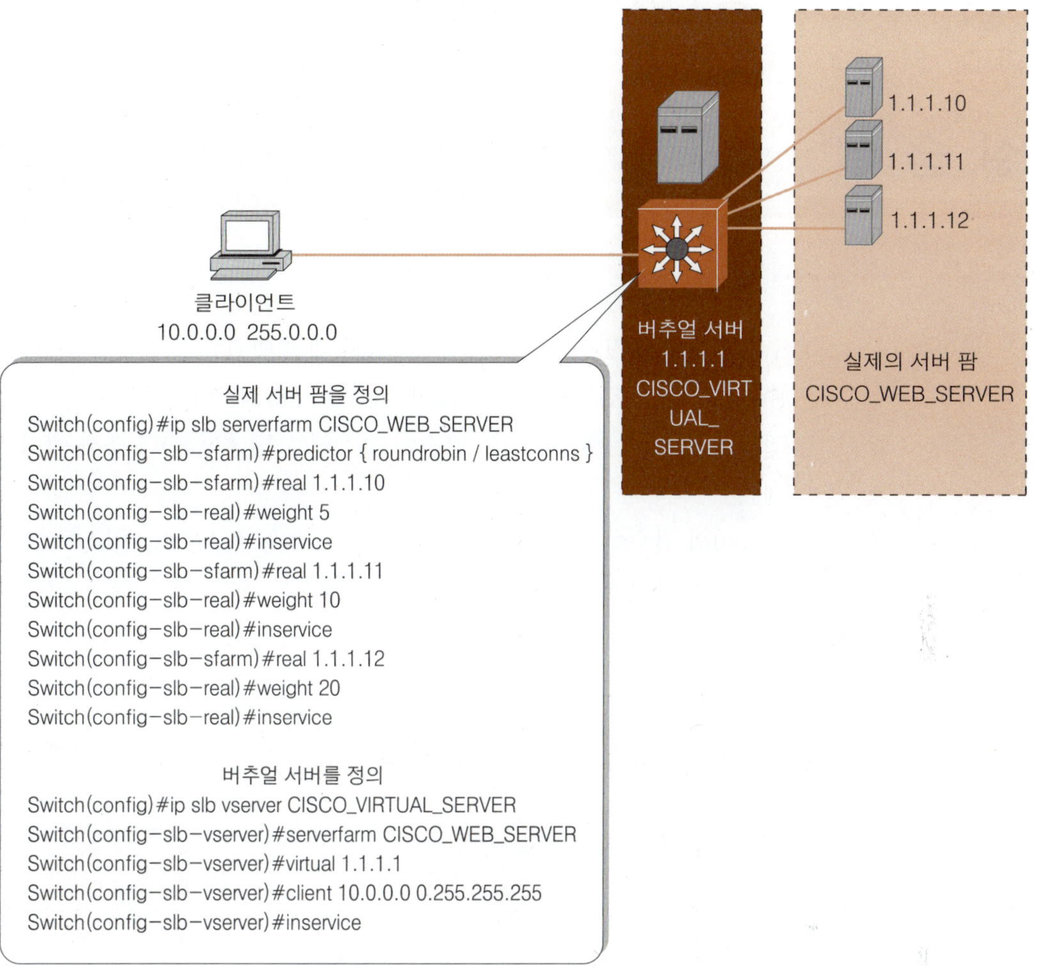

꼭 알아야 할 핵심 포인트

✔ 디스트리뷰션 레이어는 다른 네트워크로 향하는 모든 트래픽이 반드시 통과하는 중요한 지점이므로 보통 안전을 위해 디스트리뷰션 레이어의 라우터 장비를 이중화합니다. HSRP를 사용하면 디폴트 게이트웨이 역할을 하는 라우터에 문제가 생기더라도 고장나지 않은 라우터가 이것을 대체합니다. VRRP와 GLBP 역시 라우터를 이중화하는 프로토콜입니다. HSRP와 GLBP가 시스코 프로토콜인데 반해 VRRP는 IETF 표준 RFC 2338에 정의된 표준 프로토콜입니다.

✔ 서버 로드밸런싱의 목적은 외부에서 볼 때는 하나의 서버지만 실제로는 여러 개의 서버를 두어서 서버 하나가 감당하지 못하는 로드를 여러 대의 서버로 분산시키는 것입니다. 그래서 외부에서 가상의 IP 주소를 목적지로 찾아온 트래픽을 멀티레이어 스위치가 받아서 실제 서버들과 공평하게 연결해 줍니다.

실 습 실

HSRP 구현하기

문제

1. SW1-SW2, SW2-SW3, SW3-SW1 스위치 연결을 트렁크로 설정하세요.

2. SW3의 Fa0/2 포트는 VLAN 10, Fa0/3과 Fa0/4는 VLAN 20에 속하게 하세요.

3. 갑돌이 라우터는 VLAN 10, 갑순이 라우터는 VLAN 20에 대해 액티브 라우터가 되도록 하세요.

4. 갑돌이와 갑순이 라우터 모두에게 VLAN 30과 VLAN 40 인터페이스를 트래킹하여 인터페이스 다운시 액티브와 스탠바이 라우터 관계가 바뀌도록 구현하세요.

5. 원래의 액티브 라우터가 다시 업되었을 때 액티브 라우터가 되도록 구현하세요.

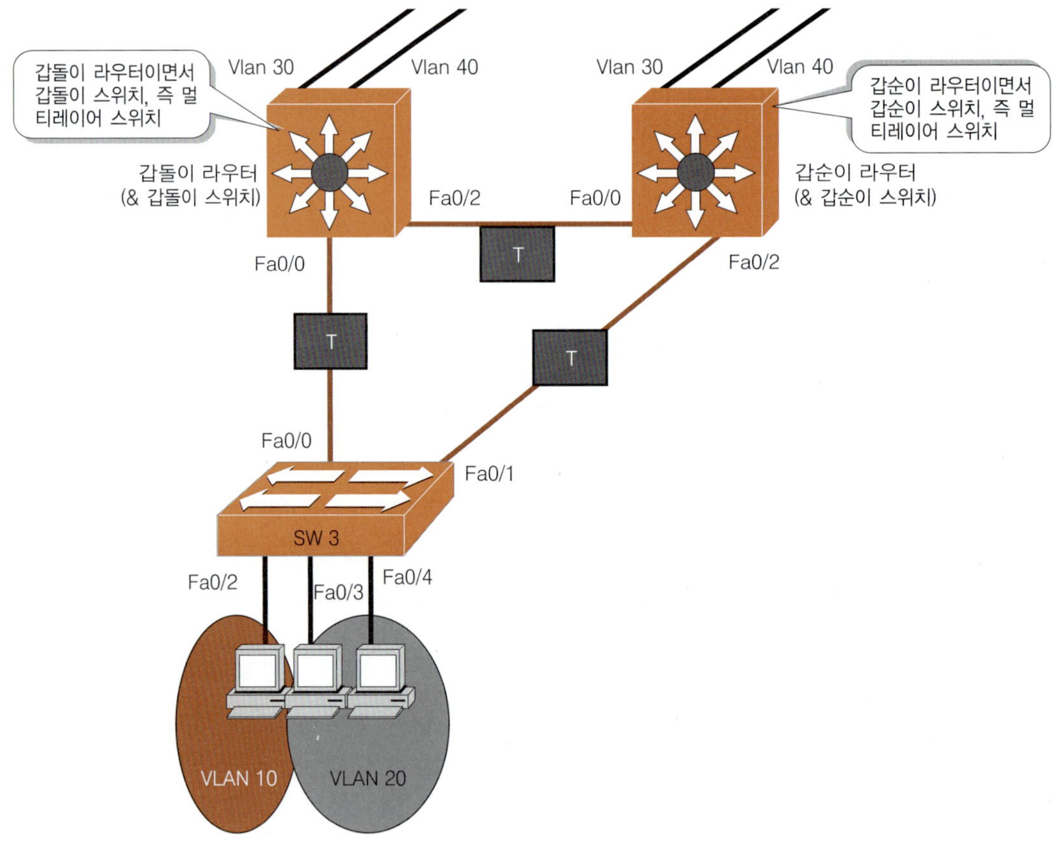

그림 11-23 ≫
HSRP 랩 토폴로지

문제들에 제시된 것들을 구현하기 위해서는 각 스위치를 다음과 같이 구현합니다.

1. SW1–SW2, SW2–SW3, SW3–SW1 스위치 연결을 트렁크로 설정하는 명령은 'switchport mode trunk'입니다.

2. SW3의 Fa0/2 포트는 VLAN 10, Fa0/3과 Fa0/4는 VLAN 20에 속하게 하는 명령은 다음과 같습니다.

```
SW3(config)#interface fa 0/2
SW3(config-if)#switchport mode access
SW3(config-if)#switchport access vlan 10
SW3(config)#interface range fa 0/3-4
SW3(config-if)#switchport mode access
SW3(config-if)#switchport access vlan 20
```

3. 갑돌이 라우터는 VLAN 10에 대해 액티브 라우터가 되기 위해서는 HSRP 구현시 VLAN 10에 대해, 갑돌이 라우터의 HSRP 프라이오리티를 다음과 같이 갑순이 라우터보다 높게 만들면 됩니다.

```
갑돌이_라우터(config-if)#standby 1 ip 10.1.1.3
갑돌이_라우터(config-if)#standby 1 priority 200
```

마찬가지로 갑순이 라우터를 VLAN 20에 대해 액티브 라우터가 되도록 하려면 VLAN 20에 대해 갑순이 라우터의 HSRP 프라이오리티를 다음과 같이 갑돌이 라우터보다 높게 만들면 됩니다.

```
갑순이_라우터(config-if)#standby 2 ip 20.1.1.3
갑순이_라우터(config-if)#standby 2 priority 200
```

4. 갑돌이와 갑순이 라우터 모두에게 VLAN 30과 VLAN 40 인터페이스를 트래킹하여 인터페이스 다운시 액티브와 스탠바이 라우터 관계가 바뀌도록 구현하는 명령어는 다음과 같습니다.

```
갑돌이_라우터(config-if)#standby 1 preempt
갑돌이_라우터(config-if)#standby 1 track vlan 30 150
갑돌이_라우터(config-if)#standby 1 track vlan 40 150
```

VLAN 30 또는 40 인터페이스가 다운되면 갑순이 라우터보다 HSRP 프라이오리티가 낮아지므로 갑순이 라우터가 액티브 라우터가 될 수 있습니다. 이때, 갑순이 라우터에서 반드시 'standby 1 preempt' 명령을 해야 액티브 라우터가 될 수 있습니다.

이 명령을 하지 않으면 갑돌이 라우터 자체는 살아 있고, 회선이 죽었기 때문에 갑순이 라우터가 액티브 자리를 차지할 수 없습니다. HSRP 프로토콜은 라우터 리던던시 프로토콜이기 때문입니다.

5. 원래의 액티브 라우터가 다시 살아났을 때 액티브 라우터가 되도록 구현하는 명령이 'standby 1 preempt'입니다. 이 명령을 하지 않으면 원래의 액티브 라우터가 프라이오리티가 높은 채로 살아나도 현재의 액티브 라우터가 죽지 않는다면 액티브 라우터가 될 수 없습니다.

※ 아래 명령에서 갑돌이 스위치, 갑순이 스위치, SW3 각각에서 VLAN 10, 20, 30 선언작업이 추가되어야 합니다.

갑돌이 멀티레이어 스위치 구현

```
갑돌이_스위치(config)#interface fa 0/0
갑돌이_스위치(config-if)#switchport mode trunk
갑돌이_스위치(config)#interface fa 0/2
갑돌이_스위치(config-if)#switchport mode trunk
갑돌이_스위치#session 2   ← 스위치에서 라우터 모듈로 이동한다.  (2 : 라우터가 장착된 모듈 번호)
갑돌이_라우터#config terminal
갑돌이_라우터(config)#interface vlan 10
갑돌이_라우터(config-if)#ip address 10.1.1.1 255.255.255.0
갑돌이_라우터(config-if)#standby 1 ip 10.1.1.3
갑돌이_라우터(config-if)#standby 1 priority 200
갑돌이_라우터(config-if)#standby 1 preempt
갑돌이_라우터(config-if)#standby 1 track vlan 30 150
갑돌이_라우터(config-if)#standby 1 track vlan 40 150
갑돌이_라우터(config)#interface vlan 20
갑돌이_라우터(config-if)#ip address 20.1.1.1 255.255.255.0
갑돌이_라우터(config-if)#standby 2 ip 20.1.1.3
갑돌이_라우터(config-if)#standby 2 priority 150
갑돌이_라우터(config-if)#standby 2 track vlan 30 150
갑돌이_라우터(config-if)#standby 2 track vlan 40 150
```

갑순이 멀티레이어 스위치 구현

```
갑순이_스위치(config)#interface fa 0/0
갑순이_스위치(config-if)#switchport mode trunk
갑순이_스위치(config)#interface fa 0/2
갑순이_스위치(config-if)#switchport mode trunk
갑순이_스위치#session 2   ← 스위치에서 라우터 모듈로 이동한다.  (2 : 라우터가 장착된 모듈 번호)
갑순이_라우터#config terminal
갑순이_라우터(config)#interface vlan 10
갑순이_라우터(config-if)#ip address 10.1.1.2 255.255.255.0
갑순이_라우터(config-if)#standby 1 ip 10.1.1.3
갑순이_라우터(config-if)#standby 1 priority 150
갑순이_라우터(config-if)#standby 1 track vlan 30 150
갑순이_라우터(config-if)#standby 1 track vlan 40 150
갑순이_라우터(config)#interface vlan 20
갑순이_라우터(config-if)#ip address 20.1.1.2 255.255.255.0
갑순이_라우터(config-if)#standby 2 ip 20.1.1.3
갑순이_라우터(config-if)#standby 2 priority 200
갑순이_라우터(config-if)#standby 2 preempt
갑순이_라우터(config-if)#standby 2 track vlan 30 150
갑순이_라우터(config-if)#standby 2 track vlan 40 150
```

```
SW3(config)#interface fa 0/0
SW3(config-if)#switchport mode trunk
SW3(config)#interface fa 0/1
SW3(config-if)#switchport mode trunk
SW3(config)#interface fa 0/2
SW3(config-if)#switchport mode access
SW3(config-if)#switchport access vlan 10
SW3(config)#interface fa 0/3
SW3(config-if)#switchport mode access
SW3(config-if)#switchport access vlan 20
SW3(config)#interface fa 0/4
SW3(config-if)#switchport mode access
SW3(config-if)#switchport access vlan 20
```

HSRP에 의해 VLAN별로 선택된 경로는 [그림 11-24]와 같습니다. 우선 PVST에 의해 갑돌이 라우터가 VLAN 20의 루트 스위치이고, 갑순이 스위치는 VLAN 10에 대한 루트 스위치라고 하면 VLAN별로 그림 [11-24]의 링크를 사용합니다.

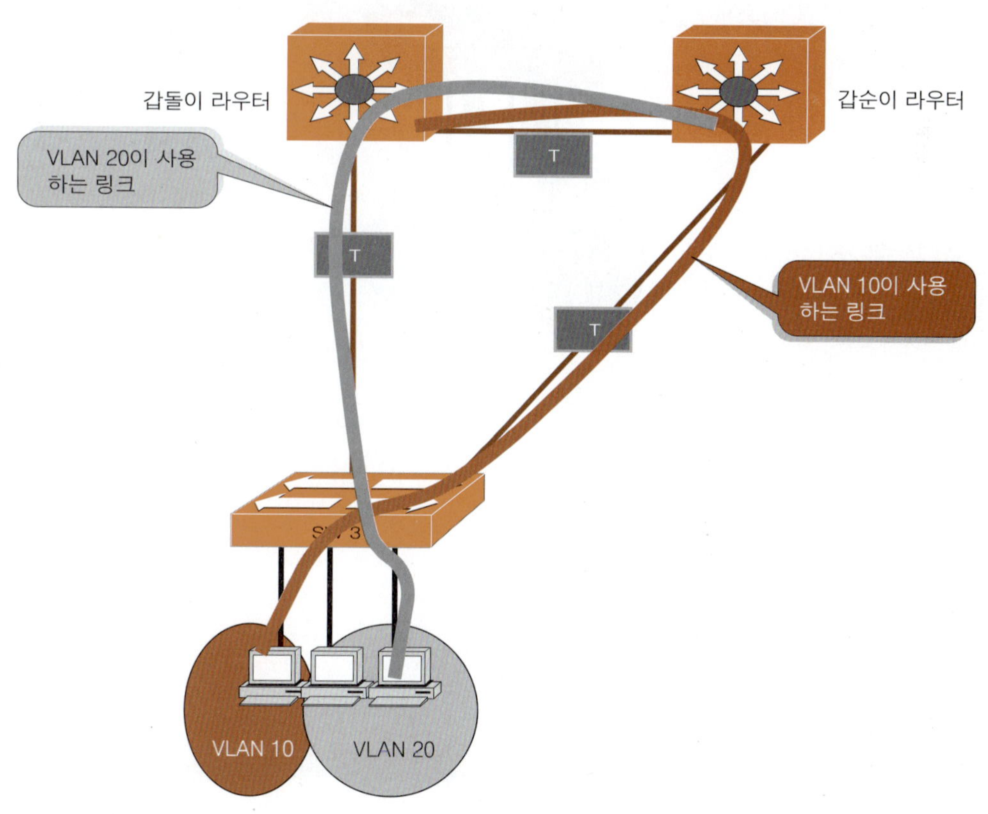

그림 11-24 >>
PVST에 의해 VLAN
별로 선택된 경로

VLAN 10과 VLAN 20에 속하는 PC에서 출발하여 라우팅 서비스가 필요한 패킷들은 [그림 11-25]와 같이 라우터들을 통과하게 됩니다.

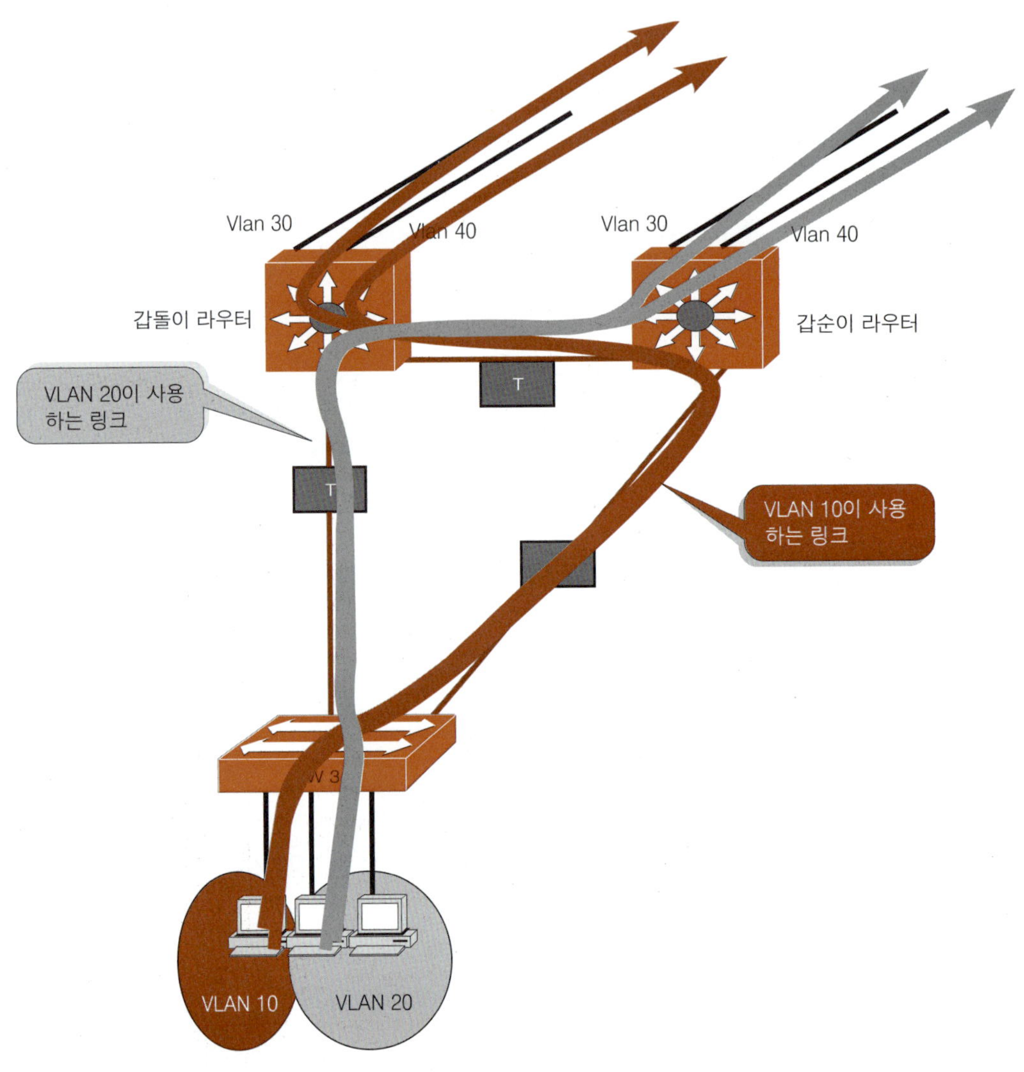

그림 11-25 ≫
PVST와 HSRP에 의해 VLAN별로 라우팅되는 패킷의 경로

420

중단 없는 캠퍼스 네트워크 구축하기

이번 장에서는 앞에서 배운 모든 이론을 종합하는 장으로 다양한 솔루션과 프로토콜을 사용해 중단 없는 캠퍼스 네트워크를 구축해 보겠습니다. 캠퍼스 네트워크가 24시간×365일 동안 끊기지 않으려면 이중화를 시키는 것이 가장 좋습니다. 그래서 다양한 장비를 이중으로 연결하는 방법과 함께 이중화된 캠퍼스 네트워크에서의 데이터 흐름을 종합적으로 살펴봅니다.

Lesson
01

이중화를 위한 네트워크 연결 방법 ✳

[그림 12-1]를 보면 캠퍼스 네트워크는 A동과 B동으로 이루어져 있습니다. 건물의 각 층에 있는 PC와 서버는 액세스 레이어 스위치에 연결되어 있습니다. 각 층의 액세스 레이어 스위치는 다시 디스트리뷰션 레이어 스위치에 연결됩니다. 백업 개념의 이중화를 위해 액세스 레이어 스위치는 2개의 디스트리뷰션 레이어 스위치에 연결됩니다. A동 건물에서 B동으로 가는 트래픽은 두 개의 코어 레이어 스위치들에 의해 로드밸런싱 개념의 이중화가 됩니다.

이처럼 이중화에는 2가지 종류가 있습니다.

● 백업 개념의 이중화 : 두 링크를 동시에 사용하지 않고 한 링크는 대기합니다.
● 로드밸런싱 개념의 이중화 : 두 링크를 동시에 사용합니다.

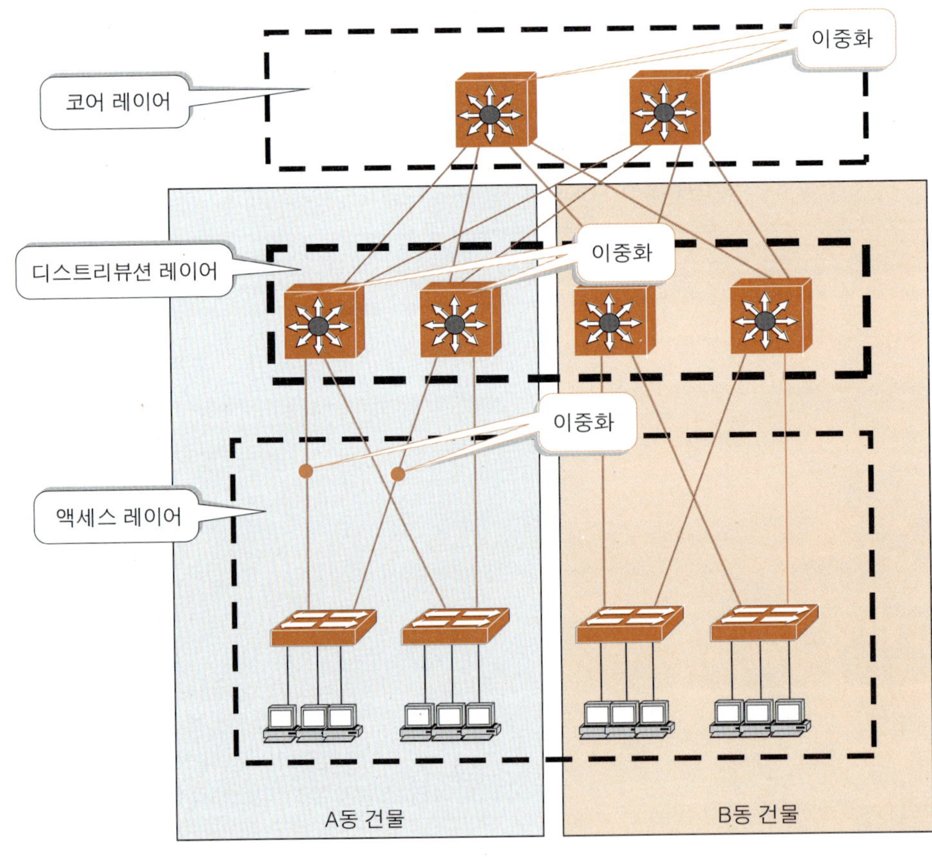

그림 12-1 ≫
캠퍼스 네트워크의
연결 방법

■ 액세스 레이어 장비와 디스트리뷰션 레이어 장비 간의 이중화

액세스 레이어 장비와 디스트리뷰션 레이어 장비들은 [그림 12-2]와 같이 2개의 링크를 통해 이중으로 연결되어 있습니다.

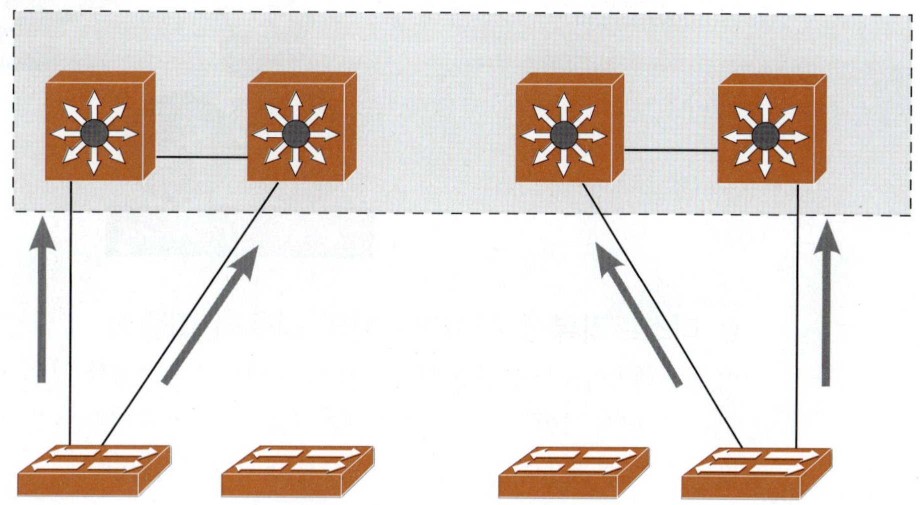

그림 12-2 ≫
액세스 레이어 스위치와 디스트리뷰션 레이어 스위치는 이중으로 연결한다.

그림 [12-2]와 같은 이중 연결은 루프가 발생하므로 STP 프로토콜을 사용해 루프를 형성하는 스위치 포트 중 하나를 임의로 막아야 합니다. [그림 12-3]에서 'SW1'이 루트 스위치가 된다면 각 스위치에서 루트 스위치로 가는 최단 거리를 제공하는 루트 포트는 [그림 12-3]과 같이 선정됩니다.

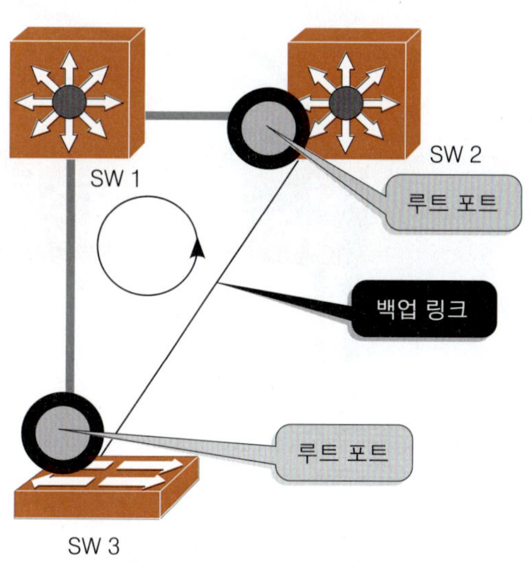

그림 12-3 ≫
SW1이 루트 스위치일 때의 루트 포트와 백업으로 사용되는 링크

만약 PVST를 사용한다면 [그림 12-4]와 같이 VLAN별로 사용되는 링크가 선택됩니다.

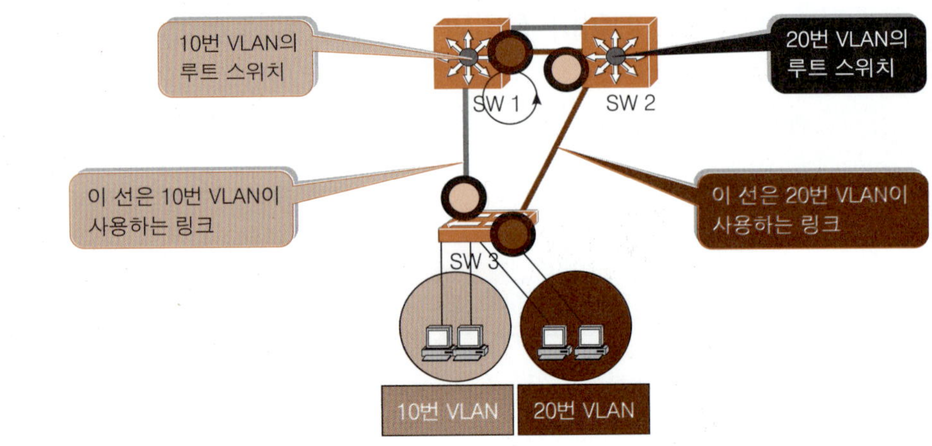

그림 12-4 >>
PVST

■ 디스트리뷰션 레이어에서의 라우터 이중화

액세스 레이어에서 출발한 트래픽이 외부 네트워크를 향할 경우 라우터를 통과해야 합니다. [그림 12-5]와 같이 디스트리뷰션 레이어에 2대의 라우터를 두는 이유는 한 라우터가 다운되었을 경우 다른 라우터를 사용할 수 있도록 하기 위해서입니다.

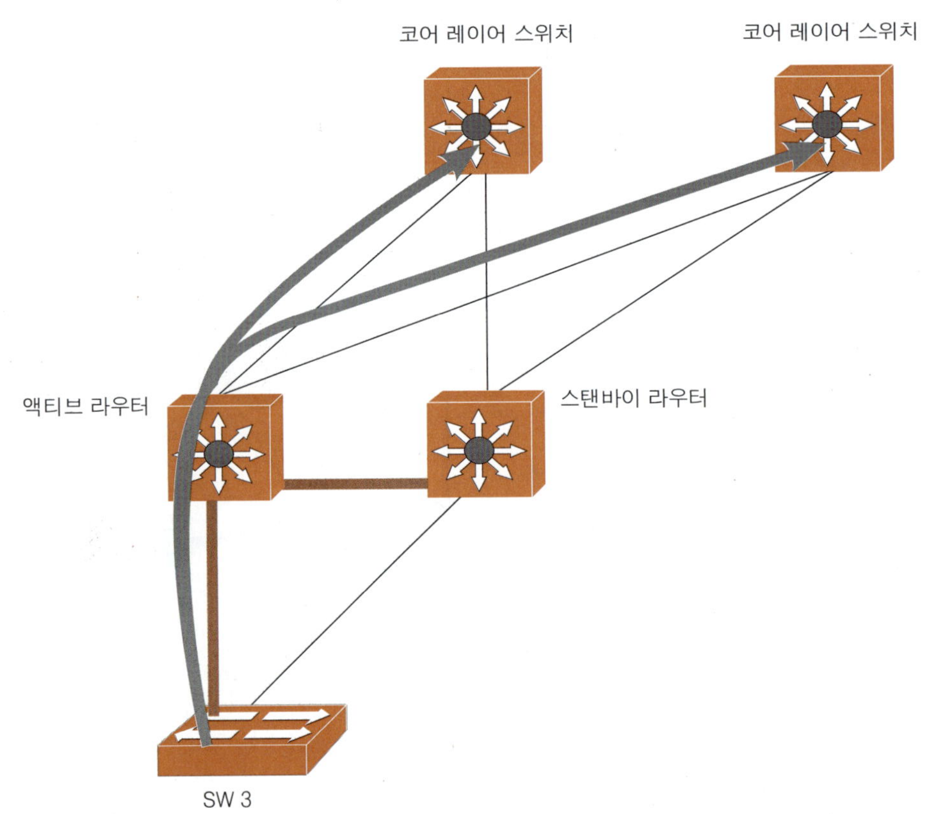

그림 12-5 >>
디스트리뷰션 레이어
에서의 라우터 이중화

[그림 12-6]과 같이 액티브 라우터가 다운되면 스탠바이 라우터를 사용해 라우팅됩니다.

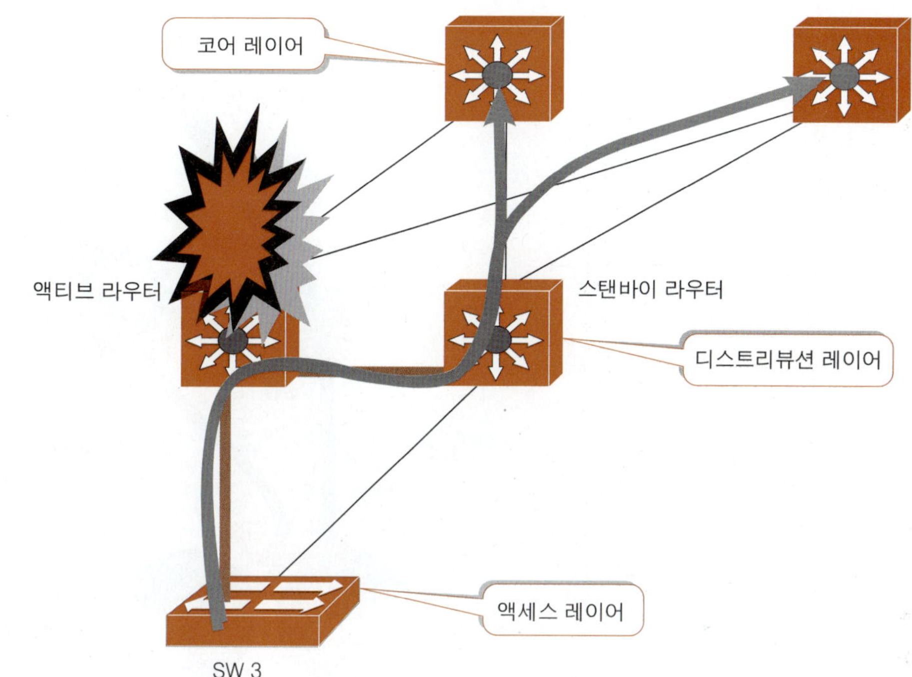

PVST 솔루션에서 VLAN별로 다른 링크를 사용해서 트래픽 로드를 분산시켰듯이 [그림 12-7]처럼 VLAN별로 다른 액티브 라우터를 사용하면 라우팅 로드를 분산시킬 수 있습니다.

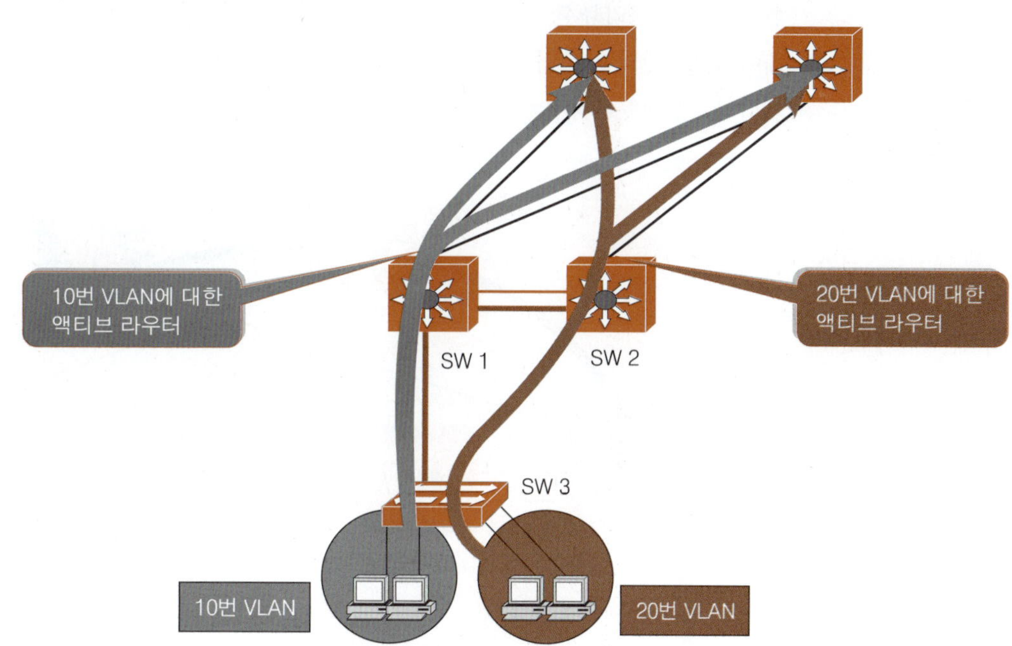

만약 한 라우터가 다운되면 두 VLAN이 그림 [12-8]과 같이 같은 라우터를 사용합니다. SW2의 라우터가 고장났으므로, SW2의 스위칭 모듈은 거칠 수 있습니다.

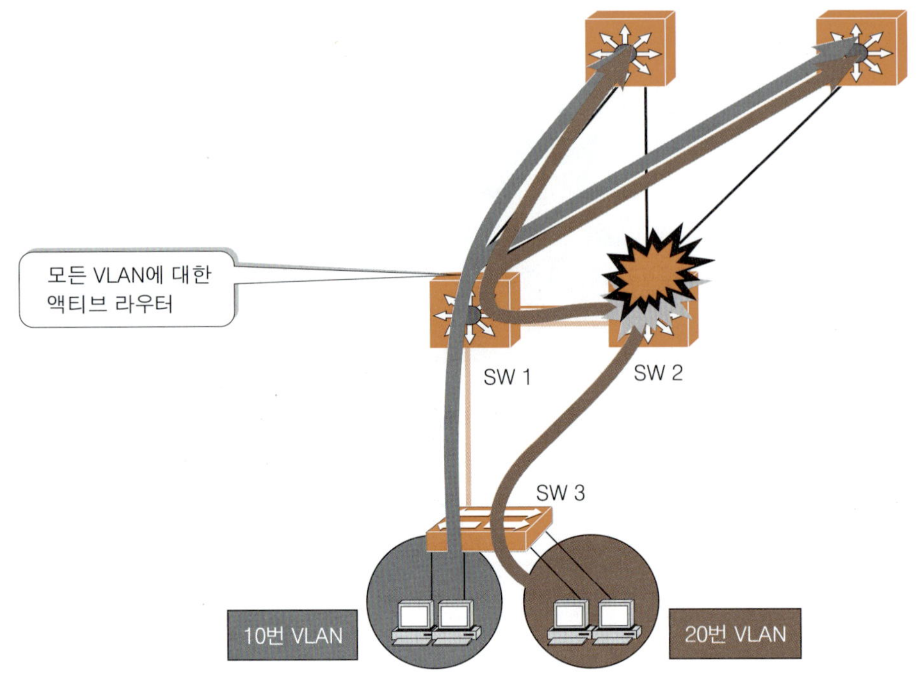

그림 12-8 >>
한 라우터가 고장나면
정상적인 다른 라우터
를 사용한다.

■ 코어 레이어 장비의 이중화

액세스−디스트리뷰션 레이어 장비를 연결하는 구간에 2개의 링크를 사용하고, 디스트리뷰션 레이어에 2개의 라우터를 사용해 이중화한 것처럼 코어 레이어도 2대의 장비를 사용해 이중화 합니다. 그러면 한 링크에 문제가 생겨도 네트워크가 끊기지 않습니다.

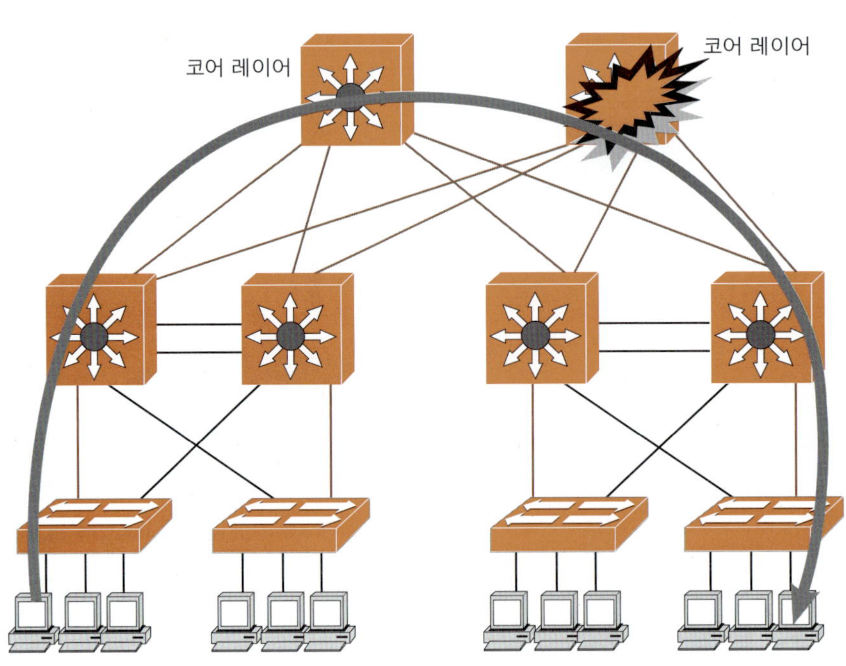

그림 12-9 >>
코어 레이어 스위치도
2대를 구입하여 이중
화한다.

일반적으로 디스트리뷰션 레이어의 멀티레이어 장비는 레이어 2와 3 기능을 함께 수행하고, 코어 레이어의 멀티레이어 장비는 레이어 2 장비로만 사용됩니다. 따라서 코어 레이어 장비를 기준으로 네트워크를 다시 그리면 [그림 12-10]과 같습니다.

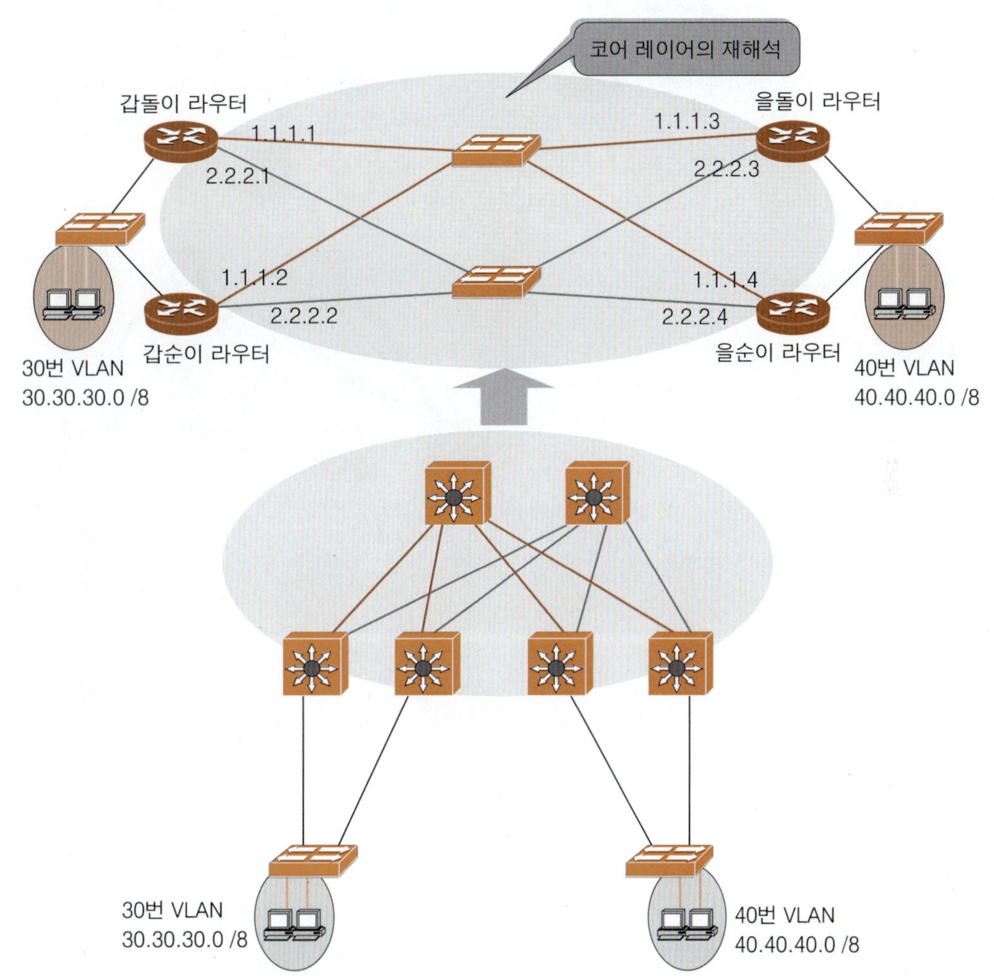

그림 12-10 >> 코어 레이어 장비를 기준으로 네트워크를 재구성한다.

갑돌이 라우터의 라우팅 테이블이 [예 12-1]과 같기 때문에 갑돌이 라우터에서 40번 VLAN 으로 가는 트래픽은 [그림 12-11]과 같이 4경로에서 로드밸런싱이 될 것입니다.

예 12-1 >> 갑돌이 라우터의 40.40.40.0 /8 네트워 크에 대한 라우팅 테이블

```
40.40.40.0 /8  via 1.1.1.3
40.40.40.0 /8  via 1.1.1.4
40.40.40.0 /8  via 2.2.2.3
40.40.40.0 /8  via 2.2.2.4
```

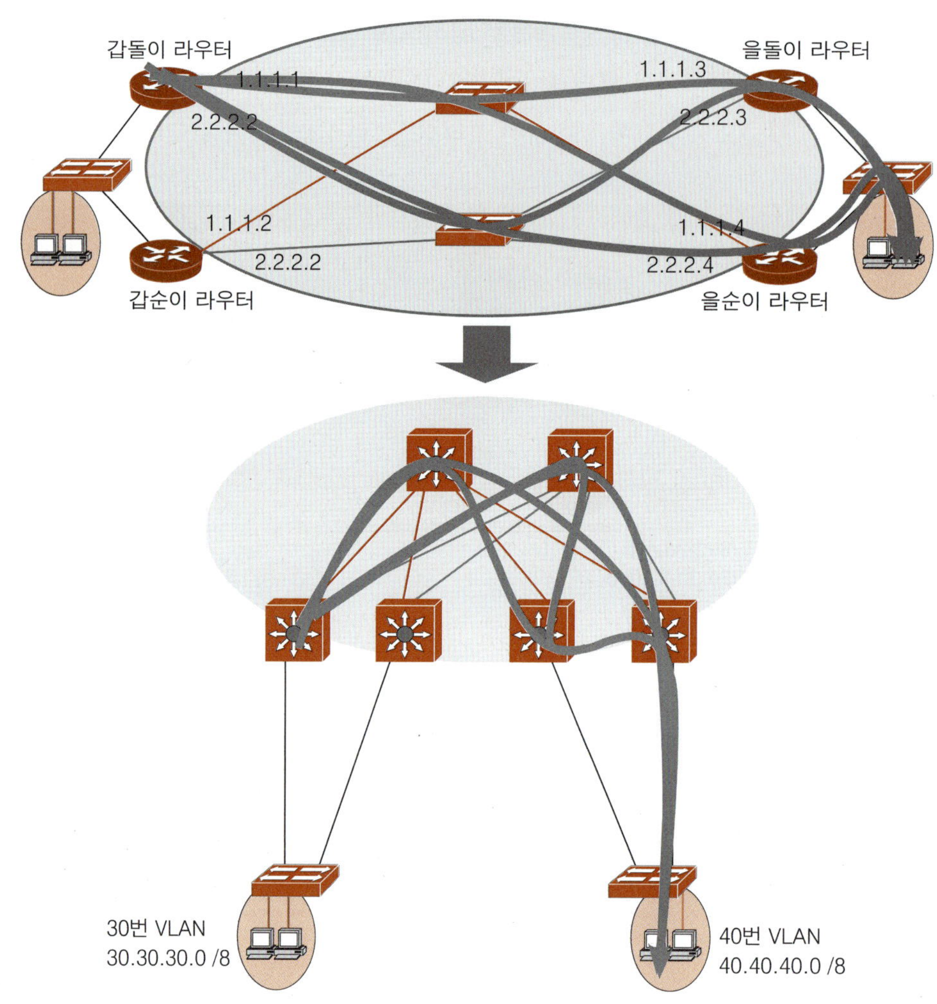

그림 12-11 ≫
갑돌이 라우터에서
VLAN 40을 향하는 트
래픽이 로드밸런싱되
는 과정

갑순이 라우터의 라우팅 테이블도 [예 12-2]와 같기 때문에 갑순이 라우터에서 40번 VLAN
으로 가는 트래픽은 [그림 12-12]와 같이 4경로에서 로드밸런싱이 될 것입니다.

예 12-2 ≫
갑순이 라우터의
40.40.40.0 /8 네트워
크에 대한 라우팅
테이블

```
40.40.40.0 /8  via 1.1.1.3
40.40.40.0 /8  via 1.1.1.4
40.40.40.0 /8  via 2.2.2.3
40.40.40.0 /8  via 2.2.2.4
```

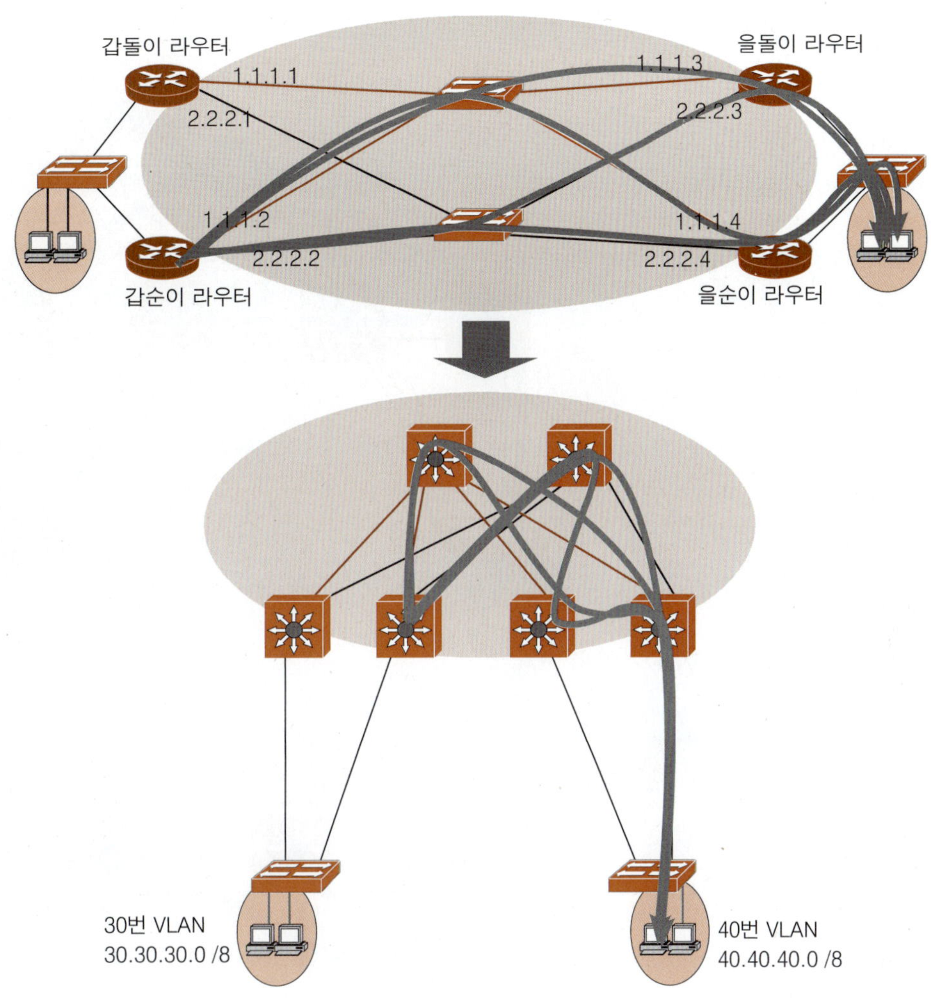

그림 12-12 >>
갑순이 라우터에서
VLAN 40을 향하는
트래픽의 흐름도 로드
밸런싱이 된다.

이것은 반대쪽 트래픽도 마찬가지일 것입니다. 을돌이 라우터에서 30번 VLAN으로 가는 트래픽은 [그림 12-13]과 같습니다. 을순이 라우터에서 30번 VLAN으로 가는 트래픽들은 [그림 12-14]와 같이 로드밸런싱됩니다.

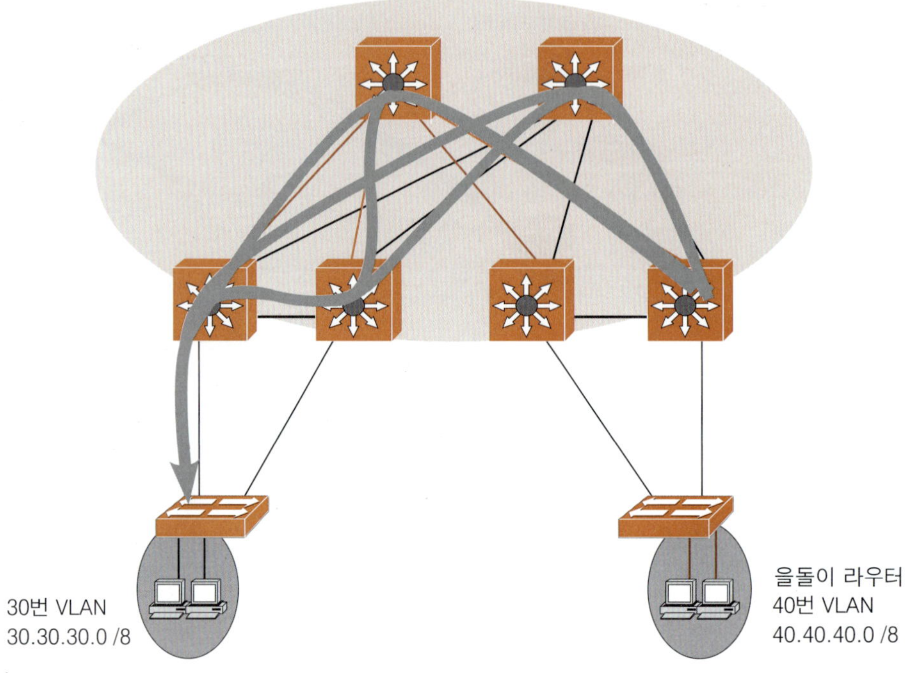

그림 12-13 ≫
을돌이 라우터에서
VLAN 30을 향하는
트래픽의 흐름이 로드
밸런싱되는 과정

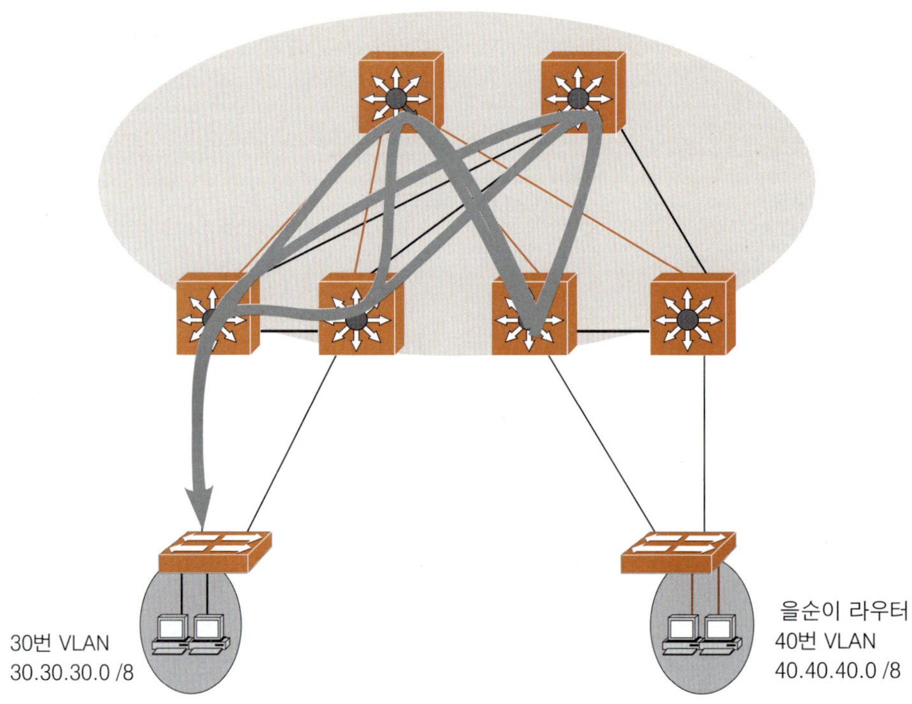

그림 12-14 ≫
을순이 라우터에서
VLAN 30을 향하는
트래픽의 흐름은
다음과 같이 로드
밸런싱된다.

코어 레이어 장비를 이중화하면 4개의 경로에서 로드밸런싱을 할 수 있습니다. 필요하다면 코어 레이어 장비를 삼중화할 수도 있습니다. 그러면 6개의 경로에서 로드밸런싱을 할 수 있겠지요.

트렁크 구간에서 제외해야 할 VLAN

한가지 짚고 넘어갈 것이 있습니다. [그림 12-15]는 통상적인 캠퍼스 네트워크 구성에서 사용되는 트렁크 구간과 액세스 링크 구간을 표시한 것입니다.

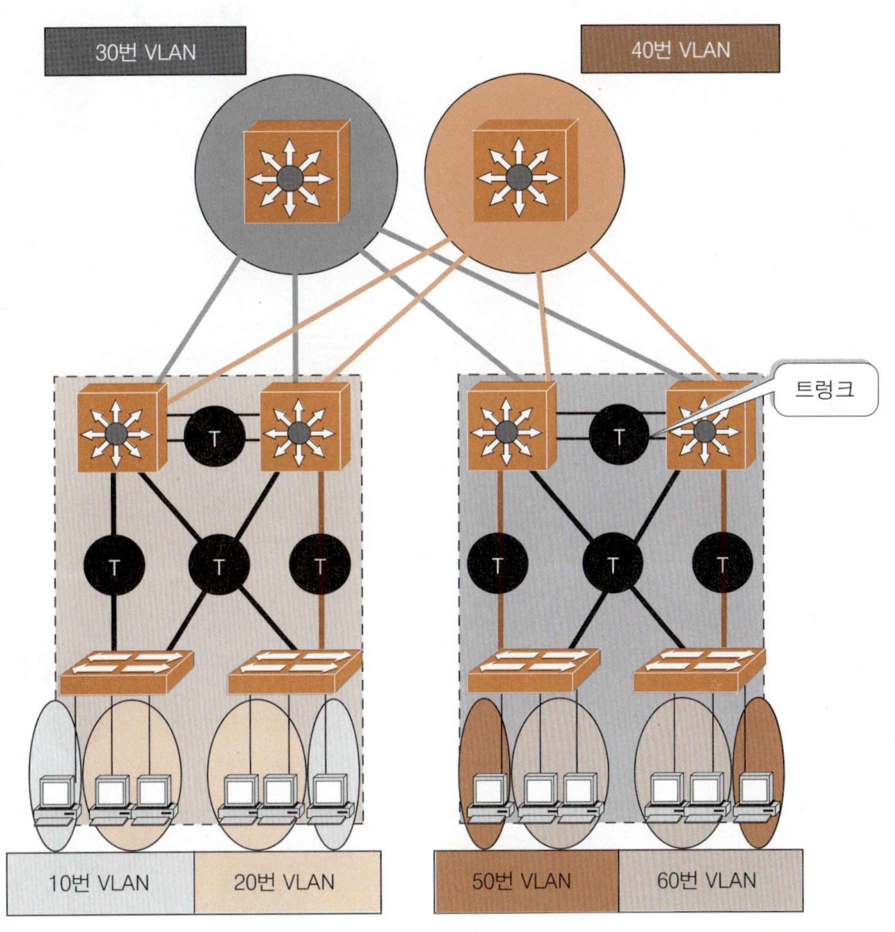

그림 12-15 ≫ 캠퍼스 네트워크는 보통 다음과 같이 액세스 링크와 트렁크를 배치한다.

[그림 12-15]에서 볼 수 있는 VLAN별 액세스 링크와 트렁크의 수는 [표 12-1]과 같습니다.

표 12-1 ≫ [그림 12-15]에서 보이는 트렁크와 액세스 링크

구분	트렁크	액세스 링크			
		10/50번 VLAN	20/60번 VLAN	30번 VLAN	40번 VLAN
링크 수	8	2/2	4/6	4	4

[그림 12-15]에서 코어 레이어를 통과하는 루프를 보면 [그림 12-16]과 같습니다.

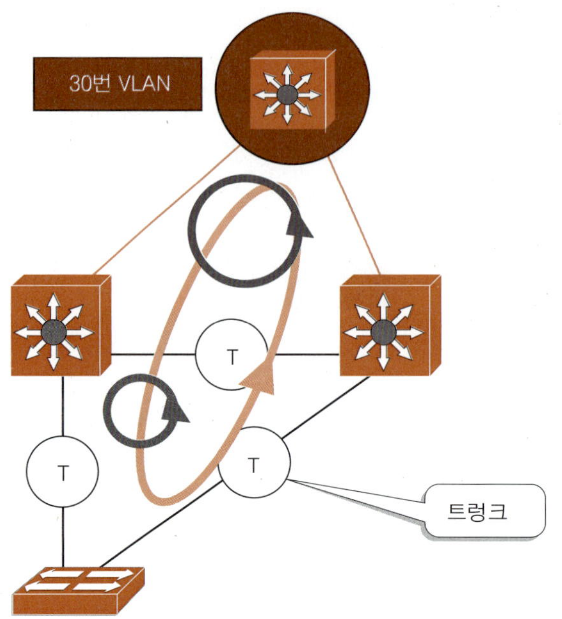

그림 12-16 ≫
3개의 루프가 생긴다.

이처럼 3개의 루프가 생길 수 있는데, 루프가 생기면 스위치들은 BPDU를 주고받아서 스위치 하나를 루트 스위치로 정하고 루프를 구성하는 스위치의 포트 중 한 포트를 임의로 차단합니다. 그렇다면 [그림 12-17]과 같이 SW1이 루트 스위치로 선정되고 검은색 포트들이 차단된 경우를 생각해 봅시다.

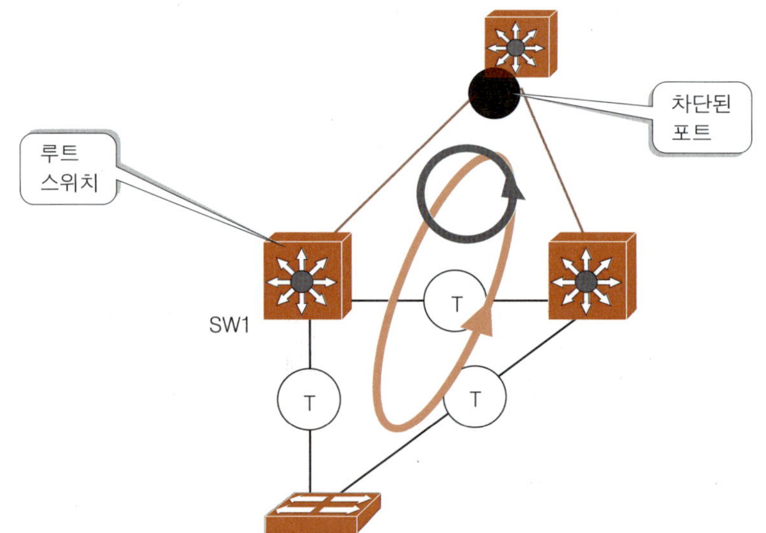

그림 12-17 ≫
SW1이 루트 스위치라
면 다음과 같이 차단
되는 포트가 생길 것
이다.

[그림 12-17]처럼 코어 레이어 스위치의 포트가 차단될 경우 아주 심각한 문제가 생깁니다. 즉, SW1을 다른 스위칭 블럭으로 연결하는 코어 레이어 스위치와의 연결이 차단되므로 다른 스위칭 블럭과 통신할 수 없습니다.

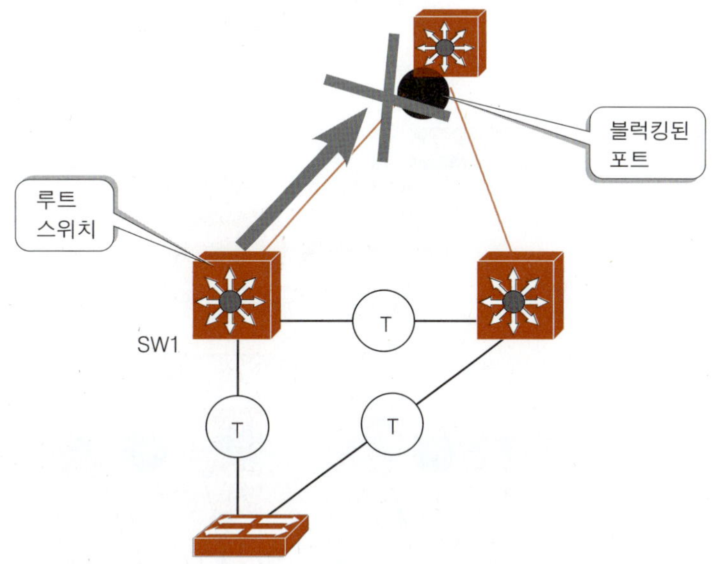

그림 12-18 ≫
코어 레이어 스위치는 스위칭 블럭을 연결하는 중요한 스위치이므로 차단되면 문제가 생긴다.

[그림 12-18]과 같은 경우를 피하기 위해 일반적으로 [그림 12-19]와 같이 코어 레이어에서 사용되는 VLAN을 트렁크 구간에서 제외시켜 버립니다. 그러면 VLAN 30에 대해 더 이상의 루프가 발생하지 않습니다. 따라서 STP 프로토콜이 동작할 필요가 없으며, 코어 레이어 스위치의 포트가 차단되는 경우도 없습니다. 코어 레이어에서는 이러한 방법으로 STP 프로토콜을 사용하지 않습니다. 지금 배운 내용은 실제 구현시 꼭 기억해 두기 바랍니다.

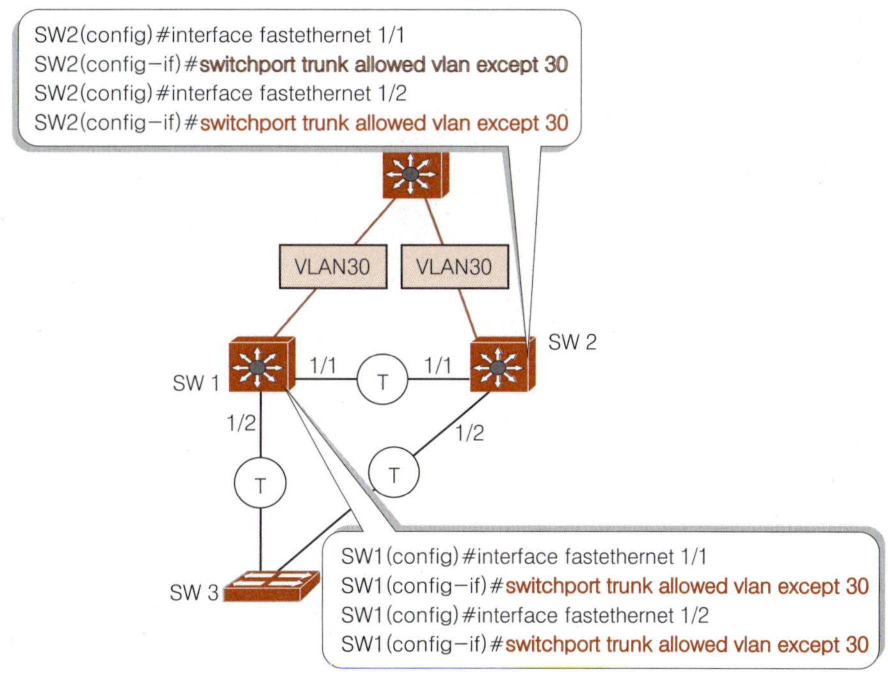

그림 12-19 ≫
세 트렁크에서 코어 레이어에서 사용하는 VLAN을 통과시키지 않으면 코어 레이어는 STP 프로토콜을 사용할 필요가 없어지므로 코어 레이어 스위치 포트는 어떠한 경우에도 블럭킹되지 않는다.

[그림 12-20]과 같은 실제 환경에서는 모든 디스트리뷰션 레이어 스위치의 트렁크 구간에서 VLAN 30과 40을 제외합니다.

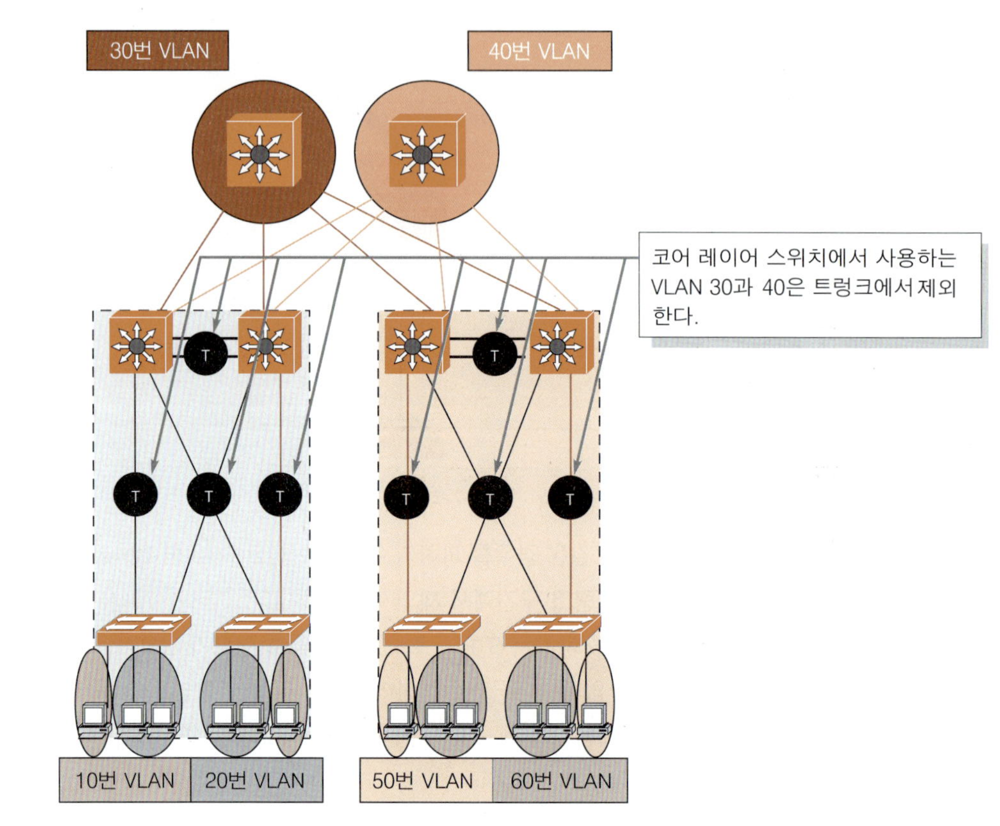

그림 12-20 >>
트렁크 구간에서는 코어 레이어에서 사용하는 VLAN을 제외한다.

이중화된 캠퍼스 네트워크에서의 트래픽 흐름 *

캠퍼스 네트워크를 구성하는 링크나 장비에 아무런 문제가 없을 때의 데이터 흐름은 그림 [12-21]과 같습니다.

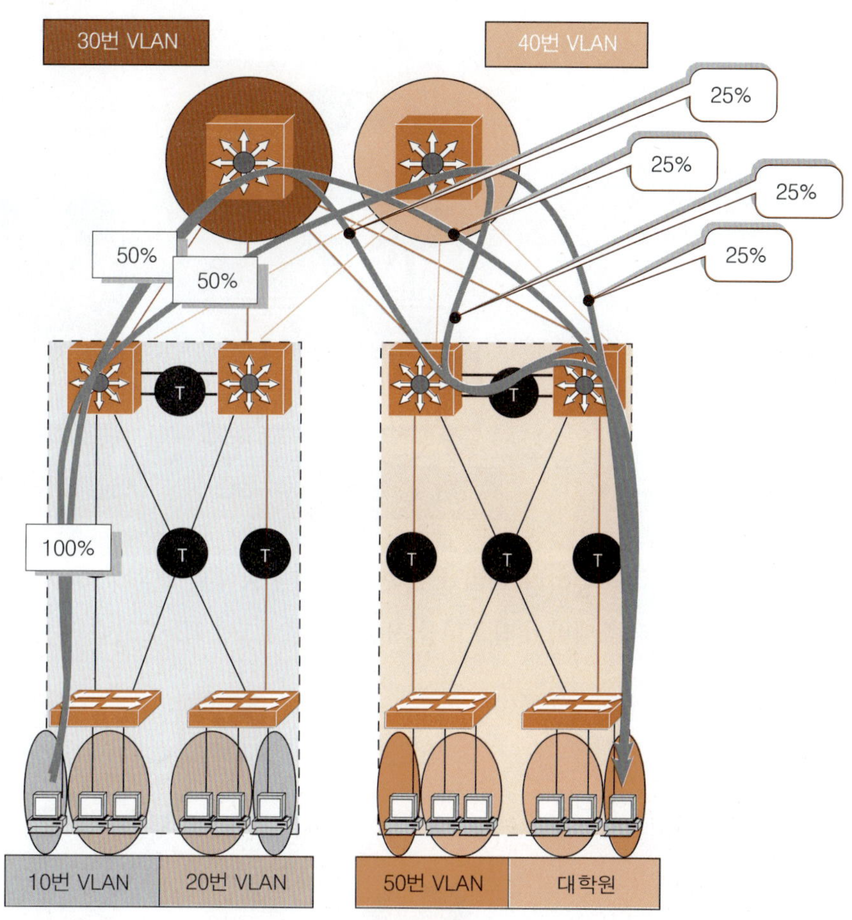

그림 12-21 >>
트래픽은 흩어졌다가
다시 모인다.

10번 VLAN에 속한 PC에서 100%로 출발한 트래픽은 디스트리뷰션 레이어에서 코어 레이어로 보내질 때 반씩(50%) 나누어 지고, 코어 레이어 장비에서 1/4씩(25%) 나누어져서 처리됩니다. 다른 스위치 블럭의 디스트리뷰션 레이어 장비에서 50%씩 합쳐지고, 마지막으로 다른 스위치 블럭의 디스트리뷰션 레이어와 액세스 레이어 연결 링크에서 100%가 합쳐집니다.

[그림 12-21]에서 사용 중이던 액세스 레이어-디스트리뷰션 레이어 연결 링크가 다운되면 [그림 12-22]와 같은 트래픽 패턴을 가지게 됩니다. STP 프로토콜에 의해 백업으로 대기하던 링크를 사용하기 때문입니다.

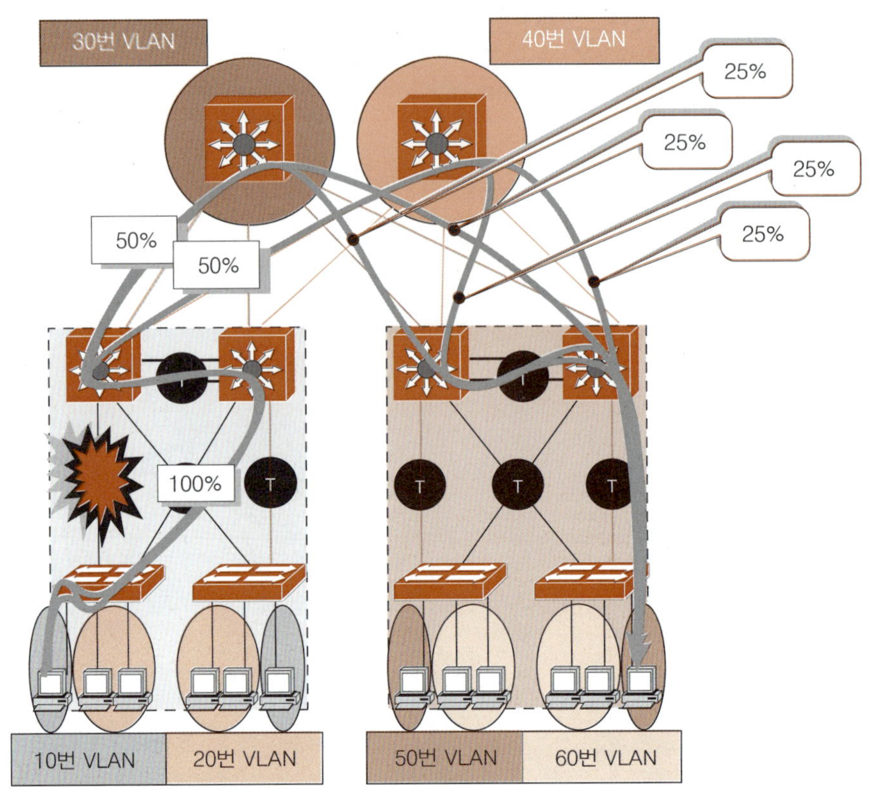

그림 12-22 >>
액세스 스위치와 디스
트리뷰션 스위치 간의
한 링크가 고장났을
때의 트래픽 흐름

사용 중이던 액티브 라우터가 다운되었을 때는 HSRP(또는 VRRP 또는GLBP) 프로토콜에 따라 스탠바이 라우터를 사용하므로 [그림 12-23]과 같이 트래픽 패턴이 바뀔 것입니다.

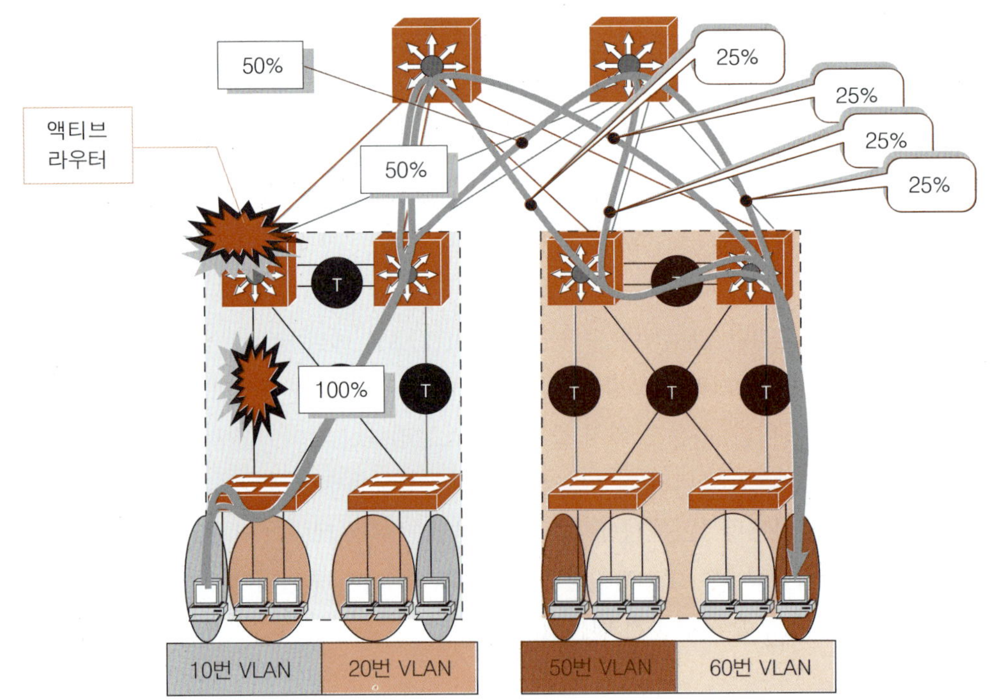

그림 12-23 >>
액티브 라우터가 고장
났을 때의 트래픽
패턴

사용 중이던 한 코어 레이어 스위치가 다운되었을 때는 라우팅 테이블에 의해 살아 있는 링크만 사용하므로 [그림 12-24]와 같은 트래픽 패턴을 가집니다.

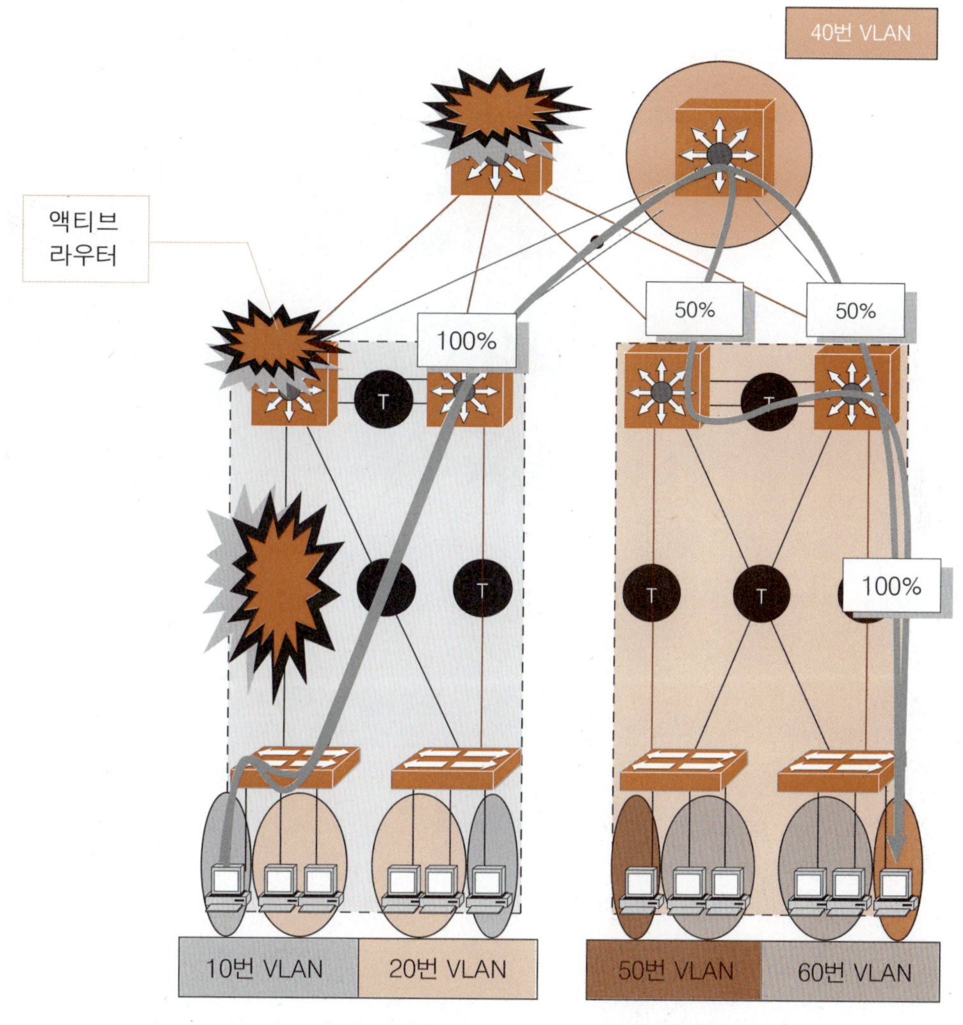

그림 12-24 ≫
액세스 스위치와 디스트리뷰션 스위치 간의 한 링크, 액티브 라우터, 한 코어 레이어 스위치에 문제가 있을 때의 트래픽 패턴

[그림 12-25]와 같은 최악의 경우도 한번 고려해 보겠습니다. 이와 같이 많은 링크와 장비(13군데)에 문제가 생겨도 이중화 프로토콜(STP, HSRP, 라우팅 프로토콜) 때문에 두 스위치 블럭 간의 통신이 가능합니다.

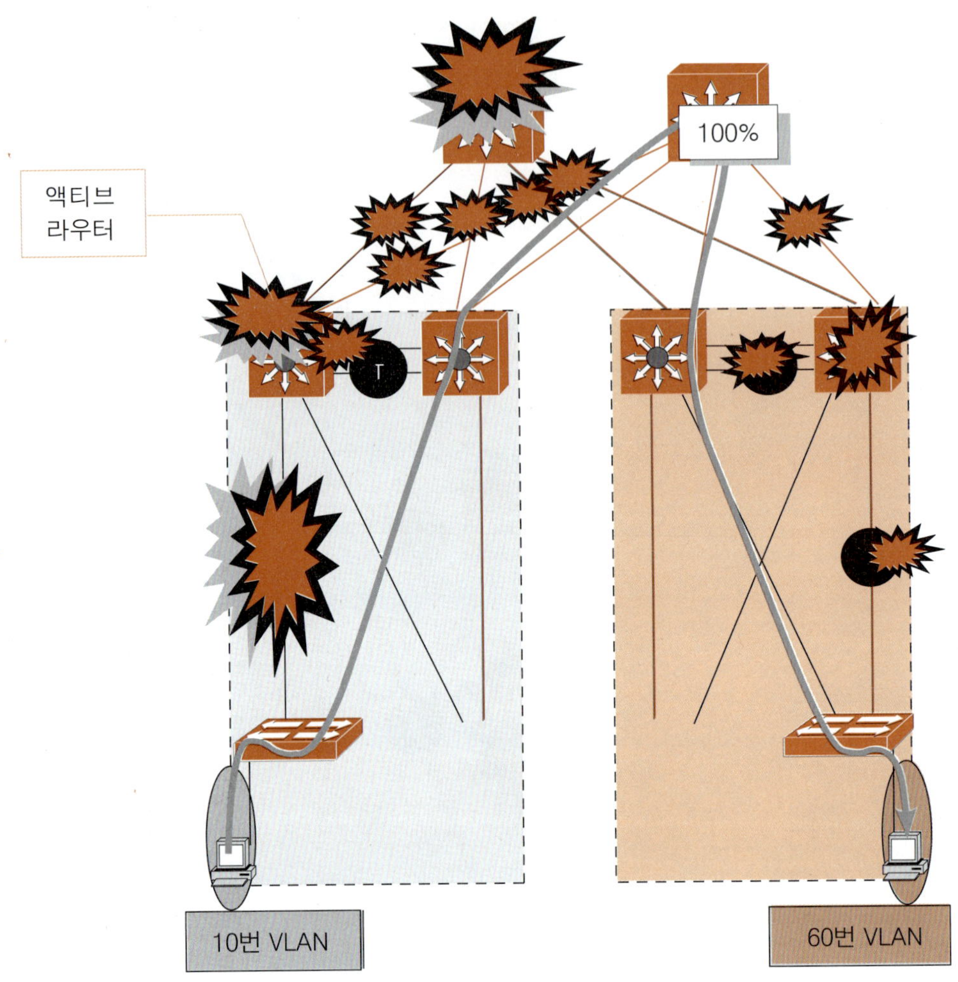

그림 12-25 ≫
13군데가 고장이 나도
10번 VLAN과 60번
VLAN 간 통신은 가능
하다.

이러한 이중화는 [표 12-2]와 같이 계층형 3레이어의 각 계층에서 다음과 같은 프로토콜 때문에 가능합니다.

표 12-2 ≫
영역마다 사용되는
이중화 프로토콜

이중화가 필요한 영역	이중화를 가능하게 하는 프로토콜
액세스 레이어와 디스트리뷰션 레이어	STP(PVST)
디스트리뷰션 레이어의 라우터	HSRP 또는 VRRP 또는 GLBP
코어 레이어	OSPF, EIGRP, ISIS 등의 라우팅 프로토콜

코어 레이어의 스위치 수와 디스트리뷰션 레이어의 라우터 수 결정

코어 레이어에 올 수 있는 스위치들의 수는 다음 사항에 따라 결정됩니다.

로드밸런싱에 필요한 링크의 수가 몇 개나 되는가?

[그림 12-26]처럼 코어 레이어 스위치의 수가 늘어날수록 트래픽은 더욱 분산되어 전달됩니다.

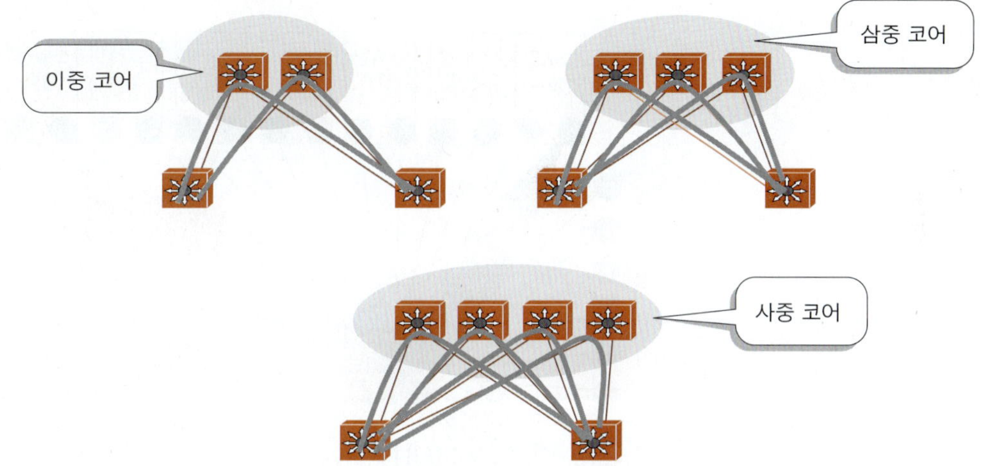

그림 12-26 ≫
코어 레이어 스위치의 수가 늘어날수록 트래픽은 더욱 분산되어 전달된다.

[그림 12-26]처럼 각 디스트리뷰션 레이어 장비 간에 코어 레이어 스위치에 따라 로드 발란싱을 위한 Equal-cost 링크 수는 달라집니다. 각각의 코어 레이어 스위치는 각각 다른 VLAN에 속하므로 코어 레이어 스위치가 3대라면 코어 레이어의 VLAN 수도 3개가 될 것이고, 4대라면 코어 레이어의 VLAN 수도 4개가 될 것입니다.

디스트리뷰션 레이어의 라우터 수는 다음 요소에 따라 결정됩니다.

캠퍼스 네트워크에서 사용하는 라우팅 프로토콜의 특성이 어떤가?

코어 레이어에 연결될 수 있는 디스트리뷰션 레이어의 장비 수는 라우터에서 사용하는 라우팅 프로토콜 특성에 따라 제한을 받습니다.

[표 12-3]은 각 라우팅 프로토콜마다 라우팅 정보를 유지할 수 있는 이웃 라우터(PEER)의 수입니다. 이것은 대략적인 기준입니다. 라우팅 프로토콜마다 이 정도의 수까지는 이웃 라우터들과 라우팅 정보를 교환해도 무리없이 라우팅 테이블을 유지할 수 있습니다.

표 12-3 ≫
라우팅 프로토콜에
따른 최대 이웃
라우터의 수

라우팅 프로토콜의 종류	최대 이웃 라우터의 수	코어 레이어의 스위치 수	최대 스위치의 블럭 수
OSPF	50(= 25×2)	2	25
EIGRP	50(= 25×2)	2	25
RIP	50(= 25×2)	2	25

스위치 블럭마다 2대의 라우터를 배치하므로 이웃 라우터의 수는 스위치 블럭 수에 2를 곱한 수입니다.

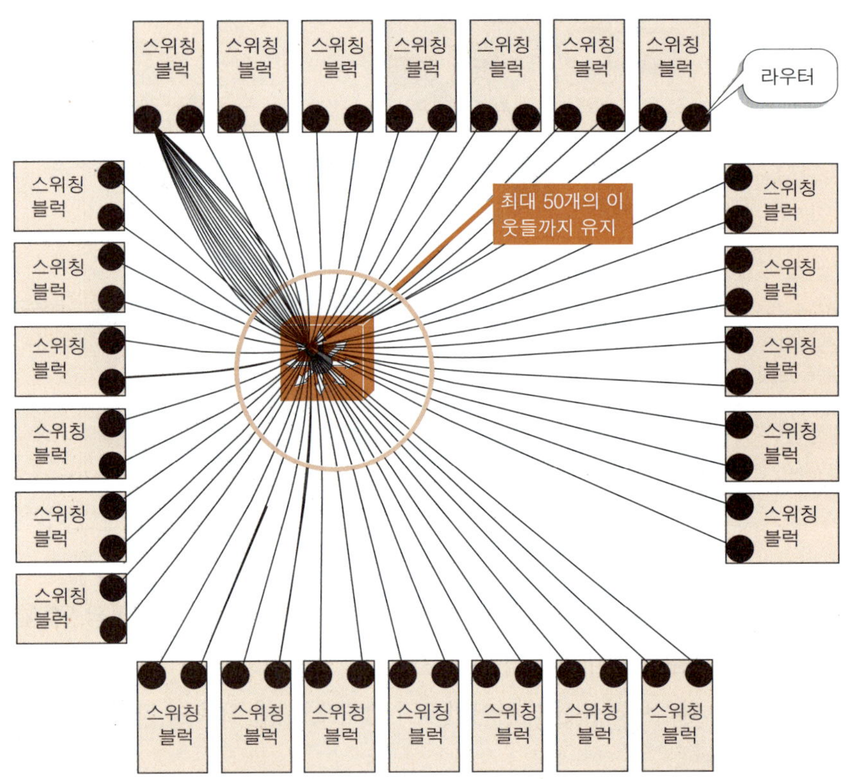

그림 12-27 ≫
라우팅 프로토콜의
이웃 수를 제한하는
원칙에 따라 최대
스위칭 블럭 수는 25
개, 최대 이웃 라우터
수는 50대이다.

따라서 라우팅 프로토콜의 이웃 수를 제한하는 특성 때문에 캠퍼스 네트워크의 크기가 정해집니다. 코어 레이어는 스위칭 블럭을 연결합니다. 스위칭 블럭은 디스트리뷰션 레이어와 액세스 레이어로 구성되는데, [그림 12-27]과 같이 일반적으로 하나의 건물이 한 스위치 블럭이 됩니다. 라우팅 프로토콜은 50개의 이웃 라우터까지 연결할 수 있으므로 결과적으로 25개의 건물이 연결될 수 있습니다.

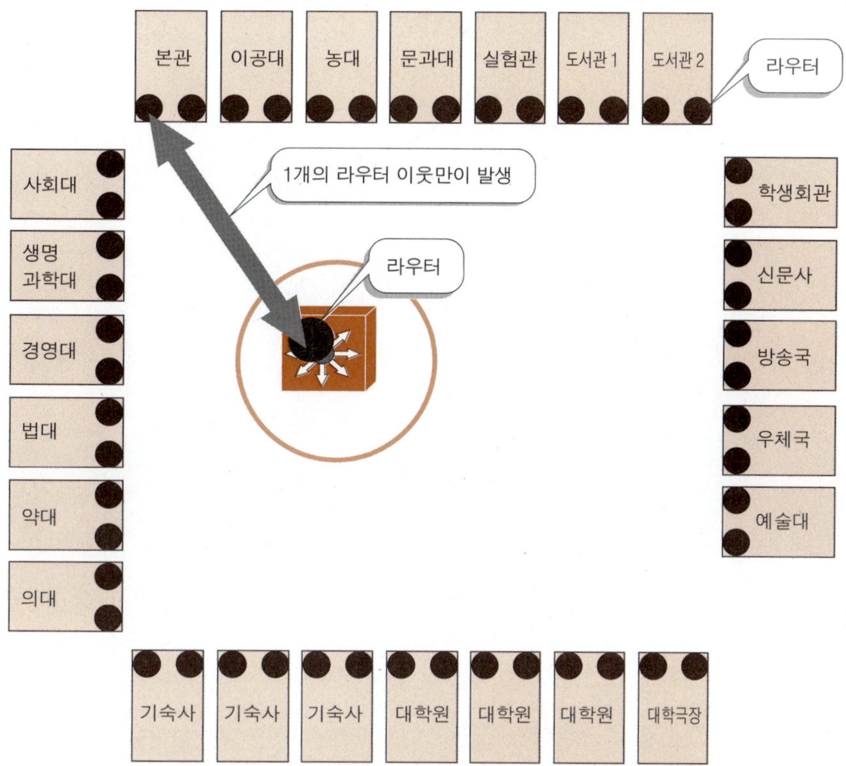

그림 12-28 ≫
코어 레이어에 라우터
를 도입하면 라우팅
프로토콜이 이웃 수를
제한하는 문제를 해결
할 수 있다.

만약 더 많은 건물이 들어와야 하는데 라우팅 프로토콜이 이웃 수를 제한하는 특성 때문에 문제가 된다면 [그림 12-28]과 같이 코어 레이어에 라우터를 배치하면 이웃 수가 하나로 줄어 더 많은 건물, 즉 스위칭 블럭을 배치할 수 있습니다.

 꼭 알아야 할 핵심 포인트

✔ 이중화에는 백업 개념의 이중화와 로드밸런싱 개념의 이중화 2가지가 있습니다. 백업 개념의 이중화는 두 링크를 동시에 사용하지 않고 한 링크는 대기하는 반면 로드밸런싱 개념의 이중화는 두 링크를 동시에 사용합니다. 이중화를 시킬 부분은 액세스 레이어 장비와 디스트리뷰션 레이어 장비 간, 디스트리뷰션 레이어에서의 라우터, 코어 레이어 장비입니다.

✔ 코어 레이어에 올 수 있는 스위치의 수는 로드밸런싱에 필요한 링크의 수에 따라 결정됩니다. 코어 레이어에 연결될 수 있는 디스트리뷰션 레이어의 장비 수는 라우터에서 사용하는 라우팅 프로토콜 특성에 따라 제한을 받습니다.

쉬어가는
페이지
CISCO
LAN Switching

實 네트워크 둘러보기

'특강. 네트워크 둘러보기' 에서는 랜 스위칭 지식을 기반으로 현장 네트워크를 탐사하면서 배운 것을 확인하고 실무 감각을 익힙니다. 크고 작은 규모의 네트워크를 둘러보며, 실제의 네트워크 토폴로지(연결 방식)를 분석하고 앞서 배운 이론이 어떻게 구현되는지를 확인합니다. 이미 다양하게 배운 네트워크 솔루션과 프로토콜, 라우팅 프로토콜들이 현장에서 적용된 사례를 봅니다. 또한 실제의 네트워크를 소개하면서, WAN과 보안 솔루션이 포함된 네트워크의 전체적인 모습을 통해 LAN에 한정되지 않은 통합적인 현장 네트워크를 보여줍니다.

이번 강의로 현장의 다양한 네트워크를 통해 배운 이론을 정리하여 네트워크를 구축하거나 이해할 때 좋은 참고가 될 것이라 확신합니다.

<table>
<tr><td rowspan="2">케이스 1</td><td>규모</td><td>PC/서버</td><td>네트워크 장비</td></tr>
<tr><td>소규모(본사)</td><td>120 PC, 10 서버</td><td>라우터/스위치/방화벽</td></tr>
</table>

케이스 1은 전형적인 중소규모의 LAN 네트워크 모습입니다.

[토폴로지]

케이스 1 네트워크의 토폴로지는 Hierarchical 3계층 모델을 따라 디자인되었습니다. 건물의 층 마다 액세스 계층 스위치가 배치되어 있고, 모든 액세스 계층 스위치는 디스트리뷰션 계층 장비에 연결됩니다. 액세스 계층 스위치는 2계층 스위치지만, 디스트리뷰션 계층 스위치는 VLAN을 할당하고, VLAN 간 라우팅을 위해 멀티레이어 스위치를 배치합니다. 각 층은 별도의 VLAN으로 분리되었습니다. 다시 말해 지오그래픽 VLAN(로컬 VLAN)을 적용하고 있습니다. 내부 직원용 서버들은 관리용이성을 위해 VLAN 50에 모아두었습니다.

디스트리뷰션 계층 장비와 방화벽과 WAN 라우터는 이중화되어 있지 않아, 네트워크의 가용성 수준을 높이기 위한 고려는 하지 않았습니다.

[솔루션]

2층 회의장에는 무선 랜을 수용하기 위해 두 대의 AP(Access Point)가 설치되어 있습니다. AP 한 대당 최대 20대의 노트북을 수용한다고 계산하여 회의장의 수용인원인 100명을 수용하기 위해 5대의 AP가 설치되었습니다. 서버에 대한 로드밸런싱을 위한 L4 스위치는 보이지 않습니다.

방화벽에서는 필터링과 NAT(Network Address Translation)가 적용되었습니다. 방화벽에서 NAT를 사용하기 때문에 내부 네트워크에서는 172.16.0.0 /16 사설 IP영역을 적용하고 있습니다. 물리적으로 스위칭 룹이 발생하지 않기 때문에 STP 프로토콜을 사용할 필요가 없습니다. 스위치에서 불필요하게 BPDU를 발생하지 않도록 STP 프로토콜을 꺼둡니다.

트래픽은 유저(User) 트래픽과 백그라운드(Background) 트래픽으로 나뉘는데, 예를 들어, PC와 서버 간에 교환되는 업무 관련 트래픽은 유저 트래픽입니다. 하지만 라우터와 라우터 간에 교환되는 라우팅 업데이트나 스위치와 스위치 간에 교환되는 STP의 BPDU 프레임이나 VTP의 VTP 어드버타이저먼트, 인접된 시스코 장비 간에 IP와 연결된 포트, 장비 종류와 같은 정보를 교환하는 CDP 프레임과 같이 네트워크를 유지하기 위해 네트워크 장비 간에 주고받는 프로토콜 프레임과 PC와 서버 간에 상호 확인이나 발견을 위해 교환되는 네트워크 프로토콜의 작동을 위해 교환되는 트래픽은 백그라운드 트래픽에 속합니다. 통상적으로 이러한 백그라운드 트래픽 양이 전체 대역폭에 10% 이상을 초과하지 않도록 관리하는 것이 좋습니다. 따라서, STP(Spanning-Tree Protocol), CDP(Cisco Discovery Protocol)나 VTP(VLAN Trunking Protocol)와 같은 프로토콜이 필요하지 않음에도 켜 둔다는 것은 백해무익한 일입니다. 마찬가지로 단일 경로로만 구성된 네트워크 토폴로지에서 라우팅 프로토콜을 돌린다면, 라우팅 업데이트(백그라운드 트래픽)를 유발시킵니다. 즉, 단일 경로로만 구성된 케이스 1에서는 스테이틱 라우팅을 적용하는 것이 장비의 CPU/메모리와 대역폭을 절약할 수 있는 방법입니다.

[보안]

방화벽 외에는 네트워크 보안 장비가 보이지 않으며, DMZ 네트워크에는 외부인이 접속할 수 있는 웹 서버가 배치되었습니다. DMZ 네트워크로 향하는 트래픽에 대해서는 해당하는 서비스 포트만 개방하였습니다. 또한, 내부 네트워크에서 외부 네트워크로 나가는 트래픽에 대해서는 업무 외의 사이트로 향하거나 서비스를 사용하고자 하는 트래픽을 차단합니다. 방화벽은 가장 기본적인 보안 장비입니다. 방화벽을 보완하기 위한 장비로 IDS나 IPS와 같은 것들이 있습니다.

[WAN]

지사가 없기 때문에 본사와 지사를 연결하기 위한 WAN은 없고, 인터넷으로만 연결됩니다. 인터넷 트래픽에 대한 사용자 불만도가 높기 때문에 향후 증설할 계획을 가지고 있습니다. 이때, 기존의 ISP에 대한 대역폭을 확장하는 방법보다는 다른 ISP를 통해 인터넷 연결을 추가하여 단일ISP로 연결했을 때의 가용성 문제를 해결하기로 했습니다.

[라우팅]

디스트리뷰션 계층의 라우팅 모듈과 방화벽, WAN 라우터와 같이 라우팅이 필요한 레이어 3장비에서는 단일 경로로만 연결되어 있기 때문에 라우팅 프로토콜을 운영할 필요가 없습니다. 따라서, 스테이틱 루트로만 구현합니다.

▼ [A-1] 케이스 1 (네트워크 예)

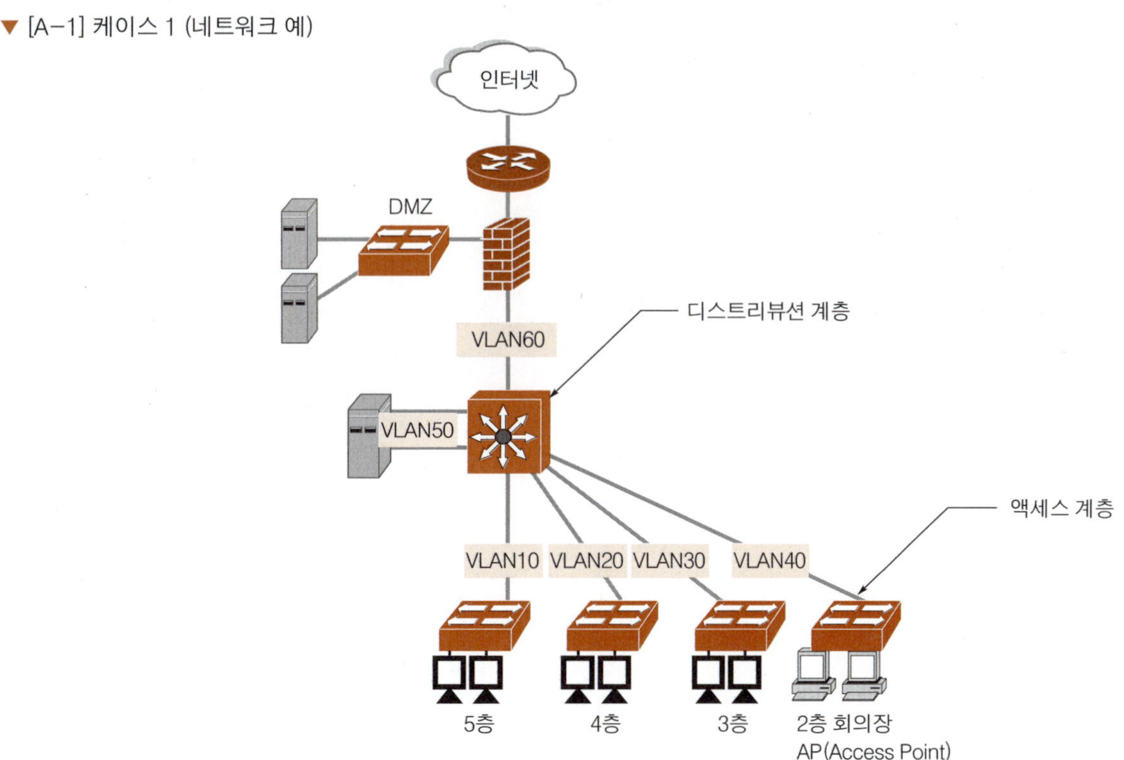

HELP ME! 방화벽을 간단히 설명해주세요!

방화벽을 사용하면 네트워크는 [그림 A-2]와 같이 외부 네트워크, 내부 네트워크, DMZ 네트워크의 세 영역으로 나뉩니다.

▼ [그림A-2] 방화벽과 세 영역

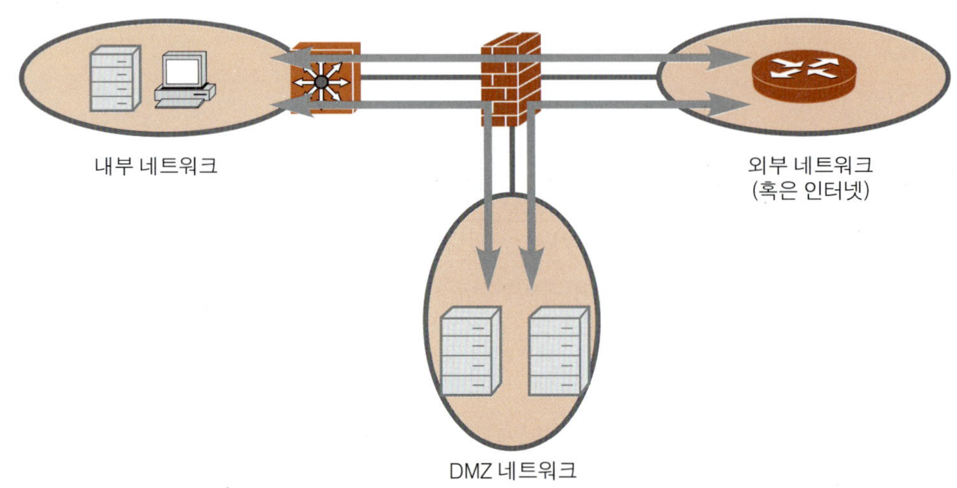

일반적으로 내부 네트워크는 외부 네트워크에서 접근할 수 없도록 보호된 네트워크이며, DMZ 네트워크는 방화벽에서 허용한 서비스에 대해서만 외부 네트워크에서 접근할 수 있습니다. 방화벽의 기능은 [표 A-1]과 같이 요약할 수 있습니다.

[표 A-1] 방화벽의 기능들

구분	설명
액세스 제어/ 패킷 필터링	방화벽에서 액세스 제어/패킷 필터링을 설정하기 전에, 먼저 어떤 서비스를 허용할 것인지에 대한 조직의 보안 정책의 설립이 필요합니다. 예를 들어, 세 개의 네트워크 각각의 출발지 IP 주소, 목적지 IP 주소, 포트 번호(서비스), 시간대를 기준으로 필터링할 수 있습니다.
NAT	사설 IP 주소와 공인 IP 주소 영역의 경계에 있는 장비로 두 영역 간의 주소 변환(NAT : Network Address Translation) 기능을 제공합니다. NAT는 공인 IP 주소를 절약하게 하는 일 외에 외부에서는 내부의 사설 IP를 추측할 수 없기 때문에 내부에서 외부로는 접속이 가능하지만, 반대로는(스테이틱 NAT 구현이 없다면) 접속할 수 없게 만드는 보안 기능을 제공합니다.
액세스 기록	방화벽을 통한 모든 액세스를 기록할 수 있습니다.
인증	사용자가 특정 서버 자원을 사용하기 위해서는 인증(사용자 확인) 절차를 받도록 합니다.

방화벽 만으로는 네트워크 보안을 해결할 수 없습니다. 방화벽은 내부 네트워크에서 비롯된 악의적인 공격을 막을 수 없고, 방화벽을 경유하지 않는 공격 또한 막을 수 없습니다. 더욱이, 방화벽의 방어 정책에 포함되지 않는 공격을 막지 못하기 때문에 데이터에 실려있는 악성코드나 바이러스를 통과시킬 수밖에 없습니다. 또한, 방화벽 자체나 허용한 포트를 통해 침입한 내부 네트워크에 대한 DoS(Denial of Service), DDoS(Distributed Denial of Service) 공격을 차단할 수 없습니다.

사실상, 위에서 설명한 방화벽은 3계층이나 4계층 헤더만을 보고 필터링을 하는 수준의 방화벽에 대한 설명입니다만, 7계층의 데이터 필드까지 체크하고, DoS, DDoS 공격도 막을 수 있는 방화벽이 대세입니다.

방화벽은 네트워크 보안을 위한 가장 기본적인 장비이지 네트워크 보안에 대한 요구를 100% 해결하는 장비가 아닙니다. 따라서, 도입할 방화벽의 한계를 잘 이해하고 보완할 수 있는 IPS나 IDS를 추가 도입하거나, 이러한 기능들을 한 장비에서 구현한 UTM(Universal Threat Management) 장비를 도입해야 합니다. 방화벽을 비롯한 보안 장비들은 조직의 안과 밖을 연결하는 주요 길목이 되는 지점입니다. 따라서, 보안 기능뿐만 아니라, 통과하는 트래픽을 지연 없이 수용할 수 있는 성능을 가지고 있는지를 체크하는 것이 매우 중요합니다.

<table>
<tr><td rowspan="2">케이스 2</td><td>규모</td><td>PC/서버</td><td>네트워크 장비</td></tr>
<tr><td>본사+지사 2곳</td><td>400PC 25서버</td><td>라우터/스위치/L4 스위치
방화벽/VPN/IDS</td></tr>
</table>

케이스 2는 두 곳의 지사를 가진 중규모 네트워크 사이트입니다.

[토폴로지]

15개 층에는 각각 액세스 계층 스위치가 배치되어 있고, 액세스 계층 스위치는 디스트리뷰션 계층의 멀티레이어 스위치에 연결되어 있습니다. WAN 라우터와 멀리 떨어져 있는 빌딩 B의 트래픽도 빌딩 A의 멀티레이어 스위치를 통과합니다. 특히 빌딩 A의 멀티레이어 스위치는 이중화되지 않았기 때문에 가용성의 수준은 낮습니다. 트래픽이 늘어나서 멀티레이어 스위치의 성능 부족과 다운타임이 문제가 된다면 멀티레이어 스위치를 이중화하여 트래픽을 분산하고 다운타임을 줄이는 것이 향후 이 사이트의 과제입니다. 각각의 층은 별도의 VLAN으로 구분되고, 내부 용도 서버들이 13층에 VLAN 121으로 분리되어 있습니다. VLAN 번호는 관리 용이성을 위해 [표 A-1]과 같이 1층은 VLAN 101, 2층은 VLAN 102 ···, 15층은 VLAN 115와 같은 방식으로 할당합니다.

[표 A-1] VLAN 번호 할당

구분	VLAN 번호	VLAN 범위
엔드 투 엔드 VLAN	VLAN 180	1층과 14층의 일부 PC/서버들 간
	VLAN 181	3층과 15층의 일부 PC/서버들 간
지오그래픽 VLAN	VLAN 101 ~ VLAN 115	빌딩 A의 VLAN 180과 VLAN 181에 속하지 않는 PC/서버는 층별로 VLAN 101에서 VLAN 115에 속함
	VLAN 113	전사 사내 직원용 서버들을 VLAN 113으로 분리하여 관리함
	VLAN 201 ~ VLAN 207	빌딩 B의 층별로 VLAN 201에서 VLAN 207에 할당함

디스트리뷰션 계층과 방화벽은 이중화되어 있지 않습니다. DMZ 구간에 서버 로드밸런싱을 위해 L4 스위치를 도입했습니다.

[솔루션]

무선 랜을 수용하기 위해 두 대의 AP(Access Point)가 설치되어 있습니다. AP 한 대당 최대 15대의 노트북을 수용하고 있습니다. 방화벽에서는 NAT(Network Address Translation)와 필터링을 적용하고 있습니다. 방화벽에 과부하가 발생한다면 L4 스위치를 이중화된 방화벽의 전후단에 배치하여 방화벽 로드밸런싱을 해야 합니다. 모든 스위치들은 VTP 트랜스페어런트 모드로 구현하여 VTP 프로토콜의 안정성 문제를 해결했습니다. VTP 프루닝을 설정하여 스위치 간에 쓸데없이 이동하는 브로드캐스트 양을 줄였습니다.

[보안]

방화벽을 통해 필터링과 NAT 기능을 사용 중이며, DMZ 네트워크에는 트래픽 감시를 위해 IDS(Intrusion Detection System)가 배치됩니다. 방화벽이 통과하는 트래픽에 대한 보안 장비라면, IDS는 스위치에 연결되어 스위치가 보내오는 트래픽을 감시하고 경고합니다.

[WAN]

지사와 본사를 연결하기 위해 전용회선을 사용 중이며, 이것에 대한 백업 용도로 VPN을 사용하고 있습니다. 향후에 VPN을 통한 연결이 안정적인 것으로 확인되면 비용 절감을 위해 전용회선을 제거할 수 있습니다. 또한 지사의 라우터는 VPN을 지원하는 라우터를 배치하였습니다. 본사에서 인터넷으로 나가는 트래픽은 방화벽을 거쳐 나가고, 지사로 나가는 트래픽은 전용회선을 주로 사용하되 전용회선이 다운되면 VPN 장비를 거쳐서 인터넷을 통해 나갑니다.

[라우팅]

회사 내의 모든 네트워크로 향하는 경로가 단일하기 때문에, 디스트리뷰션 계층의 라우팅 모듈과 방화벽, WAN 라우터와 같이 레이어 3장비에서는 백그라운드 트래픽을 줄이기 위해서 라우팅 프로토콜 대신, 스테이틱 루트를 구현합니다.

▼ [A-3] 케이스 2 (네트워크 예)

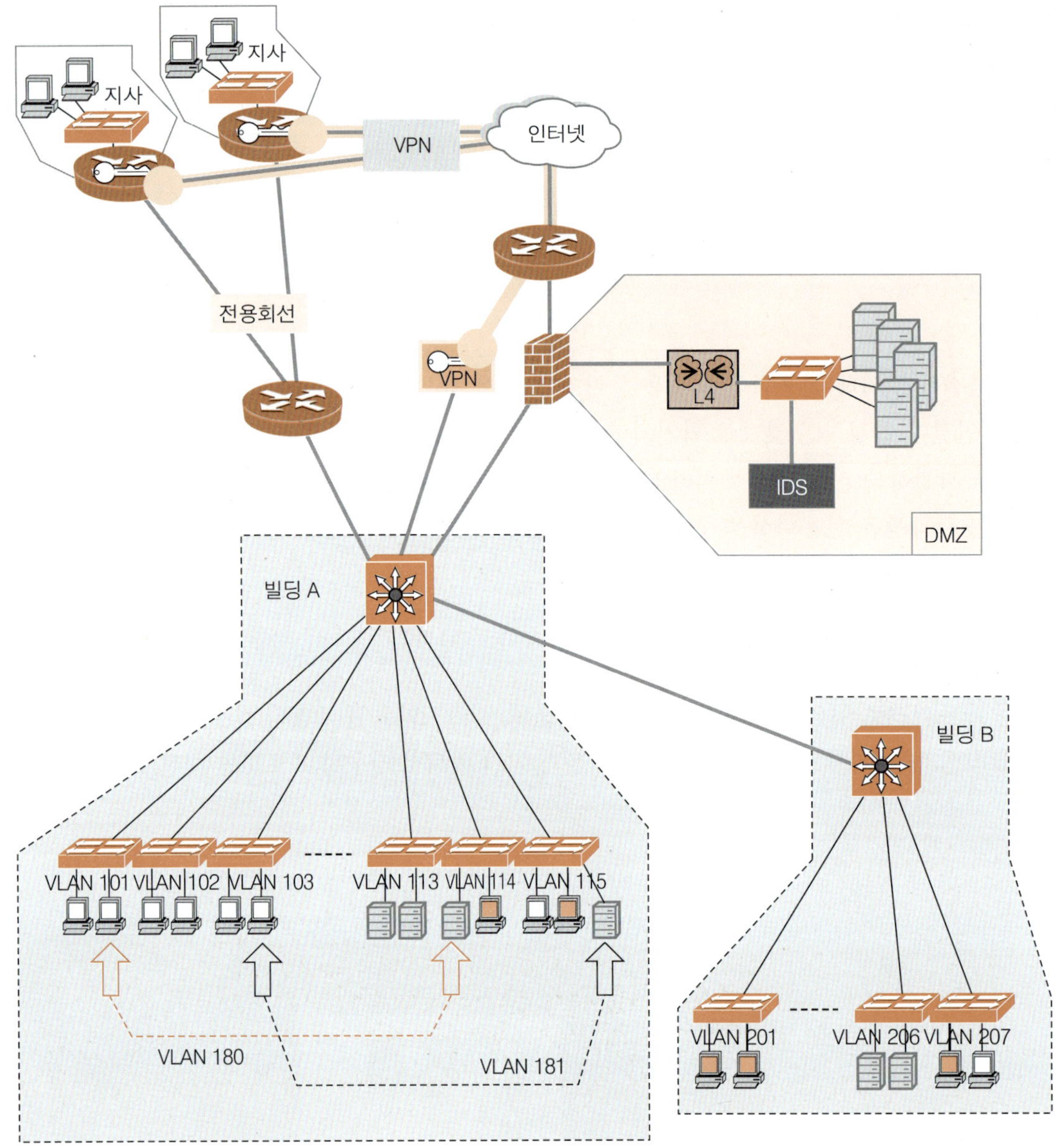

 IPSec VPN을 간단히 설명해주세요.

본사와 지사를 연결하는 WAN은 LAN과 더불어 내부 망으로 전용회선으로 연결하거나, 프레임 릴레이, ATM, X.25의 버추얼 서킷으로 연결됩니다. 인터넷 망은 공용의 외부 망입니다. VPN은 공용의 인터넷 망을 WAN과의 연결 대신 사용하여 회선 비용을 획기적으로 줄이는 기술입니다. 인터넷 망은 오픈된 네트워크이기 때문에 통신 상대를 확인하고, 데이터가 전송 중에 변경이나 훼손되지 않고 도착했는지 확인할 수 있는 인증 기능과 데이터의 변경을 막는 암호화가 필요합니다. 이처럼 인증, 암호화 기능을 정의하고, 암호화와 복호화에 사용되는 키의 생성과 교환 임무를 맡는 프로토콜이 IPSec입니다.

인터넷 구간을 통과하기 위한 인증과, 암호화와 터널링을 위해 필요한 필드들이 추가되어 터널의 끝인 반대쪽 VPN 장비에 도착하면 원래의 패킷만 남겨서 네트워크로 들여 보냅니다. 참고로 터널링이란 터널의 입구(VPN 장비)와 출구(VPN 장비) 사이를 추가된 필드를 가진 패킷이 통과할 수 있도록 터널의 입구와 출구 네트워크를 출발지와 목적지 주소로 지정하는 새로운 IP 헤더를 추가하는 기술입니다.

▼ [그림 A-4] IPSec VPN을 통한 WAN 연결

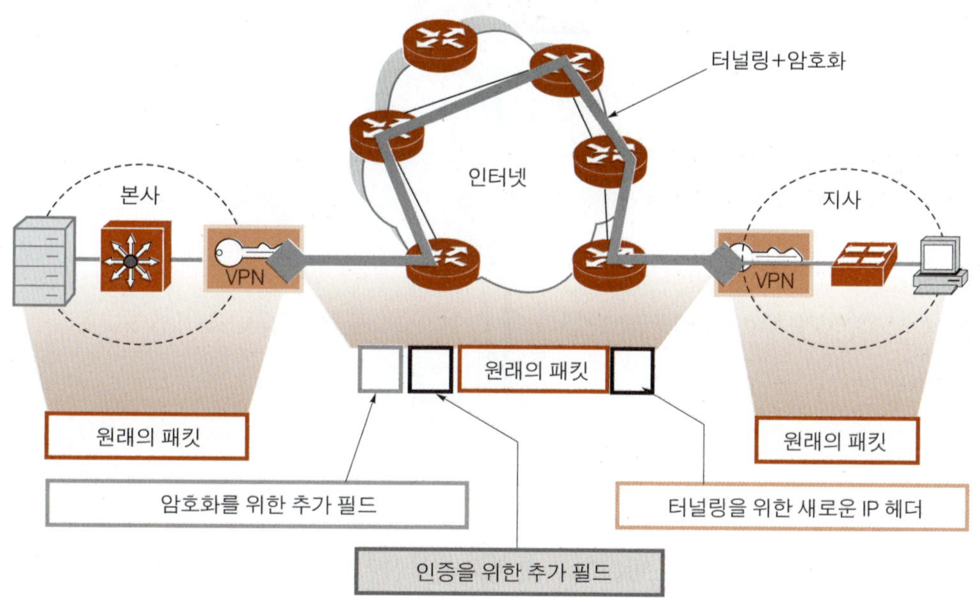

HELP ME! IDS를 간단히 설명해주세요.

IDS(Intrusion Detection System)는 방화벽과 달리 네트워크와 네트워크 간의 경계에 위치하는 것이 아니라 네트워크 내에 위치하여 방화벽의 한계로 지적되던 내부 해커에 의한 공격을 감시합니다. 그러나, IDS에는 불법 접근을 막는 기능은 없고 단지 공격을 발견하기 위한 툴입니다. [그림 A-5]와 같이 IDS는 스위치에서 감시의 대상이 되는 포트의 트래픽을 미러링(카피)하여 보내온 트래픽을 보고 오용이나 공격 여부를 판단합니다.

▼ [그림 A-5] IDS 동작 원리

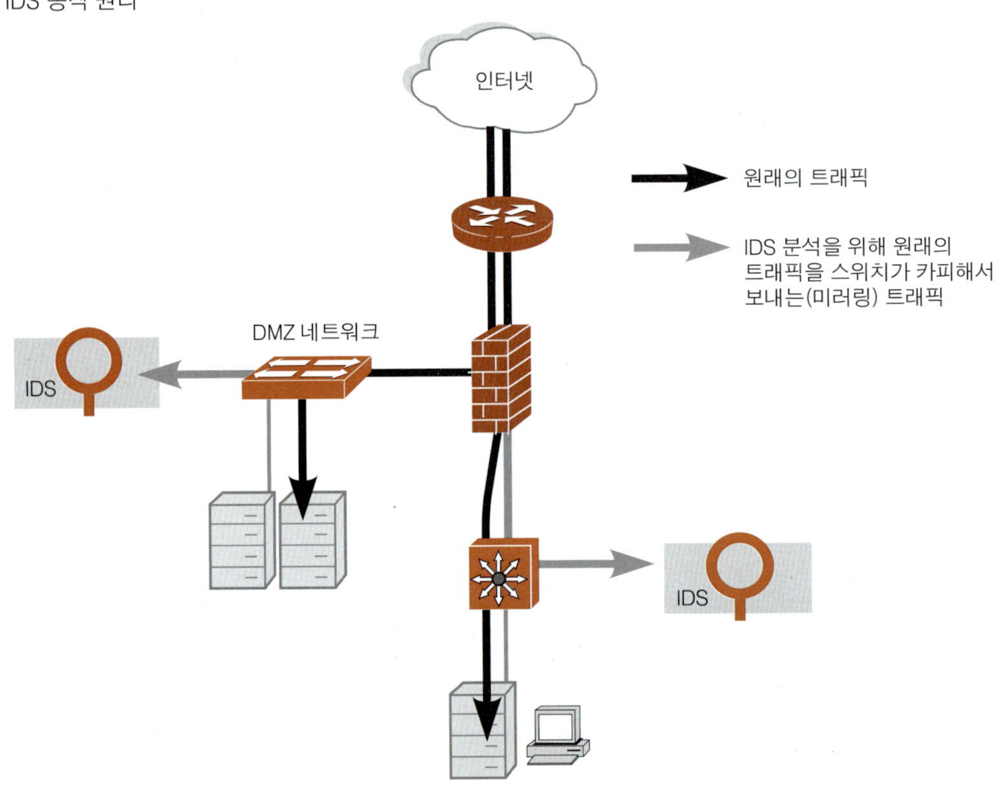

IDS는 불법 접근을 구분해내기 위해 바이트 단위의 패킷 필드를 조사하는 패턴 매칭, 프로토콜 규칙 위반 찾기, 이상 범위 분석 등의 방법을 사용합니다. IDS는 방화벽의 한계를 극복하기 위해 설계되었지만, 다수의 패킷들을 통합적으로 이해해야 하는 세션 기반의 탐지는 수행하기 어렵거나, 미리 공격 패턴을 규정하지 않은 다시 말해, 알려지지 않은 공격에 대한 분석 및 탐지가 어려울 뿐만 아니라, 패킷들을 감지하지만 차단하지 못하기 때문에 실시간 공격을 막을 수 없다는 단점이 있습니다.

<table>
<tr><td rowspan="2">케이스 3</td><td>규모</td><td>PC/서버</td><td>네트워크 장비</td></tr>
<tr><td>본사+지사 1곳</td><td>250 PC, 8 서버</td><td>라우터/스위치/방화벽/VPN</td></tr>
</table>

케이스 3은 지사 1곳을 가집니다.

[토폴로지]

본사와 지사는 3개 층으로 구성되어 있습니다. 각 층에는 각각 액세스 계층 스위치가 배치되어 있고, 액세스 계층 스위치는 디스트리뷰션 계층의 멀티레이어 스위치에 연결되어 있습니다. 이 멀티레이어 스위치를 통해 본사와 지사는 메트로이더넷 WAN 회선으로 연결되어 있기 때문에 라우터가 필요하지 않습니다. 일반적인 스위치들은 프레임 릴레이나 ATM 인터페이스를 지원하지 않기 때문에 이러한 WAN 서비스를 사용하기 위해서는 라우터가 필요합니다. 케이스 3은 본사와 지사 간의 백업 연결을 위해 VPN 서비스를 사용하고 있습니다.

[솔루션]

스위칭 룹 환경은 발생하지 않기 때문에 CST, PVST, RSTP, MST와 같은 STP 계열의 프로토콜을 적용할 필요가 없습니다. 동일 네트워크 내에 두 대의 라우터가 배치된 예가 없기 때문에 HSRP, VRRP, GLBP와 같은 라우터 리던던시 프로토콜을 사용할 필요가 없습니다. 모든 스위치에는 텔넷과 NMS(Network Management System) 서비스를 위한 관리용 IP만 설정할 뿐입니다.

[보안]

방화벽을 통해 필터링과 NAT 기능을 사용 중입니다. VPN 장비가 방화벽의 바깥에 위치하고 있습니다. 이 경우에 VPN 장비에서 NAT를 수행하거나, DoS 공격을 차단할 수도 있기 때문에 방화벽이 이러한 공격들로부터 안전해질 뿐만 아니라 부하도 줄어듭니다. 2안의 경우, 반대로 VPN 장비가 안쪽에 위치하기 때문에 VPN 기능이 보다 안정적으로 제공될 수 있습니다. 3안은 방화벽 경유 트래픽과 VPN 경유 트래픽이 분산되기 때문에 방화벽과 VPN 장비의 부하가 분산됩니다. 4안은 VPN 기능이 제공되는 방화벽의 모델을 도입했을 때입니다. 이후에 설명할 UTM(Universal Threat Management) 장비는 방화벽, VPN 기능뿐만 아니라, IPS, 웹 방화벽, 스팸차단 기능까지 갖춘 종합 보안장비입니다.

[WAN]

지사와 본사를 연결하기 위해 메트로 이더넷 회선을 사용 중이며, 이것에 대한 백업 용도로 VPN 을 사용 중입니다.

[라우팅]

회사 내의 모든 네트워크로 향하는 경로는 단순하고, 스테이틱 루트로 충분하기 때문에 라우팅 오버헤더를 줄이기
위한 스테이틱 라우팅만을 적용했습니다.

▼ [A-6] 케이스 3 (네트워크 예)

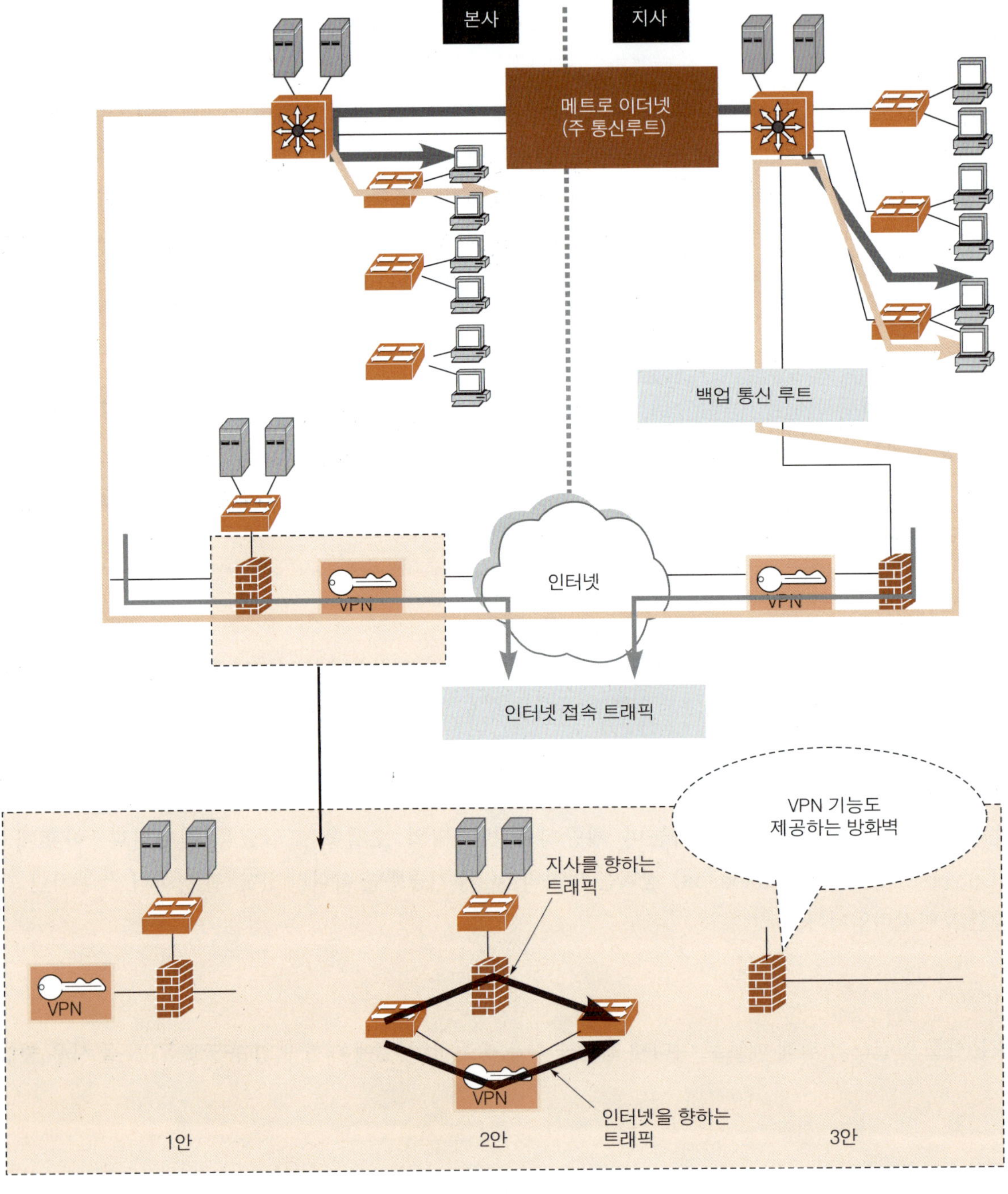

케이스 **4**	규모	PC/서버	네트워크 장비
	본사+지사 7곳	1200 PC, 70 서버	라우터/스위치/L4 스위치 방화벽/VPN/IDS/IPS

케이스 4는 7곳의 지사를 가진 대규모 네트워크 사이트입니다.

[토폴로지]

본사의 30개 층에 각각의 액세스 계층 스위치가 배치되어 있고, 액세스 계층 스위치는 디스트리뷰션 계층의 멀티레이어 스위치에 연결되어 있습니다. 각각의 층은 별도의 VLAN으로 구분되고, VLAN 번호는 관리의 용이성을 위해 1층은 VLAN 101, 2층은 VLAN 102…, 30층은 VLAN 130과 같은 방식으로 할당합니다.

디스트리뷰션 계층 장비는 가용성 향상을 위해 이중화하였습니다. DMZ 구간에는 서버 로드밸런싱을 위해 L4 스위치를 도입했습니다. 왼쪽 디스트리뷰션 계층 장비는 WAN 라우터에 연결되어 있고, 오른쪽 디스트리뷰션 계층 장비는 VPN 장비와 방화벽에 직접 연결되어 있습니다. 이 경우, 왼쪽 디스트리뷰션 계층 장비가 다운되면 WAN 라우터에, 오른쪽 디스트리뷰션 계층 장비가 다운되면 VPN 장비, 방화벽에 연결할 수 없습니다.

변경안대로 디스트리뷰션 계층 장비와 WAN 라우터, VPN 장비, 방화벽 사이에 스위치를 두면 중간에 거치는 장비의 수가 늘어 지연이 발생하지만 가용성은 개선됩니다.

[솔루션]

디스트리뷰션 계층 장비 간에는 트래픽이 보다 빈번하기 때문에 대역폭을 확장하기 위해 이더채널을 도입했습니다. 두 대의 디스트리뷰션 계층 장비와 액세스 계층 장비 간에는 스위칭 룹이 발생하기 때문에 STP 프로토콜을 사용해야 하지만, STP로 인한 장비와 대역폭에 대한 부하를 줄이고, 블록킹 포트가 포워딩 상태로 되기 전에 최대 50초를 기다리는 문제를 피하기 위해 STP 프로토콜을 사용하지 않기로 했습니다. 즉, 두 대의 디스트리뷰션 계층 장비를 연결하는 이더채널 링크를 별도의 VLAN 200으로 구성하여 스위칭 룹이 아예 발생하지 않도록 했습니다. 따라서 STP 프로토콜로 인한 문제들을 염려할 필요가 전혀 없게 되었습니다.

디스트리뷰션 계층의 두 라우터 간에는 VRRP를 운영하고 있었으나, VRRP 그룹 간의 트래픽 불균형이 심각하기 때문에 GLBP를 도입했습니다. 무선 랜을 수용하기 위해 두 대의 AP(Access Point)가 설치되어 있습니다. AP 한 대당 최대 20대의 노트북을 수용하도록 셀을 설계했습니다. 방화벽에서는 NAT(Network Address Translation)와 필터링을 적용합니다.

스위치들은 시스코 스위치 제품이기 때문에 VTP를 사용할 수 있고, 또 VTP 서버 모드나 트랜스페어런트 모드로 구현해야 VLAN을 선언할 수 있는 모델들입니다. 백그라운드 트래픽을 줄이기 위해 VTP 선언 정보를 주고 받는 VTP 서버나 VTP 클라이언트 모드로 구현하지 않고, VTP 프로토콜을 구현하지 않은 것과 동일한 효과를 주는 즉, VTP 트래픽을 유발하지 않는 VTP 트랜스페어런트 모드로 모든 스위치를 구현하고 각각의 스위치에 별도로 VLAN을 선언해주었습니다.

[보안]

방화벽을 통해 필터링과 NAT 기능을 사용 중이며, DMZ 네트워크에는 트래픽 감시를 위해 IDS(Intrusion Detection System)가 배치됩니다. 외부로부터의 웜슬래머 공격, DoS, DDoS 와 같이 방화벽이 차단하지 못하는 공격을 막기 위해 IPS(Intrusion Protection System)를 도입했습니다. IPS의 위치는 ISP나 쇼핑사이트나 포털과 같이 외부로부터의 공격을 막기 위해서 보통 방화벽 바깥에 배치하며, 일반기업이나 학교와 같이 내부로부터의 웜 전파를 막기 위해서는 내부 네트워크에 배치할 수 있습니다. 두 가지 목적을 양쪽에 모두 배치할 수도 있습니다.

[WAN]

비교적 큰 규모의 지사와 본사를 풀 메시로 연결하기 위해 MPLS VPN 망을 사용 중이며, 소규모 지사와의 1:1 연결을 위해 IPSec VPN을 통해 연결하고 있습니다. 그러나, 비용을 줄이기 위해 IPSec VPN으로 완전히 바꿀 계획입니다. 보안을 위해 모든 인터넷 접속은 본사를 거쳐야 합니다. 인터넷 접속 포인트 수가 늘면 보안은 취약하게 되겠지요.

[라우팅]

변경 안으로 구성하지 않는다면 각 네트워크에 대한 경로가 단일하기 때문에 스테이틱 루트를 적용하면 됩니다. 변경1 안과 변경 2 안으로 바꾼다면, 백업 루트가 생기기 때문에 경로가 다소 복잡해집니다. 그러나, 이 정도의 네트워크라면, 오버헤더 트래픽에 속하는 라우팅 업데이트를 줄이고, 라우터의 CPU와 메모리를 절약하기 위해 스테이틱 루트만 구현해도 됩니다. 다만, 네트워크들에 대한 백업 경로가 발생하기 때문에 Administrative Distance를 조정하여 백업 스테이틱 루트를 정교하게 설정해야 합니다.

▼ [A-7] 케이스 4 (네트워크 예)

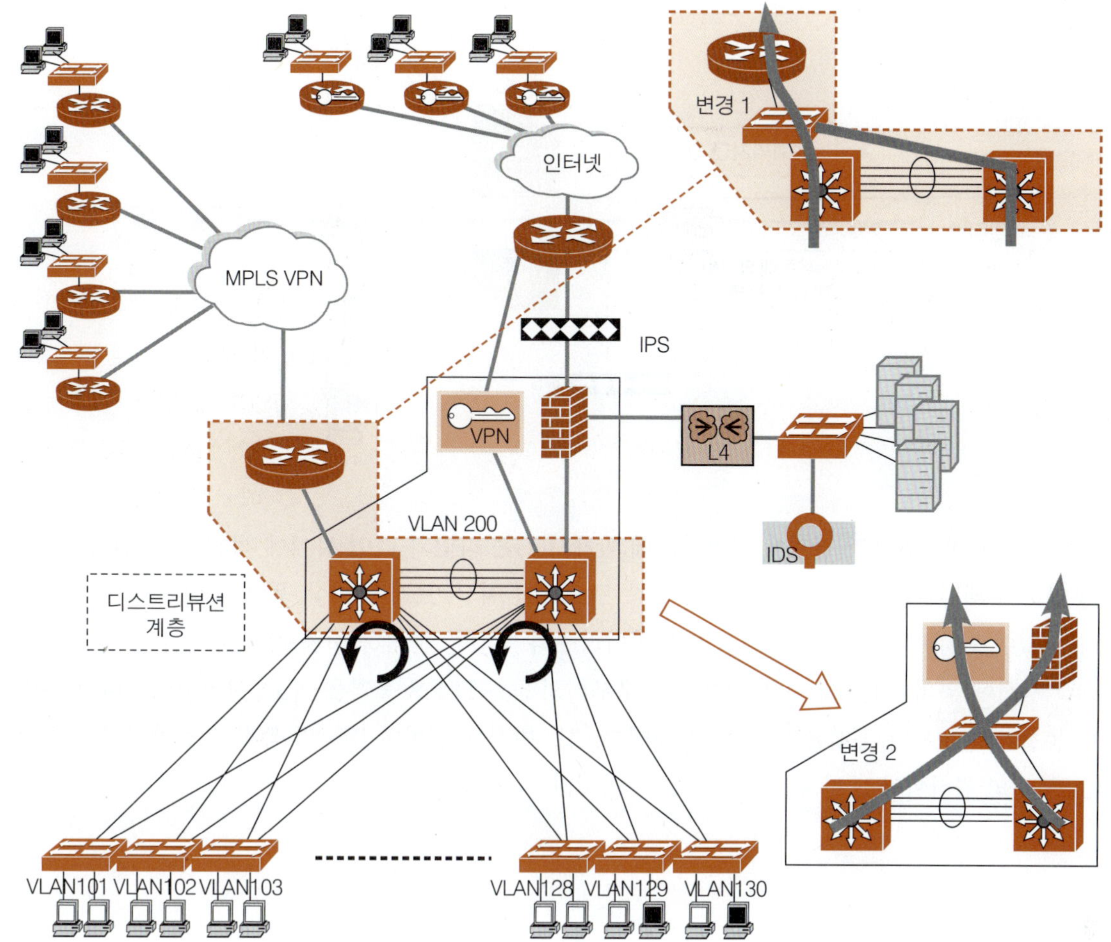

HELP ME! **IPS를 간단히 설명해주세요.**

IDS(Intrusion Protection System)가 수동적인 탐지 기능만 제공한다면, IPS는 능동적인 공격 방어 장치입니다. IPS는 제조사 별로 기능의 초점을 달리하고 있지만 공통적으로는 '알려지거나 알려지지 않은 공격, 위협, 유해 트래픽을 차단하는 보안장비' 라고 정의됩니다.

방화벽은 기본적으로 IP와 포트/프로토콜 번호를 기준으로 패킷을 막는 역할을 하므로 오픈된 IP, 포트, 프로토콜을 통한 공격, 악성 코드, 웜 바이러스 등을 방어할 수 없습니다. IDS는 공격을 정확하게 탐지하는 것이 목적이라면, IPS는 공격을 탐지하는 것뿐만 아니라 공격으로 인한 피해를 근본적으로 막는 것이 목적입니다.

▼ [A-8] 방화벽/IDS의 한계와 IPS

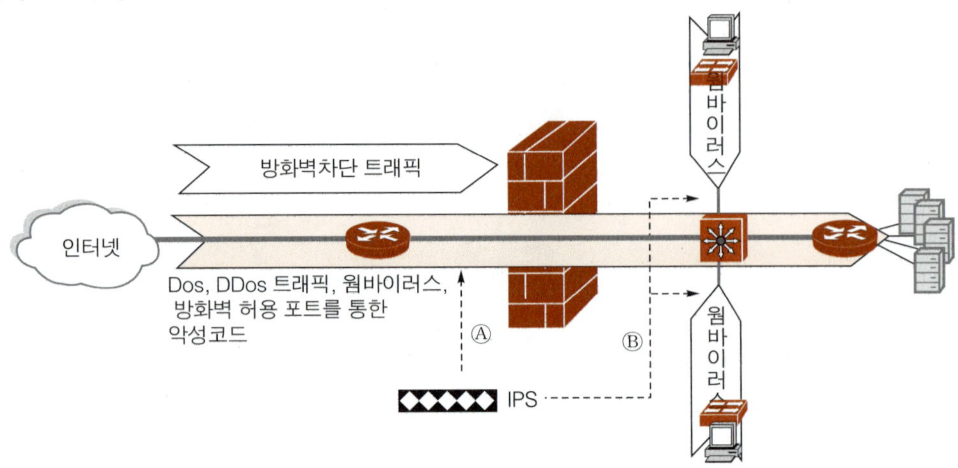

방화벽이 네트워크와 네트워크의 경계에 위치하는데 반해, IPS는 라인과 라인 사이에 끼워 넣습니다. IPS는 실시간으로 자동 방어하며 패턴 매칭, 스테이트풀 패턴 매칭, 프로토콜 이상, 트래픽 이상, 통계 이상 등의 다양한 방법들을 통해 관리자가 없어도 네트워크 자원 소모성의 웜바이러스와 침입을 분석하여 자동 차단하는 방어 능력을 가지고 있습니다. 'A' 지점에 위치한 IPS의 주 목적은 외부로부터의 DoS/DDoS 공격을 막고, 웜바이러스나 방화벽에서 허용한 포트를 통한 악성코드나 공격을 막기 위한 것이고, 'B' 지점에 위치한 IPS 의 목적은 웜바이러스에 감염된 내부 PC/서버로부터의 웜바이러스 전파를 막기 위한 것입니다.

케이스 **5**	규모	PC/서버	네트워크 장비
	본사+지사 7곳	1200 PC, 70 서버	라우터/스위치/L4 스위치 방화벽/VPN/IDS/IPS

케이스 5는 7곳의 지사를 가진 대규모 네트워크 사이트입니다.

[토폴로지]

본사의 30개 층, 각각 마다 액세스 계층 스위치가 배치되어 있고, 액세스 계층 스위치는 디스트리뷰션 계층의 멀티 레이어 스위치에 연결되어 있습니다. 각각의 층은 별도의 VLAN으로 구분되고, VLAN 번호는 관리의 용이성을 위해 1층은 VLAN 101, 2층은 VLAN 102…, 30층은 VLAN 130과 같은 방식으로 할당합니다.

디스트리뷰션 계층 장비는 가용성 향상을 위해 이중화하였습니다. DMZ 구간에 서버 로드밸런싱을 위해 L4 스위치를 도입했습니다. 왼쪽 디스트리뷰션 계층 장비는 WAN 라우터에 연결되어 있고, 오른쪽 디스트리뷰션 계층 장비는 VPN 장비와 방화벽에 직접 연결되어 있습니다. 이 경우, 왼쪽 디스트리뷰션 계층 장비가 다운되면 WAN 라우터에, 오른쪽 디스트리뷰션 계층 장비가 다운되면 VPN 장비, 방화벽에 연결할 수 없습니다.

변경안대로 디스트리뷰션 계층 장비와 WAN 라우터, VPN 장비, 방화벽 사이에 스위치를 두면 중간에 거치는 장비의 수가 늘어 지연이 발생하지만 가용성은 개선됩니다.

[솔루션]

디스트리뷰션 계층 장비 간에는 트래픽이 보다 빈번하기 때문에 대역폭을 확장하기 위해 이더채널을 도입했습니다. 두 대의 디스트리뷰션 계층 장비와 액세스 계층 장비 간에는 스위칭 룹이 발생하기 때문에 STP 프로토콜을 사용해야 하지만, STP로 인한 장비와 대역폭에 대한 부하를 줄이고, 블록킹 포트가 포워딩 상태가 되기 전에 최대 50초를 기다리는 문제를 피하기 위해 STP 프로토콜을 사용하지 않기로 했습니다. 즉, 두 대의 디스트리뷰션 계층 장비를 연결하는 이더채널 링크를 별도의 VLAN 200으로 구성하여 스위칭 룹이 아예 발생하지 않도록 했습니다. 따라서 STP 프로토콜로 인한 문제들을 염려할 필요가 전혀 없게 되었습니다.

디스트리뷰션 계층의 두 라우터 간에는 VRRP를 운영하고 있었으나, VRRP 그룹 간에 트래픽 불균형이 심각하기 때문에 GLBP를 도입했습니다. 무선 랜을 수용하기 위해 두 대의 AP(Access Point)가 설치되어 있습니다. AP 한 대당 최대 20대의 노트북을 수용하도록 셀을 설계했습니다. 방화벽에서는 NAT(Network Address Translation)와 필터링을 적용합니다.

스위치들은 시스코 스위치 제품이기 때문에 VTP를 사용할 수 있고, 또 VTP 서버 모드나 트랜스페어런트 모드로 구현해야 VLAN을 선언할 수 있는 모델들입니다. 백그라운드 트래픽을 줄이기 위해 VTP 선언 정보를 주고받는 VTP 서버나 VTP 클라이언트 모드로 구현하지 않고, VTP 프로토콜을 구현하지 않은 것과 동일한 효과를 주는 즉, VTP 트래픽을 유발하지 않는 VTP 트랜스페어런트 모드로 모든 스위치를 구현하고 각각의 스위치에 별도로 VLAN을 선언해주었습니다.

[보안]

방화벽을 통해 필터링과 NAT 기능을 사용 중이며, DMZ 네트워크에는 트래픽 감시를 위해 IDS(Intrusion Detection System)가 배치됩니다. 외부로부터의 웜슬래머 공격, DoS, DDoS 와 같이 방화벽이 차단하지 못하는 공격을 막기 위해 IPS(Intrusion Protection System)를 도입했습니다. IPS의 위치는 ISP나 쇼핑사이트, 포털과 같이 외부로부터의 공격을 막기 위해서 보통 방화벽 바깥에 배치하며, 일반기업이나 학교와 같이 내부로부터의 웜바이러스 전파를 막기 위해서는 내부 네트워크에 배치할 수 있습니다. 두 가지 목적을 양쪽에 모두 배치할 수도 있습니다.

[WAN]

비교적 큰 규모의 지사와 본사를 풀 메시로 연결하기 위해 MPLS VPN 망을 사용 중이며, 소규모 지사와의 1:1 연결을 위해 IPSec VPN을 통해 연결하고 있습니다. 그러나, 비용을 줄이기 위해 IPSec VPN으로 완전히 바꿀 계획입니다. 보안을 위해 모든 인터넷 접속은 본사를 거쳐야 합니다. 인터넷 접속 포인트 수가 늘면 보안에는 취약하게 되겠지요.

[라우팅]

변경 안으로 구성하지 않는다면 각 네트워크에 대한 물리적인 경로가 단일하기 때문에 스테이틱 루트를 적용하면 됩니다. 변경1안과 변경 2안으로 바꾼다면, 백업 루트가 생기기 때문에 경로가 다소 복잡해집니다. 그러나, 이 정도의 네트워크라면, 오버헤더 트래픽에 속하는 라우팅 업데이트를 줄이고, 라우터의 CPU와 메모리를 절약하기 위해 스테이틱 루트만 구현해도 됩니다. 다만, 네트워크들에 대한 백업 경로가 발생하기 때문에 Administrative Distance 를 조정하여 백업 스테이틱 루트를 정교하게 설정해야 합니다.

▼ [A-9] 케이스 5 (네트워크 예)

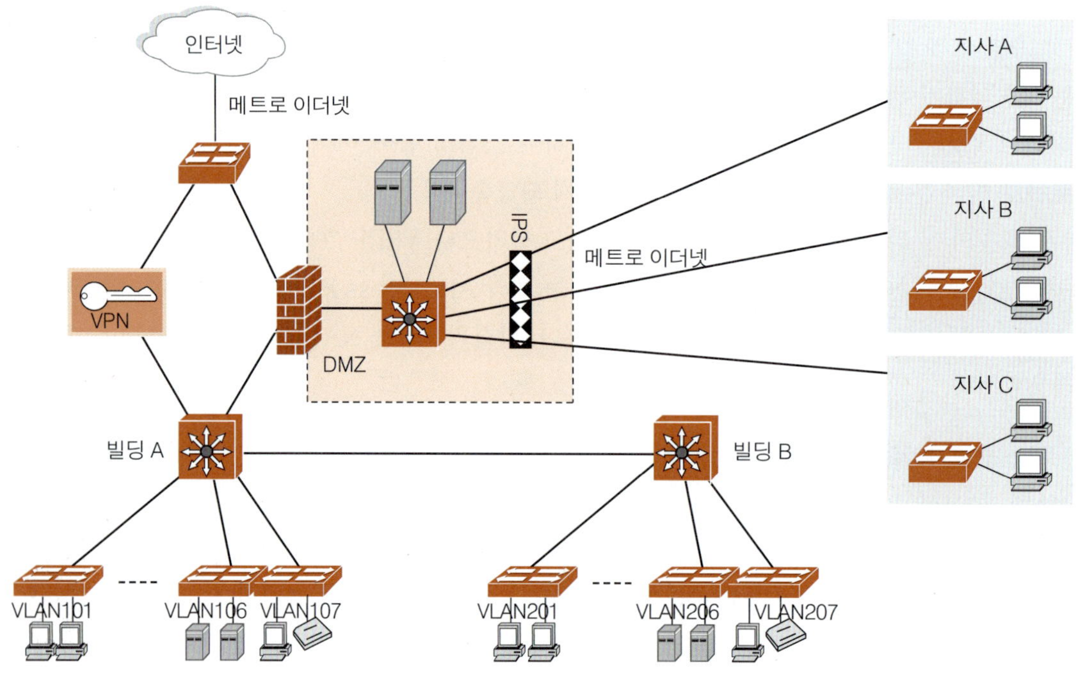

케이스 **6**	규모	PC/서버	네트워크 장비
	본사(건물)3개＋지사 4곳	8000 PC, 200 서버	라우터/스위치/L4 스위치 방화벽/VPN/IDS/IPS

케이스 6은 다수의 지사를 가지고 본사는 세 개의 건물로 구성된 비교적 대규모에 속하는 사이트입니다.

[토폴로지]

본사의 랜은 A동, B동, C동의 3개의 건물로 구성됩니다. 30개의 층으로 된 A동은 각 층에 액세스 계층 스위치가 배치되어 있고, 액세스 계층 스위치는 이중화된 디스트리뷰션 계층의 멀티레이어 스위치에 연결되어 있습니다. 각각의 층은 별도의 VLAN으로 구분된 지오그래픽 VLAN을 적용했고, B동은 특정 클라이언트 PC와 서버 간의 친근성(대량의 트래픽 발생)이 발견되어 부분적으로 엔드 투 엔드 VLAN을 적용했습니다.

B동과 C동은 5층 건물로 되어 있어 한 대의 디스트리뷰션 계층 장비로 트래픽을 처리할 수 있고, 중요 트래픽이 없다고 판단되어 디스트리뷰션 계층 장비를 이중화하지 않았습니다.

코어 계층은 연결할 스위칭 블록 수가 많을 때 연결 링크와 장비의 포트 수를 줄이기 위해 도입합니다만, 이 경우는 세 개의 건물(스위칭 블록)과 WAN 라우터, L4 스위치를 연결하기 때문에 생략했습니다. 만약 코어 계층 장비를 도입한다면 대량의 트래픽을 처리하는 고성능의 스위치를 도입해야 하기 때문에 추가 비용이 발생합니다. 대신에 A동의 디스트리뷰션 계층에 B동과 C동이 연결되어 B동과 C동의 인터넷이나 지사, A동에 위치한 서버로 향하는 트래픽은 모두 A동의 디스트리뷰션 계층 장비를 거친다는 점을 감안하여 고성능의 장비를 A동의 디스트리뷰션 계층에 도입했습니다.

DMZ 구간에 서버 로드밸런싱을 위해 L4 스위치를 도입했습니다. L4 스위치는 방화벽 로드밸런싱을 위해 도입되었습니다.

[솔루션]

A동의 디스트리뷰션 계층 장비 간에는 트래픽이 보다 빈번하기 때문에 대역폭을 확장하기 위해 이더채널을 도입했습니다. 두 대의 디스트리뷰션 계층 장비와 액세스 계층 장비 간에는 스위칭 룹이 발생하기 때문에 STP 프로토콜을 사용하기로 했습니다. 모든 링크를 그룹 별로 사용하기 때문에 CST에 비해 BPDU 발생량은 2배 정도만 늘어나는 MST(Multiple STP, IEEE 802.3s)를 적용하고, 컨버전스 타임을 줄이기 위해 Port Fast, Uplink Fast, Backbone Fast를 스위치에 설정하였습니다.

두 대의 디스트리뷰션 계층 장비를 연결하는 이더채널 링크는 8개의 기가비트 이더넷으로 묶었습니다. B동과 C동에는 한 대의 디스트리뷰션 계층 장비가 있기 때문에 STP 프로토콜이 불필요합니다.

A동의 디스트리뷰션 계층의 두 라우터는 한 대의 시스코 라우터지만, 다른 한 대는 주니퍼 사의 라우터로 시스코 프로토콜인 HSRP나 GLBP를 적용할 수 없기 때문에 VRRP를 적용했습니다.

무선 랜을 수용하기 위해 다수의 AP(Access Point)가 설치되어 있습니다. AP 한 대당 최대 25대의 노트북을 수용하고 있습니다.

[보안]

방화벽을 통해 필터링과 NAT 기능을 사용 중이며, DMZ 네트워크에는 트래픽 감시를 위해 IDS(Intrusion Detection System)가 배치됩니다. 외부로부터의 웜슬래머 공격, DoS, DDoS와 같이 방화벽이 차단하지 못하는 공격을 막기 위해 IPS(Intrusion Protection System)를 도입했습니다.

[WAN]

지사와 본사를 연결하기 위해 MPLS VPN 망을 사용 중이며, 별도의 백업 망은 없습니다. 보안을 위해 모든 인터넷 접속은 본사를 거쳐야 합니다. 현재는 IPSec VPN을 사용하지 않지만, 비용 문제 때문에 조만간 사용할 것을 적극 검토 중입니다.

[라우팅]

시스코, 주니퍼, 알카텔-루슨트 등의 다양한 제조사의 라우팅 장비를 도입했기 때문에 시스코 라우팅 프로토콜인 EIGRP, IGRP를 적용할 수는 없었습니다. 디스턴스 벡터 계열의 라우팅 프로토콜은 라우팅 업데이트 방식이 중복된 라우팅 정보를 주기적으로 보내기 때문에 오버헤드 트래픽 양을 틀리게 하므로 고려에서 제외되었습니다. 표준 프로토콜로 링크 스테이트에 속하는 OSPF와 Integrated IS-IS 중에서 관리자가 비교적 익숙한 OSPF 프로토콜을 적용했습니다. 모든 건물을 하나의 에어리어로 묶어서 에어리어 간에는 루트 서머라이제이션된 라우팅 정보만 교환하게 해 라우팅 업데이트 양을 최소화했습니다.

▼ [A-10] 케이스 6 (네트워크 예)

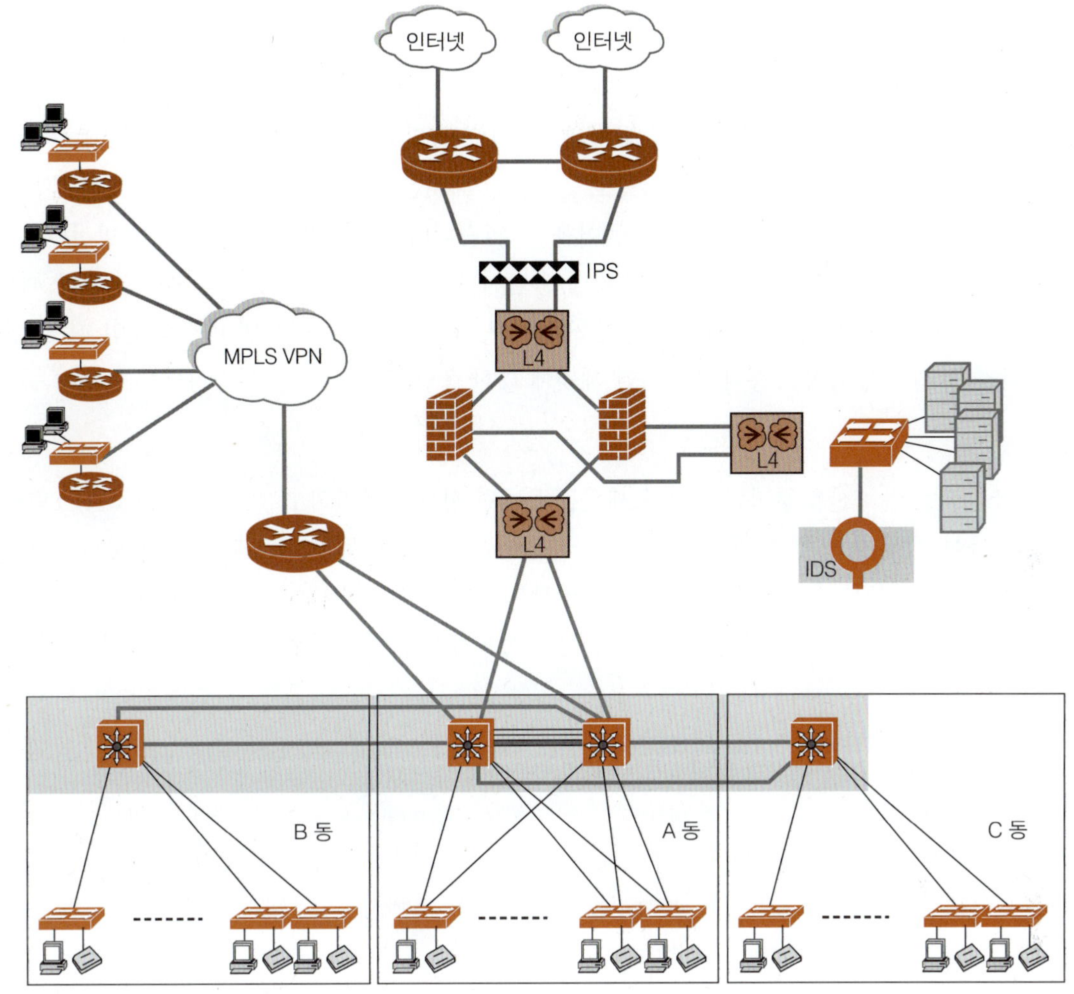

HELP ME! L4 스위치의 방화벽 로드밸런싱을 간단히 설명해주세요.

방화벽, VPN 장비와 같은 보안장비는 비교적 복잡한 프로세스를 수행하기 때문에 바틀넥 포인트가 되기 쉽습니다. 이것을 해결하기 위해 장비를 이중화합니다. 이중화된 장비에 대해 다양한 방식의 로드밸런싱과 NAT나 VPN과 같은 솔루션을 사용하기 위해 L4 스위치가 필요합니다. L4 스위치는 아래와 같은 다양한 로드밸런싱 방식을 제공합니다. 해시 방식이란 패킷의 출발지와 목적지 IP 또는 4계층의 출발지와 목적지의 포트 번호를 조합하여 사용할 방화벽을 선택합니다.

- 해시 방식 : IP 주소나 4계층 포트 번호에 대한 해시 계산값으로 사용할 장비를 선택, 스위칭하는 방식(이더 채널 장에서 설명)
- 라운드 로빈 방식 : 한 번씩 균등하게 연결함

- 웨이티드 라운드 로빈 : 장비 별로 설정된 가중치 비율에 따라 연결함
- 리스트 커넥션 : 현재 최소로 사용되는 장비에 연결함
- 스틱키 모드(Sticky mode) : 세션 별로 통과한 장비를 지속적으로 사용하게 함

[그림 A-11]을 보십시오. 방화벽을 기준으로 내부 네트워크에서 외부 네트워크로 나갈 때, NAT 테이블이 만들어집니다. 따라서, 외부 네트워크에서 내부 네트워크로 들어오는 패킷은 공인 주소 대비 사설 주소의 매핑 정보를 가진 NAT(주소 변환) 정보를 가진 방화벽을 거쳐야 들어올 수 있습니다. 또한, 방화벽의 한 단계 발전된 3계층 이상의 모니터링 & 필터링 기능인 SI(Stateful Inspection: 상세 감시)는 세션(대화)이 시작될 때부터 끝날 때까지 세션의 상태를 추적하면서, 방화벽 자신을 통과하지 않았던 세션에 속하는 패킷이 들어오면 비정상적인 패킷으로 간주하고 폐기합니다. 따라서, 왼쪽 방화벽을 통과해서 나간 패킷에 대한 응답은 반드시 왼쪽 방화벽을 통해서 돌아와야 합니다.

이를 위해 L4 스위치들은 자신을 통과하는 모든 세션들에 대한 정보를 보관하고 있습니다. 이것이 스틱키 모드 스위칭입니다. 예를 들어, 출발지 IP 주소, 목적지 IP 주소, 출발지 포트 번호, 목적지 포트 번호, 프로토콜 번호에 속하는 즉, 어떤 세션에 속하는 패킷들은 어떤 방화벽으로부터 왔는지를 세션 기억 테이블에 보관하고 있습니다. L4 스위치에 스틱키 모드가 켜져 있으면, 다른 방식의 로드밸런싱을 적용하기 전에 우선적으로 적용합니다.

▼ [그림 A-11] L4 스위치에 의한 방화벽 로드밸런싱 방법

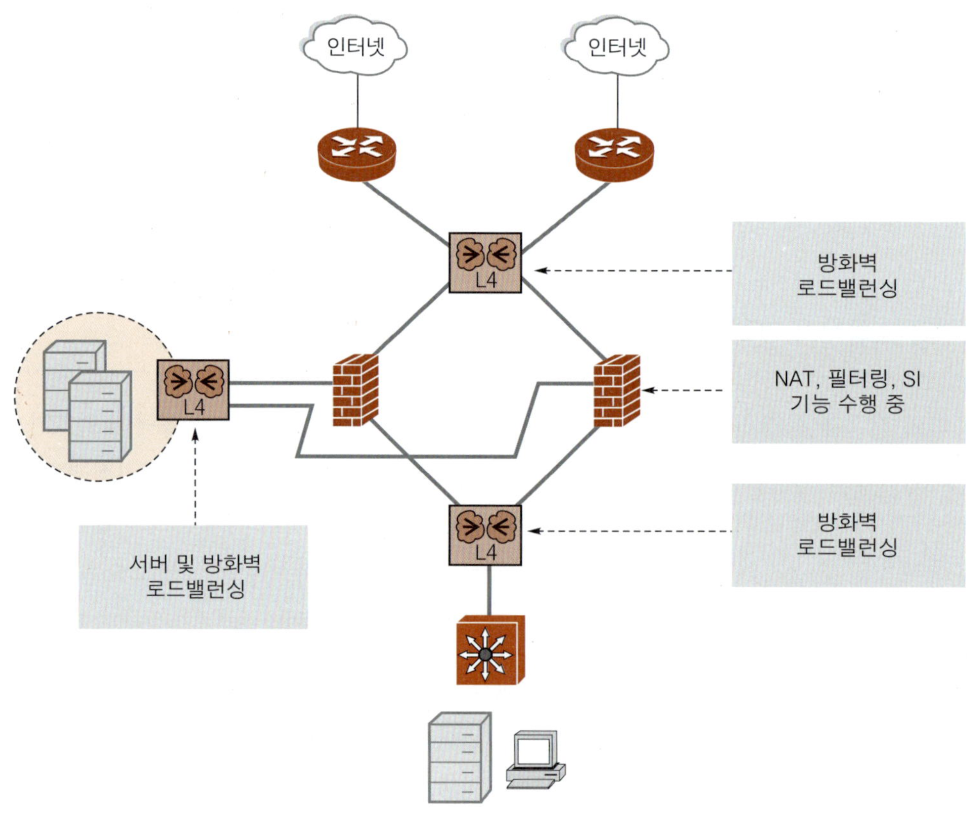

방화벽이 NAT나 SI 테이블을 가지듯이, VPN 장비도 VPN 상대가 되는 장비와의 키 값이나 암호화와 인증을 위해 사용되는 프로토콜이나 패러미터에 대한 협상값을 가지고 있습니다. 즉, VPN 장비에서도 방화벽과 동일한 이유로 스틱키 모드 방식의 스위칭이 필요합니다. [그림 A-12]에는 VPN 장비에 대한 로드밸런싱의 예입니다.

▼ [그림 A-12] VPN 장비 로드밸런싱 방법

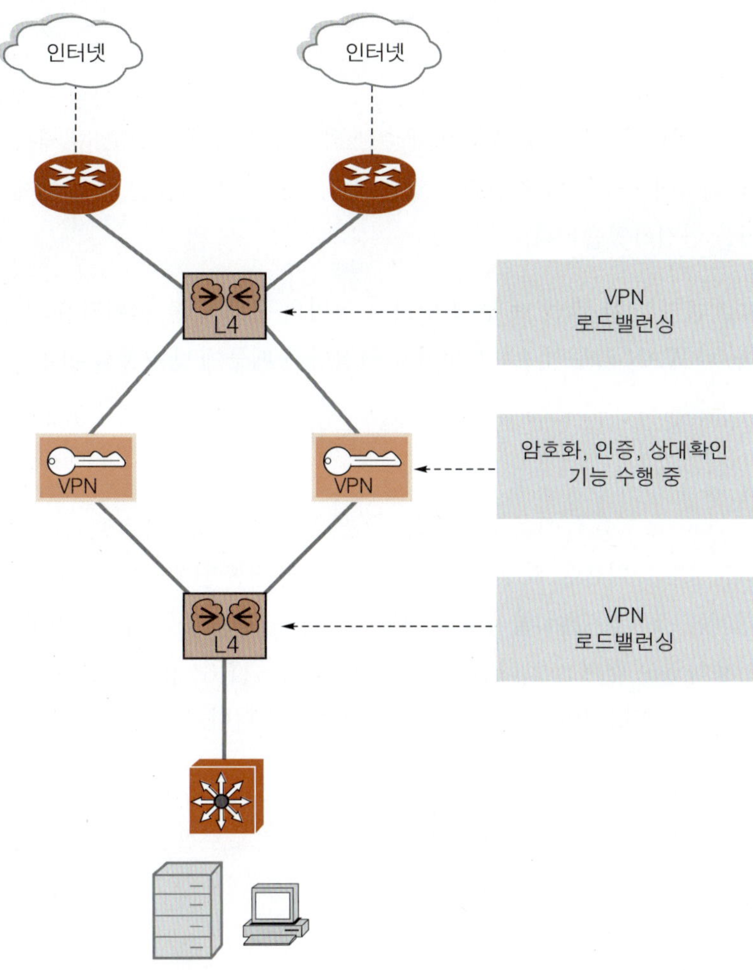

케이스 **7**	규모	PC/서버	네트워크 장비
	본사(건물)1개 + 지사 1곳	3000 PC, 100 서버	라우터/스위치/L4 스위치 방화벽/IDS/IPS

케이스 7은 1개의 지사를 가지고 본사는 세 개의 건물로 구성된 비교적 대규모에 속하는 사이트입니다.

[토폴로지]

본사 랜은 2개의 건물로 구성됩니다. 각 층에 액세스 계층 스위치가 배치되어 있고, 액세스 계층 스위치는 이중화된 디스트리뷰션 계층의 멀티레이어 스위치에 연결되어 있습니다. 'A'로 표시되는 층은 액세스 계층의 포트가 부족하여 두 대의 액세스 스위치를 연결하였습니다.

코어 계층은 연결할 스위칭 블록 수가 많을 때 연결 링크와 장비의 포트 수를 줄이기 위해 도입합니다만, 이 경우는 두 개의 건물(스위칭 블록)과 WAN 라우터, L4 스위치를 연결하기 때문에 생략했습니다.

DMZ 구간에 서버 로드밸런싱과 방화벽 로드밸런싱을 위해 도입되었습니다.

[솔루션]

디스트리뷰션 계층 장비 간에는 대역폭을 확장하기 위해 이더채널을 도입했습니다. 두 대의 디스트리뷰션 계층 장비와 액세스 계층 장비 간에는 스위칭 룹이 발생하기 때문에 STP 프로토콜을 사용하기로 했습니다. MST(Multiple STP, IEEE 802.3s)를 사용하였고 컨버전스 타임을 줄일 수 있는 RSTP(Rapid STP, IEEE 802.3w)를 적용하고 싶었으나, 지원하지 않는 소프트웨어 버전이라 이후에 적용하기로 했습니다.

VTP 프로토콜은 시스코 장비에서만 지원하는데, 도입된 장비들은 모두 국산 장비 들이기 때문에 VTP를 적용하지 않습니다. 디스트리뷰션 계층의 두 라우터는 표준 라우터 리던던시 프로토콜인 VRRP를 VRRP를 적용했습니다.

[보안]

방화벽을 통해 필터링과 NAT 기능을 사용 중이며, DMZ 네트워크에는 트래픽 감시를 위해 IDS(Intrusion Detection System)가 배치됩니다. 외부로부터의 웜슬래머 공격, DoS, DDoS와 같이 방화벽이 차단하지 못하는 공격을 막기 위해 IPS(Intrusion Protection System)를 도입했습니다.

[WAN]

지사와 본사를 연결하기 위해 전용회선 망을 사용 중이며, 별도의 백업 망은 없습니다. 보안을 위해 모든 인터넷 접속은 본사를 거쳐야 합니다.

[라우팅]

주니퍼, 알카텔−루슨트 등 다양한 제조사의 라우팅 장비를 도입했기 때문에 표준 프로토콜이면서 관리자가 익숙한 OSPF 라우팅 프로토콜을 적용했습니다. 본사와 지사를 연결하는 경로가 단일하기 때문에 이 영역에서는 스테이틱 라우팅을 적용합니다.

▼ [A−13] 케이스 7 (네트워크 예)

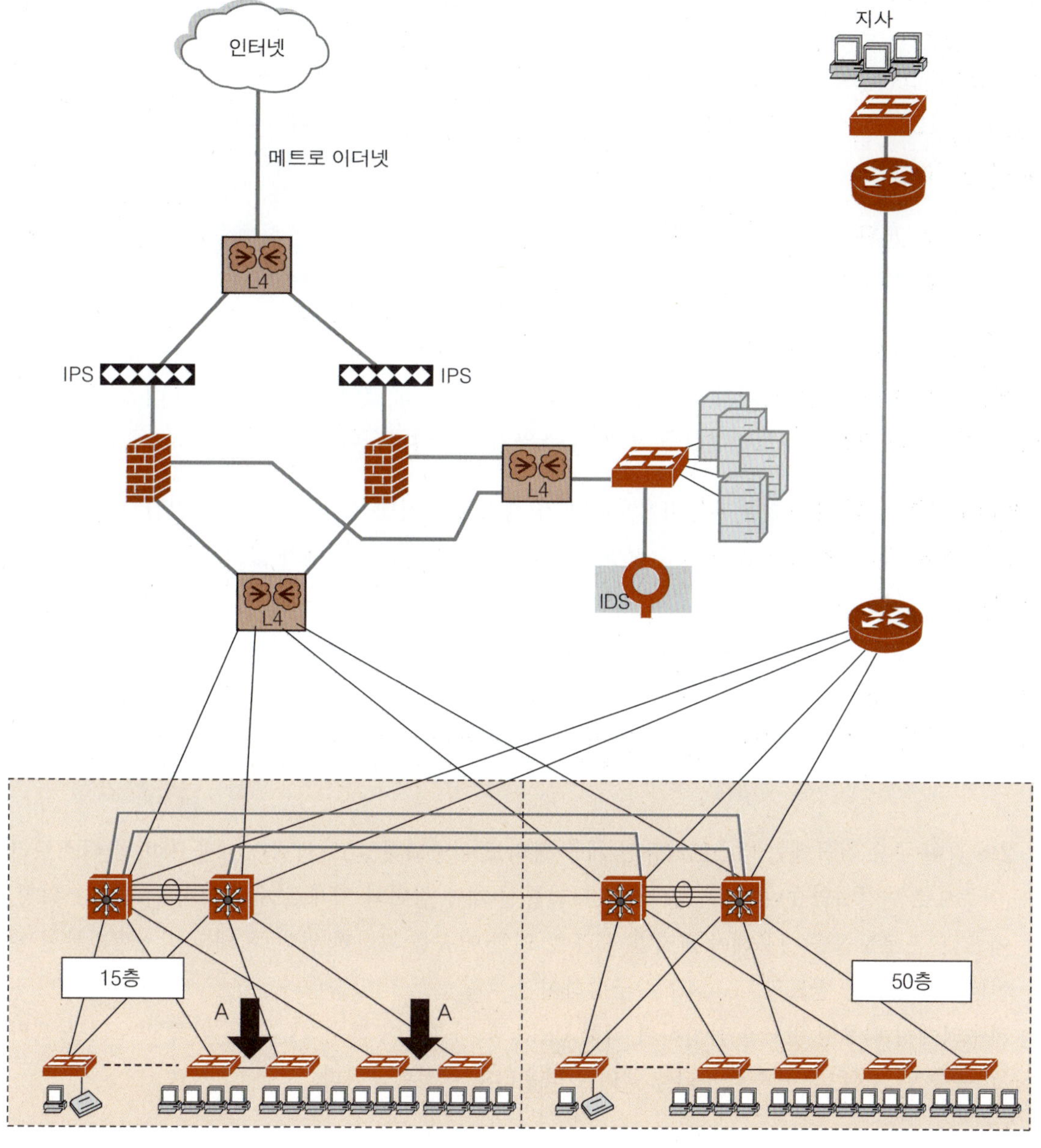

케이스 **8**	규모	PC/서버	네트워크 장비
	본교(건물)20개 +지방캠퍼스 4곳	20,000 PC, 300 서버	라우터/스위치/L4 스위치 방화벽/VPN/IDS/IPS

케이스 8은 본교 20개의 건물로 구성되고 다수의 지방 캠퍼스와 사무소를 가진 대학교 사이트입니다.

[토폴로지]

본사의 랜은 20개의 건물로 구성됩니다. 각각의 건물은 5~ 30층까지 다양한 층으로 구성됩니다. 전산 실습실이 있는 건물 8의 9~12층은 각 층에 200명의 PC를 수용하기 위해 3대의 스위치를 배치하여 1대의 스위치처럼(Stackable) 연결했습니다.

중요 트래픽이 있는 본관을 비롯한 5개 건물은 디스트리뷰션 계층 장비를 이중화했습니다. 그 밖에 건물은 비용을 줄이기 위해 이중화하지 않았습니다. 각각의 층은 별도의 VLAN으로 분리하였습니다.

코어 계층은 이중화하여 트래픽을 분산하고 있지만, 캠퍼스 내에서도 수강 신청이나 점심 시간과 같이 트래픽이 몰리는 시점에는 내부 서버에 접속하기가 힘듭니다. 이를 해결하기 위해 코어 스위치를 한 대 더 도입할 계획이 있습니다. 서버 로드밸런싱과 방화벽 로드밸런싱을 위해 L4 스위치를 도입했습니다.

포트 4개짜리 IPS를 한 대 배치했을 때는 IPS에 문제가 생기면 인터넷 접속이 불가능하지만, 변경안대로 포트 2개짜리 두 대의 IPS를 배치하면 로드를 분산할 뿐만 아니라, 한 대의 IPS에 문제가 있어도 다른 한 대의 IPS를 거쳐서 인터넷에 접속할 수 있습니다.

[솔루션]

A동의 디스트리뷰션 계층 장비 간에는 트래픽이 보다 빈번하기 때문에 대역폭을 확장하기 위해 이더채널을 도입했습니다.

건물 1과 2와 같이 주요 건물에는 디스트리뷰션 계층 장비도 이중화하였고, 액세스 계층 장비와 디스트리뷰션 계층 장비 간도 이중으로 연결하였습니다. 두 대의 디스트리뷰션 계층 장비와 액세스 계층 장비 간에는 스위칭 룹이 발생하기 때문에 STP 프로토콜을 사용해야 하지만, STP로 인한 이슈를 피하기 위해 두 대의 디스트리뷰션 계층 장비를 연결하는 이더채널 링크를 별도의 VLAN으로 구성하여 스위칭 룹을 막았습니다.
이중화된 라우터에서 라우팅 로드를 분산하기 위해 VRRP를 사용하여 짝수 VLAN은 왼쪽 라우터를 액티브 라우터로 설정하고, 홀수 VLAN은 오른쪽 라우터를 액티브 라우터로 설정했습니다.

건물 19와 20과 같이 디스트리뷰션 계층 장비가 이중화되지 않은 건물도 있습니다. STP 프로토콜은 필요없습니다. VRRP와 같은 라우터 리던던시 프로토콜도 필요 없습니다.

무선 랜을 수용하기 위해 다수의 AP(Access Point)가 설치되어 있습니다. AP 한 대당 최대 40대의 노트북을 수용하고 있습니다.

[보안]

방화벽을 통해 필터링과 NAT 기능을 사용 중이며, DMZ 네트워크에는 트래픽 감시를 위해 IDS(Intrusion Detection System)가 배치됩니다. 외부로부터의 웜슬래머 공격, DoS, DDoS와 같이 방화벽이 차단하지 못하는 공격을 막기 위해 IPS(Intrusion Protection System)을 도입했습니다. 또한, 가정에서 사용하던 노트북을 캠퍼스로 가져와 무선 랜을 통해 접속하는 경우가 많아서 내부에서 발생하는 웜이나 바이러스의 전파를 막기 위해 각각의 건물마다 IPS를 설치했습니다.

[WAN]

지방 캠퍼스나 지방 사무소와 연결하기 위해 MPLS VPN 망을 사용 중이며, 별도의 백업 망은 없습니다. 보안을 위해 모든 인터넷 접속은 본교를 거치도록 합니다.

[라우팅]

모든 라우팅 장비들은 시스코 장비이기 때문에 구현이 쉽고, OSPF나 Integrated IS-IS와 같이 컨버전스 타임이 짧고 라우팅 업데이트 양이 적다는 장점을 보유한 EIGRP를 적용했습니다. 루트 서머라이제이션을 통해 전달되는 라우팅 업데이트 양을 최소화하기 위해 각각의 건물은 루트 서머라이제이션이 용이하도록 IP 주소 디자인을 하였습니다.

▼ [A-14] 케이스 8 (네트워크 예)

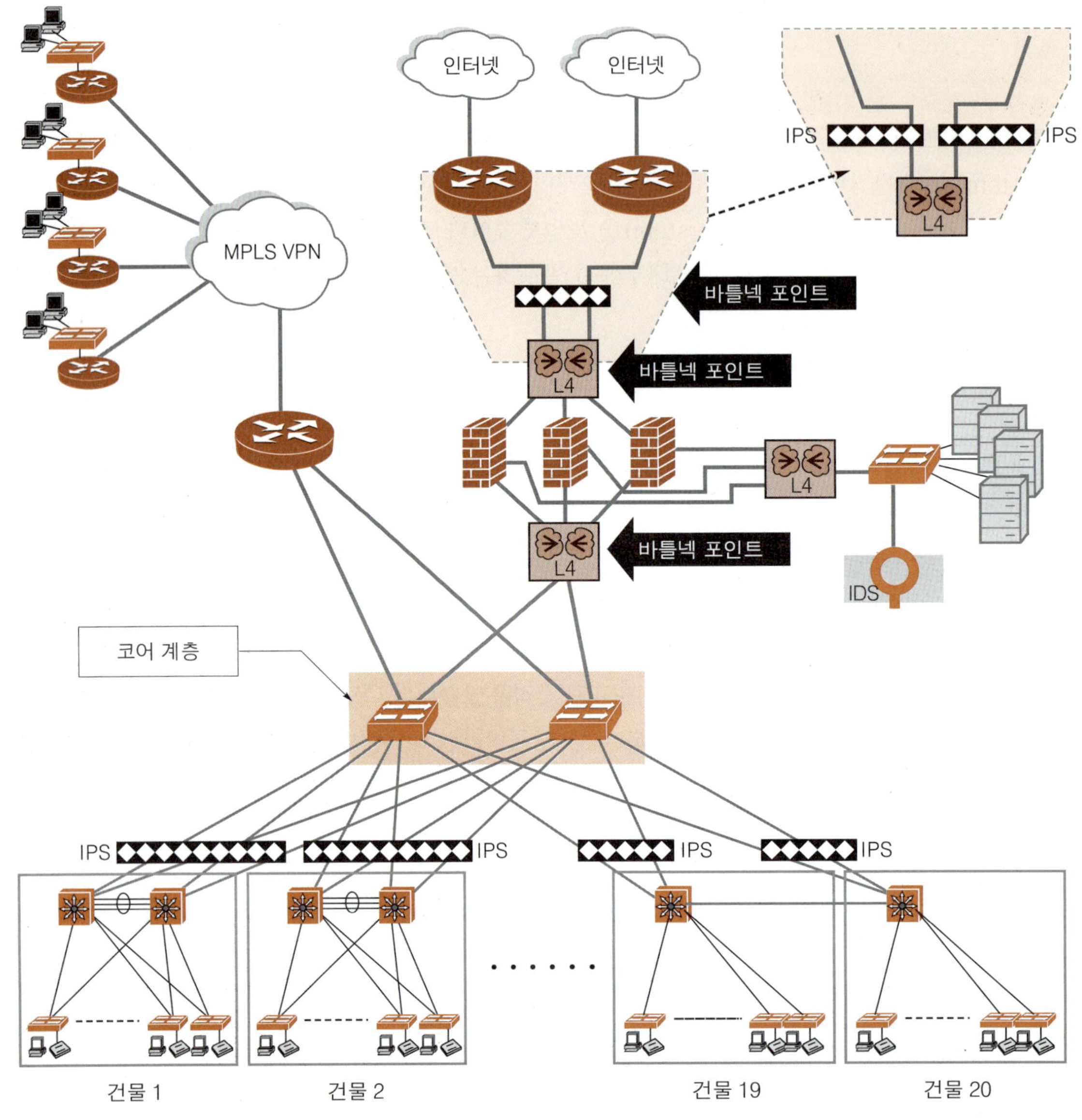

HELP ME! **L4 스위치 이중화 방안을 간단히 설명해주세요.**

지금까지 방화벽을 이중화하여 로드를 분산하고, 가용성을 개선시키는 사례를 보았습니다. 하지만, L4 스위치를 이중화시키지 않았기 때문에 L4 스위치가 바틀넥 포인트가 될 수 있습니다. [그림 A-15]는 L4 스위치에 대한 이중화의 예입니다. 방화벽, VPN 장비, IPS와 같은 보안 장비가 보안 기능 외에 통신 기능을 가지듯이, L4 스위치도 로드 밸런싱 기능 외에 L2 스위칭이나 라우팅 기능을 합니다.

[그림 A-15]의 L4 스위치의 인터페이스는 3계층 인터페이스로 구현할 수도 있고, 2계층 인터페이스로 구현할 수

있습니다. L4 스위치를 라우터 모드로 구현하면, 인터페이스는 IP 주소를 가지고 장비는 라우팅 기능을 수행합니다. 트랜스페어런트 모드로 구현하면, 인터페이스는 스위치와 같이 동작합니다. [그림 A-15]는 라우터 모드를 구현한 예로, 통상적으로 방화벽이 외부 또는 내부 네트워크로 연결되는 하나의 인터페이스만 가지기 때문에 두 대의 L4 스위치에서 들어오는 트래픽을 방화벽의 외부 또는 내부 인터페이스로 연결하기 위해 L4 스위치와 방화벽 사이에 L2 스위치가 필요합니다.

▼ [그림 A-15] 라우터 모드로 구현한 L4 스위치의 이중화

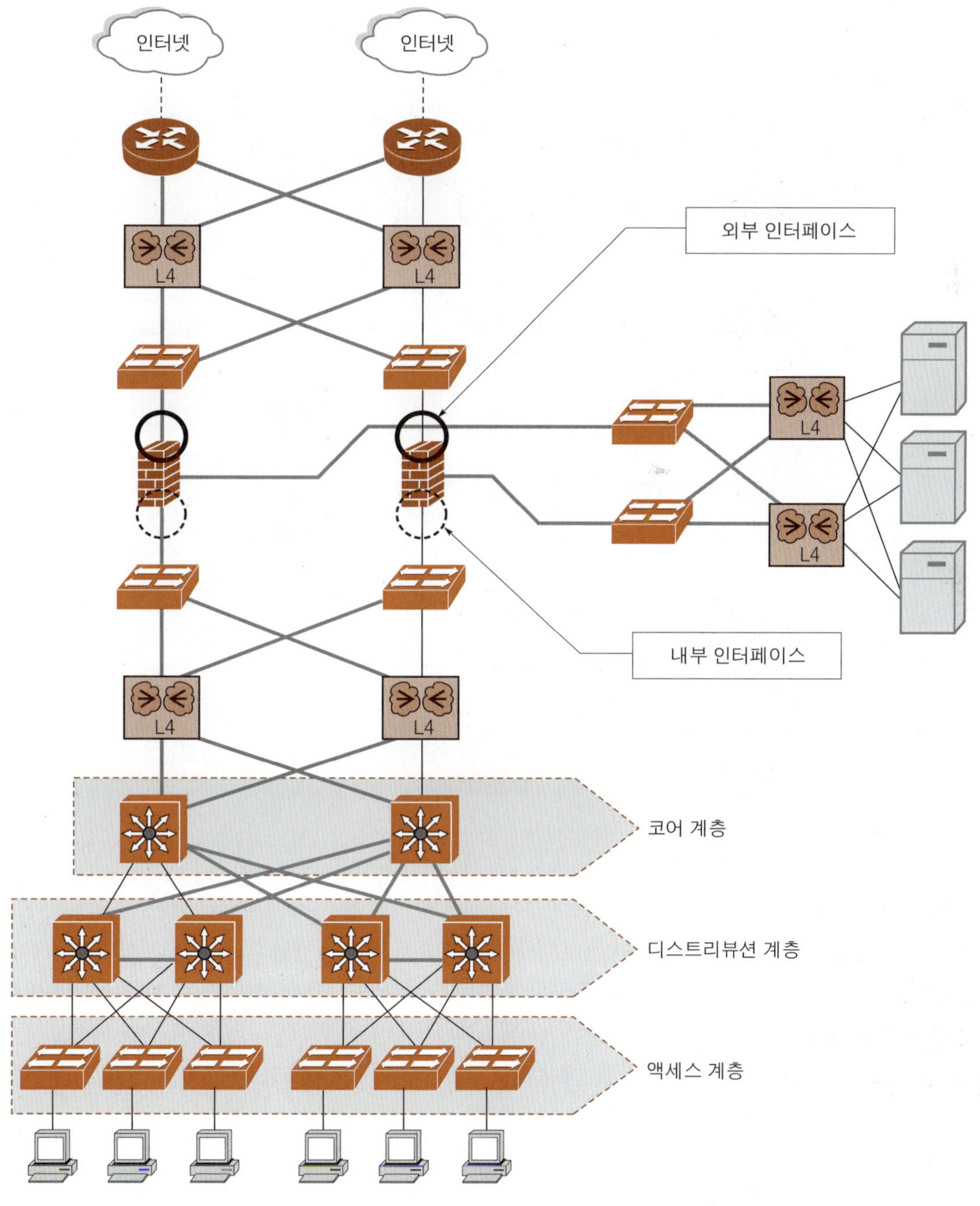

[그림 A–16]과 같이 L4 스위치의 인터페이스를 2계층으로 구현할 수 있다면, 방화벽 전후단의 2계층 스위치들을 생략할 수 있습니다. 2계층 스위치에서 발생할 수 있는 지연시간을 줄일 수 있기 때문에 리스펀스 타임은 개선됩니 다만, 이것 때문의 경로들의 수가 줄어 가용성 수준은 낮아집니다. 이 문제를 해결하기 위해 [그림 A–16]에서 연결 하지 않았던 두 대의 WAN 라우터 사이와 L4 스위치 간을 연결합니다. L4 스위치가 2계층 스위치 역할을 해주기 때 문입니다.

▼ [그림 A–16] 트랜스페어런트 모드로 구현된 L4 스위치의 이중화

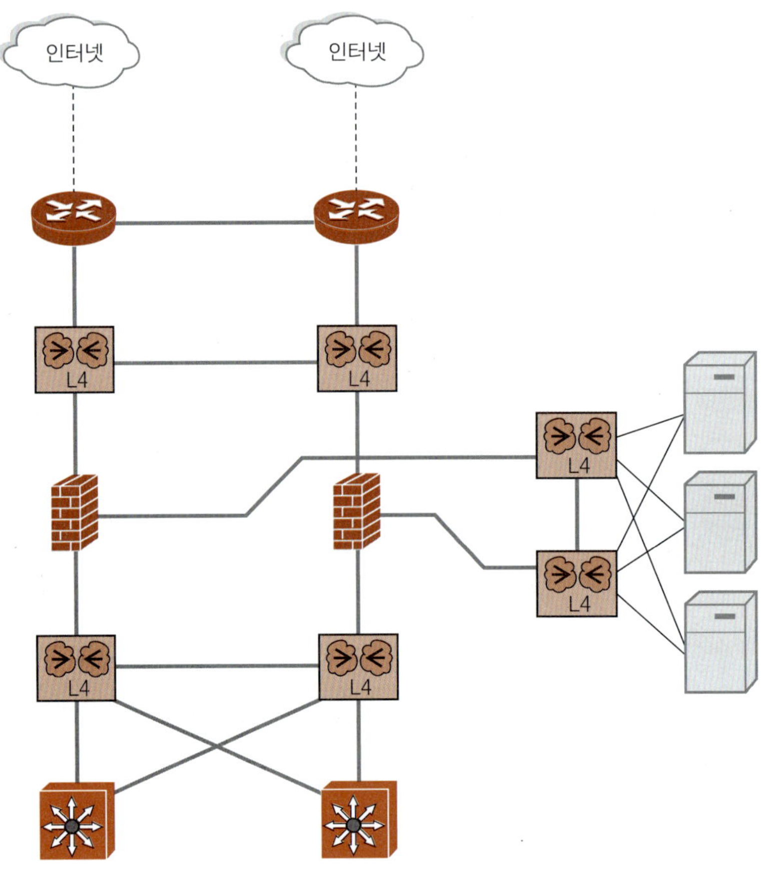

[그림 A–17]은 L4 스위치가 생략되어 있습니다. 이중화된 방화벽들이 NAT 테이블, 세션 감시 테이블, VPN 장비 들이 키 값이나 프로토콜/패러미터 협의 정보인 SA 테이블을 교환하여 동일한 정보를 유지한다면, L4 스위치의 스 틱키 모드 방식의 스위칭이 더 이상 필요하지 않습니다. 이러한 테이블들을 방화벽이나 VPN 장비끼리 교환하기 위 해 두 대의 방화벽과 VPN 장비는 연결됩니다. 이러한 연결 방식이 안정적으로 동작하기만 한다면, 투자비용과 관리 비용을 줄이고, 불필요한 장비로 인한 네트워크 지연 시간을 줄일 수 있기 때문에 효율적인 구성이 될 수 있습니다.

▼ [그림 A–17] L4 스위치를 생략한 구성

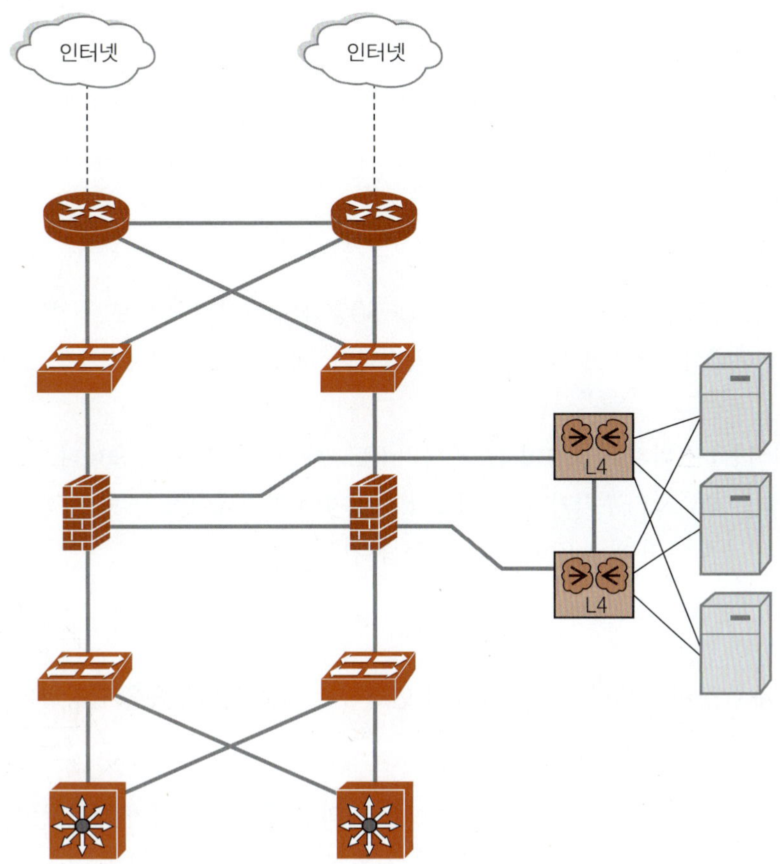

케이스 9	규모	PC/서버	네트워크 장비
	본사(건물) 12개 +지사 3곳	30,000 PC, 70 서버	라우터/스위치/L4 스위치 방화벽/VPN/IDS/IPS

케이스 9는 3곳의 지사를 가지고, 본사는 12개의 건물로 구성된 비교적 대규모에 속하는 사이트입니다.

[토폴로지]

본사의 랜은 12개의 건물로 구성됩니다. 각각의 건물은 10~50층까지 다양한 층으로 구성됩니다. L4 스위치는 방화벽과 동시에 VPN 장비에 대해서도 로드밸런싱을 하고 있습니다. DMZ 네트워크에도 L4 스위치는 이중화되었습니다.

외부 공격에 대처하기 위해 L4 스위치 바깥쪽에 4포트짜리 IPS 2대가 배치되어 있습니다.

지사나 협력업체에 연결되는 WAN 라우터가 코어 계층의 스위치에 연결되어 있으며, 특정 서비스만 허용하기 위해 방화벽을 배치하였고 웜 전파를 막기 위해 IPS를 배치하였습니다.

[솔루션]

건물 A의 디스트리뷰션 계층 장비 간에는 트래픽이 보다 빈번하기 때문에 대역폭을 확장하기 위해 이더채널을 도입했습니다.

두 대의 디스트리뷰션 계층 장비와 액세스 계층 장비 간에는 스위칭 룹이 발생하기 때문에 디스트리뷰션 계층 장비 간에는 트래픽이 보다 빈번하기 때문에 대역폭을 확장하기 위해 이더채널을 도입했습니다. 두 대의 디스트리뷰션 계층 장비와 액세스 계층 장비 간에는 스위칭 룹이 발생하기 때문에 STP 프로토콜을 사용해야 하지만, STP로 인한 이슈를 피하기 위해 이더채널 구간을 별도의 VLAN으로 구성하여 STP 프로토콜을 적용하지 않았습니다. 시스코 장비지만 VTP 트랜스페어런트 모드로 구성하여 VTP 어드버타이저먼트가 교환되지 않습니다.

디스트리뷰션 계층의 두 라우터 간에는 Multiple HSRP를 설정하여 그룹 내의 트래픽을 분산시켰습니다. 무선 랜을 수용하기 위해 다수의 AP(Access Point)가 설치되어 있습니다. AP 한 대당 최대 20대의 노트북을 수용하도록 셀을 설계했습니다. 방화벽에서는 NAT(Network Address Translation)와 필터링을 적용합니다.

[보안]

방화벽을 통해 필터링과 NAT 기능을 사용 중이며, 방화벽의 외부 네트워크에는 트래픽 감시를 위해 IDS(Intrusion Detection System)가 배치됩니다. 외부로부터의 웜슬래머 공격, DoS, DDoS와 같이 방화벽이 차단하지 못하는 공격을 막기 위해 IPS(Intrusion Protection System)를 도입했습니다. 지사나 협력업체로부터 특정 서비스와 네트워크만 개방하고 웜/바이러스의 전파를 막기 위해 IPS를 배치하였습니다.

[WAN]

지사/협력업체와 본사를 연결하기 위해 MPLS VPN 망을 사용합니다. 소규모 지사 망과는 IPSec VPN을 사용 중이며, 별도의 백업 망은 없습니다.

[라우팅]

표준 프로토콜로 링크 스테이트에 속하는 OSPF와 Integrated IS-IS 중에서 약간 더 효율적인 Integrated IS-IS 프로토콜을 적용하였고, 에어리어 간에는 루트 서머라이제이션을 적용하여 라우팅 업데이트 양을 최소화했습니다.

▼ [A-18] 케이스 9 (네트워크 예)

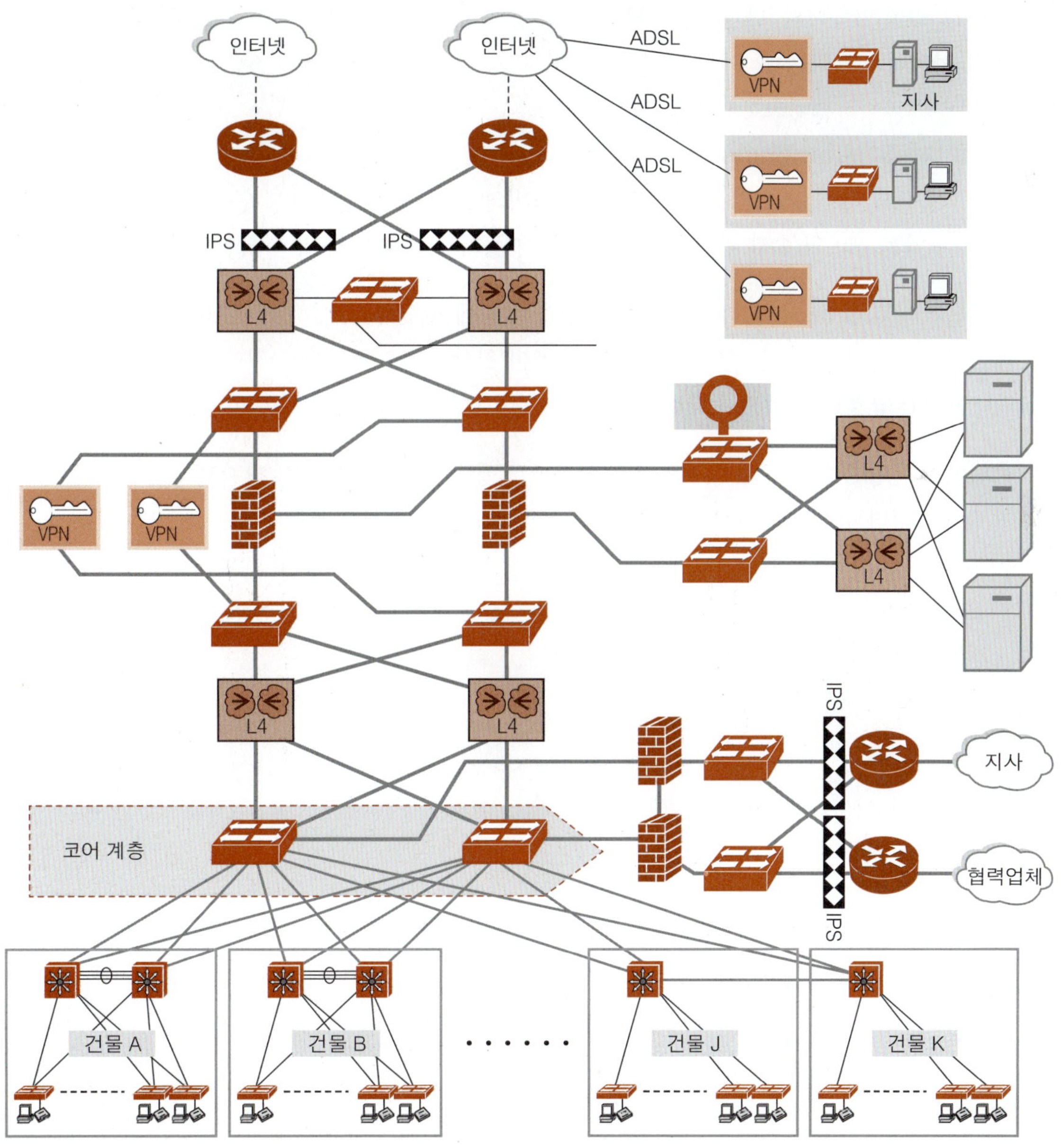

HELP ME!　바리어스 월, UTM에 대해 간단히 설명해주세요.

★ 바이러스 월

인터넷이나 본사와 지사 간에 교환되는 트래픽에 포함된 바이러스를 네트워크 길목에서 차단하는 안티바이러스 솔루션입니다. SMTP, HTTP, POP3, FTP 등의 다양한 프로토콜들에 의해 전달되는 바이러스나 웜을 차단합니다. 뿐만 아니라, Dos형 공격을 필터링하고 차단하며, 데이트 필드를 조사하여 유해사이트를 차단하거나, 스팸 메일을 걸러내는 등의 컨텐트 필터링 기능을 수행합니다. 사실상, 바이러스 월이 웜이나 바이러스를 차단하는 목적 외에 L7 스위치의 기능인 컨텐츠 필터링, DoS 차단 기능, TCP, URL, IP 기반의 필터링을 제공하기 때문에 바이러스 월이나 이름이 더 이상 어울리지 않습니다. 단지, 제조사들의 마케팅 포지셔닝에 따라 IPS 이름을 사용하기도 하고, 바이러스 월이란 이름을 사용하기도 합니다.

★ UTM(Universal Threat Management)

UTM은 방화벽, IPS, IDS, QoS, 바이러스 월 등의 보안 장비의 기능을 한 장비에서 수용한다는 개념에서 출발합니다. 패킷이 통과해야 하는 장비의 수와 관리해야 할 포인트가 줄기 때문에 여러 가지 이점이 발생합니다.

악성 ActiveX Control, Java, Flash가 다운로드 되는 것을 사전에 차단하고, 이미 바이러스에 감염된 PC에서 외부 네트워크로 패스워드, 주민번호 등의 고객정보가 스파이웨어 웹사이트로 전달되는 것을 막는 스파이웨어 차단기능, VPN, 스팸차단, 이메일 암호화, 컨텐츠 필터링, 웹 방화벽 등의 모든 보안 기능을 수행할 수 있습니다.

비용과 관리측면에서 분명한 이점이 있기 때문에 중소규모 망에서부터 도입이 활발해지고 있습니다만, 성능 문제와 안정성 문제가 해결된다면 대규모 망에서도 도입할 것입니다.

케이스 **10**	규모	PC/서버	네트워크 장비
	본사(건물) 3개 +지사 4곳	50,500 PC, 433 서버	라우터/스위치/L4 스위치 방화벽/VPN/IDS/IPS

케이스 10은 다수의 지사를 가지고 본사는 세 개의 건물로 구성된 비교적 대규모에 속하는 사이트입니다.

[토폴로지]

본사의 랜은 3개의 건물로 구성됩니다. 30개의 층으로 되어 있는 A동은 각 층에 액세스 계층 스위치가 배치되어 있고, 액세스 계층 스위치는 이중화된 디스트리뷰션 계층의 멀티레이어 스위치에 연결되어 있습니다. 각각의 층은 별도의 VLAN으로 구분된 지오그래픽 VLAN을 적용했고, B동은 특정 클라이언트 PC와 서버 간의 친근성(대량의 트래픽 발생)이 발견되어 부분적으로 엔드 투 엔드 VLAN을 적용했습니다. B동과 C동은 5층 건물로 한 대의 디스트리뷰션 계층 장비로 트래픽을 처리할 수 있고, 중요 트래픽이 없다고 판단되어 디스트리뷰션 계층 장비를 이중화하지 않았습니다. 코어 계층은 연결한 스위칭 블록 수가 많을 때 연결 링크와 장비의 포트 수를 줄이기 위해 도입합니다만, 이 경우는 세 개의 건물과 WAN 라우터와 L4 스위치를 연결하기 때문에 생략했습니다. 만약 코어 계층 장비를 도입한다면 대량의 트래픽을 처리하는 고성능의 스위치를 도입해야 하기 때문에 수억 단위의 추가 비용이 발생합니다. 대신에 A동의 디스트리뷰션 계층에 B동과 C동이 연결되어 B동과 C동의 인터넷이나 지사, A동에 위치한 서버로 향하는 트래픽은 모두 A동의 디스트리뷰션 계층 장비를 거친다는 점을 감안하여 고성능의 장비를 도입했습니다. DMZ 구간에 서버 로드밸런싱을 위해 L4 스위치를 도입했습니다. 왼쪽 코어 계층 장비는 WAN 라우터, L4 스위치가 연결되어 있습니다. L4 스위치는 방화벽 로드밸런싱을 위해 도입되었습니다.

[솔루션]

A동의 디스트리뷰션 계층 장비 간에는 트래픽이 보다 빈번하기 때문에 대역폭을 확장하기 위해 이더채널을 도입했습니다. 두 대의 디스트리뷰션 계층 장비와 액세스 계층 장비 간에는 스위칭 룹이 발생하기 때문에 STP 프로토콜을 사용해야 하기 때문에 모든 링크를 그룹별로 사용하지만, BPDU 발생량은 2배 가량 늘어나는 MST(Multiple STP, IEEE 802.3s)와 컨버전스 타임을 줄일 수 있는 RSTP(Rapid STP, IEEE 802.3w)를 지원하는 소프트웨어 버전을 적용했습니다. 두 대의 디스트리뷰션 계층 장비를 연결하는 이더채널 링크는 8개의 기가비트 이더넷으로 묶었습니다. B동과 C동에는 한 대의 디스트리뷰션 계층 장비가 있기 때문에 STP 프로토콜이 불필요합니다. VTP 트랜스페어런트 모드로 구현하여 VTP 안정성 문제를 해결했습니다. A동의 디스트리뷰션 계층의 두 라우터는 한 대의 시스코 라우터지만, 다른 한 대는 주니퍼 사의 라우터로 시스코 프로토콜인 HSRP나 GLBP를 적용할 수 없기 때문에 VRRP를 적용했습니다. 무선 랜을 수용하기 위해 다수의 AP(Access Point)가 설치되어 있습니다. AP 한 대당 최대 25대의 노트북을 수용하고 있습니다.

[보안]

방화벽을 통해 필터링과 NAT 기능을 사용 중이며, DMZ 네트워크에는 트래픽 감시를 위해 IDS(Intrusion Detection System)가 배치됩니다. 외부로부터의 웜슬래머 공격, DoS, DDoS와 같이 방화벽이 차단하지 못하는 공격을 막기 위해 IPS(Intrusion Protection System)를 도입했습니다.

▼ [A−19] 케이스 10 (. 네트워크 예)

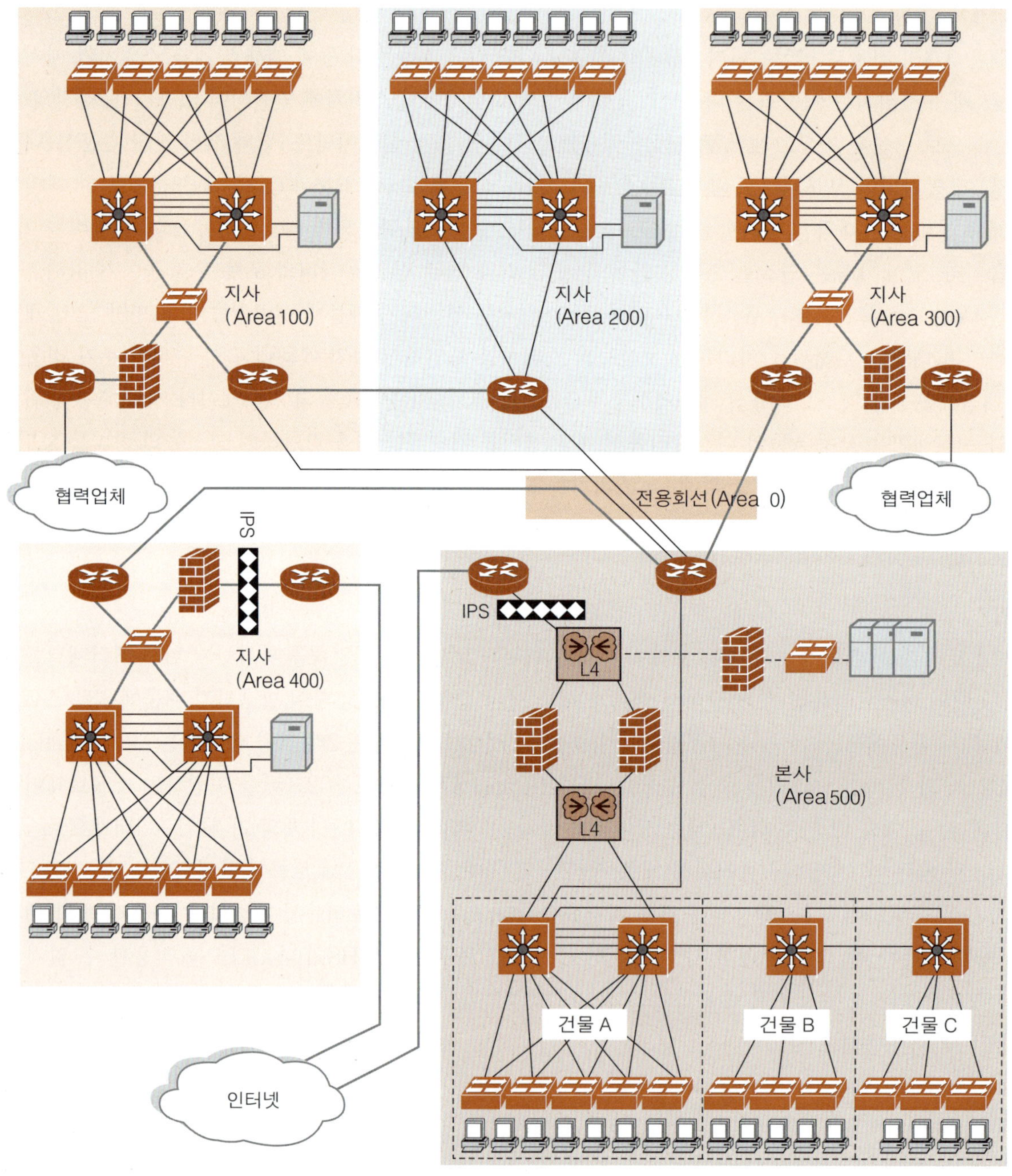

[WAN]

지사와 본사를 연결하기 위해 전용회선 망을 사용 중이며, 별도의 백업 망은 없습니다. 보안을 위해 모든 인터넷 접속은 본사를 거쳐야 합니다.

[라우팅]

시스코, 주니퍼, 알카텔-루슨트 등의 다양한 제조사의 라우팅 장비를 도입했기 때문에 시스코 라우팅 프로토콜인 EIGRP, IGRP를 적용할 수는 없었습니다. 디스턴스 벡터 계열의 라우팅 프로토콜은 라우팅 업데이트 방식이 중복된 라우팅 정보를 주기적으로 보내기 때문에 오버헤드 트래픽 양을 틀리기 때문에 고려에서 제외되었습니다. 표준 프로토콜로 링크 스테이트에 속하는 OSPF와 Integrated IS-IS 중에서 관리자가 비교적 익숙한 OSPF 프로토콜을 적용했습니다.

케이스 **11**	규모	PC/서버	네트워크 장비
	본사(건물) 3개 +지사 4곳	50,500 PC, 433 서버	라우터/스위치/L4 스위치 방화벽/VPN/IDS/IPS

케이스11은 다수의 지사를 가지고 본사는 세 개의 건물로 구성된 비교적 대규모에 속하는 사이트입니다.

[토폴로지]

본사의 랜은 2개의 건물로 구성됩니다. 5개의 층으로 되어 있는 각 동은 각 층에 액세스 계층 스위치가 배치되어 있고, 액세스 계층 스위치는 이중화된 디스트리뷰션 계층의 멀티레이어 스위치에 연결되어 있습니다. 각각의 층은 별도의 VLAN으로 구분된 지오그래픽 VLAN을 적용했습니다. 특정 클라이언트와 서버 간의 트래픽 친근성이 발견되긴 하지만, 시스템 이동이 최근에 계획되어 있고 관리가 힘든 엔드 투 엔드 VLAN은 배제했습니다. 다이나믹 VLAN과 같은 솔루션도 PC나 서버의 교체가 빈번하기 때문에 VMPS 테이블의 관리가 힘들기 때문에 적용하지 않습니다. 본사의 두 동에서 출발하는 트래픽과 5곳의 지사에서 들어오는 트래픽은 코어 계층 스위치에 연결됩니다.

인터넷에 접속하기 위한 트래픽은 방화벽을 통해서 나가고, 지사와의 연결을 위해 VPN 장비를 거칩니다. VPN 장비로 연결되는 20곳의 지사들은 그림에서 생략되어 있습니다. DMZ 구간에 서버 로드밸런싱을 위해 L4 스위치를 도입했습니다. 왼쪽 코어 계층 장비는 WAN 라우터, L4 스위치가 연결되어 있습니다. L4 스위치는 VPN 로드밸런싱을 위해 도입되었습니다.

[솔루션]

본사와 지사의 디스트리뷰션 계층 장비 간에는 대역폭 확장을 위해 이더채널을 적용했습니다. 두 대의 디스트리뷰션 계층 장비와 액세스 계층 장비 간에는 스위칭 룹이 발생하기 때문에 MST와 RSTP를 구현했습니다. 스위치들은 시스코 제품이 아니기 때문에 VTP 프로토콜 구현과 상관 없이 VLAN을 선언할 수 있습니다, 따라서 VTP와 관련된 안정성 문제를 고려할 필요도 없습니다. 디스트리뷰션 계층의 멀티레이어 스위치도 시스코 제품이 아니기 때문에 라우터 리던던시 프로토콜은 표준 프로토콜인 VRRP를 적용했습니다. 무선 랜을 수용하기 위해 다수의 AP(Access Point)가 설치되어 있습니다. AP 한 대당 최대 20대의 노트북을 수용하고 있습니다.

[보안]

방화벽을 통해 필터링과 NAT 기능을 사용 중이며, DMZ 네트워크에는 트래픽 감시를 위해 IDS(Intrusion Detection System)가 배치됩니다. 인터넷으로부터의 웜/바이러스 차단, DoS, DDoS 방어와 더불어 중요 어플리케이션별/시스템별 밴드위스 분배를 위해 QoS 장비를 배치하였습니다.

[WAN]

지사와 본사를 연결하기 위해 메트로 이더넷 망을 사용하기 때문에 WAN 연결을 위해 별도로 라우터를 구매할 필요가 없이 본사와 지사의 이더넷 스위치끼리 바로 연결합니다.

[라우팅]

표준 프로토콜 중에서 디스턴스 벡터 계열에 속하지 않는 OSPF와 Integrated IS-IS 프로토콜 중에서 조금 더 낫다고 알려진 Integrated IS-IS 프로토콜을 적용했습니다. 각각의 지사와 본사를 하나의 에어리어로 구성했기 때문에 5개의 에어리어가 생깁니다. 에어리어 간에는 각 에어리어의 라우팅 정보를 루트 요약하여 전달하기 때문에 라우팅 업데이트 양을 줄입니다.

▼ [A-20] 케이스 11 (네트워크 예)

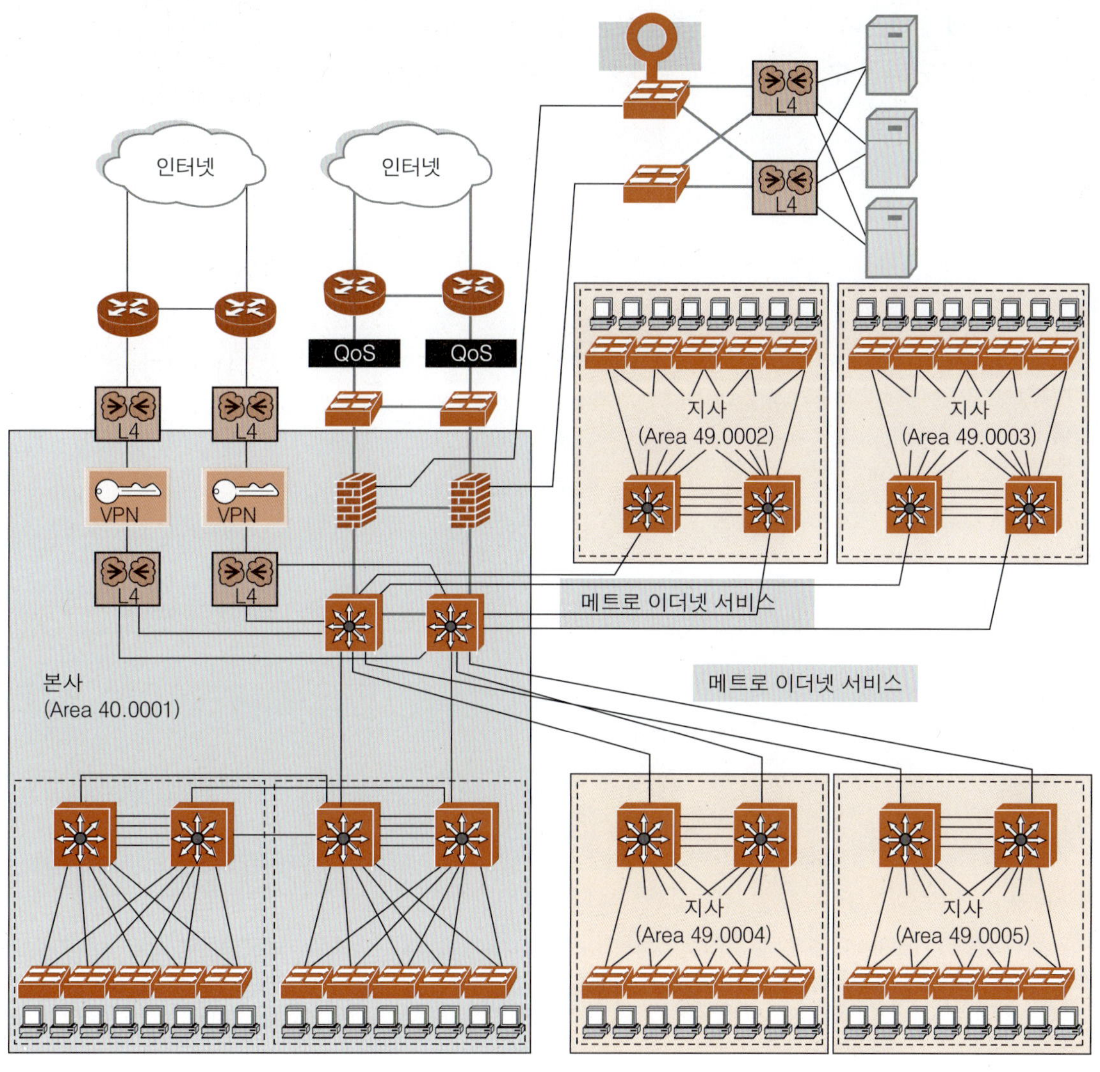

QoS 장비에 대해 간단히 설명해주세요.

QoS 장비는 사용자 및 어플리케이션 별 우선 순위를 지정하여 LAN과 WAN 구간의 트래픽에 대해 중요 트래픽에 대해 서비스 대역폭을 보장하여 추가 비용을 발생시키는 대역폭 증설이나 장비 업그레이드를 줄입니다. 또한, 웜이나 DoS 공격, P2P 트래픽과 같이 네트워크에 부하를 유발하거나, 부적절한 목적의 트래픽을 차단합니다.

WAN 회선이나 인터넷 접속 회선 요금은 IT 관리 비용의 상당부분을 차지합니다. QoS 장비에 의한 조치 없이는 회선 비용을 늘린다고 해서 인터넷 속도가 향상될 수 없습니다. 낮은 인터넷 속도의 첫째 원인은 업무와 관련 없는 인터넷 접속에 대해 아무런 제약이 없기 때문입니다. 이 경우 QoS 장비는 업무중요도에 따른 대역폭 배분과 제한을 통해 중요 트래픽에 대해 원하는 수준의 속도를 제공할 수 있습니다. 뿐만 아니라, IPS가 제공하는 웜이나 바이러스 차단 및 DoS와 같은 공격도 막을 수 있기 때문에 보안 기능도 수행할 수 있습니다.